# Pfälzisches Judentum gestern und heute

## Beiträge zur Regionalgeschichte des 19. und 20. Jahrhunderts

herausgegeben von

Alfred H. Kuby



Verlag Pfälzische Post

Die Deutsche Bibliothek – CIP-Einheitsaufnahme

**Pfälzisches Judentum gestern und heute** : Beiträge zur Regionalgeschichte
des 19. und 20. Jahrhunderts / hrsg. von Alfred H. Kuby. – 1. Aufl. –
Neustadt a.d. Weinstraße : Verlag Pfälzische Post, 1992
ISBN 3-926912-19-7
NE: Kuby, Alfred Hans [Hrsg.]

1. Auflage, Juni 1992

Gesamtherstellung: Verlag Pfälzische Post GmbH, Neustadt



Umschlagtitelseite: Fragment eines Thorawimpels, um 1800 aus Odenbach/Kreis Kusel. Das Fragment zeigt den Davidstern. Die hebräische Inschrift "magen david" heißt übersetzt "Stern Davids". Aus der Judaica-Sammlung Kukatzki. Foto: G. Balzer

Umschlagrückseite: Amulett-Zettel für Kindbettzimmer aus Weisenheim am Berg, Kreis Bad Dürkheim, gedruckt wahrscheinlich in Sulzbach, 18. Jahrhundert. Aus der Judaica-Sammlung Kukatzki. Foto: G. Balzer
Weitere Erläuterungen zu beiden Fotos im Beitrag von Bernhard Kukatzki: "Fundstücke aus den Synagogen Odenbach und Weisenheim am Berg."

**ISBN: 3 - 926912 - 19 - 7**

# Inhalt

# Vorwort

Schon dreieinhalb Jahre nach der Erstveröffentlichung des Buches »Juden in der Provinz« (2. Auflage 1989) kann der Arbeitskreis für neuere jüdische Geschichte in der Pfalz mit dem vorliegenden Buch eine zweite, noch umfangreichere Aufsatzsammlung zur Geschichte der Juden in der Pfalz vorlegen, beginnend mit der Zeit der Französischen Revolution und fortgeführt bis zur Gegenwart.

Zu dieser Gegenwart gehört die Person des langjährigen Landesrabbiners, Dr. Max Meir Ydit, dem dieses Buch als Festgabe zu seinem 70. Geburtstag zugedacht ist. Neben ihm werden darin zwei ehemalige Landauer Rabbiner, Dr. Elias Grünebaum und der jüngst verstorbene Dr. Kurt Metzger, und ein allzu früh verstorbenes Mitglied unseres Arbeitskreises, Samuel Kamenetzki, gewürdigt.

Die mehreren Beiträgen zugeordneten umfangreichen Namenslisten laden zu Vergleichen und weiterer Auswertung ein. Daß uns die Erlaubnis erteilt wurde, den umfangreichen Briefwechsel einer Otterstädter Familie mit zwei Angehörigen, die 1812 mit Napoleons Armee gen Osten gezogen waren, in der Bearbeitung durch Berthold Rosenthal zu veröffentlichen, erfüllt uns mit Dankbarkeit und wird von allen Lesern als ein besonderes Geschenk empfunden werden.

Vom größten volkskundlichen Interesse dürfte die umfangreiche Arbeit über jüdisches Sprachgut in den pfälzischen und südhessischen Mundarten sein. Vom religiösen Leben der Juden in der Pfalz handeln zwei Beiträge mit zahlreichen, bisher unveröffentlichten Abbildungen.

Zeigt die Entwicklung der jüdischen Gemeinden im Lauf des 18. Jahrhunderts und zu Anfang unseres Jahrhunderts im Ganzen ein positives Bild (allerdings mit gewissen Verschiebungen vom Land nach den Städten), so wirkt der Bruch des Jahres 1933 umso schlimmer. Wie auch scheinbar Unschuldige dem zugearbeitet haben, ergibt eine kritische Durchsicht kirchlicher Zeitschriften aus jener Zeit. Wie jüdische Kinder dies erlebt haben, bezeugt eine große Dokumentation von Äußerungen aus dem Jahre 1938, die in Paris entdeckt wurde. Sie zu Wort kommen zu lassen, hat uns veranlaßt, den ursprünglich geplanten Umfang des Buches um mehr als hundert Seiten zu erweitern und dennoch bei dem angekündigten Verkaufspreis zu bleiben.

Dies war allerdings nur möglich dank der Zusagen finanzieller Hilfe seitens der Bezirksregierung Rheinhessen-Pfalz und des Bezirksverbandes Pfalz, der evangelischen und katholischen Kirchenleitungen in Speyer, der Finanzzuschüsse seitens der Stadt Ludwigshafen am Rhein, der Kreissparkasse Haßloch und der Volksbank Edenkoben sowie dank der Abnahmezusagen durch verschiedene Institutionen und private Interessenten. Ihnen allen sei auch an dieser Stelle herzlich Dank gesagt.

Die 40 Seiten umfassende Bibliographie am Ende dieses Buches ist die Fortführung der 80seitigen Bibliographie im Band »Juden in der Provinz«. Damit sei allen ernsthaft an lokaler und regionaler jüdischer Geschichte Interessierten eine wichtige Hilfe an die Hand gegeben.

Für die Mitglieder des Arbeitskreises, die für ihre Arbeit keinerlei Entschädigung oder Vergütung erhalten, wäre es eine willkommene Belohnung, wenn ihr Buch zahlreiche Leser und Benutzer – vielleicht sogar jenseits der regionalen Grenzen – fände.

Neustadt a.d.Weinstraße, im Frühjahr 1992

Alfred Hans Kuby

**Festgabe für**

**Rabbiner Dr. Max Meir Ydit**

**zum 70. Geburtstag**

# Rabbiner Dr. Max Meir Ydit

## Lebenslauf

| | |
|---|---|
| 1922 | 24.6. geb. in Bratislava/Preßburg als Sohn von Samuel Reichfeld (1879-1942) und Laura Reichfeld geb. Glatter (1882-1942). Eltern deportiert und im Juli 1942 in Auschwitz ermordet. 2 Geschwister, heute in Israel |
| 1928-1933 | Besuch der jüdischen Volksschule in Bratislava |
| 1933-1940 | Besuch des Gymnasiums in Bratislava, 1933-1940 Talmud-Tora-Schule, 1940-1942 Chatam-Sofer-Jeschiwa |
| | 1939: Slowakei unabhängiger Staat, Diskriminierung und Verfolgung der Juden, ab 1942 Deportationen |
| 1942-1945 | Zwangsarbeitslager, 1943 Flucht nach Ungarn, Illegalität, Sommer 1944 verhaftet, Arbeitslager, Kriegsende 4. Mai 1945 im KZ Mauthausen |
| 1945-1948 | in Bratislava Nachholung des Abiturs, Beginn des Universitätsstudiums; zeitweise Sekretär des zionistischen Verbandes „Misrachi" in der CSSR |
| 1948-1952 | November Emigration nach Israel, Dienst in der Armee |
| 1952-1957 | Studium an der Universität Tel Aviv, Diplom 5.4.1956; 17.11.1957 Master of Political Science Degree of the High School of Law Economics; Assistantlecturer in Political Science |
| 1956-1958 | Redakteur einer Zeitschrift des „Israel Institut for Productivity", Mitarbeit bei verschiedenen israelischen Zeitungen und Zeitschriften; Mitarbeiter in der Personalabteilung der Zentralverwaltung von „El Al" |
| 1958-1960 | Fortsetzung der Studien am Graduate Institut of International Studies der Universität Genf; Promotion an der Universität Fribourg/Schweiz (Docteur ès sciences économiques et sociales, 11.2.1961, magna cum laude) |
| 196o-1961 | Tätigkeit bei der Bank Leumi in Tel Aviv, Kontakte zu jüdischen Reformgemeinden (World Union for Progressive Judaism in Israel) |

| | |
|---|---|
| 1961-1964 | Stipendium für ein Studium am Hebrew Union College in Cincinnati und New York: Juni 1964 Master of Hebrew Literature, 7.6.1964 Rabbiner-Diplom (Semicha) des HUC-Jewish Institute of Religion |
| 1964-1965 | Rabbiner einer Reformgemeinde in Ramat-Gan |
| 1965-1967 | Rabbiner der Gemeinde „Har-El" in Jerusalem;<br>1965 Heirat, 3 Kinder |
| 1966-1968 | Redaktionsmitglied der Encyclopaedia Judaica (engl.),<br>ca. 500 Beiträge |
| 1969-1973 | Rabbiner der jüdischen Gemeinde in Perth/West-Australien |
| 1973-1978 | Rabbiner der Progressiven Gemeinde „Adat Schalom" in Rehovot; Religionsunterricht am Gymnasium |
| 1978-1979 | Rabbiner der jüdischen Gemeinde in Osnabrück |
| 1979-1991 | ab Mai 1979 Rabbiner der Jüdischen Kultusgemeinde der Rheinpfalz; Wohnort: Neustadt a.d.W., ab 1987 in Kaiserslautern;<br>1979-1988 Erteilung von Religionsunterricht an den Gymnasien in Alzey, Kaiserslautern, Mainz, Neustadt a.d.W.;<br>zahlreiche Vorträge, auch in Kirchengemeinden;<br>1983-1991 Mitwirkung in Fernseh- und Rundfunksendungen (SWF);<br>1983-1992 Referent am EFWI (Erziehungswissenschaftliches Fort- und Weiterbildungsinstitut der Evangelischen Kirchen in Rheinland-Pfalz) in Landau;<br>1990-1992 Vorstandsmitglied der „Gesellschaft für christlich-jüdische Zusammenarbeit" Landau/Neustadt a.d.W. |
| 1991 | im Sommer schwere Erkrankung, ab Herbst im Ruhestand |

Mitglied der Central Conference of American Rabbis (CCAR)
Mitglied des „Rabbinical Assembly" (Rabbinerverband, Conservative Judaism, USA)
Mitglied der Rabbinerkonferenz in der Bundesrepublik Deutschland

# Rabbiner Dr. Max Meir Ydit

## Bibliographie

### 1. Bücher

| | |
|---|---|
| 1961 | Internationalised Territories. From the „Free City of Cracow“ to the „Free City of Berlin“. A Study in the Historical Development of a Modern Notion in International Law and International Rela-tions (1815-1960). Leyden (Dissertation Fribourg 1960) |
| 1964 | More Derech liNevuchey haDat. Tora weMasoret baZ'man haze. A Guide on Problems of Jewish Religious Practice. (Wegweiser für die Suchenden in Religionsfragen. Tora und Tradition in heutiger Zeit.) Jerusalem |
| 1965 | Hagadah Jisraelit leSeder lèl haPesach. Israeli Passover Haggadah (Passover Ritual of Progressive Judaism in Israel). Ed. Meir Ydit. Jerusalem |
| 1982 | Kurze Judentumkunde für Schule und Selbstunterricht. Neustadt/ W. 1. Aufl./ 2.Aufl. 1984/ 3.Aufl. 1990/ 4.Aufl. 1991 |
| 1982 | Schir haSchirim. (Das Hohelied der Bibel). Jerusalem |
| 1983 | The Song of Songs. New York |
| 1984 | Kohelet, das tiefsinnigste Buch der Bibel. Neu übersetzt und interpretiert. Neustadt/W. (Masch. vervielfältigt) |

### 2. Wissenschaftliche Beiträge

### 2.1.Journal of the Central Conference of American Rabbis, New York

| | |
|---|---|
| 18(1971) | Heft April: Karaite and Reform Liturgy (Karaitische und Reform-Liturgie) S.53-61 |
| 18(1971) | Heft Oktober: Is Judaism Mammon Worship? (Ist Judentum eine Mammonanbeterei?) S. 98-103 |
| 23(1976) | Heft Frühling: Two much misunderstood Mishnot (Zwei sehr mißverstandene Mishnot) S. 47-55 |
| 24(1977) | Heft Herbst: (Bookreview) Gates of the House (Rezension über das neue Reform Gebetbuch „Pforte des Hauses“) S. 87-91 |
| 26(1979) | Heft Herbst: Some Remarks on Zizit (Einige Bemerkungen zum Zizit-Gebot) S. 89-91 |
| 27(1980) | Heft Winter: Josephs Pit and the Hanukka Light. An Example of the Methodology of Talmudic Thought ( Josephs Grube und das Chanuka-Licht. Ein Beispiel der Methodologie im talmudischen Denken) S. 27-31 |
| 28(1981) | Heft Frühling: An Obscure Mishna and Haggada Text (Ein obskurer Mischna- und Haggada-Text) S. 76-80 |
| 33(1986) | Heft Winter: A Case Study in Mishnaic Theodicy (Eine Fallstudie über die Theodizee in der Mischna) S. 65-74 |

**2.2. Conservative Judaism, New York (Zentralorgan des Conservativen Judentums in den USA)**

35(1981) Heft Herbst: The Counting of „Day“ and „Night“ (Das Zählen von „Tag“ und „Nacht“ in der Bibel und in der jüdischen Tradition) S.25-29

**2.3. The Synagogue Review. Journal of the Reform Synagogues of Great Britain, London**

40(1966) Nr.6, February: Reform Judaism in Israel, S. 131-133

**2.4. Or. Emeth weAnava. Bulletin of the Progressive Congregation Ramat-Gan**

Heft 74/75, April/Mai 1972, S. 6-9: HaShoa wehaEmuna (Der Holocaust und der Glaube)

Heft 82, Dezember 1972, S. 22-23: Zichronot weReschit Jamea schel Kehillat Ramat-Gan (Rückblick auf die Gründungsgeschichte; dazu auch die Seiten 24f, Foto S. 38)

**2.5. Petachim. Quaterly Journal of Jewish Thought, Jerusalem**

Heft 24, Mai 1973, S. 27-33: Tefillin

**2.6. Shalheweth. Bulletin of Progressive Judaism in Israel, Haifa**

Heft 11, Winter 1973, S. 24-25: HaTora wehaMada (Tora versus Wissenschaft)

**2.7. Telem (Sprachrohr des Progressiven Judentums in Israel), Jerusalem**

Heft 5, Januar 1976, S.2: Al Mizwat Zizit (Betreffend das Zizit-Gebot)

Heft 7, April 1976, S. 3-6: HaShoa wehaEmunah (Der Holocaust und der Gottesglaube)

Heft 9, August 1976, S.3-4: Tefilat haKaddisch (Über das Kaddisch-Gebet)

Heft 11, November 1977, S.3: Talmud Tora o Kijum Mizwot? (Torastudium oder praktische Gebotserfüllung?)

**2.8. Udim. Zeitschrift der Rabbinerkonferenz in der Bundesrepublik Deutschland**

16,1992, im Druck: Glossen zu den Sprüchen der Mischna-Väter

**2.9.** Jüdische Zeitschriften in Melbourne und Perth/Australien (1969-1973): verschiedene Aufsätze, u.a. über Abraham Joshua Heschel

**3. Encyclopaedia Judaica** (engl.), Jerusalem ca. 500 Lexikon-Artikel in verschiedenen Bänden, 1972

**4. Kleinere Beiträge**

**4.1.** Israelische Zeitungen und Zeitschriften (1956-1958): Artikel zu aktuellen politischen und ökonomischen Fragen

**4.2.** Schadchen, Schul und Schammes. Aus dem ostjüdischen Gemeindeleben, in: Beter und Rebellen. Aus 1000 Jahren Judentum in Polen. Hrsg. Michael Brocke, Frankfurt/M. 1983, S. 51-78

**4.3.** in: Hans-Georg Meyer: Es darf kein Efeu darüber wachsen. Jüdische Friedhöfe in Ingelheim. Ingelheim 1991: Vorwort und Entzifferung der hebräischen Grabinschriften

**4.4.** Rezension zu Hermann Arnold: Die Juden in der Pfalz. Landau 1987,in: Die Rheinpfalz, 2.11.1987 (Ausgabe Kaiserlautern)

**4.5.** Warum komme ich jedes Jahr zur Gedenkfeier nach Kirchheimbolanden ? Gedanken zum 9. November, in: Donnersberg-Jahrbuch 13(1990) S.171f

**4.6.** in: Informationen für Presbyter und kirchliche Mitarbeiter der Evangelischen Kirche der Pfalz (Protestantische Landeskirche) Speyer, Nr. 37, 3. Quartal 1988:
- Als Jude in Deutschland leben. Jüdische Gemeinden in der Pfalz: S. 2, 10
- Das Schema des jüdischen Gottesdienstes: S. 4, 12
- Das jüdische Glauebnsbekenntnis: S. 16

**4.7.** in: Informationen für Presbyter und kirchliche Mitarbeiter der Evangelischen Kirche der Pfalz (Protestantische Landeskirche), Speyer Nr. 38, 4. Quartal 1988;
- Grußwort der Jüdischen Gemeinde der Rheinpfalz (Gedenkstunde zum 50. Jahrestag der Reichspogromnacht 1938): S. 22f.

**5. Allgemeine Jüdische Wochenzeitung**, Düsseldorf, seit 1986 Bonn

Die meisten der folgenden Beiträge sind „Betrachtungen zum Wochenabschnitt" (Sidra) oder zu bestimmten Festtagen im Jahreszyklus.

35(1980) Nr.39 vom 26.09.1980, S. 5: Gott wird dich segnen in allem deinem Tun. Gedanken zu Sukkot 5741
35(1980) Nr.48 vom 28.11.1980: Wajeschew
36(1981) Nr. 7 vom 13.02.1981, S.10: Tezawe
36(1981) Nr.19 vom 08.05.1981, S.10: Emor
36(1981) Nr.30 vom 24.07.1981, S.10: Mattot
36(1981) Nr.40 vom 02.10.1981, S.10: Nicht nur „Jom-Kippur-Juden" sein
37(1982) Nr.13 vom 26.03.1982, S.10: Wajikra
37(1982) Nr.25 vom 18.06.1982, S.10: Schelach Lecha
37(1982) Nr.37 vom 10.09.1982, S.14: Nizzawim-Wajelech
37(1982) Nr.45 vom 05.11.1982, S.10: Wajera
38(1983) Nr.10 vom 11.03.1983, S.10: Wajakhél-Pekude
38(1983) Nr.24 vom 17.06.1983, S.10: Chukkat
38(1983) Nr.35 vom 02.09.1983, S.20: Selbstmord aus jüdischer Sicht

38(1983) Nr.44.vom 04.11.1983, S.10: Toldot
38(1983) Nr.50 vom 16.12.1983, S.10: Wajechi
39(1984) Nr.17 vom 27.04.1984, S.10: Kedoschim
39(1984) Nr.34 vom 24.08.1984, S.10: Re-éh
39(1984) Nr.46 vom 16.11.1984, S.10: Chajé Sara
40(1985) Nr.17 vom 26.04.1985, S.10: Tasria-Mezora
40(1985) Nr.19 vom 10.05.1985, S. 7: Die Schüler Rabbi Akibas. Erklärungen zu Lag beOmer
40(1985) Nr.34 vom 23.08.1985, S.10: Schoftim
41(1986) Nr. 5 vom 31.01.1986, S.10: Jitro
41(1986) Nr.17 vom 25.04.1986, S.10: Die wahre Freiheit. Gedanken zum Pessachfest 5746
41(1986) Nr.28 vom 11.07.1986, S.10: Korach. Die Revolte des Korach und seiner Rotte
41(1986) Nr.35 vom 29.08.1986, S.10: Re-éh. Ein brüderlich geeintes Gottesvolk
42(1987) Nr. 4 vom 23.01.1987, S.10: Schemot. Verheißung und Erlösung
42(1987) Nr.17 vom 24.04.1987, S.10: Schemini. Für die Heiligung des Lebens
42(1987) Nr.28 vom 10.07.1987, S.10: Balak. Bileams Prophetie
42(1987) Nr.32 vom 07.08.1987, S.10: Wa-etchanan. Mosches Abschiedsrede
42(1987) Nr.40 vom 02.10.1987, S.10: Jom Kippur heute
42(1987) Nr.52/53 vom 25.12.1987/01.01.1988, S.10: Wajigasch. Die Wichtigkeit der Pflichterfüllung
43(1988) Nr.16 vom 22.04.1988, S.14: Tasria Mezora. Dankopfer und Warnung Gottes vor Ungehorsam
43(1988) Nr.23 vom 10.06.1988, S.10: Schelach Lecha. Vertrauen in Gottes Beistand niemals aufgeben
43(1988) Nr.27 vom 08.07.1988, S.10: Pinchas. Gibt es einen lobenswerten religiösen Extremismus?
43(1988) Nr.27 vom 08.07.1988, S.10: Pinchas. Revision des Erbrechts für Töchter
43(1988) Nr.39 vom 30.09.1988, S.10: Freue dich an deinem Feste. Zu Sukkot und Simchat Tora
43(1988) Nr.51/53 vom 23./30.12.1988, S.14: Wajechi. Der Segen Jakobs
44(1989) Nr. 2 vom 12.01.1989, S.10: Bo. Auf dem Weg in die Freiheit
45(1990) Nr. 2 vom 11.01.1990, S. 6: Wajechi. Der Segen Jakobs
45(1990) Nr.32 vom 09.08.1990, S. 6: Ekew. Die Tafeln des Bundes
45(1990) Nr.41 vom 11.10.1990, S. 6: Weil ER dich segnete, sei nur recht fröhlich. Schemini Azeret und der Abschluß der Herbstfeiertage
45(1990) Nr.50 vom 13.12.1990, S. 6: Mikez. Treue zur Tora und zur jüdi-schen Lebensart
45(1990) Nr.51/52 vom 20./27.12.1990, S.6: Wajechi. Joseph gewinnt die Herzen seiner Brüder
46(1991) Nr. 8 vom 21.02.1991, S. 6: Tezawe. Es gilt den Geist des Bösen mit aller Macht zu bekämpfen
46(1991) Nr.18 vom 02.05.1991, S. 6: Emor. Tora und Tradition lernen und befolgen
46(1991) Nr.28 vom 11.07.1991, S. 6: Mattot-Masse. Die edle Pflicht zur Bruderhilfe

46(1991) Nr.38 vom 19.09.1991, S. 6: Ha'asinu. Die Bündnistreue zu Gott kann niemals eine aufkündbare Pflicht sein

46(1991) Nr.48 vom 28.11.1991, S. 6: Wajeschew. Wer aber dem Herrn vertraut, der ist mit Seiner Gnade umringt

47(1992) Nr. 5 vom 30.01.1992, S. 6: Mischpatim. Die Freiheit des Menschen ist ein unverzichtbares Gut

43 (1992) Nr. 15 vom 9.4.1992, S. 6: Schabbat Hagadol. "Vor Anbruch des großen Tages des Herrn." Erweiterte liturgische Poesie am großen Schabbat vor dem Pessachfest. Rabbinische Erklärungen für die religiöse Praxis.

*Michael Deckwerth*

# "Lernen vom anderen her"

## Danksagung an Rabbiner Dr. Meir Ydit

*„Josua ben Perachja sagte:*
*Verschaffe Dir einen Lehrer,*
*erwirb dir einen Genossen*
*und beurteile das Tun aller*
*Menschen mit Wohlwollen"*
Sprüche der Väter I,6

Wann immer es in den letzten zweihundert Jahren zwischen Christen und Juden zu „Glaubensgesprächen" kam, stand in der Regel der jüdische - nicht jedoch der christliche Glaube in Frage. Die assymmetrische Situation dieser Gesprächslage, in der christlicherseits der Drang zu Bekehren statt des Willens zu Lernen dominierte, läßt M. Buber von einer langen Geschichte jüdisch - christlicher „Vergegnungen" sprechen. Und Gershom Scholem urteilt: „In den letzten zweihundert Jahren - das ist seit der Aufklärung - sind die Juden nie auf das angesprochen worden, was sie als Volk und Gemeinschaft zu geben, sondern immer auf das, was sie als Juden aufzugeben haben."[1]
Die bedrängende Art und Weise, mit der Christen ihre Themen und Fragestellungen ihren jüdischen Gesprächspartnern aufnötigen, unterscheidet sich von den vorausgegangenen Zwangsdisputationen des Mittelalters nur insofern, als mit der Aufklärung sich die Mittel nicht aber das Ziel gewandelt hatten, den jüdischen Gesprächspartner zu bekehren oder - wenn dies nicht gelang - zumindest doch die ethische Überlegenheit des christlichen Glaubens zu erweisen. Dies gilt ebenso für das berühmte Gespräch zwischen Moses Mendelssohn und Lavater in den sechziger Jahren des 18. Jhd. wie für Begegnungen von Juden und Christen in unserem Jahrhundert, von denen Martin Buber berichtet. Immer wieder wurden und werden Juden in solchen Glaubensgesprächen gedrängt, zur Messianität Jesu Stellung zu nehmen.
Daß Christen ihrerseits das Bedürfnis haben, sich über die Grundlagen des jüdischen Glaubens, den Talmud z.B., kundig zu machen, ist auch heute noch - jedenfalls in Deutschland - äußerst selten, abgesehen von den Theologiestudenten, die seit der Einrichtung eines Kontaktstudiums „Studium in Israel" an der Hebräischen Universität in Jerusalem studieren.
In der Regel geschieht die Ausbildung ev. Theologen/innen auch heute noch ohne vertiefende Kenntnisse des Judentums, z.B. ohne Einführung in den Talmud. Noch immer glaubt man, es genüge, das Alte Testament zu kennen, um über den jüdischen Glauben urteilen zu können, ohne dabei zur Kenntnis zu nehmen, daß für den jüdischen Gesprächspartner die hebräische Bibel, das Alte Testament nur im Lichte der mündlichen Tradition, des Talmud sprechend ist.

Von daher war und ist es ein besonders glücklicher Umstand, daß die jüdische Kultusgemeinde der Pfalz 1979 den Rabbiner Dr. Max Meir Ydit nach Neustadt berief. Mit ihm begann eine neuer Abschnitt in der Geschichte jüdisch christlicher Begegnungen in der Pfalz und darüber hinaus. Neben seinen vielfältigen Aufgaben innerhalb der jüdischen Kultusgemeinde hat Rabbiner Dr. Meir Ydit an zahlreichen Veranstaltungen der Kirchen in Rheinland-Pfalz, der Akademien und des Erziehungswissenschaftlichen Fort- und Weiterbildungsinstituts in Landau mitgewirkt. Seit 1990 gehört er dem Vorstand der Christlich Jüdischen Gesellschaft Landau/Neustadt an. In diesem Zusammenhang ist auch der „Arbeitskreis Christen und Juden lesen gemeinsam die hebräische Bibel" zu nennen, der sich 1982 in Landau konstituiert hat und der durchaus an die Tradition des jüdischen Lehrhauses anknüpft. Die allmonatlichen Lehrgespräche in diesem Arbeitskreis scheinen mir charakteristisch für Dr. Meir Ydit; da ich mit ihm von Beginn an in diesem „Lehrhaus" zusammen arbeiten durfte, lernte ich ihn so bestens kennen, vor allem als ausgezeichneten Philologen und gelehrten Kenner und Interpreten der jüdischen Tradition. Es spricht für Dr. Meir Ydit, daß diese Lehrgespräche nun seit zehn Jahren andauern und kontinuierlich von einem Kreis von jeweils zwanzig Personen besucht werden.

Symptomatisch für den Prozess des allmählichen Sich Öffnens und der Überwindung jener oben beschriebenen nur allzu verständlichen Skepsis gegenüber einem jüdisch christlichen Dialog scheint mir der Beginn der erwähnten Lehrgespräche in Landau. Am Anfang dieser Lehrgespräche stand die gemeinsame Lektüre des Prediger Salomos (das Buch Kohelet), jenes Stücks weisheitlicher Literatur, das schon ganz vom Geiste des Hellenismus geprägt sich der Frage widmet: Was ist der Mensch?
Die anfängliche Zurückhaltung gegenüber einem expliziten theologischen Gespräch war jedoch nicht nur von Skepsis begleitet, sie war, wie sich später zeigte, auch davon bestimmt, durch eine Besinnung auf die Frage des Kohelet: Was ist der Mensch? eine für Juden und Christen gemeinsame Gesprächsgrundlage zu schaffen. Darüberhinaus erwies sich dieser Beginn auch insofern als fruchtbar, als er deutlicher als es den christlichen Teilnehmern anfangs bewußt war, die ethische Grundorientierung des jüdischen Glaubens herausstellte.
So begann ein Lernprozess unter den Teilnehmern, der ganz im Sinne des „Lernens vom anderen her" allmählich die Augen für das Besondere, das Andere bei unserem jüdischen Gesprächspartner und nicht zuletzt für die unverwechselbare Persönlichkeit Dr. Meir Ydit`s öffnete.
Wenn denn unter den Teilnehmern dieses Lehrgespräches ein Lernprozess begann, dann gehört als Ergebnis auch dazu, daß die unreflektierte Rede von „den Juden", „dem Judentum" an Dr. Meir Ydit ihr Ende fand. In ihm begegneten die Gesprächsteilnehmer einem Menschen, dessen Lebensgeschichte, geprägt durch die Erfahrungen des Dritten Reiches, dessen vielseitige Bildung (Ökonomie und Sprachen), dessen Gelehrsamkeit, die sich vielfach aus den Wurzeln deutschen Judentums speist, dessen Vorliebe für Moses Ben Maimonides (1138-1204) und dem von ihn inspirierten Geist der jüdischen Aufklärung und schließlich dessen Vertrauen auf Gott eine unauflösliche und unverwechselbare Einheit bilden.

Mit der Zeit wurden dann auch Texte der hebräischen Bibel, des Alten Testamentes gelesen, die von Juden und Christen unterschiedlich, und z.T. kontrovers ausgelegt werden. Daß dies möglich war, war eine Folge des inzwischen gewachsenen Vertrauens und der Bereitschaft, zuzuhören und gemeinsam zu lernen. So gab die gemeinsame Lektüre der Urgeschichte (1. Mose 1-11) Aufschluß über die unterschiedliche Bewertung der historisch kritischen Methode bei Juden und Christen. An Texten des zweiten und dritten Buches Mose wurde die Frage der gegenwärtigen Bedeutung der Tora für Juden und Christen exemplarisch diskutiert. Es folgten Texte aus dem Propheten Jesaia, das Buch Hiob, und schließlich wandte sich der Arbeitskreis der Lektüre einer jüdischen Ganzschrift, die Sprüche der Väter, zu. Mir selbst wurden in diesem Zusammenhang die Versäumnisse meines Studiums erst richtig bewußt. Heute erscheint es mir schlicht unverständlich, daß man damals als Theologiestudent in den sechziger Jahren wohl griechische und lateinische Schriften im Original las, die jüdische Stimme aber nur gebrochen, in Auswahl und kommentiert zur Kenntnis nahm, wofür das großartige und wohlbekannte und doch auch wieder einseitige Kommentarwerk jüdischer Stimmen aus Talmud und Midrasch zum Neuen Testament von H. L. Strack und P. Billerbeck (1922-1928) als Beleg dienen kann.
Den vorläufigen Abschluß bildete die Lektüre des Werkes More nebuchim (Führer der Verirrten) des Rabbi Mose Ben Maimon, des RAMBAM, wie ihn die Juden nennen, dessen 850. Geburtstag sich 1988 jährte, und der ein Vorbild für Moses Mendelssohn wurde und der so auch Gotthold Ephraim Lessing und die europäische Aufklärung befruchtet hat. War es ein Zufall, daß das Wintersemester 1991/92 der Lektüre des „Führers der Verirrten" von Maimonides gewidmet war? Es ist das letzte Werk des Maimonides, geschrieben in Arabisch mit hebräischen Buchstaben, abgeschlossen in Kairo 1990. Es wäre für uns trotz vorausgegangener Beschäftigung mit Aristoteles wohl schwierig, wenn nicht gar unmöglich, ohne die Erklärungen zum jüdischen Hintergrund dieses Werk zu lesen. So bleiben wir selbst dann noch auf das „Lernen vom anderen her" angewiesen, wenn es um die Aufklärung unserer eigenen Geschichte geht. Nicht nur die mittelalterliche Theologie, insbesondere Thomas von Aquin und die Scholastik setzen die Rezeption des Aristoteles voraus, sondern auch der Humanismus und die Renaissance. Wir verdanken dies nicht zuletzt diesem großen jüdischen Gelehrten, Maimonides.
Von diesen Zusammenhängen zuvor kaum etwas gewußt zu haben, hat mich beim gemeinsamen Studieren dieses Werkes von Maimonides ebenso erstaunt wie beschämt. Ist es doch ebenfalls kein Zufall, daß die Biographie über Maimonides von Abraham Heschel, erschienen 1935 (!) in Deutschland, nicht wieder aufgelegt wurde, auch nicht 1985, als man seinen 850. Geburtstag beging. 1955 erschien lediglich ein photomechanischer Nachdruck. „Es gab jedoch Zeiten", schreibt Friedrich Niewöhner[2], „da fühlte sich ein deutscher Kaiser nicht zu würdig, um den 'Führer der Verirrten' zu lesen". „Der Kaiser war der Staufer Friedrich II, der um 1231 in Neapel mit Jacob Anatoli - dem Schwiegersohn des Maimonides Übersetzers ins Hebräische Samuel Ben Jehuda Ibn Tibbon - schwierige Passagen aus dem Führer der Verirrten erörterte.
Damit komme ich auf das eingangs zitierte Wort aus den Sprüchen der Väter I, 6 zu sprechen. Als Lernende sind wir als Christen um des Verständnisses unserer

eigenen Tradition Willen darauf angewiesen, jüdische Lehrer zu finden, an deren Wissen und Gelehrsamkeit wir teilhaben dürfen. Dies gilt jedoch nicht nur für Friedrich II, dessen Burg, der Trifels, in unmittelbarer Nähe zu Landau an das gemahnt, was wir von Beginn der deutschen Geschichte an nicht nur für die Theologie, sondern weit darüber hinaus für unser gesamtes abendländischen Denken, dem Judentum und dem Islam zu verdanken haben. Welch ein Hohn, daß die Nationalsozialisten gerade diese Burg als nationalsozialistische Ordensburg ausersehen hatten. Wenn heute Rabbiner Dr. Meir Ydit seinen siebzigsten Geburtstag feiert, ist dies ein Anlaß, ihm dafür zu danken.

**Anmerkungen**

1 zit. nach D. Bourel, Mendelssohn und Lavater, Ein Fauxpas der Aufklärung?, in: H. Kremers, J. Schoeps, Hrsg., Das jüdisch - christliche Religionsgespräch, Burg Verlag 1988, S. 41-54

2 Friedrich Niewöhner, Maimonides, Aufklärung und Toleranz im Mittelalter, Lambert Schneider, 1988, S. 7. Friedrich Niewöhner weist im Übrigen darauf hin, daß Maimonides 1138 und nicht 1135 geboren sei, sodaß sein 850. Geburtstag demgemäß 1988 hätte begangen werden müssen.

*Bernhard Kukatzki*

# Rabbiner Dr. Kurt L. Metzger sel. A. (1909-1992)

**Ein Nachruf auf den ehemaligen Landauer Bezirksrabbiner**

Rabbiner Dr. Kurt L. Metzger vor dem von ihm gestifteten Thora-Schrank im Betraum des Frank-Loeb'schen Hauses in Landau.

Am 16. März 1992 ist Kurt L. Metzger im Beisein von Ehefrau Lore und Sohn Ralph und einer großen Zahl von Trauergästen auf dem jüdischen Teil des Landauer Stadtfriedhofes begraben worden. Es war der ausdrückliche Wunsch des am 13. März in den USA verstorbenen Rabbiners hier zur letzten Ruhe gebettet zu werden, in der Stadt, in der er von 1935-38 als Bezirksrabbiner wirkte und die er seit 1961 zusammen mit seiner Frau Lore geb. Scharff, einer gebürtigen Landauerin, immer wieder regelmäßig besuchte. Obwohl Metzger und seine Frau seit Jahrzehnten in den USA, zuletzt in Monroe im Bundesstaat New York lebten, betrachteten sie Landau nach wie vor als ihre „geliebte Heimatstadt" und Metzger bekannte immer wieder „Diese Stadt bedeutet mir viel". Mit Kurt L. Metzger starb der letzte

der vor 1945 in der Pfalz amtierenden Rabbiner. Sein Grab liegt nur wenige Schritte von den Ruhestätten seiner Amtsvorgänger, Dr. Elias Grünebaum und Dr. Berthold Einstein, entfernt.
Kurt Leo Metzger wurde am 10. Dezember 1909 in Nürnberg geboren. Nach dem Besuch des Reform-Realgymnasiums nahm er im Alter von 20 Jahren das Studium am jüdisch-theologischen Seminar in Breslau auf. Diese jüdische Hochschule war zu ihrer Zeit die bedeutendste Institution für die Ausbildung von Rabbinern in Europa und vermittelte in der Ausbildung neben theologischen auch philologisch-historische Interessen. Einer seiner Studienkollegen war der später in Münster wirkende Prof. Bernhard Brilling. Im Anschluß an sein Breslauer Rabbiner-Examen promovierte Kurt L. Metzger mit dem Thema „Der Analogiebegriff bei Maimonides und Thomas von Aquin" an der Universität Würzburg zum Doktor der Philosophie. Im Frühjahr 1935, kurz nachdem er die Autorisation zum Rabbiner erhalten hatte, trat Dr. Kurt L. Metzger die Stelle des Bezirksrabbiners in Landau an. Das Bezirksrabbinat Landau umfaßte neben der Stadt Landau auch die Betreuung der jüdischen Kultusgemeinden in Albersweiler, Bergzabern, Billigheim, Böchingen, Edenkoben, Essingen, Germersheim, Gommersheim, Hagenbach, Herxheim, Ingenheim, Niederhochstadt, Oberlustadt, Rülzheim und Venningen. Insgesamt 18 Kultusgemeinden mit 1095 Mitgliedern (Stand 1936). Er übernahm kein leichtes Amt. Die von den Nazis immer weiter und perfider entwickelte soziale und rechtliche Diskriminierung der deutschen Juden wuchs immer mehr. Die Kultusgemeinden waren durch die Auswanderung vieler ihrer Mitglieder in ihrer Existenz bedroht. Die soziale und seelische Situation der verbliebenen Gemeindemitglieder war bedrückend. Trotzdem und vielleicht gerade deshalb ging der junge Rabbiner bei seinem Amtsantritt mit großem Elan an die Arbeit. Er schuf mit den „Rundschreiben des Rabbinatsbezirkes Landau" (ab 1937 „Jüdisches Gemeindeblatt für den Rabbinatsbezirk Landau/Pfalz") ein Mitteilungsblatt, das von 1935 bis zu seiner Einstellung 1938 den verstreut und isoliert lebenden Gemeindemitgliedern eine große Hilfe war. Gleich nach der Amtsübernahme gründete er einen Jüdischen Jugendbund und leitete ab 1936 die Landauer Ortsgruppe des "Jüdischen Kulturbundes der Pfalz". Im Gefolge der „Reichskristallnacht" wurde Rabbiner Metzger am 10. Dezember 1938 von Nazi-Schergen verhaftet und im KZ Buchenwald interniert. Als er Ende Dezember 1938 von dort entlassen wurde, war ihm eine Rückkehr nach Landau und seinen Rabbinerbezirk verwehrt. Bis zum Sommer 1938 wirkte er noch als Rabbiner in Nürnberg, bis ihm dann am 21. Oktober 1939 die Ausreise in die USA glückte und ihn so vor Schlimmerem bewahrte. Sein Kollege im Rabbinatsbezirk Frankenthal, Dr. Ernst Steckelmacher, wurde 1943 im KZ Majdanek ermordet.
In den USA konnte er wieder als Rabbiner arbeiten. Seit dem Jahre 1940 war er Seelsorger verschiedener Gemeinden in den Bundesstaaten New York und Pennsylvania. In all den Jahrzehnten war er auch als Anstaltsgeistlicher tätig - in Kriegsveteranenheimen, psychiatrischen Kliniken und Gefängnissen. Neben seiner beruflichen Tätigkeit war er außerdem in einer Vielzahl von Vereinen und Standesorganisationen tätig. Die Präsidentschaften von B'nai B'rith-Logen, des Verbandes jüdischer Gefängnis- und Zuchthausgeistlicher in den Vereinigten Staaten oder der ökumenischen Vereinigung in Bradford seien hier nur ein paar

Beispiele. Über zwanzig Jahre lang hat er außerdem in christlichen Sommercamps unterrichtet, um die Verständigung zwischen Juden und Christen zu verbessern. Dazu gesellte sich eine regelmäßige Vortragstätigkeit bei Radio und Fernsehen. Das umfangreiche Wirken von Rabbiner Metzger wurde unter anderem durch die 1966 vom Hebrew Union College verliehene Ehrendoktorwürde der Hebräischen Literatur gewürdigt. Ein Jahr später erhielt er eine Professur für Biblische Altertümer am Christ-the-King-Seminar der Graduate School der St. Bonaventura-Universität in Olean, New York. In Olean war er seit 1963 als Rabbiner der „Congregation Temple B'nai Israel" tätig.
Ein besonderer Tag war für ihn der 5. Juni 1968. An ihm sprach er das Eröffnungsgebet bei der Sitzung des Amerikanischen Kongresses in Washington, eine Zeremonie, die jährlich von einigen Geistlichen aus den USA vorgenommen wird. An Veröffentlichungen aus seiner Feder sollen (in Klammer das Erscheinungsjahr) „Students Prayer Book" (1950), „Syllabus of Jewish Holidays" (1960), „Manual for Chaplains in Correctional Institutions of the State of New York (1961), „Manual for Jewish Correctional Chaplains" (1962) und das zusammen mit seiner Frau Lore 1990 herausgegebene „Versöhnung. Erinnerung und Gedanken in die Zukunft" erwähnt werden.
Seit dem Jahr 1961 besuchten Rabbiner Metzger und seine Frau Lore, die 1942 in den USA den Bund der Ehe schlossen, regelmäßig Landau. Wenn Rabbiner Metzger in der Pfalz war, so war dies auch immer eine Zeit der vielen Gespräche, Reden und Vorträge, der Teilnahme an Gedenkveranstaltungen und ökumenischen Gottesdiensten. An der Errichtung eines Mahnmals im Jahre 1968 auf dem Platz der von den Nazis zerstörten Landauer Synagoge war er ebenso maßgeblich beteiligt wie bei der im Jahre 1987 erfolgten Einladung der Stadt an ehemalige jüdische Bürger Landaus und der Einweihung des Frank-Loeb'schen Hauses, das u.a. eine Gedächtnis- und Dokumentationsstätte der ehemaligen Landauer Kultusgemeinde beherbergt. Der „Stern" schrieb: „Nun ist er nach Landau gekommen und beschenkt die Stadt. Versöhnung zu predigen gehört zwar zu seinem geistlichen Amt, aber die Versöhnung kommt nicht nur aus seinem Munde, sondern aus einem Herzen. Jeder spürt das. Seine Frau ist gebürtige Landauerin, entstammt einer alten jüdischen Familie. Der Rabbiner Metzger stellt eine Thorarolle...in einen Schrein im Gebetsraum des Frank-Loeb'schen Hauses . Und er hat seine Bibliothek der Stadt Landau vermacht. Es kommt zu einer zutiefst bewegenden Stunde der Versöhnung, als der evangelische Pfarrer Fritz Anefeld seine im Jahre 1333 geweihte Stiftskirche an einem Freitag zum traditionellen Sabbat-Vorabend-Gottesdienst den Juden öffnet. „Landauer haben ihre Synagoge zerstört", ruft der Pfarrer dem Rabbiner in dem von Gläubigen aller Konfessionen überfüllten Gotteshaus zu, „was liegt näher, als daß die altehrwürdige Stiftskirche ihnen ihr Haus anbietet". Ich erlebe erstmals einen traditionellen jüdischen Gottesdienst. Die Alten sagen hinterher, so, genau so, habe er früher in ihrer Synagoge stattgefunden."
„Für besondere Verdienste um die Stadt Landau" wurden er und seine Frau 1987 mit der nur selten verliehenen Ehrenplakette gewürdigt. In seiner Rede zur Einweihung einer Gedenktafel in Speyer am 8.11.1968 sprach er einmal über jüdisches Leben in der Bundesrepublik: „Wo einst jüdisches Leben blühte - nur

noch Zwerggemeinden mit einem Häuflein Juden, Friedhöfe und Ruinen". Trotz dieser entmutigenden Zustandsbeschreibung gab er wohl nie die Hoffnung auf, daß man eines Tages wieder an die Vorkriegstradition des pfälzischen Judentums anknüpfen könne. Als er 1988 in der renovierten Rülzheimer Synagoge nach fünfzig Jahren wieder einen Freitagabend-Gottesdienst leitete, wünschte er am Schluß, daß in dieser nun als Museum und Begegnungsstätte genutzten Synagoge öfters wieder Gottesdienst abgehalten werde.
In einem Brief an den Verfasser schrieb er 1990: „Nicht jeder wird 100 Jahre alt, ich brauche noch 20 Jahre dazu." Dieses Alter war ihm nicht vergönnt. Vielen wird er jetzt fehlen - als kenntnisreicher Wissenschaftler und Gelehrter, aufmerksamer und einfühlsamer Zuhörer, als charmanter und geistreicher Plauderer und mit reichlich Mutterwitz ausgestatteter Mensch.
Tehi nafscho zrura bizror hachajim. Seine Seele möge eingebunden sein im Bund des ewigen Lebens.

**Quellen:**


Briefe von Rabbiner Metzger an den Verfasser.
Dahl, Günter: Versöhnung. Die Kunst mit Juden ganz normal zu reden, in: Stern v. 21.5.1987.
(güw): Auszeichnung für das Ehepaar Metzger. In einer würdigen Feierstunde im Frank-Loeb'schen Haus die Stadtehrenplakette übergeben, in: Die Rheinpfalz, Ausg. Landau v. 29.9.1987.
(güw): Landaus letzter Rabbiner wird 80 Jahre alt. Dr. Kurt L. Metzger feiert seinen „runden Geburtstag" in seinem Wohnort Monroe in den USA, in: Die Rheinpfalz, Ausg. Landau v. 9.12.1989.
(güw): Überzeugt, in Landau gut aufgenommen zu werden. Gespräch mit Landaus letztem Rabbiner, in: Die Rheinpfalz, Ausg. Landau v. 4.5.1987.
(hd): Der Rabbi: Vergangenheit bestehen, wenn man sie bewältigen will, in: Die Rheinpfalz, Ausg. Landau v. 8.5.1987.
(hd): Heimgekehrt dahin, wo er Heimat finden wollte. Dr. Metzger von ihm verbundenen Landauern auf dem letzten Weg begleitet - Trauerfeier mit Militärrabiner,in: Die Rheinpfalz, Ausg. Landau v. 17.3.1992.
Heß, Hans: Die Landauer Judengemeinde. Landau 1984.
(ka): „Stete Warnung für alle Menschen". Rabbiner Dr. Kurt Metzger bei Gedenkfeier im Rülzheimer Rathaus, in: Die Rheinpfalz, Ausg. Landau v. 12.10.1988.
Metzger, Kurt L. und Lore: Versöhnung. Erinnerungen und Gedanken in die Zukunft. Hg. v. Freundeskreis d. Frank Loeb'schen Hauses. Landau 1990.
Metzger, Lore: Eine Synagoge, als Museum gestiftet, sprüht Leben an Yom Kippur (Versöhnungstag). Sonderdruck zum Jahrestag der Einweihung des Frank-Loeb'schen Hauses am 7.5.1988.
(red): Feierlicher Gesang in der Synagoge Rülzheim, in: Die Rheinpfalz, Ausg. Landau v. 17.10.1988.


Abbildungsnachweis: Foto aus dem Buch von Kurt L. und Lore Metzger: Versöhnung. Erinnerungen und Gedanken in die Zukunft. Landau 1990. S. 55.

*Uri R. Kaufmann*

# Zu den geistigen Kämpfen unter den pfälzischen Juden: Die Position des Bezirksrabbiners Elias Grünebaum (1807-1893)

„Der Mensch (...), ohne Einsicht in sein Tun, ohne Selbstbestimmung, gleicht dem stummen Vieh.“ Pessach 1849 [1]

Elias Grünebaum ist im frommen Milieu einer nordpfälzischen jüdischen Familie auf dem Dorfe geboren und als Halbwaise aufgewachsen.[2] Sein Stiefvater schickte den begabten Jüngling nach Mainz, wo er eine rabbinische Grundausbildung bekam. All dies passt durchaus in den Rahmen einer traditionellen ländlichen jüdischen Familie. 1826 ging er nach Mannheim und verbesserte sein Deutsch bei Simon Wolf, dem Leiter der dortigen jüdischen Schule.[3] Wolf nun gehörte zu den sehr fortschrittlich eingestellten Juden in Baden, wirkte er doch 1821 bis 1824 als „Prediger“ beim kleinen, kurzlebigen „Tempelverein“ in Karlsruhe, wo er die deutsche Muttersprache in den Gottesdienst einführte.[4] Es ist nicht bekannt, wie stark Wolf Grünebaum in dieser Hinsicht beeinflusste, vielleicht übte er auch bloss die Rolle eines Deutschlehrers für ihn aus. Eher erstaunlich ist, dass Grünebaum in Mannheim Lateinisch lernte, dies war nun in den 1820er Jahren durchaus unüblich für den Sohn einer jüdischen Familie vom Dorf. Doch dieses Interesse an einer gymnasialen Ausbildung, das er in Mannheim bekam, hinderte ihn nicht, ein Jahr später in Frankfurt von streng orthodoxen Rabbinern wie Salomon Trier weiter Talmud-Unterricht zu erhalten.[5] Gleichzeitig lernt er an einem Frankfurter Gymnasium[6] und absolviert 1831 das Abitur in Speyer, scheint sich nun ausschliesslich auf die weltliche Bildung verlagert zu haben, oder zumindest die neuen staatlichen Anforderungen für das Rabbineramt im bayerischen Königreich erfüllen zu wollen. Diese verlangten den Nachweis wissenschaftlicher Studien an einer Landesuniversität.

Im selben Jahr bezieht er die Universität Bonn, wo er den späteren „Chefideologen“ des liberalen Judentums, Abraham Geiger, trifft und sich bei den Professoren Welcker und Brandis für Arabistik interessiert. Geiger zieht schon 1832 als Rabbiner nach Wiesbaden. Im selben Jahr geht Grünebaum an die Universität München und besteht zwei Jahre später als bester die königlich-bayerische Rabbinerprüfung beim gemässigt liberalen Joseph Aub in Bayreuth.[7] 1836 treffen wir ihn als Landrabbiner von 102 jüdischen Familien des Fürstentums Birkenfeld in Hoppstädten, wo er als „persona gratissima“ von fortschrittlich eingestellten Regierungsbeamten angeworben wurde.[8] Seine Verbindungen zur Pfalz scheinen aber ebenso gut gespielt zu haben: 1836 wird er Bezirksrabbiner in Landau. Seine

Werdegang hat nun eine Beschleunigung erhalten: Vom Kleinstfürstentum ist er doch in einen zentralen Bezirk der Pfalz, nicht nur einer einzigen Gemeinde, gekommen. Im Landkommissariat Landau wohnten 1848 457 jüdische Familien.[9] Dieses Amt sollte er über fünfzig Jahre lang ausüben.[10]
Vom publizistischen Wirken her mag Grünebaum wohl der aktivste Rabbiner der Pfalz des 19. Jahrhunderts gewesen sein. Er wird als eifriger Anhänger der „Reform-Bewegung" bezeichnet: Was bedeutet dieser Ausdruck und welche Stellung nahm er wirklich ein?

In den 1830er Jahren wurden die Grundlagen für die drei prägenden modernen Strömungen im westlichen Judentum gelegt.[11] Sie entstanden in Deutschland. In der Auseinandersetzung mit der Aufklärung, dem gewandelten Wissenschaftsbegriff, insbesondere der historischen Quellenkritik und den allgemeinen Geistesbewegungen in der Gesellschaft (Romantik, Schleiermachers „Gefühlschristentum"[12] etc.) entwickelten sich allmählich drei Richtungen. Bewusst grenzten sich diese allerdings erst 1844 in Braunschweig und 1845 in Frankfurt gegeneinander ab, als auf Grund privater Initiative Rabbinerversammlungen einberufen wurden.[13] Die dort gefassten Beschlüsse gingen zuerst der Neo-Orthodoxie, dann der konservativen Strömung zu weit. Institutionell verankert wurde diese Trennung durch die Gründung von eigenen (privaten) Rabbinerseminaren zwischen 1854 und 1872 in Breslau und Berlin.[14]
Mit dem Begriff „Reform" kann man den linken Flügel des liberalen Judentums assoziieren, die 1845 entstandene Berliner „Reformgemeinde" und ihr Umkreis.[15] Diese führte radikale Änderungen ein, verlegte den Gottesdienst auf den Sonntag, blieb aber insgesamt marginal.
Zu welcher Richtung gehörte nun Elias Grünebaum ?

Wir finden ihn schon im ersten Jahrgang der „wissenschaftlichen Zeitschrift für jüdische Theologie" im „Gelehrten-Verein". Dies mag kaum verwundern, wenn man weiss, dass sein ehemaliger Kommilitone, Abraham Geiger, die treibende Kraft hinter diesem publizistischen Vorhaben ist. Hier verfasst er nun einen längeren Artikel und einige Korrespondentenberichte über die bayerische Rheinpfalz. Seine Aussagen sind zugleich Belege für seine Position innerhalb der liberal-religiösen Strömung im Judentum. Er geht von der „fortschreitenden Entwicklung" des Judentums aus.[16] Die Offenbarung sei nichts Statisches oder Abgeschlossenes, sie schliesse sich den „jeweiligen Entwicklungsstufen" des Menschen an. Typisch für die kritische Einstellung war es, „kalten Mechanismus" im damaligen jüdischen Gottesdienst zu diagnostizieren.[17] Die „wahre Herzensandacht" sei wiederzubeleben: Dies ist ein klarer Hinweis auf die romantische Religionsauffassung Grünebaums. Weiter plädiert er für die Wiedereinführung des Wechselgesangs in der Synagoge[18]: Der Gottesdienst soll vermehrt zu einem emotionellen Erlebnis werden, an dem alle gleich teilhaben können. Seiner romantisch geprägten Gefühlslage entspricht es gar nicht, dass gottesdienstliche Funktionen nach alt-hergebrachtem Brauch versteigert werden, um der Gemeindekasse einen nicht unerheblichen Zustupf zu verschaffen.[19] Obwohl die bayerisch-pfälzische Regierung dies in einer Verordnung verboten hatte, leben die Gemeinden dieser nicht nach. Überhaupt

lässt sich zwischen den Zeilen erkennen, dass Grünebaums Wirken auf Opposition trifft: 1836 schreibt er beispielsweise vom „unempfänglichen Sinn“ jüdischer Gemeinden.[20] So „selbstverständlich“ war der (jüdisch-religiöse) „Liberalismus“ keineswegs![21]
Hier müssten genauer die Umstände seiner Wahl ins Amt nach Landau im Jahr 1836 abgeklärt werden. Es ist doch eine erstaunliche Tatsache, dass diese Vorgänge noch fast hundert Jahre später den ursprünglich aus Landau stammenden Frankfurter Rabbiner Cäsar Seligmann beschäftigen. In einem Brief vom 15.8.1932 bittet er seinen jüngeren Bekannten, den angehenden Rabbiner Robert Raphael Geis, anlässlich seiner Tätigkeit in München im bayerischen Staatsarchiv nachzuschauen, ob sich nähere Auskünfte finden: Sein Vater sei damals durch die Protektion („unglaubliche Vergewaltigung“) des Regierungskommissärs Petersen nicht als Rabbiner von Landau gewählt und Grünebaum der Landauer Gemeinde regelrecht „aufgedrängt“ worden![22]

In einem zeitgenössischen Artikel beklagt sich Grünebaum ausdrücklich über das Fehlen eines städtisch-jüdischen Milieus in der Pfalz, das seinen Vorschlägen symphatischer gegenüber stehen würde.[23] In einer Predigt des Jahres 1872 lobt er sich hingegen, in Landau als der ersten Pfälzer Gemeinde Verbesserungen des Gottesdienstes initiiert zu haben[24]: „Anstand und Ordnung“, deutsche Lieder und der Chorgesang wurden eingeführt, mittelalterliche religiöse Dichtungen und ihm anstössig erscheinende Stellen gestrichen (in seiner Ausdrucksweise: „Missbräuche beseitigt“).[25] Diese beiden Aussagen lassen sich wohl so verstehen, dass Grünebaum weitreichendere Vorstellungen hatte, diese aber nur teilweise und nicht so schnell in die Wirklichkeit umsetzen konnte. In einer 1843 anonym erschienenen Broschüre plädiert er sogar für die Abschaffung des Hebräischen im Gottesdienst, nur noch das Glaubensbekenntnis „Höre Israel“ sollte in dieser Sprache gebetet werden. Der Rezensent dieser Schrift und Herausgeber der Allgemeinen Zeitung des Judentums, Rabbiner Ludwig Philippson, meint, dass sich der Verfasser zu wenig um „die Gewohnheit des Volkes“ kümmere, wenn er solche radikalen Forderungen aufstelle.[26] Achtzehn Jahre später mildert Grünebaum seine Position erheblich ab und spricht nur noch von der Einführung des Deutschen in den Gottesdienst, ohne auf Hebräisch verzichten zu wollen.[27]
Die Reformen, die die Regierung schon befürwortete, sollten durchgesetzt werden: Er schreckt nicht davor zurück, gegen renitente Amtskollegen die Anzeige bei der Obrigkeit vorzuschlagen.[28]
Ein weiteres typisches Anliegen der Neuerer war die Modernisierung des jüdischen Schulsystems. Nur staatlich geprüfte Lehrer sollten künftig zugelassen werden und jüdische Volksschulen den privaten „Winkelschulen“ den Garaus bereiten. In diesen althergebrachten „Chederschulen“ (Cheder: hebr. für „Zimmer“) würde nur notdürftig Hebräisch unterrichtet, keine zusammenhängende Kenntnis der Bibel vermittelt und kein „das Gemüt anregender Unterricht“ erteilt.[29] Grünebaum befürwortet eine Art Sonntagsschule, wie sie nach einer obrigkeitlichen Verordnung vom Dezember 1828 in der Pfalz vorgesehen wäre[30]: Der Religionsunterricht sollte bis ins 18. Lebensjahr für Mädchen (!) und Jungen im Schullokal fortgesetzt werden, natürlich am Schabbat, dem jüdische Ruhetag. Auf diese Weise könnten die sonst mit der mühsamen Arbeit als Hausierer beschäftigten Jünglinge wenig-

stens für kurze Zeit zu Höherem hingelenkt und auf die „Pflichten des Bürgers und des Israeliten" hingewiesen werden.[31] Während der linke Flügel der jüdischen Reform unbedingt für eine Integration der Juden auf Schulebene eintrat, macht Grünebaum hier Vorbehalte.

Die in den allgemeinen öffentlichen Schulen verwendeten Lesebücher wiesen „eine entschiedenste confessionelle Färbung", d.h. christliche Inhalte, auf.[32] Durch die Anstellung jüdischer Volksschullehrer könne man diese in den Dienst der jüdischen Gemeinschaft stellen. Im Verbund mit ihnen hofft Grünebaum auf eine Beförderung von Neuerungen. Als drittes Argument für jüdische Volksschulen verweist er auf die besondere Siedlungsstruktur der pfälzischen Juden, die oft in sehr kleinen Gemeinden wohnten und sich einen blossen Religionslehrer gar nicht leisten würden.[33] Hier bestünde nur die Alternative zwischen einem Verzicht auf jeglichen jüdischen Unterricht, oder auf die jüdische Volksschule. In der kurzen Zeit von nur sechzehn Jahren (1823-1838) enstanden fünfzig jüdische Volksschulen in der Pfalz.[34]

Grünebaum befürwortet die gemeinsame Ausbildung der Lehrer, wie sie zur Zeit am Seminar in Kaiserslautern stattfinde.[35]

Wie definiert er die Aufgaben des Rabbinats? Er erhofft sich eine bessere Unterstützung durch den Staat: Die Beamtenschaft achte Rabbiner nicht sonderlich.[36] In einem 1862 veröffentlichten Buch führt er eine beredte Klage darüber, daß die pfälzischen staatlichen Stellen die Rabbiner weder zu Gutachten bei der Anstellung von Kultusbeamten und Lehrern beiziehen, ja sogar nicht einmal die Namen neu gewählter Gemeinde-Vorsteher mitteilen würden.[37] Für das Rabbinat sollten nur wissenschaftlich qualifizierte Kandidaten in Frage kommen. Er nimmt Bezug auf die königlich-bayerische Rabbinerprüfung, wie sie am 8.10.1823 in einer Verordnung festgelegt wurde: Der Kandidat müsse deutsche und hebräische Sprach- und Grammatikkenntnisse nachweisen, über rednerische Geschicklichkeit verfügen und Kenntnis von der „Brauchbarkeit der israelitischen Ceremonial-Verordnungen" haben.[38] In seinem Entwurf eines Statuts für die israelitische Religionsgemeinschaft der Pfalz möchte er dem Rabbiner viel Einfluss zuteilen: Er würde als Beamter auf Lebenszeit gewählt, den Vorsitz bei Bezirkssynoden führen, die Gutachten bei Anstellung von Kultusbeamten erteilen und von Amtes wegen Mitglied der Landessynode sein.[39] Darin hätten die vier Rabbiner zusammen mit den Lehrern - je einer aus den zwölf pfälzischen „Landkommissariaten" - grosses Gewicht. Pro Kanton war je ein „gewöhnlicher" Gemeindeabgeordneter vorgesehen. Auch die Repräsentanten der Gemeinden würden über Wahlmänner - nicht direkt - gewählt, so dass gewährleistet sei, dass nur „die angesehensten und achtbarsten Elemente" zu Delegierten bestimmt würden.[40] Dasselbe Wahlmännerkollegium würde den dreiköpfigen Synagogenausschuss für die Ortsgemeinde wählen und nicht - wie bisher üblich - der christliche Bürgermeister.[41]

Auch wenn gewisse Entwicklungen im Christentum des 19. Jahrhunderts zum Modell für die Neugestaltung der jüdischen Religion genommen werden, will Grünebaum die Unterschiede nicht verwischen. Auf den traditionellen Vorwurf von christlicher Seite, das Judentum sei keine Religion der Liebe, geht er in einem längeren Artikel in der wissenschaftlichen Zeitschrift ein.[42] Er definiert das Judentum als Religion der Gerechtigkeit und Wahrheit und qualifiziert den - wohl

romantisch geprägten - Begriff der Liebe ab: Dieser entbinde den Menschen von der Verantwortung für sein Handeln. Liebe sei als Grundprinzip - nicht als Begleiter - der Religion untauglich: Sie sei von „kränkelnder Überspannung, schwärmerischer Gemütlichkeit und empfindelnder (sic!) Schwärmerei" geprägt[43], die nicht auf Besserung des Sünders ziele.
Überhaupt erweist er sich in seinen Artikeln und Predigten als Kenner des rabbinischen Schrifttums: Oft zitiert er auf hebräisch Äusserungen rabbinischer Autoritäten. Es bereitet ihm keine ideologischen Schwierigkeiten aus dem Talmud, dem Midrasch oder aus den mittelalterlichen Kommentaren eines Raschi (Rabbi Schlomo Jzchaki aus Worms und Trier) oder Salomon ibn Adret zu zitieren. Genaue Quellenhinweise dürfen in einer deutsch-jüdischen Predigt nicht fehlen! Äusserungen des antiken jüdischen Autors Philo aus Alexandria führt er in griechischer Sprache an. Schnell nimmt er Neuerscheinungen zur Kenntnis, bspw. Salomon Ludwig Steinheims „Offenbarung nach dem Lehrbegriff der Synagoge". Im höheren Alter kritisiert er seine Zeitgenossen, die gleichgültig in religiösen Dingen seien.[44] Er ermahnt sie zur inneren Umkehr und zur Abkehr von „törichtem Leichtsinn" und „frevelhaftem Übermut"[45]: Die Verweltlichung hat nun auch die jüngere jüdische Generation in der Pfalz erreicht - die in der Welt ganz anders herumkommt, wie er in seiner Jugendzeit[46] - und dies will Grünebaum gerade nicht: Er befürwortet im Prinzip das „jüdische Ceremonialgesetz" als „äussere Hülle" für „geistliche und sittliche Wahrheiten".[47]

Grünebaum ist selbstverständlich ein deutscher Patriot und pflegt nationales Pathos in seinen Predigten: „Mit Tücke" seien zwei „herrliche Glieder des Vaterlandes" (Elsass und Lothringen) abgetrennt worden und nun, 1871, zurückgekehrt.[48] Die Pfalz sei die „äusserste Wacht am Rhein" gewesen.[49] Mit der deutschen Einigung beginne eine Zeit der Freiheit und des Rechts für alle.[50] Die gemeinsame Anstrengung aller Teile der Bevölkerung sollte diese besser untereinander verbinden, insbesondere sollten die letzten Reste der Judenfeindschaft unter dem Einfluss der Hingabe jüdischer Soldaten für ihr Vaterland verschwinden[51]: „Die Söhne derselben heiligen vaterländischen Erde" sollten zusammengeführt werden.[52] Diese Hoffnung trügte: 1873 wurden die Juden in einflussreichen Teilen der deutschen Presse für die „Gründerkrise" - in völliger Verkennung der wirklichen Ursachen - verantwortlich gemacht und 1879 sollte der konservativ gewordene Heinrich von Treitschke den Juden ihr Deutschtum bestreiten und sich in populistisch-judenfeindlichen Ergüssen über den angeblichen Wucher und ihre niedere wirtschaftliche Betätigung („hosenverkaufende Jünglinge") ergehen, nicht untypisch für einen „nouveau arrivé" der wilhelminischen Oberschicht. Ob und wie Grünebaum darauf reagiert hat, entzieht sich unserer Kenntnis.

Seine Biographie zeigt exemplarisch die grundlegenden Veränderungen auf, die die deutschsprachigen Juden des 19. Jahrhunderts durchlebten. Auf dem Dorfe aufgewachsen und als Talmudschüler noch bis mindestens ins 19. Lebensjahr dem orthodoxen Milieu streng verpflichtet, erwirbt er 1826 in Mannheim bildungsbürgerliche Kenntnisse. Er möchte eine akademische Ausbildung erhalten und findet - trotz seines orthodoxen Hintergrundes - Anschluss an die sich ausdifferenzierende liberale Strömung im Judentum. Seine Position war 1843 ideologisch noch fortschrittlicher als diejenige Ludwig Philippsons, des massgeblichen gemässigt jüdisch-liberalen Publizisten. Bald sollte er aber sich stärker nach der Wirklichkeit der Verhältnisse in der Pfalz richten: Nur so ist seine Befürwortung jüdischer Volksschulen zu verstehen. Er möchte den Einfluss fortschrittlich eingestellter Rabbiner und Lehrer im Entwurf einer Satzung der israelitischen Religionsgemeinschaft stärken und hofft auf das Wohlwollen des Staates. Grünebaum gehört zur fortschrittlichen Richtung im liberalen Judentums des 19. Jahrhunderts, nicht zur linken „Reformgemeinde": Dies war in den traditionellen Verhältnissen unter den Pfälzer Juden nicht möglich. Im Detail müsste noch geklärt werden, wie weit seine Änderungen gingen: Die Entfernung von Gebetstexten die auf einen persönlichen Messias, Tempelopfer oder die Rückkehr nach Zion hinweisen, waren an sich in der gemässigt-liberalen, in abgemilderter Form sogar in der konservativen Strömung, üblich. Hier wäre es wichtig zu erfahren, welche Ausgabe des Gebetbuches Grünewald in Landau benutzen liess. Der Amtskollege Moses Präger im nahen Mannheim schien in den 1850er Jahren mit der Einrichtung einer Orgel weiter als Grünebaum gegangen zu sein: In Landau ist zuerst nur von einem Harmonium die Rede, und es ist nicht klar, ob es beispielsweise nur zu Familienanlässen, oder sogar - was progressiver gewesen wäre - am Schabbat gespielt wurde.[53]

Grünebaums Werdegang ist nicht nur von „provinziellem" Interesse, vielmehr belegen seine Äusserungen den geistigen Gärungsprozess innerhalb der „Juden in der Provinz", die beispielsweise 1852 mit 83,6 % noch weitaus die Mehrheit der deutschen Juden ausmachten.[54] Dieser Prozess ist bis heute noch viel zu wenig erforscht.

Es trifft nicht zu, dass von den inneren Kämpfen der Pfälzer Juden nichts in Erfahrung zu bringen ist: Wir haben versucht, mittels der jüdischen Presse, gedruckter Predigten und Einzelbroschüren aufzuzeigen, dass man durchaus einen Blick ins pfälzisch-jüdische Leben des 19. Jahrhunderts hinein werfen kann. Zudem sind die Reste der jüdischen Gemeindearchive in der Aussenstelle Coswig (Sachsen-Anhalt) des Bundesarchivs Potsdam seit 1990 zugänglich geworden: Es gibt dort eine ganze Reihe Pfalz-Betreffe und auch die „Central Archives for the History of the Jewish People" in Jerusalem hätten mehr Aufmerksamkeit der lokalen Forscher verdient.

## Anmerkungen

1 Meyer Kayserling, Bibliothek jüd. Kanzelredner, Bd.2, Berlin 1872, S.179.
2 Geboren wurde er am 10.7.1807 in Reipoltskirchen, Kreis Kusel, aufgewachsen ist er in Münchweiler a. d. Alsenz, s. Allg. Deutsche Biographie, 49. Bd., Zusätze, Leipzig 1904, S. 596f. (Verfasser Adolf Brüll) und Allg. Zeitung des Judentums (nun: AZJ), Nr.41, 13.10.1893, S.2
3 Kayserling 2, S. 174 (s.Anm.1).
4 Der etwas ältere Wolff stammte aus einem ähnlichen Milieu: In Hechingen geboren besuchte er die dortige Talmudschule, wandte sich aber vom orthodoxen Judentum ab, s. ebd.
5 S. o. ADB, Kayserling 2, ebd.
6 Eine Universität gab es in Frankfurt damals noch nicht, wie in Salomon Winingers Grosser Jüdischer National-Biographie, Czernowitz 1927, Bd.II, S.536 behauptet wird.
7 S. o. ADB. Interessant wäre zu erfahren, womit er seine dreizehn Jahre (1823-1836) dauernde Ausbildung bestritt. Vielleicht diente er als Hauslehrer bei jüd. Familien in Mannheim, Frankfurt und Speyer? Ungeklärt ist auch, woher Grünebaum seinen Doktortitel erhalten hat: In der Liste der Gelehrten um die wiss. Zeitschrift führt er diesen noch nicht, im 1862 gedruckten Buch zum 25-jährigen Rabbinatsjubiläum erscheint er (s.u. Anm. 24). Wann und von welcher Universität hat er ihn erhalten? Bekam er ihn honoris causa? Was war die „Ehre"?
8 Rabb. Lewin, Die Synagoge zu Hoppstädten, in: Birkenfelder Heimatblätter, 15.8.1925, Nr.11, 2. Jg.
9 Werner Knopp, Statistische Materialien zur Geschichte der jüd. Bevölkerung, Koblenz 1975, S.74.
10 Seinem Nachruf entnehmen wir, dass die letzten viereinhalb Jahre (1889-1893) ein Rabbinatsverweser namens Oppenheim eingesetzt wurde, s. Landauer Anzeiger, Amtsblatt der Kgl. Amtsgerichte Landau (...) Nr. 225, 26.9.1893. Freundlicher Hinweis von Herrn Bernhard Kukatzki vom 13.5.1991.
11 Michael A. Meyer, Response to Modernity, Oxford 1988, S.100-108.
12 Ebd., S.66f.
13 Ebd., S.132-142.
14 Ebd., S.141, 191, s. auch Mordechai Eliav: Das orthodoxe Rabbinerseminar in Berlin, in: Wissenschaft des Judentums (...), Hg. Julius Carlebach, Darmstadt 1992 (erscheint im Oktober), S.59-73 und Herbert A. Strauss: Die letzten Jahre der Hochschule für die Wissenschaft des Judentums, in: ebd., S.36-40.
15 Meyer 1988, S.129-131. Diese Gleichsetzung von Reform mit dem linken Flügel der Bewegung trifft im englischen und hebräischen Sprachraum nicht zu, er ist dort weiter gefasst. Dies führt teilweise zu Verwirrungen.
16 Wissenschaftliche Zeitschrift für jüd. Theologie 2.Bd., Frankfurt 1836, S.296 (nun: WZJT).
17 WZJT 1. Bd., 1835, S.263.
18 WZJT 1835, S.436.
19 WZJT 1835, S.436.
20 WZJT 1836, 386.
21 Hermann Arnold, Juden in der Pfalz, Speyer 1967, S.56.
22 Leo Baeck Archiv, New York, Nachlass R.R.Geis. Auch hier wäre zu untersuchen, wie stark sich die bayerische Politik gegenüber der jüdischen Religion in der Rheinpfalz auswirkte. Obwohl 1837, nur ein Jahr nach der Wahl Grünebaums, eine scharfe Rechtswendung erfolgte, scheint diese ihm trotz seiner „neologen" Einstellung nie etwas angetan zu haben.
23 WZJT 1835, S.435.
24 Kayserling 2, S.198.
25 Hier handelt sich um Stellen, die einen persönlichen Messias, die Rückkehr nach Zion und die Bitte um Wiederherstellung der Tieropfer im Tempel betreffen. Hier wäre es interessant zu erfahren, ob dies ein gemischter Chor gewesen ist, was damals für den jüd. Gottesdienst revolutionär gewesen wäre, oder ob es sich um einen Männerchor handelte, wie er in orthodoxen Synagogen allmählich üblich wurde.

26 AZJ 1844, S.253, s. Zustände und Kämpfe der Juden (…), Mannheim 1845, S. 46 f.
27 Dr. E. Grünebaum: Israelitische Gemeinde, Synagoge und Schule in der baierischen Pfalz, (...) nebst dem Entwurfe einer Synagogen-Verfassung, Landau 1862, S.34 (nun: „Gemeinde 1862").
28 WZJT 1836, S.437.
29 Gemeinde 1862, S.8
30 WZJT 1836, S.441.
31 WZJT 1836, S.442.
32 Gemeinde 1862, S.21.
33 Gemeinde ebd. S.28.
34 AZJ, 1844, S.254, s. Zustände 1845, S. 64.
35 WZJT 1836, S.435. Interessant wäre zu erfahren, wer bis 1861 die Lehrer in den damals sehr wichtigen jüdischen Fächern unterrichtete: Besorgte dies der Ortsrabbiner? Wurde er dabei vom Staat analog einem Dozenten entlohnt, oder mußten dies die jüdischen Gemeinden aus der eigenen Tasche finanzieren. Gesetzt den Fall: Wie war das Sammeln des Geldes möglich *ohne* Landesverband?
36 Gemeinde 1862, S.51.
37 Ebd., S.11.
38 Ebd., S.13.
39 Ebd., S.46, 49, 57, 59, 62.
40 Ebd., S.43.
41 Ebd., S.56. Dieser Entwurf wurde im 19. Jh. nicht verwirklicht.
42 WZJT 1836, S.285-303.
43 Ebd., S.292.
44 Kayserling 2, S.194.
45 Ebd., 205.
46 Kayserling 2, S.197.
47 Kayserling 2, S.181.
48 Ebd., S.202.
49 Ebd.
50 Ebd., S:204
51 Kayserling 2, S.192.
52 Kayserling 2, S.190.
53 Arnold 1967, S.56 (s. Anm.21).
54 Schmelz, Usiel O(skar), Die demographische Entwicklung der Juden (...), in: Zeitschrift für Bevölkerungswissenschaft Jg. 8 H.1 (1982) S.40. Der Prozentsatz bezieht sich die Juden, die in Kleinstädten und Dörfern unter 20'000 Einwohnern lebten, im Vergleich zur jüd. Gesamtbevölkerung.

*Wilhelm Kreutz*

# Die pfälzischen Juden der napoleonischen Ära: Bevölkerungsentwicklung, regionale Ausbreitung und Sozialstruktur

## Mit einem Verzeichnis der 1809/10 im Donnersbergdepartement lebenden jüdischen Familien

Wer sich mit der neueren Geschichte der pfälzischen Juden beschäftigt, wird immer wieder auf die zentrale Bedeutung der rund zwei Jahrzehnte dauernden französischen Herrschaft am Rhein verwiesen, der vor allem der korsische Empereur seinen Stempel aufdrückte. Denn die Fülle der Gesetze, die während dieser Ära verabschiedet wurden, veränderte die staatsbürgerlichen und zivilen Rechte sowie die sozio-ökonomischen Rahmenbedingungen der pfälzischen Juden nicht nur dieser Epoche von Grund auf.[1] Das ab 1797 auch im linken Rheinland geltende Emanzipationsdekret vom 13. November 1791, das die jahrhundertelang nur als „Schutzjuden" Geduldeten zu gleichberechtigten Staatsbürgern erklärte,[2] das kaiserliche Edikt über die Namensänderungen vom 1. April 1803, das sie zwang, eindeutige Familiennamen anzunehmen,[3] die Verordnung über die Organisation der israelitischen Kultusgemeinden und Konsistorien aus dem Jahr 1808, die wesentliche Vorschläge des „Grand Sanhédrin" aufgriff, jener 1806 erstmals in Paris tagenden Versammlung der jüdischen Deputierten Frankreichs,[4] sowie das berühmt-berüchtigte „décret infâme", das 1808 wesentliche Teile des Gleichstellungsgesetzes für zehn Jahre aufhob,[5] bestimmten vielmehr bis über die Mitte des 19. Jahrhunderts hinaus den Alltag der Minorität. Ja, da Max I. Joseph diese Edikte ebenso bestätigte wie die übrigen „französischen Institutionen" der Pfalz und die vielfachen Emanzipationsinitiativen der pfälzischen Liberalen selbst noch während der Revolution von 1848/49 an den antijüdischen Ressentiments Maximilians II. und der klerikal-konservativen Abgeordneten Altbayerns scheiterten,[6] galt das diskriminierende Dekret von 1808 im bayerischen Rheinkreis paradoxerweise länger als im Mutterland selbst.

Ebenso weitreichende Folgen wie diese unmittelbar in das Leben der israelitischen Staatsbürger eingreifenden Gesetze zeitigten zudem die französischen Verwaltungsreformen.[7] So ist die staatliche Neuorganisation des linken Rheinlands allein schon wegen ihrer forschungspraktischen Auswirkungen in den Blickpunkt dieser Untersuchung zu rücken, da sie die territoriale Zersplitterung des rheinisch-pfälzischen Raums überwand, die bis heute eine intensive Auseinandersetzung mit der frühneuzeitlichen Geschichte der einheimischen Landjuden verhindert hat. Zusammen mit der Zentralisierung der Behörden, der Einführung von Standesämtern oder dem Ausbau der Landesstatistik schuf sie die administrative Grundlage für eine umfassende Analyse der israelitischen Gemeinden der Pfalz. Gewiß, das Gebiet des späteren bayerischen Rheinkreises bildete auch während der früher vielgeschmähten „Franzosenzeit“ keine Verwaltungseinheit, sondern war auf die Departements Donnersberg, Saar und Niederrhein verteilt. Doch dies ist sicherlich kein hinreichender Grund dafür, daß die demographische und soziale Entwicklung der pfälzischen Juden jener Jahre bislang nicht so detailliert untersucht wurde wie die anderer Regionen des deutschen Südwestens oder der elsässischen Nachbardepartements. In diesem Zusammenhang müssen vielmehr die seit dem 19. Jahrhundert beklagte Randlage des Regierungsbezirks sowie die institutionellen Defizite der pfälzischen Landesgeschichtsschreibung, etwa das Fehlen einer Landesuniversität, mitberücksichtigt werden. Wie dem auch sei, festzuhalten ist, daß in der Vergangenheit weder die demographischen Veränderungen noch der soziale Status der pfälzischen Juden im Zeitalter Napoleons so differenziert analysiert wurden wie die gesetzlichen und institutionellen Rahmenbedingungen jener Ära. Selbst die verdienstvolle mehrbändige Dokumentation der Landesarchivverwaltung Rheinland-Pfalz konnte trotz einer Fülle grundlegender Quellen diese Lücke nur bedingt schließen.[8] Da überdies Hermann Arnold seine wiederholten Erörterungen der jüdischen Bevölkerungsentwicklung der ‘vorbayerischen’ Epoche auf zu wenige und zum Teil falsche Zahlenangaben stützte,[9] schien ein weiterer Klärungsversuch jenes Sachverhalts lohnend, zumal das publizierte Material durch grundlegende Dokumente aus dem Pariser Nationalarchiv ergänzt werden konnte. Der dort überlieferte Quellenbestand, auf den Helmut Mathy schon vor einigen Jahren aufmerksam machte, ohne ihn jedoch im einzelnen zu bestimmen,[10] wird im folgenden erstmals zusammenfassend ausgewertet und als Grundlage für weitere vor allem genealogische bzw. lokalhistorische Studien - teilweise - abgedruckt.

Ziel der Ausführungen ist es zunächst, den Kenntnistand über die Bevölkerungsentwicklung der pfälzischen Juden anhand der Departementsstatistiken des Jahres 1808 zu verbessern.[11] Sie wurden wohl Hand in Hand mit dem Vollzug des Namensänderungsgesetzes erstellt und sind, wie Gildas Bernard unlängst bestätigt hat,[12] als erste weitgehend genaue Quelle anzusehen. Um dennoch die Verläßlichkeit der Einzelangaben zu überprüfen und um die demographischen Veränderungen sowie den regionalen Ausbreitungsprozeß der Minorität im ersten Viertel des 19. Jahrhunderts zu veranschaulichen, werden ihnen die gedruckt vorliegenden Ergebnisse der Volkszählung des Jahres IX (1801/02), der ersten der napoleonischen Ära,[13] sowie des Gemeindeverzeichnisses der bayerischen Kreisregierung in Speyer aus dem Jahr 1825 gegenübergestellt.[14] Denn dieser Vergleich läßt nicht nur die Lücken und Ungenauigkeiten des Recensements von 1801/02, die schon die napoleonische Administration beklagte, im Detail hervortreten. Entscheidender ist vielmehr, daß auf diese Weise sowohl die Kontinuität der dörflichen ‘Zentren’ des pfälzischen Landjudentums als auch seine regionale Mobilität am Beginn des Jahrhunderts Kontur gewinnen. Daneben stützt sich die Analyse auf die Verzeichnisse der jüdischen Haushaltsvorstände, die 1809/10 bzw. 1810 zur Zahlung der Kultusumlage, d.h. einer frühen Form der Kirchensteuer, veranlagt wurden.[15] Wenngleich in diesen Listen die „abhängigen Familienangehörigen“ und die als „arm“ anerkannten Israeliten fehlen, verlieren durch sie einerseits die allgemeinen statistischen Angaben Ort für Ort wenigstens einen Teil ihrer ‘Anonymität’. Da die

Verzeichnisse neben den *neuen* Familiennamen und der Steuerklasse in der Mehrzahl der Fälle auch den Beruf der Veranlagten nennen, legen sie andererseits nicht allein die regionalen Unterschiede der Namensänderungen offen,[15] sondern sie ermöglichen zugleich eine erste soziale Differenzierung der Minorität. Und da diese Verzeichnisse darüber hinaus eine erstrangige Quelle für weitere genealogische oder lokale Studien, aber auch für eine differenzierte Analyse der Mobilität des pfälzischen Judentums im 19. Jahrhunderts darstellen, werden sie im Anhang in überarbeiteter Form abgedruckt.

## Bevölkerungsstand und -entwicklung

Das Recensement von 1808 belehrte die napoleonische Bürokratie, daß ihre seit der Volkszählung des Jahres IX fortgeschriebenen Berechnungen der jüdischen Staatsbürger in den vier neuen rheinischen Departements, in denen etwa 30% aller Israeliten des „Grand Empire" lebten, fehlerhaft waren.[17] Hierbei wichen gerade die Ergebnisse im Donnersbergdepartement, wo die Minderheit nach dem elsässischen Niederrheinkreis den größten Bevölkerungsanteil stellte,[18] besonders stark ab. Noch 1806 war die Administration anläßlich der Festsetzung der Deputiertenzahlen für den Großen Sanhédrin von 8.231 Angehörigen der religiösen Minorität ausgegangen.[19] Zwei Jahre danach aber mußte sie diese Zahl um rund 35% auf 11.122 Juden korrigieren, von denen 6.062 in den Gemeinden des späteren bayerischen Rheinkreises beheimatet waren. Rechnet man die Israeliten der nachmaligen pfälzischen Ortschaften des Niederrhein- sowie des Saardepartements hinzu, ergibt sich für das Jahr 1808 eine Gesamtzahl von 8.126 'pfälzischen' Israeliten.[20] Setzt man dieses Resultat in Bezug zu jenen 10.470 pfälzischen Juden, die 1818/19 gezählt wurden, so lag der jährliche Zuwachs in diesem Jahrzehnt zwischen 2.6% und 2.9%. Zwar übertraf er damit die durchschnittlichen Zugewinne der frühen bayerischen Zeit, die pro Jahr etwa 2.5% betrugen.[21] Aber er blieb so deutlich innerhalb der Marge eines natürlichen Bevölkerungswachstums, daß für dieses Dezennium eine nennenswerte Zuwanderung von Juden aus dem Rechtsrheinischen ausgeschlossen werden kann, zumal viele deutsche Rheinbundstaaten ihre Rechtsverhältnisse rasch dem französischen Vorbild anglichen und der jüdischen Migration damit weitgehend den Boden entzogen.

Wie aber ist die ins Auge fallende Differenz der Angaben von 1801 und 1808 zu erklären? Ist die jüdische Bevölkerung der pfälzischen Gemeinden des Donnersbergdepartements in dieser kurzen Zeit tatsächlich um rund 40%, von 4.304 auf 6.062 Personen, angewachsen?[22] Mit welch hoher Wahrscheinlichkeit auch in diesem Falle die gelegentlich geäußerte Vermutung, das revolutionäre Emanzipationsgesetz habe viele Israeliten über den Rhein in die zu Frankreich gehörenden Departements gelockt, ausgeschlossen werden kann, offenbart der Vergleich der beiden Statistiken. Denn die Gegenüberstellung der absoluten wie prozentualen Werte legt die Hintergründe der 1808 notwendigen Korrektur der Bevölkerungszahl im Detail offen. Sie beweist in erster Linie das kontinuierliche, keineswegs spektakuläre Anwachsen fast aller israelitischen Gemeinden der Region. Allein die Zahlen für den Kanton Grünstadt, dessen Zugewinnrate den Durchschnitt scheinbar um das Vierfache überstieg, sprengen diesen Rahmen. Da dieser Kanton jedoch den mit Abstand höchsten Minoritätsanteil aufwies, führt die Diskrepanz seiner Resultate zu einer signifikanten Verzerrung des Gesamtergebnisses. Die gravierenden Unterschiede sind indessen vor allem auf Ungenauigkeiten der ersten Volkszählung zurückzuführen und entbehren jeder realen Grundlage. Dies unterstreichen nicht nur die wiederkehrenden Klagen napoleonischer Beamter über die zahlreichen Juden, die nicht durch das Recensement hätten erfaßt werden können. Sei es, daß sie eine neuerliche Begrenzung der 'geduldeten' Familien befürchteten, die im Ancien Régime in vielen Territorien üblich war, oder sei es, daß sie Steuererhöhungen bzw. die Einführung neuer Abgaben erwarteten, festzuhalten ist, daß sie sich gerade in den Gemeinden, in denen der jüdische Bevölkerungsanteil aus noch zu erörternden Gründen besonders hoch war, in beträchtlichem Ausmaß der Zählung des Jahres IX entziehen konnten. Dabei machten sie sich häufig das für die Beamten verwirrende tradierte Namensrecht zunutze, das ja keine festen Familiennamen kannte, und beschworen somit das Namensänderungsgesetz von 1803 geradezu heraus. Ob und inwieweit die Administration diese Verweigerung durch Unkenntnis, Nachlässigkeit oder gar Entgegenkommen begünstigte, kann an dieser Stelle nicht geklärt werden. Auffällig ist jedoch, wie viele bedeutende jüdische Gemeinden des Kantons Grünstadt 1801 gar nicht oder höchst unzureichend erfaßt wurden.[23] Klammert man deshalb diesen Bezirk aus der Gesamtanalyse aus, so sinkt die Zuwachsrate der Jahre 1801 bis 1808 schon auf 26.7%. Berücksichtigt man ferner, daß auch in den Ergebnissen der anderen Kantone einzelne jüdische Gemeinden fehlen[24] und andere Zahlenangaben zu niedrig sein dürften, so liegt der Schluß nahe, daß die jüdischen Gemeinden der Pfalz im Zeitalter Napoleons kaum schneller angewachsen sind als in bayerischer Zeit und ihre Zuwachsrate nicht so stark von jener der Gesamtbevölkerung abwich, wie Arnold errechnete.[25] Diese Schlußfolgerung, die durch den Vergleich zahlreicher örtlicher und kantonaler Einzelergebnisse gestützt wird, kommt im übrigen den weitaus besser erforschten demographischen Veränderungen der elsässischen Israeliten nahe. Ihre Gemeinden wuchsen zwischen 1789 und 1815 nur unwesentlich an, wenngleich dort andere Faktoren - etwa die Bevölkerungverluste von Bürgerkrieg und Terror oder die Abwanderung zahlreicher Juden in innerfranzösische Departements - in Rechnung zu stellen sind.[26]

## Regionale Zentrenbildung und Mobilität

Noch präziser als die Kontinuität der Bevölkerungsentwicklung läßt sich anhand der drei Bevölkerungstabellen aber die Konstanz der regionalen und lokalen 'Zentren' des pfälzischen Landjudentums ablesen. Der durchschnittliche Bevölkerungsanteil, der 1808 bei etwa 2.3% gelegen haben dürfte,[27] wurde in den Kantonen Dürkheim, Grünstadt und Winnweiler weit übertroffen, in vielen anderen Bezirken dagegen bisweilen erheblich unterschritten.[28] Diese heterogene Besiedlung war jedoch nicht das Resultat historischer Zufälle oder gar der häufig beschworenen ökonomischen Interessen der Minorität. Welche wirtschaftlichen 'Anreize' hätten die Juden etwa in die kleinen Dörfer des nord(west)pfälzischen Berglands 'locken' sollen? Die regionalen Unterschiede spiegeln vielmehr allein die politischen Verhältnisse des Alten Reiches wider, wie eine die vorrevolutionären Territorialgrenzen berücksichtigende Auszählung unterstreicht. Wenngleich angesichts der Dörfer, in denen sich zwei oder mehrere Landesherren die Besitz- und Herrschaftsrechte teilten, eine exakte Analyse nur bedingt möglich ist, lassen sich dennoch markante Unterschiede zwischen den mehr als vierzig politischen 'Einheiten' auf dem Gebiet der späteren Pfalz herausarbeiten.[29] So lebten in den alten wittelsbachischen Territorien, den flächenmäßig größten und bevölkerungsreichsten Teilen des späteren Rheinkreises, sowie im einstigen Hochstift Speyer verhältnismäßig wenige Juden. 1808 waren nur etwa 15% aller 'pfälzischen' Juden in ehemals kurpfälzischen, nur rund 5% in früher pfalz-zweibrückischen und nur cirka 6% in vormals speyerischen Gemeinden - davon fast die Hälfte allein in Rülzheim - beheimatet. Demgegenüber entstammten im gleichen Jahr mehr als 25% Gemeinden der einstigen leiningischen Territorien und 37% dem Fürstentum Nassau-Weilburg sowie den früheren gräflichen oder adligen Kleinterritorien, der Grafen von der Leyen und Wartenberg, der Fürstin von Isenburg-Büdingen, der Herren von Hillesheim, der Grumbacher Linie der Wild- und Rheingrafen sowie derer von Dalberg, Degenfeld-Schonburg, Gemmingen, Hallberg, Hundheim, Oberndorff, Reibelt, Wallbrunn, Wieser, der Eckbrecht von Dürkheim oder der Wamboldt von Umstadt.[30] Besonders in den Adelsdörfern erreichte der jüdische Bevölkerungsanteil mehr als 10%, ja über 25%.[31] Diese aber waren - mit Ausnahme der leiningischen Gemeinden - weit verstreut und lagen mehrheitlich in den schon damals 'strukturschwachen' Landstrichen der West- und Nordpfalz. Hier hatten die Juden im 17. und 18. Jahrhundert in hohem Maße Aufnahme gefunden, weil die von ihnen zu entrichtenden Schutz- und Leibzollgelder, das häufig schmale Budget der Landesherrn auffüllten. Auch wenn religiöse Toleranz und aufgeklärter Reformwillen ihren Teil zu dieser 'Peuplierungspolitik' beigetragen haben dürften, so waren es gerade die fiskalischen Interessen der Territorialherrn, die der regionalen Ausbreitung des pfälzischen Landjudentums ihren Stempel aufdrückten. Allein die unterschiedlich hohen Abgaben, die zumindest in „guten" und „schlechten" Dörfern der leiningischen Territorien zu entrichten waren, räumten den Angehörigen der Minderheit einen gewissen 'Entscheidungsspielraum' ein.[32] Diesem aber setzte die bittere Armut der Familien enge Grenzen. Es verwundert daher nicht, wenn sich viele von ihnen in den ärmeren Döfern der Hinterpfalz niederließen.[33]

Wie deutlich diese regionale Verteilung die Verhältnisse des Alten Reiches widerspiegelt, belegen die wenigen Quellen, die Auskunft über jüdische Gemeinden der frühen Neuzeit geben. So beweisen vor allem Carola Kaufmann-Levys knappe, aber wertvolle Hinweise auf die „Judensachen" im fürstlich-leiningischen Archiv von Amorbach, die noch nicht systematisch ausgewertet wurden, die bis ins 17. Jahrhundert zurückreichende Tradition der jüdischen Minorität in den leiningischen Dörfern und ihre engen Beziehungen zur bedeutenden israelitischen Gemeinde der Reichsstadt Worms.[34] Und anhand von Leopold Löwensteins detaillierter Analyse der kurpfälzischen Judenheit,[35] läßt sich ebenso wie anhand der Untertanenliste des Herzogtums Pfalz-Zweibrücken aus dem Jahr 1776[36] die Kontinuität der jüdischen Gemeinden auch in den wittelsbachischen Territorien weit zurückverfolgen.

Wie lange diese frühneuzeitlichen Verhältnisse nachwirkten, zeigt die Tabelle von 1825. Sie gibt zugleich die noch widersprüchliche Wanderungsbewegung der Minorität anschaulich wieder. Auf der einen Seite erhöhte sich ihr Bevölkerungsanteil in vielen traditionellen dörflichen Zentren nochmals, auf der anderen schwächte er sich seit der Jahrhundertwende hier deutlich ab. Unverkennbar ist jedoch das Anwachsen der jüdischen Gemeinden bzw. ihre Neugründung in den kantonalen Verwaltungsorten und in den wenigen Städten. Vor allem in Speyer, dessen Bürgerschaft - ebenso wie die viele anderer Reichsstädte - während der frühen Neuzeit keine Juden innerhalb der Stadtmauern geduldet hatte, begannen die Israeliten der umliegenden Ortschaften, zu Beginn des Jahrhunderts eine neue Gemeinde aufzubauen.[37] Dies könnte auch der Grund dafür sein, daß das Namensänderungsgesetz hier 1809 noch nicht ausgeführt worden war. Da parallel hierzu aber eine Vielzahl neuer dörflicher Kleingemeinden entstand, veränderte sich der spezifisch 'ländliche' Charakter des pfälzischen Judentums nur unwesentlich. Abgesehen von den leiningischen Residenzen Dürkheim und Grünstadt fielen die jüdischen Einwohner in den wenigen pfälzischen Städten mit mehr als 3.000 Einwohnern zumindest quantitativ kaum ins Gewicht.[38] Hier sollte erst der ab Mitte der 1850er Jahre einsetzende Industrialisierungsprozeß einen grundlegenden Wandel bewirken.[39]

## Berufs- und Sozialstruktur

Daß die frühneuzeitlichen Gesellschaftsverhältnisse den Alltag der Minorität noch zu Beginn des 19. Jahrhunderts prägten, bekräftigen nicht zuletzt die detaillierten Berufsangaben der kantonalen Kultusumlagenverzeichnisse. Denn die erdrückende Konzentration der Juden in den Handelsberufen war das Resultat der 'Berufsverbote' der vergangenen Jahrhunderte, in denen man ihnen die Ausübung eines zünftigen Handwerks und den Ackerbau verwehrt hatte. Es verwundert daher nicht, wenn 1809 nur wenige Landwirte und nur ein Schneider bzw. ein Schuhmacher, daneben aber zahlreiche 'unzünftige' Seifensieder und Pottaschehersteller[40] verzeichnet wurden. Demgegenüber muß das völlige Fehlen von Bäckern den heutigen Leser überraschen. Aber es verweist nur darauf, daß Brot, auch die ungesäuerten Matzen, damals nicht gekauft, sondern zuhause oder im Backhaus selbst gebacken wurde. Bemerkenswerter ist die lokale Häufung von Viehhändlern, zu denen sicherlich auch viele der Metzger hinzugerechnet werden dürfen, wohingegen andere Handelssparten, wie der Wein-, Leder- oder Getreidehandel, kaum ins Gewicht fielen. Obgleich in vielen Fällen eine Spezifizierung der Handelsbranchen fehlt und diese Unterschiede deshalb auch der wechselnden 'Differenzierungsbereitschaft' der Gemeindeschreiber zuzuschreiben sind, werfen sie ein bezeichnendes Schlaglicht auf die ökonomische Funktion der Juden in der Agrarwirtschaft der Pfalz. Daneben gilt es auf den hohen Anteil von Kleinhändlern, von Alt- bzw.

Gebrauchtwarenhändlern und Hausierern hinzuweisen, die meist am unteren Rand der Sozialskala standen.

Wie wenig jedoch die Berufsdifferenzierung über die soziale Lage der Minderheit aussagt, verdeutlicht die Auswertung der Steuerklassenangaben. Allein die Tatsache, daß bei fünfzehn Steuerklassen fast 70% der jüdischen Haushaltsvorstände den beiden untersten Klassen angehörten, unterstreicht, wie gering die sozialen Unterschiede und wie bescheiden die Lebensverhältnisse der überwiegenden Mehrheit waren. Wirtschaftlich besser ging es allein jenen 20%, die den Klassen 11 bis 13 und jenen 8%, die den Klassen 6 bis 10 angehörten. Als wohlhabend dürfen demgegenüber nur die neun Israeliten (= 0.9%) der Steuerklassen 2 bis 4 gelten,[41] unter denen die Landwirte auffällig überrepräsentiert sind. Da auch die übrigen Winzer oder Ackerbautreibenden fast ausschließlich in den oberen Steuerklassen zu finden sind, liegt der Schluß nahe, daß zunächst vor allem die schmale Oberschicht dem gesellschaftlichen und wirtschaftlichen Anpassungsdruck nachgab, dem das „décret infâme“ nachhaltigen Ausdruck verlieh. Die 'Arrivierten' erwarben Grund und Boden, nicht allein, weil nur 'sie es sich erlauben konnten', sondern auch, weil sie als erste den Makel des 'Handelsjuden' loswerden und sich in ihr soziales Umfeld einpassen wollten. Zu berücksichtigen ist jedoch, daß die Kultusumlagenverzeichnisse die als „arm“ anerkannten Familien überhaupt nicht erfaßten. Wenngleich die 'Hochrechnung' ihrer Zahl äußerst problematisch ist, dürften etwa 10% bis 15% aller pfälzischer Juden eine kümmerliche Existenz am Rande oder außerhalb der Gesellschaft gefristet haben,[42] eine Zahl, die durch schriftliche Quellen gestützt wird.[43]

Daß diese Modellrechnung der Realität nahekommt, belegt der Kanton für Kanton vorgenommene Vergleich von 'Besteuerten-' und Gesamtbevölkerungszahl. Signifikante Abweichungen ergeben sich einerseits allein in den Landkreisen, in denen die jüdische Minderheit schwach vertreten war oder in die sie erst zu Jahrhundertbeginn einwanderte,[44] andererseits in den Bezirken, in denen sie einen besonders hohen Bevölkerungsanteil hatte.[45] Deutet die erste Differenz darauf hin, daß hier zugewanderte, d.h. mobile 'Einzelpersonen' und 'Kleinfamilien' in Anbetracht der kleinen Ausgangszahlen das Resultat 'verzerren', so sind die augenfälligen Abweichungen der zweiten Kantonsgruppe nur damit zu erklären, daß dort die Mehrzahl der „armen“ Familien lebte. Sie legen den Schluß nahe, daß über die Hälfte der jüdischen Armen in den verhältnismäßig großen Judengemeinden der ehemals leiningischen Kantone Dürkheim[46] und Grünstadt[47] ihre kümmerliche Existenz fristete. Dieses bemerkenswerte Ergebnis ist aber keineswegs 'unerklärbar', denn nur hier fanden sie ein soziales Netz aus Nachbarschaftshilfe und gemeindlicher Fürsorge, aber auch die meisten wohlhabenden Glaubensgenossen, die ihr Überleben sicherten.

Diese regionale Sozialdifferenzierung bedarf jedoch der korrigierenden Ergänzung durch die vergleichende Interpretation der jeweiligen 'Steuerklassendurchschnitte'.[48] Hier liegen erwartungsgemäß die Kantone Pirmasens, Göllheim, Otterberg, Kaiserslautern, Waldfischbach und Wolfstein am Ende der Vergleichsskala, in denen es zwar nur wenige „arme“, aber auch kaum ökonomisch gesicherte oder wohlhabende Familien gab. Der Lebensstandard der jüdischen Minderheit lag hier auf einem gleichmäßig niedrigen Niveau. In ähnlicher Weise waren innerhalb der vorderpfälzischen Gemeinden die sozialen Unterschiede ebenfalls nur gering ausgeprägt. Ihr Lebensstandard lag jedoch allgemein etwas über dem der westpfälzischen, wenngleich die niedrigen Werte der Kantone Mutterstadt oder Neustadt auffallen. Demgegenüber schlugen bei den vergleichsweise hohen Mittelwerten von Homburg, Zweibrücken und vor allem von Grünstadt die relativ vielen Angehörigen der jüdischen Ober- und Mittelschicht zu Buche. In den ehemaligen Residenzstädten und dem regionalen Zentrum des frühneuzeitlichen Judentums der Pfalz hatte bereits im 18. Jahrhundert ein sozialer Differenzierungs-prozeß stattgefunden, der in den anderen Gemeinden erst im Laufe des 19. Jahrhunderts einsetzte. In seinem Verlauf gelang der Mehrzahl der pfälzischen Israeliten der „Eintritt ins Bürgertum“. Verbunden war dieser soziale Aufstieg mit einem regionalen Wanderungsprozeß, den Hermann Arnold herausgearbeitet hat.[49] Daß dabei gerade die Gegend um Grünstadt und die Donnersbergregion die stärksten Migrationsverluste zu verzeichnen hatten, ist nach der Analyse der demographischen und sozialen Verhältnisse der pfälzischen Juden der napoleonischen Ära nur zu verständlich. Erst jetzt traten auch die Besonderheiten der territorialherrschaftlich geprägten Besiedlungsgeschichte des 17. und 18. Jahrhunderts, die dringlich näher erforscht werden müßten, zurück. Den ‘ländlichen’ Charakter aber behielten viele der jüdischen Gemeinden weiterhin bei. Ihrer jahrhundertelangen Geschichte in zahllosen Dörfern der Pfalz setzte erst die Vernichtungspolitik der Nationalsozialisten ein Ende.

## Anmerkungen

1 Zum Gesamtzusammenhang vgl. die Einleitung von H.Mathy zu: Die Juden in der französischen Zeit von 1798/1801 bis 1814, bearb. von E.Bucher, in: Dokumentation zur Geschichte der jüdischen Bevölkerung in Rheinland-Pfalz und im Saarland von 1800 bis 1945, hg. von der Landesarchivverwaltung Rheinland-Pfalz in Verbindung mit dem Landesarchiv Saarbrücken, Bd.1, Koblenz 1982, S.69-94. Die im folgenden erwähnten Gesetze sind in demselben Band abgedruckt. Vgl. ebd., S.97, S.120ff., S.166ff. und S.170ff..

2 Vgl. R.Badinter: Libres et égaux. L'émancipation des Juifs 1789-1791, Paris 1789; J.F.Battenberg: Die Französische Revolution und die Emanzipation der Juden im Elsaß und in Lothringen, in: Die Französische Revolution und die Oberrheinlande (1789-1798) [= Oberrheinische Studien, Bd.9], hg. von V.Rödel, Sigmaringen 1991, S.245-273; Les juifs d'Alsace et la Révolution Française. XIème Colloque de la Société d'Histoire des Israëlites d'Alsace et de Lorraine, Strasbourg 1990.

3 Zum Gesamtzusammenhang und weiteren Literaturhinweisen vgl. den Beitrag von Dieter Blinn in diesem Band.

4 Vgl. B.Blumenkranz/A.Soboul: Le Grand Sanhédrin de Napoléon [= Collection Franco-Judaïca, vol.8], Toulouse 1979.

5 Vgl. W.Kreutz: Die Entwicklung der Berufs- und Sozialstruktur der pfälzischen Juden (1818-1933), in: Juden in der Provinz. Beiträge zur Geschichte der Juden in der Pfalz zwischen Emanzipation und Vernichtung, hg. von A.H.Kuby, Neustadt/Weinstraße 1988, S.16f..

6 Vgl. S.Schwarz: Die Juden in Bayern im Wandel der Zeiten, München 1963, S.260-268; G.Schumacher: Die Emanzipation der pfälzischen Juden im Spiegel der Neuen Speyerer Zeitung und der Debatten der bayerischen Kammern (1819-1851), in: Juden (wie Anm.5), S.33-48 sowie demnächst W.Kreutz: Revolution-Reform-Reaktion. Regierungspolitik und Parlamentarismus im nachmärzlichen Bayern.

7 Zum Gesamtzusammenhang und weiteren Literaturhinweisen vgl. W.Kreutz: „Einen Freiheitsbaum, den pflanzen wir am Rhein!" Die Auswirkungen der Französischen Revolution auf die rheinisch-pfälzischen Territorien 1789-1814 [= Landeszentrale für politische Bildung Rheinland-Pfalz), Mainz 1989.

8 Vgl. Statistische Materialien zur Geschichte der jüdischen Bevölkerung, bearb. von W.Knopp [= Dokumentation, Bd.5], Koblenz 1975.

9 Vgl. H.Arnold: Von den Juden in der Pfalz, Speyer 1967, S.61ff.; Ders.: Bemerkungen über die soziale Grundschicht des deutschen Judentums im 18. und frühen 19. Jahrhundert (mit besonderer Berücksichtigung der Verhältnisse im Mittelrheingebiet), in: Wort und Wirklichkeit. Studien zur Afrikanistik und Orientalistik. Bd.1: Festschrift für E.Rapp, hg. von O.Benzing u.a., Meisenheim 1976, S.132-152; Ders.: Die Juden in der Pfalz vor ihrer Verfolgung und Vernichtung im Dritten Reich. Karte 103 zum Pfalzatlas. Erläuterungen im Textband III, Speyer 1983, S.1335-1342; Ders.: Juden in der Pfalz. Vom Leben pfälzischer Juden, Landau 1986, S.180ff..

10 Vgl. Anm.1.

11 Vgl. die verschiedenen Verzeichnisse zum „Etat de la population des juifs [pour l'an] 1808" in den Archives Nationales [im folgenden abgekürzt als AN]. Da die Listen Angaben zu jeder jüdischen Gemeinde, d.h. auch zu den 'Teilgemeinden' der 'Mairien', enthalten, konnte mit

ihrer Hilfe die jüdische Bevölkerung des späteren bayerischen Rheinkreises weitgehend 'rekonstruiert' werden. Berücksichtigt wurden dabei die Gemeinden des Donnerbergdepartements [vgl. AN F/19/1840], des elsässischen Niederrheindepartements (vgl. AN F/19/11023) und des Saardepartements (vgl. Dokumentation, Bd.5, S.21ff.)

12 Vgl. G.Bernard: Les familles juives en France. XVIe siècle - 1815. Guide des Recherches biographiques et généalogiques, Paris [Archives Nationales] 1990, S.18f..

13 Vgl. F.Lehne: Historisch-statistisches Jahrbuch des Departements vom Donnersberge für das Jahr 10 der französischen Republik, Mainz o.J. [1801/02], S.75ff.. Die von Lehne mitgeteilten Bevölkerungsangaben sind identisch mit jenen von Quelle 2 der rheinland-pfälzischen Dokumentation [vgl. Knopp (wie Anm.8) S.10ff.]; die dort angegebene Datierung,"ca. 1804" ist somit zu korrigieren.

14 Vgl. Verzeichnis aller Städte, Flecken und Dörfer des Rheinkreises, mit deren Bevölkerung, nach dem Unterschiede der Geschlechter und Religionen, aus dem im Jahre 1825 von der königl. Kreisregierung, in Speyer, amtlich herausgegebenen Verzeichnisse gezogen, in: J.von Birnbaum: Geschichte der Stadt Landau und der Dörfer Queichheim, Dammheim und Nußdorf, Zweibrücken 1826, S.249-272. Jetzt auch abgedruckt bei W.Alter: Die Bevölkerung der Pfalz im Jahre 1825 etc.. Karten 35-37 zum Pfalzatlas. Erläuterungen in Textband I, Speyer 1964, S.165-192.

15 Vgl. Rôle[s] du contigent de la contribution à payer par les contribuables Israëlites du [Département du Mont-Tonnerre], 1809/1810 sowie Rôle[s] complémentaire[s] de la répartition entre les Israëlites de la circonspription à [...] [Département du Mont-Tonnerre], Exercise 1810, AN F/19/1842.
Ein synoptischer Abdruck der in Paris ebenfalls überlieferten „Ergänzungsverzeichnisse" der Jahre 1811 bis 1813 (vgl. AN F/19/1842) ist im Rahmen dieser Veröffentlichung nicht möglich. Auf sie konnte aber verzichtet werden, da die Fluktuation innerhalb der Gemeinden in diesen Jahren gering blieb und nur die Liste von 1809/10 auch Berufsangaben enthält.

16 Um Überschneidungen mit dem Beitrag von Dieter Blinn zu vermeiden, wird im Rahmen dieser Veröffentlichung auf eine differenzierte Analyse der neuen jüdischen Familiennamen verzichtet. Hinzu kommt, daß die Namensgebungspraxis - sieht man von den wenig überraschenden französischen Varianten der Vornamen und gelegentlichen französischen Familiennamen ab - sich weitgehend mit den Gepflogenheiten in anderen Regionen Deutschlands deckte. Hier wie dort dominierten die Herkunftsnamen, die von ehemaligen Wohnorten abgeleitet waren, die Hausnamen, die uns vor allem aus der Frankfurter Judengasse bekannt sind, die Berufs- bzw. berufsandeutenden Namen sowie die zu Familiennamen erstarrten Vornamen. Im Gegensatz zu Baden finden sich jedoch besonders in der Westpfalz zahlreiche von Fluß- und Gebirgsnamen hergeleitete Familiennamen. Zur Ergänzung vgl. vor allem E.M.Dreifuß: Die Familiennamen der Juden unter besonderer Berücksichtigung der Verhältnisse in Baden zu Anfang des 19. Jahrhunderts. Ein Beitrag zur Geschichte der Emanzipation, Frankfurt/Main 1927.

17 Bei einer Gesamtzahl von 76.007 Juden lebten im Donnersberg- 11.122, im Rur- 5.445, im Rhein-und-Mosel- 4.063 sowie im Saardepartement 2.330 Israeliten. Vgl. G.Bernard (wie Anm.12), S.24f..

18 Im nordelsässischen Niederrheindepartement waren 1808 16.155, im südelsässischen Oberrheindepartement 9.915 Juden wohnhaft. Hier und in den vier rheinischen Departements lebten damit rund 65% aller französischen Israeliten. Vgl. ebd..

19 Vgl. Tableaux comparatifs pour la fixation du nombre des députés juifs vom 30. Mai bzw. 10. Juli 1806, AN F/20/102.

20 Vgl. Tabelle 1.

21 Vgl. W.Kreutz (wie Anm.5), S.12f..

22 Im Jahre IX wurde sehr wahrscheinlich nur die Bevölkerung der neuen rheinischen Departements gezählt, nachdem die europäischen Mächte ihre Zugehörigkeit zu Frankreich im Frieden von Lunéville (1801) staatsrechtlich anerkannt hatten. Angaben zur Bevölkerung der elsässischen oder anderer innerfranzösischer Departements waren weder im Pariser Nationalarchiv zu ermitteln, noch finden sich in G.Bernards erschöpfendem Quellenverzeichnis Hinweise darauf. Da außerdem die relativ kleine Gruppe der im Saardepartement lebenden 'pfälzischen' Juden statistisch kaum ins Gewicht fällt, beziehen sich die folgenden Erörterungen ausschließlich auf die Gemeinden des Donnersbergdepartements, die später dem bayerischen Rheinkreis angehörten.

23 Die bei F.Lehne (wie Anm.13) nicht aufgeführten Gemeinden sind in der Tabelle mit einem ? gekennzeichnet.

24 Etwa Böchingen und Burrweiler im Kanton Edenkoben oder Bosenbach im Kanton Wolfstein.

25 Bei einer durchschnittlichen Zuwachsrate von 2.5% hätte der Zugewinn in 7 Jahren 17.5% betragen, bei dem für das Folgejahrzehnt ermittelten durchschnittlichen Wachstumsgrenzwert von 2.8% fast 20% (19.6%) erreicht.

26 Vgl. G.Bernard (wie Anm.12), S.27ff., 65ff. und S.70f..

27 Da die Vergleichszahlen für die Gesamtbevölkerung aus dem Jahr 1806 stammen, dürften die für das 1808 errechneten Anteile der jüdischen Minorität an der Gesamtbevölkerung durchweg etwas zu hoch sein. Zudem sind die Angaben in F.Bodmanns „Annuaire statistique du Département du Mont-Tonnerre pour l'an 1808 (Mayence 1808)" teilweise ungenau; vgl. etwa seine Zahlen für die Kantone Speyer und Winnweiler.

28 Vgl. Tabelle 1.

29 Eine umfassende Zuordnung aller Gemeinden ist aus Platzgründen im Rahmen dieser Veröffentlichung nicht möglich. Zur Zuordnung der Gemeinden vgl. W.Alter/K.Baumann: Die Herrschaftsgebiete um 1789. Karte 59 zum Pfalzatlas. Erläuterung in Textband II, Speyer 1971, S.1020-1029, sowie Ortsliste, ebd., S.916-970.

30 Hinzu kamen weitere jüdische Gemeinden in ehemaligen Dörfern der Grafschaft Falkenstein, der Markgrafschaft Baden, der Landgrafschaft Hessen-Darmstadt, des Hochstifts Worms, anderer speyerischer und wormsischer Stifte, des Johanniterordens sowie der Städte Landau und Speyer.

31 Vgl. im Kanton Dürkheim die Gemeinden Ellerstadt (Wartenberg) und Grethen (Leiningen), im Kanton Edenkoben Böchingen (Reibelt) und Kleinfischlingen (Kurpfalz), im Kanton Grünstadt die ehemals leiningischen Orte Bissersheim, Carlsberg, Grünstadt, Kindenheim, Kirchheim/Eck und Obrigheim, im Kanton Mutterstadt die vormals hallbergischen Dörfer Fußgönheim und Ruchheim, im Kanton Otterberg Mehlingen (Wartenberg) und Niederkirchen (Hillesheim, Isenburg-Büdingen und Kurpfalz), im Kanton Rockenhausen Marienthal (Wartenberg) und Teschenmoschel (Vogt von Hunolstein), im Kanton Winnweiler Münchweiler (Wieser), Neuhemsbach (Sayn-Wittgenstein), Schweisweiler (Falkenstein), Sembach (Wartenberg) und Steinbach (Leiningen, Nassau-Weilburg), im Kanton Wolfstein Rathskirchen (Hillesheim, Isenburg-Büdingen), im Kanton Annweiler Albersweiler (Scharfeneck, Pfalz-Zweibrücken), im Kanton Pirmasens Rodalben (Baden), im Kanton Waldfischbach Wallhal-

ben (Leiningen), im Kanton Kirchheimbolanden Gauersheim (Wallbrunn), im Arrondissement Weißenburg Altdorf (Degenfeld-Schonburg), Busenberg (Eckbrecht von Dürkheim), Erlenbach (Schenk von Waldenburg), Essingen (Dalberg), Ingenheim (Gemmingen), Niederhochstadt (Johanniterorden) und Rülzheim (Speyer) sowie im Saardepartement die von der Leyenschen Gemeinden Blieskastel und Steinbach/Glan.

32 Vgl. C.Kaufmann-Levy: „Judensachen" aus dem fürstlich-leiningischen Archiv in Amorbach, in: Der Wormsgau 9 (1970/71), S.48-53.

33 Vgl. vor allem die prozentualen Unterschiede bei den ehemals leiningischen oder wartenbergischen Gemeinden.

34 Vgl. C.Kaufmann-Levy (wie Anm.32).

35 L.Löwenstein: Geschichte der Juden in der Kurpfalz, Frankfurt 1895.

36 Untertanenliste des Herzogtums Pfalz-Zweibrücken aus den Huldigungsprotokollen des Jahre 1776, bearb. von K.Schaaff, Ludwigshafen 1977.

37 Bezeichnenderweise nahmen gleichzeitig die jüdischen Einwohnerzahlen im Kanton Germersheim, vor allem in Nieder- und Oberlustadt, deutlich ab. Vgl. Tabelle 1.

38 Vgl. außerdem Edenkoben, Frankenthal, Haßloch, Kaiserslautern, Neustadt, Pirmasens, Speyer und Zweibrücken.

39 Vgl. W.Kreutz (wie Anm.5), S.22.

40 Die durch Eindampfen einer Holzaschelösung gewonnene Pott- oder Topfasche wurde in der Seifen- oder Glasfabrikation verwendet und diente daneben als Reinigungsmittel.

41 Der höchstbesteuerte Haushaltsvorstand war der Homburger Großhändler Wolf MOSES, der als einziger in der Steuerklasse 2 angehörte. In der dritten Klasse finden wir den Wachenheimer Landwirt und Händler Marx KAUF(F)MANN sowie den Neuleininger Landwirt Maurice KAUFFMANN, in der vierten den Großbockenheimer Moses LEVY sowie den Rockenhausener Händler Manasse KAHNWEILER, in der fünften den Münchweilerer Landwirt Benjamin GOLDMANN, den Kirchheimbolander Raphael DURLACHER, den Neuleininger Jacques LEVARC sowie den Grünstadter Händler Samuel LÖB.

42 Geht man von einer durchschnittlichen Familiengröße von fünf Personen aus und berücksichtigt man die Unterschiede des Kultusumlagenverzeichnisses von 1809/10 sowie der Ergänzungsliste von 1810, so ergibt sich eine Gesamtzahl von etwa 700 bis 900 Armen.

43 Vgl. W.Kreutz (wie Anm.5), S.19f.

44 Kaiserslautern (Bevölkerungszahl dividiert durch 'Besteuertenzahl' = 2.8) oder Germersheim (3.2).

45 Dürkheim (6.4), Grünstadt (7.8), Winnweiler (8.0). Die Quotienten der meisten anderen Kantone liegen demgegenüber mit Werten zwischen 4.7 und 5.6 im Toleranzbereich der Modellrechnung.

46 Etwa 100 bis 150 Personen, rund ein Fünftel der jüdischen Bevölkerung.

47 Zwischen 300 und 400 Personen, knapp ein Drittel der jüdischen Bevölkerung. Wie stark hier

ferner lokale Unterschiede in Rechnung zu stellen sind, zeigt das Beispiel der Gemeinde Carlsberg symptomatisch auf: in diesem Zentrum des pfälzischen Hausierhandels wurden von 126 Juden nur zwei zur Kultusabgabe veranlagt. Dieser Sachverhalt macht rückblickend auch die Diskrepanzen der Volkszählungen im Kanton Grünstadt verständlich. Denn gerade hier konnten sich verhältnismäßig viele jüdische Familien ohne jeden mobilen oder immobilen Besitz, ja zum größten Teil ohne festen Wohnsitz, dem Recensement von 1801 'entziehen'.

48 Für die 22 Kantone ergaben sich folgende Durchschnittswerte: 1. Speyer (12.5), 2. Grünstadt (12.8), 3. Kirchheimbolanden (13.0), 4. Frankenthal (13.0), 5. Homburg und Zweibrücken (je 13.1), 7. Dürkheim und Edenkoben (je 13.2), 9. Obermoschel (13.5), 10. Annweiler (13.6), 11. Rockenhausen und Mutterstadt (13.9), 13. Neustadt, Germersheim und Lauterecken (je 14.0), 16. Winnweiler (14.2), 17. Pirmasens, Göllheim, Otterberg (je 14.3), 20. Kaiserslautern (14.4), 21. Waldfischbach (14.7), 22. Wolfstein (14.8).

49 H.Arnold (wie Anm.9).

## TABELLE 1

# DIE JÜDISCHE BEVÖLKERUNG DER PFÄLZISCHEN GEMEINDEN DER DEPARTEMENTS DONNERSBERG, SAAR UND NIEDERRHEIN IN DEN JAHREN 1801-1825

## DONNERSBERGDEPARTEMENT
## ARRONDISSEMENT SPEYER
## KANTON DÜRKHEIM

| | 1801[1] | 1808[2] | 1825[3] |
|---|---|---|---|
| Dackenheim | 0 | 2 ( 0.5%) | 0 |
| Deidesheim | 30 ( 2.3%) | 32 ( 2.2%) | 53 (2.3%) |
| Dürkheim | 192 ( 6.2%) | 135 ( 4.2%) | 213 (5.2%) |
| Ellerstadt | 58 (10.5%) | 52 ( 8.6%) | 56 (7.3%) |
| Erpolzheim | 11 ( 3.4%) | 15 ( 4.1%) | 20 (4.0%) |
| Freinsheim | 19 ( 1.3%) | 34 ( 2.2%) | 48 (2.5%) |
| Friedelsheim *& Gönnheim | *38 (*8.4%)* | *45 (*8.6%)* | 46 (6.3%) |
| Grethen *& Hardenb/Seeb. | *89 (*7.2%)* | 87 (10.4%) | 81 (7.8%) |
| Herxheim/Bg. *& Weisenh/Bg. | *36 (*4.9%)* | 23 ( 5.9%) | 36 (6.9%) |
| Kallstadt *& Leistadt | *29 (*2.6%)* | 38 ( 5.9%) | 51 (5.4%) |
| Leistadt | | 35 ( 5.8%) | 29 (3.7%) |
| Rödersheim | 0 | 8 ( 1.4%) | 5 (0.7%) |
| Ungstein | 21 ( 2.7%) | 41 ( 5.0%) | 62 (5.7%) |
| Wachenheim | 41 ( 2.4%) | 67 ( 3.5%) | 90 (3.4%) |
| Weisenheim/Bg. *& Herxheim/Bg. | *36 (*4.9%)* | 28 ( 4.6%) | 39 (5.2%) |
| **GESAMT** | **564 (3.8%)** | **642 (3.8%)** | **829** |

1 Angaben nach F.Lehne (wie Text, Anm.13)

2 Die Angaben zu den jüdischen Gemeinden folgen den Quellen des Pariser Nationalarchivs (wie Text, Anm.11). Die den prozentualen Berechnungen zugrunde liegenden Gesamtbevölkerungszahlen stammen aus F.Bodmann (wie Text, Anm.26), der leider in vielen Fällen nur die Einwohnerzahl der jeweiligen Mairie nennt, so daß eine Berechnung aller Gemeinden nicht möglich war. Für den Kanton Speyer (vgl. AN F/20/228) konnte ebenso wie für das Arrondissement Weißenburg (vgl. AN F/19/11023) ergänzend ein detailliertes Verzeichnis aus dem Pariser Nationalarchiv herangezogen werden. Die Angaben zum Saardepartement sind der rheinländ-pfälzischen Dokumentation (wie Anm.11) entnommen. Da die Gesamtbevölkerungszahlen allerdings zwei Jahre früher erhoben wurden als die Zahlen der jüdischen Gemeinden, liegen die genannten Prozentzahlen etwas zu hoch. Korrigiert wurde nur die Angabe des Anteils aller pfälzischen Juden an der Gesamtbevölkerung.

3 Angaben nach J.von Birnbaum, bzw. W.Alter (wie Text, Anm.14).

## KANTON EDENKOBEN

| | 1801 | 1808 | 1825 |
|---|---|---|---|
| Böbingen | 0 | 12 ( 3.5%) | 16 ( 3.0%) |
| Böchingen | ? | 80 (12.3%) | 176 (20.1%) |
| Burrweiler | ? | 21 ( 2.3%) | 29 ( 2.6%) |
| Edenkoben | 50 ( 1.5%) | 88 ( 2.1%) | 162 ( 3.6%) |
| Edesheim | 17 ( 1.2%) | 30 ( 1.9%) | 41 ( 2.0%) |
| Freimersheim | 0 | 13 ( 3.9%) | 9 ( 1.9%) |
| Gleisweiler | 7 ( 0.6%) | 0 | 0 |
| Kleinfischl. | 30 (12.1%) | 20 ( 6.7%) | 41 (10.3%) |
| Kirrweiler | 0 | 30 ( 2.6%) | 55 ( 3.7%) |
| Maikammer | 0 | 6 ( 0.3%) | 19 ( 0.8%) |
| Venningen | 0 | 10 ( 1.2%) | 26 ( 2.5%) |
| **GESAMT** | **104 ( 0.6%)** | **310 ( 1.4%)** | **574** |

## KANTON FRANKENTHAL

| | 1801 | 1808 | 1825 |
|---|---|---|---|
| Bobenheim/Rh. **& Roxheim* | **16 (*1.7%)* | 5 ( 1.5%) | 11 ( 1.9%) |
| Edigheim | 7 ( 1.9%) | 10 ( 1.7%) | 11 ( 1.4%) |
| Eppstein | 26 ( 5.5%) | 30 ( 5.6%) | 29 ( 4.4%) |
| Flomersheim | 7 ( 2.4%) | 6 ( 1.5%) | 15 ( 2.6%) |
| Frankenthal | 86 ( 2.5%) | 112 ( 3.2%) | 148 ( 3.0%) |
| Gerolsheim | 13 ( 2.5%) | 20 ( 3.1%) | 9 ( 1.2%) |
| Heßheim | 17 ( 4.5%) | 25 ( 6.2%) | 42 ( 6.6%) |
| Heuchelheim | **25 (*2.9%)* | 15 ( 2.9%) | 13 ( 2.1%) |
| **&Beindersh.* | | | 11 ( 2.3%) |
| Lambsheim | 82 ( 6.1%) | 85 ( 5.4%) | 107 ( 5.1%) |
| Maxdorf | | | 20 ( 5.3%) |
| Oppau | 6 ( 0.7%) | 6 ( 0.6%) | 15 ( 1.1%) |
| Roxheim **& Bobenheim* | **16 (*1.7%)* | 15 ( 2.2%) | 17 ( 1.7%) |
| Weisenheim/Sd. | 17 ( 1.5%) | 15 ( 1.2%) | 31 (1.9%) |
| **GESAMT** | **302 ( 2.6%)** | **344 ( 2.6%)** | **479** |

## KANTON GERMERSHEIM

| | 1801 | 1808 | 1825 |
|---|---|---|---|
| Bellheim | 12 ( 0.8%) | 8 ( 0.5%) | 18 ( 0.9%) |
| Germersheim | 7 ( 0.6%) | 9 ( 0.7%) | 28 ( 1.5%) |
| Kuhard<br>*& Leimersheim | *51 (*2.5%) | 8 ( 0.9%) | 17 ( 2.5%) |
| Leimersheim | | 20 ( 1.8%) | 50 ( 3.8%) |
| Lingenfeld | 10 ( 1.5%) | 8 ( 0.9%) | 18 ( 1.4%) |
| Niederlustadt | 40 ( 7.1%) | 17 ( 2.9%) | 26 ( 3.6%) |
| Oberlustadt | 63 ( 7.7%) | 49 ( 5.3%) | 132 (13.1%) |
| Schwegenheim | 0 | 7 ( 0.7%) | 22 ( 1.7%) |
| Sondernheim | 0 | 0 | 2 ( 0.4%) |
| Weingarten | 0 | 15 ( 2.1%) | 34 ( 3.5%) |
| Westheim | 7 ( 1.5%) | 8 ( 1.6%) | 4 ( 0.6%) |
| **GESAMT** | **190 ( 1.7%)** | **149 ( 1.1%)** | **351** |

## KANTON GRÜNSTADT

| | 1801 | 1808 | 1825 |
|---|---|---|---|
| Albsheim/Eis | 0 | 3 ( 0.9%) | 0 |
| Altleiningen | ? | 45 ( 7.6%) | 47 ( 6.8%) |
| Asselheim | ? | 24 ( 3.7%) | 38 ( 5.5%) |
| Bissersheim | 32 (11.1%) | 41 (13.1%) | 38 (10.5%) |
| Bobenheim/Bg. | 21 (*7.9%) | 25 ( 6.9%) | 26 ( 7.0%) |
| Carlsberg | ? | 126 (11.3%) | 107 ( 8.0%) |
| Colgenstein | 4 ( 1.6%) | 0 | 0 |
| Dirmstein | 42 ( 3.4%) | 45 ( 3.2%) | 54 ( 3.1%) |
| Ebertsheim | 20 ( 5.7%) | 30 ( 7.0%) | 22 ( 5.1%) |
| Großbockenheim | ? | 36 ( 6.2%) | 82 (12.1%) |
| Großkarlbach | 0 | 8 ( 0.9%) | 16 ( 1.6%) |
| Grünstadt | 165 ( 7.1%) | 310 (10.3%) | 421 (13.2%) |
| Hettenheim | 0 | 10 ( 1.8%) | 29 ( 3.9%) |
| Hertlingshausen | 0 | 0 | 13 ( 3.1%) |
| Kindenheim | ? | 76 (11.5%) | 80 ( 9.6%) |
| Kirchheim/Eck | 55 ( 7.9%) | 108 (13.9%) | 88 ( 9.2%) |
| Kleinbockenheim | ? | 30 ( 6.2%) | 42 ( 7.3%) |
| Kleinkarlbach | 25 ( 6.2%) | 18 ( 4.2%) | 36 ( 6.4%) |
| Laumersheim | 0 | 20 ( 2.8%) | 30 ( 3.9%) |
| Mertesheim | 0 | 6 ( 1.9%) | 0 |
| Mühlheim/Eis | 0 | 4 ( 1.4%) | 5 ( 1.5%) |
| Neuleiningen<br>*& Tiefenthal | *35 (*4.1%) | 55 ( 8.7%) | 99 (14.8%) |

| | | | |
|---|---|---|---|
| Obersülzen | 0 | 6 ( 1.9%) | 7 ( 1.8%) |
| Obrigheim | 59 (12.7%) | 65 (12.6%) | 83 (14.9%) |
| Sausenheim | 0 | 18 ( 4.0%) | 52 ( 9.0%) |
| Quirnheim | 0 | 15 ( 3.7%) | 17 ( 3.3%) |
| Tiefenthal<br>*& Neulein. | *35 (*4.1%) | 25 ( 6.9%) | 30 ( 7.7%) |
| Wattenheim | ? | 30 | 32 ( 3.3%) |
| **GESAMT** | **458 ( 3.7%)** | **1 179 ( 6.6%)** | **1494** |

## KANTON MUTTERSTADT

| | 1801 | 1808 | 1825 |
|---|---|---|---|
| Alsheim | | 22 ( 8.5%) | 24 ( 7.0%) |
| **& Schauernh.* | **37 ( 7.3%)* | | |
| Assenheim<br>*& Hochdorf | *24 ( 3.8%) | 17 ( 4.5%) | 28 ( 6.2%) |
| Böhl | 0 | 8 ( 0.7%) | 37 ( 2.6%) |
| Fußgönheim<br>**& Ruchheim* | **116 (10.7%)* | 73 (13.3%) | 119 (14.7%) |
| Iggelheim | 14 ( 1.2%) | 15 ( 1.2%) | 27 ( 1.6%) |
| Neuhofen | 0 | 0 | 8 ( 0.9%) |
| Mutterstadt | 21 ( 1.3%) | 25 ( 1.4%) | 82 ( 3.2%) |
| Oggersheim | 0 | 0 | 8 ( 0.5%) |
| Rheingönheim | 8 ( 1.8%) | 13 ( 2.5%) | 31 ( 3.6%) |
| Ruchheim<br>**& Fußgönheim* | *116 (10.7%)* | 74 (10.2%) | 100 (11.5%) |
| Schauernheim | | 4 ( 1.2%) | 4 ( 1.0%) |
| **GESAMT** | **220 ( 2.2%)** | **251 ( 2.1%)** | **468** |

## KANTON NEUSTADT

| | 1801 | 1808 | 1825 |
|---|---|---|---|
| Diedesfeld | 9 ( 0.9%) | 0 | 12 ( 0.9%) |
| Duttweiler | 0 | 0 | 19 ( 3.1%) |
| Frankeneck | 0 | 0 | 1 ( 0.5%) |
| Geinsheim | 31 ( 4.5%) | 47 ( 5.9%) | 56 ( 5.0%) |
| Haardt | 0 | 0 | 3 ( 0.3%) |
| Hambach | 0 | 0 | 17 ( 0.9%) |
| Haßloch | 32 ( 1.1%) | 34 ( 1.1%) | 74 ( 1.8%) |
| Lachen-Speyerd. | 29 ( 2.0%) | 52 ( 3.4%) | 73 ( 3.8%) |

| | | | |
|---|---|---|---|
| Meckenheim | 14 ( 1.4%) | 15 ( 1.2%) | 28 ( 1.7%) |
| Mußbach | 59 ( 5.4%) | 67 ( 5.0%) | 125 ( 6.6%) |
| Neustadt | 112 ( 3.6%) | 141 ( 3.3%) | 125 ( 2.0%) |
| Ruppertsberg | 0 | 0 | 7 ( 0.7%) |
| **GESAMT** | **286 ( 1.5%)** | **356 ( 1.5%)** | **540** |

## KANTON SPEYER

| | **1801** | **1808** | **1825** |
|---|---|---|---|
| Berghausen | 0 | 0 | 6 ( 1.0%) |
| Dudenhofen | 0 | 0 | 8 ( 0.8%) |
| Harthausen | 0 | 0 | 10 ( 1.1%) |
| Otterstadt | 26 ( 6.3%) | 42 ( 7.9%) | 46 ( 5.6%) |
| Schifferstadt | 0 | 11 ( 0.6%) | 17 ( 0.6%) |
| Speyer | 0 | 77 ( 1.5%) | 155 ( 2.0%) |
| **GESAMT** | **26 ( 0.3%)** | **130 (um 1.0%)** | **242** |

## ARRONDISSEMENT KAISERSLAUTERN
## KANTON GÖLLHEIM

| | **1801** | **1808** | **1825** |
|---|---|---|---|
| Biedesheim | 20 ( 6.0%) | 25 | 49 ( 9.7%) |
| Bubenheim | 15 ( 6.7%) | 14 | 31 (11.6%) |
| Dreisen | 0 | 0 | 12 ( 1.8%) |
| Göllheim | 35 ( 4.2%) | 30 ( 3.2%) | 56 ( 4.3%) |
| Kerzenheim | 12 ( 3.0%) | 18 ( 2.9%) | 31 ( 3.6%) |
| Lautersheim | 9 ( 4.7%) | 12 | 26 ( 7.0%) |
| Weitersweiler | ? | 51 | 40 (10.0%) |
| **GESAMT** | **91 ( 1.6%)** | **150 ( 2.3%)** | **245** |

## KANTON KAISERSLAUTERN

| | **1801** | **1808** | **1825** |
|---|---|---|---|
| Enkenbach | 0 | 0 | 18 ( 1.7%) |
| Frankenstein | 23 ( 6.6%) | 19 | 53 ( 8.7%) |
| Hochspeyer | 32 ( 3.9%) | 34 | 67 ( 5.4%) |
| Kaiserslautern | 0 | 23 ( 0.5%) | 52 ( 0.9%) |
| **GESAMT** | **55 ( 0.5%)** | **76 ( 0.6%)** | **190** |

## KANTON LAUTERECKEN

| | 1801 | 1808 | 1825 |
|---|---|---|---|
| Aschbach | 16 ( 9.1%) | 15 | 29 ( 9.2%) |
| Hinzweiler | 16 ( 6.6%) | 15 | 28 ( 8.4%) |
| Nerzweiler | 4 ( 2.2%) | 10 | 0 |
| Nußbach | 4 ( 1.1%) | 15 | 15 ( 2.9%) |
| Odenbach | 25 ( 3.9%) | 50 | 74 ( 8.4%) |
| Reipoltskirchen | 19 ( 6.7%) | 29 | 18 ( 5.3%) |
| **GESAMT** | **84 ( 1.3%)** | **134 ( 2.3%)** | **164** |

## KANTON OBERMOSCHEL

| | 1801 | 1808 | 1825 |
|---|---|---|---|
| Alsenz | 53 ( 5.3%) | 85 ( 7.7%) | 97 ( 7.5%) |
| Altenbamberg | 24 ( 8.9%) | 18 | 37 ( 9.1%) |
| Duchroth | 20 ( 3.1%) | 0 | 0 |
| Ebernburg | 0 | 0 | 8 ( 1.9%) |
| Hochstätten | 11 ( 4.3%) | 21 | 39 ( 9.8%) |
| Münsterappel | 25 ( 5.7%) | 34 | 75 (12.5%) |
| Oberhausen/Appel | 5 ( 4.2%) | 5 ( 2.5%) | 5 ( 2.1%) |
| Obermoschel | 36 ( 5.0%) | 43 ( 5.6%) | 53 ( 5.3%) |
| Odernheim/Glan | 25 ( 3.4%) | 27 | 24 ( 2.2%) |
| **GESAMT** | **199 ( 2.3%)** | **233 ( 2.4%)** | **338** |

## KANTON OTTERBERG

| | 1801 | 1808 | 1825 |
|---|---|---|---|
| Heimkirchen | 0 | 0 | 14 ( 4.0%) |
| Mehlingen | 54 (16.2%) | 57 | 66 ( 5.9%) |
| Morbach | 15 ( 9.3%) | 3 | 10 ( 4.2%) |
| Niederkirchen | 48 (15.6%) | 64 | 79 (15.9%) |
| Olsbrücken | 0 | 0 | 9 ( 1.3%) |
| Otterbach | 0 | 0 | 9 ( 1.7%) |
| Otterberg | 0 | 31 ( 1.7%) | 56 ( 2.4%) |
| **GESAMT** | **117 ( 1.8%)** | **155 ( 2.1%)** | **243** |

## KANTON ROCKENHAUSEN

| | 1801 | 1808 | 1825 |
|---|---|---|---|
| Dielkirchen | 13 ( 2.9%) | 14 ( 3.0%) | 20 ( 3.9%) |
| Dörnbach | 6 ( 1.6%) | 14 | 38 ( 7.0%) |
| Dörrmoschel | 14 ( 7.7%) | 8 | 31 ( 9.7%) |
| Gaugrehweiler | 54 ( 8.6%) | 53 | 63 ( 8.4%) |
| Marienthal | 35 (11.4%) | 45 | 81 (16.9%) |
| Rockenhausen | 39 ( 3.6%) | 62 | 106 ( 7.0%) |
| Teschenmoschel | 22 (14.1%) | 27 | 30 (13.5%) |
| Waldgrehweiler | 8 ( 2.3%) | 13 | 44 ( 9.7%) |
| Würzweiler | 6 ( 2.7%) | 10 | 7 ( 2.3%) |
| **GESAMT** | **197 ( 3.3%)** | **246 ( 2.1%)** | **420** |

## KANTON WINNWEILER

| | 1801 | 1808 | 1825 |
|---|---|---|---|
| Alsenbrück | 6 ( 5.8%) | 7 | 7 ( 5.4%) |
| Breunigweiler | 23 ( 7.6%) | ? | 18 ( 4.7%) |
| Börrstadt | 27 ( 4.4%) | ? | 96 (10.7%) |
| Gonbach | 6 ( 3.0%) | 7 | 14 ( 5.0%) |
| Imsbach | 19 ( 3.4%) | 24 | 33 ( 4.4%) |
| Lohnsfeld | 28 ( 5.5%) | 28 | 36 ( 5.4%) |
| Münchweiler/Als. | 75 (11.8%) | 110 | 149 (18.4%) |
| Neuhemsbach | 18 ( 4.9%) | 23 | 34 ( 6.6%) |
| Schweisweiler | 40 (12.5%) | 0 | 0 |
| Sembach | 111 (21.3%) | 124 | 138 (19.2%) |
| Steinbach | 60 (13.2%) | 79 | 111 (18.5%) |
| Winnweiler | 40 ( 4.3%) | 40 ( 4.1%) | 91 ( 8.1%) |
| **GESAMT** | **453 ( 5.5%)** | **442 (über 6%)** | **727** |

## KANTON WOLFSTEIN

| | 1801 | 1808 | 1825 |
|---|---|---|---|
| Bedesbach | 0 | 3 | 6 ( 2.6%) |
| Bosenbach | ? | 37 ( 8.7%) | 20 ( 3.6%) |
| Eßweiler | 8 ( 2.4%) | 33 | 46 ( 7.9%) |
| Hefersweiler | 16 ( 7.7%) | 15 | 13 ( 3.9%) |
| Oberweiler/Tal | 14 ( 6.1%) | 17 | 18 ( 5.8%) |
| Rathskirchen | 15 (16.1%) | 15 | 6 ( 3.5%) |
| Rudolphskirchen | 0 | 8 | 0 |
| **GESAMT** | **53 ( 0.8%)** | **128 ( 1.6%)** | **109** |

## ARRONDISSEMENT ZWEIBRÜCKEN
## KANTON ANNWEILER

| | 1801 | 1808 | 1825 |
|---|---|---|---|
| Albersweiler | 144 (11.4%) | 145 | 221 (11.6%) |
| Eußerthal | 0 | 0 | 8 ( 1.2%) |
| Godramstein | 7 ( 0.7%) | 9 | 4 ( 0.3%) |
| Göcklingen | 26 ( 2.7%) | 41 | 72 ( 5.3%) |
| Gossersweiler | 0 | 0 | 21 ( 3.9%) |
| Vorderweidenthal | 0 | 35 | 78 (12.1%) |
| Wilgartswiesen | 5 ( 1.2%) | 6 | 0 |
| **GESAMT** | **182 ( 1.4%)** | **236 ( 1.5%)** | **404** |

## KANTON HOMBURG

| | 1801 | 1808 | 1825 |
|---|---|---|---|
| Homburg | 10 ( 0.5%) | 109 ( 5.5%) | 193 |
| **GESAMT** | **10 ( 0.2%)** | **109 ( 1.8%)** | **193** |

## KANTON LANDSTUHL

| | 1801 | 1808 | 1825 |
|---|---|---|---|
| Obernheim | 0 | 0 | 3 ( 0.3%) |
| Vogelbach | 0 | 8 | 0 |
| **GESAMT** | **0** | **8** | **3** |

## KANTON PIRMASENS

| | 1801 | 1808 | 1825 |
|---|---|---|---|
| Fröschen | 0 | 5 | 0 |
| Pirmasens | 130 ( 3.2%) | 133 ( 2.9%) | 144 ( 2.9%) |
| Rodalben | 100 (12.4%) | 27 | 49 ( 4.3%) |
| Thaleischweiler | 86 (16.4%) | 86 | 99 (13.3%) |
| **GESAMT** | **316 ( 3.0%)** | **251 ( 1.9%)** | **292** |

## KANTON WALDFISCHBACH

| | 1801 | 1808 | 1825 |
|---|---|---|---|
| Harsberg | 0 | 0 | 13 ( 6.8%) |
| Herschberg | 50 ( 9.7%) | 106 | 138 (15.7%) |
| Hoheneinöd | 17 ( 3.4%) | 17 | 33 ( 3.9%) |
| Saalstadt | 7 ( 3.7%) | 7 | 3 ( 1.2%) |
| Schauerberg | 5 ( 5.5%) | 0 | 0 |
| Wallhalben | 65 (25.8%) | 45 | 43 (12.3%) |
| **GESAMT** | **144 ( 2.9%)** | **175 ( 2.7%)** | **230** |

## KANTON ZWEIBRÜCKEN

| | 1801 | 1808 | 1825 |
|---|---|---|---|
| Ixheim | 0 | 0 | 14 ( 2.3%) |
| Oberhausen | 0 | 5 | 44 (17.7%) |
| Zweibrücken | 24 ( 0.5%) | 71 ( 1.3%) | 156 ( 2.5%) |
| **GESAMT** | **24 ( 0.2%)** | **76 ( 0.6%)** | **214** |

## ARRONDISSEMENT MAINZ
## KANTON KIRCHHEIMBOLANDEN

| | 1801 | 1808 | 1825 |
|---|---|---|---|
| Albisheim | 20 ( 3.1%) | 21 | 38 ( 4.5%) |
| Gauersheim | 111 (25.9%) | 133 | 168 (27.9%) |
| Ilbesheim | 21 ( 4.5%) | 24 ( 5.1%) | 22 ( 4.0%) |
| Kirchheimbol. | 40 ( 2.0%) | 95 ( 4.4%) | 201 ( 6.8%) |
| Kriegsfeld | 25 ( 3.3%) | 0 | 6 ( 0.6%) |
| Marnheim | 12 ( 1.5%) | 9 ( 1.1%) | 12 ( 1.2%) |
| Ramsen | 0 | 0 | 8 ( 1.2%) |
| **GESAMT** | **229 ( 2.3%)** | **282 ( 2.4%)** | **455** |
| | | | |
| **GESAMT** | **4 304 ( 1.9%)** | **6 062 (um 2.3%)** | **9204 (2,5%)** |

**NIEDERRHEINDEPARTEMENT**
**ARRONDISSEMENT WEISSENBURG**

| | 1801 | 1808 | 1825 |
|---|---|---|---|
| Altdorf | | 73 (22.3%) | 96 (16.0%) |
| Arzheim | | 18 ( 2.1%) | 34 ( 3.2%) |
| Bergzabern | | 18 ( 0.8%) | 39 ( 1.5%) |
| Billigheim | | 42 ( 3.3%) | 96 ( 5.6%) |
| Busenberg | | 98 (19.1%) | 127 (21.4%) |
| Dahn | | 72 ( 7.7%) | 93 ( 7.1%) |
| Erlenbach | | 34 (12.5%) | 47 (12.4%) |
| Eschbach | | 6 ( 0.9%) | 8 ( 1.0%) |
| Essingen | | 156 (14.0%) | 254 (18.7%) |
| Freisbach | | 13 ( 3.2%) | 26 ( 5.1%) |
| Gommersheim | | 52 ( 7.6%) | 65 ( 8.7%) |
| Hagenbach | | 24 ( 2.4%) | 47 ( 3.7%) |
| Herxheim | | 59 ( 2.5%) | 101 ( 3.2%) |
| Heuchelheim | | 51 ( 7.2%) | 91 (10.6%) |
| Ingenheim | | 316 (28.5%) | 448 (32.1%) |
| Klingen | | 18 ( 4.1%) | 27 ( 5.3%) |
| Klingenmünster | | 44 ( 3.5%) | 43 ( 3.2%) |
| Landau | | 237 ( 4.8%) | 305 ( 5.5%) |
| Mühlhofen | | 11 ( 2.1%) | 4 ( 0.7%) |
| Niederhochstadt | | 100 (12.0%) | 153 (14.4%) |
| Oberhochstadt | | 0 | 9 ( 1.5%) |
| Pleisweiler | | 51 ( 8.7%) | 63 ( 8.2%) |
| Rohrbach | | 13 ( 1.3%) | 2 ( 0.2%) |
| Rülzheim | | 179 (10.2%) | 237 (10.7%) |
| Schindhard | | 0 | 6 ( 2.7%) |
| Vollmersweiler | | 0 | 6 ( 2.4%) |
| **GESAMT** | | **1 685** | **2 427** |

## DEPARTEMENT SAAR
## ARRONDISSEMENTS BIRKENFELD UND SAARBRÜCKEN

| | 1801 | 1808 | 1825 |
|---|---|---|---|
| Altenglan | | 16 | 21 ( 4.6%) |
| Blieskastel | | 97 | 193 (11.1%) |
| Börsborn | | 0 | 19 ( 6.7%) |
| Brücken | | 27 | 52 ( 6.2%) |
| Frutzweiler | | 11 | 10 ( 6.2%) |
| Haschbach | | 10 | 6 ( 4.4%) |
| Herchweiler | | 24 | 8 ( 4.0%) |
| Herschweiler | | 0 | 4 ( 0.9%) |
| Konken | | 32 | 47 (10.6%) |
| Kusel | | 0 | 10 ( 0.5%) |
| Nanzweiler | | 0 | 7 ( 3.4%) |
| Quirnbach | | 0 | 9 ( 2.7%) |
| Rehweiler | | 0 | 4 ( 0.9%) |
| Rieschweiler | | 0 | 3 ( 0.6%) |
| St. Julian | | 22 | 30 ( 6.4%) |
| Waldmohr | | 0 | 13 ( 1.3%) |
| Steinbach/Glan | | 116 | 145 (28.7%) |
| Ulmet | | 24 | 34 ( 6.2%) |
| **GESAMT** | | **379** | **615** |
| **GESAMT** | | **8 126 (um 2.3%)** | **12 246 ( 2.5%)** |

# ANHANG

## VERZEICHNIS DER 1809/10 UND 1810 ZUR KULTUSUMLAGE VERANLAGTEN JÜDISCHEN HAUSHALTSVORSTÄNDE DES DEPARTEMENTS DONNERSBERG[1]

## ARRONDISSEMENT SPEYER

### KANTON DÜRKHEIM

| | | | |
|---|---|---|---|
| 1. Frank, Marx Moses | Dürkheim | Händler | 12 |
| 2. Gerhard, Abraham | Dürkheim | Händler | 8 |
| 3. Hecht, Abraham | Dürkheim | Händler | 12 |
| 4. Heller, Alexander | Dürkheim | Kaufmann | 15 |
| 5. Heller, Leonhard | Dürkheim | Händler | 11 |
| 6. Kauffer, Isaac | Dürkheim | Händler | 11 |
| 7. Kauffmann, Joseph | Dürkheim | Mehlhändler | 13 |
| 8. Maas, Moses Junior | Dürkheim | | 14 |
| 9. Maas, Moses Senior | Dürkheim | Kaufmann | 15 |
| 10. Mandel, Joseph | Dürkheim | Schneider | 15 |

1 Die im Pariser Nationalarchiv überlieferten Verzeichnisse von 1809/10 bzw. 1810 (vgl. Text, Anm.15) werden hier in überarbeiteter Form abgedruckt. Haushaltsvorstände, die in beiden Listen verzeichnet wurden, sind in Normalschrift wiedergegeben; jene, die nur 1809/10 aufgelistet wurden, sind durch einen * gekennzeichnet; jene, die nur in der Ergänzungsliste von 1810 erscheinen, wurden kursiv gesetzt und ihre erschlossene Steuerklasse durch [] gekennzeichnet. Daneben wurden die französischen Berufsbezeichnungen übersetzt; um die Differenzierungen des Originals beizubehalten, wurden die im allgemeinen Sprachgebrauch gelegentlich synonym verwendeten Begriffe „marchand" mit „Händler", „commerçant" mit „Kaufmann" und „negociant" mit „Großhändler" wiedergegeben. Dagegen wurde die französische Schreibweise oder die französische Übersetzung der Vornamen beibehalten, da sie die Unterscheidung von Vor- und Familiennamen erleichterte; dennoch ist eine Verwechslung von Vor- und Familiennamen nicht auszuschließen, da ihre Reihenfolge auch innerhalb der Angaben für einen Kanton häufig wechselte, und angesichts der vielfach geübten Praxis „erstarrte Vornamen als Familiennamen" zu benutzen, eine Unterscheidung ohne genaue Lokalkenntnisse nicht möglich war. Die Gemeindenamen wurden durchweg der modernen Schreibweise angepaßt, offensichtliche Schreibfehler korrigiert. Eine entsprechende 'orthographische Normalisierung' der Familiennamen war jedoch nur innerhalb einer Gemeinde möglich, so daß zahlreiche Zunamen in verschiedenen Variationen erscheinen; welche Schreibweise sich bei der jeweiligen Familie durchsetzte, war nicht zu entscheiden. Neben der erst in der deutschen Orthographie des 20. Jahrhunderts getilgten üblichen Verwendung von „th", etwa bei „Thal", der parallelen Verwendung von „z" und „tz" (vgl. Welz=Weltz, Herz=Hertz=Hirz=Hirtz, aber auch Sinsheimer=Sinzheimer=Sintzheimer), der gebräuchlichen Verdoppelung von Konsonanten (vgl. Kaufmann=Kauffmann) oder der nicht festgelegten Schreibweise von Vokalen, Umlauten und des am Ende eines Wortes stehenden „s" (vgl. Bär=Bähr=Beer=Behr, Heymann=Haymann=Heimann=Haimann, Weil= Weill=Weyl oder Straus=Strauß) gilt vor allem die Varianten des jüdischen Namens Cahn=Chan=Kahn=Cohn= Kohn=Cuhn=Kuhn oder dialektbedingte Abweichungen wie Sichel=Sigel=Siegel zu beachten; andere Namensvarianten sind in [] wiedergegeben.

| | | | |
|---|---|---|---|
| 11. Mayer, Aron | Dürkheim | Händler | 11 |
| 12. Mayer, Elisabeth Wwe. | Dürkheim | Metzgerin | 14 |
| 13. Reinhard, Israel | Dürkheim | Händler | 12 |
| 14. Strauß, Rebecca Wwe. | Dürkheim | Kauffrau | 14 |
| 15. Weil, Isaac | Dürkheim | Mehlhändler | 15 |
| 16. Weil, Salomon | Dürkheim | Mehlhändler | 12 |
| 17. Weiller, Abraham | Dürkheim | | 15 |
| 18. Wolff, Bernhard | Dürkheim | | 15 |
| 19. Wolff, Joseph | Dürkheim | Kaufmann | 15 |
| 20. Frank, David | Grethen | Hausierer | 15 |
| 21. Frank, Isaac | Grethen | Hausierer | 13 |
| 22. Frank, Rosela Wwe. | Grethen | | 14 |
| 23. Frank, Samuel | Grethen | Federnhändler | 12 |
| 24. Heller, Benjamin | Grethen | | 14 |
| 25. Kauffer, Lazarus Senior | Grethen | Eisenhändler | 12 |
| *26. Lohmann, Isaac* | Grethen | | *[15]* |
| 27. Lohmann, Leonhard | Grethen | Viehhändler | 15 |
| 28. Mayer, Isaac Senior | Grethen | Viehhändler | 14 |
| 29. Stern, Leonhard | Grethen | Federnhändler | 14 |
| 30. Straub, Joseph | Grethen | Federnhändler | 14 |
| 31. Weil, David | Grethen | Makler | 14 |
| 32. Wolff, Jacob Senior | Grethen | Hausierer | 13 |
| 33. Wolff, Joseph | Grethen | Metzger | 15 |
| 34. Wolff, Ludwig Senior | Grethen | Metzger | 14 |
| *35. Fränkel, Aron* | Wachenheim | | *[12]* |
| 36. Fränkel*, David | Wachenheim | Mehlhändler | 12 |
| 37. Kauf[f]mann*, Abraham | Wachenheim | Mehlhändler | 11 |
| 38. Kauf[f]mann, Marx | Wachenheim | Landwirt/Händler | 3 |
| 39. Kauf[f]mann, Salomon | Wachenheim | Viehhändler | 12 |
| 40. Krämer, Joseph | Wachenheim | Kleinhändler | 10 |
| 41. Krämer, Samuel Senior | Wachenheim | Landwirt/Händler | 8 |
| 42. Krämer, Samuel Junior | Wachenheim | Landwirt/Händler | 10 |
| 43. Mayer*, Abraham | Wachenheim | Händler | 15 |
| *44. Mayer, Jacob* | Wachenheim | | *[15]* |
| 45. Mehlinger [*Mell-*], Jacob | Wachenheim | Mehlhändler | 13 |
| 46. Scheuer, Moses | Wachenheim | Metzger | 15 |
| 47. Feist, Bella Wwe. | Deidesheim | Mehlhändlerin | 13 |
| 48. Hirsch, Benjamin | Deidesheim | Tuchhändler | 8 |
| 49. Löb, Joseph | Deidesheim | Gebrauchtwarenh. | 15 |
| 50. Reinach [*-hard*], Jacob | Deidesheim | Kolonialwarenh. | 14 |
| 51. Dornberger, Joseph | Friedelsheim | Winzer | 15 |
| 52. Löb, Baruch Daniel | Friedelsheim | Händler | 14 |
| 53. Mayer, Seligmann Emanuel | Friedelsheim | Landwirt | 14 |
| 54. Mayer, Moses Simon | Friedelsheim | Viehhändler | 14 |
| 55. Weill, Baruch Daniel | Friedelsheim | Metzger | 15 |
| 56. Weill, Joseph | Friedelsheim | Kurzwarenhändler | 15 |

| | | | |
|---|---|---|---|
| 57. Wolff, Abraham | Friedelsheim | Metzger | 15 |
| 58. Wolff, Süskind Alexander | Friedelsheim | Viehhändler | 13 |
| 59. Heim, Jacob | Rödersheim | Landwirt | 12 |
| 60. Goldschmidt, David | Ellerstadt | Eisenhändler | 12 |
| 61. Mayer, Jacob | Ellerstadt | Eisenhändler | 11 |
| 62. Mayer*, Joseph | Ellerstadt | Viehhändler | 12 |
| *63. Mayer, Juda* | Ellerstadt | | *[11]* |
| 64. Weill, Abraham | Ellerstadt | | 15 |
| 65. Mayer*, Aron | Erpolzheim | | 15 |
| 66. Mayer*, Joseph | Erpolzheim | | 15 |
| 67. Cahn, Samuel | *Freinsheim* | Händler | 15 |
| *68. Feist, Ester Wwe.* | *Freinsheim* | | *[15]* |
| 69. Herz, Joseph | Freinsheim | Händler | 14 |
| 70. Herz, Joseph Senior | Freinsheim | Metzger | 15 |
| 71. Kauffmann, Gottlieb | Freinsheim | Händler | 6 |
| 72. Kauffmann, Joseph | Freinsheim | Händler | 10 |
| 73. Stern*, Esther Wwe. | Freinsheim | | 15 |
| 74. Cuhn [Cohn], Jacob | Kallstadt | Kurzwarenhändler | 14 |
| 75. Löb, Abraham | Kallstadt | Kolonialwarenh. | 14 |
| 76. Löb*, Marx Senior | Kallstadt | Hausierer | 15 |
| 77. Löb, Salomon | Kallstadt | Viehhändler | 15 |
| *78. Levi, Aron* | Kallstadt | | *[14]* |
| 79. Mayer, Isaac | Kallstadt | Metzger | 13 |
| 80. Wolff, Jacob | Kallstadt | Mehlhändler | 12 |
| 81. Culmann, Lazarus | Ungstein | Metzger | 12 |
| 82. Herz, Joseph | Ungstein | Metzger | 14 |
| 83. Herzog*, Simon | Ungstein | Händler | 13 |
| *84. Herzog, Hersch* | Ungstein | | *[13]* |
| 85. Löb, Isaac Jacob | Ungstein | Hausierer | 13 |
| 86. Löb, Jacob Senior | Ungstein | Metzger | 14 |
| 87. Mayer*, Joseph | Ungstein | Hausierer | 15 |
| *88. Mayer, Baruch* | Ungstein | | *[15]* |
| 89. Kuhn [Cahn], Jacob | Leistadt | | 14 |
| *90. Herscher, Aron* | Leistadt | | *[15]* |
| *91. Herscher, Joseph* | Leistadt | | *[15]* |
| 92. Jonas, Jacques Junior | Weisenheim/Bg. | Hausierer | 14 |
| 93. Kuhn [Cahn]*, Abraham | Weisenheim/Bg. | Viehhändler | 13 |
| 94. Kuhn [Cahn], Joseph | Weisenheim/Bg. | Viehhändler | 13 |
| *95. Kuhn, Nathan* | Weisenheim/Bg. | | *[13]* |
| 96. Maas*, Isaac | Weisenheim/Bg. | Viehhändler | 14 |
| *97. Maas, Moses* | Weisenheim/Bg. | | *[14]* |
| 98. Mayer, Simon | Weisenheim/Bg. | Händler | 14 |
| 99. Löb, Joseph | Herxheim/Bg. | | 15 |
| *100 Mayer, Abraham* | Herxheim/Bg. | | *[15]* |
| 101 Weiller, Louis | Herxheim/Bg. | | 11 |

## KANTON EDENKOBEN

| | | | |
|---|---|---|---|
| 1. König, David | Böbingen | | 13 |
| 2. Se[e]ligmann, Jacques | Böbingen | Kleinhändler | 13 |
| 3. Holzmann, Joseph | Burrweiler | | 11 |
| 4. Kauffmann, Gustav | Burrweiler | | 15 |
| 5. Machol, Abraham | Edesheim | Händler | 10 |
| 6. Michael, Jacob | Edesheim | Metzger | 15 |
| 7. Michael, Alexander | Edesheim | Metzger | 15 |
| 8. Michael*, Salomon | Edesheim | Metzger | 15 |
| 9. Samuel*, Marx | Freimersheim | | 15 |
| 10. Se[e]ligmann, Emanuel | Freimersheim | | 14 |
| 11. Se[e]ligmann, Marx | Freimersheim | Kleinhändler | 13 |
| 12. Falk, Jacques | Kirrweiler | Metzger | 14 |
| 13. Hertz, David | Kirrweiler | Metzger | 12 |
| 14. Löb*, Joseph | Kirrweiler | Trödler | 15 |
| 15. Mayer, David | Kirrweiler | Trödler | 15 |
| 16. Mayer, Michel | Kirrweiler | Trödler | 15 |
| 17. Süß, Abraham | Kirrweiler | Metzger | 13 |
| 18. Süß, Joseph | Kirrweiler | Metzger | 13 |
| 19. Süß*, Sara Wwe. | Kirrweiler | | 14 |
| 20. Bruner, Jacob | Böchingen | Kolonialwarenh. | 13 |
| 21. Bruner*, Salomon | Böchingen | | 15 |
| 22. Heß, Lazarus | Böchingen | Metzger | 15 |
| 23. Kern, Joseph | Böchingen | Viehhändler | 13 |
| 24. Kern*, Salomon | Böchingen | Hausierer | 15 |
| 25. Lehmann, Jacob | Böchingen | | 14 |
| 26. Lehmann, Samuel | Böchingen | Hausierer | 14 |
| 27. Martin*, Gerson | Böchingen | | 15 |
| 28. Mayer, Abraham | Böchingen | | 14 |
| 29. Mayer, Benjamin | Böchingen | Federnhändler | 14 |
| 30. Mayer, Jacob | Böchingen | Hausierer | 14 |
| 31. Mayer, Michael | Böchingen | Metzger | 14 |
| 32. Metzger, David | Böchingen | Hausierer | 14 |
| 33. Metzger*, Isaac | Böchingen | Metzger | 15 |
| 34. Metzger, Jacob | Böchingen | Hausierer | 14 |
| 35. Metzger, Samuel | Böchingen | Federnhändler | 14 |
| 36. Weill, Isaac | Böchingen | Metzger | 15 |
| 37. Wolff, Abraham | Böchingen | Händler | 7 |
| 38. Wolff, Lazarus | Böchingen | Viehhändler | 12 |
| 39. Wolff, Martin | Böchingen | Metzger | 14 |
| 40. Abraham, Aron | Edenkoben | Viehhändler | 12 |
| 41. Abraham, David | Edenkoben | Kurzwarenhändler | 8 |
| 42. Alexander, Babette Wwe. | Edenkoben | | 15 |
| 43. Bloch, Moses | Edenkoben | Händler | 11 |
| 44. Dreyfuß, Nestor | Edenkoben | Kaufmann | 9 |

| | | | |
|---|---|---|---|
| 45. Hirsch, Emanuel | Edenkoben | Mehlhändler | 13 |
| 46. Hirsch, Salomon | Edenkoben | Mehlhändler | 12 |
| 47. Isaac, Aron | Edenkoben | Händler | 9 |
| 48. Isaac, Jesché | Edenkoben | Eisenhändler | 9 |
| 49. Joachim, Isaac | Edenkoben | Metzger | 14 |
| 50. Löb, Jesaias | Edenkoben | Metzger | 11 |
| 51. Löb, Samuel | Edenkoben | Händler | 13 |
| 52. Löb, Salomon | Edenkoben | Händler | 12 |
| 53. Mayer, Fanni Wwe. | Edenkoben | | 15 |
| 54. Michel, Judas | Edenkoben | Händler | 15 |
| 55. Neu, Lazarus | Edenkoben | Händler | 15 |
| 56. Seeligmann, Herzog | Edenkoben | Händler | 10 |
| 57. Wolff, Léon | Edenkoben | Kurzwarenhändler | 9 |
| 58. Mayer, Emanuel | Maikammer | Metzger | 13 |
| 59. Deutsch, Aron | Venningen | Metzger | 12 |
| 60. Deutsch, Jacob | Venningen | Viehhändler | 13 |
| 61. Deutsch, Joseph | Venningen | Viehhändler | 13 |
| 62. Hayum | Kleinfischlingen | | 15 |
| 63. Isaac* | Kleinfischlingen | | 15 |
| 64. Lazarus | Kleinfischlingen | | 15 |
| 65. Samuel | Kleinfischlingen | | 15 |

## KANTON FRANKENTHAL

| | | | |
|---|---|---|---|
| 1. Bender, Benedict | Bobenheim | | 14 |
| 2. Kuhn [Cahn], Elias | Heuchelheim | Metzger | 15 |
| 3. Marx, Lazare | Heuchelheim | | 15 |
| 4. Kuhn [Cahn], Jacques | Beindersheim | | 15 |
| 5. Hirschler, Hertz | Heßheim | | 15 |
| 6. Hirschler, Jacques | Heßheim | | 11 |
| 7. Hirschler, Leopold | Heßheim | | 9 |
| 8. Hirschler, Maurice | Heßheim | | 13 |
| 9. Mayer, David | Heßheim | | 15 |
| 10. Abraham*, Lazare | Lambsheim | Gebrauchtwarenh. | 15 |
| 11. Bär*, David | Lambsheim | Viehhändler | 12 |
| 12. Cahn, Jacob | Lambsheim | Viehhändler | 11 |
| 13. Cahn, Joseph | Lambsheim | Papierhändler | 10 |
| 14. Cahn, Salomon | Lambsheim | Viehhändler | 13 |
| 15. Cahn, Samuel | Lambsheim | | 15 |
| 16. David*, Lazarus | Lambsheim | | 15 |
| *17. Kaufmann, Jacob Jun.* | Lambsheim | | *[13]* |
| 18. Kaufmann, Jacob Sen. | Lambsheim | | 15 |
| 19. Kaufmann, Jacob Moses | Lambsheim | Viehhändler | 11 |
| 20. Lang, Simon | Lambsheim | Kolonialwarenh. | 14 |
| 21. Simon, Abraham Junior | Lambsheim | Kolonialwarenh. | 15 |

| | | | |
|---|---|---|---|
| 22. Simon, Abraham Senior | Lambsheim | Kurzwarenhändler | 12 |
| *23. Simon, David* | Lambsheim | | *[12]* |
| 24. Simon, Naphtali | Lambsheim | Viehhändler | 13 |
| 25. Weill, Alexander | Lambsheim | Kolonialwarenh. | 10 |
| 26. Weill, Levy | Lambsheim | Viehhändler | 9 |
| 27. Weingarten, Samuel | Lambsheim | Trödler | 15 |
| *28. Wolff, Lazare & Joseph* | Lambsheim | | *[13]* |
| 29. Mand[t]el, Maurice | Roxheim | | 10 |
| 30. Bender, Auguste | Roxheim | | 14 |
| 31. Bär, Marx | Edigheim | Kaufmann | 15 |
| 32. Lorch [Lurch], Isaac | Edigheim | | 14 |
| 33. Weill, Simon | Oppau | | 15 |
| 34. Friedmann, Jacques | Weisenheim/Sd. | | 13 |
| 35. Löb [*Leopold*]*, Abraham | Weisenheim/Sd. | | 11 |
| 36. Löb [*Leopold*], Joseph | Weisenheim/Sd. | | 10 |
| *37. Sins[tz]heimer, Abraham* | Weisenheim/Sd. | | *[13]* |
| 38. Benjamin, Thérèse Wwe. | Gerolsheim | | 14 |
| 39. Mayer, Jacques Senior | Gerolsheim | | 11 |
| 40. Mayer, Jacques Junior | Gerolsheim | | 12 |
| 41. Beer, Jacques Senior | Eppstein | | 12 |
| 42. Beer, Jacques Junior | Eppstein | | 15 |
| 43. Hartmann, Isaac | Eppstein | | 11 |
| 44. Isaac, Aron Wwe. | Eppstein | | 15 |
| 45. Schul[t]z, Simon | Eppstein | | 12 |
| 46. Bloch, Leopold | Frankenthal | | 14 |
| 47. Fränckel, Philippe | Frankenthal | | 15 |
| 48. Garten, Sebastien | Frankenthal | | 15 |
| 49. Goldschmidt, Eduard | Frankenthal | | 10 |
| 50. Heymann, Abraham | Frankenthal | | 8 |
| 51. Kauf[f]mann, Joseph | Frankenthal | | 14 |
| 52. Kilien, Charles | Frankenthal | | 14 |
| 53. Marx, Henri | Frankenthal | | 11 |
| *54. Marx, Jacques* | Frankenthal | | *[15]* |
| 55. Marx, Salomon | Frankenthal | | 13 |
| 56. Mayer, Leopold | Frankenthal | | 7 |
| 57. Salomon, Alexandre | Frankenthal | | 14 |
| *58. Simon, Isaac* | Frankenthal | | *[14]* |
| 59. Simon, Salomon | Frankenthal | | 15 |
| 60. Sommer, Abraham | Frankenthal | | 15 |
| *61. Sommer, Bernard* | Frankenthal | | *[15]* |
| 62. Sommer, Maurice | Frankenthal | | 15 |
| *63. Wolff, Marx* | Frankenthal | | *[13]* |

## KANTON GERMERSHEIM

| | | | |
|---|---|---|---|
| 1. Cahn, Salomon | Bellheim | | 15 |
| *2. Cahn, Samuel* | Bellheim | | *[15]* |
| 3. Löb*, Joseph | Bellheim | Großhändler | 8 |
| *4. Löb, Mayer* | Bellheim | | *[8]* |
| 5. Silbernagel, Simon | Bellheim | Metzger | 15 |
| 6. Geiger, George | Kuhard | Schuhmacher | 15 |
| 7. Holzmann, Samuel | Niederlustadt | Gebrauchtwarenh. | 14 |
| 8. Mohr, Michel | Niederlustadt | Gebrauchtwarenh. | 14 |
| 9. Silbernagel*, Abraham | Niederlustadt | Gebrauchtwarenh. | 15 |
| 10. Frank, Jacques | Oberlustadt | Gebrauchtwarenh. | 15 |
| 11. Frank, Salomon | Oberlustadt | Metzger | 13 |
| 12. Haber, Abraham | Oberlustadt | Gebrauchtwarenh. | 14 |
| 13. Haber, Joseph | Oberlustadt | | 14 |
| 14. Mayer, Aron | Oberlustadt | | 15 |
| 15. Mayer, Emanuel | Oberlustadt | Gebrauchtwarenh. | 14 |
| 16. Reinach, Jacques | Oberlustadt | Gebrauchtwarenh. | 13 |
| 17. Reinach*, Moses | Oberlustadt | Gebrauchtwarenh. | 15 |
| 18. Weill [Weyl], Abraham | Oberlustadt | Gebrauchtwarenh. | 15 |
| 19. Weill [Weyl], David | Oberlustadt | | 15 |
| 20. Weill [Weyl], Jacques | Oberlustadt | Kleinhändler | 14 |
| 21. Weill [Weyl]*, Jesaias | Oberlustadt | Kleinhändler | 15 |
| 22. Weill [Weyl], Moses | Oberlustadt | Viehhändler | 13 |
| 23. Hoffmann*, Michel | Weingarten | | 15 |
| 24. Hoffmann*, Simon | Weingarten | | 15 |
| 25. Volmer, Abraham | Weingarten | | 15 |
| 26. Volmer, Isaac | Weingarten | | 15 |
| *27. Löb, Gottlieb* | Schwegenheim | | *[14]* |
| 28. Löb*, Hersch | Schwegenheim | | 14 |
| 29. Herschel*, Walter | Schwegenheim | | 15 |
| 30. Herz*, Levi | Schwegenheim | | 15 |
| *31. Gall, Jacob* | Lingenfeld | | *[15]* |
| 32. Mohr, Jacques | Lingenfeld | | 14 |
| 33. Seckel*, Raphael | Lingenfeld | | 15 |
| 34. Walter*, Samuel | Westheim | | 15 |
| *35. Walter, Johannes* | Westheim | | *[15]* |
| 36. Cahn, Falk | Germersheim | | 13 |
| 37. Cahn, Moses | Germersheim | | 11 |
| 38. Bauer, Adam | Leimersheim | Viehhändler | 10 |
| 39. Behr*, Adam | Leimersheim | Viehhändler | 14 |
| 40. Behr, Eva Wwe | Leimersheim | | 15 |
| 41. Behr, Joseph | Leimersheim | Viehhändler | 15 |
| 42. Borach*, Moses | Leimersheim | Viehhändler | 15 |
| 43. Cahn, Charles | Leimersheim | Viehhändler | 14 |
| 44. Mayer, Samuel | Leimersheim | Eisenhändler | 13 |

| | | | |
|---|---|---|---|
| *45. Oppenheimer, Salomon* | Leimersheim | | *[13]* |
| 46. Strauß, Jacques | Leimersheim | | 14 |
| *47. Strauß, Moses* | Leimersheim | | *[14]* |

## KANTON GRÜNSTADT

| | | | |
|---|---|---|---|
| 1. Adler, Abraham | Grünstadt | Händler | 10 |
| 2. Adler, Maurice | Grünstadt | Händler | 10 |
| 3. Brend[t]ona, Joseph | Grünstadt | Metzger | 9 |
| 4. Blum, David | Grünstadt | Händler | 13 |
| 5. Cahn, Gustav | Grünstadt | Händler | 10 |
| 6. Dessauer, Joseph | Grünstadt | Händler | 13 |
| 7. Escales, Leopold | Grünstadt | Händler | 12 |
| 8. Fisch, Michel | Grünstadt | Seifensieder | 14 |
| 9. Goldschmidt*, Gerson | Grünstadt | Händler | 14 |
| 10. Haas*, Samuel | Grünstadt | Händler | 15 |
| 11. Hanf, Jacob | Grünstadt | Händler | 13 |
| 12. Hanf*, Joseph | Grünstadt | Händler | 15 |
| 13. Hecht, Marcus | Grünstadt | Händler | 8 |
| 14. Hirsch, Daniel | Grünstadt | Händler | 14 |
| 15. Jacobi, Isaac | Grünstadt | Händler | 14 |
| 16. Jacobi, Jacques | Grünstadt | Händler | 14 |
| 17. Jacobi, Samuel | Grünstadt | Händler | 14 |
| 18. Jacobi, Simon | Grünstadt | Händler | 14 |
| 19. Leopard*, Jacques | Grünstadt | Metzger | 14 |
| *20. Leopard, Lazarus* | Grünstadt | | *[13]* |
| 21. Leopold, Isaac | Grünstadt | Wirt | 9 |
| 22. Leopold, Marcus | Grünstadt | Metzger | 15 |
| 23. Levat [Lavat], Jacques | Grünstadt | | 10 |
| 24. Levat [Lavat], Leopold | Grünstadt | Händler | 13 |
| 25. Levat [Lavat]*, Marcus | Grünstadt | Metzger | 11 |
| 26. Levy*, Alexander | Grünstadt | Händler | 15 |
| 27. Löb, Adam | Grünstadt | Händler | 9 |
| 28. Löb, Benoît | Grünstadt | Händler | 13 |
| 29. Löb*, Joseph | Grünstadt | Händler | 14 |
| 30. Löb, Samuel | Grünstadt | Händler | 5 |
| 31. Marx, Samuel | Grünstadt | Händler | 15 |
| 32. Marx, Simon | Grünstadt | Händler | 9 |
| 33. Mayer, Jacques | Grünstadt | Händler | 6 |
| 34. Nahm, Isaac | Grünstadt | Händler | 14 |
| 35. Nahm, Kilian | Grünstadt | | 8 |
| 36. Nahm, Marcus | Grünstadt | Händler | 12 |
| 37. Nahm, Samuel | Grünstadt | Händler | 14 |
| 38. Sommer, Adam | Grünstadt | Händler | 12 |
| 39. Stiefel, Jacques | Grünstadt | Händler | 11 |

| | | | |
|---|---|---|---|
| 40. Süskind, Benjamin | Grünstadt | Händler | 14 |
| 41. Wertheimer*, Jacques | Grünstadt | Händler | 13 |
| 42. Adler, Abraham I. | Neuleiningen | Landwirt | 7 |
| 43. Adler, Abraham II. | Neuleiningen | | 11 |
| 44. Freiberg*, Simon | Neuleinigen | | 15 |
| 45. Josephi, Samson | Neuleiningen | Trödler | 14 |
| 46. Kauffmann, Gabriel | Neuleiningen | Landwirt | 11 |
| 47. Kauffmann, Maurice | Neuleiningen | Landwirt | 3 |
| 48. Kremer*, Adam | Neuleinigen | Trödler | 15 |
| 49. Levarc , Jacques | Neuleiningen | | 5 |
| 50. Levarc, Michel | Neuleiningen | Händler | 11 |
| 51. Mayer, Jacob | Neuleiningen | Händler | 10 |
| 52. Mayer*, Joseph | Neuleinigen | Schulvorsteher | 15 |
| 53. Mayer*, Mayer | Neuleiningen | Kleinhändler | 15 |
| 54. Fuchs, Salomon | Carlsberg | | 14 |
| 55. Kister, Samuel | Carlsberg | | 15 |
| 56. Jacobi, Jacob | Hertlingshausen | | 15 |
| 57. Anton*, Isaac Wwe. | Dirmstein | | 10 |
| 58. Cuhn, Moses | Dirmstein | | 7 |
| 59. Krämer, Elias | Dirmstein | | 7 |
| 60. Weill, Emanuel | Dirmstein | | 14 |
| 61. Levi, Jacob | Sausenheim | | 14 |
| 62. Levi, Joseph | Sausenheim | | 14 |
| 63. Mayer, Isaac | Sausenheim | | 12 |
| 64. Mayer, Salomon & Abraham | Sausenheim | | 13 |
| 65. Simon, Jacob | Sausenheim | | 14 |
| 66. Wolf*, Joseph | Sausenheim | | 15 |
| 67. Wolf, Marcus | Großkarlbach | | 15 |
| *68. Wolf, David* | Großkarlbach | | *[14]* |
| 69. Cahn*, Abraham | Bobenheim/Bg. | | 15 |
| 70. Heymann, Samuel | Bobenheim/Bg. | | 15 |
| 71. Kuhn, Alexander | Bobenheim/Bg. | | 14 |
| 72. Kuhn, Isaac | Bobenheim/Bg. | | 14 |
| 73. Cahn, Isaac | Bissersheim | | 14 |
| 74. Cahn, Leopold | Bissersheim | | 13 |
| 75. Stein*, Jacob | Bissersheim | | 15 |
| 76. Stein, Karl | Bissersheim | | 15 |
| 77. Strauß, Asser | Bissersheim | | 15 |
| 78. Strauß, Moses | Bissersheim | | 15 |
| 79. Eisenberger, Mayer | Kindenheim | | 15 |
| 80. Jacobi*, Isaac | Kindenheim | | 15 |
| 81. Levy, Baruch | Kindenheim | | 12 |
| 82. Levy, Michel | Kindenheim | | 12 |
| 83. Levy, Moses | Kindenheim | | 10 |
| 84. Salomon, David | Kindenheim | | 7 |
| 85. Salomon*, Wolfgang | Kindenheim | | 15 |

| | | |
|---|---|---|
| 86. Strauß*, Aron | Kindenheim | 15 |
| 87. Strauß*, Lazarus | Kindenheim | 15 |
| 88. Kiefer*, Salomon | Kleinbockenheim | 14 |
| 89. Levistein, Isaac | Kleinbockenheim | 13 |
| 90. Mayer*, Abraham | Kleinbockenheim | 15 |
| 91. Mayer*, Emanuel | Kleinbockenheim | 14 |
| 92. Mayer*, Isaac | Kleinbockenheim | 15 |
| 93. Cahn, Aron | Großbockenheim | 14 |
| 94. Levy, David | Großbockenheim | 9 |
| 95. Levy, Moses | Großbockenheim | 4 |
| 96. Maas, Abraham | Großbockenheim | 14 |
| 97. Maas, Leopold | Großbockenheim | 9 |
| 98. Mayer, Abraham | Großbockenheim | 9 |
| 99. Mayer, Adam | Großbockenheim | 13 |
| 100.Mayer, Isaac | Großbockenheim | 14 |
| 101.Herz*, Bernhard | Altleiningen | 15 |
| 102.Kaufmann, Heinrich | Altleiningen | 14 |
| 103.Kaufmann, Levi | Altleiningen | 15 |
| 104.Löb*, David | Altleiningen | 14 |
| 105.Mayer, Salomon | Altleiningen | 15 |
| 106.Simon, Adam | Altleiningen | 15 |
| 107.Simon, Jacob | Altleiningen | 14 |
| 108.Simon*, Michael | Altleiningen | 14 |
| 109.Klein*, Joseph | Altleiningertal | 15 |
| 110.Löb*, David | Colgenstein | 14 |
| 111.Baruch, Daniel | Obrigheim | 14 |
| 112.Bauer, Jacob | Obrigheim | 15 |
| 113.Cahn, Abraham | Obrigheim | 14 |
| 114.Emanuel, Abraham | Obrigheim | 13 |
| 115.Emanuel, Lazarus | Obrigheim | 8 |
| 116.Emanuel, Moses | Obrigheim | 13 |
| 117.Klein*, Abraham | Obrigheim | 14 |
| *118.Löwenstein, Daniel* | Obrigheim | *[14]* |
| 119.Löwenstein, Jacob | Obrigheim | 6 |
| 120.Löwenstein, Mannes | Obrigheim | 14 |
| 121.Schweinstein*, Daniel | Obrigheim | 14 |
| 122.Vogel*, Jacob | Obrigheim | 15 |
| 123.Lang*, Joseph | Wattenheim | 15 |
| 124.Mann*, Jacques | Wattenheim | 15 |
| 125.Michel, Simon | Wattenheim | 15 |
| 126.Strauß, Lazare | Wattenheim | 13 |
| 127.Klein*, Joseph | Hetten[leidel]heim | 15 |
| 128.Roos*, Leopold | Hetten[leidel]heim | 15 |
| 129.Baum, Adam | Tiefenthal | 13 |
| 130.Mayer, Adam | Tiefenthal | 13 |
| 131.Weil*, Abraham | Tiefenthal | 15 |

| | | | |
|---|---|---|---|
| 132.Weil[er]*, Jacob | Tiefenthal | | 14 |
| 133.Sander*, Jacob | Quirnheim | | 15 |
| 134.David*, Samson | Ebertsheim | | 15 |
| 135.Kuhn*, Simson | Ebertsheim | | 15 |
| 136.Neumayer, Joseph | Ebertsheim | | 8 |
| 137.Metzger, Joseph Leopold | Asselheim | | 14 |
| 138.Seeligmann*, Mayer | Asselheim | | 14 |
| 139.Cuhn, Moses | Obersülzen | | 14 |
| 140.Kauffmann, David | Kirchheim/Eck | | 9 |
| 141.Kauffmann, Moses | Kirchheim/Eck | | 12 |
| 142.Kohlmann, David | Kirchheim/Eck | | 14 |
| 143.Kohlmann, Leopold | Kirchheim/Eck | | 12 |
| 144.Kohlmann, Simon | Kirchheim/Eck | | 13 |
| 145.Löwenstein, Isaac | Kirchheim/Eck | | 14 |
| 146.Müller, Heinrich | Kleinkarlbach | Mehlhändler | 14 |
| 147.Schmidt, Carl | Kleinkarlbach | Getreidehändler | 13 |
| 148.Schmitt, Caroline Wwe. | Kleinkarlbach | Hausiererin | 14 |
| 149.Schmitt, Valentin | Kleinkarlbach | Mehlhändler | 14 |
| 150.Blum*, Maurice | Laumersheim | Trödler | 15 |
| 151.Geilsheim, Mayer | Laumersheim | | 14 |
| 152.Leopold [Lepell],Maur. | Laumersheim | Händler | 10 |

## KANTON MUTTERSTADT

| | | | |
|---|---|---|---|
| 1. Gerson, Abraham I. | Böhl | | 13 |
| 2. Gerson, Abraham II. | Böhl | Viehhändler | 8 |
| 3. Gerson, Joseph | Böhl | Viehhändler | 8 |
| 4. Mayer, Michel | Iggelheim | Metzger | 13 |
| 5. Mayer, Samuel | Iggelheim | Kleinhändler | 13 |
| 6. Mayer, Simon | Iggelheim | Gebrauchtwarenh. | 14 |
| *7. Del[l]heim, Nathan* | Mutterstadt | | *[13]* |
| 8. Del[l]heim*, Simon | Mutterstadt | Gebrauchtwarenh. | 13 |
| 9. Landmann, Marx | Mutterstadt | Gebrauchtwarenh. | 14 |
| 10. Löb, Jacques | Mutterstadt | Gebrauchtwarenh. | 14 |
| 11. Löb, Lazarus | Mutterstadt | Gebrauchtwarenh. | 15 |
| 12. Mayer, Abraham | Mutterstadt | Gebrauchtwarenh. | 15 |
| *13. Weil, Abraham* | Mutterstadt | | *[14]* |
| 14. Weil*, Jacques | Mutterstadt | | 15 |
| 15. Weil, Simon | Mutterstadt | Gebrauchtwarenh. | 14 |
| *16. Wolff, Daniel* | Mutterstadt | | *[14]* |
| 15. Bär, Samuel | Ruchheim | | 14 |
| 16. Cahn, Alexander | Ruchheim | Händler | 12 |
| 17. Cahn, Sara Wwe. | Ruchheim | | 15 |
| 19. Freiburger*, Joseph | Ruchheim | Kaufmann | 15 |
| 20. Herz, Isaac | Ruchheim | Händler | 11 |

| | | | |
|---|---|---|---|
| 21. Hertz, Salomon | Ruchheim | Händler | 14 |
| 22. Leva, Isaac | Ruchheim | Gebrauchtwarenh. | 14 |
| 23. Leva, Jacob I. | Ruchheim | Händler | 13 |
| 24. Leva, Jacob II. | Ruchheim | Händler | 13 |
| 25. Löb, Nathan | Ruchheim | Händler | 14 |
| 26. Mayer, Levi | Ruchheim | | 15 |
| 27. Neuberger, Abraham | Ruchheim | Händler | 15 |
| 28. Neuberger, Joseph | Ruchheim | Händler | 15 |
| 29. Neuberger, Lazarus | Ruchheim | Kaufmann | 14 |
| *30. Sembacher, David* | Ruchheim | | *[15]* |
| 31. Wolf, Catherina Wwe. | Ruchheim | | 15 |
| 32 Hirsch, Samuel | Rheingönheim | Viehhändler | 13 |
| 33. Löb, Isaac | Rheingönheim | Trödler | 15 |
| 34. Marx, Isaac | Rheingönheim | Viehhändler | 13 |
| 35. Schmid[t], Simon | Rheingönheim | Metzger | 14 |
| *36. Abraham, Moses Junior* | Neuhofen | | *[15]* |
| 37. Bayersdorff, Moses | Fußgönheim | | 14 |
| 38. Daniel, Jacob | Fußgönheim | | 15 |
| 39. Elias, der Ältere | Fußgönheim | | 15 |
| 40. Elias, Koppel | Fußgönheim | | 14 |
| 41. Elias, Samuel | Fußgönheim | | 14 |
| 42. Herz, Abraham | Fußgönheim | | 15 |
| 43. Isaac, Abraham | Fußgönheim | | 14 |
| 44. Isaac, Samuel | Fußgönheim | | 15 |
| *45. Kaufmann, Seligmann* | Fußgönheim | | *[14]* |
| 46. Löb, Joseph | Fußgönheim | | 13 |
| 47. Metzger, Joseph | Fußgönheim | | 13 |
| 48. Samson, Seligmann | Fußgönheim | | 13 |
| 49. Samuel*, Isaac | Fußgönheim | | 14 |
| 50. Hoch, Löb | Alsheim | | 15 |
| 51. Sander, Daniel | Alsheim | | 15 |
| 52. Sander, Codrus | Alsheim | | 12 |
| 53. Sander, Jacob | Alsheim | | 15 |
| 54. Joseph, Salomon | Schauernheim | | 14 |
| 55. Abraham | Assenheim | | 15 |
| 56. Heskiel | Assenheim | | 15 |
| 57. Isaac | Assenheim | | 14 |
| 58. Kal[l]mann | Assenheim | | 15 |
| 59. Löw | Assenheim | | 14 |
| 60. Moses, Abraham | Assenheim | | 15 |
| 61. Salomon, Heskiel | Assenheim | | 14 |

## KANTON NEUSTADT

| | | | |
|---|---|---|---|
| 1. Fränkel, Jeanne | Neustadt | Händlerin | 13 |
| 2. Frank, Lazare | Neustadt | Gebrauchtwarenh. | 15 |
| 3. Gumprich, Marc | Neustadt | Trödler | 14 |
| 4. Liebmann, Eve Wwe. | Neustadt | Händlerin | 12 |
| 5. Liebmann, Jerôme | Neustadt | Händler | 12 |
| 6. Liebmann, Jonathan | Neustadt | Händler | 13 |
| 7. Löb, Salomon | Neustadt | Händler | 15 |
| 8. Maas, Henri | Neustadt | Händler | 14 |
| 9. Marx, Joseph | Neustadt | Händler | 13 |
| 10. Mayer, Joachim | Neustadt | Gebrauchtwarenh. | 14 |
| 11. Mayer, Joseph | Neustadt | Händler | 12 |
| 12. Mayer, Moise | Neustadt | Trödler | 14 |
| 13. Nathan, Jeanne Wwe. | Neustadt | Gebrauchtwarenh. | 13 |
| 14. Ober[n]dorff, Elie Sim. | Neustadt | Gebrauchtwarenh. | 15 |
| 15. Wolff, Jacques | Neustadt | Metzger | 14 |
| 16. Wolff, Leopold | Neustadt | Gebrauchtwarenh. | 15 |
| 17. Lehmann, Isaac | Meckenheim | Metzger | 15 |
| 18. Lehmann, Simon | Meckenheim | Metzger | 15 |
| 19. Arent, David | Geinsheim | Metzger | 15 |
| 20. Hené, Henri | Geinsheim | | 15 |
| 21. Mann, Joseph | Geinsheim | | 15 |
| 22. Marchal, Simon | Geinsheim | | 15 |
| 23. Marschalck, Charles | Geinsheim | Metzger | 15 |
| 24. Mayer, David | Geinsheim | | 15 |
| 25. Mayer, Henri | Geinsheim | | 15 |
| 26. Bieler, Guillaume | Mußbach | Viehhändler | 15 |
| 27. Deutsch, Adolph | Mußbach | Trödler | 15 |
| 28. Deutsch, Isaac | Mußbach | Händler | 12 |
| 29. Falker, Jacques | Mußbach | Trödler | 15 |
| 30. Falker, Salomon | Mußbach | Trödler | 15 |
| 31. Faiss [Feiss], David | Mußbach | | 12 |
| *32. Faiss [Feiss], Isaac* | Mußbach | | *[13]* |
| 33. Frank, Jean | Mußbach | Hausierer | 15 |
| 34. Frieser, Auguste | Mußbach | Händler | 12 |
| 35. Frieser, Jacques | Mußbach | Händler | 15 |
| 36. Heller, Leopold | Mußbach | Mehlhändler | 15 |
| 37. Linder, Samuel | Mußbach | Händler | 13 |
| 38. Mehler, Gottlieb | Mußbach | Händler | 13 |
| 39. Süß, Isaac | Mußbach | Mehlhändler | 14 |
| 40. Stein, Isaac | Mußbach | Kurzwarenhändler | 15 |
| 41. Gerson*, Emanuel | Duttweiler | | 15 |
| 42. Weil, David | Duttweiler | | 15 |
| 43. Fran[c]k, Aron | Hambach | | 14 |
| 44. Löb, David | Hambach | | 14 |

| | | | |
|---|---|---|---|
| 45. Löb, Samuel | Hambach | | 14 |
| 46. Behr, Marx | Haßloch | | 13 |
| 47. Bormann, Michel | Haßloch | | 12 |
| 48. Herz, Friedrich | Haßloch | | 15 |
| 49. Herz, Peter | Haßloch | | 14 |
| 50. Hirsch, Machoel | Haßloch | | 14 |
| 51. Mayer, Franz | Haßloch | | 15 |
| 52. Rein, Sander | Haßloch | | 13 |
| 53. Freundlich, Jules | Lachen | | 14 |
| 54. Hirz Wwe. | Lachen | | 15 |
| 55. Mayer, Jacob | Lachen | | 14 |
| 56. Mayer, Martin | Lachen | | 14 |
| 57. Lachen, Raphael | Lachen | | 13 |
| 58. Süß, Marcus | Lachen | | 10 |

## KANTON SPEYER[2]

| | | | |
|---|---|---|---|
| *1. Adler, Simon* | Speyer | | *[9]* |
| *2. Dreyfuß, Joseph* | Speyer | | *[15]* |
| *3. Grammes, Joseph* | Speyer | | *[12]* |
| 4. Lamm, Isaac [= Lemb?] | Speyer | | 15 |
| *5. Mayer, Leon* | Speyer | | *[10]* |
| *6. Roos, Jonathan* | Speyer | | *[10]* |
| *7. Schott, Samuel* | Speyer | | *[13]* |
| *8. Schott, Simon* | Speyer | | *[13]* |
| 9. Seligmann, Kussell=Carl | Speyer | | 15 |
| 10. Süssel, Hirsch=Henri | Speyer | | 13 |
| 11. Süssel, Lemmel=Samuel | Speyer | | 10 |
| *12. Wolff, Moses* | Speyer | | *[12]* |
| *Aron* | *Speyer* | *Pferdehändler* | *12* |
| *Geinsheim, Baruch* | *Speyer* | | *9* |
| *Hönich (von Germersh.)* | *Speyer* | | *14* |
| *Joseph* | *Speyer* | *Trödler* | *15* |
| *Löb, Jacob* | *Speyer* | | *10* |
| *Gemmingen, Moses* | *Speyer* | | *13* |
| *Nathan* | *Speyer* | | *11* |
| *Simchele (Germersheim)* | *Speyer* | | *13* |

2 Die Liste von 1809/10 verzeichnet elf Speyerer Juden noch weitgehend mit traditionellen jüdischen Namen. Die Liste von 1810 nennt zwölf mit den neuen, im Vollzug des napoleonischen Dekrets vom 20. Juli 1808 angenommenen Namen. Da nur in wenigen Ausnahmefällen auszumachen ist, welche der aufgeführten Personen identisch sind, aber davon ausgegangen werden muß, daß es weit mehr waren als die aufgeführten vier, werden die Personen der ersten Liste, die nicht mit der zweiten in Beziehung gesetzt werden können, in einem anderen Druckbild wiedergegeben. Um außerdem die Zahl der Speyerer Juden nicht zu verfälschen, werden sie außerdem nicht mitgezählt.

| | | |
|---|---|---|
| 13. Aron* | Otterstadt | 13 |
| 14. Herzel* | Otterstadt | 11 |
| 15. Leeser & Lipmann* | Otterstadt | 10 |
| 16. Simon* | Schifferstadt | 14 |
| 17. Eisick, Isaac* | Schifferstadt | 15 |
| 18. Marx, Isaac* | Schifferstadt | 15 |

## ARRONDISSEMENT KAISERSLAUTERN

## KANTON GÖLLHEIM

| | | | |
|---|---|---|---|
| 1. Gimbel [*Gümpel*], Jacques | Biedesheim | Viehhändler | 12 |
| *2. Gimbel [Gümpel], Adam* | Biedesheim | | *[12]* |
| 3. Gimbel [*Gümpel*], Aron | Biedesheim | | 13 |
| 4. Laufer [*Lauder*], Simon | Biedesheim | Gebrauchtwarenh. | 15 |
| *5. Laufer [Lauder], Isaac* | Biedesheim | | *[15]* |
| *6. Leopold[t], Aron* | Biedesheim | | *[15]* |
| 7. Leopold[t], Adam | Biedesheim | | 15 |
| 8. Seelenberger, Abraham | Biedesheim | Hausierer | 15 |
| *9. Baum, Jacob* | Bubenheim | | *[15]* |
| 10. Baum, Lazare | Bubenheim | | 15 |
| 11. Cahn, Salomon | Bubenheim | Viehhändler | 13 |
| 12. Leopold[t], Jacques | Bubenheim | Kleinhändler | 12 |
| 13. Löb, Isaac | Göllheim | Händler | 11 |
| 14. Löb, Leopold | Göllheim | Metzger | 15 |
| *15. Marx, Isaac* | Göllheim | | *[15]* |
| 16. Strauß, Gabriel | Göllheim | Metzger | 15 |
| 17. Strauß, Isaac | Göllheim | Metzger | 15 |
| 18. Klein, Simon | Kerzenheim | Makler | 15 |
| 19. Samuel, Jacques | Kerzenheim | Makler | 14 |
| 20. Waldbrunn, Jacques | Kerzenheim | Kaufmann | 15 |
| 21. Fey[t], Simon | Lautersheim | Viehmakler | 14 |
| 22. Metzger, Mayer | Lautersheim | Metzger | 15 |
| 23. Jacob*, Hersch | Ramsen | Kleinhändler | 15 |
| *24. Jacob, Nathan* | Ramsen | | *[15]* |
| 25. Baum, Isaac | Weitersweiler | | 15 |
| 26. Baum, Jacob | Weitersweiler | | 15 |
| 27. Baum, Simon | Weitersweiler | Händler | 13 |
| 28. Blum, Wolff | Weitersweiler | | 15 |
| *29. Goldschmidt, Abraham* | Weitersweiler | | *[15]* |
| 30. Hammel, Joseph | Weitersweiler | Händler | 14 |
| 31. Hammel, Liebmann | Weitersweiler | | 15 |
| 32. Kahn, Manasse | Weitersweiler | | 15 |

## KANTON KAISERSLAUTERN

| | | | |
|---|---|---|---|
| 1. Bär*, Loeb | Kaiserslautern | | 14 |
| 2. Dreyfuß, Isaac | Kaiserslautern | Metzger | 14 |
| 3. Falk, Isaac | Kaiserslautern | Metzger | 15 |
| *4. Grünbaum, Benjamin* | Kaiserslautern | | *[14]* |
| *5. Haymann, Jacob* | Kaiserslautern | | *[15]* |
| *6. Homann, Isaac* | Kaiserslautern | | *[14]* |
| 7. Leid[t]ersdorf, Jacob | Kaiserslautern | | 14 |
| 8. Levi* Gebrüder | Kaiserslautern | | 14 |
| 9. Mayer, Samuel | Kaiserslautern | Metzger | 14 |
| 10. Simon, Joseph | Kaiserslautern | Metzger | 14 |
| *11. Stern, Jacob* | Kaiserslautern | | *[15]* |
| *12. Weill, Gebrüder* | Kaiserslautern | | *[14]* |
| *13. Daniel, Joseph* | Hochspeyer | | *[15]* |
| 14. Gall [Goll], Abraham | Hochspeyer | Metzger/Händler | 13 |
| 15. Goetz, David | Hochspeyer | Metzger | 15 |
| *16. Gros, Michel* | Hochspeyer | | *[15]* |
| 17. Jacob, Joseph | Hochspeyer | Metzger | 15 |
| 18. Jonas*, Isaac | Hochspeyer | Metzger | 15 |
| *19. Rubel, Abraham* | Hochspeyer | | *[15]* |
| 20. Rubel, Isaac | Hochspeyer | Metzger | 14 |
| 21. Rubel, Mayer | Hochspeyer | Metzger | 13 |
| *22. Hennel, Abraham* | Frankenstein | | *[15]* |
| *23. Kaufmann, Abraham* | Frankenstein | | *[14]* |
| 24. Mayer*, Abraham | Frankenstein | Trödler | 15 |
| 25. Mayer, Wolf | Frankenstein | | 15 |
| *26. Hertz, Jacob* | Frankenstein | | *[14]* |
| *27. Wolff, Baruch* | Frankenstein | | *[15]* |

## KANTON LAUTERECKEN

| | | | |
|---|---|---|---|
| 1. Löb, Moses | Aschbach | Viehhändler | 13 |
| 2. Mayer, Emanuel | Aschbach | Viehhändler | 12 |
| 3. Straus*, Jacob | Aschbach | Viehhändler | 14 |
| 4. Löb, David | Hinzweiler | Viehhändler | 14 |
| 5. Löb, Jonas | Hinzweiler | Viehhändler | 15 |
| 6. Neumann, David | Nußbach | Gebrauchtwarenh. | 15 |
| *7. Falk, Lazarus* | Reipoltskirchen | | *[15]* |
| 8. Felsenthal, Jacob | Reipoltskirchen | Händler | 14 |
| 9. Stern*, Helena | Reipoltskirchen | | 15 |
| 10. Felsenthal, David | Odenbach | Viehhändler | 12 |
| 11. Grünebaum*, Benjamin | Odenbach | Händler | 14 |
| *12. Hertz, Jacob* | Odenbach | | *[15]* |
| 13. Kauf[f]mann, Lazarus | Odenbach | Viehhändler | 14 |

| | | | |
|---|---|---|---|
| 14. Kauf[f]mann, Moses | Odenbach | Gebrauchtwarenh. | 12 |
| 15. Kauf[f]mann, Samuel | Odenbach | Viehhändler | 14 |
| 16. Löw*, Jeannette Wwe. | Odenbach | | 15 |
| 17. Schwaab, Emanuel | Odenbach | Viehhändler | 14 |
| 18. Stern, Samuel | Odenbach | Viehhändler | 15 |

## KANTON OBERMOSCHEL

| | | | |
|---|---|---|---|
| 1. Goldschmidt, Abraham | Alsenz | Händler | 14 |
| 2. Haas, Marx | Alsenz | Händler | 12 |
| 3. Kahn, Abraham | Alsenz | Viehhändler | 15 |
| 4. Kahn, Sander | Alsenz | Viehhändler | 12 |
| *5. Kahn, Sara Wwe.* | Alsenz | | *[14]* |
| 6. Kahn, Vogel | Alsenz | Viehhändler | 9 |
| 7. Kahnheimer, Samuel | Alsenz | Viehhändler | 15 |
| 8. Neuberger, Heymann | Alsenz | Viehhändler | 13 |
| 9. Neuberger, Jacob | Alsenz | Viehhändler | 14 |
| 10. Neuberger, Lazarus | Alsenz | Händler | 12 |
| 11. Neuberger, Mayer | Alsenz | Viehhändler | 14 |
| 12. Stern, David | Alsenz | Viehhändler | 13 |
| 13. Stern, Jacob | Alsenz | Kurzwarenhändler | 15 |
| *14. Wolff, David* | Alsenz | | *[15]* |
| 15. BrÜck, Isaac | Altenbamberg | Viehhändler | 14 |
| *16. Brück, Karl* | Altenbamberg | | *[15]* |
| 17. BrÜck, Louis | Altenbamberg | Viehhändler | 14 |
| 18. Glaß, Elias | Altenbamberg | Gebrauchtwarenh. | 15 |
| *19. Haas, Féeglé Wwe.* | Altenbamberg | | *[15]* |
| *20. Stern, Moses* | Altenbamberg | | *[15]* |
| *21. Groß, Jacob* | Hochstätten | | *[15]* |
| *22. Haaß, Lazarus* | Hochstätten | | *[15]* |
| *23. Turst, Abraham* | Hochstätten | | *[15]* |
| 24. Wolff, Isaac | Hochstätten | Gebrauchtwarenh. | 14 |
| *25. Kehr, Abraham* | Münsterappel | | *[15]* |
| 26. Kehr, George | Münsterappel | Händler | 15 |
| 27. Kehr, Leopold | Münsterappel | Händler | 12 |
| 28. Strauß, Alexander | Münsterappel | Händler | 15 |
| 29. Strauß, Jacques | Münsterappel | Händler | 14 |
| 30. Strauß, Michel | Münsterappel | | 14 |
| 31. Landsberg, Elias | Obermoschel | Händler | 10 |
| 32. Landsberg, Jacques | Obermoschel | Schrotthändler | 15 |
| 33. Schneeberger, Joseph | Obermoschel | Händler | 13 |
| 34. Selberg, Isaac | Obermoschel | Schrotthändler | 15 |
| 35. Simon, Louis | Obermoschel | Händler | 14 |
| 36. Stern, Abraham | Obermoschel | Händler | 13 |
| 37. Stern, David | Obermoschel | Händler | 12 |

| | | | |
|---|---|---|---|
| 38. Neuberger, Jacob Senior | Oberhausen | Händler | 15 |
| *39. Neuberger, Jacob Junior* | Oberhausen | | *[15]* |
| 40. Jung, David | Odernheim | Viehhändler | 10 |
| 41. Jung, Gothard | Odernheim | Viehhändler | 10 |
| 42. Neu, Jacques | Odernheim | Viehhändler | 13 |
| 43. Neu, Joseph | Odernheim | Viehhändler | 13 |
| 44. Neuberg, Jacques | Odernheim | Schrotthändler | 15 |
| 45. Stern, David | Odernheim | Viehhändler | 10 |
| 46. Stern, Jacques | Odernheim | Viehhändler | 10 |

## KANTON OTTERBERG

| | | | |
|---|---|---|---|
| 1. Maas, Salomon | Otterberg | Händler | 14 |
| 2. Rothschild, Joseph | Otterberg | Viehhändler | 14 |
| 3. Strauß, Isaac | Otterberg | Viehhändler | 14 |
| 4. Strauß, Jacob | Otterberg | Viehhändler | 12 |
| 5. Strauß, Lazare | Otterberg | Viehhändler | 14 |
| 6. Weil, Isaac | Otterberg | Händler | 11 |
| 7. Wolff*, David | Otterbach | Händler | 15 |
| 8. Becker, David | Mehlingen | Händler | 15 |
| *9. Eismann, Abraham* | Mehlingen | | *[15]* |
| 10. Hohmann, Abraham | Mehlingen | | 14 |
| 11. Hohmann, Leonhard | Mehlingen | Händler | 14 |
| 12. Krämer, Bernhard | Mehlingen | Händler | 14 |
| *13. Krahs, David* | Mehlingen | | *[15]* |
| 14. Lobräth [*Lobret*], Simon | Mehlingen | Händler | 15 |
| 15. Strauß*, David | Mehlingen | Händler | 15 |
| 16. Strauß, Johannes | Mehlingen | Händler | 15 |
| 17. Felsenthal, Elias | Morbach/Kaulbach | Viehhändler | 15 |
| 18. Strauß, Simon | Morbach/Kaulbach | Viehhändler | 14 |
| 19. Dalsheimer, Abraham | Niederkirchen | Händler | 15 |
| 20. Heymann, David | Niederkirchen | Händler | 14 |
| 21. Heymann, Marx | Niederkirchen | Händler | 15 |
| 22. Neu, Joseph I. | Niederkirchen | Händler | 15 |
| *23. Neu, Joseph II.* | Niederkirchen | | *[15]* |
| 24. Weltz, Gabriel | Niederkirchen | Kleinhändler | 15 |
| *25. Weltz, Michel* | Niederkirchen | | *[15]* |

## KANTON ROCKENHAUSEN

| | | | |
|---|---|---|---|
| 1. Bozemer, Lazare Junior | Rockenhausen | | 15 |
| 2. Gottlieb, Manasse | Rockenhausen | Kurzwarenhändler | 12 |
| *3. Joseph, Jacques* | Rockenhausen | | *[15]* |

| | | | |
|---|---|---|---|
| 4. Kahnweiler, Manasse | Rockenhausen | Händler | 4 |
| 5. Levi, Salomon | Rockenhausen | Händler | 7 |
| 6. Liebholz [*-hold*], Nathan | Rockenhausen | Kurzwarenhändler | 13 |
| 7. Rosenzweig, David | Rockenhausen | Kurzwarenhändler | 15 |
| 8. Silbermann, Nathan | Rockenhausen | Kurzwarenhändler | 15 |
| 9. Dreyfuß*, Elias | Marienthal | Gebrauchtwarenh. | 15 |
| 10. Dreyfuß, Marx | Marienthal | Gebrauchtwarenh. | 15 |
| 11. Eisemann, Aron | Marienthal | Gebrauchtwarenh. | 14 |
| *12. Frauenthal, Joseph* | Marienthal | | *[13]* |
| 13. Grünthal*, Joseph | Marienthal | Kurzwarenhändler | 13 |
| 14. Levi, Thibaud David | Marienthal | Gebrauchtwarenh. | 15 |
| 15. Rosenthal*, Salomon | Marienthal | Kurzwarenhändler | 15 |
| 16. Schwarz, Isaac | Marienthal | Gebrauchtwarenh. | 14 |
| 17. Schwarz, Moses | Marienthal | Kurzwarenhändler | 14 |
| *18. Schwarz, Salomon* | Marienthal | | *[15]* |
| 19. Sundheimer, Aron | Marienthal | Kurzwarenhändler | 14 |
| 20. Becker, Michel | Gaugrehweiler | Kurzwarenhändler | 12 |
| 21. Eichner [*Eigner*], Jacob | Gaugrehweiler | | 15 |
| 22. Gal[l]inger, Mayer | Gaugrehweiler | | 15 |
| 23. Löwenberg, Mayer | Gaugrehweiler | | 13 |
| 24. Rothenberger, Ludwig | Gaugrehweiler | | 14 |
| 25. Schmidt*, Abraham | Waldgrehweiler | Gebrauchtwarenh. | 15 |
| 26. Schmidt, Salomon | Waldgrehweiler | Gebrauchtwarenh. | 15 |
| 27. Strauß, Abraham | Waldgrehweiler | Viehhändler | 14 |
| *28. Strauß, Abraham Junior* | Waldgrehweiler | | *[14]* |
| 29. Strauß, Isaac | Waldgrehweiler | Viehhändler | 13 |
| 30. Strauß, Salomon | Waldgrehweiler | Händler | 14 |
| 31. Fuhrmann, Joseph | Würzweiler | Pottaschefabrik. | 15 |
| 32. Beutmann, Isaac | Dielkirchen | Kleinhändler | 14 |
| 33. Gutmann, Salomon | Dielkirchen | Kleinhändler | 13 |
| 34. Franck*, Salomon | Dörnmoschel | | 15 |
| 35. Berg, Abraham | Teschenmoschel | | 14 |
| 36. Berg, Joseph | Teschenmoschel | Kurzwarenhändler | 14 |
| 37. Forsch, Abraham | Teschenmoschel | | 15 |
| 38. Stern*, Jacob Wwe. | Teschenmoschel | | 15 |
| 39. Becker, Isaac | Dörnbach | Gebrauchtwarenh. | 15 |
| 40. Becker, Raphael | Dörnbach | Gebrauchtwarenh. | 15 |
| 41. Joseph, Jacques | Dörnbach | Gebrauchtwarenh. | 15 |
| 42. Levi*, David | Dörnbach | Gebrauchtwarenh. | 15 |

## KANTON WINNWEILER

| | | | |
|---|---|---|---|
| 1. Adler, Lazarus | Münchweiler | Trödler | 15 |
| 2. Adler, Samuel | Münchweiler | Trödler | 15 |
| 3. Donau, Abraham | Münchweiler | Viehhändler | 14 |

| | | | |
|---|---|---|---|
| 4. Ehrmann, Samuel Isaac | Münchweiler | Viehhändler | 12 |
| 5. Felsenthal, Isaac | | Münchweiler | 15 |
| 6. Felsenthal, Isaac Jacob | Münchweiler | Viehhändler | 12 |
| 7. Goldmann, Alexandre | Münchweiler | Viehhändler | 7 |
| 8. Goldmann, Anselm | Münchweiler | | 9 |
| 9. Goldmann, Benjamin | Münchweiler | Landwirt | 5 |
| 10. Rheinstein, Jacob | Münchweiler | Viehhändler | 14 |
| 11. Rosenbaum, Levi | Münchweiler | Getreidehändler | 15 |
| 12. Spießberger, Levi | Münchweiler | Metzger | 15 |
| 13. Spießberger, Nathan | Münchweiler | Metzger | 15 |
| 14. Thal, Lazarus | Münchweiler | Trödler | 15 |
| 15. Thal, Levi | Münchweiler | Trödler | 15 |
| *16. Dreyfuß, Tammor* | Winnweiler | | *[14]* |
| *17. Eilbot, Elias* | Winnweiler | | *[15]* |
| 18. Fromann, Abraham | Winnweiler | Metzger | 15 |
| 19. Fromann, David | Winnweiler | Metzger | 15 |
| 20. Fromann, Samuel | Winnweiler | Metzger | 15 |
| *21.* Grünebaum, Nathan | Winnweiler | Lederhändler | 10 |
| *22. Laufferti, Philippe* | Winnweiler | | *[15]* |
| 23. Nathan*, Sara Wwe. | Winnweiler | | 14 |
| *24. Neugaß, Abraham* | Winnweiler | | *[11]* |
| 25. Neugaß, Lazare | Winnweiler | Viehhändler | 12 |
| 26. Schwarzenberg, Salomon | Winnweiler | Gebrauchtwarenh. | 15 |
| 27. Strauß, Abraham | Winnweiler | Metzger | 15 |
| 28. Tites, Aron | Winnweiler | Seifenhändler | 15 |
| *29. Tites, Moses* | Winnweiler | | *[15]* |
| 30. Vogel, Abraham | Winnweiler | | 14 |
| 31. Saarbach, Johann | Imsbach | Händler | 15 |
| 32. Saarbach, Joseph | Imsbach | Landw. & Händler | 12 |
| *33. Saarbach, Lazarus* | Imsbach | | *[14]* |
| 34. Saarbach, Michel | Imsbach | Kurzwarenhändler | 14 |
| 35. Saarbach, Wendel | Imsbach | | 15 |
| 36. Thal*, Philipp | Imsbach | Papierhändler | 15 |
| 37. Bender, Simon | Lohnsfeld | Kurzwarenhändler | 15 |
| *38. Lohsbach, Isaac* | Lohnsfeld | | *[15]* |
| 39. Lohsbach, Naphtali | Lohnsfeld | Seifenhersteller | 14 |
| 40. Neuberger, Elias | Lohnsfeld | | 15 |
| 41. Ehrenbach, Emanuel | Neuhemsbach | Gebrauchtwarenh. | 15 |
| 42. Fels*, Nathan | Neuhemsbach | Händler | 15 |
| 43. Fels, Simon | Neuhemsbach | Händler | 15 |
| 44. Neumond, Isaac | Neuhemsbach | | 15 |
| 45. Stahlbühl, Isaac Joseph | Neuhemsbach | Metzger | 15 |
| 46. Berg, Judas | Alsenbrück | Händler | 15 |
| 47. Thal, Emanuel | Alsenbrück | Händler | 15 |
| 48. Kohlberg, Elias Isaac | Gonbach | Getreidehändler | 14 |
| 49. Rheinstein, Alexander | Gonbach | | 15 |

| | | | |
|---|---|---|---|
| 50. Alberg [*Aller-*], Levy | Breunigweiler | Getreidehändler | 15 |
| 51. Speyergau, Isaac | Breunigweiler | Gebrauchtwarenh. | 15 |
| 52. Zellerbach, Michel | Breunigweiler | Getreidehändler | 15 |
| *53. Allmon, Mayer* | Sembach | | *[15]* |
| *54. Baum, Isaac* | Sembach | | *[15]* |
| *55. Berg, Philippe* | Sembach | | *[15]* |
| 56. Fels, Joseph | Sembach | Händler | 15 |
| 57. Fuhrmann, Philippe | Sembach | Händler | 15 |
| 58. Gö[r]tz, Salomon | Sembach | Gebrauchtwarenh. | 15 |
| 59. Lobred [Lobri], Baruch | Sembach | Gebrauchtwarenh. | 15 |
| *60. Neumond, Kussel* | Sembach | | *[15]* |
| 61. Preiß, Baruch | Sembach | Händler | 14 |
| 62. Preiß, Jacob | Sembach | Händler | 15 |
| 63. Spießberger, Isaac | Sembach | Kurzwarenhändler | 13 |
| *64. Stein, Hayum* | Sembach | | *[15]* |
| *65. Strauß, Isaac* | Sembach | | *[15]* |
| 66. Strauß, Jacob | Sembach | Händler | 15 |
| *67. Strauß, Levi* | Sembach | | *[15]* |
| *68. Strauß, Mayer* | Sembach | | *[14]* |
| *69. Venedig, Samuel* | Sembach | | *[15]* |
| 70. Vogel, Lazarus | Sembach | Viehhändler | 13 |
| 71. Vogel, Levi | Sembach | Viehhändler | 13 |
| *72. Becker, Isaac* | Börrstadt | | *[15]* |
| 73. Eichelstein*, Levy | Börrstadt | Mehlhändler | 15 |
| 74. Gutenthal*, Sara Wwe. | Börrstadt | | 15 |
| *75. Kaufmann, Joseph* | Börrstadt | | *[15]* |
| 76. Koch*, David | Börrstadt | Seifenhersteller | 15 |
| 77. Liebenstein, Karlmann | Börrstadt | Getreidehändler | 15 |
| *78. Sternberger, David* | Börrstadt | | *[15]* |
| 79. Sternberger, Joseph | Börrstadt | Getreidehändler | 15 |
| *80. Sternberger, Samuel* | Börrstadt | | *[15]* |
| *81. Streubacher, Emanuel* | Börrstadt | | *[15]* |
| 82. Allmon [*Allemann*], David | Steinbach | Metzger | 15 |
| 83. Breitstuhl[*Breuden-*], A. | Steinbach | Viehhändler | 13 |
| 84. Brünhild, As[s]or | Steinbach | Händlerin | 14 |
| 85. Brünhild, Samuel, | Steinbach | Pottaschehändler | 15 |
| *86. Eichelstein, Isaac Levi* | Steinbach | | *[15]* |
| 87. Freiberg, Abraham | Steinbach | Händler | 12 |
| 88. Freiberg, Benjamin | Steinbach | Pottaschehändler | 13 |
| 89. Freiberg, Henri | Steinbach | Viehhändler | 13 |
| 90. Maitag, Aron Joseph | Steinbach | Metzger | 13 |
| *91. Rheinstrom, Aron* | Steinbach | | *[15]* |
| *92. Strauß, David* | Steinbach | | *[15]* |
| 93. Strauß, Samuel | Steinbach | Pottaschehändler | 15 |

## KANTON WOLFSTEIN

| | | | |
|---|---|---|---|
| 1. Rothschild, Jacob I. | Eßweiler | Händler | 14 |
| 2. Rothschild, Jacob II. | Eßweiler | Viehhändler | 15 |
| *3. Wolff, Abraham* | Eßweiler | | *[15]* |
| 4. Wolff, Aron | Eßweiler | | 14 |
| 5. Wolff, Benjamin I. | Eßweiler | Viehhändler | 14 |
| *6. Wolff, Benjamin II.* | Eßweiler | | *[15]* |
| 7. Wolff, David | Eßweiler | Händler | 15 |
| 8. Blum, Alexandre | Oberweiler | Händler | 15 |
| 9. Blum, Moses | Oberweiler | Händler | 15 |
| *10. Levi, Salomon Senior* | Oberweiler | | *[15]* |
| *11. Rosenbach, Joseph Löb* | Oberweiler | | *[15]* |
| 12. Haas, Abraham | Rothselberg | | 15 |
| 13. Löb*, Joseph | Bosenbach | | 15 |
| 14. Löb*, Samuel | Bosenbach | | 15 |
| *15. Rosenzweig, David* | Hefersweiler | | *[15]* |
| *16. Rudelskirchen, Salomon* | Hefersweiler | | *[14]* |

## ARRONDISSEMENT ZWEIBRÜCKEN

## KANTON ANNWEILER

| | | | |
|---|---|---|---|
| 1. Astrup*, Henchen | Albersweiler | Händlerin | 15 |
| 2. Benedict, Aron | Albersweiler | Händler | 14 |
| 3. Benedict, Lenz, | Albersweiler | Händler | 8 |
| 4. Cahn, Aron Senior | Albersweiler | Metzger | 14 |
| 5. Cahn, Aron | Albersweiler | Metzger | 14 |
| 6. Cahn, Gerson | Albersweiler | Metzger | 14 |
| 7. Cahn, Hertz | Albersweiler | Metzger | 14 |
| 8. Cahn, Isaac | Albersweiler | Metzger | 14 |
| 9. Cahn, Judas | Albersweiler | Kaufmann | 15 |
| 10. Deutsch, Isaac | Albersweiler | Metzger | 14 |
| 11. Dreyfuß*, Bonef | Albersweiler | | 15 |
| 12. Dreyfuß, Goetsch | Albersweiler | Metzger | 12 |
| 13. Dreyfuß, Moses | Albersweiler | Metzger | 14 |
| 14. Falk [*Flock*], Elias | Albersweiler | Kaufmann | 15 |
| 15. Haber, Salomon | Albersweiler | Metzger | 14 |
| *16. Joseph, Henchen* | Albersweiler | | *[15]* |
| 17. Marx, Samuel | Albersweiler | Kaufmann | 14 |
| 18. Mayer, Isaac | Albersweiler | Händler | 14 |
| 19. Mayer, Nathan | Albersweiler | Händler | 14 |
| 20. Schatz, Jesaias | Albersweiler | Kaufmann | 15 |
| 21. Schatz, Salomon | Albersweiler | Kaufmann | 15 |
| 22. Si[e]gel, Abraham | Albersweiler | Händler | 14 |

| | | | |
|---|---|---|---|
| 23. Si[e]gel, Joseph | Albersweiler | Händler | 14 |
| 24. Stern, Levi | Albersweiler | Musiker | 15 |
| 25. Weil*, Aron | Albersweiler | Kaufmann | 15 |
| 26. Weil*, Emanuel | Albersweiler | Kaufmann | 15 |
| 27. Weil, Libs | Albersweiler | Kaufmann | 15 |
| 28. Weil, Samuel | Albersweiler | Kaufmann | 14 |
| *29. Wolff, Gidion* | Albersweiler | | *[14]* |
| 30. Marx, Moses | Wilgartswiesen | | 14 |
| 31. Marx, Samuel | Wilgartswiesen | Metzger | 13 |
| *32. Mayer, Moses* | Wilgartswiesen | | *[15]* |
| *33. Mayer, Nathan* | Wilgartswiesen | | *[14]* |
| 34. Blum, Lazarus | Göcklingen | Kurzwarenhändler | 8 |
| 35. Dreyfuß, Henri | Göcklingen | Metzger | 13 |
| 36. Emsheimer [*Eins-*], Jacob | Göcklingen | Kurzwarenhändler | 8 |
| 37. Si[e]gel, Moses | Göcklingen | Metzger | 14 |
| 38. Blum, Moses | Vorderweidenthal | Viehhändler | 9 |
| 39. Cahn, Rahel Wwe. | Vorderweidenthal | | 15 |
| 40. Jung*, Jacques | Vorderweidenthal | Viehhändler | 15 |
| *41. Levy, Baruch* | Vorderweidenthal | | *[14]* |
| 42. Levy*, Isaac | Vorderweidenthal | Viehhändler | 14 |
| 43. Lorch, Moses | Vorderweidenthal | Weinhändler | 9 |
| *44. Maas, Jacob* | Vorderweidenthal | | *[15]* |
| 45. Maas, Moses | Vorderweidenthal | Viehhändler | 14 |
| 46. Mack, Aron | Vorderweidenthal | Viehhändler | 14 |
| 47. Mayer*, Joseph | Godramstein | | 14 |
| 48. Mayer*, Nathan | Godramstein | | 14 |

## KANTON HOMBURG

| | | | |
|---|---|---|---|
| 1. Aron*, Elisabeth Wwe. | Homburg | | 15 |
| 2. Aron, Hirsch | Homburg | Großhändler | 12 |
| 3. Aron, Zacharias | Homburg | Großhändler | 9 |
| *4. Benjamin, Mara* | Homburg | | *[14]* |
| 4. Bloch, Joseph | Homburg | Händler | 13 |
| 5. David, Samuel | Homburg | Großhändler | 7 |
| 6. Eis[e]mann, Samuel | Homburg | Metzger | 14 |
| 7. Hatry, Guillaume | Homburg | Großhändler | 13 |
| 8. Hirsch, Jacob | Homburg | Metzger | 14 |
| 9. Hirsch, Louis | Homburg | Hausierer | 15 |
| 10. Isaac, Joseph | Homburg | Metzger | 15 |
| 11. Isaac, Simon | Homburg | Großhändler | 15 |
| 12. Jacob*, David | Homburg | Gebrauchtwarenh. | 15 |
| 13. Jacob, Frederic | Homburg | Großhändler | 14 |
| 14. Jacob, Isaac, | Homburg | Gebrauchtwarenh. | 15 |
| 15. Jacob*, Philipp | Homburg | Gebrauchtwarenh. | 15 |

| | | | |
|---|---|---|---|
| 16. Jacob, Salomon | Homburg | Hausierer | 15 |
| 17. Jacob, Samuel | Homburg | Großhändler | 15 |
| 18. Moses, Hippolyt | Homburg | Großhändler | 8 |
| 19. Moses, Wolf | Homburg | Großhändler | 2 |
| 20. Samson, Aron | Homburg | Metzger | 15 |
| 21. Seligmann, Isaac | Homburg | Gebrauchtwarenh. | 15 |
| 22. Weil*, Abraham | Homburg | Musiker | 15 |
| *23. Wolff, Moses* | Erbach | | *[15]* |

## KANTON PIRMASENS

| | | | |
|---|---|---|---|
| 1. Altschul, Guillaume | Pirmasens | Viehhändler | 13 |
| 2. Altschul, Samuel | Pirmasens | Viehhändler | 13 |
| 3. Baum, Sara Wwe. | Pirmasens | Landwirtin | 12 |
| 4. Bär, Leopold | Pirmasens | Gebrauchtwarenh. | 15 |
| 5. Bär, Samuel | Pirmasens | Metzger | 15 |
| 6. Bodenheimer, Simon | Pirmasens | Landwirt | 13 |
| 7. Drexler, Jeanette Wwe. | Pirmasens | | 15 |
| 8. Dreyfuß, Samuel Salomon | Pirmasens | Metzger | 13 |
| *9. Frank, Joseph* | Pirmasens | | *[15]* |
| 10. Hirsch, Isaac | Pirmasens | Gebrauchtwarenh. | 15 |
| 11. Hirsch, Leopold | Pirmasens | Gebrauchtwarenh. | 15 |
| 12. Hirsch, Louis | Pirmasens | Metzger | 13 |
| *13. Kahn, Daniel* | Pirmasens | | *[15]* |
| 14. Kahn, Emanuel | Pirmasens | Gebrauchtwarenh. | 15 |
| 15. Kahn, Jacques | Pirmasens | Kurzwarenhändler | 13 |
| 16. Keim, Isaac | Pirmasens | Viehhändler | 12 |
| 17. Kern, Moritz | Pirmasens | Gebrauchtwarenh. | 13 |
| 18. Maas, Isaac | Pirmasens | Gebrauchtwarenh. | 13 |
| 19. Mayer*, Alexander | Pirmasens | Lagerverwalter | 13 |
| 20. Stern*, Aron | Pirmasens | Kaufmann | 13 |
| 21. Strauß, Lazarus | Pirmasens | Gebrauchtwarenh. | 14 |
| 22. Weil, Isaac | Pirmasens | Gebrauchtwarenh. | 14 |
| 23. Weil, Salomon | Pirmasens | Viehhändler | 13 |
| 24. Bauer*, Herz | Rodalben | Kurzwarenhändler | 15 |
| *25. Bauer, Lion* | Rodalben | | *[15]* |
| 26. Bauer, Martin | Rodalben | Kurzwarenhändler | 15 |
| 27. Bauer, Samuel | Rodalben | Kurzwarenhändler | 15 |
| *28. Ba[u?]er, Benedict* | Rodalben | | *[15]* |
| *29. Joseph, Jacques* | Rodalben | | *[15]* |
| 30. Joseph, Lion | Rodalben | Kurzwarenhändler | 15 |
| *31. Keim, Levi* | Rodalben | | *[15]* |
| 32. Mayer, Hirsch | Rodalben | Kaufmann | 15 |
| 33. Neuberger, Isaac | Rodalben | | 15 |
| 34. Auer*, Salomon | Thaleischweiler | | 15 |

| | | | |
|---|---|---|---|
| 35. Bloch, Raphael | Thaleischweiler | | 15 |
| *36. Deutschmann, Salomon* | Thaleischweiler | | *[14]* |
| 37. Deutschmann, Samuel | Thaleischweiler | Gebrauchtwarenh. | 15 |
| *38. Feiß, Sch[m]uel* | Thaleischweiler | | *[15]* |
| 39. Frank, Jacob | Thaleischweiler | | 15 |
| 40. Frank, Marx | Thaleischweiler | | 15 |
| 41. Frank, Moses | Thaleischweiler | Kleinhändler | 15 |
| 42. [Hirsch, Marianne | Thaleischweiler | arm | 0] |
| 43. Kern, Jacques | Thaleischweiler | | 15 |
| 44. Lesem, Isaac | Thaleischweiler | Kleinhändler | 13 |
| 45. Lesem*, Judith Wwe. | Thaleischweiler | | 13 |
| 46. Mayer, Leopold | Thaleischweiler | | 15 |
| 47. Nathan, Jacques | Thaleischweiler | Kleinhändler | 15 |
| 48. Schwarz, Zacharias | Thaleischweiler | | 15 |
| 49. Stern, Abraham | Thaleischweiler | Gebrauchtwarenh. | 15 |
| 50. Stern, Michel | Thaleischweiler | Gebrauchtwarenh. | 15 |

## KANTON WALDFISCHBACH

| | | | |
|---|---|---|---|
| *1. Frank, Jacob* | Herschberg | | *[15]* |
| 2. Gensberger, Aron | Herschberg | Händler | 14 |
| 3. Gensberger, Michel | Herschberg | Händler | 13 |
| *4. Kahn, Elias* | Herschberg | | *[15]* |
| *5. Kling, Isaac* | Herschberg | | *[15]* |
| 6. Kling*, Jacob | Herschberg | Händler | 15 |
| 7. Kling, Leopold | Herschberg | Händler | 15 |
| *8. Mangel, Jacob* | Herschberg | | *[15]* |
| *9. Rheinheimer, Elias* | Herschberg | | *[15]* |
| 10. Rheinheimer*, Jacob | Herschberg | Makler | 15 |
| 11. Rheinheimer, Wolf[gang] | Herschberg | Makler | 15 |
| 12. Salomon, Jean | Herschberg | Händler | 15 |
| 13. Weiß, Isaac | Herschberg | Makler | 15 |
| 14. Weiß*, Jacob | Herschberg | | 15 |
| 15. Weiß, Zacharias | Herschberg | Makler | 15 |
| 16. Mangel, Leopold | Hocheinöd | | 15 |
| 17. Strauß, Götzel | Hocheinöd | | 15 |
| 18. May, Jonathan | Saalstadt | | 15 |
| *19. Jacob, Jochen* | Saalstadt | | *[15]* |
| *20. Benedict, Jacob* | Wallhalben | | *[15]* |
| 21. Benedict, Moses | Wallhalben | Makler | 15 |
| 22. Frank, Leopold | Wallhalben | Makler | 15 |
| 23. May, Abraham | Wallhalben | Makler | 15 |
| 24. May*, Jonathan | Wallhalben | Landwirt/Händler | 13 |
| 25. May, Simon Juda | Wallhalben | Makler | 13 |
| 26. Rheinheimer, Emanuel | Wallhalben | Makler | 15 |

| | | | |
|---|---|---|---|
| *27. Rheinheimer, Marx* | Wallhalben | | *[15]* |
| *29. Rheinheimer, Sender* | Wallhalben | | *[15]* |
| 30. Rheinheimer, Wolfgang | Wallhalben | Händler | 14 |
| 31. Stiefel*, Simon | Wallhalben | Händler | 13 |

## KANTON ZWEIBRÜCKEN

| | | | |
|---|---|---|---|
| *1. Altschuler, Baruch* | Zweibrücken | | *[15]* |
| 2. Falk, Samuel | Zweibrücken | | 13 |
| 3. Gogenheim, Charles | Zweibrücken | | 12 |
| 4. Gogenheim, Jacqes | Zweibrücken | | 12 |
| 5. Gogenheim, Michel | Zweibrücken | | 12 |
| 6. Groß, Maximilien | Zweibrücken | | 13 |
| 7. Hatry, Auguste | Zweibrücken | | 7 |
| 8. Heymann, David | Zweibrücken | | 15 |
| *9. Hubert, Theodore* | Zweibrücken | | *[13]* |
| *10. Kossel, Gabriel* | Zweibrücken | | *[12]* |
| 11. Milius*, Auguste | Zweibrücken | | 13 |
| 12. Neumann, Samson | Zweibrücken | | 13 |
| 13. Simon, Jacob | Zweibrücken | | 13 |
| 14. Simon, Michel | Zweibrücken | | 13 |
| 15. Strauß*, Samuel | Zweibrücken | | 15 |
| 16. Katz*, Jean | Oberhausen | | 15 |
| 17. St[i]efel, Simon | Oberhausen | Händler | 15 |
| *18. Frank, Mara* | Rimschweiler | | *[15]* |

## ARRONDISSENMENT MAINZ

## KANTON KIRCHHEIMBOLANDEN

| | | | |
|---|---|---|---|
| 1. Gümb[p]el, Elias | Albisheim | | 14 |
| 2. Levy, Salomon | Albisheim | | 14 |
| 3. Löb, Benedict | Albisheim | | 15 |
| 4. Se[e]ligmann, Aron | Albisheim | | 14 |
| 5. Bloch*, Hendla Wwe. | Gauersheim | | 15 |
| 6. Bloch, Isaac | Gauersheim | | 14 |
| 7. Feist, Abraham | Gauersheim | | 15 |
| 8. Heymann [*Hayum*], Jacob | Gauersheim | | 14 |
| 9. Heymann [*Hayum*], Moses | Gauersheim | | 14 |
| 10. Herz, Hirsch | Gauersheim | | 15 |
| 11. Herz, Michel | Gauersheim | | 15 |
| 12. Hirsch*, Elie | Gauersheim | | 15 |
| *13. Hirsch, Lazarus* | Gauersheim | | *[14]* |
| 14. Hirsch, Leopold | Gauersheim | | 14 |

| | | |
|---|---|---|
| 15. Hirsch, Liebmann | Gauersheim | 14 |
| 16. Hirsch, Löb Junior | Gauersheim | 15 |
| *17. Hirsch, Marcus* | Gauersheim | *[15]* |
| 18. Hirsch*, Samson | Gauersheim | 15 |
| 19. Israel, Gumbrich | Gauersheim | 13 |
| 20. Jacob, Anselm | Gauersheim | 15 |
| 21. Jacob, David | Gauersheim | 14 |
| *22. Jacob, Gottschalk* | Gauersheim | *[15]* |
| 23. Joseph, Abraham | Gauersheim | 13 |
| 24. Joseph, Isaac | Gauersheim | 13 |
| 25. Levy, Sprenz Wwe. | Gauersheim | 15 |
| 26. Löb, Feidel | Gauersheim | 14 |
| 27. Löb, Jacob Hirsch | Gauersheim | 15 |
| 28. Nathan, Moses | Gauersheim | 15 |
| 29. Simon, Elias | Gauersheim | 13 |
| 30. [Frank*, Nathan | Ilbesheim | arm] |
| 31. Goldmann, Simon | Ilbesheim | 14 |
| 32. Decker, David | Marnheim | 15 |
| 33. Schönfeld, Salomon | Marnheim | 15 |
| 34. Durlacher, Cosmus | Kirchheimbolanden | 6 |
| 35. Durlacher, Raphael | Kirchheimbolanden | 5 |
| 36. Goldmann, Alexander | Kirchheimbolanden | 15 |
| 37. Goldmann, Joseph | Kirchheimbolanden | 6 |
| 38. Hirsch, Abraham | Kirchheimbolanden | 11 |
| 39. Hirsch, Elias | Kirchheimbolanden | 14 |
| 40. Hirsch, Jacob | Kirchheimbolanden | 14 |
| 41. Hirsch, Lazarus | Kirchheimbolanden | 8 |
| 42. Levy, Daniel | Kirchheimbolanden | 7 |
| 43. Levy, David | Kirchheimbolanden | 6 |
| 44. Levy, Simon | Kirchheimbolanden | 8 |
| 45. Stern, Isaac | Kirchheimbolanden | 15 |
| 46. Strauß, Jacob | Kirchheimbolanden | 15 |
| 47. Süßkind, Moses | Kirchheimbolanden | 11 |
| 48. Süßkind, Samuel | Kirchheimbolanden | 8 |

*Dieter Blinn*

# Zwischen kultureller Eigenständigkeit und dekretierter Akkulturation: Pfälzer Juden und das napoleonische Namensdekret vom 20. Juli 1808

**Eine Fallstudie**

## Fragestellung

Am 20. Juli 1808 unterzeichnete Napoleon Bonaparte in Bayonne ein Gesetz, wodurch sämtliche Juden des französischen Kaiserreiches verpflichtet wurden, binnen gesetzter Fristen feste und allgemein gebräuchliche Vor- und Familiennamen anzunehmen und darüber vor dem zuständigen Standesbeamten eine förmliche Erklärung abzulegen, die zu protokollieren und zu unterschreiben war. Die meisten dieser Protokolle sind erhalten geblieben - sie werden in der Regel nach wie vor bei den Standesämtern, zuweilen auch in den zuständigen Kommunalarchiven aufbewahrt - und stellen für die jüdische Lokal- und Regionalgeschichte eine wichtige und unter vielfältiger Fragestellung auswertbare Quelle dar: Abgesehen von rein statistischen Ergebnissen - die Anzahl der zu einem bestimmten Stichtag (in der Regel Ende Oktober 1808) in den jeweiligen Gemeinden wohnhaften Juden, deren Alters- oder Familienstruktur, Bildungsstand und Alphabetisierungsgrad, zuweilen auch deren Herkunftsorte - lassen sich durch Detailanalysen der Reaktion der jüdischen Bevölkerung auf die staatliche Maßnahme Erkenntnisse schöpfen über Art und Intensität der Bereitschaft, das angestammte sozio-kulturelle Milieu zu verlassen und Lebensformen der christlichen Umgebung zu rezipieren, mit anderen Worten, sich auf die Assimilierungspolitik der aufgeklärten Bürokraten einzulassen.

Die nachfolgenden Ausführungen stützen sich auf die Auswertung der Namensprotokolle von sieben Gemeinden mit jüdischer Bevölkerung: der Städte Homburg, Zweibrücken, Pirmasens und Blieskastel sowie der Dörfer Herschberg, Wallhalben und Saalstadt. Zunächst soll dabei die napoleonische Judenpolitik sowie die Bedeutung des Dekrets vom Juli 1808 innerhalb derselben zusammenfassend dargestellt, sodann der Bestand an jüdischen Namen innerhalb des ausgewählten Untersuchungsrahmens jeweils vor und nach dem Vollzug des Dekrets im Oktober 1808 dargestellt und kommentiert werden; ein Vergleich beider Korpora schließlich soll Aussagen über spezifische Reaktionen der Juden auf das Ansinnen der Behörden, näherhin über Vorhandensein und Grad der Bereitschaft zur Akkulturation ermöglichen.

# Die Judenpolitik Napoleon Bonapartes

»Die Israeliten«, deren es im Departement Donnersberg sehr viele gebe, so urteilte Ferdinand Bodman, hoher Verwaltungsbeamter bei der Mainzer Präfektur, in seinem statistischen Jahresbericht für 1811, »sind Fremdlinge unter den übrigen Völkern, und der ewig fortbildende Geist der Zeit geht an dieser Nation vorüber, die sich durch ihre absöndernde Gebräuche in volkreichen Ländern und Städten isolirt, ohne daß sie sein Hauch berührt«. Zwar hätten die Regierenden seit langem Mittel und Wege diskutiert und praktiziert, die jüdische Bevölkerung ihrer Staaten aus deren sozialer und kultureller Isolation herauszuführen und ihnen Anteil an den Errungenschaften der modernen Zivilisation zu verschaffen, allein »Vorurtheile, Gebräuche und Sitten, die sich Jahrtausende fortgeerbt, unter mancherlei Verfolgungen erhalten und befestigt haben«, könnten nicht binnen weniger Jahre abgelegt werden.[1]

Hinter der Politik, deren Scheitern bzw. nur partiellen Erfolg Bodman hier beklagt, stand das Konzept der »bürgerlichen Verbesserung der Juden«, das auf ideologischen Entwürfen der Aufklärung basierte und in den Staaten des sog. Aufgeklärten Absolutismus allgemein in die Praxis umgesetzt wurde. Die Monarchen, unterstützt von einer rührigen und selbstbewußten, von der Erziehungsbedürftigkeit und Erziehbarkeit der Untertanen überzeugten Beamtenschaft, gingen daran, die neu verkündeten Ideale von religiöser Toleranz und universalen Menschenrechten auch auf die seit Jahrhunderten unterdrückten und ausgegrenzten Angehörigen der jüdischen Religion anzuwenden, ohne daß sie sich selbst von überkommenen Vorurteilen gänzlich freizumachen vermochten - schon der Begriff »Verbesserung der Juden«, der die zeitgenössische Debatte beherrschte, zeugte von diesem Zwiespalt, konnte er doch die rechtliche und soziale Besserstellung eines Bevölkerungsteiles ebenso bedeuten wie eine Besserung verderbter Charaktere im moralischen Sinne. Die Juden, so die allgemein herrschende Auffassung, die im Prinzip zwar gleiche Rechte wie die Christen hätten bzw. denen solche zu gewähren seien, müßten zunächst die von ihnen selbst aufgerichteten, aus ihrem andersartigen religiösen Bekenntnis resultierenden Hindernisse und Schranken überwinden, die sie von der christlichen Bevölkerung trennten, um dann in einem langwierigen Erziehungsprozeß in die moderne Bürgergesellschaft hineinwachsen zu können. Bei Licht betrachtet hieß das nichts anderes, als daß die Juden wesentliche Bestandteile ihrer Religion und Kultur, tragende Fundamente ihres Selbstverständnisses, zugunsten anderer, der christlichen Religion oder einer aufgeklärt-säkularisierten Ethik entnommener Werte aufzugeben hätten. Und in der Tat wurde von Anfang an die »bürgerliche Verbesserung der Juden« mittels des politischen Konzepts der verordneten Assimilierung ins Werk gesetzt, d. h. die einzelnen Bürokratien suchten auf dem Wege von Gesetzen und Erlassen auf die jüdische Bevölkerung einzuwirken, um diese ihren traditionellen Lebensgewohnheiten zu entfremden und eine größtmögliche Angleichung an Denk- und Verhaltensweisen der Christen herzustellen - schon Christian Wilhelm Dohm hatte in seiner berühmt gewordenen Programmschrift von 1781/83 diese Methode propagiert[2], und das großangelegte Reformwerk Josephs II. seit 1782 in Österreich hatte sie erstmals in praktische Politik umgesetzt.[3]

Auch im napoleonischen Frankreich griff man auf derartige Strategien zurück, nachdem die Judenpolitik der revolutionären Epoche nicht die intendierten Ergebnisse gezeitigt hatte.[4] Bekanntlich hatte die Pariser Nationalversammlung am 28. September 1791 in einer spektakulären Aktion die sofortige und uneingeschränkte Befreiung der Juden aus allen feudalstaatlichen Fesseln und Beschränkungen beschlossen - das 19. Jahrhundert prägte dafür den Begriff »Emanzipation« - und sie damit zu den Christen gleichgestellten Staatsbürgern gemacht. Anders als die ebenfalls von den Idealen der Aufklärung geprägten Mitglieder der Regierungskollegien in zahlreichen anderen Staaten ging die Mehrzahl der Deputierten nämlich davon aus, daß nur durch einen derart radikalen Schnitt, nicht durch einen langwierigen und von oben gesteuerten Erziehungsprozeß die Einbindung auch der Juden in die Bürgergesellschaft erreicht werden könne. Mit anderen revolutionären Errungenschaften wurde auch die Judenemanzipation in die von Frankreich besetzten oder beeinflußten Länder exportiert. Napoleon Bonaparte, der sich als Erbe und Vollender der Revolution sah, fühlte sich zunächst dieser Politik und den sie tragenden Idealen verpflichtet. Doch schon bald nach der Wiedereinführung der Monarchie im Jahre 1804, mit der Napoleon an Strukturen des überwunden geglaubten Ancien Régime anknüpfte, begann auch hinsichtlich der Behandlung der jüdischen Bevölkerung Frankreichs ein restaurativer Wind zu wehen. Klagen aus dem Elsaß über angebliche jüdische Wuchergeschäfte - herkömmlichen Erklärungsmustern folgend, wurden dort ökonomische Krisensituationen „jüdischem Wuchergeist“ in die Schuhe geschoben -, überzeugten den Kaiser endgültig von der mangelnden Integrationsbereitschaft der Mehrzahl der Juden. Unter Wiederbelebung von Positionen und Methoden des Aufgeklärten Absolutismus machte die napoleonische Bürokaratie die Juden wiederum zu Objekten eines staatlich initiierten und kontrollierten Erziehungsprojekts, das jene auch gegen ihren Willen zur Anpassung an die Normen der christlichen Bevölkerungsmehrheit führen sollte - freilich ohne daß die Haupterrungenschaft der Revolution: die rechtliche Gleichstellung von Juden und Christen aufgegeben worden wäre.

Ihren legislativ-institutionalisierten Ausdruck fand diese restaurative Haltung in drei Gesetzeswerken des Jahres 1808, die den Rahmen für das Zusammenleben von Juden und Christen absteckten und den Weg zu einer zügigen Angleichung der jüdischen an die christlichen Lebensverhältnisse vorschrieben. Reglementiert wurde in erster Linie die wirtschaftliche Betätigung der Juden mit dem Ziel, sie dem Handel als ihrem traditionellen Sektor zu entfremden und an dessen Stelle die Landwirtschaft zu setzen.[5] Auch Religion und Kultus der Juden wurden auf eine neue Grundlage gestellt, und zwar nach den Prinzipien des neoabsolutistischen Staatskirchentums und in auffälliger Analogie zu Einrichtungen der protestantischen Kirche.[6] Schließlich erließ Napoleon in einem dritten Gesetz vom 20. Juli 1808 Richtlinien, die dem Namenswesen der Juden eine neue, ebenfalls am christlichen Beispiel orientierte Ordnung gaben.

## Das Dekret vom 20. Juli 1808

Nicht nur durch ihre fremdartige Religion und ihre Sonderstellung innnerhalb der Wirtschaftsverfassung unterschieden sich die Juden von der christlichen Bevölkerung; viel unmittelbarer und auffälliger taten sie dies durch ihre speziellen Gebräuche bei der Namengebung, die von denjenigen der Christen in mancherlei Beziehung erheblich abwichen. Auf eine Formel gebracht, könnte man behaupten, daß am Anfang des 19. Jahrhunderts die Entwicklung der jüdischen Personennamen sich vielfach noch in einem Stadium befand, das im christlichen Bereich spätestens seit dem Anbruch der Neuzeit überwunden war: Auf weiten Strecken bestand noch die ursprüngliche Einnamigkeit, d. h. eine Person besaß einen Individualnamen, der in aller Regel in den meist kleinen Gemeinschaften als Unterscheidungsmerkmal ausreichte. Fest mit einer Familie verbundene und von Generation zu Generation weitervererbte Sippennamen waren noch nicht allgemein gebräuchlich. Allerdings kannten die Juden den sehr alten, auch in anderen Kulturen - etwa noch im heutigen Rußland - geübten Brauch des Patronymikons, d. h. daß zum Rufnamen als distinktives Merkmal derjenige des Vaters hinzutrat, sei es mit einer syntaktischen oder lexikalischen Verknüpfung oder - wie bei den Juden unseres Raumes - in unverbundener Weise. Dies ist denn auch der Zustand, wie er in den Protokollen vom Oktober 1808 zutagetritt: Dort erscheinen die Juden - jedenfalls die Erwachsenen - durchweg zweinamig, wovon der an zweiter Stelle stehende in den allermeisten Fällen als Vatersname anzusehen ist. Doch nicht nur durch den fehlenden Familiennamen unterschieden sich die Juden von den Christen. Mehr noch waren es vielleicht die jüdischen Vornamen - hier vor allem die weiblichen -, deren Gestalt und Klang erheblich von den bei den Christen gebräuchlichen abwich.

Spätestens seit der Verstaatlichung des Personenstandswesens durch das Gesetz vom 20. September 1792, in dem die rechtskräftige Beurkundung von Geburt, Eheschließung und Sterbefall geregelt wurde und das genaue Vorschriften enthielt, in welchen Fällen der vollständige Name und das Alter anzugeben seien, waren daher die Namen der Juden zum Problem geworden, die sich ihrer Eigentümlichkeiten wegen diesen bürokratischen Erfordernissen entzogen, ohne daß allerdings eine zufriedenstellende Lösung gefunden wurde. Erst Napoleon, der konsequenterweise auch den Bereich der Namengebung in sein staatliches Assimilierungsprogramm aufnahm, um die auffälligen Unterschiede zwischen jüdischer und christlicher Praxis zu verwischen, konnte hier Erfolge verbuchen. Konkreter Anlaß für die gesetzgeberische Maßnahme waren militärische Erfordernisse im Zusammenhang mit seinen weitgesteckten außenpolitischen Zielen: Bei der Eintragung in die Konskriptionslisten, die zur Rekrutierung des riesigen Massenheeres aufgelegt wurden, mußte der vollständige Name wie auch das Alter angegeben werden, wozu die Juden oft nicht in der Lage waren.[7]

In deutscher Übersetzung lauten die wichtigsten Passagen des Gesetzes wie folgt:
1. Diejenigen Juden unseres Reichs, die den hebräischen Gottesdienst befolgen und die bisher keine fixen Geschlechts- und Vornamen hatten, sollen verpflichtet sein,

solche binnen drei Monaten nach Publikation unsers gegenwärtigen Decrets anzunehmen und sie vor dem Beamten des Zivilstands der Gemeinde, wo sie ansässig, zu erklären.
[...]
3. Sollen nicht als Geschlechtsnamen angesehen werden, ein aus dem alten Testament gezogener Name noch der Name einer Stadt. Dürfen als Vornamen die, welche das Gesetz vom 11. Germinal Jahr XI autorisiert, genommen werden.
[...]
5. Sollen von den Verfügungen unsers gegenwärtigen Decrets ausgenommen sein, die Juden unserer Staaten oder die ausländischen, die sich darin niederzulassen kämen, wenn sie bekannte Namen und Vornamen haben, welche sie stets geführt, obschon besagte Namen und Vornamen aus dem alten Testament oder den Städten, die sie bewohnen, gezogen sind.
6. Die obgemeldten Juden, die ihre Namen und Vornamen beibehalten wollen, sind gleichwohl gehalten, Erklärung davon zu tun; nämlich die Juden unserer Staaten vor dem Maire der Gemeinde, wo sie wohnhaft sind, und die fremden Juden vor der Mairie, wo sie ihren Sitz aufschlagen wollen; und zwar in der in Artikel 1 anberaumten Frist.
7. Die Juden, die die durch gegenwärtiges Decret vorgeschriebenen Formalitäten nicht erfüllt und die darin anberaumten Fristen versäumt haben, sollen außerhalb des Reichs geschickt werden; [...] [8]

Die assimilatorische Tendenz des Gesetzes - konzentriert im Artikel 3 - ist unverkennbar: Namen, die in den Augen der christlichen Majorität als für die Juden typisch galten, sollten abgelegt und durch neue, dem allgemeinen Brauch angepaßte ersetzt werden. Im Bereich der Familiennamen gilt dies für die biblischen Namen - also in der Regel das als Familienname angesehene Patronymikon - und die von Städtenamen oder anderen geographischen Bezeichnungen abgeleiteten Namen. Das Gesetz vom 1. Germinal XI (1. April 1803), dessen Geltungsbereich auf die Juden ausgedehnt wurde, ließ »nur allein die in den verschiedenen Kalendern gebräuchlichen Namen, und die der bekannten großen Männer der alten Geschichte als Vornamen« zu, also vor allem die herkömmlichen christlichen bzw. Heiligennamen. [9]
Die französische Ministerialbürokratie hatte im Vorfeld des Dekrets nach Anregungen und Hilfestellungen in der Judenpolitik anderer europäischer Staaten gesucht. Vor allem scheint sie sich am Beispiel des vorrevolutionären Österreich orientiert zu haben, wo bekanntlich Kaiser Joseph II. innerhalb seines Reformwerkes seit 1782 auch eine Verbesserung der rechtlichen und sozialen Stellung seiner jüdischen Untertanen ins Werk gesetzt und Maßregeln für das Namenwesen getroffen hatte. Das kaiserliche Patent vom 23. Juli 1787 machte die Annahme fester Vor- und Familiennamen zur Pflicht, wobei von Orten abgeleitete und jüdische Namen nicht als Familiennamen zugelassen wurden und als Vornamen nur solche, die in deutscher Sprache üblich waren bzw. ohne Schwierigkeiten verdeutscht werden konnten. [10] Die Kontinuität zwischen den feudalen Regimen des Aufgeklärten Absolutismus und der napoleonischen Herrschaft auch und gerade auf dem Gebiet der Judenpolitik fällt unmittelbar ins Auge.

Die Rigorosität der Bestimmungen des Gesetzes vom Juli 1808 allerdings wurde gemildert durch die Bestimmungen des Paragraphen 5, der - ähnlich wie schon das genannte österreichische Patent - die Beibehaltung bereits seit langem geführter und fest mit einer Person verbundener Namen gestattete, auch wenn diese nicht mit den Vorschriften des Dekrets zu vereinbaren waren.
Mit der Ausführung des Dekrets wurden die Kommunalbehörden beauftragt, für die seitens der Departementalverwaltungen gesondert Anweisungen ergingen. Der Präfekt des Departements Donnersberg[11] erließ am 15. September 1808 eine Durchführungsverordnung, die die Modalitäten der Erklärungen und deren Protokollierung regelte, darüberhinaus aber auch die Bestimmungen bezüglich der zugelassenen Namen spezifizierte.[12] So wurden großjährige Kinder angewiesen, denselben Familiennamen anzunehmen wie ihre noch lebenden Väter; volljährige Geschwister, deren Väter bereits tot waren, hatten sich alle für ein und denselben Familiennamen zu entscheiden. Die Deklarationen der Juden hinsichtlich ihrer künftig zu führenden Namen sollten in einem doppelten Register protokolliert werden; ein solches mußte bei jeder Mairie, in deren Bezirk Juden wohnten, aufgelegt werden. Volljährige Männer und Frauen mußten die Erklärung für sich selber, Väter (bzw. Mütter) für ihre unmündigen Kinder und Vormünder für ihre Mündel abgeben. Für jede dieser unterschiedlichen Deklarationen, die allesamt gebührenfrei aufgenommen werden mußten, wurde eine verbindliche Formel vorgeschrieben.[13] Als letzte Frist für die Abgabe der Erklärungen wurde der 27. Oktober 1808 festgesetzt.

## Die untersuchten Judengemeinden

Die Auswahl der Orte, deren jüdische Bevölkerung die Grundlage dieser Untersuchung bildet, war nicht von systematischen Überlegungen, sondern eher von zufälligen Gegebenheiten diktiert: Es wurden nämlich solche Gemeinden herangezogen, für die sich die benötigten Dokumente, d. h. die Register des Oktobers 1808, ohne größeren Aufwand beschaffen und auswerten ließen.[14] Nichtsdestotrotz entbehrt die dergestalt zustandegekommene Materialbasis nicht einer gewissen Repräsentativität, berücksichtigt sie doch städtische Judengemeinden ebenso wie ländliche, zahlenmäßig umfangreiche ebenso wie kleine und kleinste, solche mit gewachsener Tradition ebenso wie gerade erst entstandene. Einige wichtige Hintergrundinformationen zu den einzelnen Gemeinden sind im folgenden zusammengestellt:

### Homburg

Im Jahre 1808 konnte die Stadt Homburg auf eine mehr als hundertjährige jüdische Geschichte zurückblicken. Seit der Mitte des 18. Jahrhunderts war die ursprüngliche Zahl von zwei jüdischen Familien kontinuierlich gestiegen: Im Jahre 1791 wurden zehn Haushalte mit etwa sechzig Personen gezählt. Wie ihre Glaubensgenossen sonstwo waren die Juden vor allem im Handel tätig. Nach der Erbauung der Residenz Karlsberg erhielt die Homburger Judengemeinde so etwas wie eine Mittelpunktsfunktion: Seit ca. 1780 war der Judenoberschultheiß für das Fürstentum Pfalz-Zweibrücken in Homburg ansässig, auch jüdische Hoffaktoren hatten dort spätestens seit ca. 1785 ihren Sitz. Gemeindliche Strukturen waren ausgebildet, Synagoge und Schule vorhanden.[15] Im Oktober 1808 wurden in Homburg 126 Erklärungen abgegeben, die 57 Erwachsene (29 Männer und 28 Frauen) und 69 Minderjährige (37 Knaben und 32 Mädchen) betrafen.

## Zweibrücken

Im Gegensatz zu Homburg war Zweibrücken[16] im Oktober 1808 ohne jüdische Tradition: Im Frühjahr 1791 wurden im gesamten Oberamt Zweibrücken nur zwei jüdische Haushaltungen gezählt, die sich allerdings wohl kaum in der Stadt befanden, sondern eher in dem kleinen, Wallhalben benachbarten Oberhausen.[17] Seit der Mitte des 16. Jahrhunderts hatten sich im Gefolge des Testaments des Pfalzgrafen Wolfgang in der Stadt und im Amt bzw. Oberamt Zweibrücken mit Ausnahme der Hoffaktoren keine Juden niederlassen dürfen. Erst nach der Beseitigung des Feudalsystems durch die vorwärtsdrängende Revolution seit Anfang 1793 nutzten Juden die neugewonnene Freizügigkeit aus und nahmen ihren Wohnsitz in Zweibrücken. Im Oktober 1808 ließen 38 Erwachsene (jeweils 19 Männer und Frauen) für sich und insgesamt 40 minderjährige Kinder (29 Knaben und elf Mädchen) ihre Erklärungen protokollieren.

## Pirmasens

Ähnlich wie in Homburg reicht auch die Tradition der Pirmasenser Judengemeinde in die Zeit des Ancien Régime zurück[18]: Seit den 60er Jahren des 18. Jahrhunderts sind jüdische Kaufleute in der Stadt bezeugt, die - ebenfalls wie ihre Homburger Glaubensgenossen - in einem Privathaus sich eine Synagoge einrichteten. Sollte die Angabe, im Jahre 1802 habe die Pirmasenser Judengemeinde aus 25 Seelen bestanden,[19] richtig sein, so hätte in den folgenden Jahren ein auffällig starker Zuzug stattgefunden, denn im Oktober 1808 wurden dort insgesamt 135 Erklärungen protokolliert; sie betrafen 63 Erwachsene (32 Männer und 31 Frauen) und 72 Minderjährige (38 Knaben und 34 Mädchen).

## Blieskastel

Ähnlich der Homburger beginnt auch die Blieskastler Judengeschichte am Anfang des 18. Jahrhunderts. Die Grafen von der Leyen hatten im Oberamt Blieskastel vier Schutzjudenfamilien zugelassen, tatsächlich lebten dort jedoch deren neun; im

Jahre 1785 waren es insgesamt 87 Personen, davon 50 in der Stadt Blieskastel selbst. Wie in Pfalz-Zweibrücken betätigten sich die Juden im Handelssektor, auch jüdische Hoffaktoren lassen sich nachweisen.[20] Im Oktober 1808 ließen 38 erwachsene Juden (jeweils 19 Frauen und Männer) für sich und 49 Kinder (27 Knaben und 22 Mädchen) ihre Deklarationen protokollieren.

### Mairie Herschberg

Die Bürgermeisterei Herschberg umfaßte die Dörfer Herschberg, Wallhalben und Saalstadt und war somit identisch mit dem vormaligen leiningen-hardenburgischen Amt Wallhalben. Auch hier gab es eine Kontinuität jüdischen Lebens zwischen Ancien Régime und nachrevolutionärer Epoche: Im Jahre 1780 etwa waren neun Schutzjudenfamilien seitens der Landesherrschaft geduldet.[20] Im Herbst 1808 war die jüdische Bevölkerung erheblich angewachsen: Das Bürgermeisteramt nahm die Deklarationen von insgesamt 157 Personen auf (100 aus Herschberg, 50 aus Wallhalben und sieben aus Saalstadt), davon waren 75 volljährig (42 Männer und 35 Frauen) und 82 minderjährig (45 Knaben und 37 Mädchen).

## Der Namensbestand vor dem Vollzug des Dekrets

### I. Vornamen

Wie in anderen Religionen und Kulturen hat auch bei den Juden der Rufname nicht nur eine kommunikative Funktion, sondern auch eine religiös-mythische oder magische Bedeutung: Er soll eine Verbindung zwischen der Gottheit und dem Namensträger herstellen oder dokumentieren, an berühmte Persönlichkeiten erinnern, deren Eigenschaften oder auch die Eigenschaften von Tieren oder Pflanzen übertragen. So spielen bei den Christen die Namen von Persönlichkeiten des Neuen Testaments oder der Heiligen eine hervorragende Rolle, bei den Juden diejenigen von Gestalten aus dem Alten Testament. Im Laufe der jüdischen Geschichte wurde der Bestand an Namen durch Einflüsse der verschiedenen Kulturen und Sprachen, mit denen die Juden in Berührung kamen, erweitert und ergänzt.[22]
Der ursprüngliche Namensbestand innerhalb des untersuchten Gebiets umfaßt insgesamt 121 Vornamen, 58 männliche und 63 weibliche. Sie lassen sich im Hinblick auf die hier relevante Fragestellung in folgende Kategorien gliedern:

#### 1. Hebräische biblisch-religiöse Namen:

Männernamen: Abraham, Akiva, Aron, Baruch[23], Benjamin, Daniel, David, Elias, Emanuel[24], Isaak[25], Israel, Jachiel, Jakob, Jesaias[26], Jonas, Joseph, Juda, Kaim[27], Lazarus[28], Levi, Machol, Menachem[29], Moses, Nathan, Raphael, Salomon, Samson, Samuel, Simon[30], Sinai, Zacharias[31];

Frauennamen: Dewora[32], Esther[33], Eva[34], Hanna, Judith[35], Lea, Malke[36], Mehrle[37], Rachel[38], Rebekka, Sara[39], Susanna, Zibora[40].
Auffällig ist die Häufung männlicher Vornamen biblisch-religiöser Provenienz im Vergleich zu den weiblichen (3:1); sie wird noch deutlicher beim Bezug auf die Anzahl der Namensträger: 168mal kommen derartige Namen bei männlichen Juden vor (66,9 %), jedoch nur 46mal bei weiblichen (26,4 %). Die religiöse Bedeutung männlicher Vornamen hängt zusammen mit Besonderheiten des Synagogengottesdienstes, dem namentlichen Aufrufen zum Vorlesen aus der Thora, das dem Vornamen eine sozusagen liturgische Weihe verlieh; die Tatsache, daß diese Handlung den Männern vorbehalten war, erklärt das geringe Vorkommen derartiger Namen bei den Frauen.

**2. Namen aus anderen Sprachen**
a) Namen mit biblisch-religiösem Bezug
Männernamen: Bär[41], Götzel[42], Gompert[43], Hirsch[44], Löb[45], Meyer[46], Seligmann[47], Wolf[48].

b) weltliche Namen
Männernamen: Alexander[49], Amsel[50], Falk[51], Feibelmann[52], Lehmann, Lemmel[53], Liebmann[54], Marx[55], Süßkind[56];
Frauennamen: Bela, Bessel, Blümle, Bräunle, Brendel, Dine, Dolz, Domert, Edel, Elkel, Fratge, Frumet, Geile, Golda, Güdel, Heye, Hile, Hindel, Jaget, Jendel, Mada, Madel, Mendel, Moule, Rahngen, Reiz, Rösgen, Schöngen, Silben, Süsgen, Teila, Terz, Veilchen, Vogel.[57]
Anders als bei den hebräisch-biblischen Vornamen sind in dieser Kategorie eindeutig die weiblichen Namen in der Überzahl: Die rituell-institutionalisierte Einbindung in den religiösen Bereich fiel dabei weitgehend weg, Namen konnten mehr nach individuellen Vorlieben oder mit Beziehung auf äußerliche oder charakterliche Eigenheiten des Trägers gegeben werden; so erklärt sich die Vielzahl säkularer Namen, denen derartige Qualitäten bezeichnende Adjektive oder Substantive zugrundeliegen, im übrigen zeigen die häufigen Diminutive (mit den Endungen -el, -le, -chen, -gen), daß es sich vielfach um erstarrte Kosenamen handelt.

**3. Assimilierte Namen**
Darunter sollen Namen verstanden werden, die - wenn auch teilweise ursprünglich hebräisch - eher oder ausschließlich dem christlichen Bereich angehören, jedoch schon vor dem Vollzug des Dekrets von 1808 bei Juden in Gebrauch waren; hierher gehören:
Männernamen: Markus[58], Matthias;
Frauennamen: Amalie, Helene, Henriette, Johannetta, Karoline, Katharina, Luise, Maria, Marianne, Regina, Sibilla, Theresia.
Nicht zu deuten und in dieses Schema einzuordnen waren folgende männliche Vornamen: Höhle, Jancheim, Menke, Olry, Rarel, Volen, Zell.

Die Häufigkeitsverteilung all dieser Namen innerhalb des Untersuchungsraumes sieht folgendermaßen aus: Insgesamt kommen sie 425mal vor, die männlichen 251mal, die weiblichen 174mal.[59] Bei den Männern wurden hebräisch-biblische Namen 168mal gezählt (66,9%), anderssprachige, jedoch als für Juden typisch angesehene 73mal (29,1%) und nichtjüdische zweimal (0,8%). Bei den Frauen kamen hebräische Namen 46mal vor (26,4%), deutsch/romanische, als typisch jüdisch geltende 106mal (60,9%) und assimilierte 22mal (12,6%). Die Akzentverschiebung zwischen Männern und Frauen wird anhand dieser Zahlen noch einmal deutlich: Die Stelle hebräischer Namen religiöser Natur bei den Männern wird bei den Frauen von nicht hebräischen Namen weltlicher Bedeutung eingenommen. Insgesamt trugen somit nahezu 95% der jüdischen Bürger der untersuchten Region spezifische und auffällige Namen, die sie von der übrigen Bevölkerung deutlich unterschieden; nur etwas mehr als 5% hatten Namen, die auch bei Christen gebräuchlich waren, davon bezeichnenderweise die überwiegende Mehrzahl weibliche Namen. Eben dies war der Punkt, an dem die staatliche Bürokratie ihren Hebel ansetzte, als sie die Gültigkeit des Gesetzes vom 1. April 1803 auf die Juden ausdehnte - die wenigsten dieser Namen konnten dessen Bestimmungen genügen.

## II. Familiennamen

Die volljährigen Juden der analysierten Region erscheinen in den Protokollen durchweg zweinamig, wobei es sich in den meisten Fällen beim zweiten Namen um das Patronymikon, also den Rufnamen des Vaters, handelt. Kontrollen in den Personenstandsregistern, wie sie allerdings nur für die Juden der Stadt Homburg durchgeführt werden konnten, belegen diesen Befund: Dort wurden etwa die 1806 bzw. 1808 geborenen Kinder von Hirsch Wolf (er nannte sich seit Oktober 1808 Hippolyt Moses) mit den Namen Moses Hirsch und Bule Hirsch ins Geburtsregister eingetragen; das nämliche gilt für den 1807 geborenen Sohn von Samuel Eisenmann (er behielt seinen Namen bei), in dessen Geburtsurkunde der Name Mayer Samuel steht; als drittes Beispiel diene Isaak Jakob (auch er änderte seinen Namen nicht), dessen 1802 und 1804 geborene Söhne als Mayer Isaak und Löb Isaak in den Registern erscheinen.[60] Die Mehrzahl dieser Namen entspricht den soeben behandelten; hervorzuheben ist, daß auch hierbei schon einige assimilierte Namen vorkommen, so Lambert (in Zweibrücken), Mathis (in Pirmasens) und Benedikt (in Wallhalben).[61]
Allerdings stehen an zweiter Stelle auch andere Namen, die eine Tendenz zu festen und vererblichen Sippennamen bei manchen Juden schon vor dem Vollzug des Gesetzes erkennen lassen. Dies gilt in erster Linie für die Stammes- bzw. Standesbezeichnungen Levi und Kahn[62], die gewissermaßen von Natur aus Geschlechternamen sind; 25 bzw. 17 Erwachsene gaben diese als Familiennamen an. Sodann sind die von Orts- und anderen geographischen Bezeichnungen abgeleiteten Namen zu nennen, die - zunächst die tatsächliche Herkunft bezeichnend - bald die Tendenz entwickelten, sich fest mit der Familie ihres Trägers zu verbinden. In den Protokollen des Jahres 1808 begegnen folgende, vor Vollzug des Dekrets geführte Namen dieser Kategorie: Aschaffenburg, Beyersdorf, Bloch[63], Eger, Gensberger, Gibelstädt, Gugenheim(er), Hanau, Mannheimer, Oppenheim(er), Reichshöfer,

Strasburger, Weil(er)[64], Weinheimer, Würzburger; insgesamt 30 Personen gaben derartige Namen an.
Schließlich bleibt eine Reihe anderer Namen, die ebenfalls als feste Sippennamen, deren einige gar als Manifestationen assimilatorischer Tendenzen anzusehen sind und die von 19 Erwachsenen zu Protokoll gegeben wurden. Es handelt sich um folgende Namen: Altschüler[65], Bonef, Boris (?), Eisenmann, Frank, Haas, Hess, Kaufmann[66], Klaber, Kosel, Lieb[67], Ruf, Sereth, Teutsch, Ullmann[68], Woll.[69]
Insgesamt waren es 91 Erwachsene, die einen dieser Namen trugen; damit hatte ein gutes Drittel der Juden im untersuchten Raum einen festen Familiennamen - davon allerdings wiederum ein Drittel einen solchen, der von der Bürokratie nicht akzeptiert wurde -, während die restlichen zwei Drittel den Vatersnamen angaben. Bezogen auf die einzelnen Gemeinden indessen ist diese Verteilung zu modifizieren: Denn während von den Blieskastler Juden mehr als zwei Drittel (76,3%) einen festen Familiennamen hatten, von den Zweibrücker immer noch mehr als die Hälfte (55,3%), waren es in Homburg und in den drei Dörfern der Mairie Herschberg weniger als ein Fünftel (19,3 bzw. 17,3%), in Pirmasens gar nur ein knappes Zehntel (9,5%).

## Der neue Namensbestand

### I. Vornamen

Das Korpus der neuen Vornamen umfaßt insgesamt 116 Namen, 64 männliche und 52 weibliche. Legt man dieselben Einteilungskriterien zugrunde wie bei den früheren Namen, so ergibt eine Auflistung dieser nach Vollzug des Dekrets geführten Namen folgendes Bild:

#### 1. Hebräische biblisch-religiöse Namen:

Männernamen: Abraham, Aron, Baruch, Daniel, David, Elias, Emanuel, Isaak, Isaias, Israel, Jakob, Jonathan, Joseph, Judas, Lazarus, Moses, Raphael, Salomon, Samuel, Simon, Sinai, Zacharias;
Frauennamen: Dewora, Esther, Eva, Judith, Lea, Rachel, Rebekka, Salome, Sara, Susanne, Zibora.
Namen dieser Art kommen 236mal vor, das sind 40,3 % des Gesamtkorpus. Bezogen auf die beiden Geschlechter, ergeben sich folgende Zahlen: Von den Männernamen gehören 179 zu dieser Kategorie (56,3 %), von den Frauennamen 57 (21,3 %); das auffällige Mißverhältnis zwischen beiden Gruppen blieb damit im wesentlichen erhalten.

#### 2. Jüdische Namen aus anderen Sprachen:

Männernamen: Alexander, Feis[70], Herz[71], Hirsch, Marx, Wolf.
Diese Namen wurden insgesamt 21mal gezählt und machen somit 6,6% des Bestandes männlicher Vornamen und 3,6% des Gesamtbestandes aus.

**3. Assimilierte Namen:**
Männernamen: Adam, Adolf, Anton, August, Benedikt, Bernhard, Erhard, Felix, Ferdinand, Friedrich, Gabriel, Gottfried, Gottlieb, Gustav, Heinrich, Hermann, Hippolyt, Johannes, Karl, Konrad, Lambert, Leopold, Ludwig, Luzian, Markus, Martin, Matthias, Maximilian, Michael, Moritz, Peter, Philipp, Reinhard, Theodor, Wilhelm, Wolfgang;
Frauennamen: Adele, Adelheid, Amalie, Anna, Apollonia, Babette, Barbara, Blondine, Charlotte, Christine, Dorothea, Elisabeth, Emilie, Fanny, Franziska, Friederike, Gertrud, Helene, Henriette, Jacqueline, Jeannette, Johanna, Juliane, Karoline, Katharina, Klara, Kunigunde, Luise, Magdalena, Maria, Marianne, Ottilie, Regina, Philippine, Rosalie, Rosette, Rosine, Sibylle, Sophie, Theophila, Theresia.
Diese aus dem nichtjüdischen Bereich stammenden Namen kommen insgesamt 329mal vor, und zwar 118mal bei Männern und 211mal bei Frauen; damit machen assimilierte Namen 56,1% des Gesamtbestandes aus bzw. 37,1% des Bestandes an Männer- und 78,7% desjenigen an Frauennamen. Die Tendenz zur Adaption christlicher Namen bei den Frauen wurde also durch das Namensdekret eindrucksvoll verstärkt, und zwar eindeutig zu Lasten der alten germanisch-romanischen Vornamen. Zurückhaltender reagierten die männlichen Juden, die zwar auch zu einem großen Teil sich nichtjüdische Namen zulegten, bei denen jedoch nach wie vor die traditionellen religiösen Namen die Hauptrolle spielten; auch die alten nicht hebräischen Judennamen wurden von den Männern nicht gänzlich aufgegeben. Auf die einzelnen Gemeinden bezogen, wird dieser Befund im wesentlichen bestätigt, wenn sich auch gewisse Unterschiede ergeben: So ist etwa der Anteil assimilierter männlicher Vornamen in Zweibrücken mit 64,% besonders hoch, in Blieskastel hingegen mit 6,4% extrem klein; dort sind mit 19,1% auch die nicht hebräischen Judennamen noch am stärksten vertreten. Bei den Frauen ist das Gesamtergebnis einheitlicher: Jüdische Vornamen aus nichthebräischen Sprachräumen sind in keiner der untersuchten Gemeinden mehr vorhanden, der Verlust an hebräisch-biblischen Namen schwankt zwischen ca. 11 und 17%; lediglich Blieskastel hat hier sogar eine leichte Zunahme um knapp 2% zu verzeichnen.

## II. Familiennamen

Alle jüdischen Bürger der untersuchten Kommunen sind nach Vollzug des Dekrets vom Juli 1808 im Besitz fester und erblicher Sippennamen. Insgesamt wurden 108 verschiedene Familiennamen gezählt, die sich nach den bekannten Kriterien folgendermaßen einteilen lassen:

**1. Hebräisch-biblische Männernamen:**
Viele Juden gaben als künftigen Familiennamen ihr bisheriges Patronymikon an bzw. wählten dazu einen anderen männlichen Vornamen aus dem traditionellen Korpus jüdischer Namen, und zwar: Alexander, Amschel, Aron, Bär, Cerf[72], David, Elias, Gerson[73], Hayum[74], Hirsch, Isaak, Israel, Jakob, Joseph, Keim, Koppel, Leser, Marx, Meyer, Moses, Salomon, Samson, Samuel, Seligmann,

Simon, Wolf. Von den 271 Deklaranten hatten 85 einen dieser Namen genannt (31,4%), wobei die Homburger Juden mit 45 (78,9%) an erster Stelle lagen; von den Blieskastler Juden hatten hingegen nur neun (23,7%), von denjenigen der Bürgermeisterei Herschberg nur einer (1,3%) einen derartigen Namen gewählt.

**2. Jüdische Stammes- bzw. Standesnamen:**
Ebenso wie die Patronymika stammen auch die Namen Levi und Kahn aus dem Fundus herkömmlicher jüdischer Namen; ersterer wurde von elf, letzterer von zwölf erwachsenen Juden als künftiger Name angegeben; dabei ist eine auffällige Konzentration in Blieskastel zu verzeichnen, wo diese Namen neunmal bzw. sechsmal vorkommen (39,5% des Gesamtbestandes). Drei Juden der Mairie Herschberg (einer in Herschberg selbst und zwei in Wallhalben) nahmen den Namen Katz an, der als Abkürzung von kohen zedek (Titel des Priesters) ebenfalls in diese Kategorie gehört[75]. Insgesamt kommen diese Namen 26mal vor, das sind 9,6% des Korpus.

**3. Orts- und Herkunftsbezeichnungen:**
Auch diese als für Juden typisch anzusehenden Namen sind nach Vollzug des Dekrets noch vorhanden, ihre Anzahl nahm gegenüber dem vorherigen Namensbestand sogar zu; insgesamt 39 erwachsene Personen (14,4%) trugen einen der folgenden Namen: Beyersdorf, Bloch, Bodenheimer, Eger, Gensberger, Gugenheim(er), Hanau, Lichtenberger, Oppenheim(er), Polak, Reichshöfer, Rheinheimer, Weil(er). In Blieskastel kamen derartige Namen relativ am häufigsten vor (elf Personen, d. h. 28,9%), gefolgt von der Mairie Herschberg (dreizehn Personen, also 17,3%); in Homburg hatten lediglich drei Juden derartige Namen angegeben (5,3%).

**4. Sonstige Namen:**
Die verbleibenden Familiennamen können nicht ohne weiteres als assimlierte Namen angesehen werden, finden sich darunter doch jüdische Hausnamen, christliche Vornamen, Berufsbezeichnungen und bei Christen übliche Familiennamen ebenso wie Phantasienamen, die wohl für den speziellen Anlaß der Deklaration ersonnen waren. Da die Entscheidung, ob es sich um einen jüdischen oder assimilerten Namen handelt, im Einzelfall schwierig ist, wurden sie zu einer Gruppe zusammengefaßt. Es sind im einzelnen folgende: Adjunk, Adler, Altschul (bzw. Altschüler), Bauer, Baum, Becker, Boris, Dreksler, Dreyfus[76], Eisenmann, Emangel, Faust, Frank, Goldsticker, Gottlieb, Groß, Haas, Hatry, Hektor, Hess, Heumann, Huberwald, Höh, Kaufmann, Kern, Kling, Kloß, Knecht, Koch, Kosel, Maas, May, Milius, Morgenstern, Müller, Neergard, Neumann, Ries, Rind, Rothschild, Ruf, Sereth, Sommer, Stadtmüller, Stauch, Stern, Sternfeld, Stiefel, Stork, Strauß, Teutsch, Tilly, Ullmann, Weis, Woll, Zott. 121mal wurden diese Namen gezählt, damit hatten 44,6% der erwachsenen Juden einen derartigen Namen angegeben; die erste Stelle nimmt hier die Bürgermeisterei Herschberg ein, wo sechzig Erwachsene (80,0%) einen dieser Namen genannt hatten, Blieskastel mit lediglich drei (7,9%) steht an letzter.

## Vergleiche und Resultate

Die Gegenüberstellung alter und neuer von den Juden geführter Namen hat gezeigt, daß sich durch den Vollzug des Dekrets vom Juli 1808 in einem wichtigen Bereich des persönlichen wie öffentlichen Lebens der jüdischen Bevölkerung entscheidende Veränderungen ergaben. Vor dem Hintergrund der anfänglichen Frage nach Vorhandensein und Intensität einer Bereitschaft zur kulturellen Angleichung auf Seiten der Juden ist dieser Befund freilich zu spezifizieren und zu modifizieren. Die konkrete Forderung, mit der die Bürokratie an die jüdische Bevölkerung herantrat, war, daß jeder einzelne einen festen Ruf- und Sippennamen zu führen habe und daß diese Namen nach Möglichkeit sich nicht von denen der übrigen Bevölkerung zu unterscheiden hätten. Die erste Forderung, darauf wurde schon hingewiesen, wurde ausnahmslos von sämtlichen Juden erfüllt - spätestens seit Ende Oktober 1808 war die Zweinamigkeit bei den Pfälzer und allen linksrheinischen Juden eine unwidersprochene Tatsache, Kinder trugen hinfort samt und sonders dieselben Familiennamen wie ihre Väter. Das Namensgesetz hat in diesem Bereich wie ein Katalysator gewirkt, d. h. es hat Tendenzen, die bereits in größerem oder geringerem Ausmaß vorhanden waren, verstärkt und zu einem positiven Resultat geführt. Untersucht man die Namen selbst, so ist dieses Ergebnis weniger eindeutig. Die politische Brisanz des Gesetzes lag ja gerade in der Tatsache, daß bestimmte, bei den Juden beliebte und auf langer kultureller Tradition beruhende Namen von der Bürokratie als unerwünscht ausgegrenzt wurden, der Verzicht darauf als Manifestation des guten Willens zur Anpassung und als Entree für die bürgerliche Gesellschaft angesehen werden konnte.

Auf die Bedeutung religiös-biblischer Männernamen bei den Juden wurde schon hingewiesen. An deren Funktion hatte sich selbstverständlich nichts geändert, und so stehen sie auch im neuen Namenskorpus mit weit mehr als der Hälfte aller Vornamen an erster Stelle. Allerdings sind auffällige Änderungen hinsichtlich der Beliebtheit und Häufigkeit einzelner Namen zu verzeichnen: Denn war im alten Namensbestand Isaak (mit seinen dialektalen Varianten) der Favorit - er wurde von insgesamt zwanzig Personen getragen -, so nimmt im neuen Bestand der Name Jakob, der 27mal vorkommt, die erste Stelle ein. Damit trugen 8,5% aller männlichen Juden (9,9% der Erwachsenen und 7,4% der Minderjährigen) einen Vornamen, der der eigenen religiös-kulturellen Tradition ebenso angehörte wie der umgebenden christlichen, somit gleichsam die Synthese darstellte zwischen kultureller Eigenständigkeit und dokumentierter Assimilierungsbereitschaft. Eine Synopse der beliebtesten männlichen Vornamen jeweils vor und nach Vollzug des Dekretes mit Angabe der Häufigkeit bietet die folgende Tabelle:

| Namensbestand alt | | Namensbestand neu | |
|---|---|---|---|
| Namen | Häufigkeit | Namen | Häufigkeit |
| Isaak | 20 | Jakob | 27 |
| Hirsch, Moses | je 15 | Isaak | 20 |
| Salomon | 13 | Ludwig | 17 |
| Wolf | 12 | Joseph | 13 |
| Abraham, Jakob, Samuel | je 11 | Abraham, David, Leopold, Samuel, Simon | je 12 |
| Alexander, Löb | je 8 | Moses, Salomon | je 11 |
| Baruch, Joseph, Lazarus Emanuel | je 7 | Emanuel, Michael | je 10 |
| Elias, Marx, Meyer, Simon | je 6 | Alexander, Elias | je 8 |
| Israel | 5 | Aron, Marx, Karl | je 7 |
| Aron, Daniel, David, Jesaias Juda, Nathan | je 4 | Daniel, Heinrich | je 6 |

Hier wird deutlich, daß im neuen Korpus christliche oder assimilierte Namen, deren Zahl zwar gegenüber dem alten beträchtlich gestiegen ist, im allgemeinen nur Einzelerscheinungen sind; wo sie gehäuft auftreten - wie Ludwig, Leopold, Karl oder Heinrich, müssen sie sich gegen eine gleichstarke Konkurrenz hebräisch-biblischer Namen wehren. Auffällig ist auch, daß neben Jakob andere „bikulturale“ Namen wie Joseph, David oder Daniel (vielleicht muß man auch den Namen Simon, den man immerhin mit dem heiligen Petrus in Verbindung bringen kann, dazu rechnen), in größerer Anzahl auftreten. Generell läßt dieser Befund den Schluß zu, daß die männliche Bevölkerung sich teilweise durch die Adaption christicher Namen durchaus dem Assimilierungdruck der Bürokratie beugte, sicherlich auch in einigen Fällen vorhandene Assimilierungsbereitschaft dokumentierte, überwiegend jedoch auf ihren herkömmlichen Rufnamen beharrte; sie tat dies wohl primär aus religiösen Motiven und handelte damit ganz bewußt gegen die Intention des Dekrets, das die Mehrzahl derartiger Namen ausgeschlossen wissen wollte - konnte sich freilich auf dessen Artikel 5 berufen, der die Beibehaltung auch solcher Namen zuließ.

Ein anderes Bild ergibt eine Detailanalyse der weiblichen Vornamen. Aufgrund der weniger starken religiösen Prägung ihrer Namen fiel es den Frauen wohl leichter als den Männern, bisherige Namen abzulegen und sie durch christliche zu ersetzen; daß allerdings auch hier eine differenzierte Betrachtungsweise notwendig ist, zeigt die folgende tabellarische Auflistung der beliebtesten weiblichen Rufnamen vor und nach dem Vollzug des Dekrets:

| Namensbestand alt | | Namensbestand neu | |
|---|---|---|---|
| Namen | Häufigkeit | Namen | Häufigkeit |
| Geile | 14 | Sara | 23 |
| Bela | 11 | Karoline | 17 |
| Judith, Sara | je 9 | Elisabeth, Regina | je 15 |
| Rösgen | 7 | Jeannette | 14 |
| Edel, Regina | je 6 | Charlotte, Eva | je 11 |
| Bräunle, Lea | je 5 | Amalie, Barbara, Henriette | je 10 |
| Eva, Hile, Hindel, Jaget, Jendel, | | Theresia | 8 |
| Rachel, Schöngen | je 4 | Katharina, Magdalena | je 7 |
| Esther, Hanna, Dolz, Güdel, | | Friederike, Luise, Rosine, Anna | |
| Mendel, Teila, Veilchen | je 3 | Johanna, Marianne, Philippine | je 5 |

Diese Auflistung zeigt im neuen Namensbestand fast ausschließlich assimilierte Namen bzw. solche, die bei Juden und Christen gleichermaßen gebräuchlich waren, allerdings mit der bezeichnenden Ausnahme Sara, einem jüdischen Namen, der schon im alten Korpus vertreten, nun aber auf den unbestrittenen Spitzenplatz vorgerückt war (8,6 % aller weiblichen Juden trugen ihn). Wollten damit einzelne Frauen, wollten Väter, die ihre Töchter so nannten - denn 13 der Namensträgerinnen waren minderjährig - ihre Verbundenheit mit der angestammten Kultur dokumentieren? Indessen: Die überwiegende Mehrzahl der Frauen und Mädchen unterschied sich nach Vollzug des Dekrets hinsichtlich ihrer Vornamen nicht mehr von der nichtjüdischen Umgebung, wobei im Gegensatz zur männlichen jüdischen Bevölkerung die assimilierten Namen nicht nur vereinzelt, sondern gehäuft auftreten - assimilierte Namen waren ja bei den Frauen schon im alten Korpus in größerer Anzahl vertreten, so daß man auch hier von einer Verstärkung vorhandener Tendenzen durch die Bestimmungen des Gesetzes sprechen kann. Dessen Intention wurde im übrigen in vollem Umfang erfüllt dadurch, daß die weiblichen Rufnamen romanisch-germanischer Herkunft, die als typisch jüdisches Kulturmerkmal hatten gelten können, gänzlich abgelegt worden waren.

Wer einen neuen Rufnamen wählte - und dies gilt im allgemeinen für Männer wie für Frauen gleichermaßen - ließ sich dabei oft von phonetischen Übereinstimmungen oder Ähnlichkeiten mit dem bisher geführten Namen leiten: So wurde allein in Zweibrücken dreimal aus einem Marx ein Maximilian; beliebt war auch der Wechsel von Löb zu Leopold, von Herz zu Heinrich, von Mendel zu Michael oder von Wolf zu Wolfgang. Frauen namens Bela nannten sich künftig gern Barbara, aus Keilgen (Kele etc.) wurde öfter Katharina, aus Dolz Dorothea, aus Jendle Johannetta oder aus Reichel Regina; auch der Wechsel von Buhle oder Bela zu Babette, von Teila zu Theresia oder von Schönle zu Charlotte kommt vor.

Hinsichtlich der Familiennamen lassen sich ähnliche Ergebnisse feststellen. Die Zahl solcher Namen, die auch bei Christen üblich waren - oder die auch Christen hätten tragen können - war zwar erheblich gestiegen; nichtsdestoweniger sind auch im neuen Korpus typisch jüdische Namen durchaus vorhanden, sie halten sogar

durch die Institutionalisierung vieler Patronymika als Familiennamen mit mehr als der Hälfte den Löwenanteil. Wie bei den männlichen Vornamen gilt für die Sippennamen, daß assimilierte nur vereinzelt oder in geringerer Anzahl vorkommen. Damit stellten sich zumindest alle diejenigen erwachsenen Juden bewußt dem Angleichungsdruck der Bürokratie entgegen, die alttestamentliche Vornamen oder Herkunftsnamen als künftigen Familiennamen wählten.
Wie anfangs dargelegt, hatte das Dekret die Beibehaltung geführter Namen unter bestimmten Bedingungen erlaubt. Von dieser Möglichkeit machten insgesamt 60 erwachsene Juden (22,1%) Gebrauch, die sowohl ihren bisherigen Ruf- als auch ihren Familiennamen (bzw. das Patronymikon) beibehielten - auch und vielleicht gerade wenn diese nicht den Forderungen nach Assimilation entsprachen. Von diesen 60 allerdings waren 45 Männer (31,9% von allen) und nur fünfzehn Frauen (11,5% von allen); damit hatte fast ein Drittel der Männer, jedoch nur etwas mehr als ein Zehntel der Frauen auf einen Namenswechsel verzichtet. Auch bezogen auf die einzelnen Gemeinden ergibt sich hier ein differenziertes Bild: In Blieskastel etwa waren es 21 Erwachsene (55%), die keinen ihrer bisher geführten Namen änderten, in Homburg 22 (39%), während in Zweibrücken lediglich zwei Frauen (5%) keine Namensänderung vornahmen. Diese auffälligen Verhaltensunterschiede lassen sich möglicherweise mit dem Hinweis auf die unterschiedlich lange Geschichte und Tradition der Judengemeinden in diesen Städten erklären: In Zweibrücken mit seiner jungen und noch wenig gefestigten jüdischen Gemeinde hat man vielleicht den Anpassungsdruck als stärker empfunden als in Homburg oder Blieskastel, in denen die jüdische Bevölkerung seit mehr als einem Jahrhundert zum gewohnten Bild des städtischen Lebens gehörte; der auffällig konservative Grundzug gerade der Blieskastler Juden hat mit Sicherheit darin seine Ursache. Eine Ausnahme freilich stellen die drei Dörfer der Bürgermeisterei Herschberg dar, wo lediglich drei Männer (4% der Erwachsenen) ihre Namen vollständig beibehielten.
Fazit: Schon vor dem Oktober 1808 hatten jüdische Väter ihren Kindern - vor allem Töchtern - christliche Namen gegeben; die Frage nach einer möglichen Anpassung an die Kultur der umgebenden Mehrheit auch auf Kosten der eigenen Identität war demnach auch bei den betroffenen Juden durchaus ein Thema. Diese partielle Assimilierungsbereitschaft ist sicherlich als eine Auswirkung der Französischen Revolution zu werten, die den linksrheinischen Juden die rechtliche Gleichstellung mit den Christen gebracht und - wenigstens theoretisch - das Tor zum Eintritt in die bürgerliche Gesellschaft eröffnet hatte. Die staatliche Judenpolitik konnte sich auf diesen in ihren Augen fortschrittlichen Teil der jüdischen Bevölkerung stützen, wenn sie „Assimilierung" ganz oben auf ihr Programm schrieb und die Abkehr von tradierten Sitten und Werten durch legislative Akte von sämtlichen Juden einforderte und gleichsam als Belohnung dafür die gesellschaftliche Integration in Aussicht stellte. Dieses Vorgehen indessen provozierte Widerspruch: Wurden vorhandene assimilatorische Tendenzen durch die verschiedenen gesetzgeberischen Maßnahmen einerseits verstärkt oder geweckt, so reagierten andererseits nicht wenige Juden auf die Forderungen bzw. den Zwang der Bürokratie mit demonstrativem Beharren auf der überkommenen Tradition - nirgends wird dies deutlicher als bei der Reaktion der Juden auf die dekretierte Akkulturation im sehr empfindlichen

und die privateste Sphäre tangierenden Bereich der Namen: Einer auffälligen Zunahme nichtjüdischer Namen steht eben auch eine eindrucksvolle Zahl bewahrter oder auch bewußt neu angenommener Namen des jüdischen Kulturkreises gegenüber. Ein weiteres wird deutlich: Assimilierung wurde dort zum Problem, wo sie an das religiöse Fundament der kulturellen Identität rührte. Männer entzogen sich deshalb den staatlichen Forderungen in weitaus höherem Maße als Frauen, weil sie zumindest im Bereich der institutionalisierten Religion - deren integralen Bestandteil eben auch ihre biblischen Namen darstellten - die größere Rolle spielten; Frauen brauchten hier weniger Rücksichtnahme walten zu lassen, da ihre Namen die religiöse Sphäre in geringerem Ausmaß und auf anderer Ebene tangierten. Daher waren es die jüdischen Frauen, die am Anfang des 19. Jahrhunderts in erster Linie als Träger assimilatorischer Tendenzen in Erscheinung traten und sozusagen den Weg bereiteten für die männliche Bevölkerung, die erst nach einem längeren, bis etwa zur Jahrhundertmitte dauernden Prozeß - jedenfalls auf dem Gebiet der Namen - einen ähnlich hohen Anpassungsgrad erreicht hatte.
Mit ihrem Neben- und Miteinander jüdischer und christlicher, traditioneller und assimilierter Namen vermitteln die Protokolle vom Oktober 1808 ein durchaus uneinheitliches Bild, das im übrigen der politisch-gesellschaftlichen Umbruchsituation zu Beginn des bürgerlichen Jahrhunderts entspricht, die ja geprägt ist durch das Ineinandergreifen vorwärtsweisender und rückschrittlicher, modernisierender und restaurativ-konservativer Tendenzen. Freilich ist der dokumentarische Wert dieser Protokolle nur ein partieller, denn der Vollzug des Dekrets vom Juli 1808 vermochte selbstverständlich nicht, bestehende Verhältnisse radikal und schlagartig zu verändern. Denn ob Juden, die einen neuen Namen zu Protokoll gaben, diesen im alltäglichen, vor allem auch in ihrem religiösen Leben tatsächlich führten, müßte im Einzelfall durch die Heranziehung anderer Quellen überprüft werden. Für Homburg konnte gezeigt werden, daß dies keineswegs überall der Fall war, daß also nicht wenige Juden, die im Oktober 1808 einen neuen Namen angegeben hatten, beispielsweise in den Zivilstandsregistern mit ihren alten Namen erscheinen.[77] Und in den Protokollen der Mairie Herschberg, die schon dadurch aus dem allgemeinen Rahmen fallen, daß sie vorschriftswidrig auf deutsch geführt wurden, werden alle Juden, die eine Namensänderung deklarierten, nichtsdestotrotz bei ihren alten Namen genannt, wenn sie weitere Erklärungen für minderjährige Kinder abgaben; die Dorfjuden scheinen die staatliche Maßnahme nicht allzu ernst genommen, sich neue Namen in erster Linie zur Zufriedenstellung der Anforderungen der Bürokratie beigelegt, sich dieser im übrigen aber wie unbequemer Kleidung wieder entledigt zu haben - dadurch ließen sich auch die deutlichen statistischen Merkwürdigkeiten dieser drei Ortschaften im Gegensatz zu den übrigen untersuchten Gemeinden erklären.
Schließlich soll noch ein Wort zum Verhalten der staatlichen bzw. kommunalen Organe gesagt werden, die mit der Ausführung des Gesetzes beauftragt waren und die sich während der ganzen Prozedur erfreulich im Hintergrund gehalten zu haben scheinen. Denn im Gegensatz etwa zur österreichischen Bürokratie, die bekanntlich in fast diktatorischer Manier den Juden bestimmte, meistens lächerliche oder Ekelnamen, aufoktroyierte[78], ließ die französische den betroffenen Juden die größte Freiheit, und nirgends wird ein direkter Druck spürbar, um diese zu einem

bestimmten Verhalten zu bewegen; auch all denjenigen, die ihre jüdischen Namen beibehalten wollten, wurden anscheinend keine Hindernisse in den Weg gelegt und somit der Artikel 5 des kaiserlichen Dekrets sehr großzügig interpretiert.

Die Ausführungsbestimmungen des Dekrets - darauf wurde weiter oben schon hingewiesen - sahen vor, daß die zu Protokoll genommenen Erklärungen vom aufnehmenden Standesbeamten zusammen mit den jeweiligen Deklaranten eigenhändig unterzeichnet werden mußten. Eine Auszählung der vorhandenen Unterschriften erlaubt Rückschlüsse auf den Grad der Alphabetisierung des jüdischen Bevölkerungsteils am Anfang des 19. Jahrhunderts. Der Zahlenbefund für die untersuchte Region sieht folgendermaßen aus:

| **Männer** | **Analphabeten** | **hebräisch** | **dt./lat.** | **schreibkundig** | **Summe** |
|---|---|---|---|---|---|
| Homburg | 0 | 9 | 20 | 29 | 29 |
| Zweibrücken | 0 | 6 | 13 | 19 | 19 |
| Pirmasens | [1][79] | 9 | 22 | 31 | 21 |
| Blieskastel | 0 | 3 | 16 | 19 | 19 |
| Mairie Herschberg | 7 | 25 | 10 | 35 | 32 |
| **Summe:** | **8** | **52** | **81** | **133** | **141** |
| **Frauen** | | | | | |
| Homburg | 13 | 9 | 6 | 15 | 28 |
| Zweibrücken | 10 | 6 | 3 | 9 | 19 |
| Pirmasens | 14 | 11 | 6 | 17 | 31 |
| Blieskastel | [10][80] | 6 | 3 | 9 | 19 |
| Mairie Herschberg | 20 | 12 | 1 | 13 | 33 |
| **Summe:** | **67** | **44** | **19** | **63** | **130** |

Wie schon bei Verteilung und Häufigkeit der verschiedenen Namen ergeben sich auch hinsichtlich der Fähigkeit zu schreiben auffällige Unterschiede zwischen Männern und Frauen. So waren insgesamt 94,3% aller männlichen Erwachsenen in der Lage, ihren Namen zu schreiben, jedoch nur 48,5% der weiblichen (Analphabetenrate damit insgesamt 27,7%). Bezogen auf die einzelnen Gemeinden lag in den Städten der Alphabetisierungsgrad der Männer bei 100%, nur von den Dorfjuden waren 16,7% schreibunkundig. Hier schnitten auch die Frauen mit einer Quote von nur 39,4% Schreibkundigen am schlechtesten ab; in Homburg lag der Alphabetisierungsgrad der Frauen bei 53,6, in Zweibrücken und Blieskastel bei je 47,4 und in Pirmasens bei 54,8%. Hier wirkten die Eigenheiten jüdischer Erziehung nach, die traditionsgemäß die formale Bildung auf die Knaben beschränkte bzw. diese gegenüber den Mädchen einseitig bevorzugte. Nichtsdestotrotz ist der Grad der Alphabetisierung bei den Juden höher als bei der christlichen Bevölkerung: So lag etwa vorsichtigen Schätzungen zufolge der Anteil der Analphabeten um die Jahrhundertmitte in Preußen immer noch bei ca. 20%[81], zu Beginn des 19. Jahrhunderts dürfte er erheblich höher gewesen sein.

Die obige Tabelle zeigt, daß 96 Personen für ihren Namenszug hebräische und 100 lateinische bzw. „deutsche" Buchstaben verwendeten. Allerdings ist auch hier zwischen dem Verhalten der Männer und dem der Frauen zu unterscheiden: Denn während die Männer mehrheitlich, nämlich zu 60,9%, eine „assimilierte" Unterschrift leisteten, unterzeichneten bei den Frauen 69,8% in hebräischer Schrift. Eine mögliche Erklärung dieses Unterschiedes ist die Tatsache, daß die größtenteils im Handel tätigen Männer seitens der verschiedenen Obrigkeiten stets dazu angehalten worden waren, Dokumente geschäftlichen Inhalts wie Kauf- oder Tauschverträge nur in deutscher Sprache und in deutscher Schrift auszufertigen[82], deren Benutzung im öffentlichen und amtlichen Bereich also für die Männer bereits selbstverständlich war.

## Anmerkungen

1 Ferdinand Bodman, Statistisches Jahrbuch für das Departement vom Donnersberg. Jahr 1811, Mainz 1811, S.254 f.

2 Christian Wilhelm Dohm, Über die bürgerliche Verbesserung der Juden. Tl. 1.2, Berlin, Stettin 1781-83.

3 Vgl. etwa Friedrich Battenberg, Das Europäische Zeitalter der Juden. Zur Entwickl. e. Minderheit in d. nichtjüd. Umwelt Europas. Bd. 2, Darmstadt 1990, S. 94 ff.

4 Zur französischen Judenpolitik ebd. S. 97 ff.; regionalbezogen Helmut Mathy, Französische Judenpolitik am Mittelrhein. Lebendiges Rheinland-Pfalz 19.1982, 19 ff.

5 Gesetz vom 17. März 1808; Bulletin des lois 1808 Nr. 186, S. 48 ff.; Dokumentation zur Geschichte der jüdischen Bevölkerung in Rheinland-Pfalz und im Saarland 1800 bis 1945, Bd. 1, Koblenz 1982, S. 48 ff. Es stellte den gesamten Handel, auch das Kreditgewerbe, der Juden unter strenge staatliche Aufsicht und verlangte von jedem in diesen Wirtschaftszweigen Tätigen ein jährlich zu erneuerndes, von den Departementsbehörden auszustellendes Leumundszeugnis. Außerdem wurde für jüdische Händler die Freizügigkeit eingeschränkt, die Ansässigmachung für jene, die sich auf dem agrarischen Sektor betätigen wollten, jedoch erleichtert.

6 Décrét concernant les Juifs, ebenfalls vom 17. März 1808; Bulletin des lois 1808 Nr. 187, S. 18 ff.; Dokumentation S. 170 ff. Es ordnete die Einrichtung von Gremien - sog. Konsistorien - auf zentraler, regionaler und lokaler Ebene an, die eine hierarchische Organisation konstituierten und das herkömmliche Prinzip der jüdischen Gemeindeautonomie in Frage stellten.

7 Vgl. A. Menninger, Das Napoleonische Dekret vom Jahre 1808 wegen der Vor- und Zunamen der Juden, Mainz 1928, S. 9.

8 Bulletin des lois 1808 Nr. 193, S. 22 ff; Dokumentation S. 193 ff.

9 Gesetzregister der Fränkischen Republik 1803 Nr. 267 (Dokument Nr. 2614); Dokumentation S. 120 f.

10 Vgl. E. M. Dreifuss, Die Familiennamen der Juden unter bes. Berücks. d. Verh. in Baden zu Anf. d. 19. Jhs., Frankfurt 1927, S. 13 f.

11 Mit Ausnahme von Blieskastel, das zum Saar-Departement gehörte, lagen alle untersuchten Gemeinden im Departement Donnersberg.

12 Code de Police administrative - Gesetzbuch der administrativen Polizei, oder Slg. sämmtl. neuern u. ältern Gesezze ... und den Verordnungen u. Beschlüssen des Herrn Baron von St.-André ... durch Ferdinand Bodman, Tl. 2, Mainz 1810, S. 122 ff.

13 Sie lautete folgendermaßen: »Pardevant nous maire de la commune de ..., canton de ..., arrondissement de ..., département de ... s'est présenté ... qui a déclaré prendre (conserver) le nom de ... pour nom de famille, pour prénom celui de ... et a signé avec nous, le ... 1808«. Bei den Erklärungen für minderjährige Kinder bzw. Mündel wurde der letzte Absatz sinngemäß abgewandelt: »[...] qui a déclaré donner à ... son fils (sa fille) mineur(e)/son pupille, né(e) à ... le ...., le nom de ... etc.«

14 An dieser Stelle ist Herrn Harald Disque, Mitarbeiter des Standesamtes wie des Stadtarchivs Zweibrücken, in besonderem Maße zu danken, dem es gelang, seine respektiven Kollegen dazu zu bewegen, Fotokopien der einschlägigen Materialien zur Verfügung zu stellen; seiner Initiative ist auch das Wiederauffinden der verschollen geglaubten Zweibrücker Protokolle zu verdanken.

15 Vgl. die im Laufe dieses Jahres erscheinende, von der Kreis- und Universitätsstadt Homburg/Saar herausgegebene Monographie »Juden in Homburg 1330-1945«.

16 Die systematische Aufarbeitung der Judaica Bipontina ist ein dringendes Desiderat der lokal- und regionalgeschichtlichen Forschung, deren auf anderen Gebieten sehr rührige Vertreter diesem Thema allerdings kein sonderliches Interesse entgegenzubringen scheinen. Einige grundsätzliche Bemerkungen zur älteren Zweibrücker Judengeschichte in der vorhin genannten Studie über Homburg.

17 Vgl. Kirchenschaffneiarchiv Zweibrücken Best. VII Nr. 168 (Generalformular der Untertanentabellen).

18 Vgl. Theodor Kaul, Die jüdische Kultusgemeinde, in: 200 Jahre Stadt Pirmasens 1763-1963. E. FS zur 200-Jahrfeier am 12.7.1963, Pirmasens o.J., S. 95 f.

19 Ebd. S. 96; wahrscheinlich meint diese Zahl jedoch nicht Seelen, sondern - wie häufig in zeitgenössischen Statistiken - Haushalte. Einige Jahre später, Mitte 1815, wurden im gesamten Kanton Pirmasens ca. 250 Juden gezählt: Landesarchiv Speyer Best. H 3 Nr. 8249, fol. 19 r.

20 Vgl. Kurt Hoppstädter, Der Jude in der Geschichte des Saarlandes, Kaiserslautern 1943 (Westmärk. Abh. zur Landes- u. Volfsforsch. Beih. 5), S. 22 [antisemitisch].

21 Vgl. H. Arnold, Juden in der Pfalz. Vom Leben pfälz. Juden, Landau/Pfalz [2] 1986, S. 26.

22 Vgl. den zusammenfassenden Artikel »Namen der Juden« in: Jüdisches Lexikon. E. Enzyklopädie, Bd. 4.1, Berlin 1927 (ND Königstein/Ts. 1982), Sp. 383 ff.

23 Der Name, der Jes 32,12 vorkommt, bedeutet Gesegneter, entspricht also dem christlich-lateinischen Benedikt; vgl. ebd. Sp. 386.

24 Häufig in der mundartlich-jiddischen Form Mendel; vgl. Dreifuss, Familiennamen (wie Anm. 10), S. 110.

25 In Zweibrücken kommt die jiddische Ableitung Seckel.vor.

26 Vor allem in Blieskastel erscheint dieser Name in der Form Ische/Ischaye und Jesche.

27 Hebr. Chajim bedeutet Leben; vgl. W. Stern, Jüdische Familiennamen. E. folklorist. Unters. Udim 4.1973, 121 ff., hier S. 134 f.

28 Vor allem in der Form Eleasar, Eblasar, auch Lesemann.

29 In der Dialektform Manchen kommt dieser Name in Pirmasens vor. (Freundlicher Hinweis zu dessen Deutung von Herrn Pfarrer Dr. Kuby).

30 Vor allem als Schimme oder Schümme.

31 Hier lautet die Mundartform Socher.

32 Dieser Name - auch in der Form Debora - bedeutet Biene (Gen 35,8; Ri 4,4); Jüd. Lexikon Sp. 384.

33 Dieser ursprünglich persische Name bedeutet Stern; ebd. Sp. 386.

34 Häufig in der Mundartform Hebe(n).

35 Dieser Name erscheint in der Regel als Jidel, Jüdle oder Jüdgen.

36 Dieser in der Form Malche vorkommende hebräische Name bedeutet Königin, entspricht also lat. Regina; vgl. M. Levy, Der napoleonische Erlaß von 1808 wegen der Vor- und Zunamen der Juden und seine Ausführung in Worms, Worms 1914, S. 12.

37 Eine jiddische Ableitung aus Mirjam; vgl. ebd.

38 Auch in der Mundartform Reichel.

39 Meistens in der jiddischen Form Sohrle oder Zorell.

40 Zibora oder Zippora ist die Bezeichnung für einen weiblichen Vogel (nach Ex 2,21 der Name von Moses' Ehefrau); ebd. Sp. 384. Eine Mundartform ist Beierle; Levy, S. 12.

41 Bär ist einer der bei den Juden beliebten Tiernamen, die in der Regel mit dem Segen des sterbenden Jakob über seine Söhne (Gen 49,1 ff.) in Verbindung gebracht werden; die Deutung speziell dieses Namens ist jedoch schwierig; vgl. einige Hypothesen bei Stern, Familiennamen 1973, S. 131, und ders., Jüdische Familiennamen: Weitere Unters. Udim 6.1975/76, 107 ff., hier S. 108.

42 Eine verderbte Form von Gottschalk, der deutschen Entsprechung von hebr. Eljachim oder auch Obadja; Jüd. Lexikon, Sp. 385; Dreifuss, S. 3.

43 Dieser Name - ursprünglich Gundbert - wird als bürgerliche Entsprechung für die religiösen Namen Ephraim oder Eljakim gedeutet; vgl. die Diskussion ebd 1973, S. 125 ff., und 1975/76, S. 109.

44 Hirsch übersetzt hebr. Naphtali im Anschluß an Gen 49,21; Dreifuss, S. 3. Der Name kommt auch in der aus volksetymologischer Bildung entstandenen Form Herz vor (von mhd. hirz).

45 Löb ist eine Mundartform für Löwe und steht für hebr. Jehuda (grch. Juda), ebenfalls aus dem Jakobssegen; ebd.

46 Dies ist eine Angleichung des hebr. Namens Meir (der Leuchtende) an den ähnlich klingenden bekannten und häufigen deutsch-lateinischen Namen; vgl. Jüd. Lexikon Sp. 395.

47 Seligmann übersetzt hebr. Pinhas; vgl. Dreifuss, S. 3.

48 Wolf ist im Jakobssegen (Gen 49,21) der allegorische Name für Benjamin; ebd.

49 Dieser bei den Juden seit der Zeit des Makedonenkönigs sehr beliebte Name erscheint in der Regel in der Kurzform Sandel oder Sender; vgl. Stern 1973, S.132.

50 Entweder der Name des bekannten Vogels (dafür spricht die Tatsache, daß er auch in der Mundartform Amschel vorkommt) oder eine verderbte Form von Anselm; Jüd. Lexikon, Sp. 390.

51 Zur Deutung dieses Namens und seiner Verbindung zu hebr. Joschua vgl. Stern 1973, S. 130, und 1975/76, S. 108 f.

52 Jiddische Bildung aus grch. φοιβos (phoibos) mit der Bedeutung leuchtend oder rein (also möglicherweise die grch. Entsprechung von Meir); vgl. Jüd. Lexikon, Sp. 388. Der Name kommt auch in der Kurzform Feis(t) vor.

53 Die Deutung von Lemmel (von Lamm oder Lampe?) und Lehmann ist schwierig; vgl. Stern 1973, S. 129 f., und 1975/76, S. 109 ff.

54 Dieser Name wird mit dem als weiblicher Vorname gebrauchten Substantiv Liebe in Verbindung gebracht; vgl. Jüd. Lexikon, Sp. 394.

55 Kurzform des Namens Markus.

56 Auch hier gibt es keine eindeutige Erklärung; möglicherweise besteht ein Zusammenhang mit Alexander oder auch mit hebr. Israel; vgl. Stern 1973, S. 131, und 1975/76, S. 109.

57 Manche dieser Namen, wie Blümle, Bräunle, Edel, Rösgen, Veilchen etc., sind unmittelbar verständlich. Erklärungsbedürftig sind: Bela (mit zahlreichen Dialektvarianten [Bella, Belle, Beile etc.]; entspricht dt. schön); Dolz (ital. dolce, dt. süß); Fratge (vom Substantiv Freude); Frumet (von mhd. vrômuoti, nhd. frohgemut); Geile (abgeleitet vom mhd. Adjektiv geil, nhd. üppig, blühend; die zahlreichen dialektalen Varianten [Gele, Gilge, Kele, Keilgen etc.] machen eine Unterscheidung von ähnlich klingenden, jedoch vom Adj. gelb - also blond - abgeleiteten Namen oft schwierig); Güdel (von gut); Hile (von mhd. heil, nhd. gesund); Hindel (von mhd. hinde mit der Bedeutung Hirschkuh), Jaget (mhd. jachant, Bezeichnung für einen Edelstein); Jendel ( von ital./frz. gentile, also anmutig), Mendel (von mhd. minne, also Liebe), Rahngen (von rein). Die übrigen Namen, z. B. Bessel, Brendel, Dine, Domert, Heye, Silben etc. konnten nicht gedeutet werden. Vgl. Jüd. Lexikon, Sp. 394; Levy, S. 11 ff.

58 In der auch bei Christen gebräuchlichen Originalform erscheint der Name nur einmal.

59 Diese Zahl stimmt nicht mit der Anzahl der Personen überein: Zuweilen vorkommende Doppelnamen wurden einzeln gezählt, außerdem verzeichnen nur die Zweibrücker und Blieskastler Protokolle des Oktobers 1808 die ursprünglichen Namen der Minderjährigen; im Falle von Homburg und Pirmasens konnten diese teilweise aus anderen Quellen ergänzt werden.

60 Vgl. die vorläufige Untersuchung des Verf.: Assimilierung auf dem Verordnungswege. D. napoleon. Dekret wegen d. Judennamen vom Jahre 1808 u. d. Reaktion d. Homburger Juden. Pfälzer Heimat 42.1991, 120 ff., hier S. 122 f.

61 In der merkwürdigen, um das Schluß-T gekürzten Form Benedik.

62 Kahn ist aus hebr. kohanim entstanden, dem Wort für Priester.

63 Die Deutung dieses Namens ist umstritten, er wird meistens mit Wallachei in Verbindung gebracht; vgl. Stern 1973, S. 133 u. 138; ders. 1975/76, S. 112; Jüd. Lexikon, Sp. 393.

64 Dieser Name kann auch durch Metathesis aus Levi entstanden sein; vgl. Stern 1975/76, S. 120.

65 Der Name verweist nach Prag, wo eine Alte Schule bestand; vgl. Dreifuss, S. 100; Jüd. Lexikon, Sp. 394.

66 Entweder Berufsbezeichnung oder eine Ableitung aus Jakob; Stern 1973, S. 135.

67 Möglicherweise aus dem gleichlautenden weiblichen Vornamen entstanden; vgl. Jüd. Lexikon, Sp. 394.

68 Für diesen Namen gibt es zwei Erklärungen: entweder eine Ableitung vom Vornamen Ulrich oder vom Ortsnamen Ulm; Dreifuss, S. 104 m. Anm. 137.

69 Im Protokoll steht Vol. Der Name kommt in Herschberg vor, und sofern die Deutung richtig ist, handelt es sich zweifelsfrei um die Adaption eines regional bekannten und häufigen christlichen Familiennamens.

70 Wie Feibelmann ist Feis aus dem grch. φοιβos entstanden; vgl. o. Anm. 52.

71 Dieser Name ist eine volksetymologische Bildung aus mhd. hirz, der nhd. Hirsch geworden ist; vgl. Dreifuss, S. 103 m. Anm. 126.

72 Cerf ist die romanische Entsprechung von dt. Hirsch.

73 Dieser Name wird herkömmlicherweise mit Seligmann in Verbindung gebracht; vgl. Stern 1975/76, S. 119.

74 Hierbei wie wohl auch beim Namen Keim dürfte es sich um eine Ableitung von Chaim handeln.

75 Vgl. Jüd. Lexikon, Sp. 391.

76 Dreyfuß ist aus dem lateinischen namen für Trier (Augusta Treverorum) entstanden, also eigentlich eine Herkunftsbezeichnung; vgl. Stern 1973, S. 136.

77 Vgl. Blinn, Assimilierung (wie Anm. 60), S. 124.

78 Vgl. Jüd. Lexikon, Sp. 390 u. 400.

79 Das Fehlen einer Unterschrift geht auf krankheitsbedingte Abwesenheit zurück.

80 Zwei Frauen waren nicht persönlich zur Abgabe ihrer Erklärung erschienen.

81 Vgl. etwa Thomas Nipperdey, Deutsche Geschichte 1800-1866. Bürgerwelt u. starker Staat. München 1983, S. 463.

82 So beispielsweise eine fürstlich-nassauische Verordnung vom 23. Januar 1740, wo unter Punkt 3 vorgeschrieben wird, daß bei Schuldverschreibungen unter 15 Gulden die Obligation »nicht in jüdischer, sondern teutscher Sprache verfasset« werden solle; vgl. Judenrecht im Fürstentum Pfalz-Zweibrücken. E. Slg. von Rechtsquellen d. 16., 17. u. 18. Jhs. Zsgest. u. bearb. vom Stadtarchiv Homburg. Homburg/Saar 1991, S. 56.

*Berthold Rosenthal*

# Hinter der Grossen Armee

## (Ein Familienbriefwechsel)

*Anm. der Herausgeber: Dem Leo Baeck Institut in New York ist für die Erlaubnis zum Abdruck des Briefwechsels zu danken.*
*Besonders bedeutsam ist der tiefe Anteil hebräischer Ausdrücke im Jüdisch-Deutschen. Dies belegt eindrücklich, daß dieser Dialekt eine deutsche Gruppensprache ist und nicht das exotische Phänomen, zu dem das Jüdisch-Deutsche in der Forschung teilweise gemacht wird. Der Übersetzer und Kommentator dieses Briefwechsels, Berthold Rosenthal (1875-1957) wuchs in der jüdischen Landgemeinde Liedolsheim in Baden auf. Er wird in seiner Jugend das Jüdisch-Deutsche im Rahmen seiner Familie noch gesprochen haben. Nach Absolvierung einer Lehrerausbildung wirkte er als Religionslehrer in jüdischen Landgemeinden und kam 1901 als allgemeiner Hauptlehrer nach Mannheim. Sein Hauptwerk ist die „Heimatgeschichte der badischen Juden", Bühl 1927, Nachdruck Magstadt 1981. Viele wertvolle historische Artikel befinden sich im 1921-1938 erschienenen „Israelitischen Gemeindeblatt", Mannheim/Ludwigshafen.*
*Nach der Vertreibung aus seinem Beruf durch die Nationalsozialisten im Jahr 1933 widmete Berthold Rosenthal sich der Abfassung von Familiengeschichten und Ortsartikeln des Nachschlagewerkes „Germania Judaica", das erst in den 1960er Jahren im Mohr-Siebeck Verlag in Tübingen erscheinen konnte.*
*Mit 65 Jahren mußte er in die USA flüchten. Sein Nachlaß, eine unschätzbare Fundgrube für die Geschichte der Juden in Baden und der historischen Pfalz, befindet sich im Leo-Baeck-Archiv New York.*

*A. H. Kuby, U. R. Kaufmann*

s.a. **Berthold Rosenthal**, in : **Badische Biographien**, Neue Folge, Band III, Stuttgart 1990, S. 225-227.

In den ersten Tagen des Hitlerregimes brachte mir ein befreundeter Nachbar eine Handvoll alter Papiere. Er sagte, es seien Briefe, die sein Urgroßvater vor mehr als 100 Jahren geschrieben habe. Schon viele hätten versucht, diese in hebräischer Kurrentschrift (jüdisch-deutsch) niedergeschriebenen Familienstücke zu entziffern, aber es sei ihnen nicht gelungen. Nachdem ich die vergilbten, teilweise verwischten und zerfressenen Blätter oberflächlich betrachtet hatte, bat ich den Bringer, sie mir einige Zeit zu überlassen, damit ich mein Glück versuchen könne. Als ich sie chronologisch geordnet und mich mit den verschiedenartigen Schriftzügen vertraut gemacht hatte, fand ich, daß es sich um einen Briefwechsel handelte, der zwischen Herz (Hirzel) Weil[1] einer- und seiner Frau Vogel sowie sonstigen Angehörigen andererseits, geführt wurde. Die Schreiber hatten ihren Wohnsitz in Otterstadt, in der Rheinniederung bei Speyer, das ursprünglich zum Fürstbistum Speyer gehörte. Die Bischöfe hatten die Erträgnisse des Dorfes nebst anderen

1 Der Namen Herz bedeutet Hirsch. Im alemannischen Dialekt ist heute noch Hirz für Hirsch gebräuchlich. In der jüdischen Namensgebung entspricht er dem hebräischen Naftali Jakob vergleicht seinen Sohn Naftali mit einem schnellfüßigen Hirsche (Gen. 49,21).

Rechten, wozu auch das Judenregal gehörte, dem St. Guidostift, einem wohl heute noch bestehenden Hospital in Speyer, übertragen.
Schon bald nach Beendigung des 30jährigen Krieges gab es in Otterstadt eine kleine Judengemeinde. Isaak, der Stammvater der hier in Betracht kommenden Familie, ließ sich dort in der ersten Hälfte des 18. Jahrhunderts nieder. Verschiedene sichere Anzeichen sprechen dafür, daß er auf der rechten Rheinseite, in Weiler bei Sinsheim a.E., geboren war. Sein Sohn Aron Isaak gelangte in Otterstadt zu Wohlstand. Wie die meisten damaligen Dorfjuden befaßte er sich mit Viehhandel, Metzgerei und dem Ankauf von Landesprodukten. Als Grundstücksbesitzer pflanzte er mit seinen Angehörigen das für seine Familie notwendige Brotgetreide, Kartoffeln, Gemüse und auch Tabak, der in jener Gegend sehr gut gedeiht. Dieses Verbundensein mit der Scholle erweckte Liebe zur Natur, die dem Stadtjuden größtenteils versagt blieb. Arons Ehefrau Golia (Margolis=Perle) deren Vater ebenfalls aus Weiler kam, war in Hilsbach, auch auf der rechten Rheinseite geboren. Sie starb um 1790. Aron heiratete dann Schoenche Wolf aus Neidenstein bei Sinsheim a. E. Aus beiden Ehen waren 7 Kinder hervorgegangen, die mit ihrem Vater 1808, infolge eines von der französischen Regierung ergangenen Dekrets, den Familiennamen „Weil“ annahmen.
Die politischen und wirtschaftlichen Verhältnisse in den linksrheinischen Gebieten waren um die Jahrhundertwende nicht günstig. Durch die französische Revolution war auch am Rhein die Bevölkerung aus der bisherigen Beschaulichkeit aufgerüttelt worden. Die Rufe „Freiheit und Gleichheit“ erschollen, und bald nach 1790 erschienen französische Truppen, die die linke Rheinseite besetzten, die 1795 endgültig der französischen Republik zugesprochen wurde. Wenn auch die neue Verwaltung die Juden der frisch erworbenen Gebiete als Bürger ansah, die aller Rechte und Pflichte teilhaftig waren, so war ihre Wirtschaftslage doch schwierig. Die Bevölkerung litt unter der Besatzung und den das Land durchziehenden Truppen, die mancherlei ungebührliche Forderungen stellten und, wo diese verweigert wurden, mit Gewalt erzwangen. Für die fortwährenden Kriege der Republik mußten auch die Wehrfähigen der neuerworbenen Gebiete die Waffen ergreifen. Die Aushebungen mehrten sich, als Napoleon erster Konsul und Kaiser von Frankreich geworden war. Auch jüdische junge Leute aus Otterstadt und Umgebung wurden, wie in den Briefen berichtet wird, für den Heeresdienst herangezogen.
Trotz widriger Umstände war es Aron Isaak im Laufe der Jahre gelungen, seine starke Familie ehrenhaft zu ernähren und sich Vermögen zu erwerben. Als sich sein ältester Sohn Herz verheiratete, gab er ihm, wie er am 11. Pluviose des 9. Jahres der französischen Republik (11. Jan. 1801) bei der Mairie in Otterstadt zu Protokoll gab, eine Mitgift von 50 Carolins (550 fl.) sein neuerbautes Haus samt der Hälfte des Gemüse- und Obstgartens sowie Gemeinschaftsrecht am Brunnen im Hofe. Die bürgerliche Trauung fand ebenfalls in Otterstadt am 25. Thermidor des 10. Jahres (13.August 1801) statt. Herzels Ehefrau Vogel war in Walldorf bei Heidelberg geboren. In diesem betriebsamen Dorfe - jetzt Stadt - war eine stattliche Judengemeinde. Vogels Vater, Loeb Herz, dessen Urgroßvater schon in der zweiten Hälfte des 17. Jahrhunderts als kurpfälzischer Schutzbürger in Walldorf lebte, war ein erfolgreicher Geschäftsmann. Seine Ehefrau Hienle Libet (Hanna Elisabet)

Wolf war die Schwester von Aron Isaaks zweiter Frau, durch die wahrscheinlich die Partie zustande gekommen war. Vogel erhielt eine Barmitgift von 1200 fl. sowie eine Schuldverschreibung ihrer Eltern über 3000 fl., zahlbar nach deren Ableben. So verfügte das junge Ehepaar, der damaligen Kaufkraft des Geldes entsprechend, über ein ansehnliches Vermögen.
Das Geschäftsleben hatte aber um 1810 in der linksrheinischen Pfalz einen Tiefstand erreicht, der jede Möglichkeit zum Vorwärtskommen ausschloß. Für die jüdische Bevölkerung war besonders das 1808 von Napoleon ergangene sog. „infame" Dekret hindernd, das nicht nur ihre Gleichberechtigung einengte, sondern auch ihre Erwerbstätigkeit sehr beschränkte.
Auf Veranlassung der Juden des Departements Donnersberg, zu dem auch Otterstadt gehörte, ersuchte der Präfekt die französische Regierung um Aufhebung des Dekrets für seinen Bezirk. Er führte in seiner Vorstellung aus: „Die große Mehrheit der Juden meines Departements genießt einen makellosen Ruf, ernährt sich mit ehrlichen Mitteln und erlaubt sich niemals dieses schmählichen Handels, der mit Recht die Mißbilligung seiner Majestät hervorgerufen hat. Es gibt unter ihnen, ihre Zahl ist beträchtlich genug, die verdienen, zu den nützlichsten und klügsten Bürgern gezählt zu werden. Ihnen ist die Errichtung der wenigen Fabriken dieser Gegend zuzuschreiben, die in jüngster Zeit entstanden. Der Ackerbau teilt heute neben dem Handel ihre Sorgen und ihre Aufmerksamkeit. Und mehrere haben durch Beweise der Großmut und Wohltätigkeit die Achtung ihrer Behörden und Erkenntlichkeit ihrer Mitbürger erworben.[2] Ein Erfolg war diesem Ersuchen nicht beschieden.
Die gesamte Wirtschaft jener Zeit drehte sich hauptsächlich um die Versorgung der napoleonischen Truppen. Durch Heereslieferungen war wohl Geld zu verdienen. Der Hauptnutzen wurde jedoch den Unternehmern zuteil, die direkt von den Proviantämtern bestellt worden waren. Ihre Unterkäufer mußten sich mit geringem Nutzen begnügen. Den Truppen folgte eine stattliche Zahl von Händlern, die bestrebt waren, die Bedürfnisse des Heeres herbeizuschaffen. Ganz besonders war dies der Fall, als Napoleon 1812 mit der „Großen Armee" nach Osten aufbrach, um Rußland in seine Gewalt zu bekommen.
Auch Herz Aron und sein Bruder Hillel waren des untätigen Lebens in Otterstadt satt und folgten dem abenteuerlichen Heereszuge. Es hatte schwere Kämpfe abgesetzt, bis sich die Ehefrau mit dem Gedanken vertraut gemacht hatte, ihren Gatten und den Vater ihrer 5 Kinder, von denen das Älteste 10 Jahre alt war, in die weite Welt ziehen zu lassen. Auch der alte Vater Aron war von der Richtigkeit des Vorhabens seiner Söhne schwer zu überzeugen. Der Weg der beiden Brüder führte über Frankfurt a.M., Magdeburg, Berlin, Posen nach Elbing. In ihren Briefen erzählten sie von den Schwierigkeiten, die sie hatten, bis überall ihre Pässe in Ordnung gebracht waren. In Elbing hielten sie sich längere Zeit auf und unternahmen von dort Geschäftsreisen, die sie auch nach Polen führten. Zuerst waren sie als Viehunterverkäufer tätig. Später leitete Herz in Elbing eine Feldschlachterei. Diese Stellung hatte ihm ein preußischer Geheimrat verschafft, dessen besondere Günstlinge die beiden Otterstädter Juden waren.

2 Hessisches Staatsarchiv Darmstadt: Departementsarchiv Donnersberg V 24

In schlicht anschaulicher Weise erzählt Herz seinen Angehörigen seine Erlebnisse und Eindrücke. Stolz rühmt er sich des Ansehens, das er allseitig genießt. Er entschließt sich, sich nach der damaligen Mode zu kleiden, und seine Frau neckt ihn, weil er einen „Tituskopf" trägt. Als nach dem Brande von Moskau die geschlagene Armee ihren schrecklichen Rückzug antreten mußte, verließen beide Brüder Elbing, um über Danzig nach Berlin zu reiten. Hillel trennte sich unterwegs von seinem Bruder und schloß sich einem Bekannten an, der über Stettin reiste. Dort erkrankte Hillel so schwer, daß die Ärzte an seinem Aufkommen zweifelten. Herz wurde von Berlin herbeigerufen. Er traf seinen Bruder zwar außerhalb Lebensgefahr, aber noch sehr geschwächt an und wollte ihn deshalb nicht im Stich lassen. Endlich im März 1813, meldet er seiner sehnsüchtig nach ihm verlangenden Frau, daß er auf der Heimreise sei und in acht Tagen zu Hause einzutreffen hoffe.

Aus den Briefen des Herz Aron Weil lernen wir einen seiner Zeit vorauseilenden Mann kennen, der aus der Enge der Verhältnisse herauszukommen sucht; aus den Antworten der Gattin ersteht vor uns das Bild einer wackeren Frau. In der Abwesenheit des Mannes arbeitet sie mit verdoppeltem Eifer im Haushalt, im Geschäft und auf dem Felde. Freudig berichtet sie vom Gedeihen der Kinder, und wie sie sich über den abwesenden Vater unterhalten. Das Verhältnis der beiden Eheleute zueinander ist in ihren Briefen besonders plastisch und oft rührend gezeichnet. Sehr erstaunlich ist die Ausdrucksfähigkeit, die der in einem engen Kreis aufgewachsenen Frau zu Gebote stand. So erinnern ihre Briefe häufig an die Memoiren einer anderen jüdischen Frau, der Glückel von Hameln, die etwa 120 Jahre früher ihre Lebenserinnerungen niederschrieb. Wie sie in behaglicher Breite das Leben und Treiben der jüdischen Oberschicht des 17. Jahrhunderts schildert, so erzählt Frau Vogel von den Verhältnissen der Dorfjuden in der napoleonischen Zeit. Besonders hervorzuheben ist auch das unerschütterliche, in alter jüdischer Tradition verwurzelte Gottvertrauen, das sie sowie alle Familienmitglieder erfüllt. Auch die Beischriften des Vaters und der übrigen Familie fügen sich in dieses Dorfbild ein. Der alte Aron Isaak, der noch immer rüstig seinem Geschäft nachgeht, aber sehr über Geldmangel klagt, berichtet seinen Söhnen mit trockenem Humor, was es im Dorfe und der Umgegend Neues gibt. Die Sprache aller Schreiber zeigt starke Anklänge an den rheinfränkischen-pfälzischen Dialekt mit seinen Redensarten und Sprichwörtern. Auch hebräische und französische Ausdrücke werden ab und zu gebraucht. Die einzige Anschrift mit deutschen Buchstaben ist die des nichtjüdischen Nachbars, der Herz versichert, daß er seiner Frau beistehen wolle. Dieser Ausdruck treuen Zusammenlebens war in Landgemeinden noch bis zum Beginn des 20. Jahrhunderts nichts Außergewöhnliches.[3] Auch Herz Weil hat in diesem Sinne gehandelt. Manchem Soldaten aus Otterstadt und Umgebung, den er unterwegs traf, stand er bei, versah ihn mit Geld und sonstigen Bedürfnissen, einerlei ob es sich um Juden oder Christen handelte.

3 B. Rosenthal korrigierte die ursprüngliche Version: „bis vor wenigen Jahren". Wollte er der Abwanderung der Landjuden in die Städte Rechnung tragen, und sich präziser auszudrücken, oder schloß er die Zeit der Weimarer Republik (1918-1933) von diesem „Vertrautsein" nachträglich aus? (Anm. d. Hg.)

Die Briefe werden mit wenigen Kürzungen, jedoch in heutiger Rechtschreibung veröffentlicht. Die eingeklammerten Beifügungen sind erläuternde Bemerkungen des Bearbeiters. Daß von Mitte September 1812 bis Februar 1813 die Briefe des Ehemannes fehlen, ist wohl auf eine durch Truppenbewegungen erfolgte Unterbrechung des Postverkehrs zurückzuführen. Aus dem gleichen Grunde mögen auch von Mitte November 1812 an die Nachrichten von Otterstadt unterblieben sein.

Zu diesen Briefen, hinter denen als Schatten Kaiser Napoleon und die große Armee stehen, deren Schicksal aus Zensurrücksichten nur mit wenigen Worten angedeutet wird, gesellen sich noch einige, die 1815 von und nach Chateeau Salins in Lothringen geschrieben wurden, aber von keiner besonderen Bedeutung sind. Napoleons Stern war inzwischen gesunken. Die Heilige Allianz war am Werk, alles was seit 1789 geschehen war, auszulöschen und künstlich die gute alte Zeit sowie die früheren Judenordnungen wieder herzustellen. Auch im engen Familienkreise in Otterstadt war die Zeit nicht spurlos vorübergegangen. Aron Isaak Weil ist 1813, bald nach der Heimkunft seiner beiden Söhne, gestorben. Hillel hatte sich nach des Vaters Tod mit „seiner“ Gole verlobt. Der Aufenthalt der beiden Brüder in Chateau Salins und Nanzig (Nancy) währte nicht lange. Ob beide noch weitere Geschäftsreisen unternahmen, ist nicht bekannt. Auch über ihren ferneren Lebensweg liegen keine Nachrichten vor. Herz Weil starb, 78 jahre alt, am 9. August 1856. Seine Ehefrau Vogel war ihm schon am 10. Oktober 1828, im Alter von 47 Jahren, vorangegangen.

Durch ihren Briefwechsel haben sich beide ein Denkmal gesetzt. Seine Veröffentlichung möge als ein bescheidener Beitrag zur Geschichte der Juden in Deutschland angesehen werden.

(Herz an seine Frau Vogel)

Frankfurt a. M. 1. Mai 1812

Ich benutze die gute Gelegenheit, Dir durch den Schiffer Eberle aus Speyer einen Brief zu senden. Am Mittwoch kamen wir (der Schreiber und sein Bruder Hillel) gut hier an. Die Pässe haben wir erst heut vom französischen Gesandten unterschrieben bekommen. Man muß die Formalitäten gar beobachten, denn es ist gar kritisch. Jetzt haben wir aber alles in Ordnung und können ungehindert gehen bis nach Magdeburg. Wann wir von dort aus weiter müssen, dann erhalten wir auch ungehindert Unterschrift. In Mainz trafen wir zwei brave, honette Personen aus Straßburg. Wir schlossen uns gleich zusammen und leisteten uns Gesellschaft bis Magdeburg. Ich muß Dir auch schreiben, daß der Gabriel zu uns kam, aber wir haben ihm nicht viel Audienz gegeben. Wir wollen nicht, daß er mit uns fährt, denn unsere Reisegenossen wollen keine weitere Gesellschaft. Sie haben große Bekanntschaft und Recommendation bei sich, so daß wir glauben, dadurch bald Geschäfte zu bekommen. Sonst gibt es nichts Neues. Ich hoffe, daß ich nächstesmal mehr zu berichten weiß. Wann dies sein wird, ist aber unbestimmt, denn ich weiß nicht, wohin ich noch muß.

Der Abschied hat mir weh getan, liebe Vogel. Nun allein, schlage ich es mir aus den Gedanken und hoffe, daß wir uns m.G.H. (mit Gottes Hilfe) wieder gesund antreffen und dann vergnügter leben können als zuvor. Denn ich glaube, daß wir, wenn wir gesund bleiben, mehr verdienen können als zu Hause. Ich bitte Dich tausendmal, sei vergnügt und breste Dich nicht. Du weißt ja schon, was ich Dir schreiben will und Dein Bresten bat (nützt) Dich und mich nichts. Darum sei vergnügt. Wenn ich s.G.w. (so Gott will) nach Hause komme, ist Deine Freude um so größer. Mithin schlage es Dir aus den Gedanken und hause so gut Du kannst und leide nur keinen Mangel.

Ich muß Dir noch schreiben, daß alleweil (eben) noch zwei zu uns kamen von Ruelze (Rülzheim), die auch mit uns gehen. Weiter verbleibe ich Dein getreuer Mann

Herz b. Aron aus Otterstadt

Grüße an meinen l. Ette (Vater) und Muehmle (Tante) und alle Geschwister. Ich bitte Euch, tut nur meiner Frau und den Kindern nichts zuleid. Grüße an meine Geschwister. Ich hoffe, sie werden nicht b'roges (böse) mit mir sein, meine Frau wird ihnen die Gründe sagen. Grüße an meine Schwäger und Geschweien. Ich hoffe, sie werden als (oft) nach meiner Frau sehen und ihr brüderliche Liebe erweisen. Wenn ich nach Hause komme, will ich alles mit Dank wettmachen. Einen Gruß an meinen Itzig, Wolf, Golis und Brendel. Den Löb küsse tausendmal für mich. Liebe Kinder, folgt recht und lernt recht. Einen Gruß an den Bachur (Lehrer) und alle guten Freunde.

(Die Beischrift des Bruders Hillel enthält nichts Besonderes.)

Berlin, 24. Mai 1812

Liebe Vogel!

Ich muß Dir schreiben, als (daß) ich hajom* (heute) abreise von hier nach Posen und Elwingen (Elbing) und an Erew Sch'wuos (Vorabend des Wochenfestes) bin ich hierher gekommen und habe als (immer) gemeint, hier Geschäfte zu bekommen. Ich hätte auch Geschäfte haben können, es ist aber nicht hinreichend. Was kann man da für einen Vorteil machen! Ich hätte alle Monat 100 Franken, einer (jeder) von uns, Verdienst machen können über alle J'zues (Unkosten). Also haben wir es nicht getan, denn am 22. Mai sind hier 7000 Stück Ochsen vergeben worden an den Baruch Halle von Magdeburg, und der hat uns gesagt, wir sollen nach Elwingen gehen, denn dort werden die Ochsen abgeliefert. Da will er uns Geschäfte geben. Er ist ein sehr braver Mann, und da denke ich, s. G. w. gute Geschäfte zu machen. Es ist nur ein weiter Weg, aber massa u matan (Geschäftsmöglichkeiten) sind genug dorten. An Geschäften fehlt es gar nicht bei der Armee, das hört man von allen Menschen, die herkommen. Nur mit den Pässen ist es gar zu scharf. Ich wäre von hier schon lang fort, wir haben aber unsere Pässe nicht unterschrieben bekommen. Nun aber haben wir sie unterschrieben bis nach Posen. Es ist aber ein weiter Weg. Wir sind alleweil (jetzt) 160 Stund von Hause weg und bis Elwingen weitere 160 Stund. Ich will alles gern tun, wenn mir nur Gott hilft. Auf den verlasse ich mich, und er hilft mir auch. Ich sehe dies scheinbarlich (offensichtlich) an den Pässen, da viele Leute zurückmüssen, und wir kommen G. s. D. gut durch.

L. Vogel. Ich muß Dir schreiben, als (daß) wir gottlob noch bei guter Gesundheit sind. Ich hoffe, als (daß) bei Dir und meinen lieben Kindern und mein Ette und Miemle, Geschwisterig und meiner ganzen Freundschaft auch nichts fehlen wird. Amen.

L. Frau, ich habe an Sch'wues gedenkt, wenn Du und meine l. Kinder nur eine Stunde bei mir wäret und hättet diese Stadt Berlin sehen können. Wer noch nicht hier gewesen ist, weiß von nichts zu sagen. Aber von wegen des Sehens bin ich nicht von zu Hause fortgegangen. Bis daher bin ich noch alle Nacht bei Juden gewesen, und es ist nicht zu teuer. Es ist alles so wohlfeil hier als hier zu Haus. Außer das Pfund Ochsenfleisch gilt 13 kr. Weiter ist kein großer Unterschied, wiewohl aber, das Geld geht doch fort, man weiß nicht wie. Nur aber, wann wir einmal zu Elwingen sind, darnach geht es auch anders. Wenn ich nur gesund bleibe, dann mein ich, was mir mit Gottes Hilfe fehlen sollte. L. Vogel und l. Kinder, ruft nur alle Tage Gott an, als er uns helfen soll, denn es ist möglich, als ich 500 Stund von zu Haus wegkomme. Es hat aber alles nichts zu sagen, wenn ich nur meinen Zweck erreiche. Wenn ich zu Haus komme, wie ich mein, so ist bald alles vergessen.

* B. Rosenthal hat in seiner Bearbeitung der Briefe einige Ausdrücke in hebräischer Quadratschrift übernommen. Wir geben sie in Umschrift mit kleinen Buchstaben wieder z.B. hajom (heute).
Die Herausgeber

L. Vogel, ich muß Dir schreiben, als kein Stund vergeht, als ich nicht an Dir und meine l. Kinder denken tu. Nur aber, was hilft das Denken! Ich tu mich selbst trösten, und also machst Du es auch, denn es ist jetzt doch nicht anders. Gott hat es so haben wollen, sonst wär es nicht geschehen, und was Gott tut, ist gut getan. Also denk ich auch, es ist vielleicht mein masal (Glück), sonst wären wir nicht von zu Haus fort. Was soll ich viel schreiben! Was ich Dir schreiben will, das weißt Du schon lang. Du wirst ja wohl wissen, was wir als miteinander geredet haben, weiter weiß ich nichts zu schreiben. mit den chidoschim (Neuigkeiten) will ich warten, bis ich s. G. w. nach Haus komme, denn ich könnte ein Buch darüber drucken, die chidoschim alle darauf zu schreiben. Weiter weiß ich nichts zu schreiben. Wenn ich s. G. w. wieder einen Brief schreiben tu, werde ich mehr zu schreiben wissen. Wann ich aber schreibe, kann ich nicht sagen; es ist möglich, daß ich in 2 Monaten nicht schreiben kann. Weiter verbleibe ich Dein getreuer
Hirz b. Aron

Es folgen Grüße und Ermahnungen wie in Brief 1. Der Bruder Hillel rät in einer Nachschrift den Brüdern Wolf und Itzig, sie sollen fleißig französisch sprechen und schreiben lernen. Sie (er und Hirz) wären froh, wenn sie das könnten.
Adresse: Monsieur Aron Weil à Otterstadt.

Frau Vogel an ihren Ehemann.

Otterstadt, 16. Jullius 1812.

Mein allergeliebter Mann!

Mit vieler Freude habe ich vorgestern am 5. Aw (14. Juli) Dein geliebtes Schreiben erhalten. Welche empfindlichen Schmerzen ich zeither trage wegen Deinem lange vorenthaltenen Schreiben, bin ich nicht imstande Dir zu sagen. Doch danke ich Gott, daß mein vielfältiges Bitten einmal erhört worden ist. Aus Deinem jetzigen sowie aus Deinem Frankfurter und Berliner Brief ersehe ich Deine Gesundheit, was auch das Einzige ist, um das ich Gott bitte. Auch von uns ist Gleiches zu berichten. (Es folgen nun Vorwürfe an ihren Mann, weil er sie so lange auf Brief warten ließ. Sie schildert ihre Sorgen, die sie bei Tag und Nacht beunruhigen und bittet ihn, ihr keine solche Verlegenheit mehr zu bereiten). Die Trennung ist mir von der ersten Stunde an schwer genug gefallen. Nur um nicht gegen Deinen Willen zu sein, war ich damit einverstanden. Später war ich aber böse über mich selbst, daß ich es zugegeben habe, denn wir hätten ja vergnüglich leben können. Ich fühle jetzt täglich, stündlich und jeden Augenblick die Ungeduld des Alleinseins. Denn es gibt keinen besseren und treueren Freund auf der Welt wie der geliebte Mann, und ich hoffe, daß wir bald wieder vereinigt sein können. Meine Gedanken sind alle Minuten bei Dir. Ich glaube, Deine Ohren werden Dir nicht aufhören zu klingen, wie ich mich immer mit den Kindern von Dir unterhalte. Unser Ältester, Itzig, tröstet mich wie ein Großer. Er sagt: Für wen ist denn der l. Vater fort als für Dich und uns Kinder! Und der Wolf sagt: Mutter, Du wirst sehen, Du kennst den Vater nicht mehr, wenn er so einen großen Mantel anhat und angeritten kommt. Er ist ein schöner Mann, auch Golis sagt so und Brendel spricht: Mein Vater ist in Armee und bringt mir rote Eier mit.

Lieber Herzel, das ist mein Kurzweil, wenn sie so miteinander discuriren. Freilich wird mir jeder Tag ein Jahr. Es ist keinem mehr empfindlich wie mir, daß das Papier nicht hinlänglich ist, um alles zu schreiben. Ich danke Gott, daß er Dir vor vielen anderen Dreissigern so vieles gewährt und Dir zu Deinem vorhabenden Zweck und Wohlstand bisher geholfen hat, so daß alle Plaisier davon haben. Möge Gott Dir weiter helfen, auf daß Du Gunst finden mögest in seinen Augen und in denen der Menschen.
Du schreibst mir, daß Du zur bestimmten Zeit nicht kommen kannst, was mir große Unruhe machte. Denke doch an Frau und Kinder und nimm Dir nicht vor, solange fortzubleiben. Wenn Du auch keinen großen Reichtum bringst, so bist Du unser Reichtum, wenn Du nur zu Hause bist.
Meine Mutter ist über die Nachricht, daß Du so weit wegreisest, so erschrocken, daß sie in Ohnmacht fiel. Die Sorgen, die sie sich um uns macht, kann ich Dir nicht beschreiben. Meine beiden Brüder können es gar nicht fassen, daß Du einen so weiten Weg weggehst von der Frau und fünf Kindern. Man weiß nicht, was einem von Gott auferlegt wird, und da ist es doch besser zu Hause als bei fremden Leuten. Wenn Du nochmals dort (in Walldorf) gewesen wärst, hätten sie es nicht zugegeben. Sie schämen sich vor den Leuten. Du hast gar einen großen schem (Namen).

Du hättest nur hören sollen, was für ein Lärm unter allen Menschen war, als Du weg warst. Ich kann es Dir gar nicht schreiben.
Lieber Herzel, ich muß Dir auch zu wissen tun, daß ich noch gar kein Geld eingenommen habe von Deinen Ausständen. bei uns ist gar ein großer Dalles, (Armut), was Du Dir wohl vorstellen kannst, und alles ist so teuer. Es ist schon lange Jahre keine solche Teuernis gewesen wie eben. Den Gaul vom Deppert in Waldsee haben wir wieder zurücknehmen müssen. Ich habe ihn anderswo verborgt (gegen Abzahlung verkauft). Da kannst Du Dir wohl vorstellen, wie ich Geld habe. Das, daß Du mir geschickt hast, ist gut angelegt gewesen. Wenn Du sichere Gelegenheit triffst, so schicke mir wieder. Du weißt, man braucht, wenn man auch noch so genau lebt und eine Haushaltung hat. Das Holz und die Wellen kosten auch Geld.
Weiter verbleibe ich Deine treue Frau

Vogel

Meinen Gruß und meine Empfehlung an meinen l. Schwager Hillel. Lieber Hillel, folge Deinem Bruder. Deine nächste Angehörige, die Du gern gehabt hast, läßt alle insgesamt grüßen und wünscht Dir viel Glück, daß Du bald nach Hause kommst.

Nachschrift: Lieber Herzel, im ersten Blatt meines Briefes habe ich mich geirrt um eine Zeile. Nimm es mir nicht übel, ich habe es zu Nacht geschrieben. Wir bitten Gott alle Tage um Deine gesunde Heimkehr, damit unsere Feinde zu Schanden werden, die auf Dein Unglück hoffen. Als Du weggingst, haben sie vor Freude getanzt. Noch eine Neuigkeit will ich Dir schreiben: Das Schweizerle aus Walldorf hat sich in einem Wirtshaus in Schwetzingen umgebracht.

Anschrift des Bruders Wolf: Lieber Herzel, Du wünschst, daß ich bei Dir sein könnte. Du weißt aber auch, daß dies nicht geht, denn hier gibt es auch zu tun. An Hillel würde ich auch gern schreiben. Man meint aber, er sei gestorben, weil er kein Wort von sich hören läßt. Alle Leute wundern sich darüber. (Wolf entschuldigt sich aber zum Schluß bei Hillel, von dem drei Tage später ein Brief eingetroffen ist.

Otterstadt, 11. Aw 5572 (20. 7. 1812)

An meine vielgeliebten Söhne Hirz und Hillel!

Dein Brief, l. Hirz, der am 15. Juli ankam, hat uns viel Vergnügen gemacht, weil wir sahen, daß Ihr gesund und auch gleich ins Geschäft gekommen seid, worüber sich der Olom verchidduscht (jedermann verwundert). Gott erhalte Euch gesund und gebe Euch weiter Glück im Geschäft. Von hiesigen Neuigkeiten ist nicht viel zu berichten, nur daß wir alle gesund sind. Die Geschäfte sind gar zu schlecht gewesen, weil ich hause (spare). Man kann nichts gewinnen, wenn man auch borgen wollte. Es ist bald wieder so: wenn man zwei Kühe am Pessach kauft, kann man sie bis Sukkos (= Laubhüttenfest)melken. Zu Waldsee ist für keinen Kreuzer Handel, weil sie, wie Du weißt, keinen Tabak bauen dürfen. Es wird viel Vieh nachgezogen, und dabei herrscht große Armut, so daß niemand für Plaisier Handel treibt. Wegen der hiesigen Geschäfte könnt Ihr also ruhig fortbleiben, Ihr versäumt nicht viel. Die Boehler (Juden) haben früher viel gehandelt, dieses Jahr aber sehr wenig. Mit Hillel bin ich gar nicht zufrieden, weil er nicht geschrieben hat. Es wäre für die Eltern eine Beruhigung gewesen, wenn sie von ihrem so weit entfernten Kinde ein Paar Zeilen bekommen hätten. Übrigens muß ich Dir melden, daß der Kilian Hirsch grausam anstellt wegen seiner Forderungen. Wenn Du sichere Gelegenheit hast, wäre es mir lieb, wenn Du ihm das Geld schickst.

Aron ben Jizchok Otterstadt

Eure Miemle, Wolf und Vogel lassen Euch grüßen. Wolf wünscht sich jeden Tag, wenn er nur bei Euch sein könnte.

Auf der Rückseite des Briefes teilt Vogel ihrem Mann mit, daß sie seinen Brief über den Rhein (nach Walldorf) geschickt hat. Sie hatten eine so große Freude daran, daß sie ihn überall herumtrugen und jedem vorlasen. Sie wünschen Dir alles Gute und viel Glück. Verwahre Dein Geld richtig, damit Dir nichts zustößt.

Elbing, 2. August 1812.

An meine liebe und wertigste Frau Vogel!

Deinen Brief habe ich am 31. vor. Mts. mit großem Vergnügen erhalten. Die simcha (Freude) die ich hatte, kann ich Dir gar nicht schreiben. Einen so fröhlichen Schabbos habe ich meiner Lebtag noch nicht gehabt als diesen, wie ich Deine liebe Hand gesehen hab. Deinen Brief kann ich bald auswendig. Wenn ich nur einen Augenblick Zeit habe, nehme ich ihn und leine (lese) ihn. So viele tausend Louisdors möchte ich nach Hause bringen, als ich den Brief küsste vor lauter Freude. Liebe Vogel, Du machst mir Vorwürfe, weil ich Dir solange nicht schrieb. Ich konnte es aber nicht tun, bevor ich an einen bestimmten Platz kam. Mit Deinen Selbstvorwürfen, weil Du in meine Reise eingewilligt hast, bist Du im Unrecht. Was soll ich mich aber entschuldigen! Du weißt ja, daß ich es nicht aus Plaisir getan habe. Es ist sicher kein Plaisir, so unter fremden Leuten herumzufahren. Es ist so, wie unser Itzig sagt, daß ich es Deinet- und der Kinder wegen getan habe. Was für ein Wohlgefallen hättest Du, wenn ich zu Hause müßig ginge? Ich glaube, ich bin lange genug müßig herumgelaufen.
Ich bin hier auch noch nicht reich geworden, aber ich habe doch schon mehr verdient, als zu Hause in einem Jahr. Die Geschäfte sind zwar nicht mehr so gut wie am Anfang, doch danke ich Gott noch um das. Sie sind immer noch besser als wie zu Hause. Allerdings braucht man auch viel. Ich brauche wöchentlich einen Louisdor und muß noch sparen dabei. Das Brot ist zwar wohlfeil, aber alles Übrige sehr teuer. Wasser kann man hier nicht trinken, und das Bier ist hier noch teuerer als bei uns der Wein. Dann muß ich mich auch schön führen (gut kleiden), denn ich komme zu großen Leuten. Daheim kann man sich führen, wie man will, aber hier nicht, sonst wird man gar nicht angesehen. Ich habe die größte Bekanntschaft von allen, die hier sind. Ich hoffe, daß sie mir noch zum Glück verhelfen soll. Ich glaube Dir, daß Dir die Zeit lange wird. Tröste Dich an Deinen Kindern, wie ich mich mit Deinen Briefen tröste. Bis ich wieder zu Hause bin, ist alles vergessen: Ein fröhlicher Tag vergißt drei traurige.
Du schreibst, daß ich wieder heimkommen soll. davon kann nicht die Sprache sein. Wenn ich einmal zu Hause bin, reise ich nicht wieder fort. Schreibe nicht mehr darüber. ich werde schon wissen, wann es Zeit ist. Daß Deine Mutter sich so viele za'ar (Sorgen) um uns macht, tut mir leid. Aber ich habe ja Deinen beiden Brüdern gesagt, daß ich zur Armee reise. Sie haben es wohl nicht geglaubt. Und wenn Du meinst, ich hätte zu Hause einen so großen schem (Namen) gehabt, so verchiddusch (verwundere) ich mich nicht darüber. Hier bin ich fremd und habe noch mehr als 20mal soviel schem . Ich führe mich darnach auf. Wie man sich halt, also wird man alt, sagt ein Sprichwort.
Liebe Vogel, ich schreibe Dir noch keinen Gasserbrief (Ausweis als Ehefrau). Die Ursache ist dem Getschel von Freinsheim sein Sohn, der hier im Spital, aber bald kurirt ist. Mit dem habe ich vor ungefähr drei Wochen gesprochen und ihm gesagt, wenn er etwas Geld braucht, so will ich es ihm geben. Sein Ette soll es Dir zurückgeben. Er hat dies gleich nach Haus geschrieben und glaubt, in 8 Tagen Antwort zu haben. Sobald er diese hat, schicke ich Dir einen Gasserbrief nebst

Anweisungen nach Freinsheim. Den Betrag kann ich Dir noch nicht angeben. Ich weiß ja nicht, wieviel er von mir haben will. Dem Deidesheimer hätte ich gern mehr gegeben, er nahm aber nicht mehr. Ich weiß wohl, daß Du es brauchen kannst. Liebe Vogel, ich muß Dich noch daran erinnern, daß Du am ersten Tag Rosch Haschonoh (jüd. Neujahr) das Jahreszeitlicht für meine Memme ansteckst. Kaddisch (Totengebet) kann ich hier sagen. Es ist ein schöner Schulengang (Synagogenbesuch) hier. Zu Jom Kippur (Versöhnungsfest) laß auch eine Kerze für mich machen.
Weiter verbleibe ich Dein getreuer Mann

Herz b. Aron

In einer Nachschrift drückt er dem Vater seine Freude aus über die von ihm beigefügten Zeilen und sendet Grüße an die Miemle, die Kinder und den Bachur. Die Kinder sollen auch schreiben, oder haben sie es vergessen? Ferner soll die Frau schreiben, was der vorige Brief Postgeld kostete. Ich habe hier einen frankiert und 2 fl 12 kr bezahlt. Schreibe mir sonst allerhand Neuigkeiten, besonders weshalb sich das Schweizerle gedaligt hat, auch ob der Bachur noch da ist. Der Brief wurde in aller Eile geschrieben, wir müssen wieder fort nach Ochsen.

Anschrift des Bruders Hillel:
Er freut sich über den Brief zu Hause, ist aber mit den Berichten nicht ganz zufrieden, weil sie so wenig Neuigkeiten enthalten. Besonders möchte er wissen, was sein Bruder Abraham macht und ob der Kilian noch unzufrieden ist, nachdem ich ihm einen Brief geschrieben habe. Bei der ersten sicheren Gelegenheit wird er sein Geld bekommen. Du kannst mir auch schreiben, was die Früchte gelten. Hier sind sie sehr gut geraten, aber nicht wohlfeil. Es ist hier überhaupt nichts billig. Ich brauche jede Woche einen Louisdor, und da muß man noch sparen. Die Mahlzeit kostet in der Garküche (Restaurant) 1 Gulden. Ich esse aber die ganze Woche über kein Fleisch außer am Schabbos. Ich bin es schon gewöhnt und sehe dabei besser aus als zu Hause. Wir müssen uns gut kleiden. Hinsichtlich der Geschäfte kann ich nicht klagen. So gut wie früher sind sie nicht mehr, weil es langweilig hergeht und das Geld lang ausbleibt von der Berliner Kammer. Ich habe heute wieder 60 Stück abgeliefert. Aber dieses Geschäft wird bald zu Ende sein. ich hoffe aber ein anderes zu bekommen. Ich gehe nicht gern von hier fort. Die große Armee ist 150 Stunden von hier weg. Die Schwägerin Vogel hat geschrieben, als ihr Mann und Schwager fort waren, hätten einige Leute frohlockt. Ich möchte wissen, wer diese waren, obwohl mir nichts daran gelegen ist. Sie können nicht davon in die Mühle fahren, aber wir werden fassen können. Zu Rosch Haschonoh wünsche ich Euch aus Grund des Herzens ktiwa u chatima towa (gutes Einschreiben sc. ins Buch des Lebens) nach selbsteigenem Wunsch und daß uns der l. Gott die Gnade gäbe in gesund und smachot (freudige Ereignisse) wieder einander zu sehen. Grüßt auch Schwager Schimon und Schwester Miriam. Besonderen Dank an Schwägerin Vogel, weil sie Nachricht von seinem lieben Mädchen Golis gab. Die Schwägerin soll ihm von ihr Nachricht geben, weil sie selbst nicht schreiben will. Auch er erinnert den Vater an das Jahreszeitlicht.

Elbing, 14. August 1812

Liebe Vogel:

Ich schicke Dir hiermit eine Anweisung von 6 kephalim (Doppeldukaten), sage 66 fl. Du wirst eine Weile mit vorlieb nehmen, nämlich von des Getschel Freinsheim' Sohn namens Mordechai. Ich hätte ihm gern noch etwas mehr gegeben, er hat aber nicht mehr genommen. Liebe Frau, es war mir so eine Angelegenheit von wegen dem Geld, als (dass) ich es Dir nicht schreiben kann. Denn weil Du mir geschrieben hast, Du brauchst und hast noch keines eingenommen. Mach, daß Du auch das Geld von dem Albertus Glehr bekommst. Auch ein Malter Korn und ein Malter Gerste hast Du von ihm zu bekommen. Bei dem kleinen Tepert von Waldsee hast Du auch 2 Simre (ein Hohlmaß, etwa 25 Liter) Korn zu bekommen. Ich habe daran vergessen Dir zu sagen, daß Du die Frucht, die ich in Gemeinschaft mit meinem Vater ausstehen habe, im Buch finden wirst. Beim Heinrich Altmann sind noch 12 fl. zu fordern. Du mußt ihm keine Ruhe lassen. Was den Tumen Wolf von Waldsee anbelangt, wirst Du mir zu wissen tun, ob Du mit ihm abgeteilt hast. Wenn noch nicht, nimm meinen Vater mit. Der wird es schon machen, wie es am besten für Dich ist. Was gemeinschaftliche Ausstände anbelangt, so wird mein Vater und der Wolf schon dafür sorgen, und Dir Deinen Anteil davon geben. Der Albertus Glehr ist mir auf zwei Schuldscheine noch 39 fl. 20 kr. schuldig. Schreibe mir auch, wieviel Haufen Gerste Du gemacht hast, denn ich bin sehr neugierig. Wenn ich auch schon 400 Stunden weit weg bin, so sind meine Gedanken doch immer zu Hause. Ich denke oft, wenn ich nur acht Tage zu Haus wäre, könnte ich Dir alles besorgen. Das Denken hilft aber nichts. Wenn ich nur 100 Stunden nach Hause hätte, würde ich über die Feiertage zu Euch kommen. Ich könnte zu Pferd in sechs Tagen dort sein. Aber 400 Stunden sind für die Hin- und Rückreise zu beschwerlich. Auch müßte man mehr als 5 fl. verzehren.

Liebe Vogel, Du wirst auch beim Kissler in Waldsee Deinen Anteil Immen (Bienen) versorgen. Einer von den alten (Bienenstöcken) gehört allein mir. Von den übrigen hat jeder halben Anteil. Den Honig verkaufe. So ist es besser für Dich, als wenn Du ihn ausmachst. Einen Hafen (Topf) voll behalte für die Feiertage. Wenn Du die Gerste ausdreschen läßt, so nimm den roten Jerg dazu, damit Du nicht zu sehr bestohlen wirst. Du mußt aber doch fleißig nachschauen, obwohl mein Vater und der Wolf auch darüber besorgt sein werden. Wegen des Strohs befiehl dem Jerg, daß er es in Ordnung macht, weil Du es verkaufst. Laß es Dir abzahlen und hebe es auf, bis zum Frühjahr, dann verkaufe es. Da ist es angenehm. Verkaufe es aber nicht an „Gäscht“ (arme Leute), wo Du kein Geld dafür bekommst. Den Kurzenschlittenwegacker lasse mit Korn ansäen. Was soll ich weiter schreiben! Du wirst Dein Sach besorgen, so gut Du kannst.

Wegen meines Geschäftes habe ich Dir im vorigen Brief geschrieben. Da habe ich Dir gemeldet, daß die Geschäfte nicht so gut sind wie am Anfang. Doch danke ich Gott um das. Sie sind immer noch besser als zu Hause. Ich habe bis jetzt immerhin schon mehr verdient als ich daheim in einem Jahr hätte verdienen können. Ich habe

Hoffnung, daß es noch besser kommen wird. Jetzt bin ich bekannt. Wenn ich zu Anfang die Bekanntschaft gehabt hätte, hätte ich schon meinen Verdienst gemacht. Mit der Ochsenlieferung ist es bald vorbei. Ich glaube aber, daß ich ein anderes Geschäft bekomme. Was für eines, schreibe ich Euch nicht, bis ich es habe. Das wird Euch noch mehr Vergnügen machen. Liebe Vogel, laß den Kindern gute Kleider machen auf den Winter und leide mit ihnen keinen Mangel. Halte sie fleißig zum Lernen an, denn das ist das Notwendigste. Liebe Kinder, folgt der Mamme recht schön und lernt brav, denn es ist für Euch. Wenn Ihr schön gelernt habt, werde ich jedem auch etwas Schönes mitbringen. Wer nichts gelernt hat, bekommt auch nichts. Aber die Brendel macht mir Angst mit ihrem Mitbring, das sie nach Deinem Briefe von mir fordert, nämlich zwei rote Eier. Das ist keine Kleinigkeit.

Liebe Vogel, schicke gleich den Wolf mit der Anweisung nach Freinsheim und lasse auch gleich das bemeldte Geld holen. Der Wolf kann sagen, daß der Mordechai auch einen Brief nach Hause geschickt hat, in dem das Geld ebenfalls bemeldet ist, und wir werden dem Jung alle Gefälligkeiten tun, die möglich sind. Wir lassen seine Eltern freundschaftlich grüßen wie auch seine Geschwister. Sobald Du das Geld empfangen hast, schreibe mir Antwort, eher aber nicht. Ich will wissen, ob ich Ehre damit eingelegt hab bei seinen Leuten. Was den Botendienst des Wolf nach Freinsheim betrifft, so werde ich ihm, wenn ich nach Hause komme, (seinen Lohn) mit Dank entrichten.

Otterstadt, 17. August 1812.

Geliebter Mann:

Dein Schreiben habe ich mit größtem Vergnügen erhalten und daraus Eure Gesundheit ersehen, worüber ich mich von Herzensgrund freute, was ich nicht aufs Papier setzen kann. Wenn Du mir jeden Tag schriebest, wäre mir das Postgeld nicht zu viel. dadurch könnte ich mir meine Gedanken leichter machen und öfter Dein gutes Befinden erfahren. Weil jetzt unser heiliges Neujahrsfest herbeikommt, so bist Du in mein Herz gegossen, daß ich Dir wünschen muß, was Dir Gott erfüllen möge, daß Du weiter Glück hast in Deinem Geschäft und wir das kommende Jahr nicht so verbringen müssen wie das zuende gehende. Nämlich, daß wir beisammen sind und nicht 400 Stunden voneinander getrennt.
Lieber Herz, weil Du mir schreibst, es sei kein Plaisir unter fremden Leuten zu sein, so trifft dies uns beide. Ich habe auch kein Plaisir und bin daheim. Ich habe Dir das im ersten Brief nicht schreiben wollen. Ich weiß, daß man, wenn man unter fremden Leuten ist, ohnedies viele Sorgen hat. Nachdem Du aber Neuigkeiten von mir wissen willst, will ich Dir die Freude erzeigen und Dir alle meine Angelegenheiten berichten: Es ist mir auch noch nicht gut gegangen. Ich habe auch alle Tage zu sorgen gehabt, solange Du weg bist, was Du Dir wohl denken kannst, wenn man einen Haushalt mit 5 Kindern, einen Bachur und eine Dienstmagd hat und nichts dazu. Wenn auch Brot vorhanden ist, so braucht man doch noch mehr Sachen, die ich Dir nicht alle aufzählen möchte. Ich bin aber gezwungen, das zu schreiben, dieweil Du es von mir forderst. Bevor Du weggegangen bist, hast Du mir gesagt, Du hättest Deinem Vater Geld für eine Stallkuh dagelassen, und wenn er schlachtet, habe ich Anteil. Davon ist aber Deinem Vater nichts bekannt gewesen. Er sagte, das sei nicht richtig. Als ich das gehört habe, kannst Du Dir wohl denken, daß es mir weh tat. Dein Vater ist nämlich nicht der Mann, der die Unwahrheit sagt. Mit dem Schlachten ist es den Sommer über nichts gewesen. Erst seit 14 Tagen ist wieder damit begonnen worden. Vorher mußte ich Fleisch kaufen, das Pfund zu 8 kr. Mit andern Sachen ist es auch so. Alles ist so teuer, schon seit vielen Jahren war keine solche Teuerung. Da kannst Du Dir nun vorstellen, wie es mir seither gegangen ist und noch gehen wird, bis Du wieder nach Haus kommst. Ich soll doch unser Sach erhalten.

Lieber Hirz, so schwer habe ich noch keinen Feiertag herankommen sehen. Es wird mir Angst, wenn ich nur dran denke, daß ich so allein sein soll. Wie oft am Tage denke ich an Dich. Beim Aufstehen und Niederlegen ist mein einziger Wunsch, Gott soll Dich gesund wieder zu Deinen Kindern bringen, die Dich nötig brauchen. Wenn alle Tränen beisammen wären, die ich und Dein Miemle schon vergossen haben, gäbe es gewiß ein Schoppenglas voll. So oft wir beisammen sind, ist der Diskurs von Dir, und wenn wir fertig sind, ist es wieder wie zuvor. Die Geschichte ist sehr hart für mich und Dich.
Du fragst mich auch, was ich zahlen muß, wenn ein Brief von Dir kommt. Dein erster Brief von Elbing hat 1 fl. 48 kr. gekostet, der nächste 54 kr. Wenn ich auch das Geld nötig brauche, ist es mir doch nicht zu viel, was ich dafür ausgebe. Ich kann

Dir gar nicht genug schreiben, wie es mir in meinem Gemüt tut. Es macht mir große Unruhe, weil Du so weit weg bist. Vor lauter Sorge habe ich keinen Schlaf mehr, weil Du unter fremden Leuten sein mußt. Alle Leute sagen, Du sollst Dich nur in Obacht nehmen wegen des Geldes. Ein Lieferant soll besonders vorsichtig sein, sagen alle Menschen, die hierher kommen. Der Jesel von Böhl, der erst kürzlich hier war, hat es auch gesagt; auch daß es besser wäre wenn Du Dein Geld nach hause schickst. Du weißt wohl, wo ich es anne (hin) ttrage. Deine Gläubiger nähmen es schon, da sie alle Schulden haben. Wenn ich zum Heim komme, fragt er jedesmal, was für Neuigkeiten Du schreibst. Die Zettel, die Du das vorige Mal geschrieben hast, habe ich richtig abgegeben, und die Leute haben sich alle gefreut, weil Du so gute Geschäfte machst und haben Dir Glück gewünscht. Sie freuen sich, weil Du in so großem Stand bist.
Lieber Mann, Du darfst es mir nicht uebel nehmen, wenn ich Dir schreibe, Du sollst mir Geld schicken. Ich brauche es. Mit Schmerzen gibt man es aus. Womit sollte ich Geld verdienen? Wenn ich auch etliche Paare Strümpfe stricken täte, so hilft es doch wenig. Die Kinder wollen alle Tage gelebt haben. Sie fragen nicht, wo man es hernimmt. Ich muß auch zu wissen tun, daß die Gerste gut geraten ist. Ich habe 19 1/2 Haufen bekommen. Der Haufen gibt 6 Simmern aus. Der Klee steht auch schön, wie keiner auf dem ganzen Feld. Den andern Acker habe ich auch zackern (pflügen) und Klee aussäen lassen. Das hat mich auch viel Geld gekostet. In der Haushaltung wird alles so besorgt, als wenn Du hier wärest, es verdirbt nichts. Du brauchst Dir deshalb keine Sorgen machen.
Ich erwarte Deine baldige Antwort und verbleibe Deine treue Frau

Vogel

Grüße an meinen Schwager Hillel. Du schreibst, Deine liebste Jungfer Gole soll auch in meinen Brief hineinschreiben. Sie sagt jedem, Du habest ihr einen Brief apart geschrieben und ihr ein so schönes Andenken hineingelegt, das viel Geld wert sei; das wird Dir bei Deinem Vater sehr viel Verdruß verursachen. Sei mir nicht böse, wenn ich Dir das schreibe. Es ist aber die Wahrheit, wie wir sie gehört haben von Leuten, die bei ihr im Haus waren. Ich denke, sie wird Dir auf Deinen Brief Antwort geschrieben haben. Nun weiter adieu, lebt wohl und gesund beisammen. Zum neuen Jahr wünscht Dir ktiwa u chatima towa

Deine Geschwei (Schwägerin) Vogel

Lieber Herz, ich muß noch einmal an Dich schreiben, weil mir Deine guten Freunde alle Grüße an Dich aufgetragen haben, nämlich der Michel Lehr, der Hans Heim und unser Nachbar Schulz. Letzterer erweist mir wirklich vielmalig große Gefälligkeiten, wo er nur kann. Vorige Woche habe ich 4 Karolins (44 fl.) bei ihm geliehen. Deinem Vater habe ich 6 Taler davon gegeben zum Schlachten. Du weißt, daß er für mich kein Geld vorlegen kann; er braucht es selbst. Wenn er handeln soll und keine Ausstände eingehen, kannst Du ihm das nicht zumuten. Vorige Woche habe ich unsern Itzig über den Rhein geschickt, um Geld zu holen und einen Brief dazu geschrieben. Sie haben mir 25 fl. geschickt. Da kann man weit mit springen! Die Kinder lassen Dich nochmals grüßen, wenn sie auch einen aparten Brief an Dich geschickt haben. Sie sagen jeden Tag, wenn sie nur ihren Vater wieder einmal sehen könnten und reden den ganzen Tag von Dir. Unseren Loeb habe ich abgewöhnt. Er kann schon laufen. Wenn Du ihn sehen könntest, hättest Du gewiß Vergnügen an ihm. Schicke mir doch Dein Portrait, damit ich Dich alle Tage augenscheinlich habe. Das wäre mir ein großes Vergnügen. Du mußt nicht böse sein auf meine Leute (ihre Brüder in Walldorf), weil sie mir nicht mehr Geld geschickt haben. Sie haben zu unserem Itzig gesagt, wenn ich noch mehr brauche, soll ich nur jemand hinüber schicken. Die Mutter betet jeden Tag für Dich. Sie macht sich große Sorgen um Dich. Du weißt, sie hat eine verzagte Natur. Ihr Herz ist aber gar gut gegen die Kinder.

Beischrift des Vaters Aron: Liebe Söhne Hirz und Hillel: Eure Briefe habe ich mit Freude gelesen, weil ich gesehen habe, daß ihr noch gesund seid. Ich berichte Euch, daß die Früchte alle gut geraten sind. Roggen hat es nicht so viel gegeben, aber guten. Die anderen Früchte sind alle überflüssig (in reicher Menge) und gut. Man sagt, seit zwanzig Jahren sei nicht so viel gewachsen. Das Korn (Roggen) gibt 7 fl. per Malter, die Gerste 5 fl. und der Hafer 4 fl. Man glaubt aber, daß die Preise noch herunter gehen. Das Futter hat auch ein gutes Ansehen. Grumbieren (Kartoffeln), Dickrüben und weiße Rüben gibt es genug. Ich könnte innerhalb von 14 Tagen 4 Paar Ochsen brauchen. Wenn es nur in einer Sache nicht fehlen täte, wie Ihr wohl wissen werdet. Wenn Ihr mir nur das Geld nach Frankfurt schicken könntet, ich ließe es gern dort holen. Die Ochsen waren eben billig zu kaufen, und ich könnte einen schönen Verdienst dabei machen. Seitdem Eure Briefe aus Elbing angekommen sind, waren der Abraham und der Jesel hier, denen ich sie vorlas. Sie haben sich sehr gefreut, weil Ihr so rasch ins Geschäft gekommen seid im fremden Land.

Du, lb. Hillel, hast mir großen Verdruß bereitet und auch der Freundschaft (Familie), weil Du Deine alten Possen mit der Gole nicht sein läßt, die mir und Vogel viel Ärger bereiten. Ich habe kürzlich Kleiderstoffe gekauft für mich und Vogel ebenfalls für die Kinder. Da hat sie durch den Itzig sagen lassen, man soll erst die Striche ausmachen (die Schulden bezahlen) als neue Kleider anfertigen lassen. Der Leser und der Leme haben den Christen erklärt, weshalb Ihr weg seid. Die Hanne und Deine l. Gole gehen auch im ganzen Dorf herum und legen schon alles recht aus. Und Du schreibst Ihr noch Briefe und legst ein prächtiges Andenken hinein. Ich hätte geglaubt, daß ich doch eher ein solches Verdienst hätte, da ich Dich groß gezogen habe. Ich bitte Dich, gib Dich mit der Mischpoche (Verwandtschaft) nicht mehr ab. Die Boehler haben so viel Roges (Ärger) davon wie ich. Nachdem Du selbst schreibst, daß Du im großen Charakter (Ansehen) stehst, solltest Du Dich mit einer solchen Familie nicht abgeben. Die beiden Frohlocker, deren Namen Du wissen willst, sind der Leser und der Leme. Die anderen Juden und auch die Christen haben sich jedoch gefreut, als ich ihnen sagte, daß es Euch gut geht. Die Waldseer Bauern sagen, es hat nichts zu bedeuten, daß sie ein ganzes Jahr ausbleiben, wenn sie nur gute Geschäfte machen. Die Otterstädter sagen ebenso. Ich will Dir auch schreiben, daß der Kilian Hirsch eben in Friesenheim ist. Er hat Deinen Brief bekommen und mir gesagt, er hätte nur Angst, Du könntest unterwegs sterben, weil Du oft gesagt hast, Du seist nicht fest, Du bekämst oft Ohnmachten. Weshalb sich das Schweizerle aus Walldorf gehängt hat, kann ich Euch nicht sagen.

Vorher hat es zu niemand davon gesprochen und nach derhand hat man es nicht mehr fragen können. Der Niklas Ding aus Waldsee hat einen Bruder drinnen (bei der Armee) namens Jörg. Er ist in Oberschlesien bei Troppau. Der Ort heißt Katscher. Er ist ihm noch 120 fl. schuldig. Wenn er (der Bruder) sie haben will, soll er nur eine Anweisung herausschicken, dann will der Niklas mir das ganze Geld geben. Ich meine, könnte noch etwas herunterhandeln. Ihr gebt ihm aber kein Geld, bis ich Euch schreibe, daß ich es eingenommen habe, wenn Ihr ihn antreffen solltet. Was den Bachur anbelangt, so wird er den Winter über wieder hierbleiben. Er ist jetzt noch nicht fest gedungen. Er möchte zwar mehr haben, wird aber doch um den alten Lohn bleiben. Der alte Danzer hat mir gesagt, wenn Ihr seinen Sohn trefft, und er braucht Geld, sollt Ihr ihm geben. Er will es Euch gern wiedergeben.

Es folgen noch Rosch Haschonoh Wünsche.

Otterstadt, 3. September 1812.

Teuerster, geliebter Mann:

Deinen durchaus angenehmen Brief vom 14. August erhielt ich. Ich war am gleichen Tag in Speyer, wo just der erste Viehmarkt abgehalten wurde, habe aber dort nicht einmal meine Auslagen verdient. Der beste Handel war erst nach meiner Heimkunft, als ich Deinen Brief bekam. Mein Vergnügen verstärkte sich, als ich die eingelegte Anweisung von 66 fl. auf den Getschlik in Freinsheim sah. Ich schickte erst zwei Tage später Deinen Bruder Wolf dahin, denn er war mit dem Itzig in Schriesheim, wo sie zwei Kühe holten. Daas Geld habe ich in bester Beschaffenheit erhalten. Die Eltern des jungen Mannes danken Dir für alle Wohltaten, die Du ihm erwiesen hast. Zu Deinen Schuldnern gehe ich oft, aber ich bekomme nichts von ihnen. Du weißt ja selbst, wie es derzeitig hier ist mit dem Geld. Wenn wir von Deinen Ausständen leben müßten, könnten wir, die Kinder und ich, verhungern. Der Itzig und ich sind schon mehr als dreimal auf dem Rinkenbergerhof gewesen. Der Besitzer vertröstet uns auf den Tabak. Auch beim Henrich Altmann war ich schon häufig, er spricht ebenso. Über die geerntete Gerste habe ich Dir schon geschrieben. Du hättest mir nicht schreiben brauchen, daß ich in der Haushaltung alles besorgen soll. Unter hundert Frauen tut nicht eine, was ich Dir schon getan habe. Alle Menschen wundern sich darüber, daß ich so viel Geduld habe, mit den fünf Kindern allein zu sein. Schon manche Frau hat mir gesagt, das könnte sie nicht ertragen. Es ist schon kein Vergnügen, in Otterstadt zu sein, wenn der Mann da ist, viel weniger, wenn er nicht da ist. Von deinen Briefen habe ich kein Plaisir, weil Du jedesmal schreibst, es sei noch keine Sprache vom Nachhausekommen. Wenn ich das lese, könnte ich jedesmal weinen, obwohl ich weiß, daß Du es ja nur meinet- und der Kinder wegen tust.

Den Neujahrswunsch habe ich Dir schon im vorigen Brief geschrieben. Den gleichen Wunsch gebe ich Dir jeden Tag und bitte Gott täglich, daß er Dich gesund erhält. Daß ich die Kinder zum Lernen anhalten soll, hättest Du mir nicht schreiben brauchen. Ich bin so besorgt darauf wie Du selbst. Mit dem Bachur hab ich mancherlei auszustehen. Du weißt ja selbst, was für ein Kerl er ist. Es lohnt sich nicht, davon zu schreiben. Wir hätten ihn nimmer behalten, aber wir haben keinen anderen kriegen können. Ich habe im Sinn, unsern Itzig und Wolf nach Waldorf zu bringen. Wenn er nicht anders mit ihnen lernen will, lohnt es sich nicht, dafür Geld auszugeben. Wenn Du selbst hier wärst und bestimmen könntest, wäre es in allen Stücken besser. Ich bin schon müde genug, und wenn man zu Otterstadt sein muß, ist man schon gestraft genug.

Weil mir Dein Bruder geschrieben hat, daß Du einen Tituskopf trägst, habe ich mich gefreut, daß ich einen so schönen Mann habe und habe mir vor Freude gleich eine Perücke bestellt. Ich denke, wir hätten noch andere Sorgen als diese. Wenn wir nur unsere Last von uns hätten, wäre es mir lieber. Du schreibst mir auch, ich soll den Kindern Winterkleidung machen lassen. Das wird auch geschehen. Weshalb schreibst Du nicht, daß ich mir auch eins machen lassen soll. Du weißt ja, daß ich

keines habe. Daran ist Dir aber nichts gelegen, mich estimierst Du nicht; ob ich etwas habe oder nicht, das ist Dir gleich. Der Bauer sagt: Die Ehre gefällt ihm. Ich nehme alles mit Geduld an und habe mir schon oft gewünscht, wenn ich nur nicht geboren wäre. Jeder sagt, wenn Du mich recht gern hättest, dann könntest Du nicht so lange wegbleiben.
Ich danke Dir nochmals für das übergeschickte Geld. Es war sehr gut angelegt. man meint, Du hättest gewußt, daß ich es sehr nötig brauche. Im weiteren verbleibe ich Deine treue Frau

Vogel.

Viel Grüße an Schwager Hillel und herzliche Neujahrswünsche. Was er selbst in seinen Gedanken hat, verlangt und begehrt bei Gott, das soll ihm wahr werden. Meine Empfehlung an Deine beiden anderen Teilhaber. Ich wünsche, Ihr könntet die Gemeinschaft bald auflösen und jeder bekäme 20 000 fl. auf sein Teil. Doch Deine baldige Heimkunft wäre mir noch lieber. Nehmt es mir nicht übel, wenn ich unbekannterweise so schreibe. Meine Mutter und Bruder nebst Weibern und Kindern lassen Dir zu Rosch haschonoh ebenfalls alles Gute wünschen. Sie haben Verlangen nach Dir. Auch Dein Schwager Nate in Rohrbach (bei Heidelberg) und Frau lassen Euch auch alles Gute wünschen. Er fragt immer nach Euch. Die Mutter schmerzt Dein Wegsein am meisten. Sie meint, wenn Du daheim jede Woche nur einen Gulden verdienst hättest, wäre es besser als so. Sie schläft nicht mehr deswegen und sagt jeden Tag mehr als 6 techinot (Bittgebete) für Dich. Die ganze Freundschaft läßt Euch grüßen und wünscht Euch viel Glück im neuen Jahr.

Anschrift des Vaters:
Meine beiden Söhne: Euer Brief ist am 31. August angekommen. Wir waren an diesem Tage alle in Speyer, wo wieder der erste Viehmarkt stattfand. Es darf 3 Tage Vieh frei herüber und hinüber (über den Rhein) gebracht werden. Die Ankunft Eures Briefes war aber das beste Geschäft des Tages. Deine Anweisung, 1. Hirz, ist richtig besorgt worden. Wolf hat das Geld mit schönster Höflichkeit bekommen. Die Leute wollten absolut, daß Wolf über Nacht bei ihnen bleibt. Der Getschel hat Wolf beauftragt, Euch zu schreiben, daß Ihr seinem Jung auf jede Weise, nicht nur mit Geld behilflich sein sollt. Er will es wieder wett machen. Über die Fruchtpreise habe ich Euch schon geschrieben. Zur Zeit wird fast jede Woche geschlachtet. Mit dem Handel steht es gerade noch so, wie ich im vorigen Briefe berichtet habe. Nur das will ich, l. Hillel, Dir noch sagen: Das Postgeld für Deine liebe Gole kannst Du Dir sparen. Sie hat mit Deinem Brief eine solche Freude gehabt, daß sie ihn gleich zerrissen hat. Sie sagte auch, wenn wieder ein Brief von Dir kommt, wird sie ihn gar nicht annehmen. Sie will von Dir und Deiner Mischpoche nichts wissen. Tu mir das Leid nicht an, daß Du in jedem Brief an sie denkst. Ich bürge Dir für eine Frau; - wenn Du erst wieder hier bist, hast Du die Wahl der ganzen Gegend. Es haben sich schon einige Partien antragen lassen, die Du Dir gar nicht vorstellst. Ich habe Euch schon im vorigen Brief ktiwa u chatima towa gewünscht und tue dies nun zum zweiten Male von ganzem Herzen. Meine Frau läßt Euch auch alles Gute wünschen und vielmals grüßen.

Anschrift des Bruders Wolf:
Liebe Brüder: Ich freue mich, daß Ihr gesund seit, was von uns allen auch zu berichten ist. An unserm Fleiße fehlt es nicht, wir tun, was wir können. Ich habe schon zweimal in Schriesheim Vieh geholt, und wir schlachten jede Woche. Du brauchst uns nicht zu ermahnen, daß wir dem Vater gehorchen sollen. Wenn Du immer so gefolgt hättest, hättest Du ihm manchen Kummer erspart. Ich wünsche Euch noch ktiwa u chatima towa, ebenso Bruder Itzig und Vogel.

Euer Bruder Wolf.

Nachbemerkung der Frau:
Das Dienstmädchen Muschga läßt grüßen und die Kinder senden die herzlichsten Rosch Haschonoh Wünsche.

Nachbemerkung des Vaters:
Ihr könnt dem Mordche sagen, daß seine Eltern bei ihrer Tochter in Wimpfen waren. Sie waren just einen Tag vor Wolfs Hinkunft wieder nach Hause gekommen. Seines Bruders Frau ist Kindbetterin geworden mit einer Tochter.

In deutscher Schrift: L. Nachbar, ich lasse Viel dausent Mahl grüßen. Was die Famielien anbetrift will ich vor alles Sorgen, Koste es was es will. Bei uns hat man nicht viel Neiigkeiten.

I. Ackermann

Elbing, 15. September 1812.

Liebe und wertigste Frau:

Deinen Brief vom 3. ds. Mts. habe ich gestern mit größter Freude erhalten und daraus ersehen, daß Ihr alle gesund seid, was Ihr von uns auch zu vernehmen habt. Von unseren Geschäften habe ich Euch schon in meinem Briefe vom 6. ds. Mts.* berichtet, in den ich eine Anweisung von 3 Dublonen eingelegt habe auf den Hertel in Mutterstadt. Du kannst Dich auch erkundigen, ob der Reimer von Mutterstadt batuach ("betucht", vermögend) ist. Er liegt auch hier. Es kann sein, daß er lange hier liegen bleiben muß und etwas Geld von mir haben will. Schreibe mir, ob ich es ihm geben darf. Ich habe ihm wohl als ich dem Hertel gab, auch Geld geben wollen. Er hat aber keins genommen. Gestern war er bei mir, und da habe ich gemerkt, daß er bald braucht.
Was unsere Geschäfte anbelangt, bin ich bis dato wohl zufrieden. Wir haben aber den ganzen Tag keine Minute Ruh, denn wir haben das ganze Geschäft unter uns von der Fleischlieferung. Wir brauchen jeden Tag 6-8000 Pfund, und unsere Herren namens Levi Tugendreich und Daniel Zacharias verlassen sich blos auf uns. Wir haben zwei Schreiber bei uns und sechs Metzelknechte. Wir haben aber trotzdem so viel zu besorgen, daß ich oft nicht weiß, wo mir der Kopf steht.
Nun will ich Dir auch schreiben, wieso wir zu diesem Geschäft gekommen sind. Ich bin mit dem ersten Geheimrat des Königs von Preussen bekannt geworden. Der hat uns dazu geholfen. Ich bin sehr bekannt mit ihm. Wir heißen ihn Vater, und er heißt uns Kinder. Er hat zu uns gesagt, wir sollen nicht von Elbing weggehen, er sorgt für uns. Alle Leute hier haben Furcht vor uns. Ich kann Euch gar nicht genug schreiben, wie wir in Charakter (Ansehen) sind. Wir müssen mit unseren Herren an ihrem Tische essen. Es sind sehr brave Leute und auch gute Juden. Was ich zuvor zu schlecht gegessen habe, essen wir alleweil um so besser. So viele gebratene Gänse hab ich mein Lebtag noch nicht gegessen wie eben. Es ist mir aber auch nicht viel daran gelegen. Ich habe viel schlechtes Essen ertragen, man hat es mir aber nicht angesehen. Ein Fresser bin ich nicht, nur ein Geldnarr. Das Essen kostet jedoch Geld. Man muß sich auch sehen lassen und (anständig) führen. Wenn Du mir auch mit Stichelworten schreibst, weshalb ich einen Tituskopf trage, so mußt Du wissen: wenn man mit solchen Leuten Geschäfte macht, muß man sich auch darnach führen. Meine Führung hat mir bis jetzt noch nichts geschadet. Wenn ich wieder zu Hause bin, kann ich wieder wie zuvor führen. Aber wenn man draußen ist, muß man sich nach den Leuten schicken.

Liebe Frau, es verdrießt mich sehr, daß Du Dich so mit Weiberschmus abgibst und auf andere horchst. Was wissen andere Leute, was gut für mich ist! Man meint, ich allein sei von zu Haus weg. Es sind noch genug Leute draußen, die sich so viel einzubilden haben wie ich und Du. Was soll ich viel schreiben! Du hast mir zu Haus auch oft mein Leben sauer gemacht mit Deinem Weiberschmus und läßt sie eben auch noch nicht. Gott weiß, daß ich immer auf Tachlis (gutes Endziel) hoffe.

* Dieser Brief ist nicht mehr vorhanden

Mithin, l. Vogel, sei zufrieden, und laß die Weibersachen aus dem Kopf. Wenn ich wieder daheim bin, wirst Du bald alles vergessen haben. Unsere zwei Jungen bringe nach Walldorf, daß sie dort etwas lernen, denn das ist das allerbeste, wenn man Kinder hat, die was können. Weiter verbleibe ich

Dein Hirz ben Aron

Nachschrift: Es hat mich sehr gefreut, Wolf und Itzig, daß Ihr etwas handelt. Seid nur fleißig, daß Ihr etwas verdient. Man muß überall fleißig sein. Es fliegt einem keine gebratene Taube zum Maul herein. Besorgt nur die gemeinschaftlichen Ausstände und Frucht und gebt meiner Frau ihren Anteil. Ich habe nun keine Zeit mehr zum Schreiben. Es ist nachts 12 Uhr und um 4 Uhr muß ich jeden Morgen aufstehen. Einen Gruß an meine Schwiegerleute. Ich danke vielmals, daß die Schwiegermutter so fleißig für mich T'chinos sagt. Ich hoffe, daß mir ihr s'chut (Verdienst) beisteht. Meine Adresse ist noch die gleiche wie im vorigen Brief. Schreibe mir auch, ob der Loeb bald schmusen kann und weshalb Du ihn abgewöhnt hast. Du wirst doch Gott bewahre nicht krank gewesen sein.

Anschrift des Bruders Hillel: Ich hab mich sehr über die Nachricht gewundert, daß jetzt in Speyer ein Viehmarkt eingerichtet wurde und bitte um die Meldung anderer Neuigkeiten. Weil Du schreibst, daß uns Getsch Freinsheim bitten ließ, seinem Jung gefällig zu sein, will ich sagen, daß wir tun was möglich ist. Es ist mir mein größtes Vergnügen, wenn ich einem Menschen dienlich sein kann. Der Vater rät mir das Postgeld für die Gole zu sparen, weil sie meinen Brief gleich in Stücke zerriss. Ich weiß nicht, was dies für ein Brief war. Du schreibst mir ja in Deinem Brief, den ich vor 14 Tagen erhielt, daß sie mit meinem Brief so prahlt und ihn überall zeigt. Ich weiß nicht, was ich dazu sagen soll. Einmal heißt es so und einmal wieder anders. Der Vater schreibt auch, daß ich ihm diesen za'ar (Kummer) nicht antun soll. So Gott will hat er dies wegen meiner nicht zu erwarten. Ich führe mich bekowed (ehrbar) auf, wo mir alle Menschen nichts anderes sagen können, nicht wie ein Jung, sondern wie ein Mann, wo alle Menschen Vergnügen davon haben. Ich habe schon im vorigen Briefe gesagt, daß sich der Vater um die ganze Sach nicht kümmern soll. Wissen möchte ich, wer die sind, die sich beim Vater haben antragen lassen. Ich bin neugierig. Ich könnte hier wirklich zu diesem Glück kommen. Zweimal für einmal. Nicht aber, daß Du glaubst mit kleinen Leuten, sondern mit einer schönen Familie und mehr Geld als mir einer zu Haus gibt und ist mir offeriert von dem Herrn Geheimnisrat, von dem Herzel auch schon geschrieben hat, daß wir so takipf (wohlgelitten) bei ihm sind. Der hat uns erlaubt, zu treiben waswir wollen. Wir dürfen Ochsen schlachten, ohne daß uns jemand wehrt. Ich habe aber keinen Gedanken, für immer hier zu bleiben. Meine Gedanken stehen immer nach Haus.

Zum Schluße schreibt Herzel noch Grüße an den Bachur. Er bittet ihn sich an den Kindern zu befleißigen und verspricht ihm dafür erkenntlich zu sein. In deutscher Schrift ist noch angefügt: Grüße und Dank an die Nachbarsleute.

Otterstadt, 24. September 1812.

Geliebter Hirzel:

Dein Schreiben vom 6. Sept. habe ich am 2. Tage Sukkos erhalten. Wir waren gerade in der Schul, da brachte unsere Tochter Gole die hoffnungsvolle Nachricht, In meinem Eifer wußte ich nicht, war ich von Freude oder Schreck ergriffen. Dein Brief war mir eine rechte Feiertagsfreude, die meine Schwermut linderte. Seit Deinem vorigen Briefe habe ich mehr mit Sorgen die Tage verbracht als in der ganzen Zeit Deiner Abwesenheit. Dazu kam noch die Furcht, Du würdest Dich von Deinen Genossen überreden lassen, Dich noch weiter weg zu wagen. Jetzt bin ich zufrieden. Ich strebe nicht nach großem Reichtum. Wenn Du wieder gesund bei mir bist, so ist das Reichtum genug. Nachdem ich sehe, daß sich Deine Aussichten erfüllt haben, danke ich Gott dafür, daß er Dir besondere Gunst erwiesen hat. Daß Du gegen Kaution als Rumineur angestellt worden bist, freut mich sehr. Ich muß aber zu meiner Schande gestehen, ich verstehe nicht recht, was das bedeutet. Doch erinnere ich mich, daß Du mir immer gesagt hast, daß die Stelle eines Rumineurs oder Abschätzers Dein Ziel wäre. Wie mir nun andere Leute sagen, die die Affaire besser verstehen, soll es eine der besten Stellen sein, die aber ein wachsames Auge erfordert, da Deine Vorgesetzten gar kritisch seien. Ich bin aber überzeugt davon, daß Du Dich Deiner Sache sicher fühlst.
Es wundert mich, daß Du mir Dein Portrait nicht schicken kannst. Du glaubst ausgelacht zu werden. Das kommt mir lächerlich vor. Denn wie ich höre, sind dort die neumodischen Trachten dieselben wie hier. Darüber, denke ich, könntest Du Dich verexkusieren. Es wäre wohl zum Lachen, wenn Du Dich in Polen mit langem Bart, hoher Mütze und Schubbitz portraitieren ließest und statt französisch polnisch gelernt hättest. Aber nach neumodischem Gang kannst Du mir Dein Bild wohl schicken. Man ist ihn bei uns auch gewöhnt.
Ich habe befürchtet, wenn Du nach Polen gehst, kämst Du als Polack zurück. Ich wünsche, Du wärst bei mir, ich wollte Dich schon wieder zu einem Deutschen machen. Den Hillel möchte ich doch auch sehen, wenn er so falsche Mittel aufhat. Du brauchst mir aber Dein Portrait nicht schicken, ich hab es nur zum Spaß geschrieben. Ich habe noch andere Sorgen wie diese, zumal der Winter vor der Tür ist.
Deine beiden Anweisungen hab ich richtig erhalten, nämlich an Franz Heim und Mutterstadt. Der junge Mann von dort ist recht reich. Du hättest ihm noch mehr geben dürfen. Ich danke Dir vielmals für das Geld. Es freut mich, daß Du so an mich denkst. Schöner wäre es aber, wenn Du selbst wieder kämst.
Mit Deinen Immen beim Kissler in Waldsee hab ich viele Mühe gehabt. Ich war einige Mal dort, habe ihn aber nicht auf den rechten Weg bringen können, wie ich es gewollt habe. Er hat gesagt, wenn ich einen von den alten Stöcken wegnehme, macht er sie alle tot. Das wollte ich aber nicht haben, um nicht von der Art zu kommen. Nur drei Völker haben geschwärmt. Einen Stock habe ich abgetan, er hat nur 5 1/2 Pfund gewogen. Wenn ich nicht gefürchtet hätte, ich werde von Dir gezankt, hätte ich sie alle weggetan. Du kannst mir ja darüber schreiben. Die Waben sind dieses Jahr sehr teuer, das Pfund gilt 20 kr.

Du fragst auch, was ein Brief kostet, wenn er von der Post gebracht wird. Für den ersten habe ich 12 kr. und den letzten 16 kr. bezahlt. Die Post ist billiger als die anderen Sachen.
Lieber Hirzel, wie sieht es aus, mit Deinen Hemden und Strümpfen? Ich habe während der Feiertage, so oft ich Hemden richtete, immer gedacht, ich müßte auch für Dich eines zurecht legen. Ich habe Dir 6 neue gemacht, ebenso auch Strümpfe. Wenn Du solche anzustricken hast, so schicke sie nach Haus, wenn sie den Botenlohn wert sind. Wenn Du nur selbst wieder zu Haus wärst und am Schabbos und Jomtow (Feiertag) an Deinem Tisch sitzen könntest, das wäre mir lieber als alles. Weiter verbleibe ich Deine treue Frau

Vogel.

Nachschrift: Nimm Vorlieb mit meinem Schreiben. Das Papier fließt und ich schreibe in völliger Eile. Meine schönste Empfehlung an den Schwager. Lieber Hillel, ich habe großes Vergnügen von meinem Hirzel, besonders weil er schreibt, daß wir ihn nicht mehr erkennen würden. Wenn wir Euch nur bald zu sehen bekämen. L. Hillel, es freuen sich viele Mädchen darauf. Liemanns Miriam war gestern abend noch spät bei mir und hat mir Grüße an Dich aufgetragen. Seit Rosch Haschonoh sind wir wieder mit allen recht gut Freund. Die Leute haben sich an Neujahr bekehrt. Der Leser und das Vögelche lassen Euch auch grüßen. Sie wundern sich, weil Ihr in so großem Stand seid.
Die Kinder lassen mir keine Ruhe, ich soll für sie schreiben, weil sie es nicht selbst tun können. Sie lassen Dich vielmals grüßen und wünschen Dir Glück im Geschäft. Sie sagen, wenn nur der l. Vater einmal käme, sie wollten Dir gerne 2 Stunden entgegen gehen. Ihren Onkel Hillel lassen sie auch grüßen. Aus unseren Gesprächen hören sie, daß Hillel so vornehm einhergehe, daß man ihn nicht mehr kennt. Ich freue mich, daß Ihr beide so zusammen haltet, wie es sich für Brüder, auch noch an fremdem Platze, gehört.

Anschrift des Vaters:
Meine lieben Söhne: Eure Briefe erhielten wir am 2. Sukkostage. Als die Schul aus war, ließen wir sie aufbrechen und haben sie mit Freude gelesen. Die Fleischknöpfchen haben mir viel besser geschmeckt wie am ersten Tag Sukkos. Wir freuen uns, weil Ihr gleich, als die Ochsenlieferung aufhörte, etwas anderes bekommen habt. Nun braucht Ihr keine so große Reisen mehr zu machen. Das ist eine große Gnade von Gott. Auch wir sind gottlob noch alle gesund. Die Geschäfte aber sind nicht zum besten. Ich könnte wohl ab und zu etwas handeln, wenn es nicht an einem fehlen täte, wie Ihr ja wißt. Denn die Bargeschäfte sind sehr rar. Auf der medinah (Umgegend) kann ich nicht nachfragen, wie Ihr wohl wissen werdet und geliehen bekommt man eben nichts.
Mit den Ausständen wird man auf die Einnahmezeit vertröstet. Wenn ich auch täglich fordern lasse, so heißt es immer: Ihr müßt warten, bis der Tabak hängt. So kann ich eben nicht sagen, daß ich so viel brauche. Ich hoffe, daß es, wenn Ihr beide wieder daheim seid, besser wird.
Da Du, l. Hillel, wissen willst, wie viele Büschel Tabak ich gemacht (geerntet) habe, so kann ich Dir noch keine bestimmte Nachricht geben, da noch nicht aller

nach Hause gebracht ist. Nach meinem Überschlag dürften es 300 Büschel geben. Er ist dieses Jahr viel später gereift als sonst. Es ist aber mit allen Früchten so. Sie wurden alle um 14 Tage später reif.
Dem Hirz muß ich melden, daß wir eben keinen Bachur haben. Wir hatten ihn zwar wieder um 27 fl. gedingt, und er war auch da bis zum Schabbos vor Rosch Haschonoh. Am Nachmittag verlangte er noch 3 neue Taler apart, wenn er an den Feiertagen vorbeten soll. Ferner forderte er von den Eltern, die zwei Kinder zum Unterricht schicken, besondere Zahlung. Ich habe zu ihm gesagt, wenn ihm der Akkord nicht recht sei, soll er sich einen besseren suchen, worauf er mich beim Wort nahm. Ich habe gleich nach Speyer geschickt und den alten Chasen (Vorsänger) dingen lassen. Der hat auch bei uns vorgebetet. Weiter weiß ich keine Neuigkeit.

Euer Vater
Aron

Euer Miemle und Eure Geschwister lassen Euch vielmals grüßen. Der Abraham sagt immer: Wenn der Hillel kommt, bringt er einen großen Haufen Geld mit. Er will Dir weit entgegen gehen. Als Euer letzter Brief kam, ist der Lent noch auf der Gass gestanden. Ich habe ihn hereingerufen und ihm Hillels Brief vorgelesen. Er hat sich darüber gefreut, daß es Hillel so gut geht und läßt ihn grüßen. Er sagt, er und Hillel seien zwei gute Spezel (Kameraden).
Der Bruder Wolf möchte wissen, was die Stelle den Brüdern einträgt. Ferner berichtet er, daß wieder Ziehungen (Musterungen) stattfinden.

Otterstadt, 18. Oktober 1812.

Teuerster Mann:
Deinen Brief v. 19. September habe ich verflossene Woche zu meiner unaussprechlichen Freude erhalten, da wir aus ihm Deine gute Gesundheit entnehmen konnten. Auch bei den Kindern und mir ist es der Fall. Du willst wissen, weshalb ich unseren Loeb entwöhnt habe: Es hatte weiter keine andere Ursache, als daß es an der Zeit war. Er ißt und trinkt nun mit, wie es auf den Tisch kommt. Ich befinde mich auch mehr gesund dabei. Auch kann ich dadurch öfters aufs Feld gehen.
Wegen des Reimer von Mutterstadt, dessen Sohn dort (in Elbing) Soldat ist, habe ich mich auf das beste erkundigt. Du kannst ihm Geld geben, ich bekomm es wieder, denn der Vater ist reich.
Dein Schreiben hat uns allen Vergnügen bereitet. Wir bekommen täglich Besuch von Juden und Christen, die Deinen Brief hören wollen. Sie verwundern sich alle darüber, wie auch ich. Gott gebe Dir weiter chen (Gunst) und massel (Glück) in allen Deinen Geschäften. Ich wünsche Dir für jedesmal, als ich Deinen Brief überlese, 1000 fl. mitzubringen.

Was die Neuigkeiten anbelangt, so weißt Du ja selbst, daß sich in Otterstadt nicht viel extra begibt. Nur das habe ich zu melden, daß kommenden Mittwoch eine B'riss Miloh (Beschneidung) beim Leser ist. Am Samstag ist wieder in Speyer gezogen (gemustert) worden. Der Leme ist frei. Weil er der erste Sohn einer Witwe ist, läßt ihn das Gesetz frei. Aber des Loebs Maier von Speyer hat es verloren und muß auch fort. Des Abrahams Simon von Boehl hat es auch verloren. Es wird ihm hart halten.

Weil Du mir schreibst, ich hätte Dir Stichelreden geschrieben, so brauchst Du Dich gar nicht darüber zu verdrießen. Ich habe auch schon manchen Stich bekommen seit Deiner Abreis, der keine Verwundung gegeben hat. Ich bin nicht so aufnehmend wie Du, ich trage alles mit Geduld. Wenn Du schon von „Weiberleuteschmus“ schreibst, so haben sich schon schöne Männer darüber gewundert, daß ich so Geduld haben kann mit 5 kleinen Kindern und noch dazu alles im Kopf behalten muß. Ich meine, man lernt bei der jetzigen Zeit schon die Augen aufzutun, wo alles so teuer ist. Das Malter Spelz gilt schon 7 fl. und das Malter Korn (Roggen) 9 fl. Wenn man alles kaufen muß, ist es, auch wenn man nicht prasst, schwer.
Diese Woche bin ich die Gasse herunter gegangen, da hat mir der Michel Geck gerufen und gesagt, wenn er bis Weihnacht sein Geld nicht bekommt, wird er mich verklagen. Ich weiß mir nicht anders zu helfen, als Dich wissen zu lassen. Was weiter von Neuigkeiten anbelangt, so habe ich ein gar kleines Konzept und bin auch immer voller Gedanken über Dich. Ich habe mir schon oft gewünscht, wenn Du nur hinter der Tür stehen und den Diskurs der Kinder hören könntest, wie sie immer von Dir reden. Der Itzig sagt: Ich gäbe 3 Batzen darum, wenn der Vater käme. Wolf meint: Ich würde den Vater doch kennen, wenn er auch schon so schöne Kleider anhat; er hat zwei Warzen im Gesicht. Und die Gole sagt: Er hat auch eine Warze in der Halsangel. Und die Brendel: Der Vater kommt, wenn die Armee vorbei ist und bringt mir zwei rote Eier mit.

Lieber Herzel, schau nur, daß Du dem Geck das Geld schicken kannst, damit die Sache keinen Lärm bei der Bevölkerung verursacht. So hast Du nun meinen ganzen Kram von Neuigkeiten. Schreibe mir zu meinem Vergnügen gleich wieder.

Deine treue Frau
Vogel

Nachschrift: Ich muß Dir noch was Neues schreiben: Die Muschge ist zum Nade nach Speyer gekommen, ich habe wieder die Deborah genommen. Die Muschge hat wieder ihre schönen Possen angefangen. Meine Grüße und Empfehlung an meinen Schwager Hillel. Diese Woche ist schon sehr viel von ihm geredet worden bei des Lesers Briss Miloh. Der Leser, das Vögelche, die Miriam und der Liebme (Liebmann) lassen Euch vielmals grüßen. Die Miriam befiehlt mir allemal an, ich soll doch einen Gruß von ihr schreiben an Hillel. Sie kann es nicht erwarten, bis Du heimkommst. Meine Mutter und die Behle haben selbst einen Zettel an Dich, l. Herzel geschrieben, den ich beilege.

Brief der Schwiegermutter aus Walldorf:
L. Vogel: Deinen l. Brief habe ich richtig erhalten und daraus Dein Gutes Wohlsein ersehen, was von uns auch zu vernehmen ist. Glaube mir, daß wenig Stunden vergehen, an denen ich nicht an Dich und Deinen l. Mann denken muß. Du weißt, daß ich die Frau nicht bin, die viel schreiben kann. Ich habe gar ein kleines Konzept und bin öfters so voller Gedanken über Dich und Deinen Mann, daß ich gar nicht weiß, was ich tue. Glaub mir, ich wäre gar gern bei Dir; aber das große Wasser (der Rhein) will mir gar nicht in den Kopf. Ich freue mich, daß Dir Dein Herzel so gute Briefe geschrieben hat. Gott wird helfen, daß er in smachod (Freuden) und kawod (Ehre) wieder heimkommt, damit die Lamentation wieder aufhört. Im übrigen leb wohl und gesund mit Deinen Kindern. Weiter weiß ich nichts zu schreiben und verbleibe

Deine getreue Mutter
Libet (Elisabeth)

Brief des Vaters Aron:
Nachdem er ebenfalls von der jüngst stattgehabten Musterung in Speyer erzählte, fährt er fort: Du l. Hillel, möchtest wissen, wer die sind, die sich Dir haben antragen lassen. Ich kann Dir vorerst darüber nichts Bindendes schreiben. Nach Beendigung des Schriesheimer Markts waren Handelsleute aus Edighofen (Edenkoben) und Ingenheim bei uns über Nacht. Sie sagten, wenn der Hillel wieder zu Hause ist, muß er zu uns kommen. Er hat auf beiden Plätzen die Wahl. Ich freue mich über Euren geschäftlichen Erfolg, doch wäre ich neugierig zu wissen was es Euch beiläufig in der Woche einbringt. Der Bruder Wolf soll im Auftrage des Simche (männl. Vorname) in Dudenhofen anfragen, ob Ihr dessen Sohn Wolf angetroffen oder etwas von ihm erfahren habt. Ferner sollt Ihr berichten, ob der Hertel aus Mutterstadt noch im Spital liegt. Man sagt hier, er sei gestorben. Dem jungen Reimer könnt Ihr getrost Geld geben. Sein Vater hat ihm zwar erst 16 Franken geschickt. Er soll seinen Vater den Empfang melden. Beiliegenden Brief sollt Ihr ihm übergeben.

Otterstadt, 16. November 1812.

Vielgeliebter Mann:

Meine Unruhe, die täglich stärker wird, läßt sich nimmer anders zufrieden stellen, als daß ich Dir schreibe und mich erkundige, was die Zurückhaltnis Deines säumigen Schreibens ist. Ich weiß nicht, was ich denken soll. Es ist ja Deine Gewohnheit sonst nicht, seitdem Du fort bist. Hoffentlich ist es zum Guten. Ich gebe freilich meinen Gedanken oft Audienz und simuliere, welche Ursache Dein Schweigen haben möchte. Ich hätte nicht gedacht, daß Du mich so in Verlegenheit setzen wirst. Es mag nun die Ursache heißen wie sie wolle, so kann ich Dich nicht entschuldigen, denn Du weißt, daß Deine Briefe mein einziges Vergnügen sind, seitdem Du von mir weg bist. Es wäre freilich so, wenn ich es von jeher gewohnt wäre, wenn Du sonst große Reisen gemacht hättest. Aber dieses ist bei mir eine Angewohnheit, welche mich sehr drückt. Es mag nun sein, wie es wolle: mein dringender Wunsch ist, Du sollst jetzt nach Hause kommen. Ich sage Dir frei, daß ich nicht mehr imstande bin, meine Haushaltung weiter zu führen, und ich habe niemand, der sich meine Sachen angelegen sein läßt. In dieser Zeit sorgt jeder für sich und Gott für uns alle. Ich glaube, und Du kannst es Dir vorstellen, daß ich durchaus meine Meinung schreiben, obzwar ich von weitem nicht in Deine Sachen hineinsehen kann. Nur in einem Punkte könnte ich verstehen, daß Du noch über den Winter ausbleibst, wenn Deine Geschäfte von großer Wichtigkeit und aussichtsreich wären. Dann will ich mich in Gottes Namen weiter bequemen. Wenn aber nicht, sage ich Dir frei, daß ich Deine Heimkunft verlange.
Ich weiß wohl, daß Du es nicht für Plaisir tust, daß Dich die Not gezwungen hat, Dein Glück in so weiter Ferne zu suchen. Du mußt aber auch daran denken, daß Du Frau und Kinder hast und darfst Dich nicht zu weit wagen. Wieviel Furcht habe ich immer um Dich! Nicht nur bei Tag, auch bei Nacht schlafe ich nicht mehr. Seitdem Du weg bist, hast Du mir alle 4 Wochen geschrieben; jetzt habe ich seit 6 Wochen keinen Brief bekommen. Ich werde bald wahnsinnig darüber. Den ganzen Tag stehe ich am Fenster und schaue, ob ein Brief kommt.

Im letzten Brief habe ich Dir geschreiben, daß Michel Geck sein Geld verlangt und mit Klage droht. Auch der Kilian aus Waldsee will seines haben. Da kannst Du Dir wohl denken, mit welchem Unmut ich die Zeit verbringe.
Ich bitte Dich also, meinen Brief wiederholt zu lesen, damit Dir mein Schreiben nicht leicht durchgeht. Ich hoffe auf Deine baldige Antwort, damit ich meine schwersten Bresten loswerde. Auch bitte ich Dich, mir deutlicher zu schreiben, damit ich weiß, wie es Dir geht und was die Geschäfte machen, damit ich weiß was ich zu tun und zu lassen habe und mich nicht übernehme. Ich hoffe, Du wirst mein Schreiben beherzigen, damit meine Lamentation bei allen Menschen ein Ende hat. Das ist jetzt der dritte Brief, den Du zu beantworten hast. Ich meine oft, ich könnte nicht mehr weiterleben. Für dieses Mal habe ich genug geschrieben. Es ist 12 Uhr in der Nacht. Mein Herz ist mir voll genug. Ich könnte immer weinen und schreiben. Weiter verbleibe ich Deine treue Frau

Vogel

Nachschrift: Viele Grüße an Schwager Hillel. Ich bitte ihn, meinen Mann nicht zurückzuhalten, wenn er nach Haus will. Wenn Ihr nur unserm kleinsten Kind zuhören könntet, wie es nach seinem Vater lamentiert. Wenn man fragt: Loeb, wo ist Dein Vater? Streckt er beide Hände aus und sagt: „Davon". Von den andern will ich gar nicht reden. Liebme und das Leserle lassen Euch herzlich grüßen. Ebenso das Voegelche. Die Miriam hört gar nicht auf zu reden. Ich wünsche, sie könnte eine halbe Stund bei Euch sein.

Anschrift des Vaters:
Meine vielgeliebten Söhne: Ich hoffe, daß es zum Guten ist, weil wir schon 6 Wochen keinen Brief von Euch hatten, Ihr wisst doch, wie die Weibsleute sind, sie verzweifeln sogleich. Ich bitte Euch deshalb, besonders Dich l. Herz, fleißiger zu schreiben. Du kannst Deiner Frau keine größere Freude bereiten, als wenn Du Ihr schreibst. Wenn Euer Geschäft nachläßt, wird es am besten sein, Ihr kommt nach Hause. Sobald Brief von Euch da ist, werde ich mehr schreiben.

Euer Vater.

Der Bruder Wolf fügt bei:
Ich will Euch berichten, daß ich am 19. Oktober meinen Abschied bekommen habe (Befreiung vom Heeresdienst). Nachdem Du, l. Herzel gesagt hast, Du könntest Dich auf Deine Schwäger in Walldorf verlassen, will ich Dir mitteilen, daß noch keiner von ihnen herüber gekommen ist, um nach Deiner Frau zu sehen.

Stettin, 5. Februar 1813.

Meine liebe, wertigste Frau Vogel:

Mein Herz läßt mir keine Ruhe, daß ich Dir, meinen lieben Kindern, meinem Vater und meinen Geschwistern schreibe, damit Ihr wißt, wo wir sind. Am 14. vor. Mts. sind wir von Danzig weg. Wie wir raus sind, ist jeder von uns geritten. Wir haben zwei gute Reitpferde gehabt. Da hat der Hillel Gelegenheit getroffen, nämlich den Mendel Dreifuß von Belfort. Der hat zu Hillel gesagt, er soll sich zu ihm in seine Kutsche setzen und sein Pferd an die Kutsche spannen. Das hat er auch getan, und ichn bin mit einer anderen Gesellshaft weiter geritten bis nach Berlin. Dort habe ich auf Hillel gewartet. Auf einmal hat er mir sagen lassen, daß er hier krank ist, und ich sollte gleich zu ihm kommen, so geschwind als möglich. So hab ich gleich die Extrapost genommen und bin zurück zu ihm gefahren. Also war es auch so: Er hat zwei Doktoren, und sie haben ihm beide das Leben abgesagt. Aber jetzt ist es G.s.D. wieder besser, und jeder glaubt, daß er davon kommt. Aber er ist sehr matt. Seitdem ich hier bin, bekommt er seine gute Aufwartung. Es kostet aber Geld genug. Seitdem ich aber bei ihm bin, nicht mehr so viel. Aber vorher ist es zugegangen, wie es bei fremden Leuten zugeht, die Herr über einem sind. Bis ich zu ihm kam, hat er schon mehr als 200 fl. von seinem Gelde weniger gehabt. Ich danke aber Gott tausendmal, daß es ihm wieder besser geht. Geld verloren, ist nichts verloren. Er kann es s.G.w. wieder verdienen, die Aussichten dazu sind da. Wenn er nur wieder auf sein kann, daß wir weiter können. Ich meine, ich sitze auf Nadeln hier. Was soll ich aber tun; ich kann doch meinen Bruder nicht im Stich lassen. Besonders an einem Platz, wie dem hiesigen! Es ist nur ein Jude hier, und auf den kann ich auch nicht zählen. Wenn das mit Hillel nicht vorgekommen wäre, glaube ich, daß ich vielleicht schon zu Hause sein könnte, oder ich müßte gute Geschäfte bekommen, dann würde ich noch nicht kommen. Denn es langt noch nicht bei mir, wie ich es haben will. Ja, wenn ich bis Pessach hätte in Elbing bleiben können, dann hätte ich nach meinem Vergnügen heimreisen können. Aber, daß es so gegangen ist, ist nicht meine Schuld.
Ich denke aber: Was nicht ist, kann noch werden, und wenn ich kein Geschäft mehr bekommen sollte, so bringe ich doch so viel nach Haus, als wir uns oft nachts im Bett gewünscht haben. Du wirst wohl noch daran denken, wenn Du Dich besinnst. Liebe Vogel und l. Kinder, bittet Gott, daß er mich gesund läßt und mir weiter Glück gibt. Das ist das Allerbeste.

Liebe Vogel, Deine Antwort schreibe mir nach Magdeburg. Ich denke, daß wir, wenn Hillel gesund ist, von hier nach Magdeburg reisen. Sollten wir einen andern Weg wählen, so schreibe ich dem Postdirektor nach Magdeburg, dann bekomme ich den Brief auch. Schreibe mir alle Neuigkeiten, denn ich habe schon lange nichts mehr von Dir gehört. Ich nehme zwar an, daß Du mir nochmals nach Elbing geschrieben hast,ich habe aber den Brief nicht bekommen. Die Ursache davon werdet Ihr Euch einbilden können. Schreibe mir also auch die Neuigkeiten nochmals die Du im selbigen Breif hineingeschreiben hast. Schreibe mir auch von der Anweisung, die ich Dir in den Danziger Brief eingeschlagen habe, nämlich von

Baptist Hellebrand, dem Sohn unseres Maire auf zwei Dublonen. Auch ob Du sie von ihm bekommen hast, und was er dazu gesagt hat. Es muß ihm recht weh tun, und er muß doch still schweigen.

Liebe Vogel, ich wollte Dir gern Geld schicken, daß Du den Betz und den Einnehmer bezahlen kannst und auch für Dich. Ich weiß, daß Du brauchst. Ich kann aber jetzt keines schicken, weil ich auf keinem bestimmten Platz bin, sonst kann ich drum kommen. Mithin schau, daß Du so viel einnimmst, daß Du den Betz bezahlen kannst. Wenn Du mit den anderen redest, tun sie Dir nichts. Sie können Dir auch nichts tun. Wenn ich s.G.w. nach hause komme, bekommen sie alle ihr Sach. Frage den Heim, was für einen Gaul er haben will, was für eine Gattung. Wenn Du mirs schreibst, bringe ich ihm einen mit. Denn es ist möglich, daß ich, wenn ich kein Geschäft mehr bekomme, nach Hause reise. Ich will das Geld, was ich verdient habe, nicht wieder aufzehren. Also gib mir so schnell als möglich Antwort an die angegebene Adresse. Schreibe mir auch, was es in Walldorf Neues gegeben hat, Du warst ja drüben gewesen.
Weiter verbleibe ich, wie alle Zeit,

Dein getreuer Hirz ben Aron

Grüße an Vater und Geschwister apart an den Abraham, an meine l. Schwiegermutter samt Schwägern, Geschweien und Kindern. Grüße an meine l. Kinder insgesamt. Folgt nur der Mutter recht. Grüße an alle Ottersädter Juden insgesamt und alle, die nach mir fragen. meinen freundlichen Gruß an alle Nachbarsleute und alle Otterstädter Bauern wie auch an die Waldseer.
Der Hillel läßt Euch alle grüßen. Er hätte selbst geschrieben, aber er ist noch zu matt.

Hessen-Cassel, 4. März 1813

An meine liebe und wertigste Frau Vogel:

Ich tu Dir zu wissen, als ich geschtert (gestern) abend hier ankummen bin und heute wieder abreise nach Frankfurt zu. Ich denk s.G.w. Schabbos nach Giessen zu kommen und bis heute über 8 Tag zu Haus zu kummen. Sollte ich aber bis heute über 8 Tag nicht zu Haus sein, so kumm ich morgen über 8 Tag. Du kannst mein Teil Kugel (traditionelle Schabbos Speise) mitnehmen, denn man kann es bei einem Tag nicht bestimmt sagen. Ich habe mich in Frankfurt aufzuhalten. Was den Hillel anbelangt, muß ich Euch schreiben, als er wieder b'esrat haschem (mit Gottes Hilfe) gesund ist. Aber er will noch nicht zu Haus, weil er um sein halbes Geld kummen ist durch seine Krankheit. Er ist in Berlin geblieben. Das Geld für den Philb von Waldsee hat er mir mitgegeben und auch einen Brief an Euch sowie einen an den Philb. Den Brief von Hillel will ich meinem l. Ette selbst geben. Ich habe gemeint, ich treffe Brief auf der Post zu Magdeburg auf den Brief, wo ich Dir von Stettin aus geschrieben habe. Ich habe aber keinen bekummen. Ich kann gar nicht mehr ruhen, es wird mir jeder Tag ein Jahr lang, bis ich zu Haus bin. Ich hoffe, es soll alles letowa (zum Guten) sein. Liebe Vogel, Du wirst mir meine zwei Jungens entgegenschicken auf die Rehhuette zu des Bielers oder meinetwegen nur nach Waldsee in den „Pflug“ oder in den „Schwanen“. Sollte ich aber an diesem Tag nicht kummen, also kumm ich bestimmt am Freitag. Darum brauchst Du nicht zu erschrecken. Was sonst chiduschim (Neuigkeiten) sein, will ich warten, bis ich daheim bin. Darnach will ich sie Euch alle erzählen, d.h., wenn sie mir alle beifallen. Weiter wünsche ich Euch, als dieser Brief Euch alle gesund antreffen soll, als ich auch bin. Weiter verbleibe ich Dein getreuer Mann wie alle Zeit.

hirz ben kemar aharon me odderschtat
(Hirz Sohn des achtbaren Herrn Aaron von Otterstadt)

Nachschrift: Meinen Gruß an meinem l. Ette und Miemle und auch an alle meine Geschwistrig. Meinen Gruß an alle Otterstädter, wo nach mir fragen. Ich will diesmal kurz machen mit den Grüßen, weil ich mit nächstem selbst zu Haus kumm.

(Aus der Ausdrucksweise und der Orthographie ist die Aufregung des Schreibers ersichtlich).

*Tilde Bayer*

# Familiäre Beziehungen der Mannheimer Juden zur Bayerischen Rheinpfalz 1814-1850

Nach dem Ende des Dreißigjährigen Krieges lud Kurfürst von der Pfalz Karl Ludwig (1617-1680) „Alle ehrlichen Leute von allen Nationen“ dazu ein, sich in Mannheim niederzulassen. Großzügige Privilegien sollten Arbeitskräfte anlocken, um die zerstörte Stadt wieder aufzubauen und zum Mittelpunkt der pfälzischen Wirtschaft werden zu lassen. Der Appell, nach Mannheim überzusiedeln, richtete sich auch an Juden, denen neben wirtschaftlichen Vergünstigungen der Bau einer Synagoge, einer Mikwe sowie die Errichtung eines Friedhofes gestattet wurde. Unter den ersten Ankömmlingen befanden sich auch fünf Familien aus Pfeddersheim, die zur Keimzelle der durch in- und ausländische Zuwanderungen rasch wachsenden jüdischen Gemeinde wurden.[1]

Im Laufe des 19. Jahrhunderts verfünffachte sich die Zahl der in Mannheim ansässigen Juden von 1095[2] im Jahr 1809 auf 4768 Personen (5,2 %) im Jahr 1895[3], so daß die Stadt in der zweiten Hälfte des Jahrhunderts zu den jüdischen Großgemeinden in Deutschland zählte. Mannheim stand 1880 an fünfter Stelle der Gemeinden mit der höchsten Konzentration jüdischer Stadtbewohner im Verhältnis zu den nichtjüdischen Einwohnern.[4]
Zurückzuführen ist dieser Anstieg vor allem auf die kräftige Zuwanderung aus dem In- und Ausland. Die Stadt übte mit ihren zahlreichen prosperierenden Handelsunternehmen und den jungen Industrien im 19. Jahrhundert eine starke Anziehungskraft aus. Viele Juden aus den umliegenden Landgemeinden strebten in die wirtschaftlich aufblühende Stadt.

1 Vgl. zur Geschichte der Mannheimer Gemeinde allgemein Karl Otto Watzinger, Geschichte der Juden in Mannheim 1650-1945, 2. Aufl. Stuttgart u.a. 1987; Volker Keller, Bilder vom jüdischen Leben in Mannheim, Mannheim 1988; zur Gründungsphase der Gemeinde: Tilde Bayer, Geschichte der Mannheimer Juden während der Regierungszeit Karl Ludwig (1661-1680), Magisterarbeit am Seminar für Neuere Geschichte der Universität Mannheim 1988; zur Geschichte der Juden in der Kurpfalz: Leopold Löwenstein, Geschichte der Juden in der Kurpfalz, Frankfurt/M. 1895; sowie zur Geschichte der badischen Juden: Berthold Rosenthal, Heimatgeschichte der badischen Juden, Bühl/Baden 1927 (Nachdruck Magstadt 1981).

2 Liste aller jüdischen Einwohner von Mannheim 1809, Generallandesarchiv Karlsruhe (GLA) 313/1282. Im Jahr 1812 hat Mannheim 18.213 Einwohner, vgl. Adam Ignaz Valentin Heunisch, Das Großherzogtum Baden historisch-geographisch-statistisch-topographisch bearbeitet, Heidelberg 1857 S. 241.

3 Watzinger (wie Anm. 1), S. 37.

4 Vgl. Jacob Toury, Soziale und politische Geschichte der Juden in Deutschland 1847-1871. Zwischen Revolution und Emanzipation, Düsseldorf 1977, S. 34 f.

Aufgrund fehlender Freizügigkeit war der Zuzug in die Stadt zu Beginn des 19. Jahrhunderts noch beschränkt; die Niederlassung in der Stadt oder gar der Erwerb des Bürgerrechts waren an bestimmte wirtschaftliche Voraussetzungen geknüpft.[5] Eine Chance, in die Stadt zu gelangen, bot indes die Verehelichung mit der Tochter oder dem Sohn eines Bürgers.

## Israelitische Eheschließungen in Mannheim

Aufgrund des Großherzoglich Badischen Edikts vom 29. Mai 1811 wurden die Rabbiner beauftragt, die bürgerlichen Standesbücher der Juden „ganz auf dieselbe Art, wie die der Christen, zu halten, und die Einträge in deutscher Sprache am Trauungs- und Beerdigungstag, bei Geborenen 8 Tage nach der Geburt zu machen."[6] Diese in deutscher Sprache geführten Bücher liegen für die jüdischen Bewohner Mannheims für den Zeitraum von 1802 bis 1870 nahezu geschlossen vor.[7] Die standardisierten Heiratseinträge geben regelmäßig Auskunft über Ort und Zeitpunkt der Eheschließung, enthalten die personenbezogenen Daten von Bräutigam und Braut[8] und schließen mit den Namen der Trauzeugen und der Unterschrift des Rabbiners.
In Mannheim wurden von 1805 bis 1870 in den israelitischen Heiratsregistern ca. 750 Eheschließungen eingetragen. Eine stichprobenweise Auszählung ergab, daß in der überwiegenden Zahl der Fälle mindestens ein Partner, aber nur bei einem guten Drittel beide Partner in Mannheim ansässig waren. Die regionalen Heiratskreise der Mannheimer Juden erstreckten sich vor allem - neben den hier zu untersuchenden Beziehungen zur Pfalz - auf die unmittelbar benachbarten ländlichen Gebiete des Kraichgaus, des Odenwaldes und Rheinhessens sowie auf die Stadtgemeinden Karlsruhe, Frankfurt/Main und Mainz.

Für den Zeitraum von 1814 bis 1850 wurden 23 Eheschließungen zwischen einem aus der Pfalz und einem aus Mannheim stammenden Partner ermittelt.[9] Nicht berücksichtigt wurden dabei Ehen, wo beide Partner aus der Pfalz stammten, aber

5 Der in den Quellen nachgewiesene erste jüdische Stadtbürger erwarb das Mannheimer Bürgerrecht bereits im Jahr 1802, vgl. Jacob Toury, Der Eintritt der Juden ins deutsche Bürgertum. Eine Dokumentation, Tel Aviv 1972, S. 70-78.

6 Sammlung der im Großherzogthum Baden in Bezug auf die Israeliten erschienen Gesetze und Verordnungen, Karlsruhe 1837, S. 32.

7 Duplikate der Standesbücher der Israelitischen Gemeinde Mannheim (Geburts-, Ehe- und Sterberegister) GLA 390/2857 - 2865 für die Jahre 1802, 1803, 1805-1870; für diesen Beitrag wurden die im Stadtarchiv Mannheim vorhandenen Ablichtungen herangezogen (Zugang 48/1977), die mir vom Stadtarchiv freundlicherweise zur Verfügung gestellt wurden.

8 Dazu zählen: Namen, Vornamen, Geburtsort und -jahr, bzw. Alter zum Zeitpunkt der Eheschließung, Familienstand, Beruf und bürgerrechtlicher Status des Bräutigams, Wohnort, Namen und Wohnort der Eltern sowie - nicht regelmäßig - Beruf des Vaters.

9 Diese Eheschließungen sind im Anschluß an diesen Beitrag aufgeführt. Das israelitische Ehebuch enthält zwischen den Jahren 1807 und 1849 insgesamt 395 Eheeinträge.

ein Partner (in der Regel der Mann) bereits geraume Zeit in Mannheim ansässig war und sich dann seine Braut aus der Rheinpfalz wählte.[10]
Hier interessieren nur die Heiratsbeziehungen des städtischen Judentums, d.h. der Mannheimer Familien, die seit mindestens einer Generation in der Stadt ansässig waren. Für diese Familien läßt sich mit Hilfe der vorhandenen Quellen die Zugehörigkeit zu einer bestimmten sozialen Schicht festlegen.[11] Die soziale Herkunft der Mannheimer Partner der hier ausgewählten Eheschließungen spiegelt in etwa auch die soziale Schichtung der jüdischen Gesamtbevölkerung Mannheims zu dieser Zeit wieder: ein Partner gehörte der Oberschicht an, der oberen Mittelschicht entstammten sechs und der unteren Mittelschicht zehn Ehepartner, und aus der Unterschicht verheirateten sich fünf Mannheimer Juden mit Pfälzer Partnern. Für die pfälzischen Ehepartner bzw. ihre Eltern kann das Kriterium der Schichtzugehörigkeit leider nicht herangezogen werden. Da man aber in der historischen Sozialforschung davon ausgeht, daß in der Regel sozial homogen geheiratet wurde und in allen sozialen Schichten eine ähnliche Vermögenslage beider Partner vorausgesetzt wurde[12], liegt es nahe, von einer sozialen Gleichrangigkeit der pfälzischen Partner auszugehen.[13] Die folgenden Ausführungen beschäftigen sich mit der Frage, welche Mannheimer Familien - unter Berücksichtigung ihrer Schichtzugehörigkeit - ihre Kinder nicht innerhalb des städtischen Umfeldes verheiraten wollten oder konnten, sondern vielmehr einen Partner aus der Pfalz wählten.

10 Diese - insbesondere seit den fünfziger Jahren - zu beobachtende Konstellation muß einer späteren Untersuchung vorbehalten bleiben.

11 Dieser Untersuchung liegt das in verschiedenen Projekten der empirischen neueren Sozialgeschichte entwickelte dreidimensionale Schichtmodell zugrunde, das die soziale Stellung (Bildung, Entscheidungsbefugnis am Arbeitsplatz und Besitz), die Stellung im Beruf und den wirtschaftlichen Sektor bzw. die Branche wiedergibt und sechs soziale Schichten unterscheidet, vgl. dazu Sylvia Schraut, Sozialer Wandel im Industrialisierungsprozeß, Esslingen 1989, S. 348-351 (Exkurs 3: Soziale Schichtung). Aufgrund der schwierigen Quellenlage für Mannheim wurde dieser Untersuchung ein auf vier Stufen reduziertes Schichtmodell [Oberschicht (OS), obere und untere Mittelschicht (OMS, UMS) sowie Unterschicht (US)] zugrunde gelegt. Zur Bestimmung der Schichtzugehörigkeit wurden insbesondere die Angaben in den gedruckten Steuerverzeichnissen herangezogen: Neuestes Verzeichnis sämmtlicher Gebäude in Mannheim mit Bemerkung ihrer dermaligen Eigenthümer und Angaben des Steuer- oder Schatzungs= und des Brandversicherungs=kapitals, Mannheim 1821 und Mannheim 1831. Herr Dr. Dieter Hein/Johann Wolfgang Goethe-Universität Frankfurt/M. stellte mir freundlicherweise einen in alphabetische Reihenfolge gebrachten Ausdruck der Hausbesitzer zur Verfügung. Ergänzende Angaben wurden folgenden Quellen entnommen: Familienbögen (Stadtarchiv Mannheim Zug.-/1962: Familienbogen); Mannheimer Adreßkalender auf das Jahr 1836, Mannheim; Adreßbuch der Handels- und Gewerbsleute in Mannheim, Mannheim 1840.

12 Vgl. dazu mit weiteren Nachweisen Schraut (wie Anm. 11), S. 101.

13 Zur Sozialstruktur der Pfälzer Juden im 19. Jahrhundert vgl. Wilhelm Kreutz, Die Entwicklung der Berufs- und Sozialstruktur der pfälzischen Juden (1818-1933), in: Juden in der Provinz, Beiträge zur Geschichte der Juden in der Pfalz zwischen Emanzipation und Vernichtung, Hrsg. Alfred Hans Kuby, 2. Aufl. Neustadt a.d.W. 1989, S. 9-32.

## Heiratsverhalten der Oberschicht und oberen Mittelschicht

Das städtische Bürgertum der oberen Mittelschicht - und teilweise auch der Oberschicht - war zu Beginn des 19. Jahrhunderts noch stark ortsgebunden und zielte in seinem Heiratsverhalten darauf ab, seine Kinder möglichst am Ort zu verheiraten. Hedwig Wachenheim (1891-1969), die aus einer angesehenen Mannheimer Familie des „wohlhabenden Großbürgertum[s]"[14] stammt, schreibt dazu in ihren Erinnerungen, daß nach Gesprächen, die sie als Kind aufschnappte, noch immer „die 'Vorderpartie' (die Heirat der ältesten Tochter) als Hauptsache [galt]" und daß außerdem „eine Platzpartie (die Verheiratung einer Tochter am Ort) als die beste 'Partie' angesehen [wurde]".[15]

Von den untersuchten 23 Ehen gehörte - wie gesagt - nur ein Partner der Oberschicht an. Es handelt sich um den Handelsmann Eduard Traumann, den Sohn Heinrich Traumanns, der zusammen mit Gabriel Hirschhorn ein Geschäft für „Pfälzer- und amerikanische Blättertabacke, Landesprodukte, Commission und Spedition und Incasso" betrieb.[16] Er heiratete am 27.3.1844 Rosalia Abraham, die Tochter des Handelsmannes David Abraham aus Landau (15)[17]. Über die Vermögensverhältnisse des Brautvaters ist nichts näheres bekannt - wahrscheinlich spielten bei der Anbahnung der Ehe auch geschäftliche Verbindungen eine Rolle.

In der oberen Mittelschicht heirateten sechs Kinder Mannheimer Familien pfälzische Partner, davon nur ein Sohn (14), aber fünf Töchter (6, 7, 20, 22, 23). Wenn man davon ausgeht, daß die Erinnerungen von Hedwig Wachenheim zutreffen, so dürfte es sich bei diesen Eheschließungen nicht um „Vorderpartien" gehandelt haben. Zwei Beispiele belegen dies: Die Handelsleute Falk Wachenheimer (22) und Joseph Hachenburger (23) verheirateten jeweils ihre erste Tochter in Mannheim, während die jüngeren Töchter nicht am „Platz", sondern nach Ludwigshafen (Wachenheimer) und Dürkheim (Hachenburger) verheiratet wurden.

Das Prestige einer „Platzehe" für die „Vorderpartie" konnte jedoch möglicherweise aufgewogen werden durch die Verbindung mit einem Angehörigen einer Berufsgruppe von hoher Reputation - hierzu zählen insbesondere gelehrte Berufe (Rabbiner), aber auch Akademiker - sowie durch die Stärkung geschäftlicher Verbindungen. So heiratete die älteste Tochter des Handelsmannes Juda Hirsch (6) den Bezirksrabbiner Juda Oppenheimer in Pirmasens, während ihre jüngere Schwester sich in Mannheim verheiratete. Die Verbindung der ältesten Tochter des Fruchthändlers Hayum Hirsch mit dem Fruchthändler in Otterstadt Daniel Lehmann (7) diente sicherlich dazu, geschäftliche Kontakte durch familiäre Bande zu

14 Hedwig Wachenheim, Vom Großbürgertum zur Sozialdemokratie, Berlin 1973, S. 1.
15 Wachenheim, ebd. S. 6.
16 Adreßbuch der Handels- und Gewerbsleute in Mannheim, Mannheim 1840, S. 15.
17 Die Zahlen beziehen sich auf die Liste der Eheschließungen im Anschluß an diesen Beitrag.

festigen, wohingegen die jüngere Schwester einen Mannheimer Partner wählte. Ein Sonderfall ist in gewisser Weise das Heiratsverhalten in der Familie des Handelsmannes Elias Durlacher, dessen älteste Tochter ledig blieb, während ihre jüngere Schwester Fanny einen Akademiker, den praktischen Arzt Dr. Bernhard Schwab, in Mußbach ehelichte (20).

Die männlichen Angehörigen der oberen Mittelschicht hielten sich bei der Wahl pfälzischer Partnerinnen auffällig zurück und im beobachteten Zeitraum kam es nur zu einer einzigen Verbindung, nämlich der Ehe des Silberarbeitermeisters Samson Schiff mit der Tochter des Handelsmannes und „königlich baierischen Lotteriekollekteurs" Moriz Maier von Frankenthal (14). Über die Gründe dieser Zurückhaltung läßt sich nur spekulieren. Möglicherweise gab es aufgrund der schwierigen sozialen Lage des Pfälzer Judentums noch zu Beginn des 19. Jahrhunderts[18] in der Pfalz nicht genügend auf gleicher sozialer Stufe stehende Heiratskandidatinnen, so daß die Söhne von Mannheimer Familien der oberen Mittelschicht es vorzogen, Partnerinnen aus Mannheim oder den anderen städtischen Zentren der Umgebung zu wählen.

## Heiratsverhalten der unteren Mittelschicht und Unterschicht

In der unteren Mittelschicht kehrt sich das Verhältnis zwischen den Geschlechtern geradewegs um: Hier sind es in acht von zehn Fällen Männer, die sich ihre Partnerinnen aus der Pfalz wählen. Das berufliche Spektrum der Bräutigame umfaßt verschiedene Handwerks- (2, 11, 16, 21) und Handelsberufe (1, 10, 18 ,19). Über das unausgewogene Verhältnis zwischen Männern und Frauen lassen sich ebenfalls nur Vermutungen anstellen. Sicherlich war es für die Tochter eines pfälzischen Landjuden erstrebenswerter, einen Mannheimer Stadtjuden zu ehelichen als umgekehrt. Die Heirat bot die Möglichkeit, das ländliche Umfeld zu verlassen und aus - unter den pfälzischen Juden vorherrschenden - ärmlichen Verhältnissen in die untere Mittelschicht aufzusteigen. Wie nachhaltig die Stadt die ländliche Bevölkerung beeindruckte, läßt sich zum Beispiel aus den Erinnerungen des späteren Frankfurter Gemeinderabbiners Caesar Seligmann, der in Landau 1860 geboren wurde und regelmäßig seine Großeltern in Mannheim besuchte, erahnen: „wie ein Sonnenstrahl leuchtet in meiner Erinnerung dieser [...] Aufenthalt in Mannheim, der in den großen Ferien jedes Jahr stattfand. Das schöngebaute Mannheim mit dem prächtigen Schloß und Schloßgarten, die breiten Straßen und hohen Häuser, der Rhein, [...] die neu erbaute stattliche Synagoge, die Rheinlust und der Augarten [...], der große Markt, [...], alles dies gehört zu meinen schönsten, unvergeßlichen Kindheitserinnerungen."[19]

18 Vgl. Kreutz (wie Anm. 13), S. 19.

19 Caesar Seligmann (1860-1950), Erinnerungen, Hrg. v. Erwin Seligmann, Frankfurt/M. 1975, S. 45. Der Eintrag der Eheschließung seines Vaters Moses Seligmann mit Leonore Neugaß aus Mannheim ist in diesem Band abgebildet.

In der Unterschicht ist das Verhältnis zwischen den Geschlechtern wiederum ausgewogen (3, 4, 8, 9, 13). Im Untersuchungszeitraum gab es jeweils drei bzw. zwei Eheschließungen zwischen Söhnen und Töchtern der Mannheimer Unterschicht und pfälzischen Juden. Besonders interessant ist, daß die drei aus der Pfalz stammenden Bräute in Mannheim in Mietdiensten gestanden hatten, bevor sie sich hier verheirateten (8, 9, 13). Sie waren nicht die einzigen Töchter pfälzischer Landjuden, die aufgrund der schlechten materiellen Verhältnisse als Mägde oder Köchinnen ihren Unterhalt verdienten.[20] Viele blieben ihr ganzes Leben unverheiratet, andere kehrten nach einer bestimmten Zeit in ihre Heimat zurück, um dort eine Familie zu gründen, und einigen gelang es, sich in Mannheim - wenn auch in bescheidenen Verhältnissen - zu verheiraten. Aus der Perspektive der Frauen stellte möglicherweise bereits die Ehe mit einem der Unterschicht angehörenden Stadtjuden einen sozialen Aufstieg dar.

Die hier untersuchten Heiraten gewähren - auch wenn sie statistisch nicht repräsentativ sein können - einen Einblick in die familiären Verbindungen zwischen Mannheim und der Pfalz. Wenige Eheschließungen der Oberschicht und der oberen Mittelschicht, dafür um so mehr der unteren Mittelschicht und der Unterschicht, spiegeln in gewissem Maße das soziale und wirtschaftliche Gefüge der pfälzischen Judenschaft wieder, und das unausgewogene Verhältnis der Geschlechter in der unteren Mittelschicht und unteren Unterschicht deutet möglicherweise auf Heirats-strategien hin, die den sozialen Status wahren bzw. zum sozialen Aufstieg verhelfen sollen.

## Eheschließungen 1814 - 1850[21]

[Datum der Eheschließung:
Name des Bräutigams, Beruf, Geburtsjahr und -ort, Vorname des Vaters, Beruf, ggfs. Schichtzugehörigkeit (Herkunftsort, falls abweichend)
Name der Braut, ggfs. Beruf, Geburtsdatum und -ort, Vorname des Vaters, Beruf, Schichtzugehörigkeit]
(Abkürzungen: Hdm = Handelsmann, 999 = keine Angaben, OMS = obere Mittelschicht, OS = Oberschicht, UMS = untere Mittelschicht, US = Unterschicht)

1. 1.6.1814:
Abraham Dinkelspiel, Spezereihändler * 1780 Mannheim, Götz, Spezereihändler, UMS.
Daniela Otterberg * 1788 Landau, Salomon, Rabbiner.

20 Vgl. auch die Eheschließung Nr. 2.
21 Stadtarchiv Mannheim Zugang 48/1977

2. 25.5.1826:
Leopold Leo, Buchbindermeister * 1796 Mannheim, Michael, Hdm, UMS.
Philippina Weisel, Mietdienst * 1801 Lambsheim, Aaron, 999.

3. 26.6.1827:
Moses Weil, Hdm * 1795 Kusel, Aaron, 999.
Karoline Hammletter * 1802 Mannheim, Jacob, Hdm., US.

4. 22.1.1828:
David Haas, 999 * 1800 Ingenheim, David, 999.
Babette Firenberger * 1804 Mannheim, Löb, Metzger, US.

5. 30.8.1829:
Johann Fietler, Hdm. * 1787 Wachenheim, Feitel, 999.
Babette Stern * 1791 Mannheim, Hayum, Hdm, UMS.

6. 27. 10. 1830:
Juda Oppenheimer, Bezirksrabbiner * 1800 Pirmasens, Mayer, 999 (Fürth).
Julie Mai * 1802 Mannheim, Juda Hirsch, Hdm, OMS.

7. 14.4.1834:
Daniel Lehmann, Fruchthändler, * 1796 Otterstadt, Isaak, 999.
Mina Hirsch * 1804 Mannheim, Hayum, Fruchthändler, OMS.

8. 27. 5. 1834:
Marx Lattmann, Krankenwärter, * 1761 Mannheim, Bezabel Later, 999, US.
Babette Bergzabern, Mietdienst, * 1786 Bergzabern, Mayer, 999.

9. 8. 7. 1834:
David Herzmann, Hdm u. ehem. i. Mietdienst, * 1800 Mannheim, Aberle Löb Levi, 999, US.
Julie Wormser, Mietdienst, * 1809 Landau, David, 999.

10. 5. 11.1834:
David Kannstadt, Mehlhändler, * 1788 Mannheim, Lehmann, Uhrmacher, UMS.
Catharina Mayer * 1791 Erpolzheim, Joseph, 999.

11. 12.7.1835:
Heinrich Hammletter, Schlossermeister, * 1795 Mannheim, Moses, 999, UMS.
Wolf, Louise * 1809 Dürkheim, Joseph, 999.

12. 20.3.1836:
Moises Hess, Religionslehrer i. Grünstadt * 1807 999, Michael, Vorsänger und Lehrer (Billigheim).
Rosina Neugaß *1806 Mannheim, Löb, Rabbinatsverweser, UMS.

13. 29.6.1836:
Salomon Gerber, Schuhmachermeister, * 1798 Mannheim, Moses, Hdm., US.
Dorothea Mannheimer, Mietdienst, * 1809 Odenheim, Mendel, 999.

14. 4.6.1838:
Samson Schiff, Silberarbeitermeister, * 1807 Mannheim, Samuel, Hdm., OMS.
Barbara Maier * 1816 Frankenthal, Moriz, Hdm. u. kgl. baier. Lotteriekollekteur.

15. 27.3.1844:
Eduard Traumann, Hdm.i. Mannheim, * 1819 Heidelberg, Heinrich, Hdm., OS.
Rosalia Abraham * 1821 Landau, David, Hdm.

16. 7.5.1844:
Isaak Nadenheimer, Juwelier, * 1817 Mannheim, Daniel, Hdm., UMS.
Fanny Isaak * 1817 Edenkoben, Aaron, Hdm.

17. 02.6.1844:
David Kaufmann, Bürstenmacher * 999 Frankenthal, Martin, Gastwirt.
Amalia Wolf * 1814 Mannheim, Isaak, Hdm., UMS.

18. 25.12.1844:
Louis Schneider, *1797 Mannheim, Hdm., Feist, Hdm. UMS.
Rebecka Reinhard * 1818 Dürkheim a.d.H., Abraham, Hdm.

19. 16.2.1845:
David Ellreich, Hdm., * 1814 Mannheim, Lehmann, Gastwirt, UMS.
Babette Reinhardt *1818 Dürkheim a.d.H., Israel, Hdm.

20. 18.12.1845:
Dr. Bernhard Schwab, prakt. Arzt, * 999 Grünstadt, Isaak, Hdm.

Fanny Durlacher * 1820 Mannheim, Elias, Hdm. u. Privatier, OMS.

21. 19.10.1847:
Mayer Mayerhoffer, Schneidermeister, * 1797 Mannheim, Daniel Meier, Musikus, UMS.
Catharina Hanf * 1814 Kirchheim a.d.E., Elias, Hdm.

22. 8.11.1848:
Jakob Klopfer, Hdm. i. Ludwigshafen, * 1820 Hürben, 999, Hdm.
Helena Wachenheimer * 1825 Mannheim, Falk, Hdm, OMS.
23. 30.4.1850:
Philipp Hecht, 999, * 1817 Dürkheim, Abraham, 999.
Julie Hachenburg * 1824 Mannheim, Joseph, Hdm, OMS.

*Helga Karch*

# Zur demographischen und sozialen Entwicklung der israelitischen Kultusgemeinde Ludwigshafens (1855 bis 1922/1933)

Zu Beginn des 20. Jahrhunderts hatte Ludwigshafen, die junge pfälzische Metropole am Rhein, alle anderen urbanen Zentren dieses bayerischen Kreises überflügelt. Mit seiner wirtschaftlichen Attraktivität konnten weder Speyer, der Verwaltungssitz und Mitte der 1850er Jahre die größte Stadt der Pfalz, noch Kaiserslautern, der wichtigste frühindustrielle Standort der Region, konkurrieren. Die zweite industrielle Revolution, die ein rasantes Anwachsen der Einwohnerzahlen des 'pfälzischen Chicago' nach sich zog, ließ sie ins Hintertreffen geraten.

Begonnen hatte alles mit einer Niederlassung des Speyerer Handelshauses Scharff-Lichtenberger, die 1820 auf dem ehemaligen linksrheinischen Festungsvorwerk Mannheims, der Rheinschanze, errichtet wurde.[1] Nachdem dieses Unternehmen 1843 an die bayerische Staatsregierung übergegangen war, durften sich die neuen Hafenanlagen und die umliegenden Gebäude 1843 mit dem Namen des bayerischen Königs schmücken. 1852 genehmigte Maximilian II. die Bildung einer eigenen politischen Gemeinde. 1859 erhob er sie bereits in den Rang einer bayerischen Stadt. Die Anbindung der neuen Handelsstätte an die Ludwigsbahn, die sie mit den pfälzisch-bayerischen Kohlegruben um Bexbach verband, sowie der Ausbau des Binnenhafens führten zu einem ersten, von Handel und Handwerk bestimmten Aufschwung. Ihre Vertreter, der Baumeister Josef Hoffmann, der Zimmerermeister Georg Kutterer oder die Kaufleute Wilhelm Lichtenberger und Carl Huß, bestimmten die politischen Geschicke der Kommune. Nach dem deutsch-französischen Krieg von 1870/71 begann die frühe Ansiedlung chemischer Fabriken wie Giulini (1851), Benckiser (1858) oder der Badischen Anilin- und Sodafabrik (1865) Früchte zu tragen. Zusammen mit den neugegründeten Firmen von Grünzweig und Hartmann (1878), Knoll (1886), Raschig (1891) oder Lux (1892) waren sie der Motor des atemberaubenden Aufstiegs der Stadt zum Industriezentrum von nationaler Bedeutung. Diese zweite Phase der industriellen Expansion stand ganz im Zeichen der Chemie, wohingegen die zahlreichen metallverarbeitenden Betriebe über ein mittleres Entwicklungsstadium nicht hinauskamen.[2]

Parallel zu diesem Aufschwung der Wirtschaft wuchs die Bevölkerung enorm an. Schon zwischen 1845 und 1855 hatte sich die Einwohnerzahl des „Polizeibezirks Ludwigshafen" vervierfacht. Vor der Revolution waren 106 Familien mit 529 Personen, ein Jahrzehnt später 2.290 Bürger gezählt worden. 1864 lebten bereits dreimal so viele, nämlich 7.567 Einwohner, in der neuen Stadt. Aber erst seit den sog. „Gründerjahren" des Deutschen Reiches explodierte die Bevölkerungszahl der pfälzischen Kommune. Sie stieg bis 1900 auf 61.914 Personen an und vermehrte sich in den Folgejahrzehnten weiter. Nach 83.301 Einwohnern im Jahr 1910 überschritt die rheinische Metropole 1933 mit 107.344 Bürgern die magische Großstadtgrenze.[3]

In ähnlicher Weise wie die Gesamtbevölkerung wuchs auch die jüdische Gemeinde Ludwigshafens seit Mitte des 19. Jahrhunderts kontinuierlich an. Im Jahr der sog. „Machtergreifung" Hitlers zählte sie 1.070 Mitglieder[4] und ließ damit - zumindest quantitativ - alle anderen israelitischen Gemeinden der Pfalz weit hinter sich. Sie, die auf keine historisch gewachsene Tradition zurückblicken konnte, nahm damit als einzig urban geprägte Gemeinde eine Sonderstellung innerhalb des pfälzischen Landjudentums ein. Aber obwohl seit der ersten Gesamtdarstellung der jüdisch-pfälzischen Geschichte von Reinhold Herz[5] immer wieder darauf hingewiesen wird und Hermann Arnold in seinen Publikationen[6] die grundlegenden demographischen Quellen ausgewertet hat,[7] steht nicht nur eine differenzierte Analyse des Wachstums der jüdischen Gemeinde sowie der Berufs- und Sozialstruktur ihrer Mitglieder aus. Selbst Oskar Poller, der in einem knappen, aber vielzitierten Aufsatz die Geschichte der Ludwigshafener Juden von ihren Anfängen bis zu ihrer Vernichtung durch die Nationalsozialisten skizzierte, gab die demographischen und sozialen Entwicklungen nur in Umrissen wieder.[8] Dieser in Anbetracht der Bedeutung der Gemeinde bescheidene Forschungsstand soll mit den nachfolgenden Ausführungen einen kleinen Schritt vorangebracht werden. In den Mittelpunkt der Untersuchungen rücken dabei die vier im Stadtarchiv Ludwigshafen überlieferten Kultussteuerverzeichnisse aus den Jahren 1855, 1893-1897, 1913-1917 und 1918-1922, die im Anhang in leicht überarbeiteter Form abgedruckt werden.[9] In diesen vom Synagogenrat geführten Listen, die neben den Namen der Haushaltsvorstände auch deren Beruf und den jährlich zu entrichtenden Steuerbetrag enthalten, wurden jedoch nur die sog. „Glaubensjuden", d.h. alle rechtlich anerkannten Mitglieder der jüdischen Gemeinde, erfaßt.[10] Trotz dieser quellenbedingten Einschränkungen erlauben sie bis in die Anfangsjahre der Weimarer Republik hinein differenzierte Einblicke in die Struktur der jüdischen Gemeinde Ludwigshafens. Da sie aber nur bis ins Jahr 1922 reichen, geben sie - leider - keinen Aufschluß über die nach dem Ersten Weltkrieg zugewanderten „Ostjuden", die sich in der Pfalz vorzugsweise in Ludwigshafen ansiedelten.

## Die Anfänge der jüdischen Gemeinde (1855)

Am 20. Dezember 1854 hatte sich die „israelitische Kultusgemeinde" Ludwigshafens konstitutiert, deren Synagogenausschuß bald danach der Eisenhändler Mayer Thalmann, der Zigarrenfabrikant Abraham Selinger sowie der aus Speyer stammende Arzt Dr. Simon Gutherz vorstanden.[11] Die Gemeinde zählte, wie aus dem Protokoll einer Synagogenausschußsitzung vom Frühjahr 1855 hervorgeht, mindestens 87 Personen. Dieser war am 10. März zusammengetreten, um nach Aufforderung des Landkommissariats den Gemeindeanteil am Rabbinatsgehalt auf die 25 steuerpflichtigen Haushaltsvorstände zu verteilen.[12] Das zu diesem Zweck verfaßte Verzeichnis gibt nicht allein Aufschluß über die ersten jüdischen

Familien des „Polizeibezirks“, sondern auch über die Berufs- und die Sozialstruktur der Gemeinde. Daß 19 der Erwerbstätigen (= 76%) dem Handelssektor zuzurechnen sind, überrascht angesichts der traditionellen Konzentration der Juden in Handelsberufen und der Bedeutung dieses Wirtschaftszweigs für den aufstrebenden Verkehrsknotenpunkt auf dem linken Rheinufer nicht.[13] Welche Rolle die jüdischen Händler von Anfang an einerseits innerhalb des aufstrebenden Gemeinwesens und andererseits für die Agrarwirtschaft des Umlandes spielten, läßt ihre Branchendifferenzierung erkennen. Neben versorgungsorientierten Spezerei-, Eisen-, Kleider- oder Modewarengeschäften finden sich Wein-, Frucht-, Holz- und Lederhändler, die eng mit der Landwirtschaft der pfälzisch-badischen Region verbunden waren. Wie klein der Schritt damals vom agrarischen Handel zur (früh)industriellen Produktion war, unterstreichen nicht nur die beiden Zigarrenfabriken,[14] sondern auch die Aktivitäten des aus Grünstadt stammenden Weinhändlers Jakob Levino, der 1855 die erste Weinsäurefabrik der Pfalz gründete. Diese verkaufte er drei Jahre später an die Pforzheimer Firma Johann Adam Benckiser und hatte so maßgeblichen Anteil an ihrer Übersiedlung an den Rhein.[15] Wie wenig die Zugehörigkeit zu einem Wirtschaftssektor oder einer Branche jedoch über die Einkommensverhältnisse aussagen, verrät der Blick auf die Verteilung der Erwerbstätigen auf die insgesamt sieben Steuerklassen. Denn neben Levino, der als einziger in Steuerklasse 2 eingruppiert war,[16] gehörten je vier weitere Vertreter den beiden folgenden Klassen an, d.h. in den oberen vier Steuerklassen waren etwas mehr als ein Drittel, in den unteren drei Steuerklassen dagegen fast zwei Drittel vertreten, von denen sich wiederum fünf (= 20%) in der untersten Klasse fanden. All dies unterstreicht, den bestenfalls mittelständischen Charakter der überwiegenden Mehrzahl der jüdischen Handels- und Fabrikunternehmen während der Gründungsphase der Stadt.

Bemerkenswert ist jedoch das von Toleranz geprägte Verhältnis der Konfessionen in der jungen Stadt. So stiftete Lazarus Morgenthau, unter dessen amerikanischen Nachfahren vor allem der spiritus rector des nach dem Zweiten Weltkrieg heftig diskutierten Morgenthauplanes Beachtung verdient, das Portal der katholischen Ludwigskirche als auch eine Glocke der protestantischen Lutherkirche.[17] Und im November 1863 ging - nach Fertigstellung dieser beiden neuen Gotteshäuser - das seit 1854 von den beiden christlichen Konfessionen gemeinsam benutzte Bethaus in der Kaiser-Wilhelm-Straße in den Besitz der jüdischen Gemeinde über, die es in den beiden folgenden Jahren zur Synagoge umgestaltete.[18] Für das liberale Klima der Pfalz und der jungen Stadt spricht zudem, daß Max Lippmann, der Inhaber der „königlichen Salzniederlage“ und Gründer eines Eisen- und Farbwarendetail–geschäfts, ab 1860 zwei Wahlperioden lang dem Stadtrat angehörte, obgleich in Bayern Einschränkungen der Wählbarkeit von Juden erst 1869 aufgehoben wurden.[19] In diesem Jahr fungierte Julius Goldschmit, der Leiter des Hypothekenbüros der „Süddeutschen Creditbank“ und königlich-serbischer wie königlich-italienischer Konsul, bei den Gemeindewahlen als Wahlausschußmitglied, und Samuel Netter, der Mitinhaber der Eisengroßhandlung Wolf Netter, wurde erstmals in das lokale Gremium gewählt, dem er bis 1894 angehörte.[20]

## Die jüdische Gemeinde im Kaiserreich (1893-1917)

Während der folgenden vier Jahrzehnte wuchs die jüdische Gemeinde Ludwigshafens parallel zur Gesamtbevölkerung der Stadt stark an.[21] Im Gründungsjahr des Kaiserreichs zählte sie 181, 1880 210 und 1885 271 Mitglieder. In diesem Zeitraum erreichten die am Rhein beheimateten Israeliten - von minimalen Schwankungen abgesehen - einen Bevölkerungsanteil von etwa 1.3%. Aber obgleich ihre Zahl im nächsten Jahrzehnt um weitere 50% auf 401 Personen anstieg, sank ihr prozentualer Anteil an der städtischen Gesamtbevölkerung auf 1% ab, und dieser Prozeß setzte sich bis zum Vorabend des Ersten Weltkriegs fort. Zwar verdoppelte sich in diesem Zeitraum die Zahl der am Rhein beheimateten Israeliten fast noch einmal (1910: 754), ihre relative Quote jedoch verringerte sich auf 0.9%. Dieses während des Kaiserreichs für ganz Deutschland charakteristische langsamere Wachstum der jüdischen Gemeinden ist zum einen mit dem generativen Verhalten der Minderheit zu erklären, d.h. mit ihrer gegenüber der Gesamtbevölkerung geringeren Gebürtigkeit und kleineren Kinderzahl. Wie schnell sich die jüdischen Gemeindemitglieder dem 'bürgerlichen Ideal' der Zwei- bis Dreikindfamilie annäherten, unterstreichen die überlieferten Verzeichnisse aus den Jahren 1893-97 und 1913-1917, in denen im Durchschnitt jedes vierte Mitglied der Gemeinde als Haushaltsvorstand verzeichnet ist.[22]

Daß für den relativen Rückgang zum anderen aber auch wirtschaftliche Gründe ausschlaggebend waren, zeigt die Analyse der jüdischen Berufsstruktur. Denn trotz des in den Gründerjahren beschleunigten wirtschaftlichen Wandels der Stadt, änderte sich diese bis zum Ersten Weltkrieg kaum. Mitte der 1890er Jahre dominierten mit 73.6% nach wie vor die Vertreter des Kaufmanns- und Handelsstandes. Etabliert hatten sich bereits die Chemikaliengroßhandlung „Lippmann und Biernbaum“, die Eisengroßhandlung „Wolf Netter“, das Kaffeegroßhandels–geschäft „Wolf“, die Textilhandlungen von Ludwig Auerbacher und der Gebrüder Stern, die Schuhgeschäfte der Gebrüder Altschüler und Isidor Weilers sowie die Eisenwarenhandlungen Gimbel und Strauß. Neben zwei Metzgern und einem Bäcker zur Versorgung der Gemeinde, sowie einem Schlosser gehörten dem handwerklich-industriellen Sektor nur die beiden Fabrikantenfamilien Mann und Adler an. Letztere waren mit ihrer Kunstwollefabrik „Kuhn und Adler“ als einzige in einer für Ludwigshafen charakteristischen 'Kunststoffbranche' tätig. Bemerkenswert ist jedoch, daß trotz dieser unübersehbaren berufsstrukturellen Kontinuität, sich die Mitgliedschaft der jüdischen Gemeinde Ludwigshafens zwischen den 1850er und den 1890er Jahren völlig wandelte. Von den 1854 Verzeichneten war mit Sicherheit allein noch Max Lippmann in Ludwigshafen ansässig.[23] Alle anderen Mitglieder der Gründungsphase hatten die Stadt verlassen: so etwa Jakob Levino, der 1860 nach Mannheim oder das Synagogenausschußmitglied Abraham Selinger, der 1862 nach Ansbach gezogen war.[24] Dies unterstreicht ebenso wie die Vielzahl der seit den 1860er Jahren zugewanderten neuen Familien die Mobilität der Minderheit. Ob allerdings diese Migranten wie die überwiegende Mehrzahl ihrer christlichen Mitbürger aus der Pfalz bzw. den angrenzenden südwestdeutschen Regionen oder aus anderen Gegenden Deutschlands stammten,[25] ist ohne Analyse der städtischen Zivilstandsregister, deren Auswertung seit der Verschärfung des Datenschutzes ausgeschlossen ist, nicht zu klären. Denn die geringe Varianz der jüdischen Nachnamen läßt eine regionale oder gar lokale Zuweisung nicht zu, wenngleich die Namen der Ludwigshafener Juden zu Beginn des 19. Jahrhunderts in vielen pfälzischen oder badischen Dörfern zu finden sind.

In ähnlicher Weise wie in den Jahrzehnten zuvor änderte sich die Sozial- und Berufsstruktur der jüdischen Erwerbstätigen bis zum Ersten Weltkrieg kaum. Mitte der 1890er Jahre hatten - bei insgesamt 20 Steuerklassen - den untersten beiden ebenso 25 Haushaltsvorstände angehört wie den obersten 9 (je 28%), und die übrigen waren relativ gleichmäßig auf die mittleren Klassen verteilt. Am Ende des Ersten Weltkriegs zählten - bei nunmehr 40 Steuerklassen - zwei Drittel zu den unteren 12, dagegen nur 8 Erwerbstätige (= 4%) zu den oberen 12 Steuerklassen. Die wohlhabende Oberschicht blieb nach wie vor sehr schmal. Wie im 19. Jahrhundert verfügten relativ mehr Juden über ein geringes Einkommen als über ein mittleres oder gar hohes, wenngleich die jüdische Mittelschicht insgesamt angewachsen war. Diesem nur allmählich sich verbessernden sozialen Status entspricht die Kontinuität der Berufsstruktur. Der Anteil des Handelssektors sank nur langsam unter 70%, die Quote der in industriellen und handwerklichen Branchen Beschäftigten blieb mit rund 9% konstant, wenngleich sich die Berufsfelder insgesamt etwas differenzierten. Auffällig ist nur die relativ starke Zunahme der staatlichen oder kommunalen Beamten sowie der freiberuflich Tätigen, die jetzt 13% aller Erwerbstätigen ausmachten. Stärker als in anderen Gemeinden der Pfalz zeichnete sich im städtischen Zentrum des pfälzischen Judentums die seit der Gründerkrise in ganz Deutschland erkennbare Umorientierung der Minorität in eine Beamten- oder Angestelltentätigkeit sowie in akademische Berufe ab. Neben städtische Bedienstete und Gymnasiallehrer traten nun zahlreiche Ärzte und Rechtsanwälte, unter denen der als Theaterkritiker und Schriftsteller berühmt gewordene Hermann Sinsheimer aus Freinsheim besondere Beachtung verdient.[26]

## Die Anfangsjahre der Weimarer Republik (1918-1922)

Diesen allmählichen Wandel der Berufsstruktur bestätigt die nach dem Ersten Weltkrieg erstellte Klassifikationsliste ebenso wie die Berufszählung aus dem Juni 1933, wenngleich nicht nur die Statistik aus dem Jahr 1933 aufgrund ihrer politisch bedingten 'Ausnahmesituation' mit Vorsicht zu interpretieren ist.[27] Festzuhalten ist zunächst, daß der Anteil der im Handel tätigen Juden sich während der Weimarer Republik weiter auf rund 60% verringerte, wenngleich die jüdischen Geschäfte und die neuen jüdischen Kaufhäuser, etwa der Gebrüder Rothschild,[28] weiterhin die Ludwigs- und Bismarckstraße bestimmten. Die Quote der in Industrie und Handwerk Beschäftigten, die nach Weltkrieg und Revolution kurzfristig auf etwa 5.5% absank, stieg bis zur „Machtergreifung“ auf 13,2% an, wohingegen der Anteil der Beschäftigten des öffentlichen Dienstes und der freien Berufe mit rund 13% nahezu konstant blieb.[29] Diese wenig überraschenden, vielmehr Kontinuität anzeigenden Zahlen verstellen jedoch den Blick auf die bemerkenswerten demographischen

Veränderungen jenes Jahrzehnts. Auffällig ist zum einen der aus den Klassifikationslisten hervorgehende absolute Bevölkerungsrückgang der israelitischen Gemeinde Ludwigshafens nach dem Ersten Weltkrieg. Zählte die Kultusgemeinde zwischen 1913 und 1917 noch 198 besteuerte Mitglieder, so waren es Anfang der 1920er Jahre nur noch 164. Dieser Rückgang von etwa 17% ist nicht mit der Bereinigung der Liste oder mit dem Tod von Gemeindemitgliedern, auch unter Berücksichtigung der zahlreichen Gefallenen des Ersten Weltkriegs zu erklären. Er deutet vielmehr darauf hin, daß viele jüdische Geschäftsinhaber und die wenigen Fabrikanten die Stadt wegen der wirtschaftlichen Folgen der französischen Besatzung verließen.

Doch dieser vorübergehende Rückgang der Gemeinde wurde bis Mitte des Jahrzehnts vor allem durch die Zuwanderung der sog. „Ostjuden“ mehr als wettgemacht. 1925 lebten mit 1211 Bürgern jüdischen Glaubens rund 50% mehr Angehörige der Minderheit in der Stadt als vor dem Krieg, und 1931 erreichte ihre Zahl mit 1400 ihr absolutes Maximum. Von ihnen dürften etwa 600 zu den „Ostjuden“ zu zählen sein, von denen fast die Hälfte - ungeachtet ihres diskriminierenden Status als „Ausländer“ - im Deutschen Reich einschließlich der durch den Versailler Friedensvertrag abgetrennten Ostgebiete geboren war.[30] Sie machten damit circa 45% aller Ludwigshafener Juden sowie rund zwei Drittel aller in die Pfalz eingewanderten „Ostjuden“ aus, die es hier wie im übrigen Reich in urbane Zentren zog.[31] Sie beschleunigten aber nicht nur die Zunahme der jüdischen Bevölkerung, sondern aufgrund ihrer anderen Berufe auch den Wandel der Beschäftigungsstruktur.[32] Aber obgleich die Zuwanderung schon unmittelbar nach dem Frieden von Versailles einsetzte, gibt die Klassifikationsliste von 1918 bis 1922 hierüber keinen Aufschluß. Denn die Migranten gründeten in ihrer neuen Heimatstadt eine eigene Betgemeinschaft, der Manasse Bergmann und Israel Regenbogen vorstanden und die in der Heinigstraße ein eigenes „Privatminjan“ einrichtete. Daß die Ostjuden hier wie in Mannheim, Karlsruhe und vielen anderen Städten des Reiches vornehmlich ihre religiösen sowie kulturellen Traditionen zu bewahren suchten, unterstreicht der Name ihrer Organisation, „Machsike[i] Hadass“, „Bewahrer der Religion“.[33] Die Frage, ob und inwieweit dieser Verein mit der gleichnamigen Vereinigung Duisburgs in Verbindung stand, wo es immerhin drei ostjüdische Organisationen gab,[34] muß ebenso offen bleiben wie die nach dem Verhältnis zwischen den neuen jüdischen Bürgern und ihren 'alteingesessenen', großenteils assimilierten Glaubensgenossen. Feststeht nur, daß sie unmittelbarer als jene vom antisemitischen Rassenhaß der nationalsozialistischen Machthaber getroffen wurden. Bereits am 20. März 1933 kündigte Gauleiter Bürckel ihre Abschiebung über die deutsche Reichsgrenze an, und in den nächsten Wochen wurden diejenigen, die nicht die deutsche Staatsbürgerschaft besaßen, ausgewiesen.[35] Mit diesen illegalen Deportationen begann der Leidensweg der Ludwigshafener Juden, an dessen Ende die Vernichtung der jüdischen Gemeinde stehen sollte.

**Anmerkungen:**

1 Zur Geschichte Ludwigshafens vgl. S.Fauck: Geschichte der Stadt Ludwigshafen in Daten (= Veröffentlichungen des Stadtarchivs Ludwigshafen am Rhein, Bd.2), Speyer 1972; Ders.: Ludwigshafen am Rhein, so wie es war, Düsseldorf 1986; W.Breunig: Vom Handelsplatz zur Industriestadt. Wirtschaftsentwicklung in Ludwigshafen am Rhein 1820-1890 (= Veröffentlichungen des Stadtarchivs Ludwigshafen am Rhein, Bd.12), Ludwigshafen 1986; Ders.: Arbeiterbewegung in Ludwigshafen am Rhein 1869 bis 1919 (= Veröffentlichungen des Stadtarchivs Ludwigshafen am Rhein, Bd.5), Ludwigshafen 1976.

2 Vgl. H.Kube: Die Industrialisierung in Ludwigshafen am Rhein bis 1892, Phil. Diss. Heidelberg 1962.

3 Vgl. Zur Geschichte der Stadt Ludwigshafen am Rhein. Familien und Persönlichkeiten nebst frühen Einwohnerlisten, hg. von O.Pol-ler, Ludwigshafen am Rhein 1979, S.9ff. und S.28 sowie Die Bevölkerung der Stadt Ludwigshafen am Rhein, in: Wort und Zahl. Beilage zum Stadtanzeiger Ludwigshafens, hg. vom Amt für Wirtschaft und Statistik der Stadt Ludwigshafen am Rhein, 1 (1935), Nr.10, S.7.

4 Vgl. K.Düwell: Die Rheingebiete in der Judenpolitik des Nationalsozialismus vor 1942. Beitrag zu einer vergleichenden zeitgeschichtlichen Landeskunde, Bonn 1968, S.65. Die Volks- und Berufszählung fand jedoch erst im Juni 1933 statt, als bereits viele Israeliten nach der „rechtlichen" Ausschaltung jüdischer Beamter, nach den ersten antisemitischen Übergriffen und den antijüdischen Boykottmaßnahmen der SA ins Ausland emigriert waren und ein Teil der sog. „Ostjuden" schon ausgewiesen worden war.

5 Vgl. R.Herz: Die Juden in der Pfalz, Philippsburg 1937.

6 Vgl. H.Arnold: Die Juden in der Pfalz (= Veröffentlichungen der Pfälzischen Gesellschaft zur Förderung der Wissenschaften, Bd.56), Speyer 1967; Ders.: Juden in der Pfalz. Vom Leben pfälzischer Juden, Landau 1986.

7 Vgl. Statistik des Deutschen Reiches, hg. vom Statistischen Reichsamt, Berlin; Wort und Zahl. Beilage zum Stadtanzeiger Ludwigshafen, 1 (1935), Nr.10, S.7; 2 (1936), Nr.6, S.5f.; 3 (1937), Nr.6, S.21f..

8 O.Poller: Geschichte der Juden in Ludwigshafen, in: Pfälzer Heimat 21 (1959), S.56ff..

9 Vgl. Stadtarchiv Ludwigshafen: Religionsverhältnisse der Israeliten LU 5530.

10 Bis 1876 bzw. 1918 waren die deutschen Juden per Staatsgesetz Mitglieder der ihrem Wohnort nächstgelegenen jüdischen Gemeinde, die als Körperschaft öffentlichen Rechts auch die Steuern erhob. Ein Austritt aus dieser Gemeinde, aus welchen Gründen auch immer, war gleichbedeutend mit dem Austritt aus dem Judentum. Erst in der Weimarer Republik konnten sie wählen zwischen dem Austritt aus der örtlichen Synagogengemeinde - etwa um sich einer anderen anzuschließen - oder dem Austritt aus der Religionsgemeinschaft. All jene aber sind in den ausgewerteten Listen nicht verzeichnet. Vgl. T.Maurer: Ostjuden in Deutschland 1918-1933, Hamburg 1986, S.587.

11 Vgl. S.Fauck (wie Anm.1), S.29.

12 Vgl. das protokollartige Verzeichnis von 1855 (wie Anm.9).

13 Dem Sektor „Industrie und Handwerk" gehörten drei, dem Sektor „Öffentlicher Dienst und freie Berufe" ein Erwerbstätiger an. Ein Gemeindemitglied, Frau Marie Lefo, übte kein Gewerbe aus, bei Raphael Seligmann fehlt die Berufsangabe.

14 Lazarus Morgenthaus Zigarrenfabrik lag allerdings auf der anderen Rheinseite in Mannheim bei der Jesuitenkirche.

15 Vgl. H.Kube (wie Anm.2), S.69ff.; W.Greiling: Die Entwicklung der Ludwigshafener Industrie, in: 100 Jahre Ludwigshafen am Rhein, hg. von der Stadtverwaltung Ludwigshafen, Ludwigshafen 1953, S.77; E.Dubbers: Joh.A.Benckiser GmbH, Ludwigshafen am Rhein - ein Familienunternehmen, in: Pfälzische Familien- und Wappenkunde 8 (1959), S.206-216.

16 In der obersten Steuerklasse 1 war niemand veranlagt.

17 Vgl. V.Schmitt: von 1400 Ludwigshafener Juden kehrten drei zurück, in: Die Rheinpfalz, Ausgabe Ludwigshafen, 14. April 1960; Ders.: Viele Juden waren prominente Bürger, in:

Mannheimer Morgen, 13. März 1969; J.Raimar: Alte Ludwigshafener Familien, in: Pfälzische Familien- und Wappenkunde 8 (1959), S.232; O.Poller (wie Anm.8), S.57.

18 Vgl. J.Müller-Kattwinkel: Jüdische Kultusgemeinde war Ludwigshafen eng verbunden, in: Die Rheinpfalz, Ausgabe Ludwigshafen, 24. April 1961; Christen überließen den Ludwigshafener Juden ein Bethaus. Vor 120 Jahren wurde die Synagoge an der Kaiser-Wilhelm-Straße eingeweiht, in: Die Rheinpfalz, Ausgabe Ludwigshafen, 11. April 1985; O.Poller (wie Anm.8), S.57.

19 Vgl. H.Karch: Die politische Partizipation der Juden in der Pfalz, in: Juden in der Provinz. Beiträge zur Geschichte der Juden in der Pfalz zwischen Emanzipation und Vernichtung, hg. von A.H.Kuby, Neustadt/Weinstraße 1988, S.58. Hinzuweisen ist in diesem Zusammenhang auf Dr. Jonas Löwenthal, der in der Revolution von 1848/49 nicht nur als Offizier der Bürgerwehr eine entscheidende Rolle spielte. Er entzog sich seiner Verhaftung durch die Flucht in die Schweiz und wurde 1851 „in Abwesenheit" zum Tode verurteilt. Vgl. ebd., S.55; H.von Jan: Beiträge zur Geschichte des Aufstandes 1849 in Ludwigshafen, in: Pfälzische Familien- und Wappenkunde 8 (1959), S.217ff.; P.Ruf: 1848/49. Revolution in Ludwigshafen. Katalog zur gleichnamigen Ausstellung des Stadtmuseums Ludwigshafen am Rhein, Ludwigshafen 1991.

20 Vgl. H.Karch (wie Anm.19), S.58.

21 Vgl. hierzu und im folgenden: Wort und Zahl (wie Anm.3); H.Arnold, 1967 (wie Anm.6), S.94.

22 1893-1897 wurden von 401 jüdischen Bürgern (gezählt im Jahr 1895) 91 in der Klassifikationsliste geführt, 1913-1917 von um die 800 (1910: 754) 198.

23 Ob der 1893-1897 aufgeführte Samuel Strauß ein Nachfahre des 1854 aufgeführten Joseph Strauß ist, muß bei der Häufigkeit dieses jüdischen Namens zumindest mit einem Fragezeichen versehen werden.

24 Vgl. Dokumentation zur Geschichte der jüdischen Bevölkerung in Rheinland-Pfalz und im Saarland 1800-1945, hg. von der Landesarchivverwaltung Rheinland-Pfalz in Verbindung mit dem Landesarchiv Saarbrücken, Bd. 9.2, Koblenz 1982, S.491 N° 1077.

25 Vgl. W.von Hippel: Binnenwanderung und Verstädterung. Zur Herkunft der Bevölkerung von Ludwigshafen und Mannheim im Zeichen der Industrialisierung, in: Rhein-Neckar-Raum an der Schwelle des Industriezeitalters, hg. vom Institut für Landeskunde und Regionalforschung der Universität Mannheim, Mannheim 1984, S.27ff..

26 Vgl. Hermann Sinsheimer: Schriftsteller und Theaterkritiker zwischen Heimat und Exil. Eine Auswahl aus dem Gesamtwerk, hg. von G.Weber und R.Paulus, Landau 1986. Zu weiteren Literaturangaben vgl. A.H.Kuby (wie Anm.19), S.289.

27 Vgl. Anm.4.

28 Vgl. G.Bohley: Erstes Kaufhaus der Pfalz im Jugendstil, in: Die Rheinpfalz, Ausgabe Ludwigshafen, vom 13.11.1987; Ders.: Wunden der Nazi-Zeit sind vernarbt, nicht verheilt, in: Die Rheinpfalz, Ausgabe Ludwigshafen, 31.3.1988.

29 Vgl. Statistik des Deutschen Reiches 1933 und Wort und Zahl 1937 (wie Anm.7).

30 Ein Verzeichnis ist nicht überliefert. Für die Auskünfte danke ich dem Leiter der Ludwigshafener Stadtmuseen, Herrn Peter Ruf. Zum Gesamtzusammenhang vgl. die demnächst erscheinende Geschichte der Juden in Ludwigshafen von Ulrike Minor und Peter Ruf.

31 Zum Gesamtzusammenhang vgl. T.Maurer (wie Anm.10). Vgl. auch W.Kreutz: Die Entwicklung der Berufs- und Sozialstruktur der pfälzischen Juden (1818-1933), in: A.H.Kuby (wie Anm.19), S.22.

32 Vgl. T.Maurer (wie Anm.10), S.87ff..

33 Dieser Verein fehlt in der Liste von Trude Maurer. Vgl. T.Mau-rer (wie Anm.10), S.919f..

34 Vgl. ebd., S.919.

35 Vgl. L.Meinzer: Stationen und Strukturen der nationalsoziali-stischen Machtergreifung: Ludwigshafen am Rhein und die Pfalz in den ersten Jahren des Dritten Reiches, Ludwigshafen 1983, S.256f..

## Kultussteuerliste der israelitischen Kultusgemeinde Ludwigshafen aus dem Jahre 1855

| | |
|---|---|
| Binswanger, Abraham Löb | Lederhändler |
| Deutschmann, Jakob | Weinhändler |
| Dreyfuß, Gonthier | Holzhändler |
| Frank, Moses | Fruchthändler |
| Gutherz, Simon Dr. | Arzt |
| Henle, Joseph | Spediteur |
| Koppel, Moritz | Kleiderhändler |
| Lefo, Marie | Ohne Gewerbe |
| Levino, Jakob | Weinhändler |
| Lippmann, Max | Spezerei |
| Löwe, Jakob | Uhrmacher |
| Maas, Bernhard | Spezerei |
| Morgenroth, Emil | Weinhändler |
| Morgenthau, Bernhard | Spezerei |
| Morgenthau, Lazarus | Zigarrenfabrikant |
| Neuberger, Bernhard | Fruchthandel |
| Oppenheimer, Adolph | Modewaren |
| Rosenfelder, Aron | Modewaren |
| Selig, Heinrich | Weinhändler |
| Seligmann, Raphael | |
| Selinger, Abraham | Zigarrenfabrikant |
| Stern, Heinrich Ludwig | Spezerei |
| Strauß, Joseph | Modewaren |
| Thalmann, Mayer | Eisenhändler |
| Weismann, Joachim | Spediteur |

## Kultussteuerliste der israelitischen Kultusgemeinde Ludwigshafen aus den Jahren 1893/97

| | |
|---|---|
| Adler, Karl | Fabrikant |
| Adler, Max | Direktor |
| Adler, Theodor | Kaufmann |
| Altschüler, Rudolph | Kaufmann |
| Altschüler, Salomon | Kaufmann |
| Auerbacher, Ludwig | Kaufmann |
| Auerbacher, N. | Kaufmann |
| Bloch, Markus | Revisor |
| Blumenstiel, Abraham | Kaufmann |
| Blumenstiel, Martin | Kaufmann |
| Bormann, Theodor | Pfandhändler |

| | |
|---|---|
| Burger, Simon | Kaufmann |
| Dannhäuser, Dr. | Kgl. Reallehrer |
| Emmel, Jos. | Kaufmann |
| Eppstein, Aug. | Kaufmann |
| Eskales, Korigl | Amtsrichter |
| Feitler, Salomon | Kaufmann |
| Feitler, Siegmund | Kaufmann |
| Gern, Moritz | Bankier |
| Gimp[b]el | Witwe |
| Gimp[b]el, Karl | Kaufmann |
| Gimp[b]el, Leopold | Kaufmann |
| Gimp[b]el, Moritz | Kaufmann |
| Goldschmit, Jul. | Bankbeamter |
| Golschiner | |
| Heilborn, Alex. | Kaufmann |
| Heilbronner, Adolph | Kaufmann |
| Heilbronner, Phil. | Kaufmann |
| Herold, Salomon | Metzger |
| Herz, Abraham | Kaufmann |
| Herz, Hermann | Geschäftsmann |
| Herz, Moses | Privatmann |
| Hirschler, Bernhard | Kaufmann |
| Hohmann, Marx | Witwe |
| Idstein, Simon | Kaufmann |
| Jakob, Bernhard | Kaufmann |
| Jakob, Gustav | Kaufmann |
| Jakobi, Heiner | Kaufmann |
| Kaufmann, Baudon | Witwe |
| Krämer, Bernhard | Kaufmann |
| Krämer, Wolf | Kaufmann |
| Kuhn, Salomon | Witwe |
| Landecker, Michael | Kaufmann |
| Lippmann, Karl | Kaufmann |
| Lippmann, Max | Kaufmann |
| Maier, Albert | Rechtsanwalt |
| Maier, Hugo | Bäcker |
| Maier, Max I. | Privatmann |
| Maier, Max II. | Kaufmann |
| Mann, August | Kaufmann |
| Mann, Ferdinand | Kaufmann |
| Mann, Joseph | Fabrikant |
| Mann, Max | Fabrikant |
| Marx, Eugen | Kaufmann |
| Marx, Gustav | Kaufmann |
| Marx, Samuel | Kaufmann |
| May Moritz | |

| | |
|---|---|
| Metzger, Jul. | Schlosser |
| Netter, Emil | Kaufmann |
| Netter, Samuel | Kaufmann |
| Neuhäuser, Js. | Witwe |
| Neuhäuser, Leopold | Witwe |
| Rauner, Moses | Kaufmann |
| Rauner, Wolf | Kaufmann |
| Salomon, Max | Metzger |
| Scharff, Abraham | Kaufmann |
| Schnurmann, Karl | Kaufmann |
| Schnurmann, Leopold | Kaufmann |
| Simon, Cäsar | Kaufmann |
| Simon, Moritz | Kaufmann |
| Simon, Siegm. | Kaufmann |
| Simon, Siegmund | Kaufmann |
| Stern, Julius | Kaufmann |
| Stern, Wilhelm | Kaufmann |
| Strauß, Samuel | Kaufmann |
| Thalheimer | |
| Weil, David | Kaufmann |
| Weil, Hermann | Kaufmann |
| Weil, Sigmund | Kaufmann |
| Weilheimer | |
| Weilheimer, Aron | Kaufmann |
| Weilheimer, David | Händler |
| Weilheimer, Seligmann | Kaufmann |
| Weingart, Bernhard | Kaufmann |
| Weiß, Emil | Kaufmann |
| Wolff, Albert | Kaufmann |
| Wolff, Hieronimus | Kaufmann |
| Wolff, Jakob | Kaufmann |
| Wolff, Jakob | Witwe |
| Wolff, Moritz | Kaufmann |
| Wolff, Wilhelm | Kaufmann |

## Kultussteuerliste der israelitischen Kultusgemeinde Ludwigshafen aus den Jahren 1913/17

| | |
|---|---|
| Abraham, Moritz | Kaufmann |
| Adler, Moritz | Kaufmann |
| Alsbacher, Leo | Kaufmann |
| Altschüler, Zacharias | Kaufmann |
| Auerbacher, Barbara | Witwe |

| | |
|---|---|
| Auerbacher, Bernhard | Kaufmann |
| Auerbacher, Ludwig | Kaufmann |
| Auerbacher, Oskar | Kaufmann |
| Baum, Ernst | Kaufmann |
| Baum, Julius | Kaufmann |
| Baum, Philipp Dr. | Kgl. Professor |
| Baumwollspinner, Abraham | Kaufmann |
| Berg, Max | Kaufmann |
| Bernstein, Alfred | Kgl. Postsekretär |
| Bloch, Marens | Kgl. Bahnverwalter |
| Bohrmann, Gottlieb | Kaufmann |
| Bohrmann, Theodor | Pfandhändler |
| Braun, Artur | Kaufmann |
| Cohn, Martin | Kaufmann |
| Dannheisser, Ernst Dr. | Kgl. Professor |
| David, Albrecht | Kaufmann |
| Dellheim, Theodor | Witwe |
| Diamand, Israel | Kaufmann |
| Dobschiner, Tobias | Kaufmann |
| Dosenheimer, Emil | Ehefrau |
| Durlacher, Salomon | Kaufmann |
| Engel, Egon | Kaufmann |
| Feith, Sigmund | Rechtsanwalt |
| Fisch, Salomon | Kaufmann |
| Fischer, Bruno | Kaufmann |
| Fischer, Eduard | Druckereibesitzer |
| Frank, Louis | Kaufmann |
| Frantz, Louis | Witwe |
| Freisleben, Louis | Kaufmann |
| Fried, Dr. | Praktischer Arzt |
| Fromann, Abraham | Kaufmann |
| Gärtner, David | Metzger |
| Gelber[t], Hermine | Witwe |
| Gerstle, Eugen Dr. | Praktischer Arzt |
| Gimbel, Julius | Kaufmann |
| Gimbel, Karl | Kaufmann |
| Gimbel, Lehmann | Witwe |
| Gimbel, Leopold | Kaufmann |
| Gimbel, Ludwig | Kaufmann |
| Gimbel, Moritz | Kaufmann |
| Goh[t]mann, Ismar | Kaufmann |
| Goldschmit, Julius | Witwe |
| Goldschmit, Moritz | Kaufmann |
| Grombacher, Adolf | Kaufmann |
| Grübel, Ludwig | Kaufmann |
| Grünenbaum, Simon | Kaufmann |

| | |
|---|---|
| Grünhut Josef | Kaufmann |
| Guthmann, Salomon | Metzgermeister |
| Günzburg, Artur | Kaufmann |
| Hamburger, Julius | Kaufmann |
| Heilborn, Ludwig | Kaufmann |
| Heilbronner, Adolf | Fabrikant |
| Heinemann, Artur | Kaufmann |
| Heinemann, David | Kgl. Professor |
| Herold, Max | Metzgermeister |
| Herold, Salomon | Metzgermeister |
| Herz, Abraham | Privatmann |
| Herz, Albrecht | Kaufmann |
| Herz, Alfred | Kaufmann |
| Herz, Emil Dr. | Rechtsanwalt |
| Herz, Hermann | Kaufmann |
| Herz, Jakob | Fabrikant |
| Herz, Leo | Kaufmann/Oggersheim |
| Herz, Moystill | Kaufmann |
| Herz, Samuel | Witwe |
| Hilsenrad[t], Paul | Kaufmann |
| Hirsch, Heinrich | Dekorateur |
| Hirsch, Hermann | Kaufmann |
| Hirsch, Max | Tapezierer |
| Hirsch, Rudolf | Kaufmann |
| Hirsch, Sigmund | Kaufmann |
| Hirschler, Bernhard | Kaufmann |
| Hirschler, Josef | Kaufmann |
| Hirschler, Sigmund | Kaufmann |
| Hirschmann, Gustav | Kaufmann |
| Hochherr, Nathan | Kaufmann |
| Hochstädter, Leopold | Kaufmann |
| Hoffmann, Israel | Kaufmann |
| Jakob, Bernhard | Kaufmann |
| Jakob, Eduard | Kaufmann |
| Jakob, Gustav | Kaufmann |
| Jakob, Hermann | Kaufmann |
| Jakobi, Jacob | Agent |
| Kahn, Adolf | Kaufmann |
| Kahn, Leopold Dr. | Rechtsanwalt |
| Katz, Leo Dr. | Praktischer Arzt |
| Katz, Max | Geschäftsführer |
| Kaufmann, Theodor | Kaufmann |
| Kälbermann, Hugo | Kaufmann |
| Kälbermann, Julius | Kaufmann |
| Kirschbaum, Max | Kaufmann |
| Kling, Max | Kaufmann |

| | |
|---|---|
| Koburger, Josef | Bankdirektor |
| Koppel, Salomon | Milchhändler |
| Korn, Willy | Chemiker |
| Köbner, Johanna | Witwe |
| Köbner, Max Dr. | Chemiker |
| Landecker, Michael | Kaufmann |
| Lefoe, Isidor | Kaufmann |
| Leiser, Julius | Fabrikant |
| Levi, August | Kaufmann |
| Levy, Egon | Kaufmann |
| Lewkovitz, Emanuel | Kaufmann |
| Löb, Jakob | Kaufmann |
| Löb, Lazarus | Kaufmann |
| Löw, Hugo | Kaufmann |
| Löw, Isaak | Kaufmann |
| Löw, Jakob | Kaufmann |
| Lustig, Adolf | Kaufmann |
| Magath, Samuel | Witwe |
| Maier, Adolf | Einnehmer |
| Mann, Ferdinand | Kaufmann |
| Mann, Isidor | Kaufmann |
| Mann, Josef | Kaufmann |
| Mann, Karl | Kaufmann |
| Mann, Rudolf | Kaufmann |
| Mannsberg, Friedrich | Kaufmann |
| Marx, Moses | Kaufmann |
| Marx, Moses | Kaufmann/Mundenheim |
| Marx, Sigmund | Kaufmann |
| Mayer, Albert | Rechtsanwalt |
| Mayer, Hugo | Bäckermeister |
| Mayer, Hugo Witwe | Konfektionsgeschäft |
| Mayer, Max | Agent |
| Mayer, Moritz | Kaufmann |
| Meller, David | Kaufmann |
| Mentel, Anna | Witwe |
| Metzger, Julius | Schlosser |
| Michel Heinrich Jakob | Sekretärassise |
| Michel, Julius | Kaufmann |
| Milenberg, Sally | Kaufmann |
| Mohr, Heinrich Dr. | Stabsarzt a.D. |
| Neubauer, Ludwig | Druckereibesitzer |
| Neubauer, Moritz | Druckereibesitzer |
| Neumond, Dr. | Rechtsanwalt |
| Neumond, Jakob | Kaufmann |
| Nußbaum, Gustav | Kaufmann |

| | |
|---|---|
| Oberdorfer, Samuel | Kaufmann |
| Oberländer, Jakob | Witwe |
| Rauner, Moses | Kaufmann |
| Rauner, Wolf | Kaufmann |
| Rawinsky, David | Kaufmann |
| Rosenstiel, Max | Kgl. Einnehmer |
| Rosenzweig, Sigmund | Kaufmann |
| Rothschild, Ludwig | Kaufmann |
| Rubel, Rudolf | Kaufmann |
| Scharff, Abraham | Kaufmann |
| Scharff, Theodor | Kaufmann |
| Schnurmann, Elias | Kaufmann |
| Schnurmann, Karl | Witwe |
| Schnurmann, Leopold | Kaufmann |
| Schnurmann, Sigmund | Kaufmann |
| Schultz, Gustav Dr. | Rechtsanwalt |
| Schwab, Otto | Kaufmann |
| See, Barbara | Witwe |
| Simon, Cäsar | Kaufmann |
| Simon, Sigmund | Kaufmann |
| Sinsheimer, Hermann | Rechtsanwalt |
| Spinner, Wilhelm | Kaufmann |
| Stern, Julius | Kaufmann |
| Stern, Rudolf | Kaufmann |
| Stern, Wilhelm | Kaufmann |
| Sternlieb, Marens [Max] | Stadtbaumeister |
| Strauß, Heinrich Dr. | Rechtsanwalt |
| Strauß, Jakob | Kaufmann |
| Strauß, Julius | Kaufmann |
| Strauß, Natan | Kaufmann |
| Strauß, Nestor | Kaufmann |
| Tauber, Artur | Kaufmann |
| Thalheimer, Gustav | Kaufmann |
| Tobias, Gustav | Kaufmann |
| Türkheimer, Sigmund | Kaufmannn |
| Vogel, Jakob | Kaufmann |
| Waldbott, Jakob | Kaufmann |
| Waldbott, Josef | Tanzlehrer |
| Weil, Abraham | Kaufmann |
| Weil, Leopold | Kaufmann |
| Weil, Ludwig Dr. | Rechtsanwalt |
| Weil, Richard | Kaufmann |
| Weil, Sigmund | Privatmann |
| Weiler, David | Kaufmann |
| Weiler, Isidor | Kaufmann |

| | |
|---|---|
| Weilheimer, Aron | Kaufmann |
| Weilheimer, Otto | Kaufmann |
| Weilheimer, Sigmann | Witwe |
| Wenk, Emil | |
| Winter, Georg | Kaufmann |
| Wolf, Rudolf | Kgl. Postsekretär |
| Wolff, Jakob | Kaufmann |
| Wolff, Marens [Max] | Witwe |
| Wolff, Max | Herrenbekleidungsgeschäft |
| Wolff, Moritz | Kaufmann |
| Ziegler, Julius | Kaufmann |

## Kultussteuerliste der israelitischen Kultusgemeinde Ludwigshafen aus den Jahren 1918/22

| | |
|---|---|
| Abraham, Moritz | Kaufmann |
| Alsbacher, Leo | Kaufmann |
| Altschüler, Zacharias | Kaufmann |
| Auerbacher, Barbara Witwe | |
| Auerbacher, Bernhard | Kaufmann |
| Auerbacher, Ludwig | Kaufmann |
| Auerbacher, Oskar | Kaufmann |
| Baum, Philipp Dr. | Kgl. Reallehrer |
| Baumwollspinner, Abraham | Kaufmann |
| Berg, Max | Kaufmann |
| Bernstein Alfred | Kgl. Postsekretär |
| Bialski, Adolf | Kaufmann |
| Birnfeld, David | Händler |
| Bloch, Max | Bahnverwalter |
| Bohrmann, Gottlieb | Kaufmann |
| Bohrmann, Theodor | Pferdehändler |
| Braun, Artur | Kaufmann |
| Cohn, Martin | Kaufmann |
| Dannheißer, Ernst Dr. | Kgl. Professor |
| Dellheim, Theodor | Witwe |
| Dobschiner, Tobias | Kaufmann |
| Engel, Leon | Kaufmann |
| Eppstein, Johann Witwe | Kaufmann |
| Faß, Emanuel | Händler |
| Faß, Mendel | Kaufmann |
| Faß, Reinhold | Kaufmann |
| Frank, Louis | Kaufmann |

| | |
|---|---|
| Frank, Louis | Witwe |
| Freisleben, Louis | Kaufmann |
| Fried, Dr. | Arzt |
| Fromann, Abraham | Kaufmann |
| Gelber[t], Hermine | Witwe |
| Gerstle, Eugen Dr. | Arzt |
| Gimbel, Julius | Kaufmann |
| Gimbel, Karl | Witwe |
| Gimbel, Leopold | Kaufmann |
| Gimbel, Moritz | Kaufmann |
| Goldkern, Heinrich | Kaufmann |
| Goldstein, Max Dr. | Witwe |
| Greilsamer, Max | Kaufmann |
| Grübel, Ludwig | Kaufmann |
| Grünebaum, Simon | Kaufmann |
| Guthmann, Salomon | Metzgermeister |
| Hamburger, Julius | Kaufmann |
| Hankin, Hirsch | Kaufmann |
| Händler, Moses | Kaufmann |
| Händler, Victor | Händler |
| Heilborn, Ludwig | Kaufmann |
| Heilbronner, Adolf | Kaufmann |
| Heinemann, Artur | Kaufmann |
| Heinemann, David | Professor |
| Herz, Abraham | Witwe |
| Herz, Alfred | Kaufmann |
| Herz, Emil Dr. | Rechtsanwalt |
| Herz, Hugo | Kaufmann |
| Herz, Jakob | Kaufmann |
| Herz, Leo | Kaufmann |
| Herz, Salomon | Witwe |
| Hilsenra[d]t, Paul | Kaufmann |
| Hirsch, Heinrich | Dekorateur |
| Hirsch, Rudolf | Kaufmann |
| Hirschler, Bernhard | Kaufmann |
| Hirschler, Sigmund | Kaufmann |
| Hirschmann, Gustav | Kaufmann |
| Hochherr, Natan | Kaufmann |
| Hochstädter, Leopold | Kaufmann |
| Hoffmann, Israel | Kaufmann |
| Hohmann, Ismar | Kaufmann |
| Jakob, Bernhard | Kaufmann |
| Jakob, Eduard | Kaufmann |
| Jakob, Gustav | Kaufmann |
| Jakob, Hermann | Kaufmann |
| Jakobi, Jakob | Agent |

| | |
|---|---|
| Kahn, Adolf | Kaufmann |
| Kahn, Heinrich | Kaufmann |
| Kahn, Richard Dr. | Rechtsanwalt |
| Katz, Leo Dr. | Arzt |
| Katz, Max | Kaufmann |
| Kälbermann, Hugo | Kaufmann |
| Kirschbaum, Max | Kaufmann |
| Kling, Max | Kaufmann |
| Koburger, Josef | Mathematiker |
| Köbner, Max Dr. | Chemiker |
| Landecker, Michael | Kaufmann |
| Langers, Bernhard | Kaufmann |
| Lederberger Senior | Kaufmann |
| Leimhut, Adolf | Kaufmann |
| Leiser, Julius | Kaufmann |
| Lewkovitz, Emanuel | Kaufmann |
| Liebling, Julius | Kaufmann |
| Löb, Hugo | Kaufmann |
| Löb, Jacob | Kaufmann |
| Löb, Lazarus | Kaufmann |
| Löw, Hugo | Kaufmann |
| Löw, Isaak | Kaufmann |
| Löw, Jacob | Kaufmann |
| Lustig, Adolf | Kaufmann |
| Magath, Samuel | Witwe |
| Mann, Josef | Kaufmann |
| Mann, Josef | Kaufmann |
| Mann, Rudolf | Kaufmann |
| Marx, Moses | Kaufmann |
| Marx, Sigmund | Kaufmann |
| Mayer, Adolf | Steuerbeamter |
| Mayer, Albert | Rechtsanwalt |
| Mayer, Emil | Kaufmann |
| Mayer, Hugo | Bäckermeister |
| Mayer, Hugo Witwe | Konfektionsgeschäft |
| Mayer, Max | Agent |
| Mayer, Moritz | Kaufmann |
| Mazet, Ernst | Kaufmann |
| Meisel, Hermann | Händler |
| Metzger, Julius | Schlosser |
| Mohr, Heinrich Dr. | Arzt |
| Neubauer, Ludwig | Druckereibesitzer |
| Nord, Maier | Händler |
| Oberdorfer, Jakob | |
| Oberländer, Jakob | Witwe |
| Perlmann, Bernhard | Privatmann |

| | |
|---|---|
| Rauner, Moses | Kaufmann |
| Rauner, Wolf | Kaufmann |
| Reich, Oskar | Kaufmann |
| Rosenfeld, Moritz | Kaufmann |
| Rosenstiel, Max | Kgl. Einnehmer |
| Rothschild, Ludwig | Kaufmann |
| Samuel, Theo | Pferdehändler |
| Scharff, Abraham | Kaufmann |
| Scharff, Theodor | Kaufmann |
| Schnurmann, Karl | Witwe |
| Schnurmann, Sigmund | Kaufmann |
| Schulz, Gustav Dr. | Rechtsanwalt |
| Schwab, Daniel | Privatmann |
| Schwab, Otto | Kaufmann |
| Sender, Israel | |
| Spinner, Wilhelm | Kaufmann |
| Stern, Rudolf | Kaufmann |
| Sternlieb, Max | Stadtbeamter |
| Stieglitz, Josef | Kaufmann |
| Strauß, Benno | Kaufmann |
| Strauß, Heinrich Dr. | Rechtsanwalt |
| Strauß, Jacob | Kaufmann |
| Strauß, Julius | Kaufmann |
| Strauß, Natan | Kaufmann |
| Strauß, Nestor | Kaufmann |
| Tempelhof, Moritz | Kaufmann |
| Thalheimer, Gustav | Kaufmann |
| Tobias, Gustav | Kaufmann |
| Türkheimer, Sigmund | Kaufmann |
| Waldbott Adolf | Kaufmann |
| Weil, Leopold | Kaufmann |
| Weil, Ludwig Dr. | Rechtsanwalt |
| Weil, Richard | Kaufmann |
| Weiler, Isidor | Kaufmann |
| Weilheimer, Aron | Witwe |
| Weilheimer, Otto | Kaufmann |
| Weilheimer, Seligmann | Witwe |
| Weinreb, Mendel | Kaufmann |
| Weller, David | Händler |
| Wenk, Emil | Händler |
| Wolf, Rudolf | Postsekretär |
| Wolff, Jakob | Kaufmann |
| Wolff, Max | Kaufmann |
| Wolff, Max | Witwe |
| Ziegler, Julius | Kaufmann |
| Zwickler, Leopold | Händler |

*Alfred H. Kuby*

# Zum Interesse ländlicher Juden an höherer Schulbildung für ihre Kinder

## aufgezeigt an der Geschichte der Lateinschule Edenkoben/Pfalz 1837 ff

In der Kantonstadt Edenkoben wurde im Jahre 1837 eine Lateinschule gegründet, die ab 1894 als sechsklassiges Progymnasium weitergeführt wurde. Ihre Schüler kamen außer aus Edenkoben selbst aus den zum Kanton gehörenden Dörfern Edesheim, Hainfeld, Maikammer, St. Martin, Rhodt, Venningen und Weyher. Die übrigen Orte waren, soweit ein Interesse an höherer Schulbildung bestand, nach den Bezirksstädten Landau, Neustadt an der Haardt und Speyer orientiert. In Edenkoben und den nächstgelegenen Orten bestanden im Jahre 1836 jüdische Gemeinden mit folgenden Seelenzahlen:
Edenkoben 139, Edesheim 43, Maikammer 27, Venningen 37.
Dies entsprach einem Anteil von 2,36 Prozent an der Gesamtbevölkerung dieser vier Orte. Im Jahre 1910 betrug der Prozentsatz immer noch 2 Prozent.
In einer 1915 erschienenen »Geschichte des K. Progymnasiums Edenkoben in der Pfalz (1837 - 1912)«[1] wird ein Überblick über den Besuch der Schule durch jüdische Schüler gegeben:
»Die Zahl der israelitischen Schüler war in den ersten Jahrzehnten sehr niedrig, ja 1837/39 und 1854-60 besuchte kein Israelit die Schule. Als von 1864 an die Zahl der Israeliten auf 3 - 7 sich steigerte, wurde für diese 1872 ein eigener Religionsunterricht eingerichtet und stieg die Schülerzahl 1897 und 1905 sogar auf 16, aber in den zwei letzten Jahren sank die Zahl wieder auf eins herab, weil die Zahl der Israeliten überhaupt, besonders aber der israelitischen Kinder im Kanton ständig abnimmt, auch manche wegen der jetzt günstigen Bahnverbindung die Realschulen Landau und Neustadt a/H. besuchen, so daß die Frage entsteht, ob nicht die Kosten für Erteilung eines eigenen israelitischen Religionsunterrichtes wie vor 1872 zu sparen sind, da der Religionslehrer mehr Gehalt bezieht als das Schulgeld der israelitischen Schüler beträgt.«[2]
»Von den 505 Absolventen (der Schule bis zum Jahre 1912 einschließlich) waren 233 Katholiken, 213 Protestanten, 2 Altkatholiken, 2 Mennoniten und 55 Israeliten … Israeliten haben verhältnismäßig viele die Schule absolviert …«, der erste 1865.[3]
Da von den Religionslehrern schon die Rede war, sollen sie hier auch genannt werden: Leopold Stern, von 1872-1893, er starb am 17. Juli 1896 im Alter von 75 Jahren; Joseph Weil, 1894-1907 (* 1.1.1844, gestorben am 20. Juni 1907); Siegmund Klaus, 16.9.1907-1914. Die Abschlußprüfung in der Religionslehre nahm der jeweilige Bezirksrabbiner vor, d.h. ab 11.12.1876 Dr. Elias Grünebaum und ab 6.2.1897 Dr. Berthold Einstein, beide aus Landau.
Nochmals zu den jüdischen Schülerzahlen: waren es also im Gesamten 10 Prozent der Absolventen, so betrug der jüdische Anteil an der Schülerzahl im Jahre 1887 16 Prozent; dies war der Höchststand; doch betrug er noch 1904 über 15 Prozent.

## Jüdische Absolventen der Lateinschule bzw. des Progymnasiums

| Jahr | Name | Herkunftsort/Geburtsdatum | Beruf des Vaters | späterer Beruf |
|---|---|---|---|---|
| 1865 | Frank, Isaak | Marienthal/Pfalz 4.2.1852 | Lehrer | Augenarzt in Landau |
| 1869 | Teutsch, Isidor | Venningen 7.4.1853 | Gutsbesitzer | prakt. Arzt in Edenkoben |
| 1870 | Teutsch, Julius | Venningen 6.7.1855 | Gutsbesitzer | Justizrat u. Rechtsanwalt in Metz |
| 1873 | Weidenreich, Julius | Edenkoben 3.6.1857 | Kaufmann Carl W. | Weinhändler in Edenkoben |
| 1874 | Teutsch, Ludwig | Venningen 7.8.1857 | Kaufmann | Kaufmann in Landau (Vater von August T., * 30.1.1891, zuletzt Präsident am Bundesarbeitsgericht in Kassel) |
| 1875 | Wolff, Jakob | Edenkoben 2.6.1861 | Federhändl. Benjamin W. | Dr. med., K.K. österr. ung. Vizekonsul u. Museumsdirektor in Cordoba (Argentinien) |
| 1878 | Teutsch, Emil | Venningen 16.2.1864 | Gutsbesitzer u. Handelsmann Heinrich T. | Rechsanwalt, zuletzt New Orleans (Louisiana) |
| 1879 | Joachim, Otto | Edenkoben 11.11.1863 | Holzhändler Alexander J. | Facharzt in New Orleans (Louisiana) emigr. 1880 |
| | Löb, Heinrich | Edenkoben 1.1.1865 | Weinhändler Benjamin L. | Prakt. Arzt in Mannheim |
| 1880 | Herrmann, Eduard | Venningen 5.4.1865 | Ziegeleibesitzer | Kaufmann in Berlin |
| 1881 | Bloch, Eduard | Edenkoben 19.8.1867 | Weinhändler Adolph B. | Rechtsanwalt in München, Oberleutnant der Landwehr |
| | Teutsch, Albert | Venningen 8.6.1865 | Gutsbesitzer | Rechtsanwalt in Nürnberg |
| | Rothschild, Karl | Edenkoben 8.9.1865 | Kaufmann Jacob R. | Lackfabrikant in Mailand |
| 1882 | Grünewald, Jakob | Edesheim 1.1.1868 | Agent | Getreidehändler in München |
| 1883 | Bär, Friedrich | Edenkoben 13.3.1868 | Eisenhändler Isaak B. | Kaufmann in London |
| | Oppenheimer, August | Edesheim 6.9.1867 | Gutsbesitzer | Weinkommissionär in Straßburg/Elsaß |
| 1884 | Grünewald, Emil | Edesheim 23.8.1869 | Weinkommissionär | Weinhändler Edesheim |
| | Kahn, Robert | Edenkoben 17.12.1868 | Kaufmann Samuel K. aus Dirmstein | Dr. phil., Chemiker, erfand mit Paul Ehrlich das Salvarsan, starb in Theresienstadt |
| 1865 | Hirsch, Theodor | Edenkoben 6.4.1870 | Fruchthändler | Prakt. Arzt in Speyer |
| 1886 | Grünewald, Friedrich | Edesheim 14.4.1871 | Weinhändler | Kaufmann Budapest |
| | Kahn, Friedrich | Edenkoben 27.9.1870 | Kaufmann Samuel K. | Fabrikant in New Jersey |
| 1887 | Hirsch, Richard | Edenkoben 11.9.1872 | Holzhändler Emanuel H. | Holzhändler in Edenkoben, im Weltkrieg Artillerieoffizier, starb in Theresienstadt[4] |

| Jahr | Name | Herkunftsort/Geburtsdatum | Beruf des Vaters | späterer Beruf |
|---|---|---|---|---|
| | Weidenreich, Franz | Edenkoben 7.6.1873 | Rentner bzw. Privatmann Carl W. | Dr. med., Professor, Anthropologe, starb am 11.7.1948 in New York[5] |
| 1889 | Machol, Alfred | Edesheim 24.1.1875 | Rentner | Univ. Professor in Bonn |
| 1890 | Hirsch, Salomo | Edenkoben 10.9.1875 | Fruchthändl. Hermann H. | Prakt. Arzt Haßloch, im Weltkrieg Stabsarzt |
| 1891 | Teutsch, Arthur | Venningen 21.6.1875 | Handelsmann | Rechtsanwalt in Augsburg, Kriegsteilnehmer 1914 ff |
| | Weil, Eugen | Oberhausen/Pfalz 10.9.1875 | Lehrer Joseph W. | Postsekretär Edenkoben |
| 1892 | Amson, Ernst | Maikammer 30.3.1877 | Gutsbesitzer | Reallehrer München |
| | Wolff, Markus | Edenkoben 12.6.1878 | Kaufmann Levi W. | Kaufmann Edenkoben |
| 1893 | Teutsch, Oskar | Venningen 27.1.1878 | Metzgermeister | Viehgroßhdl.. in Venningen, Kriegsteilnehmer 1914 ff |
| | Teutsch, Robert | Venningen 27.8.1878 | Handelsmann | Rechtsanwalt München |
| 1895 | Teutsch, Julius | Venningen 19.2.1880 | Handelsmann | starb 1903 als Rechtspraktikant in Landau |
| | Teutsch, Karl | Venningen 19.8.1877 | Handelsmann | Rechtsanwaltsgehilfe in Augsburg |
| | Wolff, Max | Edenkoben 13.11.1878 | Kaufmann Leo. W. (Schuhgeschäft) | Kaufmann in Edenkoben, 1914/15 Vizefeldwebel, starb als Emigrant in New York |
| 1897 | Teutsch, Ludwig | Venningen 28.11.1879 | Handelsmann | Kaufmann in Berlin |
| 1899 | Teutsch, Richard | Venningen 29.11.1881 | Handelsmann | Kaufmann in Venningen |
| 1900 | Freundlich, Siegfried | Maikammer 24.7.1883 | Privatmann | Kaufmann in Würzburg |
| | Hirsch, Siegmund | Edenkoben 5.4.1884 | Geschäftsmann Hermann H. | Buchhalter in Hockenheim |
| | Löb, Karl Ludwig | Edenkoben 25.8.1884 | Weinkommissionär Simon L. | Kaufmann Edenkoben |
| | Reinheimer, Adolf | Landstuhl 9.7.1884 | Handelsmann | Kaufmann Mannheim, Kriegsteilnehmer 1914 ff |
| 1901 | Michel, Rudolf | Edenkoben 8.9.1885 | Metzgermstr. Moses M. | Bankbeamter in Frankfurt a.M. |
| 1902 | Herrmann, Hugo | Venningen 1.5.1886 | Geschäftsmann | Facharzt in Stuttgart |
| 1903 | Reinheimer, Karl | Landstuhl 17.5.1886 | Handelsmann | Kaufmann Mannheim, Kriegsteilnehmer 1914 ff |
| 1905 | Teutsch, Otto | Venningen 19.11.1888 | Handelsmann | 1914 Rabbinatskandidat Frankfurt a.M. |
| 1906 | Teutsch, Erwin | Venningen 4.5.1889 | Kaufmann | Kaufmann Hamburg |
| | Teutsch, Max | Venningen 3.12.1890 | Handelsmann | Kaufmann Lüttich |

| Jahr | Name | Herkunftsort/Geburtsdatum | Beruf des Vaters | späterer Beruf |
|---|---|---|---|---|
| 1907 | Löb, Ernst | Venningen 23.6.1891 | Weinkommissionär | Kaufmann Frankfurt a.M. |
| | Michel, Richard | Edesheim 18.1.1890 | Metzgermeister | Kaufmann Mannheim |
| | Wolff, Wilhelm | Böchingen 29.10.1890 | Kaufmann | Kaufmann Mannheim |
| 1908 | Löb, Paul | Venningen 30.1.1893 | Weinkommissionär | Bankbeamter Hamburg |
| | Wolff, Siegmund | Böchingen 8.3.1892 | Kaufmann | starb 1909 als Gymnasiast |
| 1909 | Teutsch, Ernst | Venningen 6.1.1892 | Handelsmann | Kaufmann Mannheim |
| 1910 | Meyer, Albert | Venningen 17.10.1893 | Gutsbesitzer | Kaufmann Frankfurt a.M. |
| | Rosenthal, Eduard | Edenkoben 28.11.1901 | | (die Familie verzog im November 1912) |
| 1914 | Grünewald, Ludwig | Edesheim | Weinhändler | |

Die erwähnte Schulgeschichte von 1915, der die vorstehenden Angaben zum größten Teil entnommen und nur in einigen Fällen aus den Edenkobener Standesakten ergänzt wurden, hält auch zwei jüdische Nicht-Absolventen der besonderen Erwähnung für wert:
Bloch, Adolf, * Edenkoben 22.1.1829, S. v. Kaufmann Eduard Bloch, gestorben 1900 als Rentner in Wiesbaden, und Herrmann, Karl Theodor, * Venningen 28.5.1863, S. eines Fruchthändlers, Bankdirektor in Baden-Baden.
Einige andere Namen seien — ohne Anspruch auf Vollständigkeit — hinzugefügt: Teutsch, Max, * Venningen 23.3.1880, Vater: Weinkommissionär in Landau. Wolff, Günther, * 11.10.1905; Mannheimer, Max, * 27.10.1906; Katz, Albert, * 17.2.1907; Mayer, Richard, * 15.5.1906; Wolff, Fritz, S.v. Max W., * 26.7.1917. Die letzten jüdischen Schüler des Progymnasiums Edenkoben waren: Bodenheimer, Gertrud, Kaufmannstochter, * Rülzheim 2.11.1921; Kern, Siegfried, Sohn eines Weinkommissionärs, * Edenkoben 26.7.1922, lebt heute in Atlanta (Georgia); Langstaedter, Heinz, * 18.8.1921 in Obermoschel, Lehrersohn aus Venningen, absolvierte 1938 die 6. Klasse.
Seit dem Ende des 19. Jahrhunderts gab es in Edenkoben auch eine »höhere Töchterschule«.[6] Auch an ihr erteilten Joseph Weil und Sigmund Klaus israelitischen Religionsunterricht; zwischen Weils Tod und Klaus' Dienstantritt gab Ludwig Nußbaum den Unterricht. Die Jahresberichte der Jahre 1899 bis 1909 nennen die Namen von 17 jüdischen Schülerinnen, die abschließend auch noch aufgeführt werden sollen:

| Name | Geburtsdatum | Geburtsort | Beruf des Vaters |
|---|---|---|---|
| Kayem, Jenny | 22.6.1884 | Kaiserslautern | Handelsmann in Edesheim |
| Michel, Frieda | 25.5.1882 | Edenkoben | Weinkommissionär u. Branntweinhändler David M. |
| Michel, Mathilde | 16.6.1883 | Edenkoben | dito |
| Loeb, Johanna | 15.6.1888 | Edenkoben | Weinkommissionär Simon L. |
| Teutsch, Elsa | 12.3.1888 | Venningen | Kaufmann |
| Teutsch, Emma | 3.12.1886 | Venningen | Metzger |
| Weidenreich, Maria | 20.5.1888 | Köln | Kaufmann in Köln |
| Wolff, Paula | 1.3.1888 | Edenkoben | Weinkommissionär Levi W. |
| Löb, Regina | 6.9.1893 | Edenkoben | Weinkommissionär Simon L. |
| Michel, Blanka | 18.5.1894 | Edesheim | Weinkommissionär |
| Sonnheim, Helene | 18.1.1894 | Neuhemsbach/Pf. | Handelsmann |
| Straus, Elisabeth | 20.6.1892 | Edenkoben | Privatier |
| Teutsch, Flora | 13.11 1890 | Venningen | Gutsbesitzer |
| Freundlich, Irma | 6.11.1888 | Maikammer | Privatier |
| Wolff, Maria | 1.12.1895 | Edenkoben | Weinkommissionär |
| Meyer, Toni | 12.2.1894 | Venningen | Privatier |
| Mannheimer, Franziska | 7.2.1898 | Edenkoben | Weinhändler |

Die Töchterschule bestand bis zum Jahre 1933; im letzten Schuljahr hatte sie 47 Schülerinnen, und bis zuletzt machten die jüdischen Familien in Edenkoben und Umgebung von dieser Bildungseinrichtung überdurchschnittlich eifrigen Gebrauch. Besondere Beachtung und Bewunderung verdient besonders das Bildungsinteresse in der kleinen Gemeinde Venningen, wobei zu bemerken ist, daß der einfache Schulweg von dort nach Edenkoben eine Stunde betrug, ohne daß es die Möglichkeit öffentlicher Verkehrsmittel gegeben hätte.

**Anmerkungen:**

Die statistischen Angaben sind dem Werk von Michael Frey »Beschreibung des Königl. Bayerischen Rheinkreise«, I. Teil, Speyer 1936, entnommen.

1 Verfasser Johann Joseph Hermann Schmitt, gedruckt Edenkoben 1915, 94 Seiten.
2 a.a.O. S. 44
3 a.a.O. S. 90
4 als Richard Hirsch am 7.9.1899 in Edenkoben heiratete — nach der von seinem Schwiegervater quasi erzwungenen Taufe — war Robert Kahn sein Trauzeuge. 45 Jahre später trafen sich die beiden Freunde wieder im Konzentrationslager Theresienstadt, wo sie fast gleichzeitig starben, wie mir die Dichterin Gerty Spies (München) berichtet hat.
5 über Franz Weidenreich und sein Lebenswerk siehe zuletzt: Franz Schmidt »Juden in Edenkoben – Spuren ihrer Geschichte 1660-1942«, Landau 1990, dort S. 176 ff
6 vgl. hierzu »1200 Jahre Edenkoben«, Mannheim 1969, S. 214 f

*Rudolf Post*

# Jüdisches Sprachgut in den pfälzischen und südhessischen Mundarten

„Ich erblicke in dem Umstand, daß so viele Ausdrükke auch bei den Nichtjuden sich eingebürgert haben, ein beredtes Zeugnis für das gute Einvernehmen, daß zwischen Christen und Juden hier geherrscht hat. Möge es auch in der Zukunft der Fall sein."

(Abraham Tawrogi 1922)

Das Gebiet zwischen Speyer, Worms und Mainz zählt zu den Zentren des früh- und hochmittelalterlichen Judentums auf deutschem Boden. Die Bedeutung dieses Raumes für die Judenheit Mitteleuropas wurde zwar durch die massiven Verfolgungen und Vertreibungen des Mittelalters und der frühen Neuzeit gemindert, doch gab es in diesem Raum bis in die erste Hälfte unseres Jahrhunderts immer wieder ausgeprägte Zentren jüdischen Lebens. Das jahrhundertelange Zusammen- oder auch nur Nebeneinanderherleben der jüdischen Minderheit und der christlichen Mehrheit der Bevölkerung in diesem Raum hat dabei immer wieder zu sprachlichen Beeinflussungen beider Gruppen untereinander geführt, wobei in der folgenden Darstellung der Aspekt der Beeinflussung der nichtjüdischen Mehrheit durch sprachliche Einheiten der jüdischen Bevölkerung genauer in den Blick genommen werden soll.

Schon den Autoren von Abhandlungen über die Volkssprache des mittelrheinisch-pfälzischen Raumes aus der Mitte des 19. Jahrhunderts fiel ein deutlicher Anteil offensichtlich jüdischer Wörter in den Mundarten dieses Raumes auf. So schreibt Wilhelm Heinrich Riehl in seinem Buch 'Die Pfälzer' (Stuttgart 1. Aufl. 1857), daß die Pfälzer in ihrer Sprache „einer großen Masse Hebraismen Eingang vergönnt" hätten und auch August Becker ('Pfalz und Pfälzer', Leipzig 1858) konstatiert ein Jahr später: „so haben sich eine ganze Masse von Wörtern, zum Teil hebräischen Urprungs, in die Volkssprache eingeschmuggelt". Seit diesen Feststellungen gibt es eine Anzahl von Abhandlungen über sprachliche Einflüsse aus der Sprache der hier ehemals ansässigen jüdischen Bevölkerung auf die Mundarten dieses Raumes (sie sind im Literaturverzeichnis aufgeführt), die zahlreiche Jiddismen nennen.

Die vorliegende Abhandlung will nun versuchen, ähnlich wie die wegweisende Studie von Hans Peter Althaus (1963) zum nördlich angrenzenden Hessischen, das verstreut gesammelte und teilweise publizierte Material in einer Gesamtsicht zu vereinigen und für weiterführende Studien namhaft zu machen. Als Arbeitsgebiet ist Südhessen (Starkenburg, Rheinhessen, Stadt Frankfurt) und die Pfalz (linksrheinische ehemalige bayerische Rheinpfalz und rechtsrheinsch die Kurpfalz) abgesteckt. Bei der vorliegenden Abhandlung überwiegt zunächst das dokumentatorische Interesse, d. h. alle von mir gefundenen Beispiele sollen zunächst einmal unter den verschiedenen Stichworten zusammengeführt und dokumentiert werden, wobei die jeweilige Quelle stets erkennbar bleiben soll. Auf grundsätzliche Fragen, die im Zusammenhang mit diesem Themenkomplex zu stellen wären, wie z. B. Fragen der Kontinuität jüdischer Besiedlung in unserem Raum, Terminologieprobleme (Jüdisch, Judendeutsch, Jüdischdeutsch, Jiddisch, Westjiddisch), Bestimmung der sprachlichen Form des zugrundeliegenden Abgabesystems (Westjiddisch), Sprachgeschichte des Jiddischen und der kontaktierten deutschen Mundarten, Wege der Übernahme von Jiddismen in die rheinfränkischen Mundarten (ko-areale Interferenzen, Soziolekte, Fach-, Geheimsprachen usw.), Funktion und Gebrauch der Entlehnungen (Affektivität, Integrationsstufen, ihre Produktivität im Aufnahmesystem) usw. kann hier nicht generell eingegangen werden. Teilfragen können durch Heranziehung einschlägiger Literatur gelöst werden. Ich nenne einige neuere Arbeiten zu den angesprochenen Themenkomplexen, die ihrerseits zahlreiche weiterführende Literatur angeben: zu historischen Fragen: Friedrich Battenberg: Das Europäische Zeitalter der Juden. 2 Bde. Darmstadt 1990; zu terminologischen Fragen: Werner Weinberg: Die Bezeichnung Jüdischdeutsch. Eine Neubewertung. In: Zeitschrift für deutsche Philologie. Bd. 100, Sonderheft Jiddisch, S. 253-290; zum Westjiddischen: Erika Timm: Graphische und phonische Struktur des Westjiddischen unter besonderer Berücksichtigung der Zeit um 1600. Tübingen 1987; zum Pfälzischen: Rudolf Post: Pfälzisch. Einführung in eine Sprachlandschaft. Landau 1990.

Wenn hier von Einflüssen der Sprache der Juden auf die rheinfränkischen Mundarten gesprochen wird, so muß zunächst geklärt werden, wie solche Einflüsse überhaupt erkannt werden können, denn die Sprache der Juden des Mittelalters und der Neuzeit war ja selbst eine deutsche Mundart und unterschied sich in den Anfängen nur durch einige Mitbringsel aus früheren Siedlungsgebieten (romanische Komponente) und wenigen lexikalischen Eigenheiten hebräischen Ursprungs, die bes. im Zusammenhang mit der jüdischen Religion und dem jüdischen Brauchtum standen. Ansonsten stimmten die Sprache der Juden und Nichtjuden im Wesentlichen überein. Erst in den letzten Jahrhunderten, läßt sich eine eigenständigere Sprachform des Jiddischen erkennen, jedoch hat dieses Jiddische in unserem Raum viele Eigenheiten mit den rheinfränkischen Dialekten gemein, so daß sich aus der deutschen Komponente des Jiddischen nur wenige Wörter als sichere Übernahmen in die rheinfränkischen Mundarten nachweisen lassen. Beispiele sind »Gast« „umherziehender Betteljude", »Ruch« „Bauer" oder »Atte«, »Ätte« „Vater". Sicherer sind Lehnwörter aus der romanischen Komponente des Jiddischen erkennbar, wie z. B.: »benschen«, »dormen«, »Kippe«, »leien«, »oren«, »Pilzel«, »Schalet« oder »Uschpes«. Die Hauptmasse sind jedoch Lehnwörter aus der hebräischen Komponente, die teils durch unmittelbaren Kontakt mit der jüdischen Bevölkerung, teils auf verschlungenen Wegen über Händler-, Gauner-, oder Umgangssprachen in die rheinfränkische Mundart Eingang gefunden haben.

Als Quellen für die vorliegende Abhandlung kommen in erster Linie die für dieses Gebiet erarbeiteten großlandschaftlichen Dialektwörterbücher, nämlich das Pfälzische und Südhessische Wörterbuch in Frage. Beide Wörterbücher erfassen den gesamten mundartlichen Wortschatz ihres jeweiligen Arbeitsgebietes in umfassender Weise, ihre Sammelarbeiten begannen in großem Stil mit dem Jahre 1925, die Publikation erfolgte ab 1965. Zum gegenwärtigen Zeitpunkt steht die Publikation beider Wörterbücher im 5. Band beim Buchstaben *S*. Für das noch nicht publizierte Material wurden Belege aus den Wörterbucharchiven namhaft gemacht. Dem jetzigen Bearbeiter des Südhessischen Wörterbuchs, Herrn Dr. Roland Mulch bin ich zu großem Dank verpflichtet, da er mir für diesen Beitrag eine umfangreiche Liste aller publizierten und noch nicht publizierten Stichwörter jüdischer Herkunft für das Arbeitsgebiet des Südhessischen Wörterbuchs zur Auswertung überließ. Für die Kurpfalz wurden die entsprechenden Belege aus dem Badischen Wörterbuch, soweit erschienen, herangezogen. Eine reiche Quelle ist auch das sechsbändige Frankfurter Wörterbuch, das aufgrund des ehemals hohen jüdischen Bevölkerungsanteils der Stadt Frankfurt eine Vielzahl von Wörtern dokumentiert, wobei jedoch bei vielen dieser Wörter lediglich der jüdische Sprachgebrauch dokumentiert wird, ohne daß in allen Fällen angenommen werden kann, daß alles Wortgut in weiten Kreisen der übrigen Frankfurter Bevölkerung gebräuchlich war oder ist. Neben diesen Wörterbüchern wurden noch vereinzelt kleinere Ortsdialektwörterbücher berücksichtigt. Weitere wichtige Quellen stellen die im Abkürzungsverzeichnis genannten Abhandlungen über jüdisches Sprachgut im Untersuchungsgebiet dar, wobei auch Darstellungen zu hier geltenden Sondersprachen (Händler-, Musikantensprache, Rotwelsch) berücksichtigt wurden.

Zur Methode der Darstellung ist folgendes zu sagen: Die verschiedenen, auch lautlich disparaten Belege werden in der Regel unter einem standardisierten Lemma vereinigt. Weiterbildungen zu diesem Lemma, also Ableitungen (Abl.) oder Zusammensetzungen (Zs.), werden in die jeweiligen Wortartikel integriert, lediglich Zusammensetzungen, bei denen Grund- und Bestimmungswort der hebräischen Komponente des Jiddischen entstammen, werden als eigene Artikel gebracht. Die lautlichen Realisierungen der jeweiligen Wortformen werden bei Belegen aus den großen Wörterbüchern in eine populäre Umschrift umgesetzt, bei anderen Quellen wird in der Regel die Originalschreibweise beibehalten. Hinter den Lautformen wird die Herkunft der jeweiligen Form angegeben. Bei einzelnen Ortspunkten aus den Großraumdialektwörterbüchern wird der jeweilige Ort genannt, wobei zur besseren Orientierung die Kreisabkürzung nach den Konventionen des Südhessischen, bzw. Pfälzischen Wörterbuchs übernommen werden (die Abkürzungen sind im Verzeichnis am Ende dieses Beitrags aufgelöst). Bei besserer Bezeugung im Untersuchungsgebiet werden nicht mehr alle Einzelbelege genannt, sondern es werden pauschalisierende Verbreitungsangaben eingeführt, die die ungefähre Frequenz signalisieren: vereinzelt = wenige verstreute Belege; mancherorts = mehrere Belege, häufig nur regional bezeugt; verbr. = häufig im gesamten Gebiet gemeldet. Anschließend an die Lautformen wird der Gebrauch des Wortes in Beispielsätzen oder in Belegen aus der Mundartliteratur vorgeführt. Die Quellen-, Verbreitungs- und Belegangaben ermöglichen es dem Leser, sich ein

Bild von der Vitalität und dem Verbreitungsgrad eines Wortes zu machen. Nach der Dokumentation folgen knappe etymologische Angaben, wobei hier die Abkürzung 'Jidd.' auf eine Variante des Jiddischen Bezug nimmt, wie sie als Ausgangsform für unsere rheinfränkischen Entlehnungen vorauszusetzen ist (meist Zentralwestjiddisch). Die Anknüpfung an das Hebräische, die in der Regel folgt, hält sich in Schreibweise und Terminologie an die Gepflogenheiten des Wörterbuchs von ERICH BISCHOFF (4. Aufl. 1916). Die Umschrift realisiert weitgehend die sephardische Aussprache und ermöglicht in der Regel das Auffinden des Wortes in einem hebräischen Wörterbuch. Die Abkürzung 'Rabbin.' bezieht sich auf Wörter und Wortformen wie sie erst in der nachbiblischen (rabbinischen) Tradition belegt sind. Abschließend folgen Band- und Spaltenangaben der Wörter in den Großraumdialektwörterbüchern des Arbeitsgebietes, dann Fundstellen in benachbarten Wörterbüchern sowie in Darstellungen überregionaler Natur, die ebenfalls das betreffende Wort gebucht haben.

## Liste der Wörter jüdischen Ursprungs in alphabetischer Reihenfolge:

**ab-kimmeln** „ablocken, abhandeln" s. »kimmeln«.

**ab-makeiemen** „durchprügeln" s. »makaiemen«.

**ab-mezern** „sich abmühen" s. »mezern«.

**Achbrosch** m.: „Spitzbube, Gauner", *Achbrosch* AZ-Gau-Bickelheim LENZ 14 WOLF-GILARDONE 27, *Achprosch* Frankf. I 138. - Jidd. *achberosch* „Spitzbube" (wörtl. *Mauskopf*, hebr. *'achbâr* „Maus", *rôsch* „Kopf"; vgl. »Rosch«). - Südhess. I 126; Bad. I 21; Schwäb. I 89; WOLF 29; WEINBERG 48; WEISS 130; ZIVY 39.

**acheln, achielen** schw: „viel und gierig essen", *ach(e)le, achíile*; beide Formen ohne räumliche Abgrenzung in der Pf und Rhh weit verbr. Frankf. I 137 ARNOLD-Rotw. 84 ARNOLD-Neumühl. 73 HAAB-Carlsberg 3 KLUGE 437 LENZ 3 RAPP 237 SCHÄFER 45 STORCH 248 TAWROGI THIELEN 10 WOLF-GILARDONE 27. *Unser Nochber, der kann esse, ... un achielt bis uf de Grund* O. WILMS: Pälzer Land und Pälzer Lewe. Ludwigshafen 1991, S. 81. *Die Baure achle wie an Kerwe* K. RÄDER Pfälzer Spätlese. Neustadt 1940, S. 79. *Not* (Nachher) *achelt mer sei Knerzel Brot* K. RÄDER Pfälzer Spätlese. Neustadt 1940, S. 65. Abl.: **Achil** m.: „Essen", *Achil* WOLF-GILARDONE 27; **Achel, Achile** f.: „Esserei, Appetit, Mund", *Achel, Achíil* mancherorts Pf Rhh, *Achíil* m. „das Essen" SCHÄFER 19, *Achíile* Frankf. I 137/38. *Er freit sich schunn still uf die Achiel* BI-Zotzenheim (Pfälz. I 118; Südhess. I 127); **Acheler, Achiler** m.: „starker Esser", *Acheler, Achíiler* vereinzelt Pf (Pfälz. I 118); **Achelerei, Achielerei** f.: „die Esserei", *Achelerei, Achíilerei* KU-Schmittweiler/O (Pfälz. I 118); **an-acheln, an-achielen** schw.: „sich vollessen", *sich aa*[n]*achele, aa*[n]*achiele* verbr. (Pfälz. I 209); **Achel-putz** m.: „wohlschmeckendes Essen“, *Achelbutz* (Pfälz. I 118/19 Frankf. I 137). - Jidd. *achlen* „essen“, *achile* „Speise“, hebr. *âchal* „essen“, *achilâh* „Speise“. - Pfälz. I 118; Südhess. I 127; Rhein. I 31; Lothr. 3; Els. I 12; Bad. I 21; Wolf 30; Althaus 115/16; Matras 288; Weinberg 48; Weiss 130.

**aches** „acht“ s. »jiss«.

**Äme, Eme** f.: „Angst, Furcht“, *Ääme, Äime* MZ-Selzen BI-Zotzenheim AZ-Udenheim FR-Kirchheim NW-Geinsheim LU-Muttstdt Speyer LA-Gommersheim Essingen Altdorf BZ-Ingenheim Appenhofen, *Aeime* Wolf-Gilardone 27, *Ehme* mancherorts Rhh Frankf. I 549, *Ehmes* AZ-Wörrstdt, *Ihme* Frankf. I 549. - Jidd. *eme, eime*, hebr. *êimâh* „Schrecken, Furcht“. - Pfälz. I 194; Südhess. II 194/95; Kehr. 39; Els. I 37; Bad. I 643; Wolf 1145; Althaus 124; Weinberg 62; Weiss 141; Zivy 50.

**Amhorez** m.: „dummer Kerl, Bauernlümmel“, *Amhóres* Frankf. I 163. - Jidd. *am horez* „Unwissender, Dummkopf“, hebr. *'am hâ-ârez* „Landvolk“. - Wolf 79; Weiss 131; Faber 172; Zivy 39.

**Anschor** m.: „zu Streichen aufgelegter Junge“, *Aa*ⁿ*schor* RO-Gundersweiler KB-Bischheim. - Jidd. *ansche* „Mensch, Mann“, hebr. *anschê* ?. - Pfälz. I 276.

**Arsch-katz** Gen.?:“After des Rindviehs“, *Arschkatz* BE-Fehlheim. - Zweiter Wortteil zu jidd. *kez* „das Ende, Äußerste“, hebr. *kêz*. - Südhess. III 1180 Katz; Ave-Lallemant IV 450.

**Aschpes** m.: „minderwertige Ware, Ausschuß, Plunder“, *Aschbes* mancherorts Rhh, auch in der Bedeutung „schlechter, minderwertiger Wein“. Zs.: **Aschpes-kores** n.: „Lumpengesindel“, *Aschbeskores* BE-Schwanheim. - Jidd. *aschpe* „Mist“, hebr. *aschpôth*. - Südhess. I 357.

**Asken** m.: „Handel“, *Assgen* DI-Groß-Umstadt Rapp 238 Schäfer 19, *Asken* Arnold-Rotw. 84 Haab-Carlsberg 1 Kluge 437. *Veel Massel zum Asken!* DI-Groß-Umstadt. Abl.: **askenen** schw.: „handeln“, *assgene* Schäfer 45; **Askener** m.: „Handelsmann“, *Assgener*, in scherzh., vornehmer Umbildung: *Assgenör* Schäfer 11, *Askener* Arnold-Rotw. 84 Kluge 437. - Jidd. *assak* „beschäftigt“, *essek, eissek* „Handel, Mühe“, rabbin. *êßek*. - Südhess. I 357; Wolf 149; Weinberg 52 Äisek, Esek.

**Asken-isch** m.: „Geschäftsmann“, *Asgen-Isch* Rapp 238. - Zs. aus »Asken« und jidd., hebr. *îsch* „Mann“.

**Atte, Ätte** m.: „Vater, Großvater“, *Adde, Ädde* verbr. Pf Sh, *Ette* Frankf. I 210. - Jidd. *Atte, Ätte* „Vater“, das selbst wohl deutschen Ursprungs ist: ahd. *atto* „Vater“. - Pfälz. I 355; Südhess. I 363; Rhein. I 292; Els. I 81; Bad. I 76; Beranek K. 81; Guggenheim-Grünberg K. 43.

**Aulem** „Menge, Masse" s. »Olem«.

**aus-baldowern** „ausspähen" s. »baldowern«.

**aus-kochemen** „ausdenken, auskundschaften" s. »kochem«.

**Babel, Bafel, Pafel** m., n.: „wertloses Zeug, minderwertige Ware", *Baawel* vereinzelt Sh NW-Hardenburg Frankf. I 259, *Bååwel* Frankf. IV 2338, *Baafel* SCHÄFER 22 SCHUPP 3, *Paafel* BZ-Dernbach, A. KLEIN Dt. Provinzialwörterbuch, Frankfurt und Leipzig 1792 65, *Boowel* SCHÄFER 22, *Poowel* AZ-Gau-Bickelheim. - Neuhebr. *bâbel, bâfel* „minderwertige Ware". - Pfälz. I 528; Südhess. I 519, 989; Rhein. I 348 Babelware; ALTHAUS 116; WOLF 233; ZIVY 44.

**Bachen** Gen.?: „Groschen, eine Mark", *Bachen* ARNOLD-Neumühl. 73 ARNOLD-Rotw. 84. - Jidd. *pag*, Pl. *pagim* „Groschen", wie »Ratt« Abkürzungswort (Akrophon), nämlich Anfangsbuchstaben von Polnischer Groschen (BISCHOFF 50).

**Bacher** m.: „Judenlehrer, junger, zänkischer oder dicker Kerl", *Baacher* „Judenlehrer" Darmstadt AZ-Vendersheim STORCH 246/47, „zänkischer Kerl" KU-Schmittweiler/O, „dicker Kerl" Rhh RO-Sembach KB-Ramsen LU-Mutterstadt, *Boocher* „junger rausgefressener Kerl" SCHÄFER 21, *Boocher* „junger Herr, Sohn" G. GUTMANN Hoch die Palz - Gedichte in Pfälzer und hochdeutscher Mundart. Heidelberg 1887, S, 214/15, *Bocher* Frankf. I 347. - Jidd. *bocher, bacher*, hebr. *bachûr* „Jüngling". - Pfälz. 504; Südhess. I 522; CREC. 78; Rhein. I 358; Els. II 7; Bad. II 105; WOLF 584; ALTHAUS 116; BERANEK K. 61; WEINBERG 52, 119; FABER 172.

**Bachinem, Bachim, Bachine, Bachillem** n.?: „Kleinigkeit, ein Geringes, geringer Preis", *Bachim* DA-Eschollbrücken, *Bachíinem*, mancherorts Pf Sh, KÜHN Aus der Hamet, Kaiserslautern 1911, S. 31 LENZ 5, *Bachínum* Neustadt, *Bachíne* LA-Venningen Oberhochstadt, *Báchine, Báchinum, Báchinem* Frankf. I 260, *Bachillem* NW-Dürkheim, *Bachime* OF-Seligenstadt. Abl.: **bachinem** Adv.: „für nichts, umsonst", *bachinnem* Frankf. I 260, *ballachíinem* SCHÄFER 53. - Jidd. *bechinem* „vergebens", hebr. *b'chinnâm* (so ALTHAUS 117), ein Teil der Belege, wie *Bachime*, möglicherweise zu jidd. *pag, pagim* „Groschen" vgl. »Bachen, lobachinem«. - Pfälz. I 505; Südhess. I 523; Rhein. I 358; Bad. I 105; WOLF 221; ALTHAUS 117 bechinem; WEINBERG 50; FABER 172; LEVY 79; ZIVY 42.

**Bach-mees** Gen.?: „Trinkgeld", *Bachmees* WO-Heßloch; vgl. »Baufmees«. - Zs. aus »Bachen« (oder »Bachinem«?) und »Mees«. - Südhess. I 523.

**baddersch** „schwanger, trächtig" s. »pattersch«

**Bafel** „minderwertige Ware" s. »Babel«.

**bafeln, bäfeln** schw.: „schlafen", *bofele* KU-Blaubach Frankf. I 351, *bäfele* KL-Drehenthalerhof Neustadt u. Umg. Landau. Zs.: **aus-bofeln** schw.: „ausschlafen", *ausboofeln* Frankf. I 238. - Jidd. *bofeln* „schlafen". - Pfälz. I 528; Rhein. I 391; Bad. I 108.

**Baisrul, Baiesrel** m.: „Jude". *Baisruhl* KU-Schmittweiler bei Meisenheim, *Baisrol* Schäfer 20 Rapp 238, *Bajesreel* AZ-Vendersheim Gau-Bickelheim Siefersheim Tawrogi, *Baisreel* Rapp 238, *Baisrel* Arnold-Rotw. 84 Kluge 437, *Beiserel* Thielen 18, *Baiserelche*, Dim. Zweibr, *Baiesräil* AZ-Frei-Laubersheim, *Baiesroul* ER-Beerfelden. - Jidd. *bar jisroel*, hebr. *bar jisrâ' êl* „Sohn Israels"; vgl. »Rolum«. - Pfälz. I 532; Südhess. I 545; Bad. I 109; Schwäb. VI/II 1581; Althaus 116; Wolf 319; Weinberg 50.

**Bajes, Bais** n.: „(altes, baufälliges) Haus", *Bajes* verbr. Sh Pf Frankf. I 266 Schäfer 20 Storch 248 Thielen 16 Lenz 5, *Bayes* Wolf-Gilardone 27, *Bais* vereinzelt Pf Arnold-Rotw. 84 Rapp 238 Kluge 437, *Booies* Kluge 437; vgl. »Besolem«. *Der kummt mer net ins Bajes* Kunnrädel Pälzer Baurehochzig, Neustadt (o. J.) S. 38. *Bleib mer aus meim Bajes!* Lenz 5. - Jidd. *bajis*, hebr. *bêth, bájith* „Haus"; vgl. »Baishackneises, Beize, Binnes-, Mackel-, Schofel-, Seibelbajes, Zischebattem«. - Pfälz. I 533; Südhess. I 546; Rhein. I 402/03; Althaus 116; Matras 288; Wolf 246; Weinberg 50; Weiss 132; Zivy 40.

**Bais-hackneises** f.: „Synagoge", *Beishackneises* Wolf-Gilardone 27. - Jidd. *bajis hakenesses* „Synagoge"; hebr. *bêth ha-k'näßeth* „Haus der Versammlung".

**Balbunem** „Streit" s. »Bilbulem«.

**baldibbern** schw.: „plaudern", *baldíwern* ER-Beerfelden. - Weiterbildung zu »dibbern«. - Südhess. I 549.

**baldowern** schw.: „aushorchen, auskundschaften, viel sprechen" u. a., *baldówern* vereinzelt Sh Rapp 238. Zs.: **aus-baldowern, aus-baldiwern** schw.: „auskundschaften", *ausbaldówern* verbr. Rhh, *ausbaldíwere* LU-Friesenheim (Pfälz. I 432; Südhess. I 445). - Jidd. *bal dower* „kundig, sachverständig", hebr. *ba'al dâbâr*. - Südhess. I 549/50; Rhein. I 408; Bad. I 110; Wolf 258; Althaus 117.

**ballachinem** „umsonst" s. »Bachinem«.

**Bal-mach(ome)** m.: „Soldat", *Balmach* Wolf-Gilardone 27, *Balmachóome* Frankf. I 269, *Balmachome* Tawrogi, *Balmechomen* Wolf-Gilardone 27, *Palmachome* Rapp 256. - Jidd. *baal milchome* „Soldat", hebr. *ba'al milchâmâh* „Herr des Kriegs". - Wolf 276; Weinberg 84; Zivy 41.

**Bal-zasser, Bal-zasseres** m.: „Viehhändler, Makler, Vermittlungsgebühr", *Balzásser* KB-Mauchenheim LA-Gommersheim Thielen 16, *Balsasser* Tawrogi, *Balzásseres* LA-Böbingen, *Balzássas* FR-Albsheim LA-Ilbesheim. - Jidd. *baal*

„Herr“ und *sasser, sarser* „Ausspäher, Unterhändler, Zubringer“. Vgl. »Zasser, Zasseres«. - Pfälz. I 544; WOLF 4742; WEINBERG 93; WEISS 132; ZIVY 41.

**Bargel** Gen.?: „Eisen, Hufeisen“, *Bargel* RAPP 238. - Jidd., hebr. *barsel* „Eisen“.

**Barnes, Parnes, Bärmes** m.: „Vorsteher (der Synagoge), Hauptperson, Anführer“, *Barnes* mancherorts Sh, RO-Münchweiler, *Bornes, Banoser* vereinzelt StBg, *Bärmes* Kaiserslautern, *Bernes* KÜHN Aus der Hamet, Kaiserslautern 1911, S. 98. Auch in der Zs.: **Ober-barnes, -bärmes** „Anführer“ usw., *Owwerbarnes, -bärnes, -bärmes* vereinzelt Pf Sh (Pfälz. V 195, Südhess. IV 1041). - Jidd. *parnes* „Gemeindevorstand“, rabbin. *parnâß*. - Pfälz. I 582/83 Bärmes, Parnes; Südhess. I 589 Barnes; Rhein. I 465; Bad. I 121; CREC. 91; KEHR. 61; Hess.-Nass. II 492 Oberbarnes; WOLF 4049; ALTHAUS 142; BERANEK K. 53; GUGGENHEIM-GRÜNBERG K. 9; WEINBERG 89; WEISS 132.

**Barrach** m.: „Grind“, *Barrach* ARNOLD-Neumühl. 73 SCHÄFER 20, *Barrache* ARNOLD-Rotw. 84 KLUGE 437. - Jidd. *porach*, hebr. *pâra' ch* „ausschlagen, sprießen“. - WOLF 4039; ALTHAUS 117; WEINBERG 89.

**Barrach-mokum** Ortsname: „Grünstadt“, *Barrachmokum* SCHÄFER 20, *Barrachmoogum* KLUGE 437, erster Teil zu »Barrache«, zweiter Teil s. »Mokem«; wörtl. also *Grindstadt*, hier wird noch die frühere bis in das 19. Jahrhundert erhaltene amtliche Schreibung *Gründ-, Grindstadt* u. a. vorausgesetzt. - FABER 179.

**Bauf-mees** n.: „Trinkgeld“, *Baufmees* BI-Zotzenheim. - Zs. aus *baufen* „trinken“ (Südhess. I 627), dem jidd. *bâfen* (WEINBERG 111) zugrundeliegen könnte und »Mees«. - Südhess. I 628; WEINBERG 85; WEISS 164.

**Bazinem** Gen.?: „Wurst“, *Badsínem* AZ-Gau-Bickelheim, *Benzínem* MZ-Mommenheim; vgl. »Dambazinem«. - Jidd. *bezinem* „Wurst“ (WEBER, WEINBERG 52, 119), weitere Herkunft?. - Südhess. I 638; Bad. I 182; WOLF 358; WEINBERG 52, 119; FABER 172.

**be-dibbern**: „beschwatzen, betrügen“ s. »dibbern«.

**be-dowern** schw.: „anführen, irreführen, betrügen“, *bedówern* vereinzelt Stbg. - Zu »baldowern«. - Südhess. I 643.

**Beele** f.: „weibl. Vorname, (unordentliche) Frau“, *Beele, Bäile* verbr. Sh Pf Frankf. I 291/92, RAPP 256; bes. in dem Kinderreim: *Ich will der was verzehle, vun de alde Beele* usw.; vgl. »Ischebeele«; auch zahlreiche Zs.: **Dreck-, Juden-, Zottelbeele** u.a. vereinzelt Pf Sh. - Jidd. *baile, beele,* „Herrin“, hebr. *ba'alâh* ?. - Pfälz. I 648; Südhess. I 628; Bad. I 143; ZIVY 42.

**begern, pegern** schw.: „sterben“, *beegere, beegern* vereinzelt Pf Sh, A. KLEIN Dt. Provinzialwörterbuch, Frankfurt und Leipzig 1792 44, *bäigern* vereinzelt StBg, *péikern* WOLF-GILARDONE 28. - Jidd. *pegern* „sterben“, hebr. *päger*. - Pfälz. I 652; Südhess. I 648; Rhein. VI 597 Z. 51; WOLF 4100; ALTHAUS 118 bejern; MATRAS 288.

**Begide** f.: „Furcht“, *Begide* SCHUPP 3. - Jidd. *pachad* „Angst, Furcht“, hebr. *pachad*. - WOLF 374.

**Beheme** f., n.: „Stück Vieh, Rind, Kuh, ungeschliffener, beschränkter Mensch“, *Behéeme* Speyer NW-Haßloch vereinzelt Rhh Frankf. I 290/91 AUTENRIETH 19 HEEGER Tiere im pfälzischen Volksmunde I Landau 1902, S. 6 KLUGE 437, *Behääme* AZ-Gau-Bickelheim SCHÄFER 17 TAWROGI THIELEN 18 RAPP 239, *Behäime* vereinzelt StBg LENZ 5 RAPP 239, *Beheimes* WOLF-GILARDONE 27, *Behâmes* ARNOLD-Rotw. 84. Zs.: **Land-beheme** f.: „Handelsjude vom Land“ Frankf. - Jidd. *beheme*, hebr. *behêmâh* „Vieh“. - Pfälz. I 657; Südhess. I 654; Bad. I 136; ALTHAUS 117; GUGGENHEIM-GRÜNBERG K. 25; MATRAS 288; WOLF 377; WEINBERG 51; WEISS 133; ZIVY 42.

**beis, bejs** „zwei“ s. »bes«.

**Beize** f.: „kleines, unordentliches Gasthaus, Spelunke“, *Beiz* VPf vereinzelt Sh RAPP 239. Abl. **Beizer** m.: „Wirt“ SCHÄFER 16a. - Gleicher Herkunft wie »Bajes«, jedoch wohl aus der hochdeutschen Umgangssprache übernommen. - Pfälz. I 682; Südhess. I 677; ALTHAUS 118.

**bekaan** Adv.: „zugegen, hier“, *bekaan* WOLF-GILARDONE 27, *bekaane* ARNOLD-Rotw. 84 HAAB-Carlsberg 6 KLUGE 437, *bekoone* KLUGE 437; vgl. »Kahn«. - Jidd. *bekan* „zugegen“. - WOLF 388; ALTHAUS 118 bekane; FABER 172; LEVY 80.

**be-kimmeln** schw.: „über das Ohr hauen, betrügen“ s. »kimmeln«.

**belaile** „nachts“ s. »Laile«.

**benschen, bemschen** schw.: „beten (von Juden), Gebete herunterleiern, monoton sprechen“, *bensche* mancherorts Sh Frankf. I 304, *bemsche* mancherorts NWPf südl. Rhh ARNOLD-Rotw. 84 KLUGE 437 RAPP 239 SCHÄFER 45. Zs.: **Bensch-riemen** m.: „Gebetsriemen der Juden“, *Benschrieme* Darmstadt (Südhess. I 693). - Jidd. *benschen* „segnen“, dies aus lat. *benedicere*. - Pfälz. I 695; Südhess. I 692/93; Bad. I 147; Rhein. I 615; ALTHAUS 118; WOLF 410; WEISS 133, 164; ZIVY 42.

**Berches** n.: „jüdisches Mohnbrötchen (Segensbrot z. Sabbat)“ u. a., *Berches* Kaiserslautern Speyer Pirmasens PS-Rodalben BI-Gau-Algesheim BRÄUTIGAM 61 LENZ 5 RAPP 239, *Barches* RAPP 239, *Beiches* ER-Beerfelden, *Beriches* Wimpfen. - Jidd. *berches* „Sabbatweißbrot“, hebr. *bêrâcha* „Segnung“. - Pfälz. I 701; Südhess. I 696; Bad. I 149; ALTHAUS 119; BERANEK K. 73; GUGGENHEIM-GRÜNBERG K. 46; FABER 172; ZIVY 42.

**be-rojenen** „in Augenschein nehmen, untersuchen“ s. »rojenen«.

**bes, bais, bejs** Zahlwort: „zwei“, *bess* SCHÄFER 59, *bejs* RAPP 239, 248 STORCH 247, *bäis* HAAB-Carlsberg 7, *bees, bais* KLUGE 439; vgl. »Besschofert«. - Jidd. *bejs*, hebr. *bêth* „Zahlbuchstabe für 2“. - WOLF 6437; ALTHAUS 138/39; MATRAS 288; WEINBERG 51; WEISS 133.

**Beschanem** n.: „Jahr(e)“, *Wieviel Beschanem?* „Wieviel Jahre?“ SCHÄFER 20. - Zs. mit der Präp. *b'* „in, an, mit“ und *schanem*, Pl. zu »Schone« „Jahr“, hebr. *schânâh, schânim.*

**be-schaskeln, -schaskenen** „sich betrinken“ s. »schaskeln«.

**be-schickert** „angeheitert, nicht bei Sinnen“ s. »schicker«.

**Beschit** Gen.?: „Pfennig“, *gimmel Pschiitem* „drei Pfennig“ LENZ 4, *Beschíidche* (Dim.) SCHÄFER 21, *Beschiitche* KLUGE 437, *Beschitsche* ARNOLD-Neumühl. 73 ARNOLD-Rotw. 84. - Jidd. *poschit*, Pl. *peschitim* „Pfennig, Heller, Kleinigkeit“, dies aus rabbin. *pâschût* „einfach“? oder hebr. *paschat* „ausbreiten“ (so WEISS 134); vgl. »Boscher«. - AVE-LALLEMANT IV 438; MATRAS 291; WEINBERG 91, 123/124; ZIVY 41 Bauschet.

**be-schmort** Adj.: „betrunken“ s. »schmoren«.

**be-schokert** Adj.: „betrunken“, *beschógert* KL-Mölschbach. - Abl. zu jidd. *schochar* „trinken“; vgl. »Schächer«. - Pfälz. I 722; WOLF 4832.

**Beschore** „gütlicher Vergleich“ s. »Peschore«.

**be-schosselt** Adj.: „betrunken“, *beschórselt* GG-Klein-Gerau, *beschusselt* GG-Klein-Gerau Raunheim. - Jidd. *schosse sein* „trinken“. - Südhess. I 715, 716.

**be-schulmen** „bezahlen“ s. »meschulmen«.

**be-schummeln** (1) „einschmieren, einfetten“ s. »schummen«.

**be-schummeln** (2) „betrügen“ s. »schummeln«.

**be-schwächt** „betrunken“ s. »schwächen«.

**Bes-olem** f.: „Friedhof“, nur in der Zs.: *Judde-bsouling* „Judenfriedhof“ Wimpfen. - Zs. aus »Bajes, Bais« „Haus“ und »Olem« „Weltall, Ewigkeit“, also wörtlich „Haus der Ewigkeit“. - Südhess. I 721; MATRAS 288.

**besol(d)** Adj.: „wohlfeil, billig“, *bsold* FR-Carlsbg, *besold* ARNOLD-Neumühl. 73 ARNOLD-Rotw. 84 HAAB-Carlsberg 6 KLUGE 437 SCHÄFER 53, *bsoll* RAPP 240. *Der hot sei Bajes besold kriet* SCHÄFER 53. - Jidd. *sol, besol, besul* „wohlfeil, gering“, aramäisch *s'lal*. - Pfälz. I 731; Bad. I 161; WOLF 429; WEINBERG 52.

**Beß** f.: „jüdischer weiblicher Vorname, unordentliche weibliche Person", *Beß* GG-Erfelden Dornheim Klein Gerau Goddelau Leeheim. - Jidd. *besula* „Jungfrau", hebr. *bethûlâh*. - Südhess. I 722.

**Bes-schofert** m.: „zweiter Bürgermeister", *Beesschofert* SCHÄFER 16a. - Zs. aus »bes« und »Schofert«.

**be-stußt** „verworren, närrisch, betrunken" s. »Stuß«.

**betuch(t)** Adj.: „wohlhabend, vertrauenswert, gediegen, besonnen, sittsam, still", *bedúucht* verbr. Pf Sh KLUGE 437 SCHÄFER 53 THIELEN 17 LENZ 6 RAPP 238, *bedúuche* vereinzelt Sh, *beduch* ARNOLD-Neumühl. 73 ARNOLD-Rotw. 85, *betug* WOLF-GILARDONE 27. *Ich bin net reich, bin net beducht* KIEFFER Bermesenser Werterbuch 143. Abl.: **Betuchtheit** f.: „Wohlhabenheit", *Betugthaat* WOLF-GILARDONE 27. - Jidd. *betuch* „sicher, vertrauenswert", hebr. *betûach*. - Pfälz. 768/71; Südhess. I 751/52; Rhein. 663; Bad. I 177; WOLF 440; ALTHAUS 120; WEINBERG 52; WEISS 133/34.

**Bezchen** n.: „Ei", *Bedsje, Beds'che* SCHÄFER 21, *Betzche* ARNOLD-Neumühl. 73 ARNOLD-Rotw. 84 HAAB-Carlsberg 4 KLUGE 437. *Nosen mer noch gimmel Betzcher* „Gib mir noch drei Eier" SCHÄFER 21. - Jidd. *bejze, beze*, hebr. *bêzâh* „Ei"; vgl. »Bezem«. - WOLF 443; ALTHAUS 118; WEINBERG 51; FABER 172.

**Bezem** m.: „männl. Geschlechtsteil", *Pezem* KLEIN Deutsches Provinzialwörterbuch, S. 49. - Jidd. *bezim* „Eier", Pl.; vgl. »Betzchen«. - Pfälz. I 779; WOLF 443; WEINBERG 51.

**Bilbel, Bilbulem** m.: „Streit", *Bilwel* Frankf. I 323, *Bilbulem* RAPP 239, *Balbunem* ER-Bullau. *Mach doch kaa Bilbulem* RAPP 239. - Jidd. *bilbel*, Pl. *bilbulim* „Disput, Verhör, Beschuldigung", dies entweder zu rabbin. *pilpûl* „dialektische Auseinandersetzung mit dem Talmud, scharfe Disputation" oder zu rabbin. *bilbûl* „Verwirrung". - Südhess. I 548; WOLF 464; ALTHAUS 120; WEINBERG 52, 90; WEISS 134.

**Binakel, Binaker, Binakes, Binikel** m.: „sonderbarer Mensch u.a.". - Jiddische Herkunft ? - Südhess. I 850, 855; *Bunackel* LENZ 14.

**Binnes, Pinnes** m.: „Wichtigtuer, Spaßmacher, alberner, törichter, launenhafter, verwöhnter Mensch", *Binnes* verbr. Rhh, *Pinnes* KL-Siegelbach Olsbrücken. Zs: **Kozen-binnes** m.: *Koodsebinnes* (Südhess. III 1706) und **Schoten-binnes** *Schotebinnes* „Narr" (Südhess. III 1706 angekündigt). - Jidd. *pinnes* „Narr", dies zu *pinnos* „Haupt, Anführer" (AVE-LALLEMANT IV 435), bzw. zu dem Namen *Pinchas* (so WEINBERG 90). - Pfälz. I 922; Südhess. I 856/57; WEINBERG 90.

**Binnes-bajes** n. „Irrenanstalt, Gefängnis", *Binnesbajes* Alzey. - Zs.: aus »Binnes« und »Bajes«. - Südhess. I 857.

**Binsel** f.: „Mädchen, Dienstmädchen", *Binsel* HAAB-Carlsberg 2 RAPP 240. - Jidd. *besulle*, hebr. *bethûlâh* „Jungfrau" (so RAPP); eher jedoch dissimilierte Form zu »Pilzel«. - WEINBERG 51 Besiele; WEISS 135 Bsulo.

**Bocher** „junger Kerl" s. »Bacher«.

**boen** schw.: „kommen, bekommen, erhalten", *boue* SCHÄFER 46, Part. Perf. *gebout* HAAB-Carlsberg 6. *Schäff prää, sunscht bouschde Kuffes!* „Verschwinde, sonst bekommst du Schläge! SCHÄFER 46. - Jidd. *bo sein* „kommen, künftig sein", hebr. *bâ* „kommend". - WOLF 244, 345; ALTHAUS 116 bajen; WEINBERG 50.

**Boker** (1) n.: „Rind", *Booger* AZ-Gau-Bickelheim. - Jidd. *bokor* „Rind", hebr. *bâkâr*. - Südhess. I 997; WOLF 603; WEINBERG 52.

**Boker** (2) m.: „(der frühe) Morgen", *Boker* SCHUPP 3. - Jidd. *boker* „Morgen", hebr. *bôker*. - FABER 172.

**Boller-bajes** n.: „Zuchthaus", *Bollerbajes* Heidelberg (Beleg aus schriftlicher Quelle 19. Jahrhundert) Südhess. I 1007, Bad I 288. - Jidd. *paltor* „Burg" und »Bajes« „Haus" (so WOLF 4299).

**Bonem** n. (f.): „Gesicht, Mund, Kopf", *Boonem* vereinzelt Pf Sh Frankf. IV 2344 ARNOLD-Rotw. 85 RAPP 240 TAWROGI THIELEN 21, *Poonem* Frankf. IV 2344, *Baanem* RO-Semb, *Bounem* GH-Westh, *Baunem* GG-Rüsselsheim, *Buunem* LENZ 6, *Boonum* Darmstadt Frankf. I 360, IV 2344 ARNOLD-Neumühl. 73 KLUGE 437 SCHÄFER 21. *Er macht e bees Boonem* KU-Schmittweiler/O. *Hall's Boonem* „Halte den Mund!" AZ-Biebelnheim. *Ich schlaa der ins Boonum!* SCHÄFER 21. Redensart: *Es Butterbrot fällt uffs Bonem* „Ein Unglück kommt selten allein" BUSS/WESTERMANN So redd mer in Zelemochum. Bad Kreuznach 1978, S. 14. Zs.: **Zu-tun-bonem** n.: „Amtsmiene, geschäftiger Gesichtsausdruck", *Tsuuduubonem, -bonum* Frankf VI 3672. - Jidd. *ponem*, hebr. *pânîm* „Angesicht". - Pfälz. I 1099; Südhess. I 1015; Rhein. 1024; Bad. I 291; WOLF 4306; ALTHAUS 142/43; WEINBERG 90; WEISS 135.

**Bore** f., m.: „(alte) Kuh", in Sh auch vereinzelt „altes Pferd", *Boore* mancherorts Pf Sh Frankf. I 361 ARNOLD-Rotw. 85 HAAB-Carlsberg 5 HEEGER Tiere im pfälz. Volksmunde I, Landau 1902, S. 7 KLUGE 437 RAPP 240 SCHÄFER 17, *Boure* WOLF-GILARDONE 27, *Boor* BI-Grolsheim Pfaffen-Schwabenheim, *Borre, Buure* vereinzelt StBg, *Bohrer* vereinzelt Rhh; häufig im Dim.: *Boorche, Boorle* mancherorts Pf Sh KLUGE 437 RAPP 240. - Jidd. *pore*, hebr. *pârâh* „Kuh". - Pfälz. I 1104; Südhess. I 1024/25; Hess.-Nass. II 676; Bad. I 294; ALTHAUS 143; MATRAS 289; WEISS 134.

**Boscher** m.: „Pfennig", *Booscher* NW-Deidesheim WO-Dittelsheim DA-Balkhausen ARNOLD-Rotw. 85 HAAB-Carlsberg 2, *Boscher* BE-Biblis, *Bouscher* mancherorts StBg MZ-Mommenheim WO-Horchheim, *Boosche* ARNOLD-Neumühl.

73 KLUGE 437. - Jidd. *poscher, poschut, poschit* „Pfennig, Kleinigkeit"; vgl. »Beschit«. Pfälz. I 1115; Südhess. I 1033; Bad. I 297; Hess.-Nass. II 674; WOLF 4324; ALTHAUS 143.

**Boser** m., n.: „Fleisch", *Booser* mancherorts Pf Sh ARNOLD-Neumühl. 73 ARNOLD-Rotw. 85 KLUGE 437 RAPP 240 SCHÄFER 22, *Boossert* KLUGE 437, *Booscher* MZ-Ober-Olm WO-Westheim AZ-Rommersheim, *Bouser* BE-Bürstadt HAAB-Carlsberg 3, *Buuser* LA-Gommersheim. *Guck emol, was das Rind Booser hot!* BI-Zotzenheim. *Des Booser is awwer vun eme alde Boore* SCHÄFER 22. - Jidd. *boser*, hebr. *bâsâr* „Fleisch". - Pfälz. I 1119; Südhess. I 1037; Rhein. I 884; Bad. I 294; WOLF 636; ALTHAUS 120; MATRAS 288; WEINBERG 52, 119; WEISS 136; ZIVY 44.

**Boser-beroiner** m.: „Fleischbeschauer", *Booserberoiner* AZ-Gau-Bickelheim. - Zs.: aus »Boser« und einer Abl. zu »rojenen«. - Südhess. IV 1446.

**Botel** m.: „Müßiggänger, Taugenichts, freches Kind, verkehrter Mensch" u. a., *Boodel, Bool, Boudel* verbr. StBg. - Jidd. *botel* „Müßiggänger". - Südhess. I 1047; AVE-LALLEMANT IV 341.

**Botschores** „Machenschaften" s. »Beschore«.

**Bresem, Broschem** m.: „Jude", *Bresem* ARNOLD-Rotw. 85, *Brooschem* ARNOLD-Neumühl. 73 ARNOLD-Rotw. 85, „närrischer, übernervöser Mensch", *Brooschem* SCHÄFER 22. - Jidd. *bris* „Bund, Bündnis", hebr. *b'rîth*. - WOLF 704.

**Bris-mile** f.: „jüdische Beschneidung", *Bresmiile* Frankf. I 382, *Brismiile* ER-Höchst, bei RAPP 240 „Kindtaufe", *Brismíile* RAPP 240. Abl.: **brismilen** schw.: „taufen" RAPP 240. *Wann dunnerns Klää brismile?* „Wann tut ihr das Kleine taufen?" RAPP 240. - Jidd. *bris mile*, hebr. *b'rith mîlâh* „Bund der Beschneidung". - Südhess. I 1120; Bad. I 321; AVE-LALLEMANT IV 345; ALTHAUS 121; WEISS 134; FABER 172.

**Broche, Broches, Brochem** m.: „Wachstum, Segen, Glück, Nutzen", *Brooche* AZ-Vendersheim Bechenheim, *Broche* Frankf. I 388, *Brouche* DI-Groß-Umstadt ER-Beerfelden, *Brooches* DA-Alsbach AZ-Bornheim STORCH 248, *Brouches* ER-Höchst, *Broucheds* ER-Zell, *Brouchem* vereinzelt StBg THIELEN 23 LENZ 6; vgl. »Masselbroche«. *'s es kaa Broches draa* AZ-Bornheim. *An dem isch net viel Brouchem* „An dem ist nicht Gutes" LENZ 6. - Jidd. *beroche*, Pl. *broches*, hebr. *b'râchâh* „Segen". - Südhess. I 1127; Bad. I 329; CREC. 207; WEINBERG 52/53; WEISS 134; ZIVY 44.

**broges** Adj.: „verfeindet, gekränkt, zornig", *brooges, brooches* mancherorts Pf Rhh, *brouches* LA-Edenkoben mancherorts StBg MZ-Mommenheim LENZ 6 WOLF-GILARDONE 27. *Die sein brooches merrenenner* (miteinander) KU-Schmittweiler/O. Abl.: **Broges** m.: „Zorn, Streit", *Brooges, Brooches* SCHÄFER 22 NPf (Pfälz. I 1244). *Die sin im Brooches minanner* SCHÄFER 22. - Jidd. *b(e)roges*

„zornig“; vgl. »Roges«. - Pfälz. I 1243/44; Südhess. I 1132; Rhein. I 998; Bad. I 331; Wolf 667; Althaus 121; Guggenheim-Grünberg K. 38; Matras 288; Weinberg 52.

**Broschem** „Jude“ s. »Bresem«.

**Burem** „lebhaftes Treiben“ s. »Purim«.

**Bus** f.: „Tuberkulose beim Rind“, *Buus* verbr. Pf Sh; vgl. »bus«; auch vereinzelt in der Zs.: *Buuskuh* „Kuh, die an Tuberkulose leidet“. *Die Kuh hot Buus* LA-Gommersheim. Abl.: **bus** Adj.: „tuberkulös beim Rind“, *buus* RO-Felsbergerhof KU-Mühlbach ZW-Hengstbach PS-Hengsberg. *Die Kuh es buus* RO-Felsbergerhof. - (Pfälz. I 1386). - Jidd. *bus* „Tuberkulose“, hebr. *bû'ôth* „Blasen“. - Pfälz. I 1386; Südhess. I 1246; Rhein. I 1148; Weinberg 53.

**Butschkaiem** Pl.: „Hose“, *Butschgaiem* Haab-Carlsberg 5 Schäfer 23 Wolf-Gilardone 27, *Butschkaim* Kluge 437, *Butsgaim* Arnold-Neumühl. 73 Arnold-Rotw. 85. - Deutung unsicher Wolf 792: jidd: *botte schukajim* „Häuser der Beine“; Wolf-Gilardone 27, Levy 80: jidd. *b'schokaim* „auf den Schenkeln“; Bischoff 50: jidd. *paßk'jem, pußkajim* „Hosen“ von. lat. fascia; Faber 173: jidd. *buskai* „Gerber“? - Matras 289.

**Chajes** n.: „Leben; Kosename für Kind“, *Gååjes* „Leben“ AZ-Vendersheim, *Chaajes* „Kosename für Kind“ Frankf. I 433. - Jidd. *chaies* „Leben“, hebr. *chajjûth*. - Südhess. II 1057; Weinberg 53; Zivy 45.

**Chalomes** „Schwindel“ s. »Kalaumes«.

**Chammer, Chames** m.: „Esel“, auch „dummer Kerl“, *Chammer* Schupp 7 Tawrogi Frankf. I 434, *Chammes* Schupp 7. - Jidd. *chammer* „Esel“, hebr. *châmôr*. - Althaus 122; Wolf 831; Weinberg 54; Weiss 137; Zivy 45.

**Chammime** „Hitze“ s. »Kamime«.

**Chanje** n.: „Chanukka (jüdisches Fest)“, *Chanje* Frankf. I 435. Zs.: **Chanje-lampe** f., **-eisen** : „Chanukkaleuchter“, *Chanjelampe, -eisen* Frankf. I 435. - Jidd. *chanje, chanike* „Chanukka“. - Guggenheim-Grünberg K. 27; Weiss 137.

**chasmen** schw.: „besiegeln“, nur in der Zs.: **ver-chasmen** schw.: „versiegeln“, *verchasmen* Rapp 254. - Jidd. *chassmen*, hebr. *châtha'm* „versiegeln“. - Weinberg 55.

**Chasne** „Hochzeit“ s. »Kassene«.

**Chason** m.:“Vorsänger, Vorbeter (im jüdischen Gottesdienst)“, *Chason, Chasen* Wolf-Gilardone 27, *Chásan, Chásen* Frankf. I 436. - Jidd. *chason, chasen*

„Vorsänger“, rabbin. *chasân*. - Bad. III 81 Kasem; WEINBERG 55; WOLF 845; AVE-LALLEMANT IV 368.

**Chasser** „Schwein“ s. »Kasser«.

**Chattes** m.: „schäbiger, niedriger Mensch, Lump“, *Chaddes, Chattes* Frankf. I 437 RAPP 240 FRAENKEL 39. - Jidd. *chattes* „Mittelloser, Lump“. - ALTHAUS 122; WEINBERG 56; WEISS 136; ZIVY 46.

**Chedder** m.: „Kammer, Zimmer“, *Chedder* Frankf. I 437. - Jidd., hebr. *chäder* „Kammer“. - MATRAS 290; WEINBERG 57; WEISS 137.

**Cheduschem** „Neuigkeit“ s. »Kadduschem«.

**Chen** m.: „Anmut, wohlgefälliges Aussehen“, *Chen* Frankf. I 438. - Jidd. *chen* „Leutseligkeit“, hebr. *chên* „Gnade, Anmut“. - WEINBERG 57.

**Chillef** „Wechsel“ s. »Rilf«

**Chilluke** f.: „Unterschied“, *Chilluke* SCHUPP 3. - Jidd. *chillek* „Unterschied“ (WEINBERG 58).

**Cholom** m.: „Traum“, *Cholom, Cholem* Frankf. I 439. - Wie »Kalaumes« zu jidd. *cholom* „Traum“. - Bad. III 209 Kolem; WEINBERG 56.

**Chulches** Gen.?: „Ohnmacht“, *Chulches, Gulches* WOLF-GILARDONE 27. - Jidd. *chaloscheß* „Schwächeanfall, Ohnmacht“ (LÖTZSCH 54). - WEINBERG 53, 60; WEISS 139; ZIVY 47.

**Chosen** „Bräutigam“ s. »Kcosen«.

**Daje(n), Dajes** m., f., n., Pl: „Kummer, Sorge“, *Daai*$^{n}$ NW-Haßloch Geinsheim Speyer AZ-Wendelsheim, *Dain* WOLF-GILARDONE 27, *Daa*$^{n}$*je* AUTENRIETH 30 MZ-Mainz Mommenheim Selzen AZ-Vendersheim, *Daa*$^{n}$*jes* vereinzelt Pf Rhh, *Doojes* PS-Herschbg, *Taa*$^{n}$*jes* LENZ 7. *Mach mer nore kää Daajes!* KL-Hochspeyer. - Jidd. *dajes* „Kummer, Sorge“, hebr. *d'âgâh, d'âgôth*. - Pfälz. II 52; Südhess. I 1350 Danjen; KEHR. 105; Bad. I 414; ALTHAUS 123; BERANEK K. 36; GUGGENHEIM-GRÜNBERG K. 37; WEINBERG 61; WEISS 139; ZIVY 48.

**dakuf** Adj.: „angesehen, beliebt, wohlgelitten, gesund, gewitzt“, *dágguff* vereinzelt NPf KÜHN Pälzer Schnitze II, Kaiserslautern 1905, S. 122 KÜHN Hoch die Palz, Neustadt 1910, S. 31 mancherorts Sh, *dakuff* SCHÄFER 54 TAWROGI, *deijkuff* SCHÄFER 54. *Die zwaa sein nemmeh rechd dagguff* „nicht mehr gut aufeinander zu sprechen“ WO-Dittelsheim. - Jidd. *takif* „mächtig, angesehen“, rabbin. *thâkîph*. - Pfälz. II 53; Südhess. I 1324; Els. II 669; Bad. I 407; WOLF 5738; ALTHAUS 154; WEINBERG 104.

**Dakuf-mees** n.: „Bargeld“, *Dejkuff-Mees* SCHÄFER 23. - Zs. aus »dakuf« und »Mees«.

**Dalfel, Dalfem, Dalfent, Dalfer, Dalfes** m.: „Armer, Bettler, Taugenichts, unbeholfener, dummer Mensch“, *Dalf* Pirmas, *Dalfel* Alzey, *Dalfem* Frankf. I 453, *Dalfm* AZ-Schafhausen, *Dalfen* WOLF-GILARDONE 27, *Dalfent* Pirmas, *Dalfer* AZ-Gau-Odernheim, *Dalfes* MZ-Nierstein. - Nach ALTHAUS 123 zu jidd. *Dalfen*, hebr. *Dalphôn*, einer der 10 Söhne Hamans (Esther 9, 7), besser scheint mir die unmittelbare Herleitung aus »dalfen«, vgl. rotw. *Dalfer* „Bettler“ (WOLF 940). - Pfälz. II 56; Südhess. I 1327; WEINBERG 61; WEISS 139; FABER 173; ZIVY 48.

**dalfen** schw.: „betteln“, *dalfene* NW-Geinsheim SCHÄFER 46; vgl. »Dalfel«. Abl.: **Dalfener** m.: „Bettler“, *Dalfener* SCHÄFER 14. - Jidd. *dalfen* „arm“, aus hebr. *dâla'ph* „hinschleichen“. - Pfälz. II 56; Rhein. VIII 1044; Bad. I 408; WOLF 940; ALTHAUS 123.

**Daljem, Daljonem** m.: „Stromer, minderwertiger Knecht, Tolpatsch, überzwercher Umstandskrämer“, *Dalljem* DA-Balkhausen, *Dalljóonem* BE-Biblis Heppenheim. - Jidd. *taljon* „Henker“; vgl. »dalgen«. - Südhess. I 1328; AVE-LALLEMANT IV 481 WOLF 5740.

**dalgen** schw.: „unsanft anfassen, verhauen, zerstören, umbringen, Selbstmord begehen“, *dallche, dallje, dallge* vereinzelt Pf Sh. *Er hot sich gedalgt* „Er hat sich aufgehängt, umgebracht“ SP-Harths RAPP 241. *Sie hodd wirrer e Tass gedalgd* MZ-Ülversheim. Abl.: **dalgenen** dass., *taljenen* TAWROGI. - Die im Pfälzischen und Südhessischen Wörterbuch in den Wortartikeln *dalchen, dalgen, dalken* gemeldeten Formen und Bedeutungen gehören teilweise zu einer deutschen Wortsippe *dalken* „knatschen, kneten“, zweifellos sind jedoch die Bezeichnungen im Umfeld der Bedeutungen „töten, Selbstmord begehen“ zu jidd. *taljen* „umbringen, henken“, hebr. *thâlâh* „aufhängen, henken“ zu stellen. - Pfälz. II 56; Südhess. I 1325 dalchen, 1329 dalken; WOLF 5740; ALTHAUS 154; WEINBERG 104; ZIVY 48.

**Dalles** m.: „Armut, Bankrott, Ruin, Krankheit“, *Dalles* verbr. Pf Sh Frankf. I 453 RAPP 241 SCHÄFER 23 STORCH 247 TAWROGI THIELEN 28 WOLF-GILARDONE 27. *Er hot de Dalles* verbr. *Des Dippe hot de Dalles* „Dieser Topf ist zerbrochen“. *Die Erd, die Sunn, de Mond un alles, / Das krä't* (kriegte) *am selbe Dag de Dalles* P. MÜNCH Gesammelte Werke I, S. 24. Redensart: *Do is Bruch, Dalles un Kompanie,* von ruinösen Zuständen, mancherorts Pf Sh. Sprichwort: *En lustige Dalles geht iwer alles* Frankf. I 453. Abl.: **dallesen** schw.: „zerbrechen“, *dallese* KU-Schmittweiler/O. *Des is gedallest* „Das ist hin“ ebd. (Pfälz. II 58); Zs.: **Dalles-bruder** m.: „heruntergekommener Mensch“, mancherorts; **Dalles-strumpf** m.: „Seidenstrumpf“ (weil er rasch *de Dalles hot*) usw. - Jidd. *dalles* „Armut, Elend“, rabbin. *dallûth*, zu hebr. *dal* „arm“. - Pfälz. II 58; Südhess. I 1332/33; Rhein. I 1228; Els. II 674; Bad. I 410; WOLF 942; ALTHAUS 30, 123; WEINBERG 61; WEISS 139/40; ZIVY 48.

**Dalmed** s. »Talmud«.

**Dam-bazinem** Gen.?: „Blutwurst", *Dambaziinem* AZ-Gau-Bickelheim. - Zs.: aus jidd. *dam* „Blut", hebr. *dâm*, und »Bazinem«. - Südhess. I 1337.

**Datsch(er)** ein Backwerk s. »Tatscher«.

**delache, teilache gehen** schw.: „hausieren", *déelache, tailache gehen* KLUGE 437, *dailache* ARNOLD-Neumühl. 73. - Jidd. *taleche* „gesandt werden". - WOLF 5790.

**dess** „neun" s. »tess«.

**dibbern** schw.: „reden, plaudern, auf jemanden einreden" u. a.; *diww(e)re* verbr. Pf Rhh RAPP 241 SCHÄFER 52 THIELEN 29 WOLF-GILARDONE 27, *diwwern* StBg Frankf. I 475, *dewwere* IB-Bliesmengen, *däwwere* RAPP 241, *diiwere* KU-Altenglan ARNOLD-Neumühl. 73 ARNOLD-Rotw. 85, *deewere* nördl. VPf, *tiiwern* LENZ 7; vgl. »baldibbern«. *Er kann Lotegorisch diwwere* „Er beherrscht die Händlersprache" SCHÄFER 52. *Was die nor immer se diwwere hun!* AZ-Wendelsheim. *Er hot's gediwwert* „Er hat es verraten" RAPP 241. *Sie hot mer des gediwwert* AZ-Spiesheim. Abl.: **Dibberer** m.: „geschwätziger Wichtigtuer", *Diwwerer* Frankf. I 475; Zs.: **Ge-dibber** n.: „Geplauder, Geschwätz, eifriges Reden, reges Treiben", *Gedíwwer* KL-Hochspeyer NW-Gimmdg Weisenheim/S KL-Gimsb mancherorts Sh. *Gediewer* WOLF-GILARDONE 27, *Gedíwwers* KU-Trahweiler, *Gedäwwer* KU-Oberweiler im Tal WD-Niederkirchen; *e Gediwwer un Gedees* NW-Gimmdg (Pfälz. III 100/01; Südhess. I 1500 unter dibbern); **be-dibbern** schw.: „beschwatzen, betrügen", *bedíwwere* KÜHN Aus der Hamet, Kaiserslautern 1911, S. 97 AZ-Siefersheim (Pfälz. I 647; Südhess. I 643). - Jidd. *dibbern*, hebr. *dibbêr* „redend", *dâbar* „reden". - Pfälz. II 251/52; Südhess. I 1499; Rhein. I 1333; Lothr. 88; Bad. I 474; WOLF 1007; ALTHAUS 124, 126; MATRAS 289; WEINBERG 62, 121; WEISS 140; FABER 174; ZIVY 49.

**Diffel(e)** f.: „Kirche", *Diffel* ARNOLD-Rotw. 85, *Diffele* AZ-Gau-Bickelheim, *Diffle* HAAB-Carlsberg 1 SCHÄFER 23; Abl.: **diffeln** schw.: „beten", *diffele* ARNOLD-Neumühl. 73 ARNOLD-Rotw. 85. - Jidd. *tefile*, hebr. *th'phîlâh* „Gebet" (WOLF 5828), nach BISCHOFF 67 zu rabbin. *tiphlâ* „Unreines"; vgl. »Tefille«. - Südhess. I 1524; WOLF 5828; ALTHAUS 154; MATRAS 292; WEINBERG 105; ZIVY 49.

**dichem** Zahlwort: „siebzig", *dichem* KLUGE 438 SCHÄFER 60. - Wohl Verwechslung mit »dischem«; vgl. »schiffem«. - WOLF 6437.

**Dippel** „Fallsucht" s. »Tippel«.

**dischem** Zahlwort: „neunzig", *dischem* RAPP 241, 248. - Jidd. *dischem*, hebr. *tisch'im* „neunzig". - WOLF 6437; ALTHAUS 124, 139.

**dof, duf(t)** „gut" s. »tof«.

**dofel** (1), **dofelig** Adj.: „alt, altersschwach", *doofel, doofelig* AZ-Gau-Bickelheim;

vgl. »dofel (2)«. *Der hot awwer e doofel Baajes* „ein altes Haus" AZ-Gau-Bickelheim. *Stell dich net so doofelig oo*ⁿ*!* ebd. - Jidd. *tofel* „alt", rabbin. *thâphêl*. - Südhess. I 1556; Wolf 5850; Weinberg 107.

**Dofel-emane** m.: „Katholik", *Doofel(e)maane* Rapp 254, *Doofelemoone* Tawrogi, *Dooflema*ⁿ KL-Gimsbach, *Doofelmaan* DA-Alsbach, *Doofelmoone* (Pl.) AZ-Gau-Bickelheim, *Doufelemaanes* Rapp 254. Abl.: **dofel** (2), **dofel-emane** Adj.: „katholisch", *doofel* SOPf, *doofelemaan* DA-Alsbach, *doofelemaane* AZ-Rommersheim, *doofelemaa*ⁿ AZ-Bornheim, *dooflemoo*ⁿ AZ-Vendersheim, *tooflemuune* Frankf VI 3196, *touflmuune* Lenz 7; *de doofelemonem Gallach* „der katholische Pfarrer" WO-Heßloch Dittelsheim; **dofel-emanisch** Adj.: „katholisch", *doofelemaanisch* Kluge 437 Schäfer 54, *tofel(e)manisch* Rapp 254 Arnold-Rotw. 85, *doffemannisch* Haab-Carlsberg 1. - Jidd. *tofel emune* „alter Glaube" (erster Teil s. »dofel« (1)), zweiter Teil zu hebr. *emûnâh* „Glaube"; vgl. »Kaddeschemune«. - Pfälz. II 315/16; Südhess. I 1556; Wolf 1045; Matras 289; Weinberg 107; Weiss 142.

**Dofes** n.: „Gefängnis, Gefangener" *Doofes, Toofes, Doowes, Doobes* Arnold-Neumühl. 73 Arnold-Rotw. 85 Kluge 437 Rapp 241 Schäfer 24, *Tofas* Tawrogi. Abl.: **ein-dofesen** schw. „einlochen". *Er is ei(n)gedoofest worre* Schäfer 24. - Jidd. *tofes* „Arrest", rabbin. *thâphêß*, zu hebr. *thâphaß* „ergreifen". - Südhess. I 1556; Wolf 5734; Althaus 154; Weinberg 107; Faber 174; Levy 80; Zivy 48.

**Dokes** m.: „Hintern, Gesäß", *Dookes, Dooges* verbr. Pf Rhh Frankf VI 3192/93 Arnold-Neumühl. 73 Arnold-Rotw. 85 Kluge 437 Rapp 241 Schäfer 24 Storch 248 Thielen 30, *Doukes, Douges* mancherorts mittlere und südliche VPf StBg Haab-Carlsberg 5 Wolf-Gilardone 27, *Dogges* KU-Reiffelbach, *Doogis* PS-Erfweiler, *Dooches* Frankf VI 3192/93, *Tuuches* LA-Gommersheim Rapp 241, *Douches* NW-Geinsheim ER-Beerfelden Wimpfen, *Dauges* Wolf-Gilardone 27, *Toches* Rapp 241 *Tuuches* Lenz 7. *Huck dich uf dei Dookes!* Zweibrücken. *Leck mich am Dooges!* RO-Lohnsfeld. *Er is uf de Dookes gefalle* MZ-Gonsenheim; vgl. »Dokesmakai«. - Jidd. *doges, doches* „der Hintere, Untere", rabbin. *thâchâth*. - Pfälz. II 316/17; Südhess. I 1558; Rhein. I 1386; Lothr. 94; Els. II 646/47; Bad. I 491; Wolf 5846; Althaus 154; Weinberg 106, 125; Weiss 141; Zivy 49.

**Dokes-makai, -makajer, -makajemer** m.: „Lehrer", *Dookesmakai, -makaim, -makaier, -makaimer* u. a. mancherorts Pf Sh Arnold-Rotw. 85 Kluge 437 Rapp 241 Schäfer 12 Storch 248, auch teilweise mit deutschem Grundwort: *Dokesklopfer, -plätscher* mancherorts Pf Sh. - Zs. aus »Dokes« und »makajen, makajemen«; vgl. »Makajer«. - Pfälz. II 317; Südhess. I 1558; Rhein. I 1386.

**dollet, dolles** Zahlwort: „vier", *dollet* BI-Ober-Hilbersheim Rapp 241, 248, *dolles* Haab-Carlsberg 7 Kluge 439 Schäfer 59, *volet* (!) Storch 247. - Jidd. *dolet*, hebr. *dâleth* „Zahlbuchstabe für 4". - Südhess. I 1566; Schwäb. II 250; - Wolf 6437; Althaus 138/39; Matras 289; Weinberg 62; Weiss 141.

**dormen** schw.: „schlafen", *dorme* FR-Tiefenthal Wattenheim MZ-Mommenheim

WO-Dorn-Dürkheim AZ-Partenheim HAAB-Carlsberg 6, *durme* KLUGE 437, *därme* DI-Reinhausen. - Jidd. *dormen*, dies aus altfrz. *dormir* „schlafen“. - Pfälz. II 676/78 turmen; Südhess. I 1859 durmen, dürmen; BERANEK K. 24; MATRAS 289; WEISS 165; ZIVY 49.

**draschen** schw.: „lang reden, Vorhaltungen machen“, *draasche* SCHUPP 3. - Jidd. *drasch, drosche* „Predigt“, rabbin. *d'rasch*. - WEINBERG 62; ZIVY 48.

**Egel** n.: „Kalb“, *Egel* AZ-Vendersheim RAPP 241, *Ägel* AZ-Gau-Bickelheim. - Jidd. *egel* „Kalb“, hebr. *'êgel*. - Südhess. II 14; Bad. I 627; WOLF 1147; ALTHAUS 124; WEINBERG 62; WEISS 141; ZIVY 50.

**Eisik** n., m., f.: „Krämpfe, Epilepsie“, meist nur in Worten der Verwünschung, der Verärgerung, bösen Wünschen, *Esik, Eesik, Äsik, Aisik, Eisik* (und weitere Nebenformen) mancherorts Sh Frankf. I 547. *Wann de nur des Eisik häschd!* AZ-Udenheim. *Des Eisik äwwer aa!* DA-Pfungstadt. - Jidd. *eissik, essek* „Arbeit, Mühe, Krämpfe, Handel“; rabbin. *êßek*; vgl. »Asken«. - Südhess. II 170/71; AVE-LALLEMANT IV 427; WOLF 1176; WEINBERG 62.

**Ehme** „Angst, Furcht“ s. »Äme«.

**elef** Zahlwort: „tausend“, *ellef* RAPP 248 STORCH 247; *eluffem Schuck* „1000 Mark“ RAPP 242. Abl.: **Elefer** m.: „Tausender“, *Elefer* RAPP 241 - Jidd. *elef* „tausend“, hebr. *'äläf*, Pl. *'älâfîm*. - MATRAS 290 luhfim; WEINBERG 62; WEISS 131.

**Elemer** Pl.: „Schuhe“, *Elemer* ARNOLD-Rotw. 86 HAAB-Carlsberg 7 SCHÄFER 24 KLUGE 437. *Ich hab mer neie Elemer gekient* SCHÄFER 24. - Jidd. *naal*, Pl. *naalim* „Schuh“, hebr. *na'al, na'alîm*.

**Eme** „Angst, Furcht“ s. »Äme«.

**Emmes** m., n.: „das Wahre, der Kern einer Sache, Hauptperson“, *Emmes* verbr. WPf NPf Rhh vereinzelt SPf StBg Frankf. I 592; SCHÄFER 25 THIELEN 33. *Dass eß jo de Emmes devun* AZ-Wöllstein. *Der do is de Emmes* Pirmasens. *Jeder will sich do als Emmes doch gebärde in dem Streit* KÜHN Aus der Hamet, Kaiserslautern 1911, S. 17; in Rhh auch adjektivisch: *emmes* „wahr“. Zs.: **Haupt-emmes** m.: „Anführer“, *Hauptemmes* vereinzelt. - Jidd. *emmes* „wahr, Wahrheit“, hebr. *ämeth*. - Pfälz. II 888; Südhess. II 196; Rhein. I 166 Ämmes, II 119 Emmes; WOLF 1200, 1201; ALTHAUS 125; WEINBERG 63; WEISS 142; FABER 174; ZIVY 50.

**Ennefele** m.: „schlauer gerissener Bursche“, *Enneväile* DI-Groß-Umstadt. - Zu jidd. *newele* „Aas, schlechter Mensch, Schelm“, hebr. *nebêlâh* „Aas“. - Südhess. II 208; WOLF 1248; ALTHAUS 125; WEINBERG 87.

**Ennekewe** f.: „Frau“, verächtlich, *Ennekäiwe* ER-Höchst. - Zu jidd. *nekewe* „Weib“, hebr. *nekêbâh*; vgl. »Kebe«. - Südhess. I 208; WEINBERG 87.

**Erle** m.: „Vater“, *Erle, Erl* SCHÄFER 25, *Erle* ARNOLD-Rotw. 86 HAAB-Carlsberg 2 KLUGE 437. - Wohl Nebenform zu »Orel«. - ZIVY 51.

**Esrog** f.: „Frucht des Paradiesbaums, Schmuck zum jüdischen Laubhüttenfest“, *Essrig, Essroog, Essroogim* Frankf. I 618. - Jidd. *essrig, essrog* „Paradiesapfel“, Pl. *essrogim*, hebr. *ethrôg, ethrôgîm*. - WEINBERG 63, 103; ZIVY 51.

**Esuf** m.: „Tabak“, *Esuf* ARNOLD-Rotw. 86, *Ejsuf* SCHÄFER 25, *Essuf* HAAB-Carlsberg 4. - Jidd. *essew* „Kraut, Tabak“, hebr. *'äseb* „Gras, Kraut“. - WEINBERG 62; FABER 174.

**Etz** f.: „Ziege“, *Etz* SCHÄFER 17. Zs.: **Etz-futter** n.: „Ziegenfutter“, *Etzfutter* SCHÄFER 44b. - Jidd. *äß* „Ziege“, hebr. *'êz*. - WEINBERG 67 Isse.

**Ez** m.: „Wald“, *Etz* SCHÄFER 25. - Jidd. *ez* „Holz, Baum“. - WOLF 1183; ALTHAUS 125; FABER 174.

**Eze** f.: „Hinweis, Anregung, Neuigkeit“, *Eedse* RO-Obermoschel Mannweiler Steinbach AZ-Partenheim, *Eetse* Frankf. II 626. *Ich hun'm die Eze gebb* RO-Obermoschel. *Er bringt em die Eze* AZ-Partenheim. - Jidd. *eze*, hebr. *ezah* „Ratschlag, Rat“. Pfälz. II 1000; Südhess. II 314; WOLF 1262; WEINBERG 62; WEISS 141; FABER 174; ZIVY 50.

**Fachuze** Gen.?: „Hälfte“, *Fachuze* RAPP 242. - Gleicher Herkunft wie »koze, Skouze«. - WEISS 163 vachuze; FABER 174.

**fitze-kapores** Adj.: „kaputt, mausetot“, *fitzekappóres* vereinzelt, *futzekappóres* VPf, *vitzekepoure, vitzekapoure* WOLF-GILARDONE 29; häufiger substantiviert in der Bed. „Kleinigkeit, Geringikeit, Durcheinander“ u. a. mancherorts Pf Sh. - 2. Wortteil zu »kapores«. - Pfälz. II 1409; Südhess. II 756; FABER 174.

**fiwerach** „fort, weg“ s. »wiwerach«.

**flöten-gehen** st.: „verloren gehen, fliehen“, *fleedegehje* Frankf. II 707, *flöten gehn* RAPP 242. - Wie »pleite gehen« zu, hebr. *peleta* „Entrinnen, Flucht“, wobei hier Übernahme aus der neuhochdeutschen Umgangssprache anzunehmen ist.

**fof** „sechs“ s. »wof«.

**Gajes** „Leben“ s. »Chajes«.

**Gallach, Gallochem** m.: „(katholischer) Pfarrer, hochmütiger, feiner Herr“, *Gallach* verbr. nördliche Hälfte der Pf südliches Rhh vereinzelt übrige Pf Sh ARNOLD-Rotw. 86 STORCH 248 TAWROGI, *Galloch* ARNOLD-Neumühl. 73, *Gallóchem* KL-Alsbn FR-Carlsberg N'lein ARNOLD-Rotw. 86 RAPP 242 SCHÄFER 12, *Galouchem* HAAB-Carlsberg 1. - Jidd. *gallach* „Geschorener, Tonsurierter“, Pl. *galochem*, rabbin.

*galâch.* - Pfälz. III 15; Südhess. II 1062; Bad. II 278; WOLF 1625; ALTHAUS 125; MATRAS 289; WEINBERG 63; FABER 174/75; ZIVY 52.

**Galle, Gäle** f.: „eingebildete Frau, Jüdin", *Galle* FR-Altleiningen, *Gäile* BE-Ober-Abtsteinach. - Wohl Nebenformen zu »Kalle«. - Pfälz. III 16 Galle; Südhess. II 1060 Gäle.

**Ganf, Gamf** m.: „Dieb, Spitzbube"; *Ganf* LA-Niederhochstadt AUTENRIETH 49 ER-Michelstadt BE-Biblis BI-Heidesheim Gau-Algesheim AZ-Flonheim RAPP 242, *Gamf* LA-Niederhochstadt, *Gannef* DA-Seeheim BI-Zotzenheim AZ-Gau-Bickelheim Frankf. II 784 RAPP 242 TAWROGI WOLF-GILARDONE 27, weitere Nebenformen s. »Ganove, Kanuf«. - Jidd. *ganef* „Dieb". - Pfälz. III 22; Südhess. II 1072; Rhein. IV 133 Kanf; Els. I 220; WOLF 1643; WEISS 143; ZIVY 52.

**ganfen, gamfen** schw.: „stehlen, entwenden, stibitzen", *ganfe* verbr. Pf Sh Frankf. II 782 RAPP 242 THIELEN 41 WOLF-GILARDONE 27, *gamfe, gambfe* vereinzelt Pf Sh Frankf. II 782, *ganfde* KU-Albessen, *gannefe* BI-Dromersheim Zotzenheim AZ-Gau-Bickelheim Frankf. II 782 TAWROGI. *Nau waaß ich, wer mei Druschle ganft!* KÜHN Pälzer Schnitze II, Kaiserslautern 1905, S. 22. Abl.: **Ganfer** m., **Ganferin** f.: „Dieb, Diebin", *Ganfer* KU-Schmittweiler/O mancherorts Sh, *Gamfer* Frankf. II 782, *Ganfern* KU-Schmittw/O DA-Balkhausen ER-Höchst. - Jidd. *ganefenen* „stehlen", hebr. *gâna'b*. - Pfälz. III 23; Südhess. II 1072; Rhein. IV 133 kanfen; Bad. II 283; WOLF 1643; ALTHAUS 125/26; MATRAS 289; WEINBERG 63; FABER 175; ZIVY 52.

**Ganove** m.: „Dieb, Gauner", *Ganóowe* vereinzelt Pf Sh RAPP 242. - Aus der neuhochdeutschen Umgangssprache übernommene Nebenform zu mundartlichem »Ganf, Kanuf«.

**Gast** m.: „umherziehender Bettler, Jude, böser Mensch, ungehobelter Lümmel', *Gaschd* verbr. Pf vereinzelt Sh Frankf. II 799. Abl.: **Gästin** f.: weibliche Entsprechung, *Gäschden* mancherorts Pf. - Jidd. *gast* „umherziehender Betteljude", dies aus dem Deutschen; urspr. Bed. *Gast* = „Fremder". - Pfälz. III 55; Südhess. II 1110; Rhein. II 1045; Lothr. 183/84; Els. I 240; Bad. II 299; WOLF 111; WEINBERG 112; ZIVY 52.

**Gedakes** n.: „hitziges Fieber", *Gedaages* WOLF-GILARDONE 27. *Du sellscht 's Gedippel* (s. »Tippel«) *un 's Gedáages krieche!* (Verwünschung) BZ-Dernbach. - Jidd. *kedaches*, hebr. *kadda'chath* „Fieber". - Pfälz. III 99; BERANEK K. 62; WEISS 143; ZIVY 53.

**Ge-dibber** „Geplauder, Geschwätz, eifriges Reden, reges Treiben" s. »dibbern«.

**ge-dinke** Adv.: „rechtschaffen, ehrlich", *gedinke* SCHUPP 3. - Jidd. *ke-dinne* „wie Recht, rechtmäßig" (BISCHOFF 17), dies zu jidd. *din*, hebr. *dîn* „Recht". - Pfälz. III 101; WOLF 1685.

**ge-kasselt** „verheiratet“ s. »kassenen«.

**Ge-mauschel** „heimliches Reden, Tun“ s. »mauscheln«.

**Ge-purims** „reger Betrieb“ s. »Purim«.

**Geseier, Geseires** n.: „Geschwätz“, *Geséier* MZ-Dolgesheim, *G(e)seires* verbr. Pf mancherorts Sh Frankf. II 890/91 Bräutigam 60 Rapp 242 Tawrogi, *Gsäres* Rapp 242. *Der hot heit awwer e Geseires gemacht!* AZ-Gau-Bickelheim. - Jidd. *geseire*, *geseere* „Bestimmung, Verordnung“, hebr. *g'sêrâh*. - Pfälz. III 261; Südhess. II 1300; Rhein. VIII 43; Bad. II 392; Wolf 1764; Althaus 126; Weiss 144; Zivy 55.

**Ge-tippel** „Fallsucht“ s. »Tippel«

**Getuschem** „Geschwätz, Gerede, Getue“ s. »Kadduschem«.

**Ge-zekes** „Geschrei“ s. »Zekes«.

**Ge-zomes** „Knochen“ s. »Zomes«.

**Ge-zores** „Vorwürfe, Streit, lärmende Kinderschar“ s. »Zores«.

**Gicker** m.: „Zentner“, *Gigger* Rapp 243. - Jidd. *gicker* „Zentner“, rabbin. *kikkâr* „Talent (Gewicht)“; vgl. »Kozengicker«.

**gimmel** Zahlwort: „drei“, *gimmel* BI-Ober-Hilbersheim Haab-Carlsberg 7 Kluge 439 Rapp 243, 248 Schäfer 59 Storch 247. - Jidd., hebr. *gimel* „Zahlbuchstabe für 3“. - Südhess. II 1365; Bad. II 418; Wolf 6437; Althaus 138/39; Matras 289; Weinberg 64; Weiss 144.

**Gocks** m.: „steifer Hut“, *Goggs, Googs, Koggs, Kooks* mancherorts Pf Sh. - Herkunft unsicher, nach Wolf 2837 und Duden Fremdwörterbuch aus jidd. *gag* „Dach“. - Pfälz. III 374; Südhess. IV 1600 Koks.

**Goj** m.: „Nichtjude“, *Goi, Goj* FR-Lambsheim DA-Alsbach Darmstadt Frankf. II 949 Rapp 243 Thielen 45 Wolf-Gilardone 27, *Koi* ER-Beerfelden, Pl. *Goie* FR-Lambsheim, *Goijim* AZ-Gau-Bickelheim. Zs.: **Schabbes-goi** m.:“Diener, der am Sabbat Arbeiten verrichtet, die Juden nicht erlaubt sind“ vereinzelt Pf. Abl.: **Goje** f.: „Nichtjüdin“, meist jedoch als abschätzige Bez. für Frauen (groß, alt, schlampig, leichtsinnig u. a.), *Goje* verbr. Pf Sh Frankf. II 949 Arnold-Rotw. 86 Kluge 437 Lenz 4 Rapp 243 Storch 247, *Goite* Rapp 243. Zs. **Schabbes-goje** f.: „Dienstmagd, die am Sabbat Arbeiten verrichtet, die Juden nicht erlaubt sind“ mancherorts Pf Sh. - Jidd. *goj* „Nichtjude“, hebr. *goi* „das nichtjüdische Volk“. - Pfälz. III 375; Südhess. II 1410; Rhein. II 1294; Lothr. 210, Bad. II 443 Goie II; Wolf 1860; Althaus 126/27; Matras 289; Weinberg 64/65; Weiss 145; Zivy 54.

**Gomel** n.: „jüdisches Stoßgebet". *Das berühmte jüdische Stoßgebet, „Gomel" genannt, vor sich hin murmelnd* Frankf. II 955. - Nach dem Anfang eines Segensspruchs für Errettung aus großer Gefahr, jidd. *gomel* „Richter", hebr. *gâmâl*. - WEINBERG 64; ZIVY 53.

**Guschem** „tauber Mensch" s. »kuschem«.

**Hackel, Hachel** Gen.?: nur in Wendungen: *mit Haggel un Heer* „mit allem" mancherorts südliches Ried, z. B. *de Duwack werd mit Haggel un Heer abgeliwwert* BE-Lorsch; in der Pf im Ausruf *Meiner Haggel (Hachel)!* vereinzelt Pf. *Meiner Hakkel, der gebbt's nowel: Extrafeini Lewwerworscht!* KÜHN Pälzer Schnitze II, Kaiserslautern 1905, S. 65. *Meiner Hachel! - hot er gedenkt - der Worschtmark hot die Kränk* HARTMANN De Unkel aus Amerika, Neustadt 1954 S. 69. - Wohl zu jidd. *hakol* „alles"; vgl. »Hackelbackel«. - Pfälz. III 546/47; Südhess. III 27; MATRAS 289; WEINBERG 65; FABER 175.

**Hackel-back(el), Hackel-di-back(el), Hackel-basch** m., n.: „Besitz, Vermögen, Siebensachen; gemischte Gesellschaft, Gesindel, lärmende Kinderschar", *Haggelbaggel, -paggel, Haggeldibaggel, -dipaggel, Haggelebaggel, Haggelebaggele, Haggebaggel, Haggelbagg, -pagg, -basch* u. a. verbr. Pf Sh Fränkf. II 1030 THIELEN 49. *Nemm dei Haggelpack un schaff dich fort!* KL-Matzenbach. *Er hot sei Haggelbaggel zammegepackt un is fort* RO-Sippersfeld - Jidd. *hakol-bakol* „alles miteinander". - Pfälz. III 553, 554; Südhess. III 27/28; Rhein. III 36, 37; WOLF 2002; WEINBERG 65; WEISS 145.

**Hacheles** Gen.?: nur in der Wend.: *Das hat er ze Hacheles getan* u. ä. „Das hat er erst recht, zum Trotz, zum Ärgern getan" RO-Odernheim KL-Olsbrücken AZ-Siefersheim Vendersheim. - Jidd. *lehaches, lehachles, zehachles* „erst recht, aus Trotz". - Pfälz III 547; Südhess. III 23 (unter hacheln); Rhein. III 32; BERANEK K. 16; WEINBERG 75; WEISS 148.

**Hannu** f.: „Freude, Lust, Behaglichkeit, Ehre", *Hanúu* mancherorts Pf Sh Frankf. II 1075/76 WOLF-GILARDONE 27, *Hanua* WOLF-GILARDONE 27, *Hannuch* AUTENRIETH 61, Dim.: *Hanúuche* Alzey. *Er hat sei Hanuu draa* KU-Eßweiler. *Loß em sei Hanuu* AZ-Wendelsheim. *Wann's nau*[n] *aach Mih un Ärwet koscht, ich häbb dra*[n] *mei*[n] *Hannu* A. KEILER Schdrääsel, Speyer 1906, S. 51. - Jidd. *hanoe* „Annehmlichkeit", rabbin. *hanâ'âh*. - Pfälz. III 659; Südhess. III 119; Rhein III 236; WOLF 2058; ALTHAUS 127; WEINBERG 66; FABER 175; ZIVY 55.

**harmet** Adj.: „teuer, viel", *harmet* KLUGE 437, *haarmet* ARNOLD-Rotw. 87, *harmend* HAAB-Carlsberg 2 SCHÄFER 29. - Jidd. *harbe, harme* „viel", hebr. *harbäh*. - ALTHAUS 127 harf; MATRAS 289; WEINBERG 66; WEISS 146; ZIVY 56.

**he, hai, hej** Zahlwort: „fünf", *hej* RAPP 243, 248 STORCH 247, *hee* KLUGE 439, *heh Schäfer* 59, *hei* SCHÄFER 59 WOLF-GILARDONE 27, *häi* HAAB-Carlsberg 7, *hai* KLUGE 439. - Jidd. *hej*, hebr. *hê* „Zahlbuchstabe für 5". - WOLF 6437; ALTHAUS 138/39; MATRAS 289; WEINBERG 66.

**Hessik** Gen.?: „Unglück", *Hessig* WO-Monsheim, *Hessik* ARNOLD-Rotw. 87 KLUGE 437. - Jidd. *hesek* „Schaden, Verlust", rabbin. *hêsek*. - Südhess. III 457; WOLF 2154; WEINBERG 66; WEISS 146; ZIVY 56.

**Hische** „weibliche Person", verächtl., s. »Ische«.

**holchen, holchern, hulchen** schw.: „(schwerfällig) gehen, eilen", *holche* mancherorts Pf Rhh Frankf. III 1241 WOLF-GILARDONE 27, *holgen* WOLF-GILARDONE 27, *hulche* mancherorts Pf Rhh verbr. StBg ARNOLD-Neumühl. 73 ARNOLD-Rotw. 87 KLUGE 437 SCHÄFER 47, *holjern* BI-Ingelheim, *holjere* BI-Zotzenheim; auch in Zs. wie *daher-, herein-, herum-, hintennachholchen* vereinzelt Pf Sh und in der Abl.: *Holcher* „wer schwerfällig geht" vereinzelt StBg. *Siehscht se hullche, siehscht se schuwe iwwer de Wissepad* KÜHN Pälzer Schnitze II, Kaiserslautern 1905, S. 47. - Jidd. *halchenen, halcheren* „gehen", hebr. *hâla'ch*. - Pfälz. III 1222 hulchen; Südhess. III 660/61 holchen; Rhein. III 929; Bad. II 754, 788; Els. I 324; WEINBERG 66; WEISS 146.

**Holle G'schrei** Gen.?: „Beschneidung", *Holle Gschrei* RAPP 243. - Wohl entstellt aus jidd. *houlekrâsch* „Namengebung bei Mädchen" BERANEK K. 23., (mit Verwechslung von *Kraasch* „Kreisch" - Geschrei?), dies wohl aus altfrz. *haute la crèche*, weil dabei die Wiege emporgehoben wurde. - GUGGENHEIM-GRÜNBERG K. 51.

**Horik** m.: „ungeschlachter, zorniger, wilder, brutaler Mensch" u. ä., *Hoorig, Horrig, Haurig, Huurig, Hooreg, Hoorug,* u. a. verbr. StBg, vereinzelt östl. Rhh, *Horäcks* KÜHN Aus der Hamet, Kaiserslautern 1911, S. 114. - Jidd. *horeg* „Mörder", hebr. *hâra'g* „morden". - Pfälz. III 1268 Hurräcks; Südhess. III 716 Horik, 844 Hurracks; Rhein. III 821, 823, 1022; WEINBERG 67.

**Ische, Hische** f.: „Judenfrau, Frau, Braut, alte, liederliche, sonderbare weibliche Person", *Ische* verbr. Pf Sh ARNOLD-Rotw. 87 HAAB-Carlsberg 2 LENZ 3 RAPP 243 SCHÄFER 29 STORCH 247 WOLF-GILARDONE 27, *Iische* Frankf. III 1314, *Ischi* KU-Kaulbach, *Hische* mancherorts Pf Sh KÜHN Aus der Hamet, Kaiserslautern 1911, S. 116; auch als Weiterbildung: *Ischge* HA-Groß-Auheim, *Ischegaa* AZ-Bechenheim; vgl. »Ischebeele«; *dem Jud sei$^{n}$ Ische* RO-Feilbingert. *Die Ische mecht ich net, un wann se en goldne Dooges hätt* SCHÄFER 29. - Jidd. *ische*, hebr. *îschâh* „Frau". - Pfälz. III 1313; Südhess. III 614 Hische, 912/13 Ische, 913 Ischke; Rhein. III 1100; Els. I 80 Ischa; Bad. III 12; WOLF 2297; ALTHAUS 127; MATRAS 289 WEINBERG 67; ZIVY 58.

**Ische-beele** f.: „Judenfrau", *Ischebeele* Mainz. - Zs.: aus »Ische« und »Beele«. - Südhess. III 913.

**Isch-mokem** Ortsname: „Mannheim", *Isch-Mokem* RAPP 243. - Zs. aus jidd. *isch* „Mann", hebr. *îsch* und »Mokem« „Stadt"; vgl »Barrach-, Zelemokem«.

**Itzig** m.: „Isaak, auch (Spottname für) Jude allg., Mensch mit sonderbaren Eigenschaften", *Idsig, Idsich* mancherorts Pf Sh RAPP 243. Zahlreiche Volks- und Neckreime wie z. B: *De Itzig un de Schmul, die danzen uf em Stuhl, de Stuhl der war so klaa^n^, do danzt de Schmul ellaa^n^* AZ-Wendelsheim. - Jidd. *itzig*, hebr. *jizchak* „Isaak". - Pfälz. III 1318; Südhess. III 920; Rhein. III 1105/06; Bad. III 13; ALTHAUS 128; WEINBERG 67; WEISS 131.

**iwerach** Adv.: „fort, dahin", nur in der Wendung: *Er geht iwerach* „Er geht bankrott" BE-Hirschhorn. - Vgl. »schiwerach, wiwerach«. - Südhess. III 921.

**Jad** f.: „Hand", *Jat* KLUGE 438, *Jaat* ARNOLD-Rotw. 87, *Jarde* SCHÄFER 30; Zs.: **Jade-fennerich** m.: „Handkäse", *Jaddefennerich* SCHÄFER 44b; **Jade-massler** m.: „Handwerksbursche", *Jaddemassler* SCHÄFER 16a. - Jidd. *jad* „Hand", hebr. *jâd*. - WOLF 2307; WEISS 146.

**Jade-beger** Pl.: „Handtücher", *Jottebeker* HAAB-Carlsberg 2. - Zs. aus »Jad« „Hand" und jidd. *beged* „Tuch", hebr. *bägäd* „Decke, Bekleidung".

**Jajim** m.: „Wein", *Jajim* ARNOLD-Rotw. 87 KLUGE 437 RAPP 243, *Jaajem* Darmstadt MZ-Finthen HAAB-Carlsberg 4, *Jaaim* AZ-Gau-Bickelheim, *Jay'm, Jayem* WOLF-GILARDONE 27; vgl. »Jajim-soruf, Lajim«. - Jidd. *jajin* „Wein", hebr. *ja'jin*. - Südhess. III 941; Rhein. III 1131; Bad. III 18; WOLF 2313; ALTHAUS 128; MATRAS 289; WEINBERG 67; WEISS 146; ZIVY 57.

**Jajim-soruf** m.: „Branntwein", *Jaajemsooruf* AZ-Vendersheim, *Jay'msouref* WOLF-GILARDONE 27, *Jaajinsorof* Frankf. III 1323. - Zs. aus »Jajim« und »Soruf«. - Südhess. III 941; Bad. III 18; ALTHAUS 128; WEINBERG 67; WEISS 146.

**Jam** m.: „Tag", nur im Gruß *Doffe Jamm!* „Guten Tag!" NW-Geinsheim und in Zs.: **Jom-baiß** m.: „Montag" (wörtl. 2. Tag, vgl. »bes«), **Jom-gimmel** m.: „Dienstag" (wörtl. 3. Tag, vgl. »gimmel«) Frankf. III 1335. - Jidd. *jom* „Tag", hebr. *jôm*, Pl. *jâmîm*; zum ersten Teil des Grußes s. »tof«. - Pfälz. III 1336; MATRAS 289; WOLF 2366.

**Jamm, Jamsche** n.: „Elle, Meter", *Jamsche* ARNOLD-Rotw. 87 KLUGE 437; *Jamm* ARNOLD-Rotw. 87 SCHÄFER 30. - Jidd. *ammo, amme* „Elle", hebr. *ammâh*. - WOLF 82.

**Jan-duff** m.: „Feiertag, Fest, festliches Treiben, Lärm, Aufwand", *Janduff* KB-Kriegsfeld WO-Wachenheim AZ-Bornheim, *Janduft* KL-Hochspeyer, *Junduff* RO-Messersbacherhof ER-Beerfelden, *Jonteff* THIELEN 57 Frankf. III 1335. *Die Kinner machen Janduff* KB-Kriegsf, *Jantoff* Frankf. III 1335. *Doo is Junduff* „Da geht es hoch her" ER-Beerfelden. - Jidd. *jontoff* „Feiertag, Festtag", Kompsitum zu »Jam« und »tof«. - Pfälz. III 1338; Südhess. III 977 Jontof; Rhein. III 1293 Junduf; Bad. III 39 Junduf; WOLF 2366; MATRAS 289; WEINBERG 69; WEISS 147; FABER 175; ZIVY 58.

**Jar** Gen.?: „Wald“, *jaar* Arnold-Neumühl. 73 Arnold-Rotw. 87. - Jidd. *jaar* „Wald“, hebr. *ja'ar*. - Wolf 2301.

**Jekuff** m.: „Jakob“, *Jekuff* Frankf. III 1328. - Jidd. *jakof, jekuf* „Jakob“. - Bad. III 19 (unter Jakob).

**jiss, aches** Zahlwort: „acht“, *jiss* Rapp 243, 248 Storch 247, *aches, achet* Haab-Carlsberg 7 Kluge 439 Schäfer 59. - Jidd. *jiss, chess*, hebr. *cheth* „Zahlbuchstabe für 8“. - Wolf 6437; Althaus 138/39; Weinberg 58.

**joker** Adj.: „teuer, kostspielig, gewagt“, *jooker* verbr. WPf NPf Rhh vereinzelt VPf StBg Frankf. III 1334 Rapp 243 Schäfer 55 Schupp 3 Thielen 57, *jouker* verbr. mittl. u. südl. VPf StBg vereinzelt WPf NPf Rhh Haab-Carlsberg 6 Wolf-Gilardone 27, *jauker* KU-Dunzweiler Frankf. III 1334, *juker* OF-Weiskirchen, *jocker* Storch 247, *ouker* Lenz 5 *ouger* OF-Lämmerspiel, *houger* OF-Zellhausen (Ausfall des *j-* durch falsche Worttrennung: *wie joker > wie oker*). *Des is mer e bißje zu jooger* RO-Falkenstein. *Du hoscht jooger kaaft* BI-Zotzenheim. - Jidd. *joker*, hebr. *jâkâr* „kostbar, selten“. - Pfälz. III 1364; Südhess. III 976/77; Rhein. III 1154 jauker; Els. I 406; Bad. III 24; Wolf 2363; Althaus 128; Weinberg 68; Weiss 146; Zivy 57.

**Joli** m.: „Wein, Haustrunk“, *Jooli* LA-Niederhochstadt Arnold-Neumühl. 73 Arnold-Rotw. 87 Schäfer 30. - Nach Wolf 2313 aus der Abkürzung der ersten beiden Buchstaben (Jod, Olef) von jidd. *jajin* „Wein“. - Pfälz. III 1364; Bad. III 31 Jole.

**joscher** Adj.: „gut, richtig, geheuer“, *jooscher* AZ-Vendersheim, *juuscher* MZ-Selzen. *'s is net juuscher* MZ-Selzen. - Jidd. *joscher* „recht, richtig“, hebr. *jâschâr*. - Südhess. III 981; Bad. III 31 jojscher; Ave-Lallemant IV 384; Weiss 147; Zivy 58.

**Juschpes** „Wirt“ s. »Uschpes«.

**juss, jüt** Zahlwort: „zehn“, *juss* Haab-Carlsberg 7 Kluge 439 Rapp 244, 248 Schäfer 59 Storch 247, *jüt* Kluge 439. Zs.: **juss-olef, -bess** usw. „elf“, „zwölf“ usw. - Jidd. *juss, jud, jüd*, hebr. *jôd* „Zahlbuchstabe für 10“. - Bad. III 42; Wolf 6437; Althaus 138/39; Weinberg 69; Weiss 147.

**Kadanafke** f., m.: „Schimpfname: Tölpel, Dummkopf“, *Kaddanáfk(e)* Frankf. III 1357. *Hör merr uff, mit dem Kadanaffk!* ebd. - Möglicherweise Zs. mit »Nafke«?.

**Kaddesch-emune, Kaddeslemane, Kaddeschmane** m.: „Protestant“, *Kadeschemuune* Lenz 4, *Kaddeschemoone* Tawrogi, *Chaddeslemane* Rapp 240, *Kaddeschmane* Rapp 240. Abl.: **kaddemanisch** Adj.: „evangelisch“, *kaddemáanisch* Arnold-Rotw. 87 Kluge 438 Schäfer 55, *chaddeslemanisch* Rapp 240, *kathemannisch* Haab-Carlsberg 1. - Zs: aus jidd. *kaddesch emune* „neuer Glaube“, vgl. »kiddisch« und »Dofelemane«. - Bad. III 44; WEINBERG 53; FRAENKEL 429/30; WEISS 142.

**Kaddisch** n.: „Gebet für Verstorbene", *Káddisch* Frankf. III 1358. - Jidd. *kaddisch* „Gebet", hebr. *kaddîsch*. - ALTHAUS 128.

**Kaddischerat** m.: „großer Taler", *Katischerat, Katisch Rat* WOLF-GILARDONE 27. - Zs.: aus jidd. *kaddesch* „neu" (s. »kiddisch«) und »Ratt« „Taler".

**Kadduschem** n., f.: „Geschwätz, Gerede, Neuigkeit, Getue", *Kadúuschem* MZ-Mommenheim, *Gedúuschem* KU-Kaulbach NW-Deidesheim AZ-Vendersheim, *Chedúschem* Frankf. I 437. Auch Neckname für MZ-Mommenheim (hier gab es früher viele Juden) in der Form: *Kadúuschenem, Kadúuschenum,* für die Bewohner: *Kaduuschnummer*. - Jidd. *Chiddusch* „Neuigkeit", Pl. *Chedduschim*; vgl. »kiddisch«. - Pfälz. III 285 Getuschem; Südhess. III 1186; WOLF 870.

**Kafem** Gen.?: nur in der Wendung *kabóone Kaféem* „ohne Fehler" AZ-Vendersheim. - Erster Bestandteil möglicherweise zu jidd. *kabole* „Befugnis (zum koscheren Schlachten)" WEINBERG 69; zweiter Teil zu »Kalef«, bzw. zu hebr. *chalâ'f* „schneiden" im Sinne von „zum Schächten rituell ohne Fehler"?. - Südhess. 1024; WEISS 138.

**kaff** Zahlwort: „zwanzig", *kaff* HAAB-Carlsberg 7 KLUGE 439 RAPP 244, 248 SCHÄFER 59, *chaph* WOLF-GILARDONE 27. - Jidd. *kaff* „Zahlbuchstabe für 20", hebr. *kâf*. - Bad. III 44 Kaf-Schuk „20 Mark"; WOLF 6437; ALTHAUS 138/39; MATRAS 289; WEINBERG 69; WEISS 142.

**Kaff** n.: „(entlegenes) Dorf", *Kaff* mancherorts Pf Sh Frankf. III 1360 HAAB-Carlsberg 3 RAPP 244 SCHÄFER 30, *Kafft* ARNOLD-Neumühl. 73 ARNOLD-Rotw. 87. - Herkunft umstritten, meist Herleitung aus zigeunerisch *gav* „Haus", vereinzelt jedoch wird Rückbildung aus »Kaffer« angenommen; vgl. »Kfar«. - Pfälz. IV 4; Südhess. III 1026; Rhein. IV 31; Bad. III 46; WOLF 2405; ALTHAUS 129; WEINBERG 69; ZIVY 59.

**Kaffer** m.: „Bauer, ungebildeter, roher, flegelhafter Mensch", auch „Mann" allg., *Kaffer* mancherorts Pf Sh Frankf. III 1362 ARNOLD-Neumühl. 73 ARNOLD-Rotw. 87 BRÄUTIGAM 61 RAPP 244 WOLF-GILARDONE 27; vgl. »Kafrinem«. - Jidd. *kafer* „Bauer", rabbin. *kaphrî* - Pfälz. IV 10; Südhess. III 1035/36; Rhein. IV 46; Els. I 425; Bad. III 47; WOLF 2408; ALTHAUS 129; WEINBERG 69; WEISS 143; FABER 176; ZIVY 59.

**Kaframen** Pl.: „Launen", *Kafróome* AZ-Vendersheim. - Zu jidd. *gawe* „Hochmut", hebr. *gaáwâh* ??? - Südhess. III 1037.

**Kafrinem** m.: „Bauer, sonderbarer Mensch", *Kafríinem* BE-Viernheim MZ-Mommenheim AZ-Bechtheim SCHÄFER 13, *Kafríimen* GG-Dornheim, *Kaffriime*

HAAB-Carlsberg 2, *Kafríim* AZ-Gau-Bickelheim RAPP 244 TAWROGI, *Kafriinum* ARNOLD-Rotw. 87 KLUGE 438. - Im Gegensatz zu »Kaffer« aus der Pluralform zu jidd. *kafer* „Bauer“, nämlich *kaferim*. - Südhess. III 1037; Rhein. IV 46 Kafferinem; Bad. III 47 Kafrines; WOLF 2408; ALTHAUS 129; WEINBERG 69; 121.

**Kafrus** m., **Kafruse** f., Pl: „Genosse, Freund, sonderbarer Mensch“ u. a., in der Pl.-Form *Kafrúuse* bes. „Gesellschaft, Schar lärmender Kinder“ u. a., *Kafrúus, Kafrúuse* verbr. Pf Sh Frankf. I 431/32 RAPP 244 LENZ 4 THIELEN 59, *Kawruus, Kawrúuse* vereinzelt Rhh, *Kabrúus, Kaprúus, Kabrúuse, Kaprúuse* mancherorts Pf Rhh, *Kafferúus, Kawwerúus* mancherorts Pf Rhh SCHÄFER 10, 30, *Kafruusem* TAWROGI; daneben noch verschiedene Umbildungen; vgl. »Kobertchen«. *Die ganze Kafruuse waren doo* AZ-Wendelsheim. *Das sinn schlechte Kafruse* STORCH 248. - Jidd. *chawruse* „Gemeinschaft, Genossenschaft“, rabbin. *chabrôthâh*, zu hebr. *châbêr* „Genosse“. - Pfälz. IV 11/12; Südhess. III 1037/38; Rhein. IV 46; Els. I 427; Bad. III 47; WOLF 855, 2448; ALTHAUS 121; WEINBERG 57; WEISS 136; ZIVY 46.

**Kahn** m.: „Gefängnis, Arrestlokal“, *Kân* PS-Langmühle LU-Oppau Landau BZ-Albersweiler DA-Allertshofen Mainz BI-Bosenheim. - Jidd. *kaan* „hier“; vgl. »bekaan«. - Pfälz. IV 15; Südhess. III 1041; WOLF 2417; ALTHAUS 129.

**kaif** Adj.: „schuldig“, *kaif* WOLF-GILARDONE 27. - Jidd. *chajew* „schuldig“, hebr. *chajjâb*. - WEINBERG 53; WEISS 136; FABER 173; ZIVY 45.

**Kaime** m.: „Jude, kleiner oder durchtriebener Mensch“, *Keim* ARNOLD-Rotw. 88, *Kaime* KU-Kaulbach Rutsweiler/Lauter BE-Viernheim, Dim.: *Kaimche* RAPP 244, *Keimchen* ARNOLD-Neumühl. 74 ARNOLD-Rotw. 88. - Jidd. *chaim, chajim* „die Lebenden, die Juden“, hebr. *chajjim*; vgl. »Kajes«. - Pfälz. IV 157 Keim 3b; Südhess. III 1041; Bad. III 50 Kaim; AVE-LALLEMANT IV 556; WOLF 824.

**Kajes** n.: „Leben“, *Kaajes* MZ-Selzen Ülversheim AZ-Udenheim Fürfeld, *Kajesje* (Dim.) AZ-Wörrstadt; vgl. »Kaime«. *Es geht em ans Kaajes* AZ-Udenheim. - Jidd. *chaies, kaies* „Leben“ (LÖTZSCH 54), hebr. *chajjûth*. - Südhess. III 1044; WOLF 823; WEISS 136.

**Kajofes** Pl.: „Schulden“, *Kajóofes* SCHÄFER 30. *Beschulm* (Bezahle) *zuerscht mol dei Kajofes* SCHÄFER 30. - Jidd. *chajow* „schuldig, Schuldner“, rabbin. *chajjâb*. - ALTHAUS 122.

**Kalaumes, Kalomes** m.: „Schwindel, unsinniges Gerede, Umstände“, *Kaláumes* vereinzelt Pf Rhh, *Kalóomes* vereinzelt Pf mancherorts Rhh Frankf. I 434 BRÄUTIGAM 60 TAWROGI THIELEN 59, *Kaláames* Worms AZ-Flonheim, *Chalóomes* Frankf. I 434. *Mach mer keen Kalaumes!* Kaiserslautern. - Jidd. *cholom* „Traum“, Pl. *chalomes*, hebr. *châlôm*, Pl. *chalômôth*; vgl. »Cholom, Schalauner«. - Pfälz. IV 18 Kalaumes, 29 Kalomes; Südhess. III 1045; Rhein. IV 61; Lothr. 271; Els. I 429; Bad. III 51; WOLF 885; WEINBERG 56; WEISS 136; ZIVY 45.

**Kalaumes-schmus** m.: „umschweifiges, unsinniges Gerede", *Kaláumesschmus* RO-Obermoschel AZ-Albig Alzey Schornsheim, *Kaláumeschmus* AZ-Bornheim. - Zs.: aus »Kalaumes« und »Schmus«. - Pfälz. IV 18; Südhess. III 1045.

**Kalef** m.: „Messer, Schächtmesser", *Káalef, Kalf* Frankf. I 433, *Káluf* AZ-Vendersheim. - Jidd. *chalef* „Messer", hebr. *châla'f* „schneiden". - Südhess. III 65; ALTHAUS 122 Challuf; WEINBERG 53; WEISS 137; ZIVY 45.

**Kalfen** m.: „Wechsler, Schmeichler", *Kálfen* Frankf. I 434. - Jidd. *chalfen* „Wechsler", hebr. *chillêph* „wechseln"; vgl. »Rilf«.

**käligen** schw.: „teilen", *kääligge* SCHÄFER 47. - Jidd. *cheliken, chelukenen* „teilen", hebr. *châla'k*; vgl. »Kalokem«. - Els. I 430 Kellig „Anteil"; Bad. III 122 Kilik „Teil, Anteil"; WEINBERG 57; WEISS 137/38; ZIVY 46.

**Kaljes** m.: „Intrige", bes. durch üble Nachrede ein Verlöbnis vereiteln, einen Handel, Vertrag hintertreiben, *Kaljes* mancherorts WPf NPf Sh Frankf. III 1369 vereinzelt VPf LENZ 4 SCHÄFER 31 STORCH 248 Tawrogi THIELEN 59. *Kalches, Kalsches* mancherorts VPf Rhh Frankf. III 1369, *Kaijes* BI-Ockenheim. *Er hot em Kaljes gemacht* „seine Heiratspläne hintertrieben" MZ-Nierstein. *Er hot Kaljes geschmust* „Er hat verleumdet, Zwist ausgestreut" SCHÄFER 31. Zs.: **Kaljes-brief** m.: „anonymer Brief, der eine Verlobung, Hochzeit hintertreiben soll" vereinzelt Pf Sh; **Kaljes-macher** m: „Intrigant" vereinzelt Pf Sh. - Jidd. *kalje machen* „verderben, verpfuschen", weitere Herleitung nicht sicher, teilweise zu *kalches* „abgeändertes Geständnis, Verdrehung", zu rabbin. *chalâphôth* „Abänderungen" oder zu hebr. *kâlal* „gering sein, fluchen", bzw. hebr. *kalja* „Zerstörung" (WEINBERG 121) zu *kâlâch* „zerstören". - Pfälz. IV 25; Südhess. III 1055; Rhein. IV 78; Els. I 214; Bad. III 55; WOLF 2427; AVE-LALLEMANT IV 553; ALTHAUS 129; WEINBERG 69, 121; WEISS 143; ZIVY 59.

**Kalle** f.: „jüdische Braut, Judenfrau, Frau, strammes Mädchen" u. ä., *Kalle* vereinzelt Pf Sh Frankf. III 1372 BRÄUTIGAM 62 RAPP 244 STORCH 248 WOLF-GILARDONE 27; vgl. »Galle«. *Jesses, Lene, alti Kalle* KÜHN Aus der Hamet, Kaiserslautern 1911, S. 59. Auch in der Zs.: **Kallen-haube** f.: „Netzmagen des Rinds" (angeblich wegen der Ähnlichkeit mit der Haube einer jüdischen Braut), *Kallehaub* LA-Gommersheim (ebenso GUGGENHEIM-GRÜNBERG K. 50). - Jidd. *kalle*, hebr. *kallâh* „Braut, Geliebte". - Pfälz. IV 28; Südhess. III 1058; Rhein. IV 81; Lothr. 272; Els. I 429; Bad. III 55; WOLF 2431; ALTHAUS 129/30; WEINBERG 69; WEISS 143.

**Kalokem** m.: „(unreeller) Makler, Händler, Aufschneider" u. a., *Kalóochem* verbr. Rhh, *Galóogem* MZ-Friesenheim AZ-Kettenheim, *Galóochem* AZ-Framersheim Schafhausen. - Jidd. *chelek* „Teil, Anteil", *chelukenen* „teilen" (der Makler erhält einen Anteil); vgl. »käligen«. - Südhess. III 1059; WOLF 859.

**Kalomes** „Träume, Unsinn" s. »Kalaumes«.

**Kaluf** „Messer" s. »Kalef«

**kameln, komeln** schw.: „Geschlechtsverkehr treiben", *kaamele* KL-Gimsbach LA-Gommersheim Landau BZ-Waldhambach ARNOLD-Neumühl. 74 ARNOLD-Rotw. 87 KLUGE 438 SCHÄFER 48, *koomele* Mannheim vereinzelt Sh Frankf. III 1545, *choomele* Frankf. III 1545. *Er hot se gekamelt* LA-Gommersheim. Abl.: **Kameler** m.: „Beischläfer", *Koomeler* Kaiserslautern; **Kamelchen** n.: „uneheliches Kind", *Koomelche* AZ-Frei-Laubersheim. - Jidd. *chomeln* „beschlafen". - Pfälz. IV 33/34; Südhess. III 1610; Rhein. IV 1145; Bad. III 211; WOLF 852; AVE-LALLEMANT IV 349; MATRAS 290; WEINBERG 56/57.

**Kamime** f.: „Hitze, Schwüle", *Kammíime* BZ-Apphf AZ-Vendersheim RAPP 244, *Chamíime* Frankf. I 434. - Jidd. *chamime*, rabbin. *chamîmâh* „Hitze". - Südhess. III 1071; Bad. III 147 Klamine; AVE-LALLEMANT IV 370; ALTHAUS 122 Chamieme; MATRAS 288; WEINBERG 54; ZIVY 45.

**Kanuf** m.: „Gauner, Schlauberger, Schelm, Tölpel", *Kanúuf, Kanúff* mancherorts Pf Sh BRÄUTIGAM 60 LENNIG Etwas zum Lachen, 6. Ausg. Mainz 1868, S. 102, *Gánnuf* AZ-Siefersheim Frankf. II 784, *Kanóof* NW-Haßloch Speyer WO-Bermersheim LENZ 4. *Do heert sich doch grad alles uf, / Wie der em anlie't der Kanuff* P. MÜNCH Gesammelte Werke I, S. 51. Abl.: **kaniffeln** schw.: „sich verstellen, täuschen", *kanifele* SCHUPP 3; Zs.: **Mords-kanuf** m.: „großer Gauner" (Pfälz. IV 1420). - Möglicherweise Nebenform zu »Ganf« oder zu jidd. *chonef* „Ruchloser, Schmeichler". - Pfälz. IV 50; Südhess. II 1072 (unter Ganf) und III 1090/91 Kanuf; Rhein. IV 146; Bad. III 64 Kanoffer; WOLF 836, 1643; AVE-LALLEMANT IV 371; ALTHAUS 122.

**kapore(s)** Adj.: „entzwei, ruiniert, erschöpft, tot", *kapóore* KU-Patersbach, *kaboure* ER-Fürstengrund, *kabúure* ER-Birkert, *kepoure* WOLF-GILARDONE 28, *kapóores, kabóores* verbr. Pf Sh Frankf. III 1389 RAPP 244 TAWROGI THIELEN 59 LENZ 4, *kappores* RAPP 244 SCHUPP 3, *gabóores, gabúures* vereinzelt StBg. *Die Speelsache sinn all kabores* BZ-Dernb. *Dem Kerl wer ich de Garaus mache, heit muß er noch kapores sin* P. MÜNCH Gesammelte Werke I, S. 68. Auch in Zs.: wie **kapores-gehen, -machen** vereinzelt Pf Sh. - Jidd. *kappores* „tot, entzwei", hebr. *kapparôth* „Sühnopfer". - Pfälz. IV 54; Südhess. III 1108/09; Lothr. 274; Els. I 456; Bad. III 68; WOLF 2469; AVE-LALLEMANT IV 553; ALTHAUS 130; WEINBERG 70.

**karben** schw.: „sich schämen", *kaarben* ARNOLD-Rotw. 87, *sich karben* KLUGE 438, *karme* SCHÄFER 48. - Jidd. *charpe* „Schande", hebr. *cherpâh*. - WOLF 843; WEINBERG 55; WEISS 137.

**kasfajemen** schw.: „schreiben, aufschreiben", *kasfáajeme* DA-Balkhausen WO-Dittelsheim AZ-Ensheim, *kasfáaime* AZ-Gau-Bickelheim. *Des werd kasfajemt!* „Das wird schriftlich festgehalten" WO-Dittelsheim. *E Jud kasfaajemt net* „Ein Jude unterschreibt nichts" DA-Balkhausen. Abl.: **Kasfajem** m.: „Schreiber", *Kasfaijem* ER-Beerfelden. - Jidd. *kaswenen* „schreiben". - Südhess. III 1167; Bad. III 81 Kasfajem; WOLF 2510; AVE-LALLEMANT IV 393; WEINBERG 73/74; FABER 176; ZIVY 46.

**kassenen** schw.: „sich verheiraten", *kassene* RO-Steinbach KLUGE 438 SCHÄFER 48, *kasseene* ARNOLD-Rotw. 87, *kassne* RAPP 245. *Wann duschden kassne?* RAPP 245. Abl.: **Kassene** f.: „Hochzeit", *Kassene* AZ-Vendersheim, *Kassne* RAPP 245, *Chassne* Frankf. I 436 WOLF-GILARDONE 27; **ge-kasselt** Adj.: „verheiratet", *gekasselt* ARNOLD-Rotw. 86. - Jidd. *chassenen* „heiraten", *chassne* „Heirat", hebr. *chathunnâh*. - Pfälz. IV 100; Südhess. III 1170; Bad. III 83, II 69/70 verkasseln; WOLF 846; AVE-LALLEMANT IV 374; ALTHAUS 122; BERANEK K. 83; WEINBERG 55; WEISS 143; ZIVY 45.

**Kasser** n.: „Schwein", *Kasser* ER-Höchst AZ-Gau-Bickelheim ARNOLD-Rotw. 87 HAAB-Carlsberg 5 KLUGE 438 RAPP 240 SCHÄFER 17, *Chasser* Frankf. I 436 RAPP 240, *Kasserem* (Pl.) AZ-Gau-Bickelheim (Sg.) SCHÄFER 17, *Kasserim* (Pl.) ER-Höchst, Dim.: *Kasseremche* MZ-Selzen, *Kasserlich* (Dim. Pl.) RAPP 240. - Jidd. *chaser*, hebr. *chasir* „Schwein". - Südhess. III 1170; Rhein. IV 245; Bad. III 81, 83; WOLF 2504; AVE-LALLEMANT IV 368; ALTHAUS 122; MATRAS 289; WEINBERG 55; WEISS 137; FABER 173.

**Kasserem-kelef** m.: „Schweinehund", Schimpfwort, *Kasseremkelef* AZ-Gau-Bickelheim. - Zs.: aus »Kasser« und »Kelef«. - Südhess. III 1170.

**Kasserie** Gen.?: „Christen", *Kasserie* RAPP 245. *Die Kasseriee solln das Gezoomes achille* RAPP 245. - Abl. zu »Kasser«.

**Kasser-rosch** m.: „Saukopf", Schimpfwort, *Kasserroosch* NW-Geinsheim. - Zs. aus »Kasser« und »Rosch«. - Pfälz. IV 100; MATRAS 289.

**Kassiber** m.: „Kassiber", *Kassíiwer* RAPP 245, *Kassíiber* Frankf. III 1409. - Jidd. *kassibe* „Schriftstück", rabbin. *kathîbâ*. - WOLF 2510; KLUGE-SEEBOLD 359/60.

**Kassoren** Pl.: „Krankheiten, Leiden, Gebrechen, Mängel, Unheil", *Kasóore* verbr. Rhh, *Kassóure* BE-Lorsch. *Der hot allerhand Kassore* AZ-Armsheim. Sprichwort: *Kummen die Johre, kummen die Kassore* AZ-Bornh. - Jidd. *chissoren* „Mangel, Gebrechen", hebr. *châsêr* „fehlen". - Südhess. III 1171; Rhein. IV 246; Els. I 472; Bad. III 82; WOLF 848; AVE-LALLEMANT IV 372.

**kattemanisch** „evangelisch" s. »Kaddeschemune«.

**Kattuschem** „Geschwätz" s. »Kadduschem«.

**Katzuff, Katzoff** m.: „Metzger", vereinzelt nur „Judenmetzger" sonst meist „Metzger allgemein", *Kadsuff* mancherorts Pf Rhh verbr. StBg Frankf. III 1426 ARNOLD-Neumühl. 74 ARNOLD-Rotw. 87 HAAB-Carlsberg 2 KLUGE 438 RAPP 245 SCHÄFER 11 TAWROGI WOLF-GILARDONE 28, *Kadsoff* LA-Roschbach WO-Rhein-Dürkheim vereinzelt StBg, *Katzhoff* THIELEN 60, *Kadseff* AZ-Eppelsheim Darmstadt, *Kadsuft* AZ-Wallertheim, *Chatsuf* Frankf. III 1426; vgl. »Schochet«. Kinderreim: *Alle meine Kinder, de Kazoff mi'm Zylinder, de Kazoff mit'm Iwerrock geht* *in Stall un melkt de Bock. De Bock schmeißt de Kiwwel um, de Kazoff fahrt im Scheißdreck rum* LA-Roschb. - Jidd. *kazof, kazef*, hebr. *kazzav* „Metzger". - Pfälz. IV 133; Südhess. III 1208; Rhein. IV 306; Bad. III 93; Wolf 2524; Althaus 110/ 111, 130; Beranek K. 109; Matras 289; Weinberg 70; Weiss 142; Zivy 59.

**Käwer** Gen.?: „Grab", *Kafer, Käwer* Frankf. III 1359 (Käfer 3). Redensart: *Der geht nach Käferches Ruh* „Der ist dem Tode nahe" Frankf. III 1359. - Jidd. *kewer* „Grab", hebr. *käber*. - Wolf 2589; Guggenheim-Grünberg K. 30; Zivy 59.

**Kebe** f.: „Judenfrau, Frau, Liebste", *Käibe* ER-Hainstadt Momart, *Käiwe* DI-Ueberau, *Kääwe* WO-Dittelsheim. *Mei*ⁿ *Kääwe is net in de Reih* „fühlt sich nicht wohl" WO-Dittelsheim. - Jidd. *kebe, kefe* „Weib, Geliebte", dies zu rabbin. *kêbah* „Höhlung, Loch"; vgl. »Ennekebe«. - Südhess. III 1226; Wolf 2554.

**Keiuff** m.: „Schlaumeier, durchtriebener Kerl", *Gaiuff* AZ-Fürfeld - Jidd. *chajow* „der Schuldige, Schuldner", rabbin. *chajjâb* „schuldig". - Südhess. III 1224.

**Kele, Keel** f.: „Tabakspfeife", *Keele* Kluge 438 Arnold-Rotw. 88, *Keel* Schäfer 31. - Jidd. *k(e)le* „Instrument, Gerät", hebr. *k'lî*. - Bad. III 108 Kelich; Wolf 2562.

**Kelef, Keluf** m.: „Hund", *Keelef* AZ-Gau-Bickelheim Frankf. III 1436, *Käilef* ER-Höchst Lenz 4 Rapp 245, *Käälef* Frankf. III 1437, *Kellef* Rapp 245, *Keeluf* AZ-Vendersheim Arnold-Neumühl. 73 Kluge 438, *Keiluff* Arnold-Rotw. 87, *Käiluff* Haab-Carlsberg 5, *Keijluff* Schäfer 62. - Jidd. *kelef* „Hund", aramäisch *kêleb*; vgl. »Klafter«. - Südhess. III 1245; Rhein. IV 465; Els. I 430; Bad. III 108; Wolf 2561; Ave-Lallemant IV 389, 556; Althaus 130; Matras 290; Weinberg 70; Weiss 144.

**Kemach** n.: „Mehl", *Kemach* ER-Höchst. - Jidd. *kemach* „Mehl". - Südhess. III 1255; Wolf 2569; Ave-Lallemant IV 448.

**ken** Partikel: „ja", *kent* Kluge 438, *kenn* Haab-Carlsberg 6 Schäfer 56, *ken* Arnold-Neumühl. 74. - Jidd. *ken* „richtig, recht, ja", hebr. *kên*. - Bad. III 111; Ave-Lallemant IV 556; Matras 290; Weinberg 71; Faber 176.

**Keschbon** Gen.?: „Rechnung", nur Dim.: *Grischbóonemche* AZ-Wöllstein. - Jidd. *cheschbon* „Rechnung". - Südhess. III 1268; Wolf 866; Ave-Lallemant IV 373, 530; Weinberg 58; Weiss 138; Zivy 47.

**Keschik** m.: „Lust, Vergnügen, Verlangen", *Keeschigg* DA-Eschollbrücken, *Käischigg* ER-Hainstadt, *Keischick* Wolf-Gilardone 28. Abl.: **sich keschiken** schw.: „Schadenfreude empfinden", *sich kääschigge* Schäfer 48. *Do kann er sich awer kääschigge* Schäfer 48. - Jidd. *cheischik, cheschek* „Lust", hebr. *chêschek*. - Südhess. III 1269; Wolf 867; Ave-Lallemant IV 374; Weinberg 58.

**Kesef** n.: „Silber, Silbergeld", *Keesef* Frankf. III 1445. *Hätt er nor dehääm im Pulte / Keseph zehedausend Gulde* Frankf. III 1445. - Jidd. *kessef* „Silber, Silbergeld", hebr. *käßeph*. - Wolf 2578; Faber 176; Zivy 59.

**Kfar** n.: „Dorf", *Kfaar* ARNOLD-Rotw. 88 KLUGE 438. - Jidd. *kefar* „Dorf", hebr. *kâphâr*; vgl. »Kaff«. - ALTHAUS 130; WOLF 2544; WEINBERG 70.

**kiddisch** Adj.: „neu", *chittisch, kittisch* WOLF-GILARDONE 27, substantivisch: „Neuigkeit", *Kiddisch* AZ-Vendersheim. - Jidd. *chidisch* „neu"; vgl. »Kadduschem«. - Südhess. III 1281; WOLF 870; AVE-LALLEMANT IV 367/68; WEINBERG 58; WEISS 136; ZIVY 46.

**kienen** schw.: „kaufen", *kiine* SCHÄFER 48. Zs.: **ver-kienen** schw.: „verkaufen", *verkiine* ARNOLD-Rotw. 93 HAAB-Carlsberg 6 SCHÄFER 48. - Jidd. *kinjen* „kaufen", rabbin. *kinjân* „Erkauftes"; vgl. »kimmeln«. - WOLF 2616; WEINBERG 72, 122; ZIVY 60.

**Kies, Kiss** m., f., n.: „Geldbeutel, Kasse, Geld", *Kies* Pirmasens OF-Sprendlingen BI-Ingelheim ER-Beerfelden Mainz AZ-Gau-Bickelheim RAPP 245 THIELEN 61, *Kiss* „Geldtasche" SCHÄFER 32; *Mees im Kies* „Geld in der Kasse" Mainz; *Kies berappe* „zahlen" SCHUPP 3. *Ȧ hot's im Kies* „Er hat Geld" ER-Beerfelden. - Jidd., hebr. *kis* „Beutel, Sack", wobei die Bedeutung „Geld" wohl eine semantische Weiterenwicklung darstellt und in den Mundarten aus der neuhochdeutschen Umgangssprache übernommen wurde. - Pfälz. IV 197; Südhess. III 1284; Bad. III 121, 143; WOLF 2602, 2603; AVE-LALLEMANT IV 389; MATRAS 290; WEINBERG 72; FABER 176; ZIVY 60.

**Kille** f.: „Gesellschaft, Sippschaft, Gemeinde, Stadt", *Kille* Darmstadt Frankf. III 1451. - Jidd. *kehile*, hebr. *kahal* „Versammlung, Gemeinde". - Südhess. III 1289; Bad. III 122; WOLF 2612; AVE-LALLEMANT IV 446, 561; ALTHAUS 131; BERANEK K. 65; WEINBERG 71; FABER 176.

**kimmeln** schw.: „handeln, feilschen", nur in den Zs.: **ab-kimmeln** schw.: „abhandeln, abgewinnen", *abkimmele* vereinzelt Pf. *Er hot mer de scheene Klicker abgekimmelt* VPf (Pfälz. I 45); **be-kimmeln** schw.: „übervorteilen", *bekimmele* FR-Wattenheim mancherorts Südhess. (Pfälz. I 685 bekümmeln, Südhess. I 679 bekimmeln); **ver-kimmeln** schw.: „verkaufen, übervorteilen", *verkimmele* verbr. Sh ARNOLD-Rotw. 93 (Südhess. II 527/28). - Abl. zu jidd. *kinjen* „kaufen", rabbin. *kinjân* „Erkauftes"; vgl. »kienen«. - WOLF 2616.

**Kinnem** Pl.: „Läuse, Nissen", *Kinnem, Kienem* mancherorts Pf Sh Frankf. III 1461 SCHÄFER 18, *Kiinum* ARNOLD-Neumühl. 74 ARNOLD-Rotw. 88 KLUGE 438, *Kiemche* (Dim.) Pirmasens, *Dienem* MZ-Dienheim. - Jidd. *ken* „Laus", Pl. *kinnim*, hebr. *kinnîm*. - Pfälz. IV 216; Südhess. III 1312; Rhein. IV 496; Els. I 446; Bad. III 129; WOLF 2617; AVE-LALLEMANT IV 390; ALTHAUS 131; WEINBERG 72; WEISS 144; ZIVY 60.

**Kippe, Kippes** f.: „Gemeinschaft, gemeinschaftliche Sache, Halbpart", *Kippe* mancherorts Pf Sh Frankf. III 1461/62 ARNOLD-Neumühl. 74 ARNOLD-Rotw. 88 KLUGE 438 RAPP 245 TAWROGI, *Kipp* vereinzelt Pf Sh, *Kippes* NW-Haßloch Speyer

BE-Lorsch MA-Weinheim AUTENRIETH 75 RAPP 245. *Die ganz Kibb hot mitgemacht* Mainz. *Kippe mache (halde)* „gemeinschaftliche Sache machen, Halbpart machen" mancherorts Pf Sh SCHÄFER 49 LENZ 4. - Jidd. *kuppe* „Almosenbüchse, Kasse", das wohl auf lat. *cuppa* zurückgeht (so FRAENKEL 431, TAWROGI) oder jidd. *kübbo* „Kammer, Zelt" (WOLF 2619). Pfälz. IV 218; Südhess. III 1314/15; Rhein. IV 503; Els. I 475; Bad. III 130; WEINBERG 72; WEISS 144; ZIVY 60.

**Kischuf** Gen.?: nur in der Wendung: *Kidschuf Schmuus* „dummes Gerede". - Jidd. *kischef, kischuf* „Zauberei". - Südhess. III 1346; WOLF 2636; AVE-LALLEMANT IV 393; WEINBERG 72; WEISS 145.

**Klafte(r)** f.: „alte, böse weibliche Person", *Klafte* LENZ 4, *Glafder* KU-Konk. - Jidd. *klafte*, aram. *kalb' thâ* „Hündin", weibl. Form zu »Kelef«. - Pfälz. IV 260; WOLF 2561; ALTHAUS 131; WEINBERG 70, 72.

**Klajem** Pl.: „Füße", *Klaajem, Glaajem* mancherorts Rhh RAPP 256, *Glååjem* AZ-Vendersheim, *Glååim* BI-Zotzenheim. *Du emol doi Klajem weg!* RAPP 256. *In dem Moodch* (Morast) *kriet mer die Klaajem net meh raus!* MZ-Selzen. - Jidd. *regel*, Pl. *raglajim* „Fuß, Füße", hebr. *rägel, raglajim.* - Südhess. III 1362; WOLF 4530; AVE-LALLEMANT IV 454.

**klamoren** schw.: „Karten spielen", *klamóore* ARNOLD-Neumühl. 74 ARNOLD-Rotw. 88 KLUGE 438 SCHÄFER 49. Abl.: **Klamor** Gen.?: „Spielkarte", *Klamoor* ARNOLD-Neumühl. 74 ARNOLD-Rotw. 88 KLUGE 438, *Klamore* Pl. HAAB-Carlsberg 3. - Jidd. *gemore* „Talmud", rabbin. *gemârâh.* - WOLF 1735; WEISS 144.

**Klefez** f.: „närrisches Weib", *Kleefeeds* NW-Meckenheim. - Zusammen mit Els. I *490 Klefuus* „einfältige Weibsperson" ist in dem Wort möglicherweise eine Nebenform zu »Klafte« anzunehmen? - Pfälz. IV 288; Els. I 490 Klefons.

**Klasajem** n.: „Gewehr", *Klaseim* ARNOLD-Neumühl. 74, *Klaseiim* ARNOLD-Rotw. 88, *Klachajem* SCHÄFER 32. - Jidd. *k' le sajin* „Waffe". - WOLF 2674.

**Kluft** f.: „Kleidung, Berufskleidung, Uniform", *Kluft, Gluft* verbr. Pf Sh Frankf. III 1501 RAPP 245 SCHÄFER 32 THIELEN 62. *Er har* (hat) *e neii Kluft* PS-Schmalenberg. *Ich steck mich in mei Kluft* AZ-Partenheim. Zs.: **Militär-, Sonntags-, Werktagskluft** u. a. mancherorts Pf Sh. - Neuhebr. *killuf* „Rinde, Schale". - Pfälz. IV 321; Südhess. III 1443/44; Rhein. IV 793; Els. I 491; Bad. III 172; WOLF 2736.

**Knaß, Knast** m., f.: „Geld-, Gefängnisstrafe", *Knaß* KU-Schmittweiler/O vereinzelt Sh Frankf. III 1508, *Knast, Knascht* vereinzelt Pf Sh SCHÄFER 32 THIELEN 62. Abl.: **knassen** schw.: „gerichtlich strafen", *knasse* mancherorts Pf verbr. Sh Frankf. III 1508 LENZ 4. *'s Gericht hat en bäis geknaßt* LA-Niederhochstadt. *Der heert orndlich geknaßt* GG-Rüsselsheim. Abl.: **ver-knassen** schw.: „verurteilen", *verknasse* mancherorts BRÄUTIGAM 60 LENZ 4. - Jidd. *knass* „Geldstrafe", *knassen* „strafen", rabbin. *k' naß*, wobei die Form *Knast* wohl über die neuhochdeutsche Umgangssprache übernommen wurde. - Pfälz. IV 335 Knasse; Südhess. III 1470/

71; Rhein. IV 866; Bad. III 178; WOLF 2766; AVE-LALLEMANT IV 449; WEINBERG 72; WEISS 145; ZIVY 60.

**Kober** m.: „Wirt", *Koober* Landau ARNOLD-Neumühl. 74 ARNOLD-Rotw. 88, *Kouwer* SCHÄFER 13. Abl.: **Koberei** f.: „Wirtschaft", *Kooberei* ARNOLD-Neumühl. 74 ARNOLD-Rotw. 88, *Kouwerei* SCHÄFER 13. - Jidd. *kowo* „Schlafkammer", *kober* „Wirt", rabbin. *châbêr*. - WOLF 2813.

**Kobertchen** n.: „Gruppe oder Kameradschaft mehrerer guter Freunde", *Kuberdche* BE-Hüttenfeld. - Jidd. *chawer* „Genosse, Kamerad", hebr. *châbêr*; vgl. »Kafrus«. - Südhess. III 1574; WOLF 855; AVE-LALLEMANT IV 367.

**kochem** Adj.: „schlau, durchtrieben, teuer", *koochem* verbr. Pf Sh SCHÄFER 56 TAWROGI, *kouchem* mancherorts SOPf verbr. StBg LENZ 4 WOLF-GILARDONE 28, *kauchem* LA-Herxheim Herxheimweyher GH-Oberlustadt Leimersheim, *kuuchem* BZ-Appenhofen GH-Rülzheim Wimpfen, u. a. *e koochemer Kerl* FR-Bissersheim. *De Kuhhert Warsch, der koochem Schelm* K. RÄDER Pfälzer Spätlese. Neustadt 1940, S. 83. Sprichwort: *Stikem is koochem* „Schweigen ist klug" Kaislt. Abl. und Zs.: **Kochem, Kochemer** m.: „schlauer, gerissener Mensch, Gauner", *Koochem, Koochemer* mancherorts Pf Sh (Pfälz. IV 392, Südhess. III 1577, Frankf. III 1534 RAPP 245 STORCH 248); **kochemig** Adj.: „schlau", *koochemich* AZ-Armsheim (Südhess. IV 1577); **aus-gekochemt** Adj.: „schlau, gerieben"; *e Ausgekochemder* PS-Niedersimten (Pfälz. I 446); **aus-kochemen** schw.: „ausdenken, auskundschaften", *auskocheme* vereinzelt Pf Rhh. *Er dut's auskocheme* KB-Kriegsfeld (Pfälz. I 453, Südhess. I 467). - Jidd. *chochem*, hebr. *chacham* „klug, weise". - Pfälz. IV 392; Südhess. III 1576/77; Rhein. IV 1095; Els. I 420; Bad. III 201; WOLF 2814; ALTHAUS 122/23; WEINBERG 58/59, 120; WEISS 138.

**Kochemer-loschen** f.: „Gaunersprache", *Koochemerlóosche* WO-Dittelsheim. - Zs.: aus *Kochemer* (s. »kochem«) und jidd. *loschen*, hebr. *lâschôn* „Sprache". - Südhess. III 1577; WOLF 2814.

**Kodem** „Kind" s. »Kotem«.

**Kofes** Pl.: „Schulden", *Koofes* ARNOLD-Neumühl. 74 ARNOLD-Rotw. 88 KLUGE 438. - Jidd. *chow* „Schuld", Pl. *chowess*; vgl. »Kajofes«. - WEINBERG 57.

**Kohl** m., f.: „Schwindel, Unsinn, dummes Gerede, Spaß, Scherz", *Kool* verbr. Pf. Sh Frankf. III 1538 RAPP 245; vgl. »Koll«. Abl. **ver-kohlen** schw.: „veralbern, beschwindeln, überlisten", *verkohle* verbr. Pf Sh. - Jidd. *kol* „Stimme", hebr. *kôl* (Herleitung unsicher, vielleicht auch zu zigeunerisch *kalo* „schwarz"). - Pfälz. IV 403; Südhess. III 1587/88; Rhein. IV 1115; Bad. III 204.

**Koks** „steifer Hut" s. »Gocks«.

**kole** Adj.: „krank", *koule* SCHÄFER 55. - Jidd. *chole* „krank", hebr. *chôl*. - Bad. III 209; WOLF 881; WEINBERG 56; WEISS 137; FABER 173; ZIVY 46.

**Koll** f.: „Stimme", *Koll* Frankf. III 1542. *Halt die Koll!* Frankf. III 1542. - Jidd. *kol* „Stimme", hebr. *kôl*; vgl. »Kohl«. - WOLF 2841; WEISS 145.

**Koluf** f.: „Milch", *Koluf* ARNOLD-Rotw. 88 SCHÄFER 32, *Kouluff* HAAB-Carlsberg 4. - Jidd. *cholof* „Milch", hebr. *châlâb*. - WOLF 884; MATRAS 290; WEINBERG 59; WEISS 138; ZIVY 47.

**komeln** s. „Geschlechtsverkehr ausüben" s. »kameln«.

**konen** schw.: „kaufen", *kone* ARNOLD Rotw. 88. - Jidd. *kone* „Käufer". - WEINBERG 70.

**koscher** Adj.: „rein (nach jüdischen Speisegesetzten), einwandfrei, in Ordnung, gesundheitlich wohlauf", *kooscher* verbr. Pf Sh Frankf. III 1578/79 RAPP 246 SCHÄFER 56 STORCH 248 TAWROGI, *kouscher* mancherorts SOPf südöstl. StBg LENZ 4 WOLF-GILARDONE 28, *kauscher* LA-Herxheim WOLF-GILARDONE 28 LAMBERT: Dictionary of the Non-English Words of the Pennsylvania German Dialect S. 92; auch subst.: *Kooschere* „Rindswurst" mancherorts; *e koscheri Worscht* Kaislt. *Die Sach esch net kouscher!* BZ-Dernbach. *'s isch mer nit ganz koscher* GH-Kandel. Abl.: **koschern** schw.: „unreine Speisen kultisch rein machen", *kooschern* Frankf. III 1579. Zs.: **Koscher-wurst** f.: „Rindswurst", *Kooscherworscht* vereinzelt RAPP 246. - Jidd. *koscher*, hebr. *kâschêr* „tauglich", Gegensatz »trefe«. - Pfälz. IV 494; Südhess. III 1691/92; Rhein. IV 1274; Lothr. 280; Els. I 475; Bad. III 236/37; WOLF 2884; ALTHAUS 131; BERANEK K. 68; GUGGENHEIM-GRÜNBERG K. 18; MATRAS 290; WEINBERG 73; WEISS 143.

**Koscher-most** m.: „Most, den die Söhne heimlich aus dem elterlichen Keller fortschaffen und verkaufen", *Kooschermoscht*, *Kouschermoscht* LA-Frankweiler und Umgebung (nach Pfälzisches Museum 1903, S. 50). - Erster Wortteil wohl zu »oschern« „heimlich wegnehmen". - Pfälz. IV 494.

**Kosen** m.: „Bräutigam, Liebster", *Choosen* AZ-Gau-Bickelheim Frankf. I 440, *Choosem* AZ-Vendersheim, *Chusen* WOLF-GILARDONE 27, *Koosener* ER-Reichelsheim, *Kooses* RAPP 246, *Kuschem* ER-Höchst. - Jidd. *chosen*, hebr. *châthân* „Bräutigam". - Südhess. III 1692 Kosem, IV 60 Kuschem; Bad. III 237; WOLF 893; AVE-LALLEMANT IV 374; ALTHAUS 122 Chassen; WEINBERG 60; WEISS 138; ZIVY 47.

**Kotem** m: „Kind, kleiner Kerl", *Koden* TAWROGI, *Koodem* ARNOLD-Rotw. 88 KLUGE 438 THIELEN 64 SCHÄFER 32, *Koutem* HAAB-Carlsberg 2, *Koodemche* (Dim.) GG-Kelsterbach WO-Dittelsheim. *Stiegem, die Koodem spannen!* „Leise, die Kinder hören zu!" SCHÄFER 32. Abl.: **kotemig** Adj: „klein", *koodemich* SCHÄFER 56. - Jidd. *koten* „klein, jung, Kind". - Südhess. III 1699; Bad. III 238; WOLF 2891; AVE-LALLEMANT IV 448; WEINBERG 73; WEISS 146.

**koze** Adj.: „halb“, *kodse* MZ-Selzen AZ-Wolfsheim ARNOLD-Rotw. 88, *kootse* ARNOLD-Neumühl. 74 KLUGE 438, *kodsem* MZ-Mommenheim. Abl.: **Koze** n.: „Hälfte“, *'s Kotze* MZ-Selzen. - Jidd. *choze* „Hälfte“, hebr. *chazî*; vgl. »Skoutze, Fachuze«. - Südhess. III 1704; WOLF 896; AVE-LALLEMANT IV 372; WEINBERG 60, 120; WEISS 139; ZIVY 47.

**Koze-mattchen** n.: „halber Schoppen“, *Kosemattche* AZ-Gau-Bickelheim. - Zs. aus »koze« „halb“ und »Mattchen« (s. »mattemig«). - Südhess. IV 568 (unter Mattchen).

**Kozemchen** n.: „Kind“, *Koozemche* RAPP 246. - Nach RAPP zu rabbin. *kozam* „Häkchen“, möglicherweise jedoch zu »Kotem«. - ALTHAUS 131.

**Kozen** m.: „reicher Mann“, *Kootsen, Kuutsen* Frankf. III 1583/84. - Jidd. *kozen* „Vornehmer, Reicher“, hebr. *kâzîn* (umgangsprachliches *groß-kotzig* soll ebenfalls davon abzuleiten sein). - ALTHAUS 131; WOLF 2893; WEINBERG 73; WEISS 146; ZIVY 61.

**Kozen-gicker** m.: „Ausruf im Kartenspiel, wenn 50 angesagt wird“, *Koodsegigger* AZ-Rommersheim. - 1. Wortteil zu »koze«, 2. zu »Gicker«. - Südhess. III 1706.

**kuf** Zahlwort: „hundert“, *kuff* WOLF-GILARDONE 28. - Jidd. *kuf* „hundert“ (BISCHOFF 71).

**Kuschem** „Liebhaber“ s. »Kosen«.

**kuschem** Adj.: „schwerhörig, taub, ungeschickt“, *kuschem* Pirmasens; Abl.: **Kuschem** m.: „tauber, ungeschickter Mensch“, auch Schelte, *Kuschem* Rockenhausen Pirmasens LA-Gommersheim, *Guschem* KB-Kriegsfeld FR-Ebertsheim LA-Maikammer AZ-Fürfeld Alzey Dautenheim Bechenheim; *daawer Guschem!* KB-Kriegsfeld. - Jidd. *chuschem* „schwerhörig, taub, schwachsinnig“. - Pfälz. III 512 Guschem; IV 711 kuschem, Kuschem; Südhess. II 1528; Rhein. II 1505; WEBER *chouschim* „taub“; LÖTZSCH 58; WEISS 139.

**Laile** f.: „Nacht“, *Laile* ARNOLD-Neumühl. 74 ARNOLD-Rotw. 88 KLUGE 438 SCHÄFER 33. Abl.: **belaile** Adv.: „nachts“ (Präp. *b'* - „an, in“ und *Laile*, wörtl. „in der Nacht“), *belaile* SCHÄFER 33, 58. - Jidd. *laile*, hebr. *lajlâh* „Nacht“. - WOLF 3063; WEISS 148; ZIVY 61.

**Lajim** m.: „Tresterwein, geringer Wein“, *Laajem* MZ-Essenheim Selzen AZ-Rommersheim Framersheim Eppelsheim, *Laajemche* (Dim.) MZ-Zornheim. - Nebenform zu »Jajim«, wobei Einfluß der nichtjiddischen Entsprechung *Läuer, Leier* (aus lat. *lorea* „Tresterwein) möglich ist. - Südhess. IV 97.

**Lamden** m.: „Gelehrter“, *Lamden* WOLF-GILARDONE 28. - Jidd. *lamden* „Gelehrter“, rabbin. *lamdân*, zu hebr. *lâmad* „lernen“. - WEISS 148.

**lames** Zahlwort: „dreißig", *lammes* KLUGE 439, *lames* HAAB-Carlsberg 7 RAPP 246, 248 SCHÄFER 60. - Jidd. *lamed* „Zahlbuchstabe für 30", hebr. *lâmed*. - WOLF 6437; ALTHAUS 138/39; MATRAS 290; WEINBERG 74; WEISS 148.

**lau, lau-lone** „nichts, vergebens" s. »lo«.

**Lawone** f.: „Mond, Vollmond", *Lawone* Frankf. III 1750. - Jidd. *lewone* „Mond", hebr. *lebânâh*. - WOLF 3230; GUGGENHEIM-GRÜNBERG K. 29; WEINBERG 75; WEISS 148; ZIVY 62.

**Leb** m., **Leebche** n.: „Levi", dann auch: „Jude allg., Händler, Wandermusikant", *Leeb, Leebche* mancherorts Pf Sh Frankf. IV 1833; bekannt in der Wend.: *arm wie's Leebche* „sehr arm" Pf. - Jidd., hebr. *lev* „Levi". - Pfälz. IV 1005; Südhess. IV 362.

**Lechem** n.: „Brot", *Lechem, Legem* vereinzelt pfälzische Musikantensprache ARNOLD-Rotw. 88 HAAB-Carlsberg 3, *Leechem* KLUGE 438 SCHÄFER 34, *Leeachem* AZ-Vendersheim ER-Höchst KLUGE 438, *Lagem* HAAB-Carlsberg 3. Zs.: **Lechem-geiger** m.: „Bettelmusikant", *Lechemgeier* Frankf. III 1759; **Lechem-schocker** m.: „berufsmäßiger Kartenspieler", *Lechemschocker* (zum zweiten Wortteil vgl. »Schocker«) Frankf. III 1759. - Jidd., hebr. *lechem* „Brot". - Pfälz. IV 858; Südhess. IV 224; Bad. III 411; WOLF 3179; AVE-LALLEMANT IV 397; ALTHAUS 132; MATRAS 290; WEINBERG 74; WEISS 148; ZIVY 61.

**Lef** n.: „Herz", *Leef* SCHÄFER 34. - Jidd. *lef* „Herz", hebr. *lêb*. - Bad. III 415; WOLF 3179; ALTHAUS 132; WEINBERG 74; WEISS 148; FABER 177; ZIVY 62.

**leien, leienen** schw.: „lesen", *laie, laine, lachene* Frankf. III 1748, *lajeme* SCHÄFER 49. - Jidd. *leienen* „lesen", dies aus lat. *legere* „lesen". - WOLF 3196; ALTHAUS 132; WEISS 148; ZIVY 61.

**leschuke(r)** Adv.: „umsonst", *leschúcke* Frankf. III 1798. - Jidd. *laschoker* „umsonst, vergebens", hebr. *laschaker*.

**Lezemer** m.: „herumziehender Musikant, Landstreicher, Strolch", *Ledsemer* vereinzelt pfälzische Musikantensprache Kaiserslautern, *Leedsemer* Alzey Frankf. III 1808/09. Abl: **Lezem** f.: „Musik", *Leitsem* KLUGE 438, *Lätsem* ARNOLD-Neumühl. 74 ARNOLD-Rotw. 88, *Laietsem* SCHÄFER 33; **Lezchen** n: „Ton, Laut, Wort", *Läätsje* SCHÄFER 33. - Jidd. *lezan* „Musikant", Pl. *lezanim*. - Pfälz. IV 948 Letzemer; Südhess. IV 323; Hess.-Nass. II 138; WOLF 3221; ALTHAUS 132; FABER 177.

**lo** Adv.: „nichts, umsonst, gering", *loo* NW-Frankeneck Haßloch LU-Oppau Speyer PS-Niedersimten Pirmasens verbr. Rhh Frankf. III 1733 KLUGE 438 RAPP 246 SCHÄFER 56 THIELEN 70, *lou* vereinzelt StBg ARNOLD-Rotw. 89 HAAB-Carlsberg 6, *lau* SCHÄFER 56 Frankf. III 1733; häufig in der Wendung *for loo* „für nichts, umsonst" Pf Sh; vgl. auch »lobach, lobachinem, lokochem, lolone, lomuker«; *for loo schaffe* MZ-Undenheim. *Er hot alles for loo gemacht* AZ-Wendelsheim. Zs.:

**Lo-bier** n.: „Freibier", *Loobier* Mannheim (Bad. III 475), **Lo-bruder** m.: „Versager", *Lobruder* MZ-Marienborn, **Lo-pfiffer** m.:"wer gerne trinkt, wo es nichts kostet", *Lopiffer* Ludwigshafen BE-Viernheim, **Lo-süffer** m.: dasselbe, *Losiffer* BI-Sprendlingen Hackenheim Alzey, **Lo-wein** m.: „Wein, der spendiert wird", *Lowoi*$^{n}$ BI-Sprendlingen. - Jidd. *lo, lau* „nicht, nichts", hebr. *lô*. - Pfälz. IV 1004; Südhess. IV 361; Rhein. V 503; Bad. III 475 lo, 387 lau; Hess.-Nass. II 33; Wolf 3131; Ave-Lallemant IV 396; Althaus 132; Matras 290; Weinberg 74; Weiss 148.

**Löb** m.: „jüdischer Name, Jude, Händler, Wandermusikant" s. »Leb«.

**lo-bach, lo-bachinem** Adv.: „für nichts, umsonst", *loobach* MZ-Oppenheim, *loobachíinem* NW-Haßloch Speyer mancherorts Sh, *loobachíime* PS-Niedersimten. - Zs.: aus »lo« und »Bachinem«. - Pfälz. IV 1004 unter lo; Südhess. IV 362; Wolf 221.

**Lo-chefez** m.: „Nichtsnutz, Taugenichts", *Loochéefets* Frankf. IV 1847. - Zs. aus »lo« und jidd. *chefez* „Gefallen", hebr. *chêfäß*. - Weinberg 74.

**lochne-kodesch** „hebräisch, jiddisch" s. »lotekorisch«.

**lo-kochem** Adj: „schlau, gerissen, superklug", *lookoochem* mancherorts Rhh, *loukouchem* vereinzelt StBg. Abl.: **Lokochem** m.: „gerissener Mensch", *Lookoochem* vereinzelt, *Lowkoochem* „der Dumme" Schäfer 44a. - Weiterbildung zu »kochem«, wobei das *lo* (wie bei Schäfer 44a und Bad. III 483 *Lokuckem* „dummer Kerl") eigentlich eine Negierung bewirken müßte. - Südhess. IV 379.

**lo-lone** Adv.: „für nichts, umsonst", *lau-loone* OF-Sprendlingen, *laloune, lalounen* Wolf-Gilardone 28, *loonu* Frankf. IV 1874. *Des is for lauloone* OF-Sprendlingen. - Jidd. *lo lone* „nicht für uns", hebr. *lô lânû* (Anfang Psalm 115). - Südhess. IV 191; Wolf 3131; Althaus 132; Matras 290; Weinberg 74; Faber 177; Zivy 61.

**lo-muker** Adj.: „unverständig in Geschäftsdingen", *loomugger* MZ-Mommenheim. - Zs.: aus »lo« und jidd. *mucker sein* „(er)kennen, bekannt sein" (Weinberg 123). - Südhess. IV 380; Wolf 3351.

**Lo-schmus** m.: „dummes sinnloses Gerede", *Looschmuus* DI-Groß-Umstadt DA-Nieder-Beerbach AZ-Wöllstein. *Der mit seim iwwerzwerche Looschmuus!* AZ-Wöllst. - Zs.: aus »lo« und »Schmus«. - Südhess. IV 387.

**lo-tef** Adj.: „schlecht", *lotéf* Frankf. IV 1853. - Zs. aus »lo« und »tof«.

**lotekorisch, lotegolisch, losnekodisch** Adj.: „in der Sprache der (jüdischen) Händler, hebräisch", in substantivischem Gebrauch: „die Sprache der (jüdischen) Händler", *loddegoorisch* Schäfer 7, *loddegóolisch* SP-Hertlinghausen, *lottekoulisch* Haab-Carlsberg 1, *lochnekodesch* Kluge, *loschnekodesch* Rapp 246, *loochnekoodesch* KLUGE 438, *loochenekoodisch* AZ-Wöllstein, *losnechóudisch* Darmstadt, *lodischkodisch* RAPP 246, *luddekóodisch*, *loddedsóonisch* DA-Eschollbrücken, *luddekoudisch* OF-Lämmerspiel Darmstadt, *loßnekoutisch, loßnechout'sch* WOLF-GILARDONE 28; auch umgedeutet: *juddekoudisch* AZ-Frei-laubersheim. *Was diww're die pälzische Hännler so kloor! / Noor echt lotekorisch kummt nimmie viel vor. / Am beschte ve'steht mer's im Leininger Land* HANS PONADER: Die Brotschublad, 3. Aufl. Grünstadt 1984, S. 83. *Mer hän aach als oft lotogorisch gediwwert* O. WILMS: Pälzer Land und Pälzer Lewe. Ludwigshafen 1991, S. 40. - Jidd. *loschen*, hebr. *lâschôn* „Sprache" und jidd., hebr. *kodesch* „heilig". - Pfälz. IV 1036 lotegolisch, lotekorisch; Südhess. IV 368 lochnekodesch; Bad. III 490 Lotekolisch; WOLF 3273; ALTHAUS 132 Loschen Kodesch; MATRAS 290 Lekoudesch; WEINBERG 75 Loschen kaudesch; WEISS 148 Luschen hakaudisch, lussenekaudisch.

**Lugges** m.: „Lehrer", *Lugges* ARNOLD-Rotw. 89 HAAB-Carlsberg 1 KLUGE 438 SCHÄFER 15. - Jidd. *luch, luach*, Pl. *luches* „Tafel, Kalender", hebr. *lûach, lûchôth*; vgl. »Lukas«. (SCHÄFER 15 gibt ein zigeunersprachliches *luchos* „Lehrer" an, das ich jedoch nicht gefunden habe). - WOLF 3294.

**Lugges-bajes** n.: „Schule", *Luggesbajes* HAAB-Carlsberg 1. - Zs. aus »Lugges« und »Bajes«.

**Lukas** m.: „Jahrmarktsgerät zum Messen der Kraft", bes. in der Wend.: *Haut den Luggas!* verbr. Pf Sh. - Jidd. *luch, luach*, Pl. *luches* „Tafel, Tabelle, Kalender", vgl. »Lugges«, gemeint ist die Skala, an der die Kraft abgelesen wird. - Pfälz. IV 1058; Südhess. IV 425; Bad. III 502; WOLF 3294; WEISS 149.

**Lulef** m.: „Palmzweig, als Schmuck bei Juden zum Laubhüttenfest", *Lulluf,* häufiger im Pl. *Lulfem* Frankf. IV 1868. - Jidd. *lulef, lulof* „Palmzweig", hebr. *lûlâb*. - WEINBERG 75; FABER 177.

**Maaref** m.: „Westen, Abend, jüdisches Abendgebet", *Ma'aaref* Frankf. IV 1881. *Du kannst ausgehe von Misrach bis Maarev, du findst so e Vierspänner nicht widder* Frankf. IV 1881. - Jidd. *maarev* „Westen, Abend", hebr. *ma'arîb*. - WEISS 150; BERANEK K. 8; GUGGENHEIM-GRÜNBERG K. 8; FABER 178.

**maberes** Adj.: „schwanger", *mabääres* BE-Unter-Schönmattenwag AZ-Wöllstein, *mobääres* SCHÄFER, *mepres* WOLF-GILARDONE 28. - Jidd. *maberes, me'uberes*, hebr. *me'uberêth* „schwanger". - Südhess. IV 459; MATRAS 290; WEINBERG 79; WEISS 149; ZIVY 64.

**machanne** Adv.: nur in der Wendung: *Mach dich net machánne!* „Misch dich nicht in anderer Leute Angelegenheiten!". - Jidd. *mehanne sein* „genießen lassen". - Südhess. IV 459; WOLF 3490.

**Machschowe** Gen.?: „Gedanken", *Maschchowe* (sic.!) SCHUPP 7. - Jidd. *machschowe*, hebr. *machaschâbâh*. - ALTHAUS 133 Mackschowe; WEINBERG 76.

**machulle** Adj.: „bankrott, erschöpft, krank, verrückt", *machúlle* verbr. Pf Sh Frankf. IV 1889 ARNOLD-ROTW. 89 LENZ 5 RAPP 246 SCHÄFER 10 SCHUPP 3 STORCH 247 TAWROGI, *machúule* SP-Schifferstadt, *mechúlle* Frankf. IV 1889, 1986 RAPP 246, *machúllem* HB-Mimbach KL-Spesbach, *machúlles* KL-Katzweiler RO-Bisterschied LA-Edenkoben, *machúller* GH-Rheinzabern, *machúll* RO-Imsbach, *machólle* GH-Scheibenhard BZ-Dernbach RAPP 246, *machollen* HB-Webenheim, *machílle* KU-Konken GH-Kuhardt, *mahúlle* KL-Reichenbach, *magúlle* GH-Kandel, *magúll* NW-Hardenburg, *bachúlle* HB-Peppenkum, *mochúlle* KB-Kerzenheim; *machulle mache (gehe)* verbr.; *en machúllene Dallesbruder* AZ-Siefersheim. *Er is machulle gang* SCHÄFER 10. *E Klaadergeschäft hott Machulle gemacht gehatt* KÜHN Hoch die Palz, Neustadt 1910, S. 99. - Jidd. *mechulle* „zugrunde gerichtet, krank". - Pfälz. IV 1093/94; Südhess. IV 468; Rhein. V 691; Els. I 646; Hess.-Nass. II 208; WOLF 3498; ALTHAUS 133; WEINBERG 80; WEISS 149; FABER 177; ZIVY 64.

**Mackel** m.: „Stock, Knüppel", *Maggel* AZ-Albig Alzey WOLF-GILARDONE 28. *Jetzt kommt der Lackes, da gibt's Mackes mit dem Mackel* Alzey. - Jidd. *makel* „Stock", hebr. *makkêl*. - Pfälz. IV 1094; Südhess. IV 469; MATRAS 290; WOLF 3349; AVE-LALLEMANT IV 405.

**Mackel-bajes** n.: „Gefängnis, Zuchthaus, altes Haus", *Maggelbaajes* MZ-Mommenheim Mainz Dolgesheim Wintersheim AZ-Albig, *Magglebaajes* RO-Schneebergerhof MZ-Essenheim Hillesheim AZ-Vendersheim Siefersheim Alzey, *Maggelebaajes* MZ-Ober-Olm Undenheim WO-Dittelsheim Abenheim AZ-Gau-Bickelheim Bechenheim *Du kimmscht ins Maklebajes!* Alzey. - Zs.: aus »Mackel« und »Bajes«. - Pfälz. IV 1094; Südhess. IV 469.

**Macke(n)** m., f.: „schadhafte Stelle, Gebrechen, Schaden", *Magge* verbr. Pf Sh Frankf. IV 1889 RAPP 246/47. *Der Appel hot schun e Macke* AZ-Wendelsheim. *Jeder hat sei Macke* Pirmasens. *Er hat sich e Magge geholt* RAPP 247. - Gleiche Herkunft wie »Mackes«. - Pfälz. IV 1094; Südhess. IV 470/71; Rhein. V 692; Lothr. 348/49; Els. I 660; Hess.-Nass. 208/09; WOLF 3353; ALTHAUS 133; WEINBERG 76; ZIVY 63.

**Mackes, Mäckes** Pl.: „Prügel, Schläge, Hiebe", *Magges* verbr. Pf Sh Frankf. IV 1890/91 LENZ 4 RAPP 246 SCHÄFER 35 STORCH 247 TAWROGI THIELEN 71 WOLF-GILARDONE 28, *Mägges* Pirmasens; vgl. »Macke(n), Makole«. *Na, hosche heit Magges kriet* SCHÄFER 35. *Un dessentwege han die Rote / Ehr Mackes kriet no alle Note* P. MÜNCH Gesammelte Werke I, S. 123. Abl.: **mackesen** schw.: „verhauen, prügeln", *maggese* verbr. Pf Sh Frankf. IV 1891. *Ich han en gemackest* KL-Enkenbach. *Se hunn ehn so gemackest, daß em 's Heere und Sehe vergang es* AZ-Wendelsheim; **ver-mackesen** schw.: dass., *vermaggese* vereinzelt. Zs.: **Hippes-mackes** Pl.: „Hiebe", *Hippesmagges* BE-Viernheim (Südhess. III 601), **Mackes-kibber** m: „Anstifter", *Maggesgiewer* DA-Hahn Pfungstadt (Südhess. IV 472) und **Mackes-meier** m.: „wer tüchtig prügeln kann", *Mackesmeier* AUTENRIETH 90. - Jidd. *makke, Pl. makkess* „Hiebe, Schaden, Wunden", hebr. *makka*, Pl. *makkot*. - Pfälz. IV 1095; Südhess. IV 471/72; Rhein. V 693; Lothr. 349; Els. I 660; Hess.-Nass. II 209/10; MATRAS 290; WOLF 3353; WEINBERG 67; WEISS 149.

**Majem** m.: „Wasser", *Maajem, Måǻjem* Darmstadt BI-Wackernheim WO-Abenheim AZ-Vendersheim Gau-Bickelheim Haab-Carlsberg 4 Wolf-Gilardone 28, *Majím* Frankf. IV 1922, *Ma'im, Moojum* Kluge 438, *Maim* Arnold-Rotw. 89. *Er geht iwwersch Maajem* „Er wandert nach Amerika aus" AZ-Vendersheim. *Die Supp is lauter Majim* Frankf. IV 1922. Abl.: **majemen** schw.: „regnen", *maijeme, majime, maajeme, maaime* vereinzelt StBg verbr. Sh Frankf. IV 1922 Schäfer 49 Wolf-Gilardone 28, „weinen", *maihmen* Arnold-Neumühl, *maimen* Arnold-Rotw. 89. 74. *Es maaimt* Rhh. - Jidd., hebr. *majim* „Wasser"; vgl. »Schochermajim«. - Pfälz. IV 1138; Südhess. IV 503; Rhein. V 776; Hess.-Nass. II 232; Wolf 3368; Althaus 134; Matras 290; Weinberg 76, 77; Weiss 149.

**Majem-rosch** m.: „Wasserkopf", *Majimroosch* NW-Geinsheim. - Schimpfwort zu »Majem« und »Rosch«. - Pfälz. IV 1138; Weinberg 76.

**Majes** n.: „Geld", *Måǻjes* AZ-Fürfeld. *...will ich Ihne emal morje e Mädche weise ... un, wos Best is, sie hat Majes* Niebergall Datterich, Ausgabe Darmstadt 1925, S. 29. - Nebenform zu »Mees, Moos«. - Südhess. IV 503.

**Majse** Gen.?: „unnütze Sachen", *Majs* Thielen 71. - Jidd. *maase, maise* „Tat, Geschichte", hebr. *ma'asäh.* - Althaus 133; Beranek K. 7; Weinberg 78; Weiss 150; Zivy 63.

**makaiemen, makajen** schw.: „verhauen", *maggáajeme* mancherorts Pf Sh, *mackeyeme* Wolf-Gilardone 28, *maggáime* KU-Godelhausen Schäfer 50, *maggáie* KU-Eschenau LU-Altrip LA-Birkweiler; Zs.: **ab-makeiemen** schw.: „verprügeln", *abmakeieme* KB-Harxheim. *Er hot ne abmakaiemt* KB-Harxheim (Pfälz. I 57/58); **ver-makeiemen** schw.: dass., *vermakaieme* vereinzelt Pf Sh (Pfälz. II 1221, Südhess. II 560). Abl.: **Makajer** m.: „Lehrer", *Maggáajer* AZ-Wörrstadt; vgl. »Dokesmakajer«; **Makajem** Pl.: „Hiebe, Schäge, Prügel", *Maggajem* AZ-Siefersheim MZ-Mommenheim, *Magaim* Arnold-Neumühl. 74 Kluge 438, *Magaiim* Arnold-Rotw. 89. - Jidd. *makeinen, mekaijnen* „verprügeln", Abl. zu *makke*; vgl. »Mackes«. - Pfälz. IV 1139; Südhess. IV 504; Els. I 655; Hess.-Nass. II 214; Wolf 3353; Ave-Lallemant IV 411; Althaus 133; Matras 290; Weinberg 77.

**Makole** Pl.: „Stockhiebe", *Makole* Schupp 3; vgl. »Mackes«. - Jidd. *makkoles* „Stockhiebe". - Pfälz. IV 1140.

**Malbusch, Malbüsch** m.: „Oberkleid, Rock, Anzug, Anzugstoff", *Malbusch* Frankf. IV 1928, *Malbisch* Wolf-Gilardone 28 Frankf. IV 1928, *Mallebúusch* Arnold-Neumühl. 74 Kluge 438, *Malebusch* Arnold-Rotw. 89, *Mallebúusche* Haab-Carlsberg 2 Schäfer 36, *Malmisch* Frankf. IV 1928, *Malwisch* WO-Bechtheim Alzey Wolf-Gilardone 28, *Marwisch* DI-Altheim. Abl.: **malbuschen** schw.: „sich (fein) kleiden, herausputzen", *mallebúusche* Schäfer 36, *malmische* OF-Mühlheim Sprendlingen Egelsbach Frankf. IV 1928; Part. Perf.: *gemallebuscht* Haab-Carlsberg 2. *Du bischt awer ooscher gemallebuuscht!* Schäfer 36. - Jidd. *malbusch* „Oberkleid", Pl. *malbuschim*, hebr. *malbûsch*; vgl. »Walmüsch«. - Pfälz. IV 1143; Südhess. IV 508; Wolf 3373; Weinberg 77; Weiss 149; Zivy 63.

**Malchemowes** m.: „Todesengel“, *Malchemowes* RAPP 247, *Malach Hamowes* M. BARACK Pälzer Schnorre. Karlsruhe 1907, S. 173 ff., *Malachhamuuwes* Frankf. IV 1928. - Jidd. *malech ha-mowes*, hebr. *mal'âch ha-mâweth* „Todesengel“. - FABER 178; ZIVY 63.

**Malchenhaschoures** m.: „dienender Engel“, *Malchen Haschoures* WOLF-GILARDONE 28. - Jidd. *malech ha-scheruss* „Dienstengel“.

**Malke** f.: „dicke (große, schwerfällige) Frau, Pikkönigin (im Kartenspiel)“ u. a., *Malge* mancherorts Pf Sh THIELEN 72, *Malke* Frankf. IV 1927. Redensart: *steht da wie Malke Schwo* (*Schwo* = hebr. *scheba* „Saba“). Zs.: **Schippen-malke** f.: „Pikkönigin“, *Schiwwemalke* Frankf. V 2694. - Jidd. *malke* „Königin“, hebr. *malkhâh*. - Pfälz. IV 1146; Südhess. IV 510; Rhein. V 790; Els. II 956; WOLF 3374; WEINBERG 81; WEISS 149.

**mallen** schw.: „beschneiden“, *målle* Frankf. IV 1928. - Jidd. *mallen, mollen* „beschneiden“, hebr. *mâl* „beschnitten“, *mâha'l* „beschneiden“. - WOLF 3659; BERANEK K. 88; WEISS 149; ZIVY 63.

**malmen** schw.: „borgen“, *malme* ARNOLD-Neumühl. 74 ARNOLD-Rotw. 89 KLUGE 438. - Jidd. *malwen, malmen* „borgen“ (BISCHOFF 38), hebr. *malwäh* „wer etwas ausleiht, Gläubiger“. - WEINBERG 77.

**Malmisch, malmischen** „Kleidung, kleiden“ s. »Malbusch«.

**malochemen, malochen** s. »melochemen, melochen«

**Malokes** m.: „Abort“, *Maloges* KL-Untersulzbach. - Zusammensetzung aus jidd. *mallus* „Gesäß“ und *Lokus*?. - Pfälz. IV 1147.

**Mämme** f.: „Mama“, *Memme, Mämme* vereinzelt Pf Sh. - Jidd. *memme* „Mutter“. - Pfälz. IV 1150/51; Südhess. IV 514; WOLF 3382.

**Mamser** m.: „Mischling von christlich-jüdischen Eltern, Bastard“, auch Schimpfw., *Mamser* WOLF-GILARDONE 28 Frankf. IV 1933, Pl.: *Mamserem, Mamserim* Frankf. IV 1933. - Jidd. *mamser* „Bastard“, hebr. *mamsêr*. - ALTHAUS 134; WOLF 3388; WEINBERG 77; WEISS 150; ZIVY 63.

**Manes, Lemanes** Gen.?: nur in Beteuerungsformeln: *Uf moine Manes! Uf Lemanes!* RAPP 247. - Jidd. *mone*, Pl. *mones* „Anteil“? oder zu jidd. *emune* „Glauben“ ?, vgl. »Dofeleman«.

**Maschores** m.: „Knecht, Gehilfe, Diener, Wortführer“ u. a., *Maschóores* mancherorts Pf Sh Frankf. IV 1958, ARNOLD-Neumühl. 74 ARNOLD-Rotw. 89 KLUGE 438 LENZ 4 RAPP 247 SCHÄFER 15 SCHUPP 3 THIELEN 72, *Meschóores* vereinzelt StBg Frankf. IV 1958, *Maschúures* vereinzelt StBg, *Muschores* HAAB-

Carlsberg 2. *Dem hab ich lang genug de Maschoores gemacht* LA-Dammheim. Zs.: **Haupt-, Schuß-, Owwer-, Tambur-maschores** vereinzelt Pf Sh. - Jidd. *meschores*, hebr. *meschârêth* „Knecht". - Pfälz. IV 1205/06; Südhess. IV 558; Rhein. V 923; Els. I 730; Hess.-Nass. II 268; WOLF 3562; ALTHAUS 137/38; AVE-LALLEMANT IV 478; WEINBERG 82.

**Massak** Gen.?: „Kasse", *Massak* pfälz. Musikantensprache KU-Erdesbach. - Jidd. *masger* „Schlosser, Verschluß, verschlossenes Behältnis", hebr. *maßgêr*. - Pfälz. IV 1208; WOLF 3436.

**Massel** m., f., n.: „Glück", *Massel* mancherorts Pf Sh Frankf. IV 1961 BRÄUTIGAM 60 SCHÄFER 10, 35 THIELEN 72 LENZ 4. *Hot der e Massel!* Pirmas. *Do hoschde awer Massel g' hat* SCHÄFER 10. - Jidd. *massel* „Stern, Glücksstern, Glück", hebr. *massâl*; vgl. »Masselbroche, Schlamassel«. Abl.: **ver-masseln** schw.: „verpfuschen, verderben", *vermass(e)le* verbr. Pf Sh. Zs.: **Un-massel** „Unglück", *Uu$^n$massel* LENZ 4. - Pfälz. IV 1209; Südhess. IV 561; Rhein. V 933; Els. I 717; Hess.-Nass. II 270; WOLF 3435; AVE-LALLEMANT IV 410; ALTHAUS 134; WEINBERG 79; WEISS 150; ZIVY 64.

**Massel-broche** m.: „Glück und Segen", *Masselbruche* AZ-Gau-Bickelheim E. BERNHARD: Rodalber Pälzisch 1988, S. 123. - Zs. aus »Massel« und »Broche«. - Südhess. IV 561.

**masseln** schw.: „urinieren", *massele* FR-Altleiningen, *masseln* KLUGE 438. - Jidd. *masseln, maschten* „urinieren". - Pfälz. IV 1209; WOLF 3441.

**Massel-tof** n.: „Glück, Glückwunsch", *Masseltoff* WOLF-GILARDONE 28 Frankf. IV 1961. - Kompsitum aus »Massel« und »tof«. - Pfälz. IV 1209.

**Massemassem** Gen.?: „Geld". *Unkel, geb mer Massemassem* HARTMANN De Unkel aus Amerika, Ausgabe Neustadt 1954 S. 44. - Nebenform zu »Mesummes«?. - Pfälz. IV 1209.

**Masse-matten** Pl.: „Geschäfte, Handel, Machenschaften", *Massemadde* vereinzelt Pf Sh Frankf. IV 1958/59; WOLF-GILARDONE 2 KÜHN Aus der Hamet, Kaiserslautern 1911, S. 123 RAPP 247 SCHÄFER 36 TAWROGI THIELEN 72 WOLF-GILARDONE 28, *Massemaddm* ER-Beerfelden, *Massemått* ARNOLD-Rotw. 89; *schofle Massemadde* „schlechte Geschäfte" vereinzelt Pf Sh. - Jidd. *massematten* „Handel", hebr. *massâ u-mattân* „das Genommene und die Gabe". - Pfälz. IV 1209; Südhess. IV 561; Rhein. V 933; Els. I 717; Hess.-Nass. II 270; WOLF 3442; AVE-LALLEMANT IV 413; ALTHAUS 134; WEINBERG 78; WEISS 150; ZIVY 64.

**massern** schw.: „verraten", nur in der Abl.: **ver-massern** schw.: „verraten", *vermassere* Speyer SCHÄFER 52b, *vermassern* TAWROGI. *Ei dibber norre, der vermassert nit* „Sprich nur, der verrät nichts" Speyer. - Jidd. *moser* „Verräter", hebr. *môßêr*. - WOLF 3695; WEINBERG 78; ZIVY 64.

**Massik** m.: „störrisches, bösartiges Pferd, böser Mensch, Kopf", *Massigg* verbr. Pf Sh Frankf. IV 1962 LENZ 4 RAPP 247 SCHÄFER 36 STORCH 247 TAWROGI, *Massegg* MZ-Eimsheim. *Des Sussem* (Pferd) *is e Massik* SCHÄFER 10. *De Massik leet die Ohre, dem kammer net traue* ZW-Großbundenbach. *Du scheeler Massik!* Mainz. - Jidd., hebr. *massik* „schädlicher Dämon, Unhold". - Pfälz. IV 1210/11; Südhess. IV 558/9; Rhein. V 933/34; Els. I 717; Hess.-Nass. II 269; WOLF 3437; AVE-LALLEMANT IV 410; ALTHAUS 134; WEINBERG 78; WEISS 150; ZIVY 64.

**Matschbuk** „Familie, Gesellschaft" s. »Mischpoke«.

**mattemig** Adv.: „wenig", *mattemich* HAAB-Carlsberg 6. Abl.: **Mattchen** n.: „was bei Verladearbeiten abfällt und beiseite geschafft wird", *Maddche* Mainz (Schiffersprache); vgl. »Kozemattchen«. - Abl. zu jidd. *matt* „wenig", hebr. *m'at*. - Südhess. IV 568; WOLF 3457; WEINBERG 122; FABER 177; LEVY 81; MATRAS 290.

**Mattone** f.: „Mitgift, Geschenk", *Madóones* Frankf. IV 1966. - Jidd. *matone* „Geschenk", hebr. *matthânâh* - WEINBERG 78.

**Matzen** m.: „ungesäuertes Osterbrot (der Juden), Backwerk", *Maddse* verbr. Pf Sh Frankf. IV 1967/68 BRÄUTIGAM 61 LENZ 5 RAPP 248 STORCH 248, Pl.: *Matzes* Frankf. IV 1967. Schon in früheren Zeiten (Kuseler Chronik von 1533): *Item die Bäcker sollen die Weck, es seien Luckenweck, Matzen oder Brezeln, anders nit denn zu Pfennig wert ... und nit höher backen* (Pfälz. IV 1220). Redensart: *drugge wie Matze* „sehr trocken" RAPP 248. Zs.: **Matzen-kugel** f.: „jüdische Festspeise", *Matzekuchel* Frankf. IV 1968. - Jidd. *mazze*, hebr. *mazza*, Pl. *mazzot* „ungesäuertes Osterbrot". - Pfälz. IV 1219/20; Südhess. IV 570/71; Rhein. V 953; Lothr. 357; Els. I 742; Hess.-Nass. II 278; WOLF 3464; ALTHAUS 134; WEINBERG 78/79; WEISS 150.

**Matzen-ukes** f.: „Matzenkuchen", *Matze-ukes* Frankf. IV 1968. - Zs. aus »Matzen« und »Ukes«.

**mauern** schw.: „sich zurückhalten (im Kartenspiel)", *mauere* mancherorts Pf verbr. Sh RAPP 247. - Jidd. *more, maure*, hebr. *môrâh* „Furcht" vgl. »More«. - Pfälz. IV 1225; Südhess. IV 575; ALTHAUS 135.

**maukel** Adj.: „närrisch, nicht recht gescheit", *maukel* Frankf. IV 1970. - Zu einem jüdischen Eigennamen *Mokle* ? (so Frankf. IV 1970) oder zu »mochel« ?.

**Maukem** „Stadt" s. »Mokem«.

**mauscheln** schw.: „jiddisch sprechen, betrügen, Karten spielen" u. a., *mauschele, mauschle* mancherorts Pf verbr. Sh Frankf. IV 1982 RAPP 248. *Der mauschelt wie en Jud* Worms. Abl.: **Mauschel** m.: „Jude", *Mauschel* Frankf. IV 1982; Zs.: **Ge-mauschel** n.: „heimliches Reden, heimliches Tun"; *Gemáuschel* BZ-Dernbach. (Pfälz. III 188). - Möglicherweise zu jidd. *mosche, mausche* „Moses", als Übername für „Jude", im Sinne von „wie ein Jude sprechen" (KLUGE-SEEBOLD 468). -

Pfälz. IV 1250; Südhess. IV 592; WOLF 3479; ALTHAUS 110, 135/36; WEINBERG 79; WEISS 151.

**mauzen** schw.: „Brot segnen", *mauze* THIELEN 73. - zu »Matzen«?.

**mechalle** Adj.: „entheiligend, profanierend", *mechálle* Frankf. IV 1986. - *Jidd. mechalle*, hebr. *mechallêl* „entheiligend".

**mechen** schw.: „übervorteilen", *meche* KLUGE 438. - Jidd. *meches* „Zoll, Maut"; vgl. »Meckes«.

**Mechile** f.: „Verzeihung", *Mechíile* Frankf. IV 1986. - Jidd. *mechile* „Verzeihung", rabbin. *mechîlâh*. - GUGGENHEIM-GRÜNBERG K. 55; WEINBERG 80; WEISS 151.

**Meckes** Gen.?: „Geld", *Megges* PS-Leimen Pirmases BI-Wackernheim WO-Dorn-Dürkheim, Pl. *Meggese* BI-Wackernheim. *Der hot dichdig Meckes* WO-Dorn-Dürkheim. - Jidd. *meches* „Abgabe, Zoll", hebr. *mäkäs*. - Pfälz. IV 1262; Südhess. IV 600; WOLF 3506.

**Meckie** Gen.?: „Handel, Geschäft", *Megíi* AZ-Wendelsheim. - Jidd. *mechira* „Verkauf". - Südhess. IV 600; WOLF 3496; AVE-LALLEMANT IV 403.

**meej** Zahlwort: „hundert", *meej* HAAB-Carlsberg 7 RAPP 248 STORCH 247, *meim* SCHÄFER 60, *memm* KLUGE 439. - Jidd. *mej*, hebr. *mê'a* „hundert". - WOLF 6437; ALTHAUS 138/39; MATRAS 290; WEINBERG 81; WEISS 151.

**Medde** „Bett" s. »Mette«.

**Medine** f.: „Gegend, Bereich", *Medíine* mancherorts NOPf und südl. Rhh vereinzelt übrige Pf Frankf. IV 1987 SCHÄFER 37 STORCH 247, *Mendíine* BI-Sprendlingen, *Madíin* Worms. *Komm mer net in mei Medine!* PS-Thaleischweiler. - Jidd. *medine* „Land, Gerichtsbezirk", hebr. *medînâh*. - Pfälz. IV 1264; Südhess. IV 601; Els. I 652; WOLF 3502; WEINBERG 80; FABER 178; ZIVY 64.

**Mees** n.: „Geld", *Mees* verbr. Pf vereinzelt Sh Frankf. IV 1988 ARNOLD-Rotw. 89 LENZ 5 RAPP 248 SCHÄFER 10 SCHUPP 3 STORCH 247 THIELEN 73, *Määs* ZW-Bottenbach KL-Katzweiler AUTENRIETH 93, *Mäis* NW-Deidesheim Niederkirchen LA-Gommersheim Niederhochstadt BE-Viernheim, *Moeis* WOLF-GILARDONE 28. *Dem sei Mees wollt ich hawe* SCHÄFER 10. *'s Mees isch mer ausgang* PS-Lemberg. *Was helft mer's Mäs, was Perd un Schäs, / So eener net mei Herz versteht* L. SCHANDEIN Gedichte in Westricher Mundart. Stuttgart 1892, S. 199; vgl. »Bach-, Bauf-, Dakuf-mees«. - Wie »Moos« zu jidd. *mees, mojes, moos* „Geld" (Nach BERANEK K. 15 ist die Form *Mees* typisch für das Jiddisch im deutschen Südwesten); nach TAWROGI von *meos* „Hunderte" abgeleitet. - Pfälz. IV 1410 ff.; Südhess. IV 749; Hess.-Nass. II 364; ALTHAUS 140; WEINBERG 85; ZIVY 64.

**mefiachen** schw.: „verdienen“, *mefiache* AZ-Gau-Bickelheim. *Er hot Zasseres mefiacht* RAPP 248. - Jidd. *marwiach sein, marwichen* „verdienen, gewinnen“. - Südhess. IV 603; WOLF 3551; WEINBERG 83.

**Meggerle** n.: „kleine Münze“, *Meggerle* LA-Oberhochstadt. - Gleicher Herkunft wie *Meckes*, wobei Entlehnung aus rotwelsch *Meger* (WOLF 3506) anzunehmen ist. - Pfälz. IV 1267.

**Megille** f.: „Geschichte“, *Megílle, Magílle* Frankf. IV 1989. - Jidd. *megille*, hebr. *megillâh* „Buchrolle“. - WEINBERG 81.

**Mekach** m.: „Preis, Geld“, *Meegach* AZ-Wöllstein Ensheim SCHÄFER 37, *Mäikach* LENZ 5. *Was is de Megach von der Schoori* „Ware“ SCHÄFER 37. *Was hot die Kuh fer en Mäikach* LENZ 5. Abl.: **Meker** „Eintrittspreis beim Jahrmarkt“, Landau (um 1930). - Jidd. *mekach* „Kauf, Verkauf“, hebr. *mikach* „Kauf, Kaufpreis“. - Südhess. IV 620; AVE-LALLEMANT IV 398; WEINBERG 80.

**mekenen** schw.: „husten, vom Vieh“, *meekene* AZ-Gau-Bickelheim, *määgeme* AZ-Vendersheim. Abl.: **Mekez** f.: „Asthma, Lungenkrankheit, Kolik (bei Tieren)’, *Megéds* AZ-Vendersheim, *Mekeds* WO-Gimbsheim Horchheim AZ-Gau-Köngernheim Schafhausen Alzey Vendersheim BI-Zotzenheim BE-Groß-Rohrheim. - Jidd. *mäikenen* „husten“ (WEBER), hebr. *mêkî*. - Südhess. IV 620 mekemen, 621 Mekez; MATRAS 290.

**Melach** m.: „König, König im Kartenspiel, Offizier, großer, sonderbarer Mensch, Mensch von dunkler Hautfarbe“ u. a., *Meelach, Määlach* vereinzelt Rhh Frankf. IV 1999 SCHÄFER 44b, *Mäilach, Meilach* mancherorts StBg AZ-Flomborn MZ-Nackenheim WOLF-GILARDONE 28. - Jidd., hebr. *melech* „König“. - Südhess. IV 621; Hess.-Nass. II 304; WOLF 3370; AVE-LALLEMANT IV 403/04; WEINBERG 81.

**Melechs-rat** m.: „preußischer Taler“, *Meelechsraat* Frankf. IV 1987. - Zs. aus »Melach« und »Ratt«.

**melochemen, melochen** schw.: „(schwer) arbeiten, schuften, machen, Geschlechtsverkehr ausüben“ u. a., *melóochene* Frankf. IV 2001; *melóocheme* MZ-Selzen AZ-Siefersheim Gau-Odernheim RAPP 248, *melóucheme* Wimpfen, *malóocheme* KL-Einsiedlerhof AZ-Vendersheim, *melóoche* AZ-Gau-Bickelheim WO-Bermersheim, *malóoche* Pirmasens DA-Hahn Pfungstadt ARNOLD-Neumühl. 74 ARNOLD-Rotw. 89 SCHÄFER 50 SCHUPP 3, *malóje* KL-Linden, *milóoche* Worms; *(am) Dokes melocheme* „am Arsch lecken“ KL-Einsiedlerhof; *Douches malooches*, dass. ER-Beerfelden. Abl.: **Meloche, Maloche** f.: „Arbeit“, *Melóoche* mancherorts Rhh RAPP 248, *Milóoche* mancherorts südl. Rhh, *Meilougkes* WOLF-GILARDONE 28; **Melochem** m.: „wer niedrige Arbeiten verrichten muß, Diener“, *Melóochem* WO-Monzernheim AZ-Wendelsheim; **Melochener** m.: „Handarbeiter, Handwerker“, *Melóochener* Frankf. IV 2001. - Jidd. *meloche, maloche* „Arbeit“, hebr. *mal’âchâh*. - Pfälz. IV 1146 malochemen, malochen; Südhess. IV 511 Maloches, 625 Meloche,

Melochem, melochemen, melochen; Rhein. V 793; Hess.-Nass. II 235; WOLF 3522; AVE-LALLEMANT IV 396; ALTHAUS 137; MATRAS 290; WEINBERG 82; WEISS 150; ZIVY 65.

**mem** Zahlwort: „vierzig", *mem* HAAB-Carlsberg 7 RAPP 248, *mäm* SCHÄFER 60, *memm* KLUGE 439. - Jidd. *mem* „Zahlbuchstabe für 40", hebr. *mêm*. - WOLF 6437; ALTHAUS 138/39; MATRAS 290; WEINBERG 82; WEISS 151.

**Memerake** Gen.?: „Tod", nur in der Wendung: *Er hot die Memmeracke* verbr. Rhh, *Mammeracke* AZ-Bornheim. - Wohl Bildung zu jidd. *memisren, memisen* „töten"; vgl. »memisen«. - Südhess. IV 626; WOLF 3525; AVE-LALLEMANT IV 402.

**Memes** m.: nur in der Wendung: *Das is de ganze Emmes vom Memmes* „Das ist der wahre Kern der Geschichte" AZ-Wöllstein; vgl. »Emmes«. - Wohl zu »memisen«, rotwelsch *Memes* „Mord". - Südhess. IV 626; WOLF 3525.

**memisen** schw.: „töten", *memmese, meemese* MZ-Nieder-Olm Selzen AZ-Schafhausen Schornsheim Framersheim Vendersheim Frankf. IV 2001, *mäimese* ER-Höchst. *Der hot sich gememest* „sich das Leben genommen" MZ-Nieder-Olm. - Jidd. *memisen, memesen* „töten". - Südhess. IV 626; Hess.-Nass. II 311; WOLF 3525; AVE-LALLEMANT IV 402; ALTHAUS 137; WEINBERG 81; ZIVY 65.

**Mengenke, Mengenkel, Mengenkes** Pl.: „komisch-unverständliches Tun, Umstände, Ausflüchte", *Mengénke, Mengénkel, Mengénkes*, auch häufig im Dim. *Mengénkesjer* usw. verbr. Pf Sh Frankf. IV 2002. - Herkunft umstritten, nach WOLF 3531 zu jidd. *mechanne sein* „weitschweifig sein", nach KLUGE-SEEBOLD 473 zu dt. *mengen*. - Pfälz. IV 1293; Südhess. IV 627/28; Rhein. V 1059/60; Hess.-Nass. II 311.

**Menuche** f.: „Ruhe", *Menúuche* Frankf. IV 2006. - Jidd. *menuche* „Ruhe", hebr. *menuchâh*. - ALTHAUS 137; WEINBERG 81; WEISS 152; ZIVY 65.

**Meramme** m.: „Betrüger", *Maramme* WOLF-GILARDONE 28. - Jidd. *meramme sein* „betrügen", hebr. *merammäh* „betrügend". - Pfälz. IV 1299; WOLF 3541; WEINBERG 82; WEISS 152; ZIVY 65.

**meschugge** Adj.: „verrückt, geistig verwirrt" u. a., *meschúgge* verbr. Pf Sh ARNOLD-Neumühl. 74 ARNOLD-Rotw. 89 RAPP 248 SCHÄFER 57 TAWROGI WOLF-GILARDONE 28, *mischúgge* mancherorts Pf Sh, *maschúgge* vereinzelt Pf Sh KLUGE 438. *Er esch halwer meschugge* LA-Roschbach. *Er mächt meschugge Zeig* DI-Altheim. *Wer so e Kees schreibt, is meschugge* P. MÜNCH Gesammelte Werke I, S. 26. - Jidd. *meschugge* „verrückt". - Pfälz. IV 1302; Südhess. IV 637; Rhein. V 1095; Els. I 730; Hess.-Nass. II 316; WOLF 3563; ALTHAUS 138; MATRAS 290; WEINBERG 82/83; WEISS 153; ZIVY 66.

**meschulmen** schw.: „bezahlen", *meschulme* LENZ 5 WOLF-GILARDONE 28, *meschuleme* WOLF-GILARDONE 28. Abl.: **be-schulmen** schw.: „bezahlen", *beschúlme*

AZ-Gau-Bickelheim SCHÄFER 46, *beschuleme* WOLF-GILARDONE 27. - Jidd. *meschulmen* „bezahlen“, rabbin. *meschullâm* „bezahlt“. - Südhess. I 715; Wolf 5188; MATRAS 290; WEINBERG 83; WEISS 152; ZIVY 66.

**Mesom-büchse** f.: „Gewürzbüchse beim jüdischen Gottesdienst“, in der Wend.: *e verschitt Mesom-Bichs* auch in der Bed. „Übergescheiter“, *Mesóombiks* Frankf. IV 2009. - Jidd. *besomim* „Wohlgerüche“, hebr. *b' sâmîm*. - WEINBERG 52.

**Mesumme** m.: „Geld, Reichtum“, *Mesúmme* LA-Venningen DA-Eschollbrücken ER-Beerfelden BE-Unterschönmattenwag WOLF-GILARDONE 28 LENZ 5, *Mesúmmes* NW-Deidesheim Offenbach, *Masúmme* Ludwigshafen Mainz, *Masúmme(s)* ARNOLD-Rotw. 89 KLUGE 438 SCHUPP 3, *Mesúume, Mesúmmen, Misúmme, Mesúmmes* Frankf. IV 2014. *Mangels Mesummes geht er machulle* Offenbach. *Statts 'Geld': Gezasseres, Neez un Bims, / Mesumme, Droht, Gyps, Mees un Mimms* KÜHN Hoch die Palz, Neustadt 1910, S. 1. - Jidd. *moos mesumme* „Bargeld“. - Pfälz. IV 1308/09; Südhess. IV 643; Rhein. V. 937 Masumm; WOLF 3572; ALTHAUS 138; WEINBERG 83; LEVY 81.

**Mette** f.: „Bett“, *Medde* ARNOLD-Neumühl. 74 ARNOLD-Rotw. 89 HAAB-Carlsberg 2 SCHÄFER 36. *Du g' heerscht schun längscht in die Medde* SCHÄFER 36. - Jidd. *mitte* „Lager, Bett, Bahre“, hebr. *mittâh*. - WOLF 3637; WEINBERG 85; ZIVY 66.

**Mette-skore** f.: „Bettücher, Bettzeug“, *Metteskore* HAAB-Carlsberg 2. - Zs. aus »Mette« und »Skore«.

**mezern** schw.: „klagend bitten, knausern, jammern, sich abquälen“, *meedsere* verbr. Pf Rh, *meedsern* mancherorts Rhh StBg Frankf. IV 1989, *määdsere* vereinzelt Pf, *mäidsere, mäidsern* mancherorts StBg KL-Hochspeyer MZ-Nieder-Olm WO-Gimbsheim Dorn-Dürkheim LENZ 5. *De Hund meezert* NW-Niederkirchen. *Das Kind mäizert, bis es ebbes krieht* BE-Bobstadt. Abl.: **Mezerer** m.: „Quälgeist, Quengler“, *Meezerer* Frankf. IV 1989; **Ge-mezer** n.: „Gejammer, Bettelei“, *Geméezer* Frankf. II 856; Zs.: **ab-mezern** schw.: „durch unablässiges Bitten quälen“, *abmääzere* PS-Schmalenberg KB-Bennhausen FR-Eppstein NW-Weisenheim/Sand, *abmeedsern* BI-Bosenheim; „unsauber abschneiden, abwürgen“, *abmäidsern* BE-Ober-Abtsteinach Löhrbach (Pfälz. I 58 abmeizern; Südhess. I 64). - Jidd. *mezar sein* „beängstigen“, hebr. *mêzar* „Bedrängnis“. - Pfälz. IV 1316; Südhess. IV 649/50; Hess.-Nass. II 301; WOLF 3583; ALTHAUS 136; WEINBERG 81; WEISS **152.**

**Meziee** f.: „guter, preiswerter Kauf, Aufwand“, *Medsíie, Medsíije* AZ-Bechenheim Worms Frankf. IV 2019 SCHÄFER 37 TAWROGI, *Mädsje* AZ-Bornheim Uffhofen. - Jidd. *mezie* „Fund, guter Kauf“, rabbin. *mezi' âh*. - Südhess. IV 650; Hess.-Nass. II 323; WOLF 3584; ALTHAUS 139; WEINBERG 83; ZIVY 66.

**mies** Adj.: „unangenehm, schlecht, widerwärtig“, *mies* verbr. Pf Sh Frankf. IV 2020/21 ARNOLD-Neumühl. 74 ARNOLD-Rotw. 89 KLUGE 438 LENZ 5 RAPP 249

Tawrogi; *e mies Gesicht mache* KU-Kaulbach. *'s es mer jetzt schun mies vor dere Arwet* AZ-Wendelheim. Zs.: **Mies-macher, Miesepeter** u. a. mancherorts. - Jidd. *mis* „ekelhaft, garstig, schlecht". - Pfälz. IV 1320; Südhess. IV 654/55; Rhein. V 1128; Hess.-Nass. II 326; Wolf 3595; Ave-Lallemant IV 401; Althaus 139; Weinberg 83/84; Weiss 152; Zivy 66.

**Mikwe** f.: „Tauchbad für rituelle Waschungen bei Juden", *Míikwe* Frankf. IV 2022. - Jidd. *mikwe* „Tauchbad", hebr. *mikwäh*. - Zivy 66.

**Milchome** f.: „Krieg", *Milschóome* Frankf. IV 2027. - Jidd. *milchome* „Krieg, Schlacht"; vgl. »Balmilchome«. - Weiss 153; Zivy 66.

**Mischeberach** m.: „jüdischer Segen", *Mischebéerach* Frankf. IV 2031, *Mischaberach* Wolf-Gilardone 28. - Hebr. *mi scheberach* „Der da gesegnet hat" (Anfang eines Segensspruchs). - Weinberg 84/85.

**mischgenen** „wiegen" s. »Mischkel«.

**Mischges** Pl.?: „Dummheiten, dummes Zeug", *Meschges* BI-Ingelheim. *Mach mer koo$^n$ Meschges!* BI-Ingelheim. - Jidd. *mischge* „Irrtum". - Südhess. IV 678 Mischkes; Ave-Lallemant IV 463.

**Mischkel** f.: „Balkenwaage", *Mischgel* Mainz. Abl.: **mischkeln** schw.: „wiegen", *mischgele* AZ-Gau-Bickelheim, *mischgene* Schäfer 50. - Jidd. *mischkel* „Gewicht, Waage", hebr. *mischkal*. - Südhess. IV 678; Rhein. V 1168; Wolf 3621; Ave-Lallemant IV 467; Weinberg 123.

**Mischpache, Mischpoke** f.: „Verwandschft, Sippschaft, Gesindel, Gerümpel" u. a., in sehr vielen Varianten verstreut in der Pf und Sh bezeugt. Die Formenvielfalt ergibt sich aus der Variation des Vokals der 1. Silbe: *Misch-* (seltener *Mesch-, Musch-*), dem Wechsel von *-b-* und *-p-* im Anlaut der 2. Silbe (*-páache, -báache* usw.), der unterschiedlichen Quantität des Tonvokals der 2. Silbe (*-póoge, -pógge* usw.), der unterschiedlichen Qualität dieses Vokals (*-báache, -bååche, -bóoche, -bóuche* usw.), der Variation des anschließenden Konsonanten (*-bóoche, -bóoge, -bóoke* usw.) sowie dem unterschiedlichen Auslaut (*-báache, -báach, -báaches, -báachem* usw). Aus der Kombination dieser Prinzipien ergeben sich dann Formen wie *Mischbooge, Muschbaaches, Meschbouchem, Mischbogges, Mischbaage, Mischpaach* usw. (Die zahlreichen bezeugten Formen sind mit ihren Meldeorten in den unten genannten Dialektwörterbüchern nachzuprüfen); weitere Formen: *Matschbúck, Maschbúck* Frankf. IV 1965. *Die ganz Muschbaaches war uf de Hochzich* Schäfer 38. *Des is mer noch e Muschboges-Gesellschaft* Rapp 249. - Jidd. *mischpoche*, hebr. *mischpâchâh* „Familie, Stamm, Genossenschaft". - Pfälz. IV 1340; Südhess. IV 679; Rhein. 1168; Els. I 731; Hess.-Nass. II 338; Wolf 3623; Althaus 140; Matras 290; Kluge-Seebold 481; Beranek K. 61; Weinberg 85; Faber 178; Zivy 66.

**Mischpet** Gen.?: „Gericht, Prozeß", *Mischbet* RAPP 249, *Mischpet* TAWROGI, *Mischpott, Mischpret* Frankf. IV 2032. - Jidd. *mischpet*, hebr. *mischpât* „Gesetz, Gericht". - ALTHAUS 139; WEINBERG 85; FABER 178; ZIVY 66.

**Misrach** m.: „Osten, Morgen", *Misrach* Frankf. IV 2033; vgl. »Maaref«. - Jidd. *misrach* „Osten", hebr. *misrâch*. - WEINBERG 85; WEISS 152; FABER 178; ZIVY 66.

**Misse-meschinne** m.: „Krankheit, Verderben, Tod", nur in Flüchen, Verwünschungen, *Missemeschínne* ER-Beerfelden AZ-Gau-Bickelheim Vendersheim WOLF-GILARDONE 28 LENZ 5 RAPP 249, *Miisemeschínne* Frankf. IV 2032, *Missemischínne* NW-Deidesheim LA-Venningen. *Krieg du 'd Messemeschinne!* A. KEILER Schdrääsel. Gedichte in vorderpfälz. Mundart. Speyer 1906, S. 98. - Jidd. *misse meschunne* „jäher, unnatürlicher Tod". - Pfälz. IV 1342; Südhess. IV 679; Els. I 731; WOLF 3565; 3567; ALTHAUS 137 Meschinne; WEINBERG 84; WEISS 152.

**Miß-ponem** n.: „häßliches Gesicht", *Mißpounem* WOLF-GILARDONE 28. - Zs.: aus jidd. *miuss* „häßlich" und »Ponem«.

**Mißreelchen** n.: „Jude", *Mißreelche* RAPP 249. - Hebr. *mi-jisrâ'êl* „von Israel"; ähnlich: »Baisrul, Rolum«.

**mobääres** „schwanger" s. »maberes«.

**mochel** Adj.: „zum Verzeihen geneigt", *moochel* Frankf. IV 2043. - Jidd. *mochel* „verzeihend", hebr. *môchêl*. - WEINBERG 79; ZIVY 64.

**mochel-bas** Adj.: nur in der Wendung: *Da hab ich mich moche bas gestellt* „Da habe ich mich schwerhörig gestellt, ich habe die Bitte abgelehnt" Mainz. - Zs. aus »mochel« und *bas* „Tochter"? WOLF 3495 nennt im Zusammenhang mit *mochel, mechile* Anspielungen auf das Götzzitat, also liegt wohl eine abschlägige Redensart zugrunde. - Südhess. IV 717; WEINBERG 79.

**Mocher** m.: „Kaufmann, Angeber", *Moocher* Frankf. IV 2043. - Jidd. *mocher* „Kaufmann", hebr. *môkhêr, môchêr*. - WEINBERG 79.

**mocher** Adv.: „morgen", *moocher* Frankf. IV 2043. - Jidd. *mocher* „morgen", hebr. *mâchâr*. - WEINBERG 60 (unter choze).

**Mokem, Mokum, Mochem** n.: „Stadt", *Mookum* SCHÄFER 37 Frankf. IV Frankf. IV 1971, *Mookem* Frankf. IV 1971 HAAB-Carlsberg 3 RAPP 249, *Mochem* RAPP 249, *Maukem* Frankf. IV 1971, *Moukem, Mauchem* WOLF-GILARDONE 28; auch in den Zs.: »Barrachmokum«, »Ischmokem«, »Zelemokem«. - Jidd. *mokem, mokom, mokum*, hebr. *mâkôm* „Ort, Stadt". - Pfälz. IV 1226 Maukem; Südhess. IV 730; WOLF 6306; AVE-LALLEMANT IV 447, 575; ALTHAUS 140; BERANEK K. 68; MATRAS 291; WEINBERG 85, 123; WEISS 150.

**mole** Adj.: „betrunken", *moole* KU-Schmittweiler/O FR-Kirchheim LU-Alsheim Mutterstadt Mainz BI-Frei-Weinheim WO-Dittelsheim verbr. Kreis AZ SCHÄFER 57a, *moule* mancherorts SOPf MZ-Mommenheim LENZ WOLF-GILARDONE 28, *molum* RAPP 249, *moulem* BZ-Klingenmünster LENZ 5. *Ei Hannes, du bischt mole* MÜLLER Pälzer Luscht un Lewe, Kaiserslautern 1902, S. 104. *Er is moule gesoffe* MZ-Mommenheim. Abl.: **Molum** m.: „Rausch", *Molum* RAPP 249. - Jidd. *mole*, hebr. *mâlê'* „voll". - Pfälz. IV 1389; Südhess. IV 731; Schwäb. IV 1731; Hess.-Nass. II 374; WOLF 3660; ALTHAUS 140; KLUGE-SEEBOLD 485 molum; WEISS 153; ZIVY 64.

**mones** Adj.: „gescheit, bei Sinnen", *monées* verbr. Rhh, nur in der Wend: *Er is net ganz monees* AZ-Gau-Bickelheim. - Zu jidd. *mono* „er hat gezählt"? - Südhess. IV 745; AVE-LALLEMANT IV 404.

**Moos** n.: „Geld", *Moos* vereinzelt Pf (nach der nhd. Umgangssprache) verbr. Sh Frankf. IV 2055 BRÄUTIGAM 60 RAPP 249. *Er hot Moos wie Hei* AZ-Gau-Odernheim. - Wie »Mees« zu jidd. *moes, moos* „Geld, Kleingeld". - Pfälz. IV 1410 ff.; Südhess. IV 749; Rhein. V 1279; Hess.-Nass. II 304; WOLF 3677; ALTHAUS 140; KLUGE-SEEBOLD 487.

**Mordchen** m.: „jüdischer Vorname, scherzhafter Übername für Juden", *Mordche, Mordsche* Frankf. IV 2059/60. - Jidd. *Mordche*, nach dem bibl. Namen *Mordechai*.

**More** f.: „Angst, Furcht, Repekt", *Moore* DI-Richen Semd Groß-Umstadt BI-Badenheim AZ-Vendersheim Siefersheim Wonsheim Fürfeld Wendelsheim Frankf. IV 2064 AUTENRIETH 96, *Maure* SCHUPP 3, *Moure* WOLF-GILARDONE 28, *Muure* DI-Wiebelsbach. *Er hot Moore vor em* AZ-Siefersheim. - Jidd. *more*, hebr. *môrâh* „Furcht"; vgl. »mauern«. - Pfälz. IV 1422; Südhess. IV 765; Hess.-Nass. II 367; WOLF 3473; ALTHAUS 140; WEINBERG 79; WEISS 153; ZIVY 66.

**Mosche** m.: „Moses (jüd. Vorname), Jude, jüdischer Viehhändler", *Moosche* mancherorts Pf verbr. Sh Frankf. IV 2068, *Mousche* mancherorts SOPf StBg, *Mausche* Offenbach BI-Zotzenheim; Redensart: *Moosche owwe* „obenauf sein, der Angesehenste sein" vereinzelt Pf Sh; Zs.: **Gäuls-, Kuh-, Hunds-, Katzen-mosche** in Sh auch in der Bedeutung „Tierliebhaber", daneben weitere Zs.: wie **Geld-, Dreck-, Schmier-mosche** Sh. - Jidd., hebr. *mosche* „Mose". - Pfälz. IV 1432; Südhess. IV 774/75; Rhein. V 1007; Hess.-Nass. II 293; ZIVY 64.

**Moschel** n.: „Erzählung, unglaubhafte Geschichte", *Moschel* Frankf. IV 2068; *Moschelcher verzähle* Frankf. IV 2068. - Jidd. *moschel* „Parabel, Fabel, Sprichwort", hebr. *mâschâl*. - WEINBERG 85; ZIVY 66/67.

**Moschuff** m.: „Kot, Schmutz, Durcheinander, Schund, Abfall beim Schlachten" u. a., *Moschuff, Mooschuff* RO-Steinbach verbr. Sh, *Mouschuff* SCHÄFER 38. - Jidd. *Moschef* „Mist", dies wohl zu hebr. *môschâb* „Sitz" (hier im Sinn von „Abtritt" WEINBERG 79). - Pfälz. IV 1431; Südhess. IV 776; Schwäb. IV 1768; WEINBERG 79; WEISS 150, 153; FABER 179; ZIVY 64.

**Mummes, Mimmes, Mumen** m., n.: „Geld, Trinkgeld, Reichtum", *Mummes* mancherorts Pf, *Mimmes* HB-Ludwigsthal, *Mimms* KÜHN Hoch die Palz, Neustadt 1910, S. 1, *Muume* Frankf. IV 2085. - Jidd. *mommon* „Geld, Vermögen", hebr. *mamôn*. - Pfälz. IV 1462; WOLF 3386; WEISS 151.

**Muschpache** „Gesellschaft, Sippschaft" u. a., s. »Mischpache«

**Naches** Gen.?: „Freude, Erquickung, Ruhe", *Naches* SCHUPP 3. - Jidd. *naches* „Freude, Gemächlickeit", hebr. *nachath*. - WOLF 3760; WEINBERG 86.

**Nafke** f.: „Straßendirne, Hure", *Naffge* LU-Friesh ER-Kirch-Brombach MZ-Nierstein Mainz AZ-Siefersheim Frankf. IV 2116 WOLF-GILARDONE 28 SCHÄFER 14,39. Abl.: **nafkenen** schw.: „huren", *naffgene* SCHÄFER 50. *Naffgene, schassgene, achiele, sin die schännschde Gefihle* SCHÄFER 50. - Jidd. *nafke* „Dirne", aramäisch *naphkâ*. - Pfälz. V 45; Südhess. IV 900; Rhein. VI 40; Hess.-Nass. II 429; WOLF 3780; AVE-LALLEMANT IV 577; AL 140; WEINBERG 86; WEISS 153.

**Najem** Pl.: „Augen". *Die Naajem verziehe* BE-Biblis. - Jidd. *ajin*, Dual: *enajem*, hebr. *'ajin, 'êna'jim*. - Südhess. IV 911; Hess.-Nass. II 433; WOLF 1203; AVE-LALLEMANT IV 425; ALTHAUS 141; MATRAS 291; WEINBERG 48; WEISS 142.

**nebbich** Adj.: „unwichtig, belanglos, leider", *nebbich* Worms AZ-Gau-Bickelheim RAPP 249, *nebbisch* Mainz. - Jidd. *nebich* „leider", weitere Herkunft umstritten. - Südhess. IV 941; WOLF 3827; ALTHAUS 141.

**Nebel** m.: „täppischer, geistesschwacher Mensch", *Newwel* DI-Groß-Zimmern. Zs.: **Nebel-mann** m: „Angeber", *Newwelmann* THIELEN 78 H.-J. KOCH Wenn Schambes schennt. Alzey, 6. Aufl. 1985 S. 150, „charakterlich nicht einwandfreie Person" AZ-Wöllstein (Südhess. IV 942). - Jidd. *nebel, newel* „Narr, Tor", hebr. *nâbâl*. - Pfälz. V 93 Nebelmann; Südhess. IV 942 Nebel 2c.; Rhein. VI 125 Nebelmann; WOLF 3830.

**Nefires** m.: „Blähung, Furz", *Nefiires* AZ-Gau-Bickelheim. - Jidd. *neficho, nefiche* „Geräusch, Wind, Furz", hebr. *nâphach* „blasen". - Südhess. IV 951; Bad. III 415 Lefichem; WOLF 3840; WEINBERG 86; WEISS 148.

**Nekewe** f.: „Weib, Dirne, Hure", *Nekéefe* AZ-Vendersheim, *Nekéewe* Frankf. IV 2145, *Nekääwe* AZ-Frei-Laubersheim, *Nekeiwe* WOLF-GILARDONE 28, *Mekäiwe* LENZ 5, *Nefkéewe* BI-Gau-Algesheim, *Lekääwes* AZ-Wöllstein. - Jidd. *nekewe* „Frau", hebr. *nekêbâh*. - Südhess. IV 957 Nekewe, 951 Nefköbe; MATRAS 290 Lekeiffa; WOLF 3843; WEINBERG 87; ZIVY 67.

**Nemune** m.: Glauben, Religion", *Nemúune* Frankf. IV 2145; vgl. »Dofelemune«. - Jidd. *emone* „Glauben", hebr. *emûnâh*.

**Neschome** f.: „Seele" *Neschóome, Neschúume* Frankf. IV 2147, *Neschomen* WOLF-GILARDONE 28, *Reschóome* Frankf. V 2494. Auch in der Beteuerungsformel

*Manneschomme!* = *man* „mein“ + *Neschomme* Tawrogi (vgl. »Schamme«). - Jidd. *neschome* „Seele“, hebr. *neschâmâh*. - Pfälz. V 112; Wolf 3857; Weinberg 87; Weiss 154; Zivy 66.

**niftern** schw.: „zugrundegehen, sterben“, *nifdere* BI-Dromersheim WO-Wachenheim AZ-Flonheim Eppelsheim, *nifdele* Groß-Gerau. Verwünschung: *Du sollst nifdere!* BI-Dromersheim. Redensart: *Der kann nifdere am scheenschde Janduff!* „Der ist mir total gleichgültig“ WO-Wachenheim. - Jidd. *niftern* „sterben“, rabbin. *niphtâr* „abgeschieden, tot“. - Südhess. IV 992 nifteln, niftern; Wolf 3877; Ave-Lallemant IV 433; Weinberg 87; Zivy 67.

**Nile** f.: „Ende“, *Nílee* Frankf. IV 2174. *Mit dem geht's uf Nile* „Mit dem geht es zu Ende, er stirbt“. - Jidd. *Nile* „Schlußgebet am Versöhnungstag“, hebr. *na'îlâh*. - Weinberg 87; Faber 179.

**Nolem** „Menge“ s. »Olem«.

**noseln, nosen, nosenen** schw.: „bezahlen, geben“, *noosele* KU-Schmittweiler/O, *nossele* Autenrieth 101, *nousle* NW-Deidesheim Wimpfen-Hohenstadt, *nousln* BE-Viernheim, *nousl* ER-Beerfelden, *noosene* Kluge 438 Schäfer 50 Arnold-Rotw. 90, *nousene* Haab-Carlsberg 5 Wolf-Gilardone 28, *nousne* Wolf-Gilardone 28, *nooseme* Frankf. IV 2178. - Jidd. *nossen, nossnen* „geben, schenken“, hebr. *nâtha'n*. - Pfälz. V 163 noseln, nosen; Südhess. IV 1006 noseln; Wolf 3811; Ave-Lallemant IV 414; Weinberg 86, 123; Weiss 153; Zivy 67.

**nunn, nun** Zahlwort: „fünfzig“, *nunn* Kluge 439 Rapp 248, 249, *nuun* Haab-Carlsberg 7 Schäfer 60. - Jidd. *nunn*, hebr. *nun* „Zahlbuchstabe für 50“. - Wolf 6437; Althaus 138/39; Matras 291; Weinberg 88; Weiss 154.

**Nujem** m. n.: „Arbeit, Mühe, Alltagstrott“ u. a., *Nujem* RO-Mannweiler, *Nujum* RO-Hochstädten. *Ich hatt mei Nujem met em* RO-Mannweiler; *ins alde Nujum eninkumme* „in den Alltagstrott verfallen“ RO-Hochstädten. - Nebenform zu »Ujem« - Pfälz. V 173.

**Ober-barnes, -bärmes** „Rädelsführer“ s. »Barnes«.

**oker** „teuer“ s. »joker«.

**olef, olf, oluf** Zahlwort: „eins“, *allef* BI-Ober-Hilbersheim, *olef* Storch 247, *olf, oluf* Rapp 248, 250 Kluge 439 Schäfer 59, *ouläf* Haab-Carlsberg 7. - Jidd. *ollef*, hebr. *âleph* „Zahlbuchstabe für 1“. - Pfälz. V 256; Südhess. IV 1090; Wolf 6437; Ave-Lallemant IV 324, 328; Althaus 138, 141; Beranek K. 94; Matras 292; Weinberg 88; Weiss 154.

**Olem** m.: „Masse, Menge“, *Olem* DA-Nieder-Beerbach WO-Hohensülzen Germersheim Frankf. IV 2225 Kühn Pälzer Schnitze I, Kaiserslautern 1901, S. 45

SCHÄFER 39, *Aulem* ZW-Oberhausen, *Oulem* NW-Deidesheim LA-Ilbesheim Venningen mancherorts StBg LENZ 5 WOLF-GILARDONE 28, *Ulem* MZ-Guntersblum WO-Nieder-Flörsheim AZ-Wendelsheim NW-Dürkheim, *Orem, Ourem* vereinzelt Sh; auch mit Agglutination des vorausgehenden *-n*: *Noolem, Noulem* « *en O(u)lem* vereinzelt Sh; vgl. »Bes-olem«. *Uf dem Bäämche waren en Olem Äbbel* SCHÄFER 39. *In dem Haus war nämlich ... e ganzer Oulem Mädle drin* KUNNRÄDEL Pälzer Baurehochzig. Neustadt 1958, S. 110. *Un jedi Stunn - Gott wäß wie viel - / En ganze Olem Kohle* K. A. WOLL Pfälzische Gedichte 7. Aufl. 1959, S. 28. *Dodebei zum Gucke krieht 'r / och e Olem klaane Kinn* KÜHN Aus der Hamet, Kaiserslautern 1911, S. 50. - Jidd. *olem*, hebr. *'ôlâm* „Ewigkeit, Welt". - Pfälz. I 431 Aulem, V 255 Olem; Südhess. IV 1090 Olem, 1002 Nolem; Rhein. I 334; Schwäb. I 448, V 55; ALTHAUS 141; WOLF 3966; AVE-LALLEMANT IV 426; ALTHAUS 141; WEISS 132 auleme; FABER 179.

**omet** Adv.: „obenauf, in gesicherter Position", *oumet* SCHUPP 3. - Jidd. *omed* „beständig", hebr. *'ômêd.*

**Orel** m.: „Vorhaut, Unbeschnittener, Christ", *Oorl, Oorle* Frankf. IV 2236; vgl. »Erle«. - Jidd. *or(e)l* „Unbeschnittener, Nichtjude", hebr. *'ârêl.* - WOLF 1231; WEINBERG 88; WEISS 142.

**oren** schw.: „in der Synagoge beten, im Singsang reden, lallen, schwatzen, tuscheln, jemandem mit Bitten andauern in den Ohren liegen" u. a., *oore* mancherorts Pf Rhh, *oorn, ooan, ouen* mancherorts StBg. *Seit Woche hört mer'n ohre / Vum Vaterland, vum deitsche Sang* R. MÜLLER Pälzer Luscht un Lewe, Kaiserslauten 1902, S. 21. *Er hot so lang geoort, bis er em des Äckerche gewwe hot* AZ-Bornh; Abl.: **Ge-or, Ge-ors** n.: „das lästige Gerede, Bitten" usw, *Ge-óor, Ge-óors*, vereinzelt Pf Sh; Zs.: **be-oren, voll-oren** schw.: „jemanden mit Reden, Bitten behelligen", *be-oore, voll-oore* vereinzelt Pf Sh. - Jidd. *oren*, zu lat. *orare* „beten". - Pfälz. V 267/77; Südhess. IV 1102/03; Rhein. VI 383; Els I 63; Hess.-Nass. II 524; WOLF 3979; AVE-LALLEMANT IV 326; ALTHAUS 141; BERANEK K. 92; GUGGENHEIM-GRÜNBERG K. 11; MATRAS 292; WEISS 167; ZIVY 69.
**Ores** m.: „Schnaps, Fusel, Haustrunk", *Oores* BI-Zotzenheim THIELEN 79. - Zu »Soruf«?. - Pfälz. V 268; Südhess. 1103; Rhein. VI 411.

**oscher** Adj.: „reich, vermögend", *ooscher* ARNOLD-Rotw. 90 KLUGE 438 SCHÄFER 57. Abl.: **oschern** schw.: „heimlich wegnehmen, sich bereichern, entwenden", *ooschern* GG-Erfelden, *oorschern* BE-Vöckelsbach; vgl. »Koschermost«. - Jidd. *oscher sein* „reich sein", hebr. *'âschîr.* - Pfälz. V 257 Südhess. IV 1111; WOLF 187; ALTHAUS 141; AVE-LALLEMANT IV 430; WEINBERG 49; WEISS 132.

**oser** Adj., Adv.: „wirklich, gewiß, sicher, passend", beteuernd gebraucht, aber auch das Gegenteil, nämlich „sicherlich nicht", *ooser* verbr. Pf Sh Frankf. IV 2240 RAPP 250 TAWROGI WOLF-GILARDONE 28, *ouser* vereinzelt Pf StBg, *auser* WOLF-GILARDONE 28, *uuser* vereinzelt Pf StBg Frankf. IV 2240, LENZ 7. *Oser hab ichs getan* TAWROGI. *Des is ooser net wohr!* WO-Frettenheim. *Ooser packsch du das!*

PS-Vinningen. *Ich hab ooser nix gewißt* NW-Geinsheim. *Die Kuh is ooser gesund* LU-Oppau. *Ich han e osser Gaul kaaft* KL-Hütschenhausen. Abl.: **osern** schw.: „fortwährend auf jemand einreden, überreden wollen, mit Bitten bedrängen", *oosere* vereinzelt Pf. *Oser doch net so!* HB-Kirrberg. - Jidd. *osser, ossur*, rabbin. *aßûr* „verboten, unerlaubt". - Pfälz. V 275/76; Südhess. IV 1112; Rhein. VI 427 osser; Wolf 3991; Ave-Lallemant IV 329; Althaus 142; Weinberg 88; Weiss 131 asre; Weiss 163; Zivy 69.

**Oskar** m.: in der Wend. *frech wie Oskar* verbr. Pf Sh. - Jidd. *ossok* „frech". - Pfälz. V 276; Südhess. IV 1112/13; Wolf 3988.

**Parnes** „Hauptperson" s. »Barnes«.

**pattersch** Adj.: „schwanger, trächtig", *baddersch* RO-Dielkirchen KB-Kriegsfeld PS-Hengsberg mancherorts Sh Frankf. IV 2265, *baddasch* Schäfer 53 Storch 247 Thielen 15 Rapp 238; *e baddersch Kuh* PS-Hengsberg; *baddersch mache* „schwängern" AZ-Gau-Bickelheim. Abl.: **patterschen** schw.: „schwängern", *baddersche* vereinzelt Sh; **Pattersch** f.: „Gebärmutter der Tiere, ungeborene Leibesfrucht des Rindviehs", *Baddersch* NW-Frankeneck Frankf. IV 2265. - Jidd. *pattersch* „hochschwanger", zu rabbin. *mepattêr*, Part. zu *pittêr* „entlassen". - Pfälz. I 607; Südhess. I 611/12; Rhein. VI 574 pattisch; Bad. I 126; Wolf 4076; Althaus 142; Weinberg 89; Weiss 133; Zivy 41.

**Pech** n.: „Geld", *Pech* Arnold-Rotw. 90 Kluge 438. - Wohl zu jidd. *pochus* „klein" oder zu »Bachen«? - Wolf 4093.

**pegern** „sterben" s. »begern«.

**Peies** Pl.: „Schläfenlocken der strenggläubigen Juden" (vgl. 3. Mose 9,25), *Pajes, Paiser* Frankf. IV 2269. *Uf die Backe bamble die lockige Peiser* Frankf. IV 2269. - Jidd. *peies* „Ohrlocken", hebr. *pê' ôth*.

**Pesach** n.: „Passahfest der Juden", *Peesach* Frankf. IV 2281. - Jidd. *pesach*, hebr. *päßach*.

**Peschore** Gen.?: „gütliche Einigung (in einem Streitfall, Handel), Machenschaften", *Peschore* Thielen 82, *Bschóore* DI-Altheim WO-Dittelsheim AZ-Bornheim Alzey, *Beschóore* DI-Groß-Umstadt DA-Balkhausen AZ-Wöllstein Framersheim Siefersheim; *Beschore mache* mancherorts Tawrogi; *Bschores mache* „ein bißchen vom erwirtschafteten Geld für sich behalten" Lenz 6. Hierher wohl auch das bei dem Mainzer Mundartdichter Lennig „Etwas zum Lachen" (6. Ausg. Mainz 1868, S. 87) bezeugte: *Der Än micht Honores, Der anner Botschores* „unsaubere Machenschaften". - Jidd. *pschore* „Vergleich", aramäisch *pschoroh*. - Südhess. I 715; Wolf 742; Althaus 119; Weinberg 90; Zivy 44; Zivy 70.

**petzen** schw.: „klatschen, verraten", *pedse* mancherorts Pf Sh, aus der Schülersprache. - Jidd. *petzen* „verraten", hebr. *pâzâh* „den Mund auftun" (BISCHOFF 51), anders: KLUGE-SEEBOLD 538.

**Pilzel** f.: „Magd", *Biltsel* Frankf. IV 2316. Beleg von 1714/17: *Das Wort Biltzel, womit sie* (die Juden) *eine Magd nennen* Frankf. IV 2316; vgl. »Binsel«. - Jidd. *pilzel* „Magd", dies aus altfranzös. **pulcelle* oder ital. *pulcella* „Mädchen, Magd". - ZIVY 43; BERANEK K. 25.

**Pinke** f.: „Geld", *Pinke,* auch *Pinke-Pinke* verbr. Pf Sh RAPP 250, nach der Umgangssprache. - Neuhebr. *pincha, pinach* „Geldbüchse, Geld". Pfälz. I 921; Südhess. I 855; Rhein VI 550; WOLF 4120.

**Pinkes** n.: „Notizbuch", *Pinkes* Frankf. IV 2317. - Jidd. *pinkas* „Notizbuch, Verzeichneis", rabbin. *pinkas* „Tafel, Buch, Verzeichnis".

**Pleite** „Bankrott" s. »plete«.

**plete, pleite** Adv.: „fort, weg, verschwunden", *pleede, bleede* mancherorts Pf Sh Frankf. IV 2332/33 BRÄUTIGAM 61 TAWROGI THIELEN 83, *pleete* ARNOLD-Rotw. 90 KLUGE 438, *blääde* SCHÄFER 58, *pläide* LA-Edenkoben GH-Leimersheim LENZ 6; *bloeide* WOLF-GILARDONE 27 häufig in der Verbindung *pleede gehe (schäfde)* „verschwinden, flüchten, Bakrott machen";. *Mach dich pleede!* „Verschwinde!" KL-Olsbrücken. *Nix wie bleede!* „Schnell fort!" DA-Ernsthofen. *Waß dr Ba$^n$ hot, laft nau$^n$ bleede, / Dippelt dere Musik no* KÜHN Schnitze. Neben der Form *pleede,* die altmundartlich ist, findet sich heute aus der neuhochdeutschen Umgangssprache entlehnt, häufig *pleide (gehen)* mancherorts RAPP 250 Frankf. IV 2332. - Jidd. *plete* „fort", hebr. *p'lêtâh* „das Entrinnen". - Pfälz. I 1013; Südhess. I 938; Rhein. VI 974; Bad. I 260/61; Hess.-Nass. II 662; WOLF 4248; ALTHAUS 142; MATRAS 288; WEINBERG 90; WEISS 134; FABER 180.

**Pofel** „minderwertige Ware" s. »Babel«.

**Ponem** „Gesicht" s. »Bonem«.

**Poschim** Pl.: „Abtrünnige", *Póschim* Frankf. IV 2349; *ihr Poschim Jisruel!* Frankf. IV 2349. - Jidd. *posche jisruel* „schlechter Jude" (WEINBERG 91), Pl. *poschim.*

**Purim** m.: „große Festlichkeit, lebhaftes Treiben", *Buurem* RO-Bisterschied verbr. Rhh Frankf. IV 2390/91 LENZ 6 WOLF-GILARDONE 27, *Boorem* KU-Erfweiler LENZ 6, *Boorems* BZ-Dernbach; *Bei denne is heit groß Buurem* MZ-Oppenheim. *'s sein die Kerwemusigante, alleweil geht's groß Burem los* KÜHN Pälzer Schnitze I, Kaiserslautern 1901, S. 59. *Was die Kinn for en Buurem mache!* MZ-Ebersheim. Zs.: **Ge-purims** n.: „reger Betrieb", *Gebóorems* BZ-Dernbach (Pfälz. III 208). - Jidd. *purim,* hebr. *pûrîm* „das Fest Purim". - Pfälz. I 1373; Südhess. I 1239; Bad. I 376; GUGGENHEIM-GRÜNBERG K. 42; WEINBERG 91; WEISS 135.

**Räbbe, Rabbiner, Raf** m.: „Rabbiner", *Räwwe, Rewwe* vereinzelt Pf Sh Frankf. V 2451 Rapp 251 Wolf-Gilardone 28, *Rewwiner* Lenz 6 L. Rohr Pfälzische Gedichte, München 1896, S. 15 Frankf. V 2409, *Rawwiner* vereinzelt Sh, *Rabbi* Frankf. V 2409, *Raaf* Wolf-Gilardone 28. *De Räwwe hot geoort* „gebetet" WO-Dittelsheim. Abl.: **rabbinern, räbbern, räbbeln** schw.: „beten (von Juden), judendeutsch reden, schnell und undeutlich sprechen, laut sprechen" u. a., *rawwíinern, räwwíinern, räwwern, räwwere, räwwele* mancherorts Sh Lenz 6. - Jidd. *rabbi, rebbe, rab* „Rabbiner". - Pfälz. V 334; Südhess. IV 1165, 1166; Hess.-Nass. II 740; Rhein. VII 6; Wolf 4521; Althaus 143; Beranek K. 64; Guggenheim-Grünberg K. 36; Weinberg 92; Weiss 154/55.

**Rachaim** f.: „Mühle", *Rachaim* Arnold-Neumühl. 74 Arnold-Rotw. 90 Kluge 438. Abl. **Rachaimer** m.: „Müller", *Rachaimer* Arnold-Neumühl. 74 Arnold-Rotw. 90 Kluge 438 Wolf-Gilardone 28 Schäfer 15. - Jidd. *rachaim* „Mühle", rabbin. *rêchajim*. - Pfälz. V 338; Wolf 4453.

**racheteln** schw.: „Geschlechtsverkehr ausüben", *rachéedele* BI-Wackernheim WO-Dittelsheim AZ-Fürfeld, *rakéedele* AZ-Vendersheim, *dracheedele* DA-Ernsthausen. - Jidd. *rachamo* „Weib". - Südhess. I 1621 tracheteln, IV 1172 rachetelen; Wolf 4454; Faber 180.

**Rachmones** n.: „zwielichtig-doppelbödiges barmherziges Verhalten", *Rachmóones* Frankf. V 2412. - Jidd. *rachmones* „Barmherzigkeit", hebr. *rachmânûth*. - Althaus 143; Weinberg 91; Weiss 154; Zivy 71.

**Raglajim** „Füße" s. »Regel«.

**Ragsen** m.: „leicht in Jähzorn geratender Mensch", *Ragse* Frankf. V 2416. *Des is e großer Raxe!* Frankf. V 2416; vgl. »Roges«. - Jidd. *ragsen*, hebr. *ragsân* „Jähzorniger". - Wolf 4468; Weinberg 91; Zivy 71.

**rainen** „sehen" s. »rojenen«.

**Ratt** m.: „Taler", *Radd* AZ-Siefersheim Arnold-Neumühl. 74 Arnold-Rotw. 90 Kluge 438 Schäfer 44b Rapp 250, *Raddche* (Dim.) Schäfer 44b. - Jidd. *rat* Abkürzungswort (Akrophon) zu *Reichstaler*; vgl. »Kaddischerat, Melechsrat«. - Pfälz. V 393; Südhess. IV 1249; Wolf 4497; Ave-Lallemant IV 456; Weinberg 92; Weiss 155.

**Rebbach** m.: „Profit, Verdienst, Gewinn", *Rewwach, Räwwach* verbr. Pf Sh Frankf. V 2451 Bräutigam 60 Rapp 250 Storch 247 Tawrogi Thielen 91, *Reewach* vereinzelt StBg Arnold-Neumühl. 74 Arnold-Rotw. 91 Kluge 438 Lenz 6, *Reiwach* Thielen 91, *Räiwach* BZ-Appenhofen Billigheim Wolf-Gilardone 28, *Räwwich* vereinzelt, *Rewwuch, Rawwuch* Frankf. V 2451. *Ich han genug Rewwach gemacht* Zweibrücken. *Doo horrer* (hat er) *wirrer en scheene Rewach gemacht* WO-Dittelsheim. Zs.: **Rebbachs-käppchen** n.: „randloses Käppchen, wie es von

Juden getragen wird", *Rewwachskäppche* vereinzelt Sh. - Jidd. *rebbach, rewach* „Gewinn, Nutzen"; vgl. »Refochem«. - Pfälz. V 465 Reibach; Südhess. IV 1279; Rhein. VII 264; Hess.-Nass. II 749; WOLF 4520; ALTHAUS 144; AVE-LALLEMANT IV 591; WEINBERG 92; WEISS 155; FABER 180; ZIVY 71.

**Rebbes** m.: „Profit, Gewinn", *Rewes, Rewwes* IB-Ensheim Ommersheim GH-Neuburg GG-Geinsheim Mainz Frankf. V 2452, *Rebbes* DA-Nieder- und Ober-Modau BE-Siedelsbrunn Mainz. - Jidd. *rebbes* „Zins", rabbin. *rîbîth*. - Pfälz. V 424 Rebes; Südhess. IV 1280; Rhein VII 202; Hess.-Nass. II 794; WOLF 4522; ALTHAUS 143; AVE-LALLEMANT IV 454; ZIVY 71.

**Refochem** m.: „Gewinn", *Refóochem* AZ-Vendersheim. - Jidd. *rewochim*, Pl. zu *rewach*; s. »Rebbach«. - Südhess. IV 1305.

**Regel** m., **Raglajim** Pl: „Fuß", *Reggel* RAPP 250, *Ragláajim* (Pl.) Frankf. V 2416. *Der Sussemer* „Pferd" *hat noch kä Bargel* „Eisen" *am Reggel* RAPP 250. - Jidd. *regel* „Fuß", Pl. *raglajim*, hebr. *rägel, raglajim*. - Pfälz. V 446; MATRAS 291; WEISS 155; ZIVY 71.

**Reibach** „Profit, Verdienst" s. »Rebbach«.

**Rek, Rekem, Rekems, Rekes** m.:„Gendarm, Polizist, Soldat", *Reg* ARNOLD-Neumühl. 74 ARNOLD-Rotw. 90 *Reegem* MZ-Selzen AZ-Gau-Bickelheim Vendersheim, *Regems* RAPP 250, *Reeges* ARNOLD-Rotw. 90 KLUGE 438 SCHÄFER 13. - Jidd. *rek*, Pl. *rekim* „Müßiggänger". - Pfälz. V 446 Regems; Südhess. IV 1362 Rekem; WOLF 4529; AVE-LALLEMANT IV 456; WEINBERG 92; WEISS 155.

**Remis'chen** n.: „kleines Glas Wein, halber Schoppen, Viertel", *Remíisje* mancherorts Pf Sh THIELEN 91. - Möglicherweise zu hebr. *rewî́s* „Viertel" (so TAWROGI). - Pfälz. V 502; Südhess. IV 1364; Rhein. VII 352; WOLF 4567.

**Riffee** m.: „Arzt", *Riffee* Bergzabern. - Jidd. *rofe* „Arzt", hebr. *rôphäh*. - Pfälz. V 536; WEINBERG 92; WEISS 155; ZIVY 72.
**Rilf** m.: „Wechsel (im Zahlungsverkehr)", *Rilf* SCHÄFER 39, *Chillef* Pirmas (SCHÄFER 39). *Ich verkien mei Schoori uf Rilfe* „Ich verkaufe meine Ware auf Wechsel". - Jidd. *chalfen, chilfen* „wechseln", hebr. *chillêph*. - WOLF 828; WEINBERG 58.

**Risches** f.: „Bosheit, Haß, Verfolgung gegen Juden", *Risches* Frankf. V 2520, *Risches'che* (Dim.) Frankf. V 2520. *In Preuße herrscht alleweil große Risches* Frankf. V 2520. - Jidd. *risches* „Bosheit", hebr. *risch'ûth*. - WEINBERG 92/93; WEISS 156; ZIVY 72.

**Rof** m.: „Hunger", *Roof* mancherorts WPf NPf GG-Dornheim DI-Altheim ER-Höchst BI-Zotzenheim THIELEN 92 SCHÄFER 40 STORCH 248, *Rooch* ARNOLD-Rotw. 91, *Rouch* HAAB-Carlsberg 5. Zs.: **ver-roft** Adj.: „geizig, habgierig", *verrooft* mancherorts Sh (Südhess. II 592); **Rof-nickel, -säckel** m.: „habgieriger Mensch"

u. a., *Roofnickel, -säckel* mancherorts Sh (Südhess. IV 1440). - Jidd. *roof* „Hunger", hebr. *ra'âb*. - Pfälz. V 569; Südhess. IV 1440; WOLF 4629; AVE-LALLEMANT IV 475; WEINBERG 93; WEISS 156; ZIVY 72.

**Roges** m.: „Zorn, Erbitterung, Wut", *Rooges, Rooches* verbr. Pf Sh Frankf. V 2528 ARNOLD-Neumühl. 74 ARNOLD-Rotw. 91 BRÄUTIGAM 61 RAPP 251 SCHÄFER 10, *Rouges, Rouches* mancherorts SOPf Sh WOLF-GILARDONE 28 LENZ 6, *Rauches* vereinzelt SOPf, *Roochus, Roogus* vereinzelt THIELEN 92. *Er is in de Rooches kumme* FR-Heßheim. *Seiⁿ Rooches hot sich geleggt* LU-Dannstadt. *Doch unser Feind, die han jo schier / E Rooches krie't als wie e Stier* P. MÜNCH Gesammelte Werke I, S. 148. Abl.: **roches** Adj.: „zornig, wütend" *rooches* AZ-Gau-Bickelheim; **rochesig** Adj.: „zornig, wütend", *roochesich* AZ-Bornheim MZ-Undenheim. - Jidd. *roges* „Zorn", hebr. *rôges*; vgl. »broges«. - Pfälz. V 569; Südhess. IV 1440/41; Rhein. VII 470; Els. II 244; Hess.-Nass. II 880; WOLF 667; AVE-LALLEMANT IV 454; ALTHAUS 144; WEINBERG 92; WEISS 155.

**rojenen, roinen** schw.: „sehen", *roine* MZ-Mommenheim Selzen AZ-Gau-Bickelheim SCHÄFER 45, *rojne* WOLF-GILARDONE 28, *raine* ARNOLD-Neumühl. 74 ARNOLD-Rotw. 90 HAAB-Carlsberg 6 KLUGE 438, *rojen* WOLF-GILARDONE 28. *Der roint net gut* „kann nicht gut sehen" MZ-Mommenheim. Ausdruck der Verwunderung: *roind!* „sieh mal einer an!" MZ-Kastel. Zs.: **be-rojenen** schw.: „in Augenschein nehmen, untersuchen", *beroine* SCHÄFER 45, *beróiene* AZ-Siefersheim (Südhess. I 703); vgl. »Boserberoiner«; **sich um-rojen** schw.: „sich umsehen", *sich umrojen* WOLF-GILARDONE 29. **Ritze-roiner** m: „wer durch Ritzen späht = Zigeuner", *Ridseroiner* (Südhess. IV 1430). - Jidd. *roinen, rojenen* „sehen", hebr. *râ'âh*. - Pfälz. V 574; Südhess. IV 1446; Hess.-Nass. II 847 reunen; WOLF 4515; AVE-LALLEMANT IV 453; WEINBERG 93; WEISS 156.

**Rolum** m.: „Jude", *Rolum* ARNOLD-Rotw. 91 KLUGE 438, *Rolem* SCHÄFER 20, *Roullem* HAAB-Carlsberg 2. - Jidd. *bar jisroelim* „Sohn der Israeliten"; vgl. »Baisrul«. - Pfälz. V 580; WOLF 319.

**Rosch** m.: „Kopf", *Rosch* vereinzelt Pf mancherorts Rhh WOLF-GILARDONE 28 RAPP 251 SCHÄFER 40 THIELEN 92, *Roosch* Frankf. V 2535. *Er hot nix em Rosch* „Er ist dumm" AZ-Ensheim. *E Veeh iwwer Rosch kaafe* „Ein Vieh nach Stück, nicht nach Gewicht kaufen" NW-Geinsheim. - Jidd. *rosch* „Kopf", hebr. *rôsch*; vgl. »Achbrosch«, »Kasserrosch«, »Majimrosch«. - Pfälz. V 586; Südhess. IV 1457; Rhein. VII 507; Hess.-Nass. II 894; WOLF 4633; ALTHAUS 144; AVE-LALLEMANT IV 453; MATRAS 291; WEINBERG 93; WEISS 156.

**Rosch-chodesch** m.: „Neumond", *Rooschchodeesch* Frankf. V 2535. In der Redensart: *Stumm bis mer Rosch-Chodesch benscht* Frankf. V 2535. - Zs. aus »Rosch« und jidd. *chodesch* „Monat", hebr. *chôdesch*, wörtl. „Anfang (Kopf) des Monats". - WEISS 156.

**Rosche** m.: „böser Mensch, Gottloser, roher, ungehobelter Kerl, Judenfeind", *Rosche* AZ-Frei-Laubersheim, *Roosche, Ruusche* Frankf. V 2535. - Jidd. *rosche* „Bösewicht, Frevler, Gottloser", hebr. *râschâ`*. - Südhess. IV 1457; WOLF 4635; ALTHAUS 144 roschen; WEINBERG 93; ZIVY 72.

**Rosche-schone** m.: „(jüdisches) Neujahr", *Roscheschóone, Rescheschóone* Frankf. V 2535. - Jidd. *roschheschone*, hebr. *rôsch ha-schânâh*; vgl. »Rosch« und »Schone«.

**Ruch, Ruches** m.: „Bauer, roher, sich ungebührlich benehmender Mensch", *Ruuch* SCHÄFER 13, *Ruuches* LA-Herxheim. - Jidd. *ruch* „Bauer", dies zu mittelhochdeutsch *rûch* „rauh". - Pfälz. V 625; WOLF 4662.

**Rufes** Gen.?: „Garantie", *Ruufes* LU-Oppau. *Ich leiste oser Rufes defor* „Ich verbürge mich dafür (nämlich für die Gesundheit des verkauften Viehs) LU-Oppau. - Jidd. *rufes, rowes* „Garantie", aus hebr. *`erêboth* „Bürgschaft" mit Wegfall der ersten Silbe und Vokalveränderung (so WEINBERG 93). - WEISS 131 Arufes.

**Sackem** Gen.?: „Messer", *Sackem* ARNOLD-Rotw. 91 HAAB-Carlsberg 4 KLUGE 438. - Jidd. *sakin* „Messer", hebr. *ßakkîn*. - Pfälz. V 694; Hess.-Nass. III 16; WOLF 4712; ALTHAUS 144.

**Sadrach** m.: „Schimpfname", *Saddrach* Frankf. V 2582. *Des is e rechter Sadrach!* Frankf. V 2582. - Biblischer Name (Dan. 1, 7) CREC. 707.

**sain** Zahlwort: „sieben", *soin* RAPP 254 STORCH 247, *sa'in* KLUGE 437, *säin* HAAB-Carlsberg 7. - Jidd. *soin*, hebr. *sâjin* „Zahlbuchstabe für 7". - WOLF 6437; ALTHAUS 138/39; MATRAS 291; WEINBERG 93; WEISS 161.

**samich** Zahlwort: „sechzig", *sammich* RAPP 251, *samich* KLUGE 439 SCHÄFER 60. - Jidd., hebr. *samech* „Zahlbuchstabe für 60". - WOLF 6437; ALTHAUS 138/39; MATRAS 292; WEINBERG 93; WEISS 156.

**Sanef** m.: „Schwanz, männliches Glied", *Saaneff* MZ-Selzen AZ-Flonheim RAPP 251, *Sanneff, Salmeff* Frankf. V 2559, *Saanuff* AZ-Flonheim Wörrstadt Gau-Odernheim Schafhausen SCHÄFER 40, *Sonuff* Frankf. V 2932. - Jidd. *sonef* „Schwanz", hebr. *sânâb*. - Pfälz. V 752; Südhess. V 65; WOLF 5390; ALTHAUS 154; AVE-LALLEMANT IV 364; WEINBERG 103; WEISS 161; ZIVY 73.

**Sasser, Sasseres** „Makler, Maklergeld" u. ä., s. »Zasser, Zasseres«.

**Satan** s. »Suden«.

**Schabbes** m.: „Sabbat", *Schawwes* verbr. Pf Sh Frankf. V 2620/21 LENZ 5 RAPP 252 STORCH 246 WOLF-GILARDONE 28, *Schabbes* mancherorts Pf Sh Frankf. V 2620/21

TAWROGI THIELEN 96 WOLF-GILARDONE 28. *Om Schawwes stecke die Jurre käi^n Feier o^n* KU-Schmittweiler/O. Mit vielen Zs.: **Schawwes-ampel, -batzen, -deckel, -goj, -goje, -rock, -schinder, -schmus** usw. mancherorts. - Jidd. *schabbes* „Sabbat", hebr. *schabbâth*. - Pfälz. V 821; Südhess. V 129; Rhein. VII 823; Hess.-Nass. III 3; ALTHAUS 145; GUGGENHEIM-GRÜNBERG K. 36; MATRAS 291; WEINBERG 94.

**Schacher** m.: „(gewinnsüchtiger) Handel", *Schacher* vereinzelt Pf Sh WOLF-GILARDONE 28. - Gleicher Herkunft wie »Socher«; vgl. auch »schachern«. - Pfälz. V 828; Südhess. V 136; Hess.-Nass. III 68; ALTHAUS 146.

**Schächer** m.: „Gastwirt, Bier", *Schächer* „Wirt" pfälz. Musikantensprache, „Bier" ARNOLD-Neumühl. 74 ARNOLD-Rotw. 91 HAAB-Carlsberg 4 KLUGE 438. - Jidd. *schächer* „Kneipwirt", hebr. *schâcha'r* „trinken" und jidd. *schecher* „Bier", hebr. *schêchâr* „Rauschtrank". - Pfälz. V 828; Hess.-Nass. III 68; WOLF 4832; ALTHAUS 146; MATRAS 291; WEINBERG 96; WEISS 156.

**schachern** schw.: „handeln, feilschen", *schachere, schachre* verbr. Pf mancherorts Rh Frankf. V 2626 RAPP 251 WOLF-GILARDONE 28, *schachern* mancherorts Sh; dazu Abl. und Zs.: **Schacherer** m.: „Händler, Viehhändler", **schacherig** Adj.: „habgierig", **ab-, ein-, ver-, zusammen-schachern** schw.: „ab-, ein-, ver-, zusammenkaufen", **Schacher-jude** m.: „jüdischer Händler" u. a., vereinzelt Pf Sh WOLF-GILARDONE 28. - Jidd. *schachern* „handeln", hebr. *sâcha'r* „Gewinn, Erwerb". - Pfälz. V 828; Südhess. V 136/37; Rhein. VII 832; Hess.-Nass. III 68; WOLF 4775; AVE-LALLEMANT IV 417; ALTHAUS 146; KLUGE-SEEBOLD 621; FABER 180.

**Schachres** n.: „Morgengebet der Juden", *Schachres* Frankf. V 2626/27. *Jaköbche halt erst dei(n) Schachres sonst krickste kei Friehstick!* Frankf. V 2626/27. - Jidd. *schachres* „Morgengebet", hebr. *schachârîth*. - FABER 180.

**schächten** schw.: „nach jüdischer Weise schlachten", *schächde* mancherorts Pf Sh Frankf. V 2626 RAPP 251, *schäche* LENZ 6. Abl. und Zs.: **Schächte** f.: „Hausschlachtung nach jüdischem Brauch" vereinzelt Sh, **Schächter** m.: „jüdischer Metzger, Rabbiner, Messer" mancherorts Pf Sh RAPP 251; **Schächt-messer** n.: „Schlachtmesser" vereinzelt Sh. - Jidd. *schächten*, hebr. *schâcha't* „rituell schlachten". - Pfälz. V 830; Südhess. V 138; Rhein. VII 836; Els. II 391; Hess.-Nass. III 69; WOLF 4777; ALTHAUS 146; AVE-LALLEMANT IV 466; WEINBERG 94; WEISS 158; FABER 180.

**Schadai** m.: „der allmächtige Gott", *Schadai* WOLF-GILARDONE 28. - Jidd. *schadai* „Allmächtiger", hebr. *êl schaddai* „der allmächtige Gott". - Pfälz. V 833; FABER 180.

**Schadchen** n., m.: „Heiratsvermittler", *Schaadche* vereinzelt Pf Sh Frankf. V 2628 RAPP 251, *Schaddche* Frankf. V 2628, *Schadsche* BRÄUTIGAM 62, *Schadchen* TAWROGI. *Muschde widder 's Schadche mache?* Pirmasens. - Jidd. *schadchen* „Ehestifter, Kuppler", rabbin. *schadchân*. - Pfälz. V 833; Südhess. V 140; WOLF

4778; ALTHAUS 147; AVE-LALLEMANT IV 464; KLUGE-SEEBOLD 621; WEINBERG 94; WEISS 156.

**Schäker** „Tändler, Schelm" s. »schäkern«.

**schäkern** schw.: „anbändeln, necken", *schäägere, scheegere* mancherorts Pf Sh RAPP 251. Abl.: **Schäker** m.: „wer anbändelt, neckt, Sprüche macht" vereinzelt Pf. - Weiterbildung zu jidd. *chek* „Busen, weiblicher Schoß" (WOLF 4787, KLUGE-SEEBOLD 623). - Pfälz. V 856; Südhess. V 162; Rhein. VII 871; Hess.-Nass. III 81; ALTHAUS 147.

**Schäkez** m.: „Narr, Christ", *Schekets* Frankf. V 2658, *Scheeges* Rockenhausen. - Jidd. *schekez* „nichtjüdischer Knabe", hebr. *schêkez* „Greuel"; vgl. »Schikse, Schockes, Sekes«. - Pfälz. V 856; Rhein. VII 871; WOLF 4837; ALTHAUS 148; MATRAS 291; WEINBERG 96; WEISS 157; ZIVY 74.

**Schakores** m.: „Spaßmacher, Schalk", *Schagóores* OF-Seligenstadt BE-Einhausen Lorsch MZ-Selzen AZ-Gau-Bickelheim; *de Schakores mache* MZ-Selzen. - Herkunft? vielleicht zu »schäkern« oder zu jidd. *schokar* „er hat gelogen" bzw. *schakron* „Lügner"?. - Südhess. V 163.

**Schalauner** m.: „Schalk, Gauner", *Schaláuner* THIELEN 96, *Schalúuner* PS-Langmühle. - Abl. zu einer Nebenform von »Kalaumes«. - Pfälz. V 865 Schaluner.

**Schalet, Schales** m., n.: „in Fett gebackener Kuchen aus geriebenen Kartoffeln oder Äpfeln, Kartoffelpfannkuchen" u. ä, *Schaaled* DI-Erlau AZ-Partenheim Wörrstadt Albig RAPP 251 TAWROGI, *Schallet* Frankf. V 2635, *Schaales* KU-Brücken Kaulbach Quirnbach IB-Ensheim HB-Kirrberg Kaiserslautern PS-Thaleischweiler BI-Zotzenheim AZ-Wörrstadt Gumbsheim RAPP 251 THIELEN 96, *Schalches* WOLF-GILARDONE 28. Zs.: **Apfel-schalet, -schales** m.: „Gericht mit Äpfeln", *Abbelschaled, -schales* (Südhess. I 321, Pfälz. I 312); **Schales-grundbirnen, -eier** Pl. u. ä. - Jidd. *schalet* „ein Sabbatgericht, Auflauf", dies wohl aus dem Romanischen, altfrz. *chauld* „heiß". - Pfälz. V 860 Schales, Südhess. V 167 Schalert, Schales; Rhein. VII 881, 882; Hess.-Nass. III 87; ALTHAUS 147; BERANEK K. 67; GUGGENHEIM-GRÜNBERG K. 48; WEISS 167.
**Schalom** s. »Scholom«.

**Schambcher** Pl.: Neckname für die Bewohner von Fußgönheim, *Schambcher* LU-Fußgönheim. - Jidd. *schamschon* „Samson", Personenname. - Pfälz. V 740 Samson.

**Schamboles** m.: „Gewinn, Anteil an der Diebesbeute, Makler", *Schambóoles* AZ-Gau-Bickelheim, *Schambúules* BI-Ober-Ingelheim. - Jidd. *schibboles* „Kornähre", hebr. *schibbôleth*. - Südhess. V 175; WOLF 4764; AVE-LALLEMANT IV 598.

**Schamme** f.: „Seele“, nur in der beteuernden Wendung: *Meiner Schamme!* „tatsächlich, wirklich, fürwahr“ Pirmasens IB-Ommersheim Ensheim KL-Fischbach LA-Venningen RO-Alsenz AUTENRIETH 121 KÜHN Aus der Hamet, Kaiserslautern 1911, S. 57; *meine Schomme!* Frankf. V 2813. *Was träämt mer alles, meiner Schamme! / Ma trääımt doch werklich was zesamme* L. KIEFFER Pirmasenser Bilderbuch. Pirmasens 1947, S. 105. - Jidd. *ma neschome* „meiner Seele“; vgl. »Neschome«. - Pfälz. V 867; WOLF 3857; WEINBERG 87.

**Schammes** m.: „Synagogendiener“, *Schammes* RAPP 251, Frankf. V 2637. - Jidd. *Schammes* „Diener, Synagogendiener“, rabbin. *schammâsch*. - Pfälz. V. 867; Els. II 414; WOLF 4799; ALTHAUS 147; MATRAS 291; WEINBERG 94/95; WEISS 157; ZIVY 74.

**Schämmes** m.: „Tonangebender, Vorgesetzter, Chef, Angeber“, *Schemmes* mancherorts Sh. *Er macht de Schemmes* BE-Groß-Rohrheim. - Jidd. *schemesch* „Sonne“, hebr. *schämesch* ?. - Südhess. V 176; WOLF 4866; AVE-LALLEMANT IV 472.

**Schane** m.: „Weidenzweig, dessen Blätter beim Laubhüttenfest abgeklopft werden“, nur Pl.: *Schaanes* Frankf. V 2620. „Auch wird auf einem bestimmten Tag des Festes *Schaanes gekloppt,* d. h. Büschchen von Bachweidenzweigen durch Aufklopfen ihrer Blätter beraubt. Jedes Familienmitglied hat ein solches *Schaanes*'' Frankf. V 2620. - Jidd. *schaane-rabba* „der 7. Tag des Laubhüttenfestes“ (so Frankf. V 2620). - GUGGENHEIM-GRÜNBERG K. 34.

**Schaskeler, Schaskener** „Säufer“ s. »schaskeln«.

**schaskeln, schaskenen, schaskern** schw.: „Alkohol trinken“, *schasgele* mancherorts Pf StBg verbr. Rhh Frankf. V 2645, *schasgene* mancherorts Pf Sh Frankf. V 2645 RAPP 252 THIELEN 87 AUTENRIETH 121 SCHÄFER 50, *schaskene* HAAB-Carlsberg 3, *schask'ne* WOLF-GILARDONE 28, *schaßchenen* TAWROGI, *schaskenete* LENZ 6, *schasgere* BZ-Albersweiler Wimpfen, *schasgern* vereinzelt StBg. *Der dut dauernd schasgene* AZ-Hangen-Weisheim. Hierzu zahlreiche Abl. und Zs.: **Schaskeler, Schaskener, Schaskerer** m.: „Säufer“, *Schasgeler, Schasgener, Schasgerer* mancherorts Pf Sh Frankf. V 2645 HAAB-Carlsberg 3, **be-schaskeln, be-schaskenen** schw.: „sich betrinken“, *beschásgele, beschásgene, beschásgern* u. a. mancherorts ges. Pf Sh, noch häufiger im Partizip *beschásgelt, beschásgent, beschásgert, beschásselt, beschássnet, beschäßt, beschássert* mancherorts ARNOLD-Rotw. 91 KLUGE 438. *Alle zwaa ware se e bißche beschaskelt* KÜHN Aus der Hamet, Kaiseslautern 1911, S. 78. (Pfälz. I 719, Südhess. I 709); **ver-schaskenen** schw.: „vertrinken“, *verschasgene* (Pfälz. II 1256); **tot-schaskenen** schw.: „sich zu Tode trinken“, *sich totschasgene* (Pfälz. II 382). - Jidd. *schaskenen* „trinken“. - Pfälz. V 888; Südhess. V 204; Rhein. VII 943; Els. II 441; Hess.-Nass. III 101; WOLF 4821; ALTHAUS 147/48; AVE-LALLEMANT IV 478; MATRAS 291; WEINBERG 95; WEISS 157.

**Schatnes** n.: „Mischgewebe aus pflanzlichen und tierischen Materialien", *Schadnes* Frankf. V 2646. - Jidd. *schatnes* „Halbleinen, Verbot Wolle und Leinen zu mischen", hebr. *scha'atnês*. - ZIVY 74.

**Scheddim** m.: „Teufel", *Scheiddim* WOLF-GILARDONE 28. - Jidd. *sched*, Pl. *scheddim* „Gespenst", hebr. *schêd* „Dämon"; WEISS 157; ZIVY 74.

**Schee** f.: „Stunde", *Schei* WOLF-GILARDONE 28. - Jidd. *schoo, schee*, hebr. *scha'a* „Stunde". - WOLF 5126; BERANEK K. 14; ALTHAUS 152 Schöh; WEINBERG 100; WEISS 157; ZIVY 74.

**scheffen** schw.: „gehen, sein, machen", *scheffe* mancherorts Pf Sh KLUGE 438. - Wohl zu dt. *schaffen*, WOLF 4841 nimmt jedoch Einfluß von jidd. *jaschwenen* „setzen" an. - Pfälz. V 844 schäffen; Südhess. V 221 scheffen; MATRAS 291.

**scheker** Adj.: „lügnerisch", *scheeker* WO-Abenheim AZ-Bornheim Vendersheim, *schäiker* BE-Viernheim. FABER 173 berichtet: Auf dem Frankenthaler Thor zu Worms, oder war es auf dem Wormser Thor zu Frankenthal - kurz es war an einem Ort, bei dem der Viehmarkt abgehalten wurde - soll früher folgende Inschrift gestanden sein: *Schekher hilft nix. - Roges* (s. »Roges«) *batt' t nix. - Wer chajef* (s. »kaif«) *is, muß beschulme!* (s. »meschulmen«). - Jidd. *scheker* „Lüge", hebr. *schäker*; vgl. »Schekerschmus, Schkorem«. - Südhess. V 238; ALTHAUS 147 Schäker „Lüge"; WEINBERG 96; WEISS 157; ZIVY 74.

**Scheker-schmus** m.: „Unsinn", *Schägerschmuus* FR-Kirchheim, *Scheegerschmuus* AZ-Vendersheim. - Erster Wortteil möglicherweise zu jidd. *scheker* „Lüge", s. »scheker«, zweiter Wortteil zu »Schmus«. - Pfälz. V 856 Schäkerschmus; Südhess. V 238 unter scheker.

**Schekez** „Kerl, Christ" s. »Schäkez«.

**Schemesch** f.: „Sonne", *Schemesch* SCHÄFER 40. - Jidd. *schemesch*, hebr. *schämesch*. - WOLF 4866.

**Scheres** m.: „frecher Junge, Lausbube", *Schärres* BE-Löhrb. - Nebenform zu »Schraz«, jidd. *schraz, scherez* „Kind, Wurm" (BISCHOFF 59). - Südhess. V 258.

**Scheska** f.: „weibliche Person" in meist abschätzigen Bedeutungsauffächerungen, *Schesgaa* mancherorts Rhh. - Vielleicht zu jidd. *schesa, schos(s)a* „weibliche Scham" (WOLF 5134)?. - Südhess. V 259.

**Schetsum** m.: „Bräutigam" ARNOLD Neumühl. 74. - Wohl Nebenform zu »Kosen«.

**Schibbes, Schibes** m.: „Alkoholrausch", *Schibbes* ER-Rothenberg, *Schiiwes* BE-Heppenheim. *Der hot en Schiiwes* BE-Heppenheim. - Jidd. *schibbusch* „Verwirrung, Fehler". - Südhess. V 268; WOLF 4886; AVE-LALLEMANT IV 463.

**schibes** Adj.: „bankrott, am Ende“, meist in der Wendung *schiiwes gehe* „mißlingen, schiefgehen, bankrott machen, verschwinden“ verbr. Pf Sh ARNOLD-Rotw. 91 RAPP 256, *schwiewes* AUTENRIETH 139. *Mer maant, 's gängt alles schiewes* Kühn Schnitze I 60. *Wann draus der Wei'wachs schiewes geht, / Hann meer doch häämsefehre* L. SCHANDEIN Gedichte in Westricher Mundart. Stuttgart 1892, S. 108. Abl.: **Schibe** „Trauer“, nur in der Wend. *Schiwwe sitze* Frankf. V 2679. - Jidd. *schiwe* sitzen, ein siebentägiger jüdischer Trauerbrauch, hebr. *schib'âh* „sieben“; WOLF 4897 stellt das Wort zu dt. *schieben*, AVE-LALLEMANT IV 599 zu hebr. *schebeth*. - Pfälz. V 956; Südhess. V 268; Rhein. VII 1083; Els. II 389; Hess.-Nass. III 148; ALTHAUS 149.

**schicker** Adj.: „angeheitert, betrunken, närrisch“, *schigger* mancherorts Pf verbr. Sh BRÄUTIGAM 61 STORCH 247 TAWROGI THIELEN 98 WOLF-GILARDONE 28. Abl.: **beschickert** Adj.: „betrunken“, *beschíggert* mancherorts ges. Pf Worms RAPP 239, *beschéggert* WPf NPf, *beschéekert* BI-Dietersheim AZ-Bornheim Wörrstadt; **Schicker** m.: „Alkoholrausch“, *Schigger* vereinzelt StBg. - Jidd. *schikker*, rabbin. *schikkôr* „trunken“. - Pfälz. I 720 beschickert, V 952 schicker; Südhess. I 710, 711 beschickert, V 271 schicker; Hess.-Nass. III 146; WOLF 4888; ALTHAUS 148; WEINBERG 97; WEISS 158; ZIVY 75.

**Schiddich** m.: „Heirat, Verlobung“, *Schiddisch* Frankf. V 2676. - Jidd. *schiddech* „Liebeswerbung, Heirat“, rabbin. *schiddûch*. - WOLF 4889; WEINBERG 97.

**schiffem** Zahlwort: „siebzig“, *schiffem* RAPP 252. - Jidd. *schiffem*, hebr. *schiv'im* „siebzig“. - ALTHAUS 138/39; MATRAS 291.

**Schikse** f.: „Mädchen, Frau“, meist in abschätzigem Nebensinn, *Schiggs* verbr. Pf Sh STORCH 247 Frankf. V 2675, *Schickse* ARNOLD-Neumühl. 74 ARNOLD-Rotw. 91 RAPP 252. Abl.: **Schiksel** f.: „Mädchen, Frau“, *Schiggsel* vereinzelt, *Schickselche* WOLF-GILARDONE 28; dazu zahlreiche Zs.: **Juden-, Kellner-, Laden-, Mode-, Näh-, Stadtschikse** mancherorts Pf Sh. - Jidd. *schiksse* „Christenmädchen“, zu hebr. *schêkez* „Greuel“; vgl. »Schäkez«. - Pfälz. V 952/53; Südhess. V 272; Rhein. VII 1093; Els. II 406; Hess.-Nass. III 146; WOLF 4837; ALTHAUS 148/49; AVE-LALLEMANT IV 477; WEINBERG 96; WEISS 158.

**Schinegel** Gen.?: „Arbeit“, *Schineggel* KLUGE 438. Abl.: **schinegeln, schenigeln** schw.: „arbeiten“, *schinegle* ARNOLD-Neumühl. 74, *schinegeln* ARNOLD-Rotw. 91, *schenigle* KLUGE 438; **Schinegler** m.: „Arbeiter“, *Schinnigler* SCHÄFER 14. - Jidd. *schinagole* „Schubkarre“, also „Arbeit mit der Schubkarre“. - WOLF 4920.

**Schinem** m.: „Gendarm“, *Schiinem* ARNOLD-Rotw. 91 SCHÄFER 13. - Nach jidd. *schin*, Anfangsbuchstabe für *Schließer, Schutzmann, Schandarm*. - WOLF 4898.

**schiwerach** Adj.: „bankerott, zahlungsunfähig, fort“, *schiwwerach* BE-Hirschhorn, *schiiwerach* BE-Viernheim AZ-Schimsheim ARNOLD-Rotw. 91. - Mischform aus »schibes« und »wiwerach«.

**Schkorem** m.: „Lüge, Unwahrheit, Jux, Unfug“, *Schgoorem* AZ-Bornheim, *Schkoorem* Tawrogi Frankf. V 2922, *Schkoorum* Frankf. V 2922. - Zum Pl. von jidd. *scheker* „Lüge“ (vgl. »scheker«), nämlich Pl. *schkorim*. - Südhess. V 316; Rhein. VII 1158 Schkoren; Wolf 4786; Ave-Lallemant IV 477; Weinberg 96; Weiss 158.

**Schlamassel, Schlimmassel** m., f., n.: „Unglück, Pech, Unordnung, Schlamm, Morast', *Schlamassel* verbr. Pf Sh Frankf. V 2708 Arnold-Rotw. 91 Kluge 438 Lenz 6 Kluge 438 Rapp 252 Tawrogi Thielen 98, *Schlemassel* Frankf. V 2708, *Schlimmassel* Frankf. V 2708 Autenrieth 123 Wolf-Gilardone 28, *Schlamaß* vereinzelt Pf Sh Frankf. V 2708. Zs.: **Ge-schlamassels** „Durcheinander“ vereinzelt Pf (Pfälz. III 250), **Mords-schlamassel** „großes Durcheinander“ (Pfälz. IV 1421). - Kompositum aus deutsch *schlimm* und »Massel« oder, hebr. *schä-lô massâl* „was nicht Glück ist“ (So Salcia Landmann: Jiddisch. Abenteuer einer Sprache. München 1964, S. 242.). - Pfälz. V 1020; Südhess. V 358; Rhein. VII 1227/28; Lothr. 446; Els. I 717, II 462; Hess.-Nass. III 197/98; Wolf 4940; Ave-Lallemant IV 410; Althaus 149; Weinberg 98; Weiss 158; Faber 180/81; Zivy 75.

**Schlaume** s. »Schlomo«.

**Schlemiel** m.: „langsamer, unbeholfener, durchtriebener, nichtsnutziger Mensch, Jude“, *Schléemiil* mancherorts Pf Sh Frankf. V 2727 Rapp 252 Tawrogi, *Schlimiil, Schlíimiil* u. a. vereinzelt Pf Sh Frankf. V 2727 Wolf-Gilardone 28, *Schluumiil* Frankf. V 2727. Abl.: **Schlemiele** f.: weibl. Entspecheung, *Schlumíile* Frankf. V 2728; **schlemielen** schw.: „müßig herumschlendern“, *schleemíile* ER-Zell (Südhess. V 421); **schlemielig** Adj.: „spitzbübisch, unordentlich“, *schlemíilich* NW-Geinsh, *schlamúulich* MZ-Oppenheim (Pfälz. V 1075, Südhess. V 421). - *Jidd. schlemil* „Pechvogel, Dummkopf, Taugenichts“, hebr. *schä-lô-mô'îl* „der nichts taugt“ (Kluge-Seebold 638). - Pfälz. V 1075; Südhess. V 420/21; Rhein. VII 1314; Wolf 4958; Althaus 149/50; Ave-Lallemant IV 470, 600; Weinberg 98; 124/25; Weiss 159; Faber 180; Zivy 89.

**Schliach** m.: „dienstbeflissener Mensch, willfähriger Diener, langsamer, schlampiger, hochgewachsener Mensch“ u. a., *Schlíiach* mancherorts Sh Frankf. V 2731, *Schléeach, Schlíirach* vereinzelt Sh. *Du Schliach!* AZ-Albig. *Iwwer den Schliach hun ich grooe Hoor kriet* AZ-Wöllstein. - Jidd. *schliach* „Bote, Gesandter“, rabbin. *sch'líiach*. - Südhess. V 430/31; Hess.-Nass. III 231/32; Wolf 4963; Ave-Lallemant IV 469; Matras 291; Weinberg 98; Weiss 159; Zivy 75.

**Schlomo** m.: „Salomon, auch Jude allg., dann auch vielfältige abschätzige Bez. für männliche Personen“, *Schloome, Schloomel, Schloomer, Schlaume, Schlaumel, Schlaumes, Schlaame, Schloume* u. a. mancherorts Pf Sh Lenz 6 Rapp 253. - Wenn auch nicht in allen Fällen, so sind einige Formen sicher zu jidd. *schlome*, hebr. *sch'lômô* „Salomo“ gehörig. - Pfälz. V 723 Salomon, Südhess. V 396 Schlaumen, Schlaumer, Schlaumes; Rhein. VII 1271; Wolf 4947; Althaus 144.

**Schlorum** m.: „Kaffee, fades Getränk, gesellige Veranstaltung, Trubel, Habseligkeiten, Hausrat, Unsinn" u. a., *Schloorum* mancherorts Pf Sh BRÄUTIGAM 60 HAAB-Carlsberg 7 KLUGE 438 SCHÄFER 40, *Schloorem* vereinzelt Pf mancherorts Sh Frankf. V 2737, *Schluurem* vereinzelt Sh. *Dann hot mer for de Dorscht se stille e Kännche Schloorem noch getrunk* O. WILMS: Pälzer Land und Pälzer Lewe. Ludwigshafen 1991, S. 77. Zs.: **Schlorum-bier** n.: eine Biersorte (Pfälz. V 1103), **Schlorem-brühe** f.: „geringer Wein" (Südhess. V 456). - Jidd. *schlorem* „gering" (so BRÄUTIGAM, anders WOLF 4975). - Südhess. V 455/56; Pfälz. V 1103; Hess.-Nass. III 247; WOLF 4975.

**schmadden** schw.: „sich taufen lassen", *schmadde* WOLF-GILARDONE 28 Frankf. V 2747. Abl.: **Schmadder(er)** m.: „Wiedertäufer, Mennonit" AUTENRIETH 125 - Jidd. *schmadden* „taufen", hebr. *schâma'd* „abschneiden, ausrotten, vernichten". - Pfälz. V 1140; Els. II 478; WOLF 4992; ALTHAUS 150; WEINBERG 98/99; WEISS 159; ZIVY 75.

**Schmajes** Gen.?: „Ausdruck der Verwunderung, langes Gerede", *Schmaies* Sh Frankf. V 2748/49, *Schmaajesroel* Frankf. V 2748/49, *Schma-Jesrueihl* „Ausruf der Verwunderung" WOLF-GILARDONE 28. - Nach dem Anfang des jüd. Glaubensbekenntnisses *schma jissroel*, hebr. *sch'ma' jisrâêl* „Höre Israel!". Südhess. Archiv; Hess.-Nass. III 270; WOLF 4994; ALTHAUS 150.; WEINBERG 98; FABER 181.

**Schmalert** f.: „Katze", *Schmaalerd* ARNOLD-Neumühl. 74 HAAB-Carlsberg 5 KLUGE 438 SCHÄFER 18. - Jidd. *semoli* „links, falsch", die Katze als falsches Tier. - Pfälz. V 1142; WOLF 1142.

**Schmanem** m.: „Butter", *Schmaanem* SCHÄFER 41. *Dicker de Schmaanem wie es Leechem* (s. »Lechem«) SCHÄFER 41. - Jidd. *chemme* „Butter", aramäisch *chem'âh* ? oder zu »schummen«?. - Pfälz. V 1148.

**schmen** schw.: „regnen", *schmen* ARNOLD Rotw. 91. - Möglicherweise verkürzt aus jidd. *geschemen* „regnen", hebr. *gäschäm* „Regen". - WEINBERG 64.

**Schmiere** f., m. „Wache (bei Diebereien), Schutzmann", *Schmier, Schmeer, Schmiere* mancherorts Pf Sh Frankf. V 2757 RAPP 253; bes. in der Wendung: *Schmie(r) stehe*. - Jidd. *schmiere* „Wache", hebr. *sch'mîrâh*, von *schâma'r* „hüten, bewachen". Abl.: **Schmieres** m.: „Schutzmann, Polizist" BRÄUTIGAM 62. - Pfälz. Archiv; Südhess. Archiv; WOLF 5020; ALTHAUS 150; KLUGE-SEEBOLD 643; WEINBERG 99.

**Schmonzes, Schmunzes** m.: „Unsinn", *Schmonzes, Schmunzes* vereinzelt Sh Frankf. V 2762 RAPP 253 FRAENKEL 432/33. - Wohl eine Nebenform zu »Schmus«. - Pfälz. Archiv; Südhess. Archiv; ALTHAUS 150; KLUGE-SEEBOLD 644; WEINBERG 99.

**schmoren** schw.: „trinken", *enner schmoore* „einen trinken" BZ-Eußerthal Heuchelheim; Zs.: **be-schmort** Adj.: „betrunken", *beschmóort* KL-Linden PS-

Ruppertsweiler (Pfälz. I 722). Abl.: **schmorig** Adj.: „betrunken", *schmorig* THIELEN 100; **Schmoras** Gen.?: „Kaffee", *Schmorras* KU-Wolfst. - Jidd. *schmoren* „trinken", von jidd. *schmorem* „starker Wein", hebr. *sch'mârîm*. - Pfälz. Archiv; WOLF 5031.

**Schmu, Schmus** m.: „unsinniges, schönfärberisches Gerede, Schwindel, Betrug" u. a., *Schmuu, Schmuus* mancherorts Pf Sh Frankf. V 2763, 2765/66 LENZ 6 RAPP 253 STORCH 248 TAWROGI THIELEN 100 WOLF-GILARDONE 28. Abl.: **schmusen** schw.: „unsinnig, schönfärberisch reden", *schmuuse* mancherorts Pf Sh Frankf. V 2766 ARNOLD-Neumühl. 74 ARNOLD-Rotw. 91 KLUGE 438 LENZ 6 SCHÄFER 51 (mit weiteren Zs: **ab-, an-, be-, verschmusen**); **Schmuser** m.: „Schönredner, Anpreiser beim Viehhandel, Unterhändler" u. a., *Schmuuser* mancherorts Pf Sh (mit weiteren **Zs.: Auf-, Mist-schmuser**); **Schmuserin, Schmusersin** f.: „geschwätzige, schmeichlerische Frau, Gesinde-, Heiratsvermittelerin" vereinzelt Pf Frankf. V 2767; **Schmuserei** f., **Ge-schmus** n: „das Schöntun, Gerede", *Schmuuserei* vereinzelt Pf Sh; **schmusig** Adj.: „schönfärberisch" vereinzelt Sh; Zs.: **Schmu(s)-frau, -geld, -groschen, -kasse, -lappen, -macher, -zettel** mancherorts Pf Sh. - Jidd. *schmus* „Gerede, Gerücht", hebr. *sch'mû'ôth'* „Gehörtes". - Pfälz. Archiv; Südhess. Archiv; Rhein. VII 1507; Els. II 478; Hess.-Nass. III 307; WOLF 5035; ALTHAUS 150/51; KLUGE-SEEBOLD 644, 645; WEINBERG 99; WEISS 159; ZIVY 75.

**Schmul** m.: „Samuel, auch Jude allg.", *Schmuul* KL-Reichenbach vereinzelt Sh Frankf. V 2765 RAPP 253. *De Schmul treibt Hannel met Perd un Kih* KL-Reichenbach. - Jidd. *schmul* „Samuel", hebr. *sch'mû'êl*. - Pfälz. V 744; Südhess. Archiv; ALTHAUS 151.

**Schmus-barjentes** Gen.?: „leeres, einfältiges Gerede", *Schmuus burchendes* BZ-Klingenmünster, *Schmuusberientes, -puriendis, -priendes* Frankf. V 2767. *Schmuß Brientes* WOLF-GILARDONE 28. - Erster Wortteil zu »Schmus«, zweiter Wortteil zwar jidd., doch Hekunft unsicher (vgl. die Diskussion bei WEINBERG 99). - Pfälz. Archiv; Els. II 488/89; FABER 181.

**Schmus-kalaumes** m.: „lügnerisches Gerede", *Schmuusgalaumes* SCHÄFER 44a. - Zs.: aus »Schmus« und »Kalaumes«.

**Schneckenschorum** Ortsname: Zweibrücken, *Schneckeschoorum* KIEFFER Bärmesenser Werterbuch 71 WILMS Zweibrücker Alphabet 49. *Schneckeschnorum* H. SEEBACH Von den Arschkerb bis zu den Zollbüchern. Necknamen. Queichhambach 1983, S. 80. *Unn Schneckeschorum sucht e Grund ... Unn hat sich Bärmesens genumm* E. KIEFFER Bärmesenser Bliderbuch. Pirmasens 1947, S. 15. - Zusammensetzung aus jidd. *schne* „zwei, zweimal" (AVE-LALLEMANT IV 473, WOLF 5070, ALTHAUS 151 WEINBERG 100) und jidd. *gescher* „Brücke", Pl. *geschorim*, hebr. *g'schûr*. - Pfälz. Archiv.

**Schocher** m.: „Nachbar", *Schoocher* FR-Carlsberg Wattenheim. - Jidd. *schochen* „Nachbar", hebr. *schâkên*. - WEINBERG 100.

**Schocher-majim** „Kaffee“ s. »Schokermajem«.

**Schochet** m.: „Metzger“, *Schoochet* Frankf. V 2810; vgl. »Katzuff«. Redensart: *Mehr Schochtem* (Pl.) *wie Hihner* „Mehr Umstände als Ursachen“ Frankf. V 2810. - Jidd. *schochet* „Metzger“, hebr. *schôchêt*; vgl. »schächten«. - ALTHAUS 148 Schauchert; GUGGENHEIM-GRÜNBERG K. 20; WEISS 159; ZIVY 76.

**Schockelchen** n.: „Kartoffel“, *Schokalsche* KL-Landstuhl. - Jidd. *schoka* „er hat im Grund ausgegraben“ (WOLF 5111). - Pfälz. Archiv; Hess.-Nass. III 395; ALTHAUS 151.

**schocken** „kosten“ s. »Schuck«.

**Schocker** m.: „Spieler, Spekulant“, *Schocker* Frankf. V 811; vgl. »Lechemschocker« (unter »Lechem«). - Wie standardsprachlich *Zocker* zu jidd. *zchocken, s-chocken, chocken* „spielen“, hebr. *sch'chok, ß'chock*. - WOLF 6297; WEINBERG 100; KLUGE-SEEBOLD 815.

**Schocker-majim** „Kaffee“ s. »Schokermajem«.

**Schockes, Schokes** m.: „sonderbarer, närrischer, einfältiger Kerl, Spaßvogel“, *Schooges, Schogges* verbr. NWPf mancherorts Pf Sh RAPP 253 THIELEN 102; *de Schoges met eem mache* „hänseln“ KU-Bedesbach. *So e Schogges!* RAPP 253. Abl.: **Schokel, Schokert, Schoko, Schoksert** m., dasselbe, vereinzelt Pf Sh; **schokertzig, schokesig, schokezig, schokig** Adj.: „närrisch, verrückt“ vereinzelt Pf Sh. - Vermutlich wie »Schäkez« zu jidd. *schekes*, Pl. *schekozim* „Knabe, Bursche“. - Pfälz. Archiv; Südhess. Archiv; Rhein. VII 1878 Schuckes.

**schofel** Adj.: „schäbig, schlecht, niederträchtig“, *schoofel* verbr. Pf Sh Frankf. V 2811 ARNOLD Neumühl. 74 HAAB-Carlsberg 6 LENZ 7 RAPP 253 SCHÄFER 57 STORCH 247 TAWROGI, *schowel* SCHUPP 3, *schoufel* mancherorts SOPf StBg WOLF-GILARDONE 28, *schaufel* WOLF-GILARDONE 28; *schofle Masematte* „schlechte Geschäfte“ FR-Carlsberg; *e schofler Kerl* NW-Kallstadt. - Jidd. *schofel* „schäbig“, hebr. *schâphêl* „niedrig“. - Pfälz. Archiv; Südhess. Archiv; Rhein. VII 1703; Lothr. 463; Els. II 399; Hess.-Nass. III 396/97; WOLF 5116; ALTHAUS 152; BERANEK K. 68; MATRAS 291; WEINBERG 100; WEISS 157; ZIVY 74.

**Schofel-bajes** n.: „Gefängnis“, *Schoofelbajes* Frankf. V 2811/12. Zs. aus »schofel« und »Bajes«.

**Schofet, Schofert** m.: „Richter, Bürgermeister“, *Schaufet, Schoufet* WOLF-GILARDONE 28, *Schoofert* HAAB-Carlsberg 1 KLUGE 439 SCHÄFER 13, 41; vgl. »Besschofert«. - Jidd. *schofet* „Richter“, hebr. *schôphêt*. - Pfälz. Archiv; Hess.-Nass. III 397; ALTHAUS 152; WEINBERG 95; FABER 181.

**Schoker, Schoker-majem, Schocher-, Schokele-** m.: „Kaffee", *Schooker* ARNOLD-Neumühl. 74, *Schooger* ARNOLD-Rotw. 91, *Schogg(e)lemajem* Sh RAPP 253 SCHÄFER 42, *Schokle-Majim* TAWROGI, *Schocklemaajem* Frankf. V 2810, *Schocklemayem* WOLF-GILARDONE 29, *Schock(e)lemajum* KU-Erdesbach (Musikantensprache) ARNOLD-Rotw. 91 KLUGE 439. - Erster Wortteil zu jidd. *schocher* „schwarz", hebr. *schâchôr*; zweiter Teil s. »Majem«. - Pfälz. Archiv; Südhess. Archiv; Els. I 452 Schokelakaffee, II 406 Schokäla; ALTHAUS 152; MATRAS 291; WEINBERG 100.

**Scholom** m.: „Friede, Friedensgruß", bes in Grußformeln, *Schollem, Schollum* Frankf. V 2812, *Schaulem alechem* L. ROHR Pfälzische Gedichte, München 1896, S. 208, *Schul'm aleachem* WOLF-GILARDONE 29, *Scholemachei* Sh. - Jidd. *scholom* „Friede", hebr. *schâlôm*. - Pfälz. V 862 Schalom; Südhess. (Archiv: Scholemachei); ALTHAUS 152 Scholem; WEINBERG 100; WEISS 160; ZIVY 76.

**Schomel** m.: „Schildwache", *Schaumel* WOLF-GILARDONE 28. - Jidd. *schomer* „Wächter", hebr. *schômêr,* von *schâmar* „bewachen"; vgl. »Schmiere«. - Pfälz. V 901 Schaumel; WEINBERG 95; FABER 181 Schomer; ZIVY 74.

**Schone** Gen.?: „Jahr", nur in der Grußformel: *Schône tôwe* „ein gutes Jahr" RAPP 253; vgl. »Beschanem«, »Roscheschone«. - Jidd. *schone*, hebr. *schânâh* „Jahr". - Bad. III 21 Jane.

**Schor** m.: „Ochse", *Schor, Schorr* Speyer vereinzelt Sh RAPP 254. - Jidd. *schor* „Ochse", hebr. *schôr*. - Pfälz. Archiv; Südhess. Archiv; WOLF 5130; ALTHAUS 152; WEINBERG 101; WEISS 159.

**Schor-bor** m.: „Bulle", *Schorr-Borr* RAPP 254. - Zusammensetzung aus »Schor« und jidd. *par, por* „Bulle", hebr. *par* „Farren, junger Stier". - WEINBERG 89; WEINBERG 101.

**Schori** f.: „Ware", *Schoori* SCHÄFER 42. *Ich hab mei ganzi Schoori verkient* (verkauft) SCHÄFER 42. Wie »Sechore, Skore, Sore« zu jidd. *sechore* „Ware", hebr. *ß'chôrâh*. - Pfälz. Archiv; ALTHAUS 152 Schore; WEINBERG 101/02.

**Schote, Schoten** m.: „einfältiger, törichter, jähzorniger, spaßhafter, ungebührlicher, geckenhafter Mensch", usw., auch auf Frauen bezogen, *Schoode* verbr. Pf Sh Frankf. V 2823 RAPP 253 SCHÄFER 10 TAWROGI THIELEN 102, *Schoude* mancherorts SOPf StBg, *Schaude, Schude, Schore, Schoure* vereinzelt Pf Sh Frankf. V 2823 LENZ 7 WOLF-GILARDONE 28. Abl.: **schotig, schotelig, schoten-blässig** Adj.: „überspannt, närrisch, verrückt" mancherorts Pf Sh; Zs.: **Schote(n)-binnes, -bläß, -fagot, -franz, -gickes, -haus, -heinrich, -matthias, -meckes, -meier, -melach, -peter, -sabbel** vereinzelt Pf Sh. - Jidd. *schote*, hebr. *schôtäh* „dummer, einfältiger Mensch, Tor". - Pfälz. Archiv; Südhess. Archiv; Rhein. VII 981 Schauten; Els. II 442 Schaute; Hess.-Nass. III 109; WOLF 4830; ALTHAUS 148; GUGGENHEIM-GRÜNBERG K. 19; WEINBERG 95/96; WEISS 157.

**Schraz** m.: „Kind", *Schraads*, Pl. *Schraaze* NW-Haßloch Speyer vereinzelt Sh. - Jidd. *schraz* „Kind", hebr. *schärez* „Wurm", Pl. *schrazîm*; vgl. »Scheres«. - Pfälz. Archiv; Südhess. Archiv; WOLF 5174; Schwäb. V 1133/34.

**Schruze** f.: „Kundin, die sich viele Waren vorlegen läßt, aber nichts kauft", *Schruuds* Kaiserslautern. Abl.: **schruzen** schw.: „Ware besehen und kritisch prüfen, aber nichts kaufen", *schruudse* Kaiserslautern. - Jidd. *schruze* „üble Kundin, die sich viele Waren zeigen läßt, jedoch nichts kauft", *schruzen* „im Laden herumsuchen ohne zu kaufen" (WEINBERG 101); weitere Herkunft unklar, möglicherweise wie bei »Schraz«. - Pfälz. Archiv; Rhein. VII 1835 schruzen.

**Schuck** m.: „Mark, Markt", *Schugg* vereinzelt Sh ARNOLD-Neumühl. 74 ARNOLD-Rotw. 92 HAAB-Carlsberg 2 LENZ 7 RAPP 254 SCHÄFER 43 STORCH 247 TAWROGI, *Schuck* Frankf. V 2838, *Schock* „Markt" SCHÄFER 15, 42; *uf de Schuck gehe* „auf den Markt, Handel gehen" RAPP 254. *Ich hawem for die Schoori jus Schuck genosent* „Ich habe ihm für die Ware 10 Mark gegeben" SCHÄFER 43. Abl.: **schucken** schw.: „kosten, seinen Preis haben, sein", *schucke* Frankf. V 2838 ARNOLD-Neumühl. 74 ARNOLD-Rotw. 92 KLUGE 439 SCHÄFER 51, *schocke* Frankf. V 2810. *Was schuckt die Schoori?* SCHÄFER 51; Zs.: **Schuck-freier** m.: „Marktverkäufer", *Schockfreier* SCHÄFER 14/15. - Jidd. *schok, schuk* „Markt", hebr. *schûk* „Platz, Straße". - Pfälz. Archiv; Südhess. Archiv; Frankf. V 2838; WOLF 5109; ALTHAUS 153; MATRAS 291; WEINBERG 101; WEISS 160; FABER 181; ZIVY 77.

**Schuf** m.: „Gold, Gulden", *Schuuf* Frankf. V 2838. - Möglicherweise zu »Sohuf« oder zu rabbin. *schûf* „glänzend, poliert, glatt".

**Schulchan-aruch** m.: „Sittenkodex", nur in der Wend.: *Jeder macht sich selbst saan Schulchan Aruch* „jeder macht was er will, wird nach seiner Fasson selig" Frankf. V 2841. - Jidd. *schulchan-aruch* Gesetzesbuch, Kompendium des Talmud des Josef Karo, hebr. *schulchân 'arûch*, wörtl. „gedeckter Tisch". - WEINBERG 101; WEISS 160.

**schummeln** schw.: „betrügen, mogeln, schwindeln", *schumm(e)le* mancherorts Pf Sh THIELEN 103. Abl.: **Schummel** m.: „Betrug, Mogelei" Sh; **Schummeler** m.: „Betrüger" Sh; Zs.: **be-schummeln** schw.: „betrügen", *beschúmm(e)le* verbr. Pf Sh RAPP 239, *beschómmele* vereinzelt WPf (Pfälz. I 723; Südhess. I 715/16). - Zu *Schumler* „Jude aus Schum" (d. i. die Gegend zwischen Speyer, Worms, Mainz, Akrophon aus den hebräischen Anfangsbuchstaben Schin = Speyer, Waw = Worms und Mem = Mainz (ALTHAUS 119/120). - Pfälz. Archiv; Südhess. Archiv; Rhein. VII 1892; Els. II 415.

**schummen** Adj.: „fett", *schumme* ZW-Bechhofen, NW-Haßloch, *schummen* LA-Böbingen, *schommen* Sh. *Das Perd is schumme* „gut gefüttert" ZW-Bechhofen. Abl.: **Schummen** „Fett", *Schummen* RAPP 254, *Schumme* (hier Bed. „Seife") HAAB-Carlsberg 2, *die Schuume* SCHÄFER 43; Zs: **be-schummeln** schw.: „einschmieren, einfetten", *beschúmmele* AZ-Gau-Bickelheim (Südhess. I 715). - Jidd. *schomen*

„fett", hebr. *schômên.* - Pfälz. Archiv; Südhess. Archiv (Schomme, schommen); Bad. III 488 loschumen „mager", mit Hinweis auf Schummen „Fett"; WOLF 4865; ALTHAUS 152 schommen; WEINBERG 101; ZIVY 76.

**Schunnre** f.: „Katze", *Schunnere* SCHÄFER 18. - Jidd. *schunre* „Katze", rabbin. *schunrâ.* - Pfälz. Archiv; Hess.-Nass. III 470; WEINBERG 101; WEISS 160.

**schwächen** schw.: „trinken, zechen", *schwäche* NW-Rödersheim Ludwigshafen KL-Linden ARNOLD-Neumühl. 74 ARNOLD-Rotw. 92 HAAB-Carlsberg 3. *Die Doktern awwer hat gemäänt: Gaatsch* „Mann", *du nit so viel schwäche!* H. PONADER Die Brotschublad. 3. Aufl. Grünstadt 1984, S. 84. Abl.: **be-schwächt** Adj.: „betrunken", *beschwächt* ARNOLD-Neumühl. 73. - Jidd. *schwächen,* zu hebr. *schâpha'ch* „gießen". - Pfälz. Archiv; Rhein. VII 1979; Els. II; WOLF 5219.

**schwanem** Zahlwort: „achtzig", *schwânem* RAPP 254 KLUGE 439 SCHÄFER 60. - Jidd. *schmanem,* hebr. *sch'mônîm* „achtzig". - Pfälz. Archiv; WOLF 6437; ALTHAUS 138/39; MATRAS 291; WEINBERG 99; WEISS 159.

**Schwues** n.: „Pfingsten", *Schwuues* Frankf. V 2887. - Jidd. *schwues* „Wochenfest, Pfingsten", hebr. *sch'bû'oth.* - GUGGENHEIM-GRÜNBERG K. 42; WEISS 157.

**Sechel** m.: „Verstand, Überlegung", *Seechel* AUTENRIETH vereinzelt Sh Frankf. V 2889, *Séigkel, Seigel* WOLF-GILARDONE 29. - Jidd. *sechel* „Verstand, Klugheit", hebr. *ßächel.* Pfälz. Archiv; Südhess. Archiv; Schwäb. V 1302; WOLF 5291; ALTHAUS 153; MATRAS 291; WEINBERG 102; WEISS 160; ZIVY 73.

**Sechore** f.: „Ware", *Sechaure* Frankf. V 2889. - Wie »Schori, Skore, Sore« zu jidd. *sechore* „Ware", hebr. *ß'chôrâh.* - WEISS 159..

**Seferuf** f.: „Wurst", *Seeferuf* KLUGE 439, *Seferuf* ARNOLD-Rotw. 92, *Sefferuff* SCHÄFER 43, *Seffroff* HAAB-Carlsberg 4. - Jidd. *sow(e)a roow* „gesättigter Hunger". - Pfälz. Archiv; WOLF 5301.

**Seibel, Sewel** m.: „Durchfall, Kot, Schmutz" u. a., *Säävel, Saawel* u. a. mancherorts Pf Sh Frankf. V 2889 RAPP 251. Dazu zahlreiche Abl. und Zs.: **seibeln, seibelig, Seiber** u. a. - Nur wenige der in den westmitteldeutschen Mundartwörterbüchern genannten Belge dürften unmittelbar aus dem jüdischdeutschen *sewel* „Mist, Kot", übernommen sein. Die meisten Mundartbelege sind zu einer erbwörtlichen Gruppe *seifern, seibern* „tropfen, geifern" (vgl. mhd. *seifer* „Speichel, Geifer, Schaum") zu stellen, aus denen auch das jiddische Wort stammt. - Pfälz. Archiv; Südhess. Archiv; Rhein. VIII 30; Lothr. 430; Els. II 329; WOLF 5299; WEINBERG 102.

**Seibel-bais** n.: „Abtritt", *Seebelbais* ARNOLD-Rotw. 92 KLUGE 439, *Säwelbais* RAPP 251. - Zs. aus »Seibel« und »Bajes«. - Pfälz. Archiv; Südhess. Archiv (Sewelbajes); MATRAS 291.

**Sekes** m.: „schlechter Mensch, Soldat“, *Sekes* ARNOLD-Rotw. 92, *Seekes* KLUGE 439. - Jidd. *schekez* „Christenjunge, Bursche“, hebr. *schêkez* „Greuel, Abscheu“; vgl. »Schäkez«. - Pfälz. Archiv; WOLF 4837.

**sela** Interj.: „fertig, basta, genug“, *seela* Frankf. V 2902. - Jidd. *sela*, hebr. *sälâh* „Pausenzeichen am Schluß von Psalmversen“.

**Simmche** f.: „Freude“, *Simmche* WOLF-GILARDONE 29, *Simmches* Frankf. V 2916. - Jidd. *ßimche* „Freude“, hebr. *ßimchâh*. - WEINBERG 103; GUGGENHEIM-GRÜNBERG K. 21; MATRAS 291; WEISS 159; FABER 181.

**Skore** f.: „Ware“, *Skoore* ARNOLD-Neumühl. 75 ARNOLD-Rotw. 91 HAAB-Carlsberg 7 KLUGE 439 Frankf. V 2820, *Skoori* SCHÄFER 42; vgl. »Metteskore«. Zs.: **Schmies-skore** f.: „Weißwaren“, (1. Teil zu frz. *chemise*) *Schmiesskore* ARNOLD-Rotw. 91. - Wie »Schori, Sechore, Sore« zu jidd. *sechore* „Ware“, hebr. *ß'chôrâh*. - Pfälz. Archiv.

**Skoze** Gen.?: „Hälfte, fünfzig Pfennig“, *Skoutse* ARNOLD-Rotw. 91 KLUGE 439, *Skootze* SCHÄFER 52, *Skoozje* (Dim.) SCHÄFER 43. *Die dun uff em Assgen* (Handel) *skootze mache* „Sie teilen beim Handel“ SCHÄFER 52. - Jidd. *choze* „Hälfte“, hebr. *chazî*; vgl. »koze«.

**Socher** m.: „Kaufmann“, *Soocher* ARNOLD-Neumühl. 74 ARNOLD-Rotw. 92 KLUGE 439. - Jidd. *socher, sochrer* „Händler“; vgl. »schachern«. - ALTHAUS 153 Soger; WEINBERG 94; WEISS 161; FABER 181/82; ZIVY 73.

**Socken** m., f.: „alte, heruntergekommene, schlechte Person“ u. a., *Sogge* mancherorts Pf Sh BRÄUTIGAM 62 THIELEN 104. - Jidd. *soken* „Bejahrter, Greis“, hebr. *sâkên*. - Pfälz. Archiv; Südhess. Archiv; WOLF 5376.

**Soden** m.: „Satan, Teufel“, *Soodem* KLUGE 439, SCHÄFER 42, *Suuden* RAPP, *Suten* WOLF-GILARDONE 29, *Souten* Frankf. V 2933. - Jidd. *soton, suten* „Satan“, hebr. *ßâtân*. - Pfälz. V 761 Satan; WOLF 5370; WEINBERG 103; WEISS 161; ZIVY 73.

**Sohuf** m.: „Gulden“, *Sohufs* (Pl.) WOLF-GILARDONE 29. - Jidd. *sohoff* „Gold, Gulden“, hebr. *sâhâb*. - WOLF 5375; WEINBERG 125; WEISS 161; LEVY 81.

**soin** „sieben“ s. »sain«.

**Sore** f.: „Ware“, *Sore* BRÄUTIGAM 60. - Wie »Schori, Sechore, Skore« zu jidd. *sechore* „Ware“, hebr. *ß'chôrâh*. - Pfälz. Archiv. - WEINBERG 125.

**Soruf** m.: „Schnaps“, *Sooruf* ARNOLD-Neumühl. 74 ARNOLD-Rotw. 92 HAAB-Carlsberg 4 KLUGE 439 SCHÄFER 43 vereinzelt Sh. - Jidd. *sorof* „gebrannt“, hebr. *ßâra'ph* „brennen“. - Pfälz. Archiv; Südhess. Archiv; Rhein. VIII 234; Hess.-Nass. III 629; WOLF 5379; ALTHAUS 154; MATRAS 292.

**Srore** m.: „feiner Herr“, nur in der Wend.: *Sie komme wie die Srores unn gehn wie die Maurer* „unpünktlich kommen und pünktlich gehen“ Frankf. V 2989. - Jidd. *srorem* „große Herren, Herrschaft“, hebr. *ß' rârîm*. - FABER 182.

**stikem, stikum** Adj.: still, schweigsam“, *stiigem, stiichem, stiggem, stiggum* u. ä., verbr. Pf Sh LENZ 7 RAPP 252 ARNOLD-Neumühl. 74 ARNOLD-Rotw. 92 KLUGE 439 SCHÄFER 57 STORCH 248, *stiekum* THIELEN 107. *Stiegem, die Koodem dorme!* „Ruhe, die Kinder schlafen“. Abl.: **Stike(m)** f.: „Stille, Schweigen“ Frankf. V 3049. **stikenen** schw.: „schweigen“, *stigene* Frankf. V 3049. **Stikemer** m.: „ruhiger, aber auch hinterhältiger Mensch“, *Stigemer* RAPP 252. - Jidd. *schtike* „Schweigen“, rabbin. *sch' thîkâh* „Schweigen“. - Pfälz. Archiv; Südhess. Archiv; WOLF 5167; ALTHAUS 153; MATRAS 291; WEINBERG 103; WEISS 157; FABER 182; ZIVY 76.

**Stuß** m.: „Unsinn“, *Stuß* verbr. Pf Sh Frankf. VI 3180 LENZ 7 RAPP 252 TAWROGI THIELEN 109 WOLF-GILARDONE 29. *Mach kää so Stuß!* Kaiserslautern. Abl.: **Stussel, Stusser** m.: „begriffstutziger, närrischer, alberner Mensch“ u. ä; **stussig, stusselig** Adj.: „närrisch“ u. a.; **stussen, stusseln** schw.: „Unsinn machen“ u. a.; Zs: **be-stußt** Adj.: „verworren, närrisch, betrunken“, *bestúßt* mancherorts Pf Sh Frankf. I 312 RAPP 240, *bestússelt* MZ-Nieder Olm (Pfälz. I 738, Südhess. I 728 bestusseln, bestussen); **Stuß-bappeler, -macher, -peter** m. usw. - Jidd. *stuss* „Unsinn, Albernheit“, rabbin. *sch' tûth*. - Pfälz. Archiv; Südhess. Archiv.; WOLF 5692; ALTHAUS 153; WEINBERG 103; WEISS 157; ZIVY 76.

**Suckes** f.: „Laubhüttenfest“, *Suckes, Suckoo* Frankf. VI 3116. Redensart: *Nach Suckes komme die Esrogem* (vgl. »Esrogim«) „etwas kommt zu falschen Zeit, verspätet“ Frankf. VI 3116. - Jidd. *sukes* „Laubhüttenfest“, rabbin. *ßukkôth*. - GUGGENHEIM-GRÜNBERG K. 27; MATRAS 291; WEINBERG 103/04.

**Suden** „Satan“ s. »Soden«.

**Sus, Susem** n., **Susemer** m.: „Pferd“, *Suss* Sh RAPP 254, *Sussem* KL-Neumühle ARNOLD-Neumühl. 74 ARNOLD-Rotw. 92 HAAB-Carlsberg 5 SCHÄFER 17 KLUGE 439 Sh, *Zossen, Zussum* KLUGE 439, *Sussemer* RAPP 254. - Jidd. *sus* „Pferd“, Pl. *susim*; hebr. *ßuß*. - Pfälz. Archiv; Südhess. Archiv; Rhein. VIII 1010 Susemchen; WOLF 6390; ALTHAUS 154; MATRAS 291; WEINBERG 104; WEISS 161.

**Tacheles** m.: „Sinn, Zweck, Ende, Klartext“, *Tacheles* BRÄUTIGAM 62 THIELEN 111, *Dachles* Frankf. VI 3129. - Jidd. *tachles* „Zweck, Ziel“, hebr. *taklîth* „Ende, Äußerstes“. - KLUGE-SEEBOLD 718; WEINBERG 104; ZIVY 77.

**Tachrichem** n.: „Sterbekleid“, *Dachrichem* Frankf. VI 3129. - Jidd. *tachrichem* „Sterbekleid“, hebr. *thachrîchîm*. - LEVY 81; BERANEK K. 80; GUGGENHEIM-GRÜNBERG K. 12.

**Tal** m.: „Tau (Niederschlag)“, *Taal* Frankf. VI 3136; *Tal benschen* „um Tau (und Regen) beten“ Frankf. VI 3136. - Jidd., hebr. *tal* „Tau“.

**Talmud** m.: „Sammlung jüdischer Glaubenslehren, Talmud", *Dalmed* WOLF-GILARDONE 27, *Dalmud* AZ-Gau-Bickelheim WOLF-GILARDONE 27. Redensart: *Du brauchscht meer de Dalmud net ausseleeje!* „Ich brauche deine Belehrungen nicht!" AZ-Gau-Bickelheim. - Jidd. *talmud* „Talmud". - Pfälz. II 59; Südhess. I 1335; Bad. I 410.

**Tatsch, Tatsche, Tatscher** m., f.: „Kartoffelpfannkuchen, fladenartiges Gebäck, gezopfte Mohnbrote der Juden, Kuchensorte" u. ä., *Dotsch* mancherorts Pf, *Datsch* ER-Klein-Gumpen, *Datsche* vereinzelt StBg, *Daatsche* Frankf. I 460/61, *Datsche* (Pl.) BZ-Oberschlettenbach, *Datscher* LA-Roschbach mancherorts Sh. - Jidd. *tatscher*. Wenn auch das im Jidd. gut bezeugte Wort bisweilen an eine hebr. Etymologie angeschlossen wird: nach Sprüche 10, 22 „Der Segen Gottes macht reich (*ta'aschîr*)" = Brot als Sinnbild des Gottessegens (so bei TAWROGI, WEINBERG 127) oder zu hebr. *darasch* „(die Schrift) auslegen" (so Frankf. I 461), so kann bei dem ebenfalls in Hessen und Thüringen gut bezeugten Wort auch eine deutsche Herkunft, z. B. zu *tatschen* „mit der Hand kneten, flachschlagen" u. ä. möglich sein. - Pfälz. II 137, 139; Südhess. I 1410, 1412, 1414; BERANEK K. 73; GUGGENHEIM-GRÜNBERG K. 46; WEINBERG 127.

**Tefille** n.: „Gebetbuch", *Tefílle, Tefilós* Frankf. VI 3164. - Jidd. *tefille* „Gebetbuch", hebr. *th'phîlâh*; vgl. »Diffele«. - WEINBERG 105; BERANEK K. 77; ZIVY 77.

**teilachen** schw.: „gehen, schnell gehen, zielstrebig gegen, hausieren", *teilache* KLUGE 439 SCHÄFER 52, *tailache* ARNOLD-Rotw. 92, *deelache* KLUGE 439. - Jidd. *taleche* „gesandt werden". - WOLF 5790; WEINBERG 105.

**tess** Zahlwort: „die Zahl neun", *tiss* RAPP 254 STORCH 247, *dess* HAAB-Carlsberg 7 KLUGE 439 SCHÄFER 59. - jidd. *tess*, hebr. *têth* „Zahlbuchstabe für 9". - WOLF 6437; ALTHAUS 138/39; MATRAS 292; WEINBERG 105.

**Tillem** Pl.: „Psalmen", nur in der Redensart: *Dillem stoppt* Frankf. VI 3186, nach einer unter Juden verbreiteten Ansicht, daß das Rezitieren von Psalmen gut gegen Durchfall sei (WEINBERG 105/06). - Jidd. *tillem* „Psalm", hebr. *th'hillîm*.

**Tinnef** m.: „minderwertige Ware", *Tinnef* mancherorts Pf Frankf. VI 3186 BRÄUTIGAM 61 SCHÄFER 44 TAWROGI THIELEN 111. - Jidd. *tinef* „Unrat, Dreck", rabbin. *tinnûph*. - Pfälz. II 290; WOLF 5830; ALTHAUS 154; WEINBERG 106; ZIVY 78.

**Tippel** m. (n.): „Fallsucht, schwerer gesundheitlicher Schaden, wirtschaftlicher Ruin", *Dippel* mancherorts Pf AZ-Siefersheim WO-Dittelsheim WOLF-GILARDONE 27, *Dibbul* Frankf. VI 3188; *Tippel auf den Rosch* „Schlag auf den Kopf" TAWROGI. *Er hot de Dippel* NW-Geinsheim. Verwünschung: *Krie des Dippel!* R. MÜLLER Pälzer Luscht un Lewe, Kaiserslautern 1902, S. 15. Zs.: **Ge-tippel** n.: „Fallsucht", *Gedíppel* BZ-Dernbach. *Ich will's Gedippel un 's Gedaages kriege!* (Ausruf) BZ-Dernbach (Pfälz. III 281, V 70); auch in der Zs.: **Narren-getippel** n.: „Verrücktheit" *Narregetippel* NW-Herxh (Pfälz. V 70). - Jidd. *tippel* „Epilepsie", hebr. *tippôl*

„er wird fallen“. - Pfälz. II 293; Südhess. I 1535; Rhein. I 1370; Bad. I 599; WOLF 5832; WEINBERG 106; ZIVY 78.

**tof, duft** Adj.: „gut, prima“; *doff* FR-Neuleiningen NW-Geinsheim AZ-Vendersheim Frankf. VI 3196 HAAB-Carlsberg 6 RAPP 241 WOLF-GILARDONE 29, *toff* ARNOLD-Rotw. 92 Frankf. VI 3196, *dobbche, doobche* (Dim.) vereinzelt Sh, *taufe* Frankf. VI 3196, *duft, duffde, tuffde* vereinzelt Pf Sh; vgl. »lotef, Masseltof«; *e doffe Baisrool* „ein guter Israelit“ RAPP 241; *e doofter Kunde* KÜHN Aus der Hamet, Kaiserslautern 1911, S. 104. *Doffe Jamm!* „Guten Tag!“ NW-Geinsh. - Jidd. *tof* „gut“, hebr. *tôb*, wobei die Typen *doff* und *duft(e)* offensichtlich auf unterschiedlichen Wegen übernommen wurden. - Pfälz. II 596; Südhess. I 1556, 1808; Rhein. VIII 1221; Els. II 657; Bad. I 494; WOLF 5849; ALTHAUS 155; MATRAS 289; WEINBERG 105.

**Tofel-emane** „Katholik“ s. »Dofel-eman«.

**Tofes** „Gefängnis“ s. »Dofes«.

**Tore** f.: „Thora“, *Toure* WOLF-GILARDONE 29. - Jidd. *tore*, hebr. *thôrâh*.

**trefe, trefer** Adj.: „unrein“, bes. vom Fleisch, im Gegensatz zu »koscher«, *tref* RAPP 254, *dreefe* Kaislt AZ-Siefersheim Fürfeld Vendersheim RAPP 254, *treefe* Frankf. VI 3228, *drääfe* Darmstadt, *dräife, dräiwe* ER-Berrfelden BE-Heppenheim LENZ 7, *treive* WOLF-GILARDONE 29, *dreefer* AZ-Gau-Bickelheim Vendersheim, *dräfer* MZ-Selzen BE-Biblis, *dräifer* ER-Höchst WO-Dittelsheim, *trewwer* Frankf. VI 3228 STORCH 248. - Jidd. *trefe*, hebr. *t'rêphâh* „unrein, nicht rituell geschlachtetes Tier“. - Pfälz. II 460; Südhess. I 1692; Rhein. VIII 1341; Els. II 743; Bad. I 543; WOLF 5894; ALTHAUS 154; MATRAS 292; WEINBERG 107; ZIVY 78.

**Tschuwe** m., f.: „Antwort“, *Tschuuwe, Schuuwe(r)* Frankf. VI 3258. *Er weiß awwer en Schuwe* Frankf. VI 3258. Sprichwort: *kan Tschuwe is aach e Tschuwe* Frankf. VI 3258. - Jidd. *tschuwe* „Antwort“, hebr. *th'schûbâh*. - WEINBERG 108; BERANEK K. 84; ZIVY 78.

**Ujem** m., n.: „Aufwand, Durcheinander, Ungemach“, *Ujem* RO-Odernheim, *Ujum* THIELEN 115 BUSS/WESTERMANN So redd mer in Zelemochem. Bad Kreuznach 1978, S. 108; vgl. »Nujem«. - Wohl aus dem Hebräischen, wie auch Rhein. IX 34 *Ujjum* angibt, das das Wort aus den Kreisen Birkenfeld und Kreuznach meldet. Weitere Herkunft? Möglicherweise zu jidd. *ha-jom* „der Tag“ im Sinne von „Alltag, Alltagstrott“? - Pfälz. Archiv; Rhein. IX 34 Ujjem.

**Ukes** m.: „Kuchen“, *Ukes* Frankf. VI 3293; vgl. »Matzenukes«. Jidd. *uges* „Kuchen“, hebr. *ûgôt* (So Frankf. VI 3239). - WEINBERG 108: *ugges(chen)* „Plätzchen“.

**Un-massel** „Unglück" s. »Massel«.

**Uschpes** m.: „Wirt", *Uschbes* SCHÄFER 12, *Juschpes* KLUGE 438, *Juschbes* HAAB-Carlsberg 3 SCHÄFER 12. - Jidd. *oschpis*, „Wirtshaus", rabbin. *oschpîsa* dies aus lat. *hospitium* (LEVY 81). - WOLF 2240; MATRAS 292; WEINBERG 108; FABER 179 Oschbeser.

**uzen** schw.: „necken, ärgern", *uudse* verbr. Pf Sh; mit vielen Abl. und Zs. - Das Wort, das auch im älteren Jidd. vorkommt, ist in seiner Herkunft unsicher; WOLF 6012 nimmt polnische Herkunft an; KLUGE-SEEBOLD 745 nimmt Bildung von *Uz* „Ulrich" (entsprechend *hänseln-Hans*) an, während BISCHOFF 68 von hebr. *'ûz* „bedrängen", rabbin. *'azâh* „bedrängen, schmähen" ausgeht. - Pfälz. Archiv; Südhess. Archiv; ALTHAUS 155.

**ver-chasmen** „versiegeln" s. »chasmen«.

**ver-knassen** „verurteilen, bestrafen" s. »knassen«.

**ver-kohlen** „veralbern, beschwindeln, überlisten" s. »Kohl«.

**ver-kimmeln** „verkaufen" s. »kimmeln«.

**ver-mackesen** „verprügeln" s. »Mackes«.

**ver-makeiemen** „verprügeln" s. »makaiemen«.

**ver-masseln** „verpfuschen, verderben" s. »Massel«.

**ver-massern** „verraten" s. »massern«.

**ver-schachern** „verkaufen" s. »schachern«.

**ver-schaskenen** „vertrinken" s. »schaskenen«.
**Walmüsch** Gen.?: „Männerrock", *Walmüsch* ARNOLD-Neumühl. 74 ARNOLD-Rotw. 93 KLUGE 439. - Gleicher Herkunft wie »Malbisch«.

**wiwerach, fiwerach** Adv.: „fort, weg", *fiwwerach* WO-Gimbsh RAPP 242, *fiiwerach* ARNOLD-Rotw. 86 LENZ 3 SCHÄFER 54, *fiberach* HAAB-Carlsberg 6, *vivrach* WOLF-GILARDONE 29, *fiwra* MZ-Essenheim. *Er is fiwerach* MZ-Essenheim; vgl. »iwerach, schiwerach«. - Hebr. *wa-jîw'rach* „und er entfloh" (Moses I 31, 21, Hosea 12, 13) - Südhess. II 756 fiwrach; WOLF 1422; AVE-LALLEMANT IV 423; ALTHAUS 108/09, 156; MATRAS 289; WEINBERG 109; WEISS 163; LEVY 79.

**wof, fof, fauf** Zahlwort: „sechs", *woff* vereinzelt Sh RAPP 255 STORCH 247, *fôf* KLUGE 439 SCHÄFER 59, *fof* HAAB-Carlsberg 7, *fauf* KLUGE 439. - Jidd. *wow*, hebr. *wâw* „Zahlbuchstabe für 6". - Südhess. Archiv. - WOLF 6437; ALTHAUS 138/39; WEINBERG 108; WEISS 163.

**Zall, Zallmer** m.: „Kreuzer", *Zall, Ssall, Zallmer, Ssallmer* WOLF-GILARDONE 29; vgl. »Zelemochum«. - Aussprache der Anfangsbuchstaben von jidd. *zelem* „Kreuz", hebr. *zälem* „Abbild". - FABER 182; ZIVY 81.

**Zasser** m.: „Hehler, beim Viehhandel", *Dsasser* ER-Höchst. - Jidd. *sasser, sarser* „Ausspäher, Vermittler, Makler", rabbin. *sarsûr*; vgl. »Balzasser«. - Südhess. V 72 Sasser; WOLF 4742; WEINBERG 93; WEISS 156; ZIVY 72.

**Zasseres** n., m.: „Maklergeld, Geld, Trinkgeld", *Zasseres* verbr. Pf mancherorts Sh HAAB-Carlsberg 5 LENZ 7 RAPP 255 STORCH 247, *Zasseras* mancherorts Pf TAWROGI Frankf. V 2602, *Zasseruss* vereinzelt NPf, *Zasseluss* KU-Adenbach, *Zacheras* Frankf. V 2602, *Zacheres* KL-Kottweiler-Schwanden, *Zasserich* RO-Falkenstein, *Sasseras* DI-Reinheim ER-Breitenbrunn Worms Frankf. V 2602, *Sasseress* NW-Frankeneck, *Ssasseres, Casseres* WOLF-GILARDONE 29. *Do kricht dann der Makler ach widder sein Zasseras dervo* Frankf. V 2602. *Der hot Zasseres* „Er ist reich" GH-Kandel. *Es fehlt mer des nedige Zasseres* LU-Oppau. *Unn so isch vun alle Seite do e bissel Zasseres ins Haus kumme, so daß 's ke Not gewwe hot* HARTMANN De Unkel aus Amerika. Ausgabe Neustadt 1954, S. 93. Abl.: **Ge-zasseres** n.: „Wechselgeld", *Gezasseres* Kusel KÜHN Hoch die Palz, Neustadt 1910, S. 1 (Pfälz. III 307). - Jidd. *sarseras, sasseras* „Maklergeld" zu »Zasser«; nach TAWROGI Umbildung aus *messessres* „Provision". - Südhess. V 72 Sasseras, Zasseras (Archiv); Rhein. VII 748; Hess.-Nass. III 32; WOLF 4742; ALTHAUS 145 Sasseras; WEINBERG 94; WEISS 156.

**Zedocke** f.: „Almosen", *Tsedóoge* Frankf. VI 3619. - Jidd. *zedoke* „Gerechtigkeit, Wohltätigkeit", hebr. *zedâkâh.*

**zekenen** schw.: „laut werden, schreien", *zekene* SCHUPP 3; Abl.: **Zekes** Gen.?: „Geschrei", *Zekes* TAWROGI. - Jidd. *zekenen* „schreien, schimpfen", hebr. *zâ'ak* und jidd. *zekes* „Geschrei", hebr. *za'akôth* (Pl. zu *za'akâh*); **Ge-zekes** n.: „Wortstreit, Zank, Geschrei"; *Gezeekes* mancherorts Rhh (Südhess. II 1347). - WOLF 6331; WEINBERG 110; BERANEK K. 11; WEISS 162; ZIVY 81.
**Zelem** Gen.?: „Kreuz", *Zeenem* ARNOLD-Rotw. 93 KLUGE 439, *Tseilem* Frankf. VI 3624. Abl.: **zalmenen** schw.: „das Kreuz machen", *zalmenen* SCHUPP 3. - Jidd. *zelem* „Zeichen, Kreuz", hebr. *zälem* „Abbild"; vgl. »Zelem-mokem«; ALTHAUS 156; WEINBERG 109; WEISS 162; FABER 182.

**Zelem-mokem, -mochum** Ortsname: „Kreuznach", *Zellemochum* TAWROGI THIELEN 125, *Zellemoochem* RO-Obermoschel Duchroth-Oberhausen, *Zellem-Mokem, -Mochem* RAPP 255, *Zeenem-moogum* KLUGE 439, *Cella Mogum* STORCH 244; nach FABER 182 auch für Heilig-Kreuz im Elsaß. - Zs. aus »Zelem« „Kreuz" und »Mokem« „Platz, Stadt"; vgl. »Ischmokem«. - Pfälz. Archiv; Südhess. Archiv.

**Zische-battem** Ortsname: „Sachsenhausen bei Frankfurt", *Tsischebattem* Frankf. VI 3643. Zs. aus jidd. *schische* „sechs" und *battim*, dem Pl. zu »Bais«, wörtl. also „sechs Häuser".

**Zomes** Pl.: „Knochen", nur in der Abl.: **Ge-zomes** n.: „Knochen", *Gezóomes* RAPP 242/43. - Jidd. *azomes* (Pl.), hebr. *äzem*, Pl. *'azâmoth* „Knochen". - ALTHAUS 116; WEINBERG 62 Äizem, pl. Azomes, Zomes, Zumes; WEISS 132 Atsumes.

**Zores** m.: „Scherereien, Auseinandersetzung, Streit, Lärm, lärmende Kinderschar, Gesindel", *Zoores* verbr. Pf Sh Frankf. VI 3647/48 ARNOLD-Rotw. 93 BRÄUTIGAM 60 KLEIN Deutsches Provinzialwörterbuch 1792, S. 249 LENZ 7 RAPP 255 SCHÄFER 44 STORCH 248 TAWROGI THIELEN 126; *Zores mache* „lärmen, streiten" KL-Fischbach. *Doo war e Zores!* KB-Zell. *Die hawwen dauernd Zores* LU-Oppau. *D'r Schorsch, der lebt mit seiner Fraa / Im Zores schun seit Woche* KÜHN Pälzer Schnitze I. Kaiserslautern 1901, S. 36. *Drum gebt's bei Pälzer Eheleit / fascht niemols Zores oder Streit* P. MÜNCH Gesammelte Werke I, S. 230. Abl.: **zoresen** schw.: „streiten" u. ä. **Ge-zores** n.: „Vorwürfe, Streit, lärmende Kinderschar", *Gezóores* mancherorts Pf Sh. *De Babbe war im Kino letscht, un mit'm 's ganz Gezores* HANNS GLÜCKSTEIN Ernscht uns Schbaß, Heidelberg 1922, S. 27 (Pfälz. III 308; Südhess. II 1348; Bad. II 411). Zs.: **Zores-kor** n.: „Gesindel", *Zoreskoor* vereinzelt Pf; **-kram** m.: „Lumpenzeug", *Zoreskram* Frankf. VI 3648; **-mächer** m.: „Radaubruder", *Zoresmächer* IB-Ensheim. - Jidd. *zore*, Pl. *zoress* „Leiden, Plage", hebr. *zârâh*. - Pfälz. Archiv; Südhess. Archiv; WOLF 6387; ALTHAUS 156; WEINBERG 110; FABER 183.

**Zossen, Zussum** „Pferd" s. »Sus«.

**Abgekürzt zitierte Quellen, Literatur:**


ALTHAUS = Hans Peter Althaus: Jüdisch-hessische Sprachbeziehungen. In: Zeitschrift für Mundartforschung 30. 1963, S. 104-156.

ARNOLD-Neumühl. = Hermann Arnold: Neumühler Jenisch. In: Mitteilungen der Pollichia, III Reihe, Bd. 14. 1967, S. 72-75.

ARNOLD-Rotw. = Hermann Arnold: Rotwelsch. In: ders.: Vaganten, Komödianten, Fieranten und Briganten. Stuttgart 1959, S. 82-93.

AUTENRIETH = Georg Autenrieth: Pfälzisches Idiotikon. Ein Versuch. Zweibrücken 1899.

AVE-LALLEMANT = Friedrich Christian Benedict Avé-Lallemant: Das deutsche Gaunerthum Bd. I-IV. Leipzig 1856-1862.

Bad. = Badisches Wörterbuch. Bearbeitet von Ernst Ochs, fortgeführt von Gerhard W. Baur. Lahr 1927 ff.

BERANEK = Franz J. Beranek: Westjiddischer Sprachatlas. Marburg 1965.

BISCHOFF = Erich Bischoff: Jüdisch-deutscher und deutsch- jüdischer Dolmetscher. Kurzgefaßtes Wörterbuch für Handel und Verkehr. 4. vollständig umgearbeitete Auflage Leipzig 1916.

BRÄUTIGAM = Kurt Bräutigam: Jiddische Wörter in der Pfälzer Mundart. In: Bräutigam, K./Lehr R.: Muddersprooch, Bd. III Karlsruhe 1981, S. 59-62.

CREC. = Wilhelm Crecelius: Oberhessisches Wörterbuch. Darmstadt 1897-1899.

Els. = Ernst Martin und Hans Lienhart: Wörterbuch der elsässischen Mundarten. 2 Bde. Straßburg 1899-1907.

FABER = C.W. Faber: Zur Judensprache im Elsass. In: Jahrbuch für Geschichte, Sprache und Litteratur Elsass-Lothringens. Straßburg 13. 1897, S. 171-183.

FRAENKEL = Meir Fraenkel: Erkannte jüdische, verkannte deutsche Ausdrücke in der Umgangssprache. In: Nordpfälzer Geschichtsverein 40.1960, S. 429-433 und 43.1963, S. 38-40.

Frankf. = Frankfurter Wörterbuch. Aufgrund des von J. J. Oppel und H. L. Rauh gesammelten Materials herausgegeben von Wolfgang Brückner. 6. Bände Frankfurt 1971-1985.

GUGGENHEIM-GRÜNBERG = Florence Guggenheim-Grünberg: Jiddisch auf alemannischem Sprachgebiet. Zürich 1973. (Beiträge zur Geschichte und Volkskunde der Juden in der Schweiz 10).

HAAB-Carlsberg = Adam Haab: Verzeichnis von Wörtern, welche im Sprachgebrauch der Hausierer von Carlsberg (Pfalz) und der Umgebung vorkommen. Manuskript um 1920 (7 Seiten).

Hess.-Nass. = Hessen-Nassauisches Volkswörterbuch. Ausgewählt und bearbeitet von Luise Berthold und Hans Friebertshäuser, Mitarbeit Heinrich J. Dingeldein. Marburg 1927 ff.

KEHR. = Josef Kehrein: Volkssprache und Volkssitte im Herzogtum Nassau. 3 Bde. Weilburg und Bonn 1862-1872, Bd. I Volkssprache.

KLUGE = Friedrich Kluge: Die Sprache der Pfälzer Händler. In: ders.: Rotwelsch. Quellen und Wortschatz der Gaunersprache. I Rotwelsches Quellenbuch. Straßburg 1901, S. 437-439.

KLUGE-SEEBOLD = Friedrich Kluge: Etymologisches Wörterbuch der deutschen Sprache. 22. Aufl. bearb. v. Elmar Seebold. Berlin/New York 1989.

LENZ = Philipp Lenz: Die Fremdwörter des Handschuhsheimer Dialekts. II. Teil. Baden-Baden 1897 (Beilage zum Jahresbericht der Höheren Mädchenschule zu Baden-Baden für das Schuljahr 1896/97).

LEVY = Heinrich Levy: Zum Elsässer Judendeutsch. In: Jahrbuch für Geschichte, Sprache und Litteratur Elsass-Lothringens. Straßburg 14. 1898, S. 78-82.

Lothr. = Michael Ferdinand Follmann: Wörterbuch der deutsch- lothringischen Mundarten. Leipzig 1909.

LÖTZSCH = Ronald Lötzsch: Jiddisches Wörterbuch. Leipzig 1990.

MATRAS = Yaron Matras: Zur Rekonstruktion des jüdischdeutschen Wortschatzes in den Mundarten ehemaliger „Judendörfer" in Südwestdeutschland. In: Zeitschrift für Dialektologie und Lingustik 58. 1991, S. 267-293.

Pfälz. = Pfälzisches Wörterbuch. Begründet von Ernst Christmann, fortgeführt von Julius Krämer, bearbeitet von Rudolf Post unter Mitarbeit von Sigrid Bingenheimer und Josef Schwing. Wiesbaden/Stuttgart 1965 ff.

RAPP = Schum. In: Aus der Enge in die Weite. G. Biundo zum 65. Geburtstag. Grünstadt 1952, S. 236-257.
Rhein. = Rheinisches Wörterbuch. Bearbeitet von Josef Müller und Heinrich Dittmaier. 9 Bde. Bonn/Berlin 1928-1972.
SCHÄFER = Richard Schäfer: Lotegorisch im Leininger Land. Selbstverlag 1990.
SCHUPP = Dieter Schupp: Pfälzisch und Jiddisch. In: Pälzer Sunndag 1967 (Beilage Rheinpfalz), Nr. 10, S. 3 und 7.
Schwäb. = Hermann Fischer: Schwäbisches Wörterbuch. Zu Ende geführt von Wilhelm Pfleiderer. 6 Bde. Tübingen 1904-1936.
SPANG = Franz Josef Spang: Hebräische Ausdrücke in unserer heimischen Umgangssprache. In: Wandern und Schauen. Mittelrheinische Heimatblätter. 9. Jahrgang 1929 Nr. 3. (Weitgehend Plagiat des Aufsatzes von TAWROGI 1922).
STORCH = Karl Storch: Jüdische Ausdrücke im Volksmund. Kommentar Oswald Jung. In: Nordpfälzer Geschichtsverein 38. 1958, S. 246-249.
Südhess. = Südhessisches Wörterbuch. Bearbeitet von Rudolf und Roland Mulch. Marburg 1965 ff.
TAWROGI = Abraham Tawrogi: Hebräische Ausdrücke in der heimischen Umgangssprache. In: Heimatblätter. Beilage zum Oeffentlichen Anzeiger (Bad Kreuznach). 1. Jahrgang, 1922 Nr. 25. (Teilweise wieder abgedruckt in Nordpfälzer Geschichtsverein 38. 1958, S, 283-286).
THIELEN = Rainer Thielen: So babbeld mer bei uns an Glan und Nahe. Meisenheim 1984.
WEBER = J. B. Weber: Die Geheimsprache der Handelsleute. 2. verb. und vermehrte Aufl. Trier 1924.
WEINBERG = Werner Weinberg. Die Reste des Jüdischdeutschen. 2. Aufl. Stuttgart 1973. (Studia Delitzschiana 12).
WEISS = C. Th. Weiss: Das Elsässer Judendeutsch. In: Jahrbuch für Geschichte, Sprache und Litteratur Elsass-Lothringens. Straßburg 12. 1896, S. 121-182.
WOLF = Siegmund A. Wolf: Wörterbuch des Rotwelschen. 2. Aufl. Hamburg 1985.
WOLF-GILARDONE = Siegmund A. Wolf: Christian Heinrich Gilardone (1798-1874) ein vergessener pfälzischer Mundart-Dichter. In: Pfälzer Heimat 26. 1975, S. 24-29.
ZIVY = Arthur Zivy: Jüdisch-deutsche Sprichwörter und Redensarten. Basel 1966.

## Abkürzungen von Kreisen und Gebieten

AZ = Kreis Alzey; BE = Kreis Bergstraße; BI = Kreis Bingen; BZ = Kreis Bergzabern; DA = Kreis Darmstadt; DI = Kreis Dieburg; ER = Kreis Erbach; FR = Kreis Frankenthal; GG = Kreis Groß-Gerau; GH = Kreis Germersheim; HA = Kreis Hanau; HB = Kreis Homburg; HG = Kreis Heidelberg; IB = Kreis St. Ingbert; KL = Kreis Kaiserslautern; KU = Kreis Kusel; LA = Kreis Landau; LU = Kreis Ludwigshafen; MA = Kreis Mannheim; NOPf = Nordostpfalz; NPf = Nordpfalz; NW = Kreis Neustadt/Weinstr.; NWPf = Nordwestpfalz; Pf = Pfalz; PS = Kreis Pirmasens; Rhh = Rheinhessen; RO = Kreis Rockenhausen; Sh = Südhessen; SP = Kreis Speyer; SPf = Südpfalz; SOPf = Südostpfalz; StBg = Starkenburg; VPf = Vorderpfalz; WPf = Westpfalz; ZW = Kreis Zweibrücken.

*Johannes Theisohn*

# Das rituelle Frauenbad in Haßloch (nach dem Rechnungsbuch der israelitischen Kultusgemeinde von 1881) und seine Vorgänger.

Auch wenn sich in Haßloch niemand mehr an ein jüdisches Frauenbad erinnert, wenn selbst die ehemaligen Haßlocher Juden die Existenz einer Mikwe bestreiten[1] - die Existenz eines rituellen Frauenbades in Haßloch ist zweifelsfrei zu belegen. Das Rechnungsbuch der israelitischen Kultusgemeinde Haßlochs pro 1881[2] belegt den Bau für das Jahr 1881 durch Plan, Kostenvoranschlag, Minderversteigerungsankündigung und -durchführung, Definitivrechnung des Distriktbauschaffners, sogar die Auszahlungsbelege für gezahlte Handwerkerrechnungen sind aufbewahrt.
Darüber hinaus zeigen die Dokumente im Gemeindearchiv Haßloch, daß es Frauenbäder schon viel früher in Haßloch gegeben hat. Es wäre auch äußerst verwunderlich, wenn eine jüdische Mittelpunktgemeinde wie die in Haßloch, ausgestattet mit Friedhof, Synagoge und Schule, nicht auch den rituellen Bedürfnissen mit einem Frauenbad genügt hätte.[3]

## A: Kellerquellenbäder

Im ländlichen Bereich, wo die Zahl der jüdischen Familien überschaubar war, finden sich im 19. Jahrhundert und wohl auch noch früher Frauenbäder häufig als Kellerquellenbäder angelegt. Mangels einer fließenden Quelle nutzte man das hochstehende Grundwasser, das durch Aufgraben des Kellerbodens in entsprechender Tiefe sich selbst sammelte, für die rituelle Waschung.[4]
Solche Frauenbäder hat es auch in Haßloch gegeben. Dies geht aus einem Briefwechsel zwischen dem Landkommissariat in Neustadt (Haussmann, Römmich) und dem Haßlocher Bürgermeisteramt hervor.
Am 27. September 1844 gibt das Landkommissariat dem Bürgermeisteramt in Haßloch die Anweisung, die beiden Kellerquellenbäder, die sich „in den Behausungen des Jacob Bohrmann und Alexander Maeyer in Haßloch" befinden und die gemeinschaftlich genutzt werden, verschütten zu lassen, weil „deren Gebrauch...des stagnierenden Wassers wegen ebenso eckelhaft als für die Gesundheit nachtheilig"[5] sei. Falls Bohrmann und Maeyer die Verschüttung nicht selbst vornehmen würden, sei das Bürgermeisteramt gehalten „gemäß der allerhöchsten Verordnung vom 3. Januar 1830" von Amtswegen die Verfüllung anzuordnen.
Den Vollzug dieser Anweisung hat das Landkommissariat am 22. April 1845 noch einmal angemahnt[6], so daß man davon ausgehen kann, daß die Kellerquellenbäder in Haßloch „aus Gründen der Sanitätspolizei" damals zugeschüttet worden sind. Ob es daneben noch andere Kellerquellenbäder gegeben hat, ist aus den Unterlagen

nicht zu ersehen, erscheint aber angesichts der geringen Familienzahl der israelitischen Gemeinde - 19 Familien mit insgesamt 90 Mitgliedern im Jahre 1830 - unwahrscheinlich.[7]
Maßgeblich für die Verschüttungsaktion ist eine Anweisung der Kgl. Bayer. Regierung des Rheinkreises, Kammer des Innern gewesen. Mit Datum vom 8. April 1829 hatte sie Richtlinien zur „Herstellung der Kellerquellenbäder der Israelitinnen" herausgegeben und für die bestehenden Frauenbäder entsprechende Sanierung gefordert. Zur Verbesserung der Situation hatte sie die israelitischen Gemeinden sogar zur Kreditaufnahme ermächtigt.[8]
Es ist klar, daß die bestehenden Kellerquellenbäder dem geforderten Gesundheitsstandard in der Regel nicht genügen konnten. Kellerquellenbäder waren häufig nichts anderes als Gruben im festgestampften Lehmboden des Kellers, in denen sich bei entsprechender Tiefe das Grundwasser sammelte.[9] Die Regierungsanweisung sah aber u.a. vor: heizbare Vorzimmer, Erwärmen des Badewassers, Austausch des Badewassers u.a.m.[10]

## B: Das Frauenbad von 1847

Ein Schicksalsschlag kommt erfahrungsgemäß selten allein. Die Verschüttung der Kellerquellenbäder war nicht der einzige für die israelitische Kultusgemeinde. Im Jahre 1846 untersagte das Kgl. Landkommissariat in Neustadt auch noch die Benutzung des Synagogengebäudes wegen Baufälligkeit.
Die Schließung des Gebäudes wegen Baufälligkeit hatte sich bereits längere Zeit angekündigt. Schon 1835 hatte die isr. Kultusgemeinde sich bereit erklären müssen, notwendige Reparaturen durchzuführen, hatte sie aber aus finanziellen Gründen auf das notwendigste beschränkt.[11]
Auch 1843 war die Schließung der Synagoge offenbar schon einmal im Gespräch.[12] Ein Strafverfahren drohte. Das Aus für die Haßlocher Synagoge kam dann endgültig im Oktober 1846, ca. 1 Jahr nach der Verschüttung der Kellerquellenbäder.
Der Bezirksbauschaffner Jung hatte mit Datum vom 16. Juli 1846 ein offizielles Gutachten „Die Baufälligkeit der Synagoge zu Haßloch betreffend"[13] abgegeben und dem kgl. Landkommissariat eine Schließung empfohlen.
Wie er schreibt, sei das Gebäude in höchstem Grunde baufällig, so daß er es für eine Pflichtverletzung halten würde, den Antrag auf sofortige Schließung zurückzuhalten. Eine Reparatur sei ausgeschlossen, da die Balken morsch, die Dachpfetten und Stirnbalken durchgebrochen und nur noch mit Eisenklammern notdürftig zusammengehalten würden.[14]
Die Charakterisierung der Synagoge in diesem Schreiben wirft ein deutliches Licht auf die ärmlichen Verhältnisse, in denen die Haßlocher Juden in dieser Zeit und auch die isr. Kultusgemeinde lebte.[15] Nach Meinung des Bauschaffners ist die Lage des Gebäudes so despektabel, daß es sicher niemandem einfallen würde, ein Andachtshaus dort zu suchen. „Sie bildet den obersten Stock im Hintertheil eines ganz aus Holz erbauten Privathauses. Das Erdgeschoß enthält Stallung und Schuppen."[16] Der Gottesdienst wurde also über einem Kuhstall in einem Hinter-

haus abgehalten. Man fühlt sich unwillkürlich an Stall und Krippe erinnert. Die Synagoge hätte nur gerettet werden können, wenn der Eigentümer des Erdgeschoßes, Jacob Lützel, vorher das Erdgeschoß, Stall und Schuppen also, neu hätte abstützen lassen. Nach Auskunft des Bauschaffners hatte dieser aber entweder keine Lust dazu oder kein Geld.

Was tun in einer solchen Situation rituellen Notstandes? Die Kellerquellenbäder zugeschüttet, die Synagoge geschlossen? Der Bezirksbauschaffner empfiehlt der isr. Kultusgemeinde, sich schnell nach einem geeigneten Bauplatz umzusehen und die „alte Spelunke" zu veräußern. Er befürwortet für den Neubau eine Kollekte. Das Kgl. Landkommissariat in Neustadt (Römmich) hat das Haßlocher Bürgermeisteramt angewiesen, dem Gutachten des Bezirksbauschaffners Jung entsprechend zu verfahren.[17] In einem weiteren Schreiben vom 6. August 1846 räumt der Bezirksbauschaffner der isr. Kultusgemeinde noch eine Gnadenfrist ein „bis das Laubhüttenfest oder der achtzehnte Oktober nächsthin abgelaufen ist", unter der Voraussetzung, daß einige bauliche Maßnahmen die Einsturzgefahr minderten. Danach sei aber die Benutzung auf keine Weise und unter keiner Bedingung mehr zu gestatten.
Angesichts der doppelten Bedrohung des kultischen Lebens hat die isr. Gemeinde sehr schnell und mutig reagiert und hat eine große Lösung angestrebt. Ein Neubau war außerhalb der finanziellen Möglichkeiten. Aber der Kauf eines älteren Hauses schien möglich.
Bereits im Dezember 1846 kauft die Kultusgemeinde das Brauch'sche Haus in der Gillergasse[18], das zwar reparaturbedürftig war, aber dem Zweck nach Aussagen des Bürgermeisters durchaus genügte. Das Gebäude kostete die Gemeinde 900 Gulden[19] und konnte sowohl als Schullokal als auch als Synagoge genutzt werden. Und nicht nur das. Sofort nach Erwerb - noch vor der Reparatur des Gebäudes hat die Kultusgemeinde für 300 Gulden „im Hofraum" desselben ein Frauenbad bauen lassen.[20]
Die Finanzierung diese „Großprojektes" ist wohl lange ein Problem gewesen. Am 20. März 1849 erlaubt endlich die Kgl. Bayer. Regierung, Kammer des Innern, in Speyer die Aufnahme eines Anlehens von 1100 Gulden „bei Gutsbesitzer Spitz in Speyer zur Bestreitung der Kosten der Herrichtung eines Schulhauses und Frauenbades."[21]
Die Rückzahlung hat die Gemeinde durch die allgemeine Kollekte, den größten Teil aber sicher durch Umlage auf die Gemeindemitglieder erbringen müssen.[22]
Das Frauenbad, das 1847 im Hof des Brauch'schen Hauses gebaut wurde, hatte Bestand bis 1881. Das Rechnungsbuch der isr. Kultusgemeinde von 1881 belegt im Kostenvoranschlag, daß das alte Mauerwerk und das Holz abgetragen und der Kultusgemeinde zur Verfügung gestellt werden sollte.[23] Diese hat auch einige Einrichtungsgegenstände der alten Mikwe verkauft: Kessel und Badewanne an Joseph Gebhard (5,— Mark), das Holz an Lehrer Emanuel Löw (1,— Mark) und Rost und Schieber an Alexander Mayer (0,70 Mark).[24] Das alte Mauerwerk wurde bei der Herstellung des neuen Frauenbades wiederverwendet.[25] Vergleicht man die „Cubicmeter" des alten Mauerwerks mit dem der neuen Mikwe, dann muß die alte Mikwe noch kleiner gewesen sein als die 1881 neu errichtete.[26]

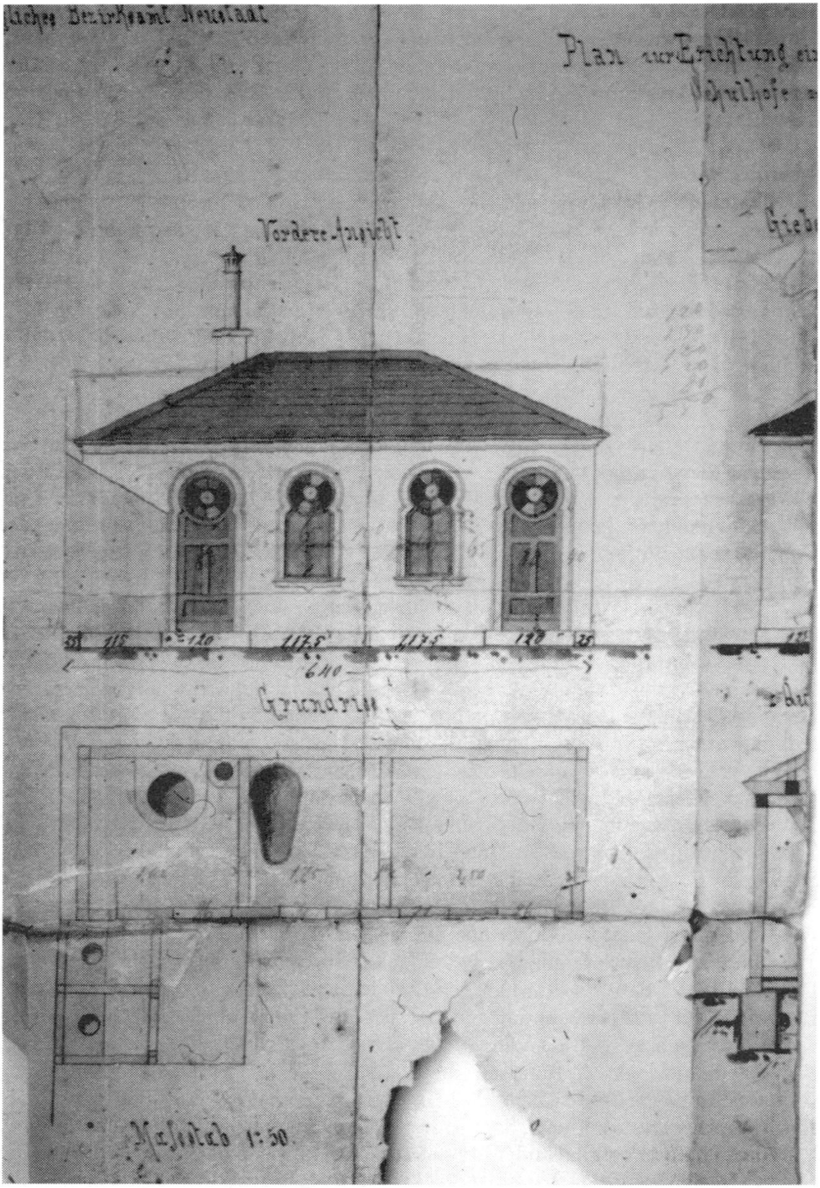


Bauzeichnung des Haßlocher Frauenbades von 1881 (im Original farbig) aus dem Rechnungsbuch der jüdischen Gemeinde Haßloch von 1881.

## C: Das Frauenbad von 1881

Man kann darüber streiten, ob das Haßlocher Frauenbad überhaupt noch den Namen Mikwe verdient. Wer dabei an die Speyerer Mikwe denkt, wird kaum eine Ähnlichkeit feststellen.
Das Haßlocher Frauenbad ist als eigenes Gebäude errichtet worden. Es ist nicht wie das Kirrweiler oder Busenberger Frauenbad in ein Wohnhaus integriert.[27] Es entspricht auch nicht dem Göcklinger Frauenbad, das in einer Ecke des Schulgebäudes eingerichtet war.[28]

### Die Bauausführung

Sieht man einmal vom Baustil ab, so ist laut Bauzeichnung das Frauenbad von 1881 ein ganz bescheidener Bau gewesen, eingeschoßig, 16 qm Grundfläche (6,40 m lang, 2,50 m breit) mit einem flachen Satteldach. Der Bau war nicht unterkellert. Er bestand aus drei kleinen Räumen von 4 bis 6 qm. „Der Kessel zum Wärmen des Wassers wird nach der unteren Seite des Hauses, das Badezimmer in die Mitte und das Ankleide-Zimmer obenseits eingeräumt werden." So beschreibt der Kostenvoranschlag das Badhaus.[29]
Der Plan des Badhauses orientiert sich deutlich an der Vorschrift der Kgl. Bayer. Regierung des Rheinkreises vom April 1829.[30] Das Bad wirkt in der Schlichtheit und Zweckmäßigkeit der Planung ganz profan, wie ein Baderaum, der gemeinschaftlich genutzt wurde. Daß es sich dennoch um ein rituelles Bad handelte, ergibt sich zum einen aus der Ausschreibung und der textlichen Festsetzung im Rechnungsbuch der israelitischen Gemeinde, zum anderen auch aus dem Baustil. Die geplante Ausführung der Tür- und Fenstergewände entspricht dem damaligen maurischen oder neoorientalischen Stil jüdischer Sakralbauten, mit dem sich die jüdischen Bauten bewußt von christlichen Sakralbauten abheben sollten.[31]
Die Verwendung „lebendigen Wassers" für die rituelle Waschung ist in diesem Falle nicht ganz leicht festzustellen. Offenbar hat man das Grundwasser („lebendiges Wasser") mittels Pumpe und Wasserrohr in den Wasserkessel geleitet, nach Bedarf dort erwärmt und dann mittels eines Rohres in die Wanne weiterfließen lassen. Eine Tür zwischen Kesselraum und dem eigentlichen Baderaum gibt es laut Bauzeichnung nicht.
Das Bad selbst soll dem Plan nach eine einfache Badewanne gewesen sein. Die Anweisung der Kgl. Bayer. Regierung des Rheinkreises vom April 1829 sah vor, daß diese Badewannen 5 Fuß lang, 5 Fuß tief und 4 Fuß breit sein sollten, „überhaupt so geräumig seyn, daß dem Gesetze, nirgendwo anzustoßen, Genüge geleistet werden kann".[32] Ob das Bad den Bestimmungen genügt hat, ist nicht mehr zu sagen. Bauplan und Realisierung können natürlich auch voneinander abgewichen sein.
Auch die Definitiv-Rechnung ist an diesem Punkt nicht eindeutig. Unter den Maurerarbeiten findet man zum einen „Herstellen der Badewannen", andererseits ist unter den Tüncherarbeiten der dreimalige Ölanstrich für die hölzerne Badewanne zu finden.[33] Es wäre also denkbar, daß abweichend von der Planzeichnung eine

Wanne gemauert und mit Holz ausgelegt oder verkleidet wurde. Dann könnte das Becken durchaus zum Untertauchen geeignet gewesen sein.

## Die Finanzierung

Einen Finanzierungsplan hat die isr. Gemeinde in einem außerordentlichen Haushalt ausgewiesen. Der Finanzrahmen für das Frauenbad wird mit 800 Mark angegeben; die Finanzierung sollte durch Darlehen sichergestellt werden. Die vorgesehenen 800 Mark reichten bei weitem nicht. Am Ende hat sich der Herstellungspreis verdoppelt. Die Definitivrechnung weist einen Endbetrag von 1.637,70 Mark aus; dazu kommen noch die amtlichen Gebühren.
Die isr. Kultusgemeinde nahm „ein Anlehen" von 1000 Mark beim Rentner (= privater Bankier) Daniel Sauerbrunn auf (16. Juni 1881). Daniel Sauerbrunn war ein sehr wohlhabender Haßlocher Bürger, aber kein Jude. Die Rückzahlung sollte innerhalb 10 Jahren erfolgen, die erste Rate am 15 Juni 1882.[34] Die Rückzahlung war in der üblichen Weise als Umlage auf die Gemeindemitglieder vorgesehen. Aus der Hebeliste[35] läßt sich erschließen, daß die Umlage Frauenbad auf 11,5% der Gleichstellungsumlage (inklusive Rabbinatsgehalt) festgesetzt wurde. Die zusätzliche Belastung betrug zwischen 4,60 Mark (Höchstbetrag, zu zahlen von Moses Gebhardt, Alexander Mayer, Jacob Mayer) und 0,35 Mark (niedrigster Beitrag, zu zahlen von der Witwe von Joseph Reiß).
Wegen der erheblichen Überschreitungen des Finanzrahmens hat man dann noch einen zweiten Kreditgeber bemüht. Offenbar mußte der jüdische Ellenwarenhändler Louis Loeb dafür herhalten, der selbst Mitglied des Synagogenvorstandes war. „Zur Bestreitung unserer Kosten beim Neubau eines Badhauses" leiht er der isr. Kultusgemeinde ein Kapital von 100 Mark (25. Dez. 1881).[36]
Die Verteuerung des Baues ist erheblich. Vergleicht man den Kostenvoranschlag mit der Definitivrechnung, so zeigt sich, daß die Kostensteigerung sich im wesentlich daraus erklärt, daß bei der Bauausführung zusätzliche Arbeiten notwendig werden. Die Dunggrube muß neu angelegt, der Brunnen repariert und die Toilettenanlage der Schule, an die das Frauenbad angebaut wird[37], vollständig renoviert werden. Die Nebenarbeiten von Heinrich Brauch und Simon Gebhardt, die der Inneneinrichtung gelten, sind im Kostenvoranschlag nicht enthalten.
Um die Kosten etwas zu bremsen, hat der Distriktbauschaffner korrigierend in den Bauplan eingegriffen, hat das Schieferdach aus französischem Schiefer gestrichen und durch ein Ziegeldach unter Verwendung der alten Ziegeln ersetzt, sowie die Dachdeckerarbeiten dem Maurer zugewiesen.[38] Auch hier weicht die Bauausführung vom Plan ab.

## Die Bauzeit

Die Bauzeit ist knapp bemessen: In 2 Monaten sollte der Bau fertig sein. Die Minderversteigerung war am 13. April 1881, in ihr wird als Datum der Fertigstellung der 15. Juni genannt, bei Verzug wird eine Konventionalstrafe angeordnet.[39] Der Bauplan sah noch den 1. Juni als Fertigungstermin an.[40]

Aus den Quittungen für die geleisteten Arbeiten[41] geht hervor, daß am 15. Juni 1881 zumindest die Maurerarbeiten fertig und abgenommen waren, denn die Maurer-Rechnung wird mit Datum 15. Juni 1881 vom Rechner der isr. Gemeinde bezahlt. Die übrigen Handwerksrechnungen für das Frauenbad sind zum 21. Oktober 1881 bezahlt und quittiert worden. Die Definitivrechnung ist am 15. Oktober 1881 vom Distriktsbauschaffner M. Lichtenberger, Neustadt abgeschlossen und am 23. Oktober 1881 noch einmal in einem Punkt korrigiert worden.

## Die Minderversteigerung

Die Vergabe der Gewerke erfolgte durch Minderversteigerung. Die Steigerer mußten zunächst die festgelegten Übernahmebedingungen, einschließlich Termin, ne varietur akzeptieren und einen zahlungsfähigen Bürgen bringen.[42]
Die Maurerarbeiten ersteigerte Konrad Busching mit einem Abschlag von 11% und Jacob Mayer, Handelsmann aus Haßloch und Mitglied des Synagogenvorstandes, hat für ihn gebürgt.
Die Zimmerarbeiten gingen an Peter Ganing, die Tüncherarbeiten an Friedrich Vollweiler; beide bürgen jeweils für den anderen.
Die Schreinerarbeiten übernahm Louis Höring, gebürgt hat für ihn der Blechermeister Heinrich Brauch. Das Motiv der Bürgschaft Brauchs für Louis Höring ist klar: Er hat auf diese Weise den Auftrag für die umfangreichen Nebenarbeiten bekommen.[43] Das Motiv Jacob Mayers ist weniger klar. Als Mitglied des Synagogenvorstands war er natürlich an der Fertigstellung des Frauenbades interessiert. Ein wirtschaftllicher Nutzen ist allerdings nicht ersichtlich. Es ist immerhin interessant, daß ein jüdischer Händler für einen christlichen Handwerker bürgt, sicher ein Zeichen für den Stand der Integration der jüdischen Bürger in die Haßlocher Bürgerschaft.

## Zum weiteren Schicksal des Frauenbades

Wie lange die Mikwe benutzt worden ist, ist nur noch zu vermuten.
Im Jahre 1908 wurde die alte israelitische Schule wegen Baufälligkeit abgerissen und durch einen Neubau ersetzt. Der Neubau des Schullokals fällt zusammen mit dem Wechsel des israelitischen Lehrers. Emmanuel Loew, 38 Jahre Lehrer an der israelitischen Schule in Haßloch, eine tragende Stütze der israelitischen Gemeinde also, wird pensioniert und zieht aus Haßloch fort. Diese Umbruchsituation wäre eine Gelegenheit für eine kultische Umorientierung gewesen, die die Bedeutung des Frauenbades hätte stark zurücktreten lassen können.
Gestützt wird diese Annahme durch eine andere Beobachtung. Das eigentlich erstaunliche an dem Frauenbad ist das Baujahr 1881. Die meisten Frauenbäder sind sicher infolge des Erlasses der Bayerischen Regierung von 1829, die zur Zuschüttung der Kellerquellenbäder führte, errichtet worden. Dies war auch in Haßloch der Fall.[44] Daß 1881 noch einmal eine Mikwe gebaut wird, setzt voraus, daß Haßloch eine orthodoxe Gemeinde hatte oder zumindest, daß orthodoxe Familien das

# Anzeiger

Kommt zur Vertheilung in Neustadt, Winzingen, Haardt, Mußbach, Gimmeldingen, Königsbach, Lambrecht, Hambach, Diedesfeld, Lachen, Speyerdorf, Duttweiler, Geinsheim und Haßloch.

# Neustadt und Umgebung.

Sonntag, den 10. April 1881

lien=
gerung.

den 21. April
8 Uhr beginnend, zu
n ihrer Behausung,
Kinder von dem all-
förster Hr. Friedr.
gende Mobiliargegen-
gern als:
von 300—3000 Lit-
rschiedene kleinere Fäs-
iserne Kelter mit Zub
hpfbütten, Züber un-
n, Faßtrichter, Wasch-
Ständer und Bade,
Windmühle, Doppel-
infache Leitern, Gar-
Horde, Bohnen-
t ... Stangen, Mehl-
latten, Visirstäbe,
Holzhauersägen, große
, Oleander- und
Blumenständer, Gar-
ier vollständige Betten
n, Schränke, Pfeiler-
Tische, Stühle, 1
Spiegel, Bilder,
er und verschiedene
Hausgeräthe, endlich
Ketten, altes Eisen,
etc.
ril 1881.
Wolfhügel,
kgl. Notar.

Hassloch.

## Minderversteigerung.

Mittwoch, den 13. April 1881, Vormittags 11 Uhr, auf dem Gemeindehause zu Haßloch, werden die zum Anbau eines Badhauses für die israelitische Kultusgemeinde nöthigen Arbeiten im Minderversteigerungswege vergeben. Die einzelnen Arbeiten sind veranschlagt, wie folgt:

| | | |
|---|---|---|
| 1) | Maurer- und Steinhauerarbeit | 358.78. |
| 2) | Zimmermannsarbeit | 153.94. |
| 3) | Schreinerarbeit | 180.42. |
| 4) | Tüncherarbeit | 48.27. |

Kostenanschlag, Plan und Bedingen liegen auf dem Gemeindehause zu Haßloch zur Einsicht offen.

Haßloch, den 22. März 1881.

**Der Kultus-Vorstand.**

Einem verehrl. hiesigen und auswärtigen Publikum die ergebene Anzeige, daß ich am hiesigen Platze eine

## Buchbinderei

verbunden mit

## Schreibmaterialienhandlung

etablirt habe, und empfehle mich in allen in dieses Geschäft einschlagende Arbeiten und Artikeln, mit der Versicherung einer reellen und aufmerksamen Bedienung.

Neustadt, den 9. April 1881. Hochachtungsvoll

**Carl Faulhaber**

wohnhaft im Fränklischen Hause, Stadtgasse.

...tind

...ernschiff, Wirs...

Gesund- und Gebetbücher

kultische Leben der Gemeinde bestimmten. Man vergleiche dazu die Diskussion um den kultischen Wert von Frauenbädern unter den pfälzischen Rabbinern.[45] Zu dieser Einschätzung würde auch passen, daß der Synagogenvorstand 1865 eine Erweiterung der Synagoge plante, um eine Art Frauen-Synagoge mit eigenem Zugang zu schaffen.[46] Gegen diese Pläne gab es zahlreiche Einsprüche (Unterschriftenliste), da die Kultuslasten bereits als erheblich eingeschätzt wurden. Schließlich hatte man ja auch noch den Lehrer zu bezahlen.[47]

Das Bild, das die jüdische Gemeinde zu Beginn des 20. Jahrhunderts bietet, widerspricht aber erheblich der Vorstellung einer orthodoxen Gemeinde. Die maßgeblichen jüdischen Familien in Haßloch, Loeb, Kuhn, Hene, Hirsch, Levi, waren stark assimiliert. Als Beispiele wären zu nennen:Sanitätsrat Dr. Salomon Hirsch, Gemeinderat als Mitglied der Mittelstandspartei (1909) und Mitbegründer der „Freiwilligen Sanitätskolonne vom Roten Kreuz“ (1913) und Leo Loeb, Kaufmann und 3. Bürgermeister der Gemeinde Haßloch 1930-33.[48]

Anders zeigt sich die jüdische Gemeinde in der 2. Hälfte des 19. Jahrhunderts. Bestimmend waren, auch von ihrer wirtschaftlichen Potenz her, die Familien Mayer und Bohrmann. Beide Familien hatten in ihren Häusern vor 1845 die Kellerquellenbäder eingerichtet und bestimmten im Synagogenvorstand. Beide Familien sind nach 1900 nicht mehr in Haßloch. Alexander Mayer II stirbt 1896, Leopold Bohrmann 1899. Die Familien ziehen aus Haßloch weg bzw. sind vorher schon weggezogen.[49]

Die Personelle Veränderung, die auch eine kultische Umorientierung gebracht haben dürfte, könnte dafür verantwortlich sein, daß das erst 1881 neugebaute Frauenbad kultisch relativ rasch in den Hintergrund getreten ist. So würde sich auch erklären, daß die ehemaligen jüdischen Mitbürger, die 1988 zum Heimattreffen nach Haßloch gekommen sind, keine Erinnerung an eine Haßlocher Mikwe hatten. Ob das Frauenbad schon beim Schulneubau abgerissen wurde oder erst später verschwunden ist, ist bei der gegebenen Quellenlage nicht genauer zu bestimmen.

(Abbildung links) Anzeige, veröffentlicht im Anzeiger Neustadt und Umgebung vom Sonntag, 10. April 1881.

## Literaturverzeichnis

**Quellen:**

Gemeindearchiv Haßloch, Bestand 1A2. 329, abgekürzt GA1A2. 329

Rechnungsbuch der jüdischen Gemeinde Haßloch pro 1881, im Besitz des Heimatmuseums Haßloch.

Kassenbuch von Louis Loeb, im Besitz des Heimatmuseums Haßloch.

Landesarchiv Speyer, Bestand L56 (Grundstückskataster Haßloch ab 1840).

**Sekundärliteratur:**

Anthes, Günter F.: Beiträge zur Geschichte der Juden und der jüdischen Kultusgemeinde in Meisenheim am Glan. (Quellen zur Geschichte der Stadt und Verbandsgemeinde Meisenheim am Glan. Heft 12). 1987.

Arnold, Hermann: Juden in der Pfalz. Vom Leben pfälzischer Juden. Landau 1986.

Dokumentation zur Geschichte der jüdischen Bevölkerung in Rheinland-Pfalz und im Saarland von 1800 bis 1945 (hg. von der Landesarchivverwaltung Rheinland-Pfalz). 9 Bde. (abgekürzt: Dokumentation), insbesondere Bd. 3 und Bd. 9,2

Kopp, August, Die Dorfjuden in der Nordpfalz. Dargestellt an der Geschichte der jüdischen Gemeinde Alsenz ab 1655. 2. Auflage. Otterbach 1988.

Kukatzki, Bernhard: Die Kultuseinrichtungen der israelitischen Gemeinde Rülzheim - Synagoge, Friedhof, Mikwe und Schule. In: Rülzheim - Zum Gedenken und zur Erinnerung. Herausgegeben anläßlich des Treffens der früheren jüdischen Bürger vom 10.10 1988 bis 17. 10 1988 in Rülzheim, S. 67-86.

Kuby, Alfred Hans (Hrsg.): Juden in der Provinz. Beiträge zur Geschichte der Juden in der Pfalz zwischen Emanzipation und Vernichtung. 2. Aufl. Neustadt 1989.

Roth, Fritz: Das Kirrweiler Judenbad. In: Heimat-Jahrbuch Landkreis Südliche Weinstraße 1986, S. 65f.

Schirmer, A.: Göcklingen bei Landau/Pfalz. Geschichtliche Studien über ein Winzerdorf an der Südlichen Weinstraße. (1981).

Schmitt, Alois: Jüdische Einrichtungen in und um Busenberg. In: Heimatkalender für das Pirmasenser und Zweibrücker Land. 1988.

Theisohn, Johannes: Die israelitische Volksschule. In: Die ältesten Schulen in Haßloch. Geschichten - Bilder - Fotos - Texte von dazumal bis heutzutage, hg. v. Arbeitskreis Heimatmuseum Haßloch, bearbeitet von Marianne Wittmann. Haßloch 1986, S. 61-92.

Theisohn, Johannes: Jüdische Familien in Haßloch. Haßloch 1988, 90 S.

## Anmerkungen

1 Im Jahre 1988 hatte die Gemeinde Haßloch die ehemaligen jüdischen Mitbürger eingeladen. Anläßlich dieses Heimattreffens habe ich eine Ausstellung arrangiert, in der der Plan des Frauenbades von 1881 gezeigt wurde. Keiner der Gäste, auch nicht die weiblichen, hatten je von einer Mikwe in Haßloch gehört.

2 Von den Unterlagen der jüdischen Kultusgemeinde ist imgrunde nichts übriggeblieben. Daß das Rechnungsbuch pro 1881 erhalten ist, ist reiner Zufall. Georg Brauch, 1938 als Bürgermeister Haßlochs von den Nazis aus dem Amt entfernt und 1945 kurzzeitig von den Amerikanern als vorläufig beauftragter Bürgermeister eingesetzt, um nach 2 Monaten von den Franzosen wieder abgesetzt zu werden, war ein enger Freund der Familie Loeb. Er fand das Rechnungsbuch pro 1881 im Archiv der Gemeinde und hat es an sich genommen, man hatte offenbar vergessen, es - wie alles übrige - zu vernichten. Über seinen Neffen Fritz Brauch ist das Rechnungsbuch in den 50er Jahren dann an Werner D. Loeb gelangt, der seinerseits dieses einzigartige Dokument anläßlich der Einweihung der Leo-Loeb-Straße in Haßloch im Jahre 1988 dem Heimatmuseum Haßloch übergeben hat.
Das Kassenbuch des Louis Loeb ist ebenfalls über Werner D. Loeb, Paris, in den Besitz des Heimatmuseums Haßloch gelangt. Gustav Flott, der das Loebsche Haus in der Langgasse 96 von Leo Loeb erworben hat, hat das Kassenbuch auf dem Speicher gefunden und in den 50er Jahren Herrn Werner D. Loeb zugeschickt. Louis Loeb ist der Vater von Leo Loeb und der Großvater von Werner D. Loeb. Leo Loeb war 1930 bis 1933 3. Bürgermeister - heute würde man Beigeordneter sagen - von Haßloch.

3 Haßloch gilt seit 1821 als zentraler Ort im Rayon Haßloch, der neben Haßloch noch Böhl, Iggelheim und Geinsheim umfaßt. Vgl. das Rundschreiben der Kgl. Bayer. Regierung des Rheinkreises vom 5. Sept. 1821, die Judenkirchhöfe betreffend.

4 Vgl. dazu Kopp aaO S.214f; Arnold 2. Aufl., S.126f u.o.

5 GA1A2. 329. 151. Wo sich die Kellerquellenbäder befanden, läßt sich anhand des Grundstückskatasters erschließen. das Anwesen von Alexander Mayer, Plannummer 56, befand sich in der Langgasse, wo jetzt das Haus Nr. 56 steht. das jetzige Haus ist in den 50er Jahren neu errichtet worden. Das alte Anwesen von Alexander Mayer existiert also nicht mehr. Das Haus von Leopold Bohrmann stand auf dem Grundstück Plannummer 644 1/2, heute Kirchgasse 17. Es ist durchaus möglich, daß dort noch die alte Bausubstanz erhalten ist. Lediglich der Giebel des Wohnhauses wurde nach 1945 erneuert.

6 GA1A2, 329, 150

7 Zur Bevölkerungsentwicklung vgl. Johannes Theisohn, Die isr. Volksschule aaO S.87

8 GA1A2, 329, 117

9 s. dazu Kopp; anders offenbar die Mikwe in Kirrweiler, die möglicherweise auch älter ist.

10 GA1A2, 329, 118
Anweisung über die Herstellung der Kellerquellenbäder der Israelitinnen
Die Gegenstände, welche der Israelit für die Bäder verlangt sind:

1.) Eine eigene Quelle zum alleinigen Gebrauche; in Ermangelung derselben darf das Bad auch in fließendem Wasser genommen werden; da dieses aber nicht allenthalben und zu jeder Jahreszeit zu haben ist, so bleibt es bei dem Erstern.
2.) Soviel Wasser, daß es dem oder der Badenden gegen die Brust oder über den Gürtel reicht. damit dann untergetaucht und die letzte Haarspitze vom Wasser überdeckt werden kann.
3.) Soviel freyen Raum im Bade, daß wenn der oder die Badende im Wasser steht und untertaucht kein Theil des Körpers anstoßen kann.

Um nun den bestehenden Mängeln möglichst schnell und mit den geringsten Kosten abzuhelfen und gleichzeitig Bequemlichkeit mit Reinlichkeit zu verbinden und für genaue Bereitung der Bäder zu sorgen, wird hiermit rücksichtlich der Einfassung und Unterbauung der Quellen, der Einrichtung der Fußböden und Badekammern, der Hitzung und des Gebrauches des Badewassers der Aufsicht und Herstellung dieser Badeanstalt, bestimmt, wie folgt:

a) Die Quelle soll in Stein gefaßt und so überbaut werden, daß je nach der Reichhaltigkeit derselben, dem Bedürfnisse, den Verhältnissen und der Zahl der Badenden zwei und mehrere heizbare, durch gehörige Wände getrennte Vorzimmer und Badekabinette im Erdgeschoß angelegt werden können.
b) Zu den so viel möglich hölzernen Fußböden der letzteren sollen bewegliche Badewannen aus Holz oder Metall oder unbewegliche von Stein oder Marmor angebracht, und das Wasser aus der Quelle durch besondere Rohre mit Hähnen versehen in dieselben geleitet werden.
c) Diese Badewannen sollen fünf Fuß lang, fünf Fuß tief und vier Fuß breit überhaupt so geräumig seyn, daß dem Gesetze, nirgendwo anzustoßen, Genüge geleistet werden kann.
d) Diese Wannen sollen zwei Öffnungen haben, eine am Fußboden zum Ablassen des gebrauchten Wassers, und eine am oberen Rande zum Ablassen des überflüssigen Wassers, beyde versehen mit Stöpseln, an denen jede sich ein Ring zum leichteren Anfassen und Ausziehen befindet.
e) An der entgegengesetzten Seite der Quelle soll ein Herd mit einem oder mehreren Kesseln versehen angebracht und das erwärmte Wasser durch Rohre mit Hähnen versehen, in die Wanne geleitet werden.
f) Je nach der Konstitution, den übrigen Gesundheitsverhältnissen, der Jahreszeit und bei einzelnen nach dem Gutachten des Arztes sollen die Frauen kalt, lauwarm oder warm baden, um das Bad nach dem Thermometer von Reaumur reguliert werden. So würde das kalte Bad nach dem Thermometer von Reaumur regulirt werden. So würde das kalte Bad eine Temperatur von 15 bis 20 Grad Reaumur, das laue eine Temperatur von zwanzig bis sechsundzwanzig Grad, und das Warme eine Temperatur von sechsundzwanzig bis dreißig Grad haben. Für diese bestimmten Abtheilungen kann auch ein mäßiger und die bisherige Taxe nicht überschreitender Preis gefordert werden.
g) Eine oder mehrere Frauen sollen die nöthige Unterweisung für die Art der Bereitung der Bäder und die beste Zeit zum Baden, von dem einschlägigen Kantosphysikate unentgeltlich erhalten, und mit einer aus mehreren achtbaren männlichen Gliedern der Gemeinde bestehenden Commission für die Reinlichkeit, Aufsicht, Unterhaltung und Einnahmen der Anstalt wachen.

11 s. GA1A2. 329. 124
12 S. GA1A2. 329. 180
13 s. GA1A2. 329. 177
14 s. GA1A2. 329. 177
15 Vgl. die Classifikationsliste für die Rabbinatasumlage GA1A2. 329. 256ff
16 s. GA1A2. 329. 177. Das Grundstückskataster nennt als Plannummer des alten Synagogengebäudes die Nr. 405. Dementsprechend müßte das Gebäude, in dessen hinterem Teil im Obergeschoß die Synagoge eingerichtet war, in der Rösselgasse direkt neben dem alten Rathaus gestanden haben. Es ist nicht anzunehmen, das das Gebäude noch erhalten ist, nachdem es schon 1843 als äußerst baufällig eingestuft worden war. Das jetzige Gebäude in der Rösselgasse muß also das alte ersetzt haben.
17 s. GA1A2. 329. 181
18 s. GA1A2. 329. 186: Notiz des Bürgermeisteramtes über den ganzen Vorgang bis zur Beantragung einer allgemeinen Kollekte
19 s. GA1A2. 329. 186
20 s. GA1A2. 329. 219
21 s. GA1A2. 329. 225
22 Die Kollekte für Bau- und Reparatur der Synagoge zu Haßloch wurde in den Jahren 1848-50 durchgeführt. Beiträge gingen aus allen bayrischen Regierungsbezirken ein, vgl. dazu Dokumentation 9. 2. Nr. 1116
23 s. Rechnungsbuch Beleg Nr. 55
24 s. Rechnungsbuch Außerordentliche Einnahmen
25 s. Rechnungsbuch Beleg Nr. 59
26 s. Rechnungsbuch beleg Nr. 59: Das alte Mauerwerk macht die Hälfte des gesamten Mauerwerks aus.

27 Vgl. dazu die Beiträge von Fritz Roth zum Kirrweiler und Alois Schmitt zum Busenberger Judenbad.

28 Vgl. dazu die Ausführungen bei A. Schirmer, Göcklingen, S. 754ff

29 Siehe Rechnungsbuch, Beleg Nr. 55

30 Vgl. dazu oben Anm. 10

31 Ein Beispiel wäre die Schifferstadter Synagoge.

32 Vgl. dazu oben Anm. 10

33 Siehe Rechnungsbuch, Beleg Nr. 59, Nr. A 22 und D 3

34 Dies ist genau 1 Jahr nach dem vorgesehenen Fertigungstermin.

35 Siehe Rechnungsbuch, Einnahmen Beleg 10/11

36 Siehe Rechnungsbuch, Einnahmen Beleg Nr. 4

37 Vgl. die Planzeichnung, s. oben S. 262

38 Siehe Rechnungsbuch, Beleg Nr. 59

39 Siehe Rechnungsbuch, Beleg Nr. 58

40 Siehe Rechnungsbuch, Beleg Nr. 55

41 Siehe Rechnungsbuch, Beleg Nr. 60

42 Beleg Nr. 58 soll hier als Text einmal abgedruckt werden:
Minderversteigerung
Errichtung eines Badehauses im israelitischen Schulhofe zu Haßloch betreffend.
Heute, am 13. April achtzehnhunderteinundachtzig, Vormittags eilf Uhr, im Gemeindehaus zu Haßloch, schritt der Bürgermeister dieser Gemeinde im Beisein des Districtsbauschaffners zur öffentlichen Versteigerung obiger Arbeiten und zwar unter folgenden Bedingungen:
1. Die Arbeiten müssen genau nach vorliegendem Plan und Kostanvoranschlag gefertigt werden.
2. Jeder Steigerer hat einen zahlfähigen mit ihm solidarisch haftenden Bürgen zu stellen.
3. Die Kosten gegenwärtiger Versteigerungsform die Aufnahmekosten haben die Steigerer nach Verhältniß ihres Steigpreises zu tragen.
4. Die Arbeiten müssen bis 15. Juni laufenden Jahres fertig gestellt sein, wobei jeder Übernehmer für alle Nachtheile verantwortlich ist, welche etwa durch Nachlässigkeit von seiner Seite einem anderen entstehen können.
5. Sollten während der Ausführung der Arbeiten Änderungen irgendwelcher Art als nöthig erachtet werden, so haben sich die Uebernehmer derselben ohne Widerspruch zu unterziehen. Mehrarbeiten werden nach den Preisen des Kostenvoranschlags berechnet, wobei das Angebot ebenfalls zur Anwendung kommt. Minderarbeiten werden in der Definitiv-Rechnung in Abzug gebracht.
6. Abschlagszahlungen werden bis zu dem Betrag von 4/5 der Leistung bewilligt. Werden die Arbeiten am festgesetzten Termin nicht fertig, so erhält der säumige Uebernehmer einen Abzug von fünfzig Mark für jede Woche Verzögerung.
7. Es darf nur von bestem Material zum Bau verwendet werden.
8. Gebrechen, die bei der Definitiv-Aufnahme entdeckt, sind unverzüglich längstens binnen acht Tagen zu beseitigen, widrigenfalls dieselben auf Kosten des betreffenden Uebernehmers von der Verwaltung ergänzt werden.
9. Abgebote haben in Prozenten zu geschehen.
10. Die Aufnahme und Abrechnung erfolgt längstens binnen 8 Tagen nach dem Tage der Vollendung.
Nach Verlesung dieser Bedingungen wurde zur Versteigerung geschritten wie folgt:
1. Die Maurerarbeit, veranschlagt zu 358 M 73 Pf und um 11 Prozent Abgebot zugeschlagen dem Konrad Busching, Maurer zu Haßloch unter Bürgschaft von Meyer Jacob, Handelsmann zu Haßloch, welche nach Verlesung unterschrieben.
Konrad Buschinger, J. Meyer
2. Die Zimmermannsarbeit veranschlagt zu 153 M wird zugeschlagen um denselben Preis dem Peter Ganning, Glaser dahier, unter Bürgschaft von Vollweiler Friedrich, Tüncher von hier, welche nach Verlesung unterschrieben.
Peter Ganning, Friedrich Vollweiler

3. Tüncherarbeit, veranschlagt um 48 Mark und um denselben Preis zugeschlagen dem Tüncher Friedrich Vollweiler von Haßloch unter Bürgschaft von Peter Basnning wohnhaft zu Haßloch, welche nach Verlesung unterschrieben.
Friedrich Vollweiler, Peter Ganning
4. Schreinerarbeit, veranschlagt zu 180 M 42 Pf und zu demselben Preis zugeschlagen dem Ludwig Höring, Schreiner zu Haßloch, unter Bürgschaft des dahier wohnenden Blechnermeisters Heinrich Brauch, welche nach der Verlesung unterschreieben.
Louis Höring, Heinrich Brauch
Worüber Protocoll, geschlossen zu Haßloch am Tage wie Eingangs.
Der Bürgermeister, Der Districtsbauschaffner
Wilhelm M. Lichtenberger

43 Brauch lieferte unter dem Titel Nebenarbeiten Kessel, Hähne, Bleirohr usw. in einem Wert von 310,71 Mark; die Arbeit von Louis Hörung ging nur mit 262,56 in die Gesamtrechnung ein. S. Rechnungsbuch Beleg Nr. 59

44 Siehe oben die Ausführungen zum Frauenbad von 1847.

45 Vgl. die Gutachten der Rabbiner in Dokumente Bd. 4, S. 87-99.

46 GA1A2. 329. 283ff

47 GA1A2. 329. 292f

48 Vgl. dazu Johannes Theisohn, Jüdische Familien in Haßloch. (1988)

49 Das Kassenbuch von Louis Loeb zeigt Eintragungen über den Wegzug von Mitgliedern der Familie Bohrmann und Mayer. Danach sind im Jahre 1892 Gottlieb Bohrmann nach Speyer und Theodor Bohrmann nach Ludwigshafen gezogen.
1889 hat eine Güter- und Hausversteigerung der Erben Mayer stattgefunden.

*Bernhard Kukatzki*

# Fundstücke aus den Synagogen Odenbach und Weisenheim am Berg

Die Pfalz beherbergte wie Franken oder das Elsaß eine Vielzahl jüdischer Kultusgemeinden. Wie in den beiden anderen Regionen war das Judentum fast bis zum Ende des 19. Jhdts. ländlich geprägt. Während es jedoch im Elsaß und in Franken eine Vielzahl erhaltener Objekte jüdischen Lebens gibt, scheinen die materiellen Überreste jüdischen Alltagslebens auf dem Dorf in der Pfalz weitestgehend verloren gegangen zu sein.[1] Dabei ist das Verschwinden von Spuren jüdischen Lebens und jüdischer Volkskunst nicht nur auf das Zerstörungswerk der Nazis zurückzuführen. Auch nach 1945 führten Desinteresse und Unwissenheit zum weiteren Verschwinden von Überresten pfälzisch-jüdischer Kultur, die unter glücklichen Umständen die Nazizeit überdauert hatten. Dem Autor sind allein fünf bedeutende Verluste bekannt. So wurden in der Nachkriegszeit beim Umbau der ehemaligen Synagoge in Venningen zu einem Wohnhaus das alte Gemeindearchiv der jüdischen Kultusgemeinde vernichtet, in Otterberg ein verzierter Beschneidungsstuhl der Sperrmüllabfuhr übergeben, in Bockenheim ein großer Leuchter aus der ehemaligen Synagoge zum Altmetallhändler gebracht oder in Göcklingen Unterrichtsmaterial aus der ehemaligen jüdischen Schule zerstört. Der größte Verlust dürfte aber in Grünstadt zu beklagen sein. Als man die Mitte des 18. Jhdts. erbaute Synagoge Anfang der 1970er Jahre zu einem Geschäftshaus umbaute, schaffte man aus einem Depot oberhalb des Tonnengewölbes der Synagoge eine Unmenge von handschriftlichem und gedruckten Material sowie Textilien auf den Müllplatz. So wurde die Genisa (hebr.: Aufbewahrung) und das Gemeindearchiv einer der bedeutensten pfälzischen Kultusgemeinden des 18. und 19. Jhdts. restlos vernichtet. Der Werteverlust für das pfälzisch-jüdische Kulturerbe und die wissenschaftliche Forschung ist hierbei kaum zu beschreiben. Von daher sind die Objekte, die der Verfasser in den Jahren 1985-87 aus den ehemaligen Synagogen in Odenbach und Weisenheim am Berg sichern konnte, eine wichtige Ergänzung zu den wenigen originär pfälzischen Judaica im Historischen Museum der Pfalz in Speyer und einigen pfälzischen Heimatmuseen.

Zunächst ein paar Worte zum Begriff „Genisa“. Mit ihm bezeichnet man einen Aufbewahrungsort für unbrauchbar gewordene heilige Bücher und andere Kultgegenstände. Diese Genisot (Pl.) wurden oft auf den Dachböden von Synagogen angelegt. Neben den schon erwähnten Gegenständen wurde auch allgemeiner Schriftverkehr der jüdischen Gemeinde oder einzelner Gemeindemitglieder dort abgelegt. Von daher bilden geschlossen erhaltene Genisot einen guten Überblick auf das Leben einer jüdischen Gemeinde. Leider war weder die Genisa in Odenbach noch die in Weisenheim a.B. unberührt geblieben, da beide ehemaligen Synagogen jahrzehntelang als Lagerschuppen dienten und die Fundstücke z.T. verstreut und

weggeworfen bzw. durch Wind und Wetter auf den maroden Dachböden geschädigt wurden.
Bei der Synagoge in Odenbach/Kreis Kusel handelt es sich um einen Fachwerkbau von 1752,der im Innern bemerkenswerte, vom Verfasser 1985 entdeckte spätbarocke Wandmalereien aufweist. Die Synagoge wurde wegen eines befürchteten Übergreifens des Feuers auf Nachbargebäude in der Reichspogromnacht 1938 nicht angezündet, abér im Innern demoliert. Seit einigen Jahren bemüht sich ein Förderverein um die Erhaltung und Restaurierung dieser Synagoge, die nach Abschluß der Arbeiten auch eine Dokumentation über die jüdische Gemeinde beherbergen soll.[2] Die Synagoge in Weisenheim am Berg/Landkreis Bad Dürkheim wurde im Rundbogenstil im Jahre 1832 erbaut. Da die Kultusgemeinde sich auflöste, wurde sie im Jahre 1909 an einen Privatmann verkauft. Sie diente Jahrzehnte als Schuppen und Lagerhalle. Nach jahrelangen Bemühungen durch einen Förderkreis und durch umfangreiche Restaurierungsarbeiten dient die ehemalige Dorfsynagoge seit 1990 als Kulturzentrum.[3]
Da in den beiden Synagogen eine Vielzahl von handschriftlichen und gedruckten Textfragmenten (z.T. bis in das 17. Jhdt. zurückreichend), Textilien sowie andere Kleinfunde geborgen werden konnten, würde deren Darstellung den gegebenen Rahmen bei weitem sprengen. Von daher wird in folgenden nur eine sehr kleine Auswahl der Funde vorgestellt.

**Thorawimpel**

Eine seit mindestens dem 16. Jhdt. bestehende jüdische kunsthandwerkliche Tradition ist die Herstellung von Thorawimpeln. Nach der Beschneidung der Knaben wird die Beschneidungswindel in Stücke getrennt und zu einem Band zusammengenäht. Auf dieses Band wird dann der Name des Kindes, des Vaters, sein Geburtsdatum und ein Segensspruch gestickt oder gemalt. Bei dem ersten Besuch des Kindes in des Synagoge wird der Wimpel zur Thora gebracht und der Synagoge gewidmet. Mit diesem Wimpel wird die Thora zusammen gehalten und geschützt. Im Laufe der Jahre sammelten sich durch diesen Brauch dutzende von Wimpeln in der Synagoge und erhielten den Charakter eines Geburtsregisters. Auch deshalb wurden sie in der Genisa verwahrt.[4] Vor den Funden in Odenbach und Weisenheim waren lediglich drei Exemplare aus Rheingönheim und Neuhofen und ein Wimpel aus Rodalben überliefert.[5] Leider sind die meisten aufgefundenen Stücke aus Odenbach und Weisenheim nur Wimpelfragmente.

**Abb. 1** Darstellung eines Brautpaars unter der Chuppa, dem Hochzeitsbaldachin. Häufiger wird auf den Wimpeln eine Chuppa oder eine Thora dargestellt, da die allgemein übliche Segnungsspruchformel „er möge heranwachsen zur Thora, zur Chuppa (Vermählung) und zu guten Taten..." lautet. Weisenheim a. B., um 1800.

**Abb. 2** Darstellung eines Brautpaares. Die Buchstabenkürzungen innerhalb der Chuppa bedeuten: Stimme der Freude und Stimme des Jubels, Stimme des Bräutigams und Stimme der Braut. Odenbach, Anfang 19. Jhdt.

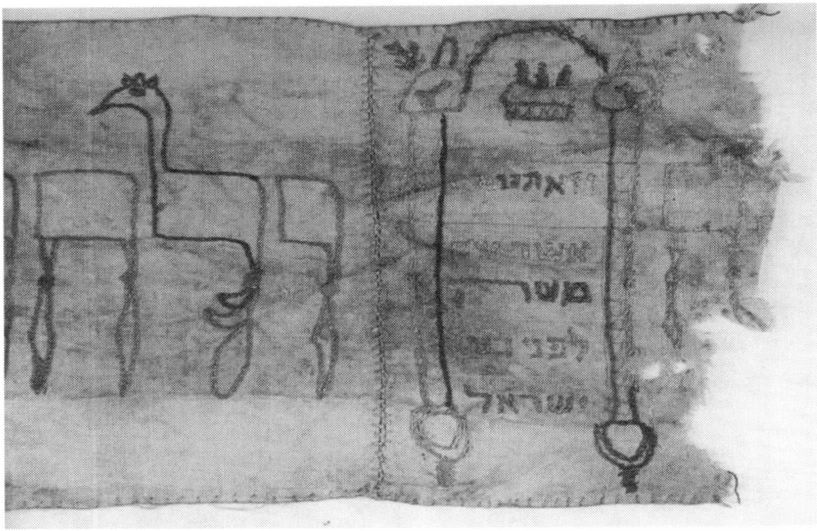

**Abb. 3** Gleicher Wimpel wie Abb. 2. Die Darstellung zeigt eine stilisierte Thorarolle. Die Schrift innerhalb der Thorarolle lautet: Und dies ist die Thora, die Moses vorlegte den Kindern Israels. Links davon ist der hebräische Buchstabe Lamed oben als Vogelköpfchen ausgebildet.

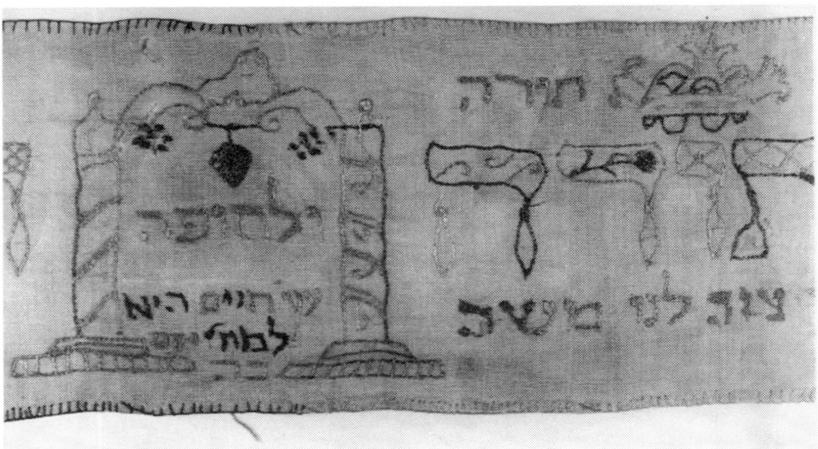

**Abb. 4** Darstellung eines Hochzeitbaldachins. Rechts von der Darstellung der Schriftzug Thora. Darüber eine Krone. Unter der Krone eine Brille als Symbol der Weisheit. Auf dem Wimpelfragment ist an anderer Stelle auch der auf der Titelseite des Buches abgebildete Davidstern gestickt. Odenbach, um 1800.

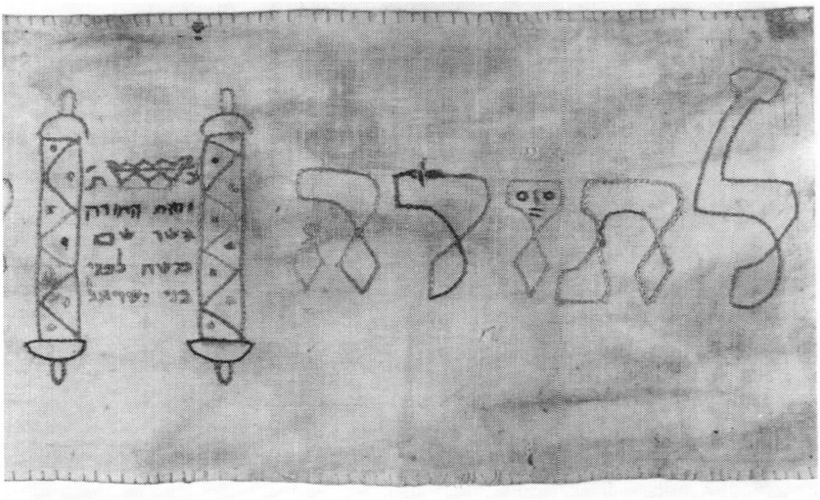

**Abb. 5** Darstellung einer Thorarolle. Odenbach, Anfang 19. Jhdt.

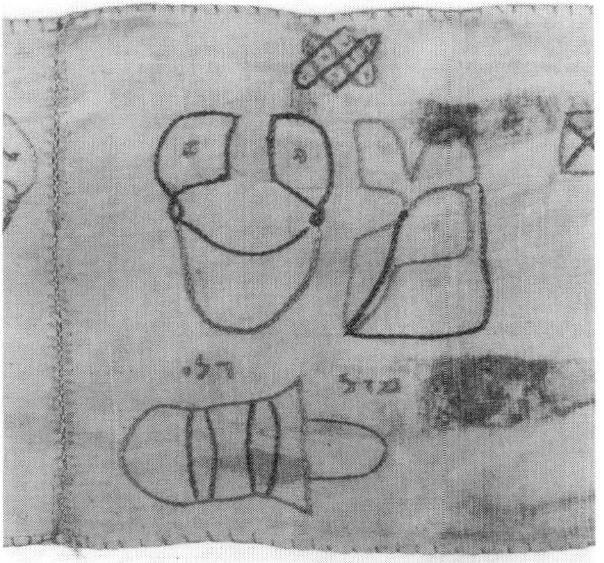

**Abb. 6** Häufig werden auf Thorawimpel auch die Symbole für die Tierkreiszeichen, unter denen der Knabe geboren ist, verwendet. Hier das Symbol für das Tierkreiszeichen Wassermann - ein Wassereimer! Weisenheim am Berg, Anfang 19. Jhdt.

**Abb. 7** Reich mit florealen Elementen verziertes Wimpelfragment. Unter den in beiden Synagogen geborgenen Wimpelfragmenten ist dies der kunsthandwerklich beste und sorgfältigst gearbeitete Teil. Weisenheim am Berg, um 1800.

**Mesusot**

Das hebräische Wort Mesusa („Türpfosten") bezeichnet die an den Türpfosten befestigte handbeschriebene Pergamentrolle, auf der biblische Texte aufgeführt sind. Ihre Anbringung an den Eingängen von Höfen, Häusern und Wohnräumen geht auf eine biblische Vorschrift zurück. Für gewöhnlich ist das Pergament in eine Kapsel aus Holz oder Metall eingeschlossen. Die Mesusa ist das Zeichen am Haus einer gläubigen traditionsbewußten jüdischen Familie. In der Pfalz ist in Venningen am Anwesen Hauptstraße 8 (fr. Jakob und Johanna Teutsch geb. Salomon) eine Vertiefung am Sandsteinportal erhalten geblieben.

**Abb. 8** Aufgerollte Mesusa aus Odenbach, Anfang 19. Jhdt. Im Original nur sieben auf sieben cm groß.

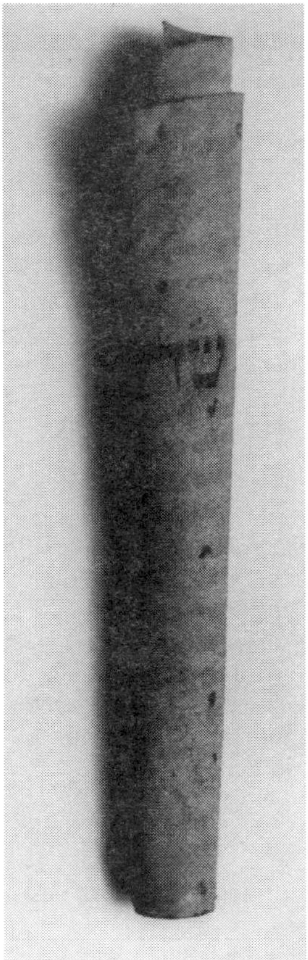

**Abb. 9** (links) Zusammengerollte Mesusa aus Weisenheim am Berg, um 1800. Originalgröße 10 x 6 cm. Der Schriftzug auf der Rückseite ist das hebr. Schaddai (Allmächtiger).

## Handschriften und Drucke

**Abb. 10** (unten) Heiratsvertragsfragment aus Odenbach. Das Datum ist leider unleserlich, vermutlich Anfang bis Mitte des 19. Jhdts. Papier 25 x 17 cm groß.

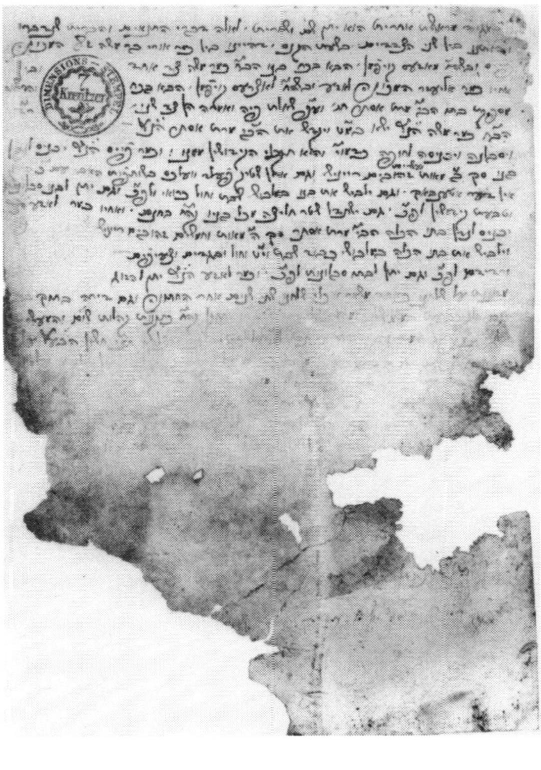

**Zu Abbildung 10: Übersetzung**

1. Verkünder von Anfang und Ende, er wird denen einen Namen und Rest geben zu den Bedingungen und dem Bund die besprochen
2. und vereinbart wurden zwischen den beiden Seiten zur Zeit (im Rahmen) der Sitzung? (Schreibfehler) und dementsprechend zwischen Herrn Uri, Sohn des Moses, seligen Andenkens,
3. sogenannt Feiss, im Namen des Moses Kaufmann als Bevollmächtigter seines Sohnes Moses, erste Seite.
4. Sein Bruder, der Herr Elieser, Sogenannt Lase und im Namen des Herrn Lazarus Kaufmann als Bevollmächtigter seiner anvertrauten Tochter, die teure Jungfrau, Frau Esther, sie möge leben. Und auf die Frage an sie antwortete sie mit Ja. Die andere Seite,
5. der Bursche, der o.e. Herr Moses, wird sie mit gutem Glück nehmen und heiligen, die teure Jungfrau, die o.e. Frau Esther
6. und sie tragen sowie unter die Chuppah nach der „Religion Moses und Israel" (Abkürzung) führen und sie wird durch ihn geheiligt (geehelicht) werden. Und der o.e. Herr Feiss
7. wird als Mitgift seines Sohnes insgesamt 200,— (und zwanzig) Goldthaler Rheinisch (?) einbringen, sowie einen Schrank "Stark Feld(s)" (?)
8.welcher er gemeinschaftlich habe mit Herrn Hirsch(?)
9.In Odenbach (Jiddisch) und er wird auch seinen Sohn einkleiden in sabbat- und Wochenkleidung, wie es sich gehört und wird dementsprechend seinem Sohn auch
10. Schmuck und einen Hochzeitsring und demzufolge bemüht sein eine „Chalizah" von all seinen Söhnen ...? (Abkürzung unbekannt) zu besorgen,
11. dies kostenlos. Nach ihm wird der o.e. Herr Lase
12. als Mitgift seiner Tochter, der Braut, der teuren Jungfrau, Frau Esther, insgesamt. 550,— Goldthaler Rheinisch (?) einbringen.
13. und wird seine Tochter, Die Braut in Ehrenkleidung für den Sabbat und Fest- und Wochentag, sowie (anderen) Kleidern, Schals und
14. Schleier einkleiden. Demzufolge wird er seiner Tochter auch Schmuck geben und weiter wie der o.e. Herr Lase wird er dem Paar
15. Unterhalt an seinem Tisch, wie einem der restlichen Tischgäste für eine Zeit von zwei Jahren nach der Hochzeit gewähren, sowie eine Wohnung
16. innerhalb seines Hauses.
17. Und er wird geben ein Viertel von … gleich der Satzung der Gemeinden „Shum" (*) (Speyer, Worms, Mainz) und …?

(*) Nach den „Takkanot Shum" war der Bräutigam, falls die Braut im ersten Jahr verstarb, dazu verpflichtet die Mitgift an die Eltern der Braut zurückzugeben. Sollte die Braut während des zweiten Ehejahres kinderlos sterben so mußte er die Hälfte der Mitgift an die Eltern der Braut zurückzugeben.

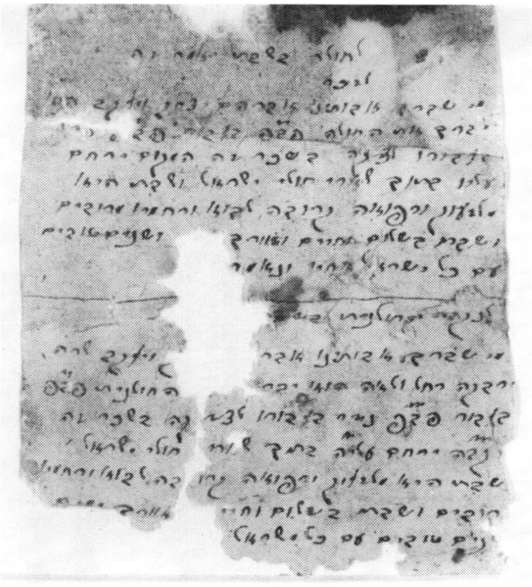

**Abb. 11** Handschriftliche Version eines Schabbat-Segens für männliche und weibliche Kranke, der in der Synagoge nach der Toralesung gesprochen wird. Die Form ist ein wenig anders als bei der heute gebräuchlichen Gebetsform. Vielleicht diente das im Original nur ca. 10 x 10 cm. große Zettelchen als Amulett? Weisenheim am Berg, Anfang 19. Jhdt.

**Übersetzung zu Abb. 11**

1. Dem Kranken am Sabbat ...
2. ...
3. Der unsere Väter Abraham, Isaak und Jacob gesegnet, der
4. segne den Kranken (irgendjemand, Sohn von irgendjemand) für ihn gibt (spendet)
5. für die Wohlfahrt. Mit diesem Lohn, möge der Herr
6. sich seiner erbarmen
7. mit dem Rest der Kranken Israels. Und obwohl es am Sabbat
8. nicht erlaubt ist zu klagen, sei seine Genesung nahe am kommen. Und Sein Erbarmen ist vielfältig
9. und Dein Lohn sei in Frieden und Leben und langen guten Tagen und Jahren
10. mit dem ganzen (Volk) Israel nach ihm und wir sagen Amen

* * *

1. Der weiblichen Kranken am Sabbat ...
2. Der unsere Väter und Lea gesegnet, der
3. segne die Kranke (irgendjemand, Tochter von irgendjemand) dafür, daß (irgendjemand, Tochter von irgendjemand) für ihn gibt (spendet)
4. für die Wohlfahrt. Mit diesem Lohn, möge der Herr
5. sich ihrer erbarmen
6. mit dem Rest der Kranken Israels. Und obwohl es am Sabbat
7. nicht erlaubt ist zu klagen, sei ihre Genesung nahe am kommen. Und Sein Erbarmen ist vielfältig
8. und dein Lohn sei in Frieden und Leben und langen guten Tagen und Jahren,
9. mit dem ganzen (Volk) Israel nach ihr und wir sagen Amen.

**Abb 12** Beidseitig bedruckter Amulett-Zettel für Kindbettzimmer, gedruckt vermutlich im 18. Jhdt. in Sulzbach Im jüdischen Volksglauben gibt es die Geschichte der Dämonin Lilith, der ersten Frau Adams, die neugeborene Kinder tötet, deren Fleisch ißt und deren Blut trinkt, jedoch bei Ausrufung bestimmter Namen das Haus des Neugeborenen nicht betritt. Die Verwendung dieses Zettels in Weisenheim am Berg zeigt, daß auch in den ländlichen Gebieten der Pfalz jüdische Volksreligiosität und Aberglauben vorhanden war. (siehe auch Rückseite des Buches).

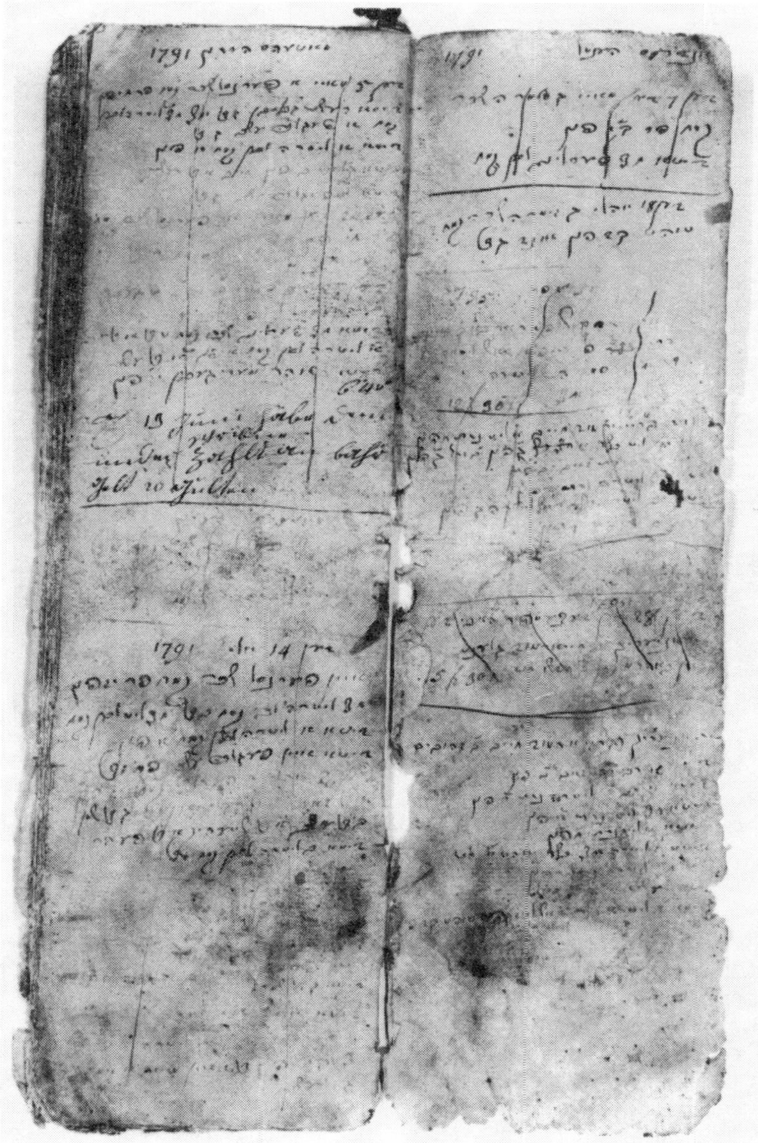

**Abb. 13** Vierzigseitiges Geschäftsbuch (Bindfadenheftung) eines Handelsmannes für die Jahre 1791-99, westjiddisch in hebr. Kursivschrift geschrieben. Im Original aufgeschlagen 35 x 22 cm groß. Weisenheim am Berg.

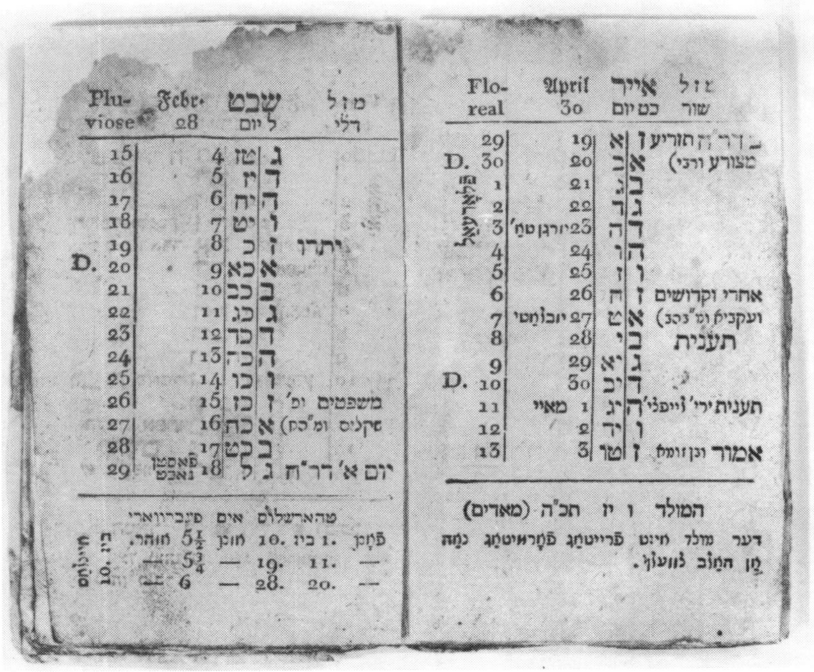


**Abb. 14** Aufgeschlagener Luach (Jüdischer Kalender), gedruckt vor 1806 in Rödelheim (bei Frankfurt a.M.). Ein konkordanter Kalender ermöglichte dem jüdischen Benutzer die synchronoptische Umrechnung vom jüdischen Jahr zur christlichen Zeitrechnung und zum französischen Revolutionskalender. Dies war in der Pfalz besonders wichtig, da sie zu jener Zeit unter französischer Herrschaft war. Oben sehen wir auf der linken Seite den französischen Revolutionsmonat Pluviose, dann den christlichen Februar und dann den jüdischen Monat Schewat. Auf der rechten Seite Floreal, April und Ijar. Da von Napoleon per Dekret zum Jahresende 1805 der 1793 durch den französischen Nationalkonvent beschlossene Revolutionskalender aufgehoben wurde, war dies sicherlich der letzte Druck eines Kalenders mit drei Zeitrechnungen. Der in Odenbach benutzte Handelskalender ist aufgeschlagen 12 x 10 cm groß.

**Abb. 15** Taschenkalender, gedruckt für das Jahr 1789 in Sulzbach, aufgefunden in Odenbach. Größe 11 x 7 cm. Der Schriftzug links oben ist jiddisch "Oderlastafil". Die Szene auf der rechten Seite zeigt ein Aderlaßmännchen, eine vom späten Mittelalter bis ins 18. Jh. vorkommende Merkfigur, seit dem 16. Jh. häufig auf volkstümlichen Kalendern. Um die nackte Menschengestalt sind die Zeichen von Sternbildern angeordnet. Sie geben die Zeiten an, zu denen es günstig ist, für Leiden der betreffenden Körperteile zur Ader zu lassen. Dahinter steckt der antike Glaube an Zusammenhänge zwischen Leibesteilen und Gestirnen.

**Anmerkungen:**

1 Eine allgemeine Abhandlung zu Überresten jüdischen Alltagslebens gibt Zacharias, Sylvia: Nach dem Ausbruch des Vesuv oder: Die spurlose Vernichtung jüdischen Alltagslebens, in: Allgemeine Jüdische Wochenzeitung v. 14.8.1987.

2 Zur Geschichte von jüdischer Gemeinde und Synagoge sei auf folgende Veröffentlichungen hingewiesen: Kukatzki, Bernhard: Die Juden von Odenbach - eine historische Skizze, in: Bender, Rainer Joha (Hg.): Pfälzische Juden und ihre Kultuseinrichtungen. Mannheim 1988, S. 145-162. - Aronsfeld, C.C.: German bid to preserve old synagogue, in: Jewish Chronicle. London (o.D.) 1991. - Künzl, Hannelore: Die Synagoge in Odenbach, in: Trumah 2. Hochschule für Jüdische Studien Heidelberg. Wiesbaden 1990. S. 1-23. - Dittrich, Hilde: Odenbach-Genisa. Jüdische Urkunden, übersetzt von Frau Selma Tikva Deutsch, London in Erinnerung an ihre von den Nazis ermordeten Eltern Heinrich und Sally Süsser, in: Westricher Heimatblätter 3/1990. S. 132-141.

3 Zur Geschichte von jüdischer Gemeinde und Synagoge siehe: Kukatzki, Bernhard: Dorfsynagogen in der Vorderpfalz, in: Die Pfalz am Rhein 5/1986, S. 30 ff. und Müller, Gudrun (Hg.): Die Juden in Weisenheim am Berg und ihre Synagoge. Förderkreis zur Erhaltung und Restaurierung der ehemaligen Synagoge von Weisenheim am Berg e.V. Weisenheim a. B. 1990.

4 Gute Überblicke über Thorawimpel-Bestände geben Guggenheim-Grünberg, S. Florence: Die Thorawickelbänder von Lengnau. Zeugnisse jüdischer Volkskunst. Zürich 1967. - Thora-Wimpel. Zeugnisse jüdischer Volkskunst aus dem Braunschweigischen Landesmuseum. 2. erw. Aufl., Braunschweig 1984. Einen Vergleich mit der Nachbarregion Elsaß ermöglicht Weyl, Robert/Raphael, Freddy: L'imagerie juive d'Alsace. Strasbourg 1984 - Eis, Ruth: Thorahbinders of the Judah L. Magnus Museum. Berkeley 1979. Darin ist ein Thorawimpel von 1922 aus Rodalben/Kreis Pirmasens abgebildet.

5 Die drei Wimpel aus Rheingönheim/Neuhofen sind im Depot des Historischen Museums der Pfalz in Speyer. Zu Rodalben s. Anm. 4. Die Fundstücke aus Odenbach und Weisenheim am Berg sind Eigentum des Verfassers.

Für die Herstellung der Fotos bedanke ich mich bei Herrn Gunter Balzer, Kaiserslautern. Die schwierige Übersetzung des Heiratsvertrages verdanke ich meinem Freund Mario Jacoby aus Oettingen i. By. (Abb. 10) und des Schabbat-Segens (Abb. 11) verdanke ich meinem Freund Mario Jacoby aus Oettingen i.By.

*Hans L. Reichrath*

# Die »Judenfrage« im Pfälzischen Pfarrerblatt von 1933 bis 1939

*Mit der vorliegenden Arbeit sollen meine Bemühungen fortgesetzt und vorläufig abgeschlossen werden, Bedeutung und Wirkung pfälzischer protestantischer Kirchenblätter im Dritten Reich, speziell im Blick auf die sog. Judenfrage, zu erörtern — als ein Beitrag positiv zu verstehender Aufarbeitung einer uns immer noch belastenden kirchlichen und politischen Vergangenheit, aber auch zur Verbesserung des christlich-jüdischen Verhältnisses in Gegenwart und Zukunft.*

Die beiden Sonntagsblätter *»Union«* und *»Evangelischer Kirchenbote«* sind bereits an anderer Stelle untersucht worden.[1] Schon rein methodisch wird sich die vorliegende Arbeit von den anderen unterscheiden müssen, weil das »Pfälzische Pfarrerblatt« (PfBl) gerade im Blick auf die »Judenfrage«, aber auch sonst, keineswegs in vergleichbarer Weise »Stoff« bietet. Dies dürfte verschiedene Ursachen und Gründe haben. Zum einen erschien das Blatt (wie heute noch) in relativ bescheidenem Umfang nur einmal monatlich, nicht wie die Sonntagsblätter jede Woche. Zum anderen ist es seit seinem Erscheinen im Jahre 1900 das »Organ des Pfälzischen Pfarrervereins«, also ein pluralen Intentionen und Tendenzen offenes Ausspracheorgan eines Berufsstandes, in dem alle damaligen kirchlich-theologischen Gruppierungen und Strömungen vertreten waren und zu Wort kommen sollten: die sog. Liberalen der »Freunde der Union« und des »Protestantenvereins« (»Union«), die sog. Positiven der »Positiven Vereinigung« (»Evangelischer Kirchenbote«), die — so jedenfalls noch in den ersten beiden Jahren nat. soz. Herrschaft — »Religiösen Sozialisten«, die »Kirchliche/Theologische Arbeitsgemeinschaft« (ein seit 1932 bestehender offener Kreis jüngerer Theologen) und ab September 1934 die »Pfälzische Pfarrbruderschaft«, zusammen mit den »Laien« auch »Bekennende Kirche« (BK) genannt.

Auf die »Glaubensbewegung Deutsche Christen« (DC) wird gesondert einzugehen sein.

In den Jahren vor der sog. Machtergreifung durch die Nationalsozialisten waren die meisten Pfarrer den beiden traditionell größten »Kirchenparteien« der Liberalen und Positiven zuzurechnen.

Die neue »Bewegung« des Nationalsozialismus, die von den einen begrüßt, von den anderen wie eine »Sturmflut« in den Zeiten großer wirtschaftlicher Not empfunden wurde, brach in diese innerkirchlichen Gegebenheiten in verwirrender und neue Gruppierungen oder Frontierungen bildender Weise ein. *D. Bergmann* schreibt im Vorwort der von ihm 1960 herausgegebenen *»Documenta«*[2] wohl zurecht: »Liberale und Positive haben sich in gleicher Weise vom Nationalsozialismus einnebeln lassen« — wobei jedoch, wie meine Untersuchungen der Sonntagsblätter ergeben haben, die kritische Distanz bei den sog. Liberalen größer gewesen sein dürfte als bei den pietistisch geprägten Positiven.

Das auch von Bergmann erwähnte »Doppelspiel der Partei«[3], samt der viele irreführenden Bejahung eines »positiven Christentums« im Parteiprogramm der NSDAP (was immer das sein sollte) hat einige Jahre die Kirchen hinters Licht geführt. Mit Ausnahme zunächst der wenigen Religiösen Sozialisten, die eben nicht mit der unter den prot. Pfarrern verbreiteten Vorliebe für »Deutschnational« aus der verhaßten oder ungeliebten Weimarer Republik kamen, dafür aber mit dem damals fast tödlichen Odium »links« oder »kommunistisch« behaftet wurden. Doch dies wäre ein eigenes aufzuarbeitendes Kapitel, wobei besonders das Schicksal des Pfarrers Damian in Pirmasens dargestellt werden sollte, der, neben anderen Schwierigkeiten (Dienststrafverfahren), am 20.3.1933 auf dem Wege von der Schule verhaftet und in »Schutzhaft« im Arbeitslager Neustadt genommen wurde.

Zum Thema *»Pfarrer und Politik«* brachte Dekan *Kleinmann* das Wesentliche schon 1931 in der »Union« auf den Punkt: »Es wäre das Schlimmste, was man sich denken kann, daß die Kirche mehr und mehr zum Spielball politischer Parteien werden könnte. Auf der einen Seite stehen die »Religiösen Sozialisten« und rufen: Proletarier, herein in die Kirche! Macht sie dem Sozialismus dienstbar! Auf der anderen Seite paradieren die Hitlerleute und sagen, die Kirche gehört uns. Man denke sich, wir müßten zu all dem Schweren, was wir schon erlebt haben, auch noch eine gewaltsame Auseinandersetzung zwischen Sozialismus und Faschismus in Deutschland erleben. Was würde aus unserer Kirche? Man kann nur mit schwerer Besorgnis daran denken. Sicherlich wäre es um ihre Mission als Volkskirche, allen Schichten des Volkes zu dienen, geschehen. Das wäre das Ende der Kirche der Reformation.«[4]

Der damalige Vorsitzende des Pfarrervereins, *Bergmann,* erklärte dazu 1931 im PfBl im Anschluß an einen Erlaß des LKR »betr. parteipolitische Betätigung der Geistlichen« vom 31.3.1931: »Auch der Pfarrer hat das Recht, sich politisch zu betätigen. Es mag für manchen eine solche Betätigung sogar Gewissenspflicht sein. Aber der Pfarrer darf nicht Politik in einer Weise treiben, wie es heute vielfach der Fall ist. Er repräsentiert ein Stück Kirche. Der Pfarrer ist auch als Politiker nie ganz Privatmann. Entgleist er, wird auch immer die Kirche in Mitleidenschaft gezogen«[5]

Und in einem Nachwort noch etwas konkreter: »Wir glauben sogar, daß gerade die heutige Zeit verlangt, daß die Pfarrer sehr eindeutig zum Bolschewismus und zum Amerikanismus Stellung nehmen, und daß es geradezu eine Sünde wäre, in überängstlicher Zurückhaltung nicht der Gemeinde sagen zu wollen, was wahre Christenpflicht heute ist.«

Es war alles schon einmal da!

1932, »am Vorabend der Machtergreifung«, wird das Thema *»Die Pfarrer und der Nationalsozialismus« von D. Risch* mit aller Deutlichkeit — »fünf Minuten vor 12«, wie D. Bergmann meint — aufgegriffen[6]. Ein junger Theologe kritisiert »Ablehnung und Mißtrauen« gegenüber dem Nationalsozialismus beim Schriftleiter des PfBl, versteht aber andererseits die Reserven wegen bestimmter Nazistandpunkte: »Es ist schon festgelegt, was die Kirche im Dritten Reich auf der Kanzel predigen und in der Schule lehren darf. Das Alte Testament wird selbstverständlich abgeschafft und das Gesangbuch von Judaismen gereinigt.« Mit einem naiven Hinweis auf »Mein Kampf« meinte er, Hitler würde solche Äußerungen niemals billigen.

Dazu Risch: »Keine Frage ist, daß wir großen politischen Umwälzungen entgegengehen. Ohne Zweifel werden die Nationalsozialisten als stärkste Partei dann die Führung bekommen... Sehr viele unserer Kollegen können es kaum erwarten, bis Hitler am Ruder ist ... Es wird ein Damm aufgerichtet gegen die Übermacht der Zentrumspolitik und des Bolschewismus. Wir können der Zukunft ruhig ins Gesicht schauen ... Aber wir wollen doch auch nicht vergessen, daß die Gemeinde Jesu hier immer auf Erden einen dornenvollen Weg hat gehen müssen ... Das bleibt für mich und viele ältere Pfarrer die große Kardinalfrage: Wird der überweltliche Charakter, ich könnte auch kurz sagen, wird der christliche Geist der Gemeinde Christi im Dritten Reich zu ungebrochener Entfaltung kommen dürfen? ... Wie wird sich voraussichtlich die Zukunft unseres kirchlichen Lebens gestalten? Man versichert mir »eine glänzende Zukunft«. Ist nicht zu fürchten, daß in der Kirche nur noch nationalsozialistische Geistliche geduldet werden und alle, die nicht auf Hitler schwören, Pfarrer zweiter Ordnung werden und entsetzt oder doch zurückgesetzt werden? Wenn man junge Hitlerleute reden hört, dann heißt es stets: ›Wartet nur, bis wir am Ruder sind; dann fliegen die und die und die ...‹ und oft fehlt die Drohung nicht: ›Die werden alle an die Wand gestellt!‹ Ich fürchte diese Drohungen nicht allzusehr. Aber ich warte bis jetzt noch vergebens auf eine beruhigende autoritative Richtigstellung ...« »Wir älteren Pfarrer, die wir das Königtum und Kaisertum ins Grab sinken sahen, ... die wir es erleben mußten, daß der Wind bald von dieser Seite, bald von der entgegengesetzten Seite scharf herpfiff, die wir aus der Geschichte der Kirche gelernt haben, daß das Evangelium, weil es nicht von dieser Welt ist, immer im Streit mit den Gewaltigen dieser Erde sein muß — wir können nicht alles Heil von e i n e r einzigen Bewegung erwarten, so sehr wir sie aus politischen Gründen dankbar begrüßen ... Menschen, Bewegungen, Parteien, Regierungen kommen und gehen. Christus bleibt. Er allein ist unserer Hoffnung Grund ... Werden wir das Hineintragen des politischen Kampfes in unsere Kirchen vermeiden können? Werden wir als Kollegen einander achten ohne Rücksicht auf den politischen Standpunkt? Wir wollen´s, das ist der Wunsch einer großen Mehrheit in der Pfalz. Unser Wollen allein genügt nicht. Gott gebe uns das Maß der Liebe, der Weisheit und der Zucht, daß es gelinge!«

Er distanziert sich sodann vom Rassenwahn und schließt: »Wir sehen ernst und nicht ohne Sorge in die Zukunft. Aber wir glauben doch noch an eine Zukunft des deutschen Volkes, nicht weil wir auf irgend einen Mann, sei es Hindenburg, sei es Hitler unser Vertrauen setzen, auch nicht, weil die deutsche Rasse nie untergehen könne. Was ist im Krieg für Unfug mit dem Satz getrieben worden, daß am deutschen Wesen noch einmal die Welt genesen müsse! Es war ein Irrglauben. Wir glauben einzig und allein nur darum an Deutschlands Zukunft, weil wir an Gott glauben und auf seine Gnade und Allmacht vertrauen.«

Doch bis 1933 näherten sich die meisten Pfarrer den *»Deutschen Christen«*, der *»SA Jesu«* (Hossenfelder), dem verlängerten Arm der Nationalsozialisten in der Prot. Kirche. »Im übrigen hat im Jahre 1933 der Führergedanke die Gemeinde in der Kirche schon stark verwirrt...«[7]

Am 3.7.1933 lösen sich die kirchlichen Parteien auf, es kommt jedoch nicht zur Übernahme der beiden Sonntagsblätter durch das Pfarrerblatt.

Es kommt auch nicht zu der im April 1933 in einer Denkschrift des ehemaligen

pfälzischen Pfarrers Dr. F. Grünagel (Aachen) vorgeschlagenen Eingliederung der Pfälzischen Landeskirche in die Rheinische Kirche.[8] Hier setzte die pfälzische Pfarrerschaft den Zentralismusbestrebungen ein erstes klares Nein entgegen.
Das Pfälzische Pfarrerblatt beginnt das Jahr 1933 mit einer Klage über ein »Notjahr« und »die Zersplitterung unseres Volkes« sowie einem Wort von Otto Dibelius: »Überall (auch in den politischen Parteien vom Stahlhelm bis zu den Nationalsozialisten) ist der Wille zum Glauben. Die Praxis mag sein wie sie will ...« Der spätere Dekan Groß berichtet über eine Aussprache der »Kirchlichen Arbeitsgemeinschaft« im November 1932 in Neustadt, mit der Erkenntnis, »daß die Kirche in einer ungeheuer kritischen Stunde lebt«. Das Evangelium ist »nicht als eine ›zeitlose‹ Wahrheit gegeben.« Das Wort Gottes hat »der Politik etwas sachlich Unentbehrliches zu sagen«. Aber: »Ohne evangelische Gemeinde wird es keine ›evangelische Politik‹ geben.« »Die Haltung des evangelischen Menschen warnt uns vor der Vergötterung des Staates und erhält diesem das lebendige Volksgewissen ...« »Die Frage nach der Parteipolitik des Pfarrers« wird mit einem Sowohl-als-auch beantwortet: grundsätzlich ja, aber »Rücksicht gegen die Gemeinde«.

Es folgt dann ein bemerkenswertes Referat des Mannes, der während des Dritten Reiches für die Bekennende Kirche in der Pfalz wohl am meisten Profil und Substanz gezeigt hat und am meisten dafür zu leiden hatte: der unvergessene »Männerpfarrer« *Heinz Wilhelmy*, damals 27 Jahre alt.[9] *Über »Lage und Aufgabe der jungen Theologengeneration innerhalb der Landeskirche«* führte er u.a. aus: »Warum stehen wir nicht zum kirchlichen Liberalismus? Weil er die Gemeinschaft der Kirche auflöst durch sein Eintreten für den religiösen Individualismus, der sich gründet auf ein mir fragliches Verständnis evangelischer Glaubens- und Gewissensfreiheit. Die existentielle Frage unter uns Jungen lautet nicht: Wie werden wir religiös-sittliche Persönlichkeiten?, sondern: Wie wird unter uns Kirche? ....« »Warum stehen wir nicht zur pietistischen Orthodoxie? (wenn wir mit diesem Begriff die andere kirchenpolitische Richtung unserer Landeskirche, die positive Vereinigung, kennzeichnen wollen). Für uns steht die positive Vereinigung auf der gleichen Linie wie der Protestantenverein, nämlich auf der Linie des religiösen Individualismus. Auch die pietistische Orthodoxie hat mitgeholfen, die Gemeinschaft der Kirche aufzulösen durch ihr einseitiges Interesse am religiösen Individuum. Nur ist dieser religiöse Individualismus nicht gegründet auf die Auffassung vom freien Gewissen der Einzelpersönlichkeit, sondern er hängt zusammen mit einem reaktionären Biblizismus und Traditionalismus und einem statischen Verständnis von Wort Gottes und Bekenntnis. Diese Statistik verträgt sich nicht mit unserer Auffassung von der Dynamik des Christentums und mit der Bewegtheit unserer heutigen theologischen Lage ...« »... Aus dieser Lage der Kirche folgt zwangsläufig die Aufgabe der jungen Theologengeneration in der Kirche: Kampf gegen den religiösen Individualismus für die Gemeinschaft der Kirche. Es geht uns um die Kirche, um sonst nichts mehr. Unser Kampf hat notwendig in zwei Richtungen zu erfolgen: Er ist ein Kampf um uns selbst und um die anderen«.
Damit die Kirche aber »nicht der Gefahr einer genießerischen Selbstsucht und der berüchtigten theologischen Inzucht« verfalle, »wäre es notwendig, daß wir unseren

Kreis den sog. Laien öffnen ...« Ihn bewegte auch das Problem, »mit den Kommunisten und Gottlosen in Fühlung zu kommen«. Dazu redet er dann aber nicht mit der haßerfüllten und ideologischen Borniertheit, die gerade damals gang und gäbe war — so wie dies Bergmann in Documenta I, 30 über eine Tätigkeit des DC-Pfarrers Hans Schmidt (Kaiserslautern) formuliert: »Er startete einen religiösen Feldzug gegen den Kommunismus, der aber in Wirklichkeit ein Feldzug für den Nationalsozialismus ist.«

Heinz Wilhelmy: »Wenn wir uns als Pfarrer der Kirche auch diesem Kreis verpflichtet wissen, dann kann allerdings der Versuch, mit dem Kommunismus in ein Gespräch zu kommen, nur im kleinen Kreis unternommen werden, wo wir von unserer Seite aus mit aller Offenheit und ohne seelsorgerliche Absichten mit ihnen reden könnten. Aber Massenversammlungen abzuhalten, wo ein Pfarrer einige bolschewistische Greueltaten erzählt und dann noch die deutschen Kommunisten beschwört, sie sollten doch, wenn sie noch einen Funken Religion im Herzen hätten, umkehren, sind im Blick auf die Kommunisten zwecklos, lächerlich und schaden höchstens mehr als sie nutzen. Damit ist die Frage nicht erledigt, die der Kommunismus der Kirche stellt.«

In der gleichen Nr. 1 folgt dann ein Artikel *»Unsere Aufgabe gegenüber den Kommunisten und dem Sowjet-Kommunismus«* (überdies eine damals seltene Differenzierung!), der ebenfalls eine völlig andere Denkungsart zeigt als sie sonst verbreitet war. Heute haben wir hoffentlich ein feineres Empfinden für die politischen Fehler jener Jahre, das sozialistische und kommunistische Lager den Rechtsradikalen zu opfern. Das PfBl zeigte an dieser Stelle wahrhaft christliches Format: »Dem Kommunismus gegenüber kann es für uns nur eine Aufgabe geben: »Wir sind Schuldner allen Menschen!« Darum müssen wir auch in dem Kommunisten unseren Bruder sehen, und zwar den Bruder, der sich verirrt hat. Sind wir rechte Hirten, dann müssen wir das Verlorene suchen. Wir haben in Deutschland sechs Millionen von kommunistischen Wählern, in unserer Pfalz über 60 000. Das muß uns erschrecken und zugleich antreiben, um deren Seelen zu ringen. Daß es überhaupt Kommunisten gibt, daran ist vielfach schuld, daß unser Christentum nicht eine größere Macht ist. Wir sind alle mitschuldig, daß man an uns so wenig die Salzkraft des Evangeliums spürt.«

Doch die Positionen bleiben höchst ambivalent, wie eine Betrachtung von *A. Risch* im Märzheft *»Die neue Zeit und unsere evangelische Kirche«* zeigt: »Für den Aufstieg unseres Volkes ist eine neue Zeit angebrochen ... viele böse Stickluft, die über unserem Volke brütete ist wie weggeblasen ... Die Übermacht Roms mit seinen bedrohlichen Übergriffen ins Volksleben ist über Nacht gebrochen. Und so könnte ich fortfahren und die Aktivposten, welche unsere Kirche der nationalen Revolution verdankt, um ein Bedeutendes vermehren. Uns sind die Wege wieder frei zu einer ungehemmten Wirksamkeit. Dafür sind wir von Herzen dankbar.«

Und etwas weiter: »Ich darf doch wohl zur Ehre unseres Standes, sowohl der Alten wie der Jungen, es aussprechen, daß uns das Frühjahr 1933 nicht zwingt, innerlich umzudenken; vielleicht haben das doch einige düstere Pessimisten tun müssen, die Deutschland bereits rettungslos verloren sahen. Wir wollen sie durchaus nicht richten. Es gehörte viel Glaube dazu, an unserem Volke nicht zu verzweifeln. Es würde unserer Kirche das allerschlimmste Armutszeugnis ausgestellt werden,

wenn wir Pfarrer im Zickzackkurse erst monarchisch, dann republikanisch, erst national, dann international, erst in kriegerischer Begeisterung, dann in weichlichem Pazifismus gepredigt und gewirkt hätten. Ich meine, wir haben in all den schweren Stürmen die uns vom Evangelium gegebene Linie einzuhalten gesucht. Ein solches Rohr, das sich nach jedem Winde richtet, waren wir nie, wenn wir auch in vielen Einzelheiten voneinander abgewichen sind und noch abweichen. Wir haben oft unser Amt nur mit Seufzen ausgerichtet.« »Es ist eine neue Zeit — aber das alte Evangelium. Die neue Zeit zwingt uns aus dem alten ewigen Evangelium neue Lösungen zu suchen für neue Fragen. Es wird in Bälde gegen das Alte Testament nicht nur von Seiten vieler junger Theologen, sondern auch der Gemeinde Sturm gelaufen werden. Hier rächt sich, daß man in Vergangenheit und Gegenwart Worte des Alten Testaments ohne weiteres als inspiriertes Gotteswort und somit für bindend angesehen hat, ohne sie erst im Lichte des Evangeliums zu prüfen. Wäre Luthers evangelische Wertung des Alten Testaments in unseren Gemeinden heimisch geworden, so müßte heute nicht ein so schwerer Kampf ums Alte Testament gekämpft werden. Neu durchdacht müssen verschiedene Fragen werden, z.B. das Evangelium und das Volkstum, das Evangelium und die Volkswirtschaft, das Evangelium und die Politik usw. Der Kampf gegen die Freidenker und den Bolschewismus muß nach wie vor mit den Waffen des Geistes weiter geführt werden.«
Und am Schluß: »Begeisterung brauchen wir. Sie ist da. Sie hilft uns hinüber in neue Zeiten, sie trägt uns hinein in neue schwere Verhältnisse. Was herrschte doch für eine gewaltige Begeisterung bei Kriegsausbruch! Es gab eine Zeit, wo man über die Achseln angesehen wurde, wenn man von dieser großen Zeit groß dachte und sprach. Ich habe mich dieser ersten Monate der Begeisterung nie geschämt.«

Mit keinem Wort geht das PfBl auf den sog. Judenboykott am 1.4.1933 ein, ganz im Unterschied zu den beiden Sonntagsblättern, die sich mehr oder weniger hinter diesen ersten Pogrom stellten, ihn zumindest verständlich zu machen suchten.[10]

In Nr.6 (Juni 1933) bemüht sich unser Blatt um eine »gute Orientierung des Pfarrers über die Kräfte, die gegenwärtig an er Neugestaltung der Kirche beteiligt sind«. Es werden Erklärungen unterschiedlichster Qualität veröffentlicht: die alten und neuen Richtlinien vom Mai 1933 der »Glaubensbewegung Deutscher Christen« (ab 16.1.34 nur noch »Deutsche Christen«) und der »Jungreformatorischen Bewegung« (eine Vorläuferin der BK, im Mai 1933 als Reaktion auf den DC- Führungsanspruch gegründet von Künneth, Lilje und O. Riethmüller u.a.), sowie eine Resolution des »Deutschen Bundes des entschiedenen Protestantismus« und die 65 Thesen von Heinrich Vogel über »Kreuz und Hakenkreuz«.
Die vom damaligen Schriftleiter *Köhler* gesehene Einigkeit der deutschen Kirche und des Staates, in der Anerkennung des Evangeliums als Fundament des Neubaus und dem Bewußtsein der Verantwortung gegenüber Kirche und Staat, erscheint aus heutiger Sicht etwas naiv harmonisierend. Es fällt auf, daß Köhler mit keinem Wort auf die damals wegen des *»Arierparagraphen«* stark in den Vordergrund gerückte »Judenfrage« eingegangen ist, obwohl die DC betont völkisch-rassistisch argumentierte für einen »artgemäßen Christenglauben, wie er deutschem Luthergeist

und heldischer Frömmigkeit entspricht«, und unter Ziffer 9 erklärte: »In der Judenmission sehen wir eine schwere Gefahr für unser Volkstum. Sie ist das Eingangstor fremden Blutes in unserem Volkskörper ... Wir lehnen die Judenmission in Deutschland ab, solange die Juden das Staatsbürgerrecht besitzen und damit die Gefahr der Rassenverschleierung und Bastardierung besteht. Die Hl. Schrift weiß auch etwas zu sagen von heiligem Zorn und sich versagender Liebe. Insbesondere ist die Eheschließung zwischen Deutschen und Juden zu verbieten.«

Der »Deutsche Bund des entschiedenen Protestantismus « bezieht deutlich genug Position gegen die damaligen Arisierungstendenzen auch in der Kirche: »Wir treten dafür ein, daß in der deutschen Evangelischen Kirche a l l e Evangelischen, die durch die T a u f e in die christliche Kirche aufgenommen sind, volles Heimatrecht haben« (Ziff. 6).

Auch *Heinrich Vogel* bleibt hier eindeutig:

»20. Wer das Alte Testament als Gottes Wort leugnet, der leugnet auch das Neue Testament als Gottes Wort.

21. Wir bekennen das A.T. in der Kirche Jesu Christi nicht als eine Urkundensammlung der jüdischen Religion, sondern als das Zeugnis der Offenbarung Gottes im alten Bund, als Weissagung, Pfeil und Fingerzeig auf Jesus Christus.

22. Israel ist nicht als Rasse oder als Nation das auserwählte Volk, sondern als das Volk, in dem der Heiland aller Völker geboren und gekreuzigt werden sollte.

23. Nicht allein die Juden, sondern alle Völker und Menschen, auch wir Deutsche, sind am Kreuz Christi mitschuldig.«

Anschließend darf Pfarrer Gruber (Breitfurt) den Standpunkt der DC verteidigen: »Die Deutschen Christen wollen die Deutsche Evangelische Kirche schaffen, indem sie bewußt auf dem Boden der nationalen Revolution stehen ... Ihr Sinn ist der, daß dem deutschen Volk klar und scharf gesagt werden soll: Nur der deutsche Geist ist maßgebend für dich ...« Die an sich aufgelösten, aber im theologischen Geist noch fortbestehenden zwei pfälzischen Parteien haben ausgedient: »Es muß ein neues Bekenntnis geschaffen werden, das der religiösen Haltung des deutschen Menschen von heute entspricht.« »Christum als Führer wollen wir haben in unserem schweren Kampf, keine dogmatische Lehre über ihn.«[11]

Die Juli-Nr. 7 (1933) bringt einen in vielfacher Beziehung interessanten Redaktionsartikel *»Neue Wege«*. Daraus einige Zitate, die für sich sprechen: »Es ist eine neue Zeit, die täglich neue Situationen schafft. Es hat daher keinen Sinn, die einzelnen Begebenheiten hier aufzuzählen und kritisch zu beleuchten. Das, was wir lernen müssen ohne Unterschied des Alters und der Richtung, ist, daß wir neue Wege gehen müssen. Diese neue Zeit berührt unser kirchliches Leben anders als die Zeit um 1918. Dort war es genügend, wenn man seinen konservativen Standpunkt gegenüber einer gott- und kirchenfeindlichen Bewegung behauptete und nur dieser Bewegung des Volkes soweit entgegenkam, als es nötig war, das Volk von antireligiösen Beeinflussungen freizumachen.« »Heute dagegen stellt sich die Situation anders dar. Der Aufbruch der nationalen Bewegung vollzieht sich anders als die marxistische Revolution. Die Menschen der nationalen Bewegung betonen ihre starke Verbundenheit mit der Religion. Die Glieder der evangelischen Kirche vor allem sind es, die diese Bewegung erfaßt hat. Sie suchen die Kirche, denn sie wollen die Ewigkeitskräfte für sich haben. Sie suchen einer Synthese zwischen evangelischem Glauben und dem Glauben an Deutschland. So sehe ich die Glaubensbewegung Deutscher Christen. Dieses heldische Christentum braucht unser Volk, denn es hat vom Schicksal bestimmt einen schweren Weg zu gehen, der von jedem zu jeder Zeit den Einsatz fordert. Ein Christentum, das verweichlicht, das uns schwächlich macht, das uns nicht zum Heldentum und zur Männlichkeit stempelt, können wir nicht brauchen — und es ist auch kein echtes Christentum.«

»In einer Abhandlung über ›Neugestaltung‹ steht zu lesen: ›Vielfach lohnt das Spiel überhaupt die Kerze nicht mehr. In großen Teilen Norddeutschlands befindet sich die evangelische Kirche in einem solchen Zustand des Marasmus und der fast völligen Einflußlosigkeit, daß sich ein Kampf um dieses Machtgebäude höchstens in einer Galvanisierung ihrer Eigenkräfte auf kurze Zeit auswirken würde, außerordentlich viel nationalsozialistische Arbeitskraft festlegt und praktisch doch keinen großen Wert hat.‹ — Soweit heute bereits abzusehen ist, führen die bisherigen Auseinandersetzungen doch nicht zu einer wirklichen Entjudung des Glaubensgutes dieser Kirche, am Alten Testament halten doch beide Gruppen (Bodelschwingh - Müller) fest, von anderen Dingen, die sich im inneren Widerspruch zum Geistesgehalt der nationalsozialistischen Bewegung befinden, ganz zu schweigen — es ist also, da durch bloße organisatorische Änderungen doch wenig gebessert wird und die religiöse Sehnsucht unseres Volkes, die endlich einmal unverjudete Quellen wünscht, doch ungestillt bleibt, worüber keine noch so lauten Erklärungen hinwegtäuschen, viel notwendiger, die Kräfte der nationalsozialistischen Bewegung dort zu konzentrieren, wo ihre Heimat und ihre Zukunft ist: auf dem Felde der politischen Schulung unseres Volkes in der Idee Adolf Hitlers, im fanatischen Kampf für die Verwirklichung des deutschen Sozialismus. — Die Erziehung des Volkes erfolgt im Bekenntnis zu Adolf Hitler, in der Nacheiferung des Vorbildes der toten Kameraden, die ›im Geist in unseren Reihen mitmarschieren‹. Vor diesem Erlebnis der erwachten Nation und ihres Führers sind alle anderen Dinge gleichgültig und nebensächlich. — Die Jugend gehört uns doch und je mehr die Wogen ansteigen, die die Vollendung der nationalsozialistischen Revolution bringen werden, desto stärker wird der Nationalsozialismus der eigentliche seelische Inhalt des erwachten Volkes werden. In diesem Erwachen der Nation ist deutlicher und lebendiger der ewige Gott zu finden, als bei allen möglichen jüdischen Erzvätern oder bei dem ›auserwählten‹ Volk. — Wir haben Adolf Hitler, wir haben die Bewegung, wir haben die toten Kameraden und wir haben Gott, von dem wir nicht immerfort reden wollen, sondern dessen Werk wir tun, wenn wir unser Deutschland, unser heiliges Land sauber machen. — Bekenntnis zu Volk und Vaterland, zum Führer und zur Nation ist an sich ein Stück Wille des Göttlichen in er Welt. Das hindert nicht, daß die Kirchen bestehen, daß sie sich auseinandersetzen, daß sie gewisse, sittliche Einflüsse auszuüben vermögen, aber das lebt alles auch ohne ihr Zutun aus eigener Kraft und aus eigenem Recht. Machen wir das Volk nationalsozialistisch, dann fällt uns alles andere von selbst zu. »Ich bringe diese Worte ohne jede Stellungnahme nur als Bekräftigung der Annahme, daß es für uns Zeit ist aktiv zu werden.«

Und in einem »Schlußwort«: »Die Ereignisse überstürzen sich. Zwischen Fertigstellung dieser Nummer und der Drucklegung ist der Abschluß der Verhandlungen über die Verfassung der Deutschen Evangelischen Kirche erfolgt. Inzwischen war es mir vergönnt, mit unserem Herrn Kirchenpräsidenten zu sprechen über die Lage. Ich fühle mich verpflichtet, hier niederzuschreiben, daß der Herr Präsident von der neuen Verfassung und den Schlußverhandlungen darüber sehr befriedigt war. Der Charakter der Evangelische Kirche im eigentlichsten Sinn ist darin vollkommen zum Ausdruck gekommen. Die praktische Ausgestaltung bleibt den Verhandlungen der kommenden Wochen vorbehalten. Wenn ich als jüngerer Pfarrer nun meine Meinung darlegen darf für die erforderlichen Maßnahmen der Zukunft, so möchte ich ganz im Sinn obiger Darlegungen zweierlei fordern: Wir Pfälzer Pfarrer müssen uns einreihen in die nationale Front und wir Pfälzer Pfarrer müssen einig uns zu unserer Heimatkirche bekennen. Vom ersten habe ich oben geredet.
Ergänzend möchte ich nur noch sagen, daß dieses Einreihen notwendiger ist denn je. Die Revolution ist abgeschlossen, so wurde von unserer Regierung als Parole ausgegeben. Jetzt beginnt die Arbeit auch für uns und wir können beginnen, denn die tatsächlichen Männer des neuen Aufstiegs werden unsere Arbeit unterstützen. Wir lassen uns garnicht irr machen von kleineren Geistern, die in allen möglichen und unmöglichen Versuchen ihr Geltungsbewußtsein befriedigen wollen, in unserer Bejahung des nationalen Staates. Unsere Arbeit ist die gleiche geblieben, die Überwindung der geistigen Voraussetzungen des Kommunismus durch die Kraft des Evangeliums. Dieser unser Dienst an unserem Volk wird vom Staat immer mehr dankbar anerkannt werden. Daß Mißtrauen der nationalsozialistischen Bewegung gegen die Kirche als einer Zufluchtsstätte der Reaktion muß restlos zerstreut werden durch Anerkennung unserer Arbeit von Seiten der Führer des Staates und durch stete Bejahung des nationalen Gedankens und durch Versicherung unserer Untertanentreue von seiten der Pfarrerschaft. Ich weiß, wir haben das immer schon getan, doch jetzt gilt es das immer zu betonen. Das will die Glaubensbewegung der Deutschen Christen in unserer Pfalz. Ob man sich auch äußerlich dieser Bewegung anschließen soll, bleibt jedem selbst vorbehalten. Wenn wir innerlich bereit sind, dann ist der Angriff von dieser Seite unnütz und wir haben die etwa entstandenen Gegensätze aufgehoben«.
In Heft Nr. 9 schwärmt der *DC-Anhänger Gruber* vom *»Aufbruch des deutschen Geistes und unserer Kirche«:* Adolf Hitler hat den »völkischen Gedanken« zum Siege geführt, es ist die »Zeit einer vollkommenen Revolution«, des Durchbruchs eines »gewaltigen Geistesstromes«. »Der deutsche Mensch soll geschaffen werden.«
Es folgt eine »Analyse der völkischen Bewegung«, in der der Rassegedanke einen breiten Raum einnimmt: »Reine Rassen gibt es nicht. Alle Völker sind Mischlinge. Aber es gibt Rassen, deren Vermischung nichts schadet und solche, deren Verschmelzung zum Verhängnis werden kann.« Man muß nicht dreimal raten, wer das wohl sein kann: »Der Jude z.B. ist intolerant, schöpferische Fantasie fehlt ihm weithin, ihm eigen ist die Betonung gesetzmäßigen moralischen Handelns, er ist nicht Gefühls- sondern Willensmensch.«
Für Gruber geht »die völkische Bewegung ins Metaphysische über«, das Volkstum ist ein »Gottesgeschenk«.

Deshalb sei es nicht Sache der Taktik, »daß der Nationalsozialismus das Christentum schützen will«. So muß auch die Evangelische Kirche »deutsche Kirche« werden. Nur: »Unsere Kirche ist nicht auf deutschem Boden entstanden. Jesus ist in jüdischer Umgebung aufgetreten, hat sich jüdischer Vorstellungen bedient. Er trat in einem Volkstum auf, das dem unseren artfremd ist.«
Im Laufe der Geschichte hat sich das Christentum verwandelt: »Es erscheint immer in völkischer Ausprägung.«
Und Rh. Seeberg zitierend: »Die Reformation ist der Durchbruch des germanischen Geistes im Christentum.«
Nachdem er die Vorläufer der Deutschen Christen abgehandelt hat (Tannenbergbund; Dinter mit seiner Reinigung des Christentums von jüdischen Einflüssen; Niedlich, der »die Gefahrenquelle des A.T. aufgedeckt«; Maurenbrechers »Der Heiland der Deutschen«, der »uns den biblischen Gott anhand der jüdischen Volksgeschichte in unserer eigenen sehen lehrt«), stellt er die Aufgabe der DC heraus: Schaffung einer einheitlichen deutsch-evangelischen Kirche und Bekenntnisfrage. Das Bekenntnis muß selbstverständliche »artgemäß« »völkisch« sein, überall muß »dem Seelischen« der Vorzug gegeben werden, es muß »idealistisch« sein, anders als der jüdische Geist, der »materialistisch gerichtet ist«; denn es ist nicht »von ungefähr, daß die Judenmission so wenig Erfolge zeigt, daß das Christentum in dem arischen Abendland seine größte Verbreitung erfuhr«.
»Eine heldische Frömmigkeit wollen die Deutschen Christen ... Jesus besaß ja selbst eine heldische Frömmigkeit.«
Im Oktober[12] taucht in einem Bericht über die Versammlung des Pfälzischen Pfarrervereins in Kaiserslautern in einem Vortrag von Pfarrer Dr. Schairer (Stuttgart) eine früher vielen sehr nützliche Unterscheidung auf: »Vom gesunden Judentum können auch wir vieles lernen, so sehr wir uns wehren müssen gegen die Schäden eines verderbten Judentums.« Das »verderbte Judentum« war und ist natürlich immer das unter uns präsente Judentum!
Aus der Feder H.H. Rischs (Ulmet) findet sich ein größerer Beitrag *»Glauben wir an den Richter über die Lebendigen und die Toten? Eine Frage an Positive Liberale und DC«*.[13]
In einem 2. Abschnitt über »das neue Gottesahnen des deutschen Volkes und was ihm fehlt« heißt es: »Heute entdeckt unser Volk wieder Gott; es gehen ihm gewisse Urdinge wieder auf. Rasse, Blut, Familie, Verflechtung mit dem Boden, Notwendigkeit einer religiösen Bindung im allgemeinen Sinne. Langvergessene Stücke, die sich einfach nicht übersehen lassen: Die schöpfungsmäßigen Bindungen. Das Volk sucht sie sich zusammenzureimen mit dem überkommenen religiösen Besitz der vorherigen Generation: dem Gottvaterglauben. Aber von den Erkenntnissen der Biologie usw. ist, solange man nüchtern bei der Wahrheit bleibt, nur ein Rückschluß möglich auf einen eigenwilligen Schöpfer -, aber noch kein Rückschluß auf den Vater des Vaterunsers! (Deutsche Heiden wie Ludendorff sehen das schärfer wie manche Deutschen Christen und setzen hier mit Recht den Hebel ein.) Aber noch von einer anderen Seite gesehen, geht unserem Volk heute ein Stück Gotterkenntnis auf: Die nationale Revolution ist ihm ein Einbruch ungekannter und ungeahnter Kräfte.« »Es wird wieder Bahn frei für den Glauben an einen allmächtigen Willen, der die Dinge weiter treibt nach höchst eigenen Gesetzen, auch

auf Erden; mächtig über Geld und Technik; aber wohin dieser Wille geht, das ist das große Rätsel und hier fängt der Zwiespalt an. Die überkommenen Vorstellungen vom gütigen Gottvater und der Art, wie auf der Welt tatsächlich Macht gebildet werden muß, die reimen sich nicht nur für den Spießbürger, sondern für unendlich viele Höhere nicht mehr zusammen. Die Folge ist, daß der eine sich in den christlichen Winkel zurückzieht - und der andere ein Gebiet des Lebens dem Gewissensurteil entzieht; beides ist Gefahr fürs Volk.«

Zum Beleg dafür, wie »Volksnotwendigkeit einerseits und Gottesforderung andererseits in schweren Zwiespalt geraten können«, zitiert er einen jungen Berliner SA-Mann: »Religion und Politik sind zweierlei Dinge. Wenn wir die Judenfrage wirklich restlos lösen wollen, nämlich dafür sorgen, daß die Juden eines Tages alle von selber den Wanderstab in die Hand nehmen und nach Palästina abwandern, dann tun wir´s, weil´s Volksnotwendigkeit ist. Aber freilich nach der christlichen Religion dürfen wir dabei nicht mehr fragen, vor ihr müssen wir die Augen zu machen.«

Die Kirche Christie muß »e i n Volk« sein, unter einer »einheitlichen Führung«, und wenn das Evangelium hier einwurzeln soll, »dann muß der eiserne Pflug durch den deutschen Acker gezogen werden«.

Und wieder einmal mehr wird ein »totaler Staat« als ein notwendiges »Bollwerk gegen den Osten« gerechtfertigt.

In der gleichen Nr. 10[14] besprach Pfarrer *Schaller* ein neues Buch *»Arteigene germanische Religion und Christentum«* (Walter Baetke). Für unsere Fragestellung erscheint wichtig zu erwähnen, daß auch Schaller die »starke Polemik gegen das Christentum«zurückweist, »die arteigene germanische Haltung gegenüber der Gottheit sei frei von dem Gefühl schlechthinnger Abhängigkeit wie beim Juden oder Christen als Anhänger südlicher und östlicher Religionen«.

Gerade die immer wieder falschen Darstellungen über die »Menschenopfer« bei den Germanen wird von Bedeutung bei der damals aktuellen »Polemik gegen die Geschichte von Isaaks Opferung«. Die germanische Frömmigkeit werde verkannt, wenn »das arteigene Verhältnis zu Gott« als »eine Art unio mystica in ausgesprochenem Gegensatz zu dem Dualismus des jüdisch-christlichen Glaubens« gesehen werde.

Ebenso falsch sei, »daß der Erlösungsgedanke dem Germanen artfremd sei und daher zum Gift für die freie, stolze, gläubige germanische Seele geworden sei« und daß »die innere Gottverbundenheit des nordischen Menschen, frei von den Begriffen Schuld, Sünde, Reue, durch das Christentum zerstört worden (sei)«. Die übliche Folgerung: »Erlösung von Christus« sei deshalb falsch.

So »ausgewogen« und dicht beieinander standen im PfBl damals die Beiträge, von ganz unterschiedlichen Theologen, denen aber alle eine »deutschnationale« Grundstimmung gleich war, wenn auch mit unterschiedlicher Begründung oder Konsequenz.

Nur wenige vermochten sich dem *»Rassegedanken«,* der sich seit einem Jahrhundert herausgebildet hatte, der aus unzähligen obskuren völkischen Grüppchen und Gesellschaften gespeist wurde (etwa Thule-Gesellschaft, Ostara, Tannenbergbund) und der sich mit Hitlers »nationaler Revolution« in verheerender Weise verbunden hatte, wirksam und konsequent zu entziehen. Eine besondere »christliche Frömmigkeit« war jedenfalls kein ausreichender Schutz dagegen, wie die besonders intensive »Zeitehe« zwischen Deutschen Christen und dem »Positiven«-Organ »Kirchenbote« belegt.[15]

Im gleichen Monat November 1933, als im Berliner Sportpalast *Stud. Ass. Dr. R. Krause* auf einer Großveranstaltung der DC über das A.T. und seine »Viehhändlergeschichten« herzog (was der pfälzische DC-Landesleiter Diehl per Telegramm als »rüdes und leeres Geschwätz einer toten liberalen Zeit« einstufte)[16], in einer Zeit also, in der die Einführung des »Arierparagraphen« in der Kirche ernsthaft und für manche folgenschwer[17] diskutiert wurde, stand auch, besonders im Religionsunterricht, immer wieder die Geschichte von der Opferung Isaaks im Mittelpunkt bibelfeindlicher Angriffe und grundlegender hermeneutischer Überlegungen. Einen beispielhaften Niederschlag fand dies im PfBl (S. 112) in einem kleinen Beitrag »Ist die Rüge verdient?« (F. -tt-): Die Geschichte müßte wohl »als Gotteslästerung vom Unterricht ausgeschlossen« werden, wenn man den »Text der biblischen Geschichte wortgetreu« behandeln und »den Auftrag an Abraham ernstlich als Gottes Meinung« hinstellen würde. »Am biblischen Text darf wohl nichts geändert werden, aber er muß als handgreifliches Muster für die Unvollkommenheit der atl. Gotteserkenntnis gewertet werden.«

Die biblische Geschichte dürfe nicht mit dem uneingeschränkten Lob »Abrahams Gehorsam« überschrieben werden, sondern zweiteilig mit: »Abrahams Glaubensverirrung und Sieg seines Gewissens.«: »So gesehen hat m.E. der Gegenstand gar nichts Bedenkliches. Wenn nur der Zwischenfall uns wieder zur Mahnung dient, nicht müde zu werden, im A.T. ausgesprochenermaßen nur Gottes Wort zu suchen und zu verwerten, alles Judenwort aber auszuschalten!« Sagte nicht Hitler: »Das Gewissen ist eine jüdische Erfindung«?!

Merkte eigentlich niemand, daß im Schußfeld dieser theologischen Schizophrenie notwendigerweise auch Paulus stand - Röm 4, 1 ff.?

Ein paar Seiten weiter (S. 120) wird eben im Blick auf 1. Mose 22 richtig gesehen: »Der Gegenwartskampf des deutschen Protestantismus geht um nichts Geringeres als um die Geltung der Schrift ... Wenn sich der Gegenwartskampf gegen das A.T. auf 1. Mose 22 verdichtet, so beweist das m.E. (‹Rg.›) nur, daß wir immer noch in dem Wahn der Aufklärung haften, Religion = Sittlichkeit.«

Wen wundert´s, daß zur gleichen Zeit das Predigerseminar in Landau aufgelöst wurde.[18]

Den Jahrgang 1933 beschließen drei Beiträge (Vorlesungszusammenfassungen) des Heidelberger *Priv. Doz. H.-D. Wendland: »Volk und völkische Verantwortung unter dem Evangelium«* — »Das Evangelium in der Krisis und der Erneuerung des Staates« - »Das Wort und der Dienst der Kirche an Volk und Staat«. Die gegenwärtige Umwälzung in unserem Volk erfordere eine neue Orientierung auch von der Theologie, weil uns das »Problem einer Theologie des Volkes und des Staates«, einem Ausschnitt aus der Theologie der göttlichen Ordnungen, aufgetragen sei. In diesem Ringen werde der »pietistische und liberalistische Individualismus als ein Verhängnis für Kirche und Volk« durchschaut. »Das Volk ist von Gott geschaffene Ordnung, es ist also Geschöpf.« »Abzulehnen aber ist jede Ineinssetzung des Volkes mit dem göttlichen Willen.«

Da das Volk eine Hierarchie sei, die der Ordnung (Herrschaft) bedürfe, werde das Volk zum Staat und dieser zur Nation: »Der autoritäre Staat ist für den Christen selbstverständlich.« Dem »pluralistischen System der Parteienherrschaft« sei »im neuen Staat ein Ende bereitet« worden, der sich »an die Artgemeinschaft des Volkes« binde und als »totaler Staat« alle Erscheinungen durchdringe: »In ihm gibt es keine private Existenz mehr, nur noch politische Existenz. Die Existenz des liberalen Bürgers ist vorbei . . Diese Errungenschaften müssen ohne Vorbehalt anerkannt werden vom Standpunkt einer evangelischen Theologie aus ... Wir sind als Christen in keiner Weise behindert den neuen Staat anzuerkennen und ihm mit aller Kraft zu dienen.«

An den heutigen »Historikerstreit« wird man mit dem Satz erinnert: »Der deutsche totale Staat ist seinem Wesen nach vom dämonischen Totalstaat Rußland total verschieden.« Nur die Kirche müsse aufpassen, »daß sie nicht verschlungen wird von einer neuen germanischen Nationalregion«. Worin besteht nun der »Dienst der Kirche«?

Das Wort »Volks-Kirche« gewinnt hier einen neuen Inhalt: »Kein geschichtliches Volk ist zugleich Gottes Volk. Das Volk Gottes besteht in der Jüngerschaft Christi. Wir haben es dort mit einer Schöpfungs- und Gesetzesordnung zu tun, hier mit der Versöhnungs- und Erlösungsordnung ... Der Begriff der Volkskirche besagt, daß die Kirche Jesu im Deutschen Volk zu finden ist.« — »Es gibt kein deutsches Evangelium, aber es gibt ein in die Wirklichkeit des deutschen Menschen hineingesagtes, es gibt ein deutsch verkündetes Evangelium.«

Wer, wie Wendland und mit ihm unzählige andere (bis heute), den »humanistischen Pazifismus« als eine dem Christen »unmögliche Verirrung« ansieht, hat die kritische Kraft gegenüber einem (verbrecherischen) Terrorsystem schon fast verloren. Er wird über dem Fehlen des »Humanum« nicht wahnsinnig werden. Es erscheint fast sinnlos, weiterhin der Frage nachzugrübeln, warum alles so kam (kommen mußte?) wie es gekommen ist. Wer, wie der Verfasser, in der damaligen Zeit als naiv-idealistischer Jugendlicher heranwuchs, ist heute fassungslos beschämt über die staatlich verordneten und kirchlich-theologisch gerechtfertigten Unmenschlichkeiten, deren wir fähig waren. Wenn in Nr. 1/1934 unter »Rückblick und Ausblick« gesagt wird: »Wer unser Blatt am Ende des Jahres überblickt, der wird den Eindruck haben, daß es die gewaltige Zeit, die über uns gekommen ist (sic!), widerspiegelt«, sehe ich das als Bestätigung meiner bisherigen ausgewählten Darstellung.

Trotz aller »Begnadigung unseres deutschen Volkes« wird aber geklagt, daß sich »neue Gegensätze gebildet haben«: »Die Evangelische Kirche hat ihre Freunde enttäuscht und ihren Feinden Oberwasser gegeben. Wir dürfen doch sagen, daß die nationalsozialistische Bewegung und die Evangelische Kirche sich sympathisch gegenübergestanden waren. Es ist doch wahr, ....., daß man bei früheren Wahlen die Ergebnisse fast im voraus an Hand der Konfessionskarte berechnen konnte ... Einheit der Nation ist das Gebot der Stunde, und nun bietet die Evangelische Kirche ein Bild der Zerrissenheit, schlimmer als zuvor.«

Wieder einmal war die Kirche mit sich selbst beschäftigt und erhielt ihre Probleme von außen aufgenötigt.

»Die Fülle der schwerwiegenden Gegenwartsfragen ist für uns geradezu erdrükkend« — mit diesem Satz beginnt ein größerer Beitrag des Schriftleiters *Köhler* in Nr. 2/1934: *»Die Deutsche Glaubensbewegung«*, die als ein Angriff von »draußen« empfunden wird. »Der Kampf ist unausbleiblich. Hier geht es nicht nur um die Erhaltung des reformatorischen Glaubensgutes oder um das A.T., hier geht es um Christus, um die Gottesoffenbarung des Christus.«

Unter der Führung von *Hauer* (Tübingen) hatten sich in der Arbeitsgemeinschaft sieben Gruppen zusammengefunden: Deutschgläubige Gemeinschaft, Nordisch-religiöse Arbeitsgemeinschaft, Adler und Falken, Rig-Kreis, Bund der freireligiösen Gemeinden, Kommende Gemeinden und Gemeinschaft deutscher Erkenntnis — ein Sammelsurium abstruser Grüppchen, die sich aber alle einig waren in der »generellen Ablehnung des Christentums«. A.T. und N.T. werden abgelehnt als Offenbarungsurkunden, denn das Christentum stammt »aus dem vorderasiatisch-semitischen Raum. Jene Glaubenswelt ... bedient sich der Dialektik, daher auch der Paulinismus in der Christologie und der Dualismus, während die andere Glaubenswelt die indisch germanische ist, deren Wesensmerkmal die Innerlichkeit ist, die Freiheit von rechtgläubig erfaßten Sätzen«.

Hauer sieht den »Kampf dieser beiden Glaubenswelten« als »das eigentliche Thema der religiösen Weltgeschichte«. »Deutscher Glaube«, weil die Kirche »ihren Ursprung in jener feindlichen ... semitischen Glaubenswelt hat«. »Der Glaube (ist) letzten Endes eine Rassenfrage.«

Damit wäre dann wieder das bekannte Zentrum der damaligen Weltanschauungsperiode geklärt: »Abzulehnen ist die Einmaligkeit der Offenbarung, abzulehnen ist die Verknüpfung der Offenbarung mit einem fremden Volk und mit den Gestalten eines fremden Volkes ... Abgelehnt wird die Sühnung durch einen anderen.«

Auf die oft zwiespältige Verbindung zu Paulus wurde bereits hingewiesen. Hier, bei Hauer, wird sie überdeutlich: »Die Ablehnung gilt dem Christus der paulinischen Theologie. Diese Theologie ist echter Ausdruck vorderasiatisch-semitischen Geistes. Sie ist die Schau Jesu und Gottes mit einer Seele, die im Judentum beheimatet war und die in jener Zeit der großen Wende eine neue Form fand. Die Juden haben diese neue Form nur abgelehnt, weil sie an der alten Form des aus israelitish-jüdischem Wesen geborenen Glaubens festhielten.« »Jesus war Jude und auch nicht: Der Jesus, der eine Vergeltung guter Taten lehrt, der sich als den Messias weiß mit dem Richteramt am Ende der Tage, ist vorderasiatisch-semitisch bestimmt. Der Ketzer gegen die jüdische Orthodoxie, das Kind des himmlischen Vaters, der die Frohbotschaft den einfachen Menschen bringt, sein heldisches Sterben kann auch den anders Rassischen ergreifen.«

Hier fällt auf, daß die Feinde des Christentums die biblischen Zusammenhänge oft klarer sahen als unsere Theologen. Nur, den Germanisierungsversuch Hauers muß man nicht mitmachen: Er vermutete in Jesus »Blut von unserem Blut, weil in früheren Jahrtausenden indogermanisch-nordisches Blut nach Palästina hinein versickert ist«.

Wie verständlich, wenn Köhler gegen Ende feststellt: »Während ich diesen Artikel geschrieben habe, ist mir klar geworden, wie bitter notwendig uns Pfarrern die theologische Weiterbildung ist.«

In der darauf folgenden Nr. 3 (1934) beklagt der Schriftleiter dann, was »der Kirchenstreit offenbar gemacht habe, daß nämlich die Pfarrerschaft mehr Verant-

wortungsgefühl haben müßte«: »Das Wort Diffamieren ist eines der häufigst gebrauchten geworden.«
Welche Blüten die »Auseinandersetzung über Rasse und Nationalsozialismus« treiben konnte in Pfarrerskreisen, zeigt ein kleines Beispiel[19], in dem sich ein Pfarrer dafür entschuldigte, daß er infolge einer von ihm nicht verschuldeten Namensverwechslung einen Kollegen samt Familie verdächtigt hatte, »nichtarischer Abstammung« zu sein.
In Heft Nr. 5 wird bedauert, daß die Zeitschrift »Zwischen den Zeiten« ihr Erscheinen eingestellt hat. Vorgestellt wird die dafür erscheinende »Evangelische Theologie«, die der Bekennenden Kirche nahestand und ihr Grundanliegen bis heute zu bewahren sucht. Herausgestellt wird ein Aufsatz von Wilhelm Vischer, der die eschatologische Begrenzung des Volkstums im A.T. und N.T. aufzeigt und das Volk Israel schriftgemäß und wahrheitsgemäß beurteilt.
Als »Lesefrucht« von A. Rosenberg aus dieser Zeitschrift wird folgendes geboten: »Luther vollbrachte, als er in Worms die Hand zugleich auf das Neue u n d Alte Testament legte, eine von seinen Anhängern als sinnbildlich betrachtete und als heilig verehrte Tat ... Erst sehr spät entledigte sich Luther der 'Juden und ihren Lügen', und erklärte, daß wir mit Moses nichts mehr zu schaffen hätten. Aber unterdes war die 'Bibel' ein Volksbuch und die alttestamentliche 'Prophetie' Religion geworden. Damit war die Verjudung und Erstarrung unseres Lebens um einen neuen Schritt vorwärts getrieben ... Die frohe Botschaft der deutschen Mystik ... war jedoch nie ganz gestorben; die große Sünde des Protestantismus aber war es, anstatt auf sie zu hören, das sogenannte Alte Testament zum Volksbuch gemacht und den jüdischen Buchstaben als Götzen hingestellt zu haben.«
Was auffällt ist, daß die *Barmer Bekenntnissynode* und die Theologische Erklärung vom 31.5.1934 mit keinem Wort erwähnt wird, eine Tatsachen die uns auch bei den Sonntagsblättern begegnete und die deutlich macht, in wessen »kirchenpolitischer« Hand die pfälzischen Blätter damals waren bzw. wie bedeutungslos der Weg der BK in der Pfalz gesehen wurde, aus der ja in Barmen bekanntlich niemand dabei war.
Dafür beschäftigt sich die Doppelnummer 8/9 (1934) über 16 Seiten in zwei Arbeiten von Schaller und Köhler mit der *»Deutschgläubigen Bewegung«*, die ganz offensichtlich die schmerzhafteste Wunde im Körper der Kirche damals war. Die »Auseinandersetzung zwischen Germanentum und Christentum« und dem »Mythos des 20. Jahrhunderts« von A. Rosenberg band wesentliche Kräfte engagierter Theologen.
Mit beachtlicher Selbstverständlichkeit wird davon ausgegangen, daß »die große Erkenntnis unserer Zeit ist, daß die 'Rasse' von ausschlaggebender Bedeutung für das politische Schicksal und die kulturellen Leistungen eines Volkes, auch für die Art seiner Religion ist«. »Es gibt in der Tat einen Zusammenhang von Blut und Frömmigkeit«, aber: »Die Offenbarungsreligion Alten und Neuen Testaments ist göttlicher Art, die Naturreligionen der Völker sind menschlicher, rassischer Art«, was jedoch »einen Einfluß der Rasse auf die Formung des Christentums« nicht ausschließt.
Gegen Ende des Jahres 1934 finden sich im »Wissenschaftlichen Predigerverein« die beiden neuen Gruppen »Deutsche Christen« und »Nichtdeutsche Christen« in

»Einigkeit im Geist« zusammen bei einem in Nr. 12 wiedergegebenen Vortrag von Theo Schaller »Der heldnische Mensch und Christus«.

»Zu den vielen Ärgernissen, die man heute im Namen der völkischen Religion an der Bibel und am Christentum nimmt, gehören die *Erzählungen, die von Menschenopfern berichten.* Vor allem ist es die Geschichte von Isaaks Opferung 1. Mose 22. Aus ihr geht besonders die Minderwertigkeit der atl. Religion und des AlT. hervor.« Mit diesen Sätzen beginnt ein Aufsatz von Köhler »Das Menschenopfer« in Nr. 2/1935.
Wieder ist das Subjekt dieses Ärgernisses Alfred Rosenberg, der »auch die Opferidee, wie sie der christlichen Erlösungsreligion zugrundeliegt«, zur »Zielscheibe seiner schärfsten Angriffe« macht: »Die große Persönlichkeit Jesu Christi, wie immer sie auch gestaltet gewesen sein mag, wurde gleich nach ihrem Hinscheiden mit allem Wust des vorderasiatischen, des jüdischen und afrikanischen Lebens beladen und verschmolzen.« Der Übeltäter war wieder einmal mehr Paulus: »Seine Lehren bilden bis auf heute trotz aller Rettungsversuche den jüdischen geistigen Grundstock, gleichsam die talmudistisch-orientalische Seite der römischen aber auch der lutherischen Kirche.« Nur der »Johannes-Evangelist« »hat sich gegen die gesamte Verbastardisierung, Verorientalisierung und Verjudung des Christentums gewehrt«.
»Der Opfertod eines Menschen ist ungermanisch!«
Das A.T., »ein Buch der Zuhälter- und Viehhändlergeschichten«, war damals in seiner Bewertung aber auch zwischen den großen Konfessionen ein ungeklärter Punkt, ebenso wie »die Beurteilung der Person Jesu Christi« u.a.m. Dies kann man einem in derselben Nr. 2 stehenden Artikel *»Um den Religionsunterricht«* entnehmen. Abgedruckt wird hier ein »Aufruf« des Kreisleiters des N.S. Lehrerbundes Neurode, in dem sich folgende Sätze finden: »Wollen wir einen neuen, besseren Menschentyp erziehen und formen, so haben wir nationalsozialistischen Erzieher uns freizumachen von falschen alttestamentlichen Vorstellungen. Der Blutrausch der Sodomsbestie, genannt Jude, steht zu unserer Weltanschauung wie Feuer und Wasser. Der Jude ist nicht auserwählt, er ist und bleibt die verworfenste Menschenrasse. Daher ist sein 'Gott' nicht unser Gott. Unser Gott heißt Jesus aus dem Stamm Jesse. Dieser Jesus nannte die Hebräer 'Nattern- und Schlangengezücht' und bezeichnete sie ohne Einschränkung als 'Kinder des Teufels'. Darum: erzieht die Kinder, unser höchstens Gut, nicht zu Judenchristen, sondern zu echten deutschen Christenmenschen der Tat! Wer Aufklärung sucht, dem empfehle ich: 'Der falsche Gott' oder Beweismaterial gegen Jahwe von Theodor Fritsch, ferner Auszüge aus dem 'Talmud' und 'Schulchan aruch', erschienen im Hammer-Verlag, Leipzig. Die Schulleiter sind verpflichtet, dieses Rundschreiben allen Lehrpersonen ihrer Schule bekanntzugeben.«
»Ebenso interessant« (weil hier »Ringen zu spüren sei«) der »Lehrplan für die Volksschule der Stadt Leipzig 1934«, in dem wir folgendes lesen können: »Der Religionslehrer muß sich immer dessen bewußt sein, daß die deutsche Jugend auf das Wissen um die religiösen und ethischen Anschauungen ihrer Vorfahren viel mehr Anspruch hat als auf die Kenntnis der Geschichten des Alten Testamentes. Deshalb hat er bei jeder sich bietenden Gelegenheit die germanische Religion zum

Vergleich heranzuziehen und die Kinder mit altgermanischem Brauchtum bekanntzumachen. Auf der Oberstufe aber sind die germanische Religion und das Eindringen des Christentums in die germanische Welt zu behandeln. Hierbei darf nicht verschwiegen werden, daß die Kirche ein gut Teil germanischen Freiheitsgeistes unterdrückt hat.
Jesus ist der deutschen Jugend nicht als der stille Dulder hinzustellen, sondern als Kämpfer gegen eine ihm feindliche Welt, als der Tempelreiniger, als der kraftvolle Beseitiger des Muckertums. Es ist zu betonen, daß er Galiläer war und schon wegen seiner arischen Abstammung als ein Feind des Judentums angesprochen wurde.«
Dazu ein prominenter Pädagoge: »Wer mir den jungen Menschen zu einem Halborientalen erzieht, den werfe ich hinaus.«
Auch in Nr. 3/1935 dreht es sich wieder um Rosenbergs »Mythos«. Schaller stellt einen kritischen Artikel eines Historikers schon aus dem Jahre 1931 vor und schließt mit den moderaten Worten: »Den Ängstlichen hüben: die Treue zum Nationalsozialismus und zum Führer schließt nicht aus, daß man mit solcher Deutlichkeit und Klarheit Rosenbergs Versuch ablehnt, wie es Walter Frank hier tut. Den Ängstlichen drüben: im Nationalsozialismus sind auch Stimmen, die über Christentum und Religion anders denken als Rosenberg: Rosenbergs Versuch ist nicht die religiöse Dogmatik des neuen Staates.«
Es war irgendwie ein paradoxer Kräfteverschleiß theologischer Arbeit: Jeder Eingeweihte wußte, daß Hitler von dem »Spinner« Rosenberg nichts hielt und dennoch mußte ständig gegen ihn argumentiert werden.
Der von seiner Sportpalastrede im November 1933 berühmt-berüchtigte Dr. R. Krause machte wieder von sich reden durch Trennung von den Deutschen Christen und Gründung der »Deutschen Glaubensfront«, in deren Kampfblatt er sich u.a. gegen eine »Seelenverjudung« wehrt.
Diese »Deutsche Glaubensfront« war im Unterschied zu anderen deshalb so problematisch, weil »wir es hier mit einer Bewegung des Volkes zu tun haben«.[20]

In Nr. 6/1935 ist sodann von der Schwierigkeit die Rede, vor denen »unsere jungen Amtsbürger« stehen, »ihren christlichen Standpunkt zu vertreten«. Wiedergegeben wird hier der Bericht eines Studenten aus Heidelberg,[21] in dem »Ausfälle« dieser Glaubensbewegung u.a. wie folgt geschildert werden: »Und dieser Gott zu dem man beten sollte und den man heute noch verehrt, ist doch ein artfremder Gott, ist doch der Jahwe der Juden. Drum hinweg! Unser Gott, den wir brauchen, kann nur in der Natur gefunden werden. Da offenbart er sich allen Menschen. Und wir benötigen keinen Mittler Jesus Christus: ist er doch ein Judensohn! Alles, was mit dem Judentum in Beziehung steht, kann nichts gutes sein. Drum hinfort mit dem A.T. und N.T. Wir haben keine jüdische Märchen und Sagen nötig; Geschichten und Erzählungen, die von Bestechung, Hurerei, Eheschändungen und dergleichen nur so triefen. Diese verderben nur eines Volkes ureigenstes Gut und Wesen. Was bietet uns denn auch das N.T.? ... Es sind wiederum nur Märchen; entbehren jeder geschichtlichen Grundlage. Sind diese doch zu einer viel späteren Zeit entstanden, nicht im Anschluß an Jesus Leben und Tod. Da bieten uns die Edda, die Heldensagen unserer Vorfahren besten Ersatz dafür. Unsere Religion muß im deutschen Volke wurzeln; im Mythos finden wir eine tiefreligiöse Stimmung.

Es sind dies alles Gedanken und Worte wie sie in der Glaubensbewegung, im neuen Heidentum zu finden sind. Rosenbergs 'Mythos des 20. Jahrhunderts', Reventlows Buch 'Wo ist Gott' spielen dazu die Grundlage. Aber bei dem stolzen Bewußtsein, nun Heide zu sein, hält man es damit so genau, daß es im Christentum zwei Hauptrichtungen gibt: Protestantismus und Katholizismus. Beide Begriffe verwechselt man gern. Doch sagt man: zuerst muß der Protestantismus, als das kleinere Übel, vernichtet werden, dann der Katholizismus.Diesem wirft man sein Streben nach Macht vor und vergißt dabei ganz, als Heide sich dessen zu erinnern, daß ja gerade das Heidentum, daß doch die griechische Philosophie die Grundlage dazu gegeben hat. Hat doch der Kirchenvater Augustin erst auf Grund der platonischen Staatslehre, dessen Lehre im christlichen Sinne ausgelegt. Oder war Plato kein Heide? Und wenn man das Pfarramt zu verdrängen sucht mit der Behauptung: der Geist Gottes ist nicht an ein Amt gebunden; so findet man diese Gedanken bei den Juden wieder, was aus den Kämpfen zwischen Königtum und Priestertum im alten Israel zu ersehen ist. Aber ich denke doch, man ist Judenfeind? Sind das nicht Gegensätze! Wer die Glaubensbewegung kennt, muß mir zugestehen, daß dort im Kleinen mehr Widersprüche zu finden sind, als im Christentum als eine weltumfassende Größe. Wie leicht gerät man bei der Verteidigung des A.T. und N.T. in den Verdacht: Freund des Volkes Israel zu sein. Wohl keine dankbare Aufgabe!«
In der gleichen Ausgabe[22] wird ein *»Werbeblatt der Deutschen Glaubensbewegung für die Jugend«* wiedergegeben, das aus einem Berliner »Protestantenblatt« *»ein deutsches Bekenntnis« an die Jugend zitiert:*
*»Heilig soll sein mir ein Land in Vorderasien?*
*Heilig der Erzväter schmierige Schar?*
*Heilig die Schrift, in der man kann lesen,*
*was das Judenpack für ein Jammervolk war.*
*Heilig die Hauptstadt des Landes Palästina, Jerusalem, die hochgebaute Stadt?*
*Heilig der Judenstammgott Jehova, der ihnen die Weltherrschaft verheißen hat?*
*Heilig soll ich all die Lügen nennen, nur weil sie fast 2000 Jahre alt?*
*Oder weil sie aufgezwungen unseren Vätern einst mit Gewalt?*
*Nein! Laßt Juden und Judenbrüder!*
*Laßt ihnen Christus und Abraham,*
*Laßt das auserwählte Volk wandern schleunigst dorthin, woher es einst kam!*
*Du aber, Bruder von deutschem Blute, wehr dich der süßen, entnervenden Lüge, die dir das Mark deiner Seele nahm.*
*Bekenne dich mutig, frei und offen zu deiner Väter heiligem Land!*
*Zu deiner Heimat heiligem Boden, wo einst ein Herzog Widukind stand!*
*Glaub' an die Kraft deines deutschen Blutes,*
*Glaub' an der Väter Waffenruhm!*
*Glaub' an Deutschlands künftige Größe!*
*Glaub' an deutsches Heldentum!*
*Glaub' an Deutschland im Hakenkreuze!*
*Glaub' an dein Volk, was auch immer gescheh!*
*Bist du zu tiefst deinem Volke verbunden, ist dir der Schöpfer - du bist ihm nah!«*
In der folgenden Nr. 7 werden Flugblätter der Deutschgläubigen abgedruckt, um der Pfarrerschaft den Abwehrkampf zu erleichtern, die offenbar schlecht informiert

erschien, zumal - wie Hans Stempel einige Seiten zuvor beklagte - sie »als solche seit den großen Tagen der nationalen Erhebung kein einziges Mal zu einer Aussprache oder zu dem Versuch zusamengekommen ist, miteinander um eine Stellung zu den neu gestellten Fragen und Aufgaben des kirchlichen und theologischen Lebens zu ringen«.[23]
Im mit abgedruckten Aufnahmeantrag der Deutschen Glaubensbewegung findet sich unter Ziff. 2 dies: »Ich versichere, daß ich arischer Abkunft und meines Wissens frei von jüdischem oder farbigem Bluteinschlag bin. Meine Nachkommen sind ebenfalls aus reinem Geblüt - will ich reinblütig haben . Soweit es in meiner Macht steht, will ich sie auch darin erhalten. Meine Ahnen siehe Rückseite.«

Doch alle Aufrufe an die Verantwortung der Pfarrerschaft scheinen wenig gefruchtet zu haben. Über die Hauptversammlung des Pfarrervereins wird berichtet[24]: »Über den Verlauf der Hauptversammlung ein Urteil abzugeben, halte ich für überflüssig. Sie nahm den vorgesehenen Verlauf ... Keine Gruppe hat die überwältigende Mehrheit. Will sich eine durchsetzen, so ist der aussichtslose, jammervolle Pfarrerstreit unvermeidlich...«
Doch wird in Nr. 10/1935 eine »Erklärung des Pfälzischen Pfarrervereins« veröffentlicht, in der die Arbeit des von Minister Kerrl berufenen Kirchenausschusses begrüßt wird: »Unsere ganze Abwehr gilt den christentumsfeindlichen Bestrebungen unserer Zeit, sonst niemand. In dem Bestreben unserem Volk und Vaterland im nationalsozialistischen Staat bis zum letzten zu dienen und zugleich das Evangelium von Jesus Christus zu bezeugen, wissen sich die im Pfarrerverein zusammengeschlossenen pfälzischen Pfarrer mit dem Kirchenausschuß völlig ein. Der Ausschuß des Pfälzischen Pfarrervereins bittet jedes Mitglied unentwegt in dieser großen Front mitzumarschieren.«
Und um keinen Zweifel über den Friedenswillen der Pfälzer Pfarrerschaft aufkommen zu lassen, erklärt der Schriftleiter zur »neuen Lage«: »Wir haben Vertrauen, so wie wir es in den Frühlingstagen 1933 hatten.«

Auch das PfBl verliert bis zum Ende des Jahrganges 1935 kein Wort über die Nürnberger Rassegesetze vom September. Es ist im neuen Jahrgang 1936 viel mehr bewegt vom »Ringen um den Glauben«[25]), denn: »Heute ist der Horizont bedrohlich verfinstert. Es geht um Sein und Nichtsein« und »um die Erhaltung der Substanz« - »Soll Deutschland, das Heimatland der Reformation, wirklich ein heidnisches Land werden, oder schenkt uns Gott noch einmal eine Gnadenzeit ...?«
Der Schriftleiter: »Die neue Zeit fordert neue Menschen. Wir sollen evangelische Nationalsozialisten sein. Man muß dabei nicht an die Zugehörigkeit zu einer Organisation denken. Nationalsozialist sein heißt Kämpfer sein, so ist es uns schon oft gesagt worden. Deckt sich das nicht mit dem, was der Begriff 'evangelisch' fordert? Wenn wir um unseren evangelischen Glauben kämpfen, sind wir dem nationalsozialistischen Wesen näher, als wenn wir uns feige und heuchlerisch zurückziehen. Vor Feiglingen kann kein Kämpfer Achtung haben, mit Heuchlern kann man kein neues Volk und keine neue Kirche schaffen. Der Kampf allein zwingt den Gegner aus letzten Tiefen zu schöpfen. Hat er sie nicht, dann bleibt er auf der Strecke. Der Kampf bringt manches zur Klärung. Unser Kampf um das

Evangelium zwingt den Gegner auch seinerseits letzte Konsequenzen zu ziehen und stellt den Unentschiedenen vor die Entscheidung. Der Mut und die Opferfreudigkeit des evangelischen Kämpfers ist auch für den Staatsmann von Bedeutung. Der nationalsozialistische Staatsmann erkennt nur das Lebensfähige an und der kämpferische Wille ist ihm ein Zeichen der Lebensfähigkeit. Die Theologen haben Gelegenheit zu zeigen, ob die Kirche nur ein Anhängsel der bürgerlichen Weltanschauung war, oder ob die Kirche mit ihrer Botschaft einen überzeitlichen Auftrag hat. War sie nur Streuzucker auf der Bürgerlichkeit, dann mag sie mit dieser verschwinden, ist sie das andere, dann muß sie kämpfen. Nur der wahre Kampf gibt ein Lebensrecht in der neuen Zeit.«
Doch die »apologetische Arbeit« leidet Not, denn sie kann nicht von einem »Kirchenausschuß«, von den »Deutschen Christen« oder einer »Bekenntniskirche« kommen, sondern nur von der Gemeinde, doch da hapert es: »Wir wollen uns keinen Illusionen hingeben über den allgemeinen Glaubenszustand unserer Gemeinden: Die Unkenntnis in göttlichen Dingen ist geradezu erschütternd.«[26]
In diesem Zusammenhang ist von der Notwendigkeit »katechismusartig lehrhafter« Arbeit und vom Pfälzer Katechismus die Rede.
Sind wir eigentlich heute im Jahre 1992 viel weiter gekommen? Vielleicht nur bei der Bibelhilfe für die Gemeinde«, die damals dringend gefordert wurde (S. 53).

Eine, zur Abwechslung »ergötzliche Geschichte« ist auf S.15 eingestreut: Ein Gemeindeglied wehrt sich gegen eine Kirchgeldforderung über 3,20 RM mit Zahlungsverweigerung und Austrittsdrohung: »Ich werde mich gegebenenfalls dem Katholizismus in die Arme werfen oder sogar beschneiden lassen.«

Die Absurditäten jeder Zeit finden sich auch sehr anschaulich im informativ gemeinten Nachdruck einer Äußerung des Antisemiten *Dinter* (S.17): »Wenn ich die heutigen Kirchen 'judenchristlich' die katholische Kirche 'jüdisch-römisch' und ihre protestantische Tochter 'jüdisch-evangelisch' nenne, so soll das, wie ich immer wieder betone, keine Herabsetzung dieser Kirchen sein, sondern lediglich ihre durchaus jüdischen Grundlagen (jüdische Bibel und jüdisch-paulinische Theologie) in einer kurzen, einprägsamen Formel zum Ausdruck bringen. Auch die Bezeichnung ihrer Geistlichen als 'Jahwepriester' soll keine Beleidigung sein sondern lediglich wieder und immer wieder betonen, daß sich ihre Kirchen zum Judengotte Jahwe bekennen, den der Heiland selber 'Teufel, Mörder von Anfang an und Vater der Lüge' nennt. (Joh. 8, 44).«

Bemerkenswert ist, daß sich im PfBl kein Niederschlag der Auseinandersetzung findet, die nach einem Erlaß des Landeskirchenrates vom 20.5.1936 entstand, in dem eine Entschließung des Reichskirchenausschusses weitergegeben wurde, festzustellen, »wie viele Pfarrer in den einzelnen Landeskirchen nicht arisch im Sinne des Beamtengesetzes sind«.[27]

Erstmals in Heft Nr. 8/1936 wird ausdrücklich die Frage *»Unionskirche und Bekenntniskirche«* thematisiert und dabei »die Barmer Synode mit ihren Sätzen« erwähnt: »Dort ist neue Gemeinschaft zu Tage getreten ... Wir sehen hier nur, wie der Kampf um das Evangelium neue Waffen dem Kämpfer in die Hand zwingt. Weil es um das 'Evangelium allein' geht, darum haben wir die feste Überzeugung, daß hier das Vergangene nicht zerstört ist, sondern dazu erzogen hat, aus dem Evangelium Kraft zu schöpfen zu Neuem. Hier zeigt sich die Freiheit der Bekenner, den Kampf mit neuen Lösungen zu führen.« Man spürt den Ausführungen ab, wie sehr um die (relative) Anerkennung dieser Sätze damals offenbar gerungen werden mußte aus der Sicht von (Konsens-) Unionschristen, mit allen ihren Schwierigkeiten, die sie mit Bekenntnisschriften ohnehin haben.[28] Sollte hier vielleicht ein Grund zu suchen sein, daß aus der Pfalz in Barmen niemand dabei war?

Ein äußerst zwiespältiges, wenn auch die große Mehrheit kaum bedrückendes Thema jener Zeit war das der *Judenmission* und der *Judentaufe*, das einerseits von den DC bestimmt wurde mit ihrer um »Rassereinheit« bemühten Position und andererseits von der Sorge der »intakten« Kirchen um die Bedeutung des Sakraments Taufe und der Ordination von »Judenchristen«.
In Nr. 9/1936 greift ein Beitrag (»Schl.«) diese Frage auch selbstkritisch auf: »In unseren Tagen mußte die Kirche oft den Vorwurf über sich ergehen lassen, sie habe es mit der Taufe von Juden nicht ernst genommen. Die Juden hätten sich nicht aus Glaubensüberzeugung sondern aus geschäftlichen oder irgendwelchen sonstigen Gründen taufen lassen. Daß die Kirche nicht immer recht gehandelt hat, zum mindesten oft die nötige Gründlichkeit außer Acht gelassen hat, das muß zugegeben werden.«
Aus der vom *Kurpfälzischen Konsistorium Heidelberg 1783* herausgegebenen *»Ordnung Gebete und Handlungen bey dem öffentlichen Gottesdienste der Evangelischlutherischen Gemeinden in Kurpfalz«* wird sodann der die Judentaufen betreffende Abschnitt zitiert. Der Text sei hier nicht nur wegen seiner allgemein historischen Bedeutung wiedergegeben, sondern auch wegen seiner zeiteingebundenen Funktion, die er in der Auseinandersetzung der 30er Jahre hatte in den Augen des PfBl:
»Von der Judentaufe. Ein Jude, der sich entschließen kann *seine väterliche Religion mit der Christlichen zu vertauschen, muß schon eine nicht gemeine Kenntnis des Judenthums und des Christenthums und dabey ein sehr redliches Herz haben. Dieser Fall ist selten. Die meisten von diesen Leuten sind entweder sehr unwissend, oder von den eingebildeten Vorzügen ihrer Religion so stark eingenommen, daß wie sich um nichts weniger, als um die Lehren der Christen kümmern. Sie können sich aber aus Noth, oder aus anderen zeitlichen Absichten entschließen, zur christlichen Religion überzugehen, und die Erfahrung hat es mehrmalen gelehrt, daß sich betrügerische Juden, entweder um eines ansehlichen Pathengeldes, oder um anderer Vortheile willen haben taufen lassen.*
*Darum hat sich ein Prediger wohl vorzusehen, daß er nicht hintergangen werde, wenn sich eine solche Person zur Annehmung des Christenthums bey ihm meldet. Er hat die Herkunft, ihre Erkenntnisse, ihre Bewegungsgründe und Absichten genau zu erforschen, und sich in nichts mit ihr einzulassen, bis er von der Redlichkeit ihrer Gesinnungen, und von der Wahrheit ihrer Aussagen völlig überzeuget ist. Er hat zu dem Ende von dem Orte ihres bisherigen Aufenthaltes, so entlegen er auch immer seyn möchte, durch die dasigen Prediger oder andere*

*glaubwürdige Personen, wegen ihrer Aufführung unter ihrem Volke zuverlässige Nachricht einzuziehen. Fände es sich nun, daß sie um schlechter Aufführung, Untreue, oder gar grober Verbrechen willen unter ihrem Volke nicht fortkommen könnte, und nur deswegen ein Christ werden wollte, so soll man sie, mit ernstlicher Bestrafung ihrer Verwegenheit, zurückschicken. Es wäre eine Schande für uns, wenn Juden uns beschuldigen könnten, wir nähmen den Auswurf ihrer Nation als würdige Proselyten an. Würde man aber auf die wahrscheinlichste Weise von der Redlichkeit einer solchen Person überzeuget, so kommt es nun darauf an, ob sie Vermögen besitze und sich selbst ernähren könne, oder nicht. Im ersten Falle hat die Sache keine Schwierigkeit mehr; was aber den andern betrifft, so wird sie desto bedenklicher. Ein Jude, der sich zum Christenthume wendet, hat sogleich allen Beystand der Seinigen auf immer verloren. Folglich bleibet ihm nichts übrig, als seinen Unterhalt bey den Christen zu suchen. Ihn zu taufen, und dann, mit einem Taufscheine versehen, als einen müßigen Bettler in die Welt hinein laufen zu lassen, dieß hieße das wahre Christenthum schlecht befördern. Man muß ihm vielmehr vor allen Ausschweifungen in Sicherheit stellen, und ihm behülflich seyn, eine christliche und ordentliche Lebensart zu ergreifen. Man muß ihm, nach seiner Fähigkeit und Erziehung, Gelegenheit verschaffen, etwas Nützliches zu lernen, wodurch er sich nähren, und der Gesellschaft der Christen brauchbar machen werden könne. Bis dahin muß er die nöthige Unterhaltung erlangen. Wo er sie nicht finden kann, da soll er auch nicht aufgenommen, sondern liebreich an solche Orte verwiesen werden, wo man im Stande ist, besser für ihn zu sorgen. Nur da, wo eine Gemeine vermögend ist, sich einer solchen Person nach allen ihren Bedürfnissen anzunehmen, nur da stahet dem Prediger, bey genugsamer Ueberzeugung von ihrer Redlichkeit, nichts mehr im Wege, die Pflichten seines Amtes, durch einen sorgfältigen, treuen Unterricht an ihr zu erfüllen, und sie durch die Taufe in die Gemeinschaft der Christen aufzunehmen.*
*Es soll aber diese heilige Handlung ohne weitläufige Ceremonien, und mit möglichster Verhütung eines allzugroßen Zulaufes blos neugieriger Leute, vollzogen werden. Nach einem öffentlichen Gottesdienste tritt der Prediger vor dem Altar, eröffnet das gegenwärtige Vorhaben in einer erwecklichen Rede und spricht darauf also zu der Gemeine: Geliebte Christen!…(Hier können die merkwürdigsten Lebensumstände des Proselyten ausführlicher angezeigt werden.)…«*[29]

Im letzten Heft des Jahres 1936 konnte sich — so der Schriftleiter — »unsere Pfälzische Kirche nicht mehr länger der Aufgabe entziehen, in der Auseinandersetzung um das A.T. ihren Standpunkt zu fixieren«. »Unter dem Eindruck des geistigen Ringens unter pfälzischen Theologen« »in den letzten Wochen« schrieb *Dr. Ludwig Reinhard* in seiner bekannten, wissenschaftlich soliden Art einen Beitrag, der mir auch wegen seiner für damalige Verhältnisse geradezu typischen Weise einer doppelten, um nicht zu sagen: gespaltenen Sicht vom A.T. und Judentum auch heute noch so interessant erscheint, daß er ungekürzt wiedergegeben werden sollte.

*Das alte Testament und die evangelische Kirche*

»Der Kampf gegen das rassige fremde und zersetzend wirkende Judentum wird auf das A.T. übertragen. Die Gegner des A.T.´s behaupten:
1. Religion sei lediglich Ausdruck der Rassenseele. So enthalte das A.T. nur den Bericht über jüdische Geschichte, Sittlichkeit, Kultur und Religion, die uns aufgrund der rassischen Fremdheit nichts bedeuten könnten.
2. Insbesondere sei die Sittlichkeit, die uns im A.T. entgegentrete, tiefstehend und für unser Volk von verderblichem Einfluß.
3. Das A.T. und, in Bindung daran, auch die christlichen Kirchen betrachteten das jüdische Volk als das auserwählte Volk Gottes, was der Deutsche nie zugestehen könne.
Um die verderblichen Einflüsse des Judentums auf geistigem, sittlichem und religiösem Gebiet völlig auszuschließen, fordert man von der Kirche die Abschaffung des A.T.´s.
Die Stellungnahme der evangelischen Kirche zu diesen Fragen muß folgende sein:

I. Geschichte und Offenbarung

1. In unserer evangelischen Kirche wird das A.T. nicht anders gelesen, gelehrt und verstanden als von Jesus Christus, dem geoffenbarten ewigen Wort Gottes, her. Wer daher das A.T. aus dem Zusammenhang mit dem Neuen Testament, der Christusoffenbarung, herausreißt, mag an seinem Inhalt tadeln, was er will, er trifft nie den Gebrauch, den die evangelische Kirche vom A.T. macht.
2. Die evangelische Kirche bekennt das A.T. nicht darum als Heilige Schrift und Wort Gottes, weil sie die Sittlichkeit des israelitischen resp. jüdischen Volkes, seine Geschichtsdaten und Glaubensvorstellungen für unübertrefflich hielte, sondern darum, weil das A.T. von den Taten und Worten des dreieinigen G o t t e s berichtet, wie sie im A.T. noch weithin verborgen und in Christus endgültig offenbar geworden ist.
Den Christen interessiert also nicht die Geschichte, die Kultur, die Sittlichkeit und Religion des israel.-jüdischen Volkes als solche, sondern immer nur das Handeln Gottes an diesem Volk, z. B. sein zorniger Kampf gegen selbstgefällige jüdische Sittlichkeit, sein Eifer gegen die falschen rassisch bedingten Gottes- und Göttervorstellungen usw. Wir bekennen das A.T. als heilige Schrift, weil es die Offenbarungstaten des einen Gottes, und zwar nicht nur im Volk Israel, sondern ebenso gegen das Volk Israel bezeugt und bekennt. An den entscheidenden Punkten vollzog sich die Offenbarungsgeschichte Gottes immer gegen die Wünsche dieses Volkes.
3. Wer O f f e n b a r u n g s h a n d e l n Gottes ablehnt und Religion nur als Entfaltung und Ausbruch der Rassenseele versteht, muß auch die Christusoffenbarung ablehnen. Wir sänken dann zurück auf die Stufe der Vielgötterei oder der Verehrung eines unbekannten Gottes; da dies einem durch das Christentum hindurchgegangenen Volk nicht mehr möglich ist, leistet jede Ablehnung der Christlichen Offenbarungsreligion, ob sie will oder nicht, der totalen Gottlosigkeit Vorschub.

II. Altes Testament und Sittlichkeit

1. Wenn man auf unsittliche Handlungen, die im A.T. von Hohen und Niedrigen erzählt werden, hinweist, um das A.T. herabzusetzen und dem deutschen Menschen verächtlich zu machen, so müssen wir feststellen: a) Das A.T. verurteilt selbst das Gottwidrig-schlechte. b) Da von Offenbarung Gottes in der Geschichte die Rede ist, kann man nicht verlangen, daß von Anfang an und zu jeder Zeit die höchste Stufe der sittlichen Erkenntnis gegeben ist. c) Da auch von bedeutenden Gestalten des A.T.´s unsittliche Handlungen berichtet werden, zeigt den leidenschaftlichen Wahrheitsgehorsam des A.T.´s. d) Im A.T. ist schließlich nichts beschrieben, was nicht Menschen eines jeden Volkes als Sünde lebendig wäre. Ehebruch, Wucher, Volksverrat, Grausamkeit, Haß und Hochmut.
2. Auf die kurze Frage: Was ist denn nun an religiösen Aussagen und sittlichen Geboten im A.T. für uns Christen verbindlich?, ist die schlichte Antwort zu geben: verbindlich ist, was mit der Offenbarung Gottes in Jesus Christus oder mit dem Geiste Jesu Christi übereinstimmt. Einem aufgeschlossenen, frommen Herzen wird es aber auch gegeben sein, Gottes mächtiges Wort und seinen gewaltigen Arm dort zu erkennen, wo er des geschichtlich oder sittlich bedingten Unverständnisses der Menschen wegen so reden und handeln mußte, daß es in deutlichem Unterschied zur Offenbarung in Jesus Christus steht.
3. Mit besonderer Leidenschaft wirft man der christlichen Kirche vor, sie betrachte das jüdische Volk dem A.T. folgend als das auserwählte Volk. Was heißt im A.T. selbst 'auserwähltes Volk‘ und welches ist heute nach dem Zeugnis des Neuen Testamentes das auserwählte Volk?
a) Israel heißt im A.T. nicht darum das auserwählte Volk, weil es vor anderen Völkern größer, besser, sittlicher und frömmer gewesen wäre, sondern allein darum, weil es Gott gefiel sich durch die Geschichte dieses Volkes der Welt in besonderer Weise kund zu tun. Er wählte dazu ein kleines, oft gänzlich unwürdiges und ungehorsames Volk, damit der klare Unterschied zwischen dem, was Gott ist und tut und dem, was ein Volk ist und tut, erkennbar werde und bleibe. (Deut. 9, 5. 6. 'Denn du kommst nicht herein, ihr Land einzunehmen, um deiner Gerechtigkeit und deines aufrichtigen Herzens willen...So wisse nun, daß der Herr, dein Gott, dir nicht um deiner Gerechtigkeit willen dies gute Land gibt einzunehmen, sintemal du ein halsstarrig Volk bist.‘) Auserwähltes Volk zu sein, bedeutete also für Israel keine Auszeichnung für besonderes Bessersein vor anderen Völkern.
b) Israel als auserwähltes Volk endete mit der Kreuzigung Jesu Christi. Gott wählte sich nun ein anderes Volk, durch das er zur Welt in vernehmlicher Weise redet. Das neue auserwählte Volk ist nicht mehr ein politisch und rassisch abgegrenztes Volk sondern ist die die Christusgläubigen aller Völker umfassende Kirche Jesu Christi. So heißt es 1. Petrie 2, 9 von der Kirche Christi: 'Ihr aber seid das auserwählte Geschlecht, das königliche Priestertum, das heilige Volk, das Volk des Eigentums, daß ihr verkündigen sollt die Tugenden des, der euch berufen hat von der Finsternis zu seinem wunderbaren Licht.‘
Das Volk Israel war einmal das auserwählte Volk. (siehe a) Die unter die Völker zerstreuten Juden sind nicht mehr das auserwählte Volk. Das auserwählte Volk seit Christus ist die eine heilige allgemeine Kirche, die Gemeinschaft der im Glauben Geheiligten.

Wer unserer evangelischen Kirche eine andere Lehre vorwirft, verleumdet sie.

III. Zusammenfassung.

Die Unaufgebbarkeit des Alten Testaments und der richtige Gebrauch.
Warum beschränkt sich die evangel. Kirche um alle Streitigkeiten zu vermeiden nicht allein auf das Neue Testament? Das A.T. ist unaufgebbar aus folgenden Gründen:
1. Das A.T. enthält die Offenbarung desselben Gottes, des Vaters unseres Herrn Jesus Christus, wie das N.T., nur daß ewige Wort Gottes im A.T. zu uns spricht als der erwartete, durch Gesetz und Verheißung vorbereitete, kommende Christus, im N.T. aber lebendig ist als der gekommene, durch die Botschaft des Evangeliums erlösende und erneuernde Christus.
2. Wer in Ueberspitzung völkischer Gesichtspunkte im A.T. nichts von Gottes Offenbarungshandeln finden kann, muß auch das N.T. samt Christus ablehnen. Gibt eine Kirche das A.T. als die Urkunde vom Kommen des Christus preis, hat sie auch das N.T. als die Urkunde vom gekommenen Christus verloren.
3. Rein historisch gesprochen, gilt: So unmöglich und ungeschichtlich z. B. ein Verständnis des Nationalsozialismus ist ohne dessen Hineingestelltwerden in die deutsche Geschichte, so unmöglich und noch unmöglicher ist ein wirkliches Verständnis der Botschaft Jesu Christi ohne Zusammenhang mit der Offenbarungsgeschichte Gottes, wie sie im A.T. bezeugt ist.
Christus selbst aber hat uns den Maßstab an die Hand gegeben, mit dem wir feststellen können, was uns das A.T. bedeutet und wie weit es in bestimmten Forderungen verbindlich ist, wenn er 'kritisch' sagt: 'Ihr habt gehört, daß zu den Alten gesagt ist...Ich aber sage euch...' und positiv: 'Suchet in der Schrift, denn ihr meint ihr habt das ewige Leben drinnen, und sie ist´s, die von mir zeuget'.
4. Schließlich: Wer nicht im Schmutz unsittlicher Handlungen, die im A.T. auch ehrlich genannt werden, herumwühlt, sondern die reinen Höhen prophetischer Frömmigkeit und die wunderbaren Trost- und Glaubensworte vieler Psalmen schon selbst als Quelle der Kraft und der Zuversicht, als Mahnung zu Ernst und sittlichem Ringen erfahren hat, wird niemals das A.T. entbehren wollen. Er müßte auch Luthers Glaubens- und Trutzlied 'Ein feste Burg ist unser Gott' abschaffen, das er uns, von alttestamentarischen Glaubensgedanken innerst ergriffen, dichtete. Das Jüdische im A.T. mag man kritisieren, so viel man Lust hat; man trifft nur das Menschenbuch. Wir lesen aber das A.T. als Gottesbuch im Geiste Jesu Christi.
11. November 1936«[30]

»Wie nicht anders zu erwarten war, setzte sich unser Pfarrerblatt 1937 mit den *nationalkirchlichen Bestrebungen* auseinander.«
Dies schreibt OKR D. Bergmann zurecht in seinen »Documenta« (II, 419 ff.), auf die hier verwiesen sei.
Wenn man einmal davon absieht, daß auch in der Bildung von »Unionen« im 19. Jahrhundert etwas von einem »nationalkirchlichen Geist« steckte und in der Satzung des Protestantenvereins die Errichtung einer NK. als kirchliches Ziel

bezeichnet wurde, so begann dieses »heimliche Ideal des liberalen Bürgertums«[31] bei Paul de Lagarde eine entchristlichte Gestalt anzunehmen. Dieser Traditionsstrang wurde von den DC, besonders in Thüringen, weitergeführt mit dem Ziel einer alle Konfessionen vereinnahmenden deutsch-völkischen Nationalkirche, sozusagen spiegelbildhaft der großen politischen Einigung des Deutschen Volkes. In der Abwehr dieses »Deutschglaubens« besinnt man sich plötzlich wieder neu auf die segensvolle Tatsache, daß es eine evangelische und katholische Kirche gibt, und wie unaufgebbar letztlich doch das A.T. ist mit seinem »semitischen Gottesgedanken« und der »undeutschen Duldermoral Jesu«.
Da dieses »reine Schwärmertum« (Bergmann) keine Fortsetzung erfahren hat, soll es bei dieser kurzen Erwähnung verbleiben. Der Schriftleiter damals: »Die Lage ist ernst, aber nicht hoffnungslos.«

Auch heute noch wichtig sind aber die mit diesen »deutschgläubigen« Bewegungen eng verbundenen theologischen Fragen und ihre Behandlung, von denen eine in Nr. 2 (1937) angeschnitten wird: *»War Christus ein Arier oder ein Jude oder hat er überhaupt nicht gelebt?«*
Der nicht genannte Verfasser beginnt zunächst mit einer paradox erscheinenden Antwort: Jesus war sowohl Arier (wegen seines Idealismus!) als auch Jude (wegen seines fanatischen Selbstbewußtseins als Welterlöser!). Er war also nicht nur, wie bei den DC, der Ideal-Mensch, er gehörte nach Gottes Ratschluß in die Geschichte des jüdischen Volkes.
Die Position der Gegner wird zutreffend bloßgelegt: »Mit deiner Frage: War Christus ein Arier oder Jude, willst du dich ja nur der Entscheidungsfrage entziehen: willst du an den damaligen Christus, Gottessohn und Welterlöser glauben?« Und dann eine bedeutsame Argumentation: »Im Blick auf die geschichtliche Christusoffenbarung« ist »der Gebrauch des Alten Testaments« geradezu »notwendig«!
Diese Wahrheit wird dann eine Seite weiter in der Rezension eines Buches von Emannuel Hirsch über »Das Alte Testament und die Predigt des Evangeliums« sofort wieder konfrontiert mit dem Urteil Hirschs, daß das A.T. stärkster Ausdruck der Widergöttlichkeit und damit der Feindschaft gegen den wahren Gottesglauben und die wahre Lebenanschauung und Geschichtsauffassung sei, wie sie durch Jesus übermittelt werde.
Bei der Besprechung eines weiteren Buches »Altes Testament und heutiges Judentum« wird auch noch die sattsam bekannte Aufspaltung weitergeführt: »Das Judentum von heute hat gerade zu jenen Teil des A.T.´s, die uns wertvoll sind, keine Beziehung. Das A.T. ist kein spezifisches Judenbuch, es ist durch Luther und andere uns zu einem deutschen Buch gemacht.«

So nahe lagen damals die Dinge beieinander. Doch nicht genug damit.
Am 13. September 1937 tagte der Wissenschaftliche Predigerverein der Pfalz. H. *H. Risch* (Ulmet) sprach über *»Das geistige Ringen um den Offenbarungsbegriff«* und *Dek. Lic. Rettig* (Winnweiler) über *»Mischna und Gemara«*, den beiden Grundbestandteilen des Talmud.
Rettig kritisierte die unter Nichtjuden weit verbreitete Verwechslung des Talmud

mit dem viel jüngeren Schulchan Aruch und die nicht sehr große Treue des üblichen Zitierens. So weit so gut, zweifellos damals eine mutige Sache.
Doch nun folgt die Abwertung: Der Talmud ist kein religiöses Werk, seine Grundhaltung werde schon von Jesus verworfen und beim Lesen mancher Traktate packe einem »ein gelindes Grauen«. »Die Kasuistik des Talmud...ist das Zeichen der Entwurzelung des Judentums«, »die legislative Weiterführung der Gesetze des A.T.«.
Während Rettig von der Mischna noch mit »Ehrfurcht« reden kann, erscheint ihm die weiterführende Gemara (»Vervollständigung«) trotz ihres Diskussionscharakters als zu normativ. Immerhin wird mit einigen alten nichtjüdischen Verleumdungen abgerechnet (Ritualmordvorwurf u. a.) und am Schluß die für damalige Verhältnisse geradezu moderaten und nachdenklichen Sätze formuliert:
»Das von Gott u n d seinem Boden losgerissene Judentum (ersteres trifft nur zum teil zu) hat viel Unheil gestiftet. Lassen wir, bei allem Vorbehalt, uns durch die Zeichen der Zeit darauf hinweisen, daß Gott anfängt, auch die Judenfrage, die eine entscheidende Frage für die ganze Welt zweifellos ist, zu lösen. Er löst sie besser als wir!«[32]
Bei Durchsicht des PfBl. war ich doch etwas überrascht, auf ein Thema zu stoßen, das ich zu der Zeit und in diesem zeitgeschichtlichen theologischen Umfeld zunächst nicht vermutet hätte, das dann aber doch einsichtig wird:
»Für das theologische Denken des 19. Jh. war die Parusie kein aktuelles Problem. Konservative Dogmatiker bauten sie zwar mit den anderen überlieferten eschatologischen Lehrstücken in ihr System ein, weil diese Dinge nun einmal in der Schrift standen. In der Hauptsache aber war man abhängig vom deutschen Idealismus, vor allem von Schleiermacher. Das Verlangen nach gegenwärtigem Heilsbesitz und die Verwirklichung des Reiches Gottes in der Geschichte prägten die Frömmigkeit, wie auch die theologische Forschung. Von der Spannung der Hoffnung auf die kommende Zukunft Gottes war wenig mehr zu spüren. Dementsprechend wurde auch Christus nicht als der eschatologische Prophet, sondern immer noch als der Weise von Nazareth, als Lehrer edler Menschlichkeit im Sinne des 18. Jh. verstanden.«
Es geht um die »Neuere Parusieforschung«.[33] In der Parusie, der Wiederkunft Jesu Christi, sahen die Einen »im Gefolge des deutschen Idealismus jüdische Wahngedanken, die das schlichte Evangelium Jesu verfälscht haben. Die Anderen hielten die Erwartung der Parusie für ein wesentliches Stück des christlichen Glaubens«. Im Gefolge der historisch-kritischen und religionswissenschaftlichen Erforschung, deren Entstehung der Verfasser historisch in Zusammenhang mit den erschütternden Ereignissen vergangener Jahrzehnte sieht, »erkannte man, wie sehr die eschatologische Anschauung der Zeit auch die Gestalt Jesu und seiner Verkündigung prägten«.

Heute sind »Eschatologie«, die Frage »enttäuschter Naheerwartung« und das »Prinzip Hoffnung« Teil theologischer Arbeit geworden, auch wenn gewisse Kreise in unserer Kirche es zum Ziel ihres Glaubenseifers gemacht haben, die Leistung historisch-kritischer Exegese zu verteufeln, dabei auch noch verleugnend, welch ungeheure Bedeutung ihr und der »dialektischen Theologie« in der Geschichte der letzten Jahrzehnte zukommt. Ganz zu schweigen von Bultmanns »Entmythologisierungs«-Programm, das 1941 (!!) erschien, als viele geistige Vorfahren seiner Gegner von heute noch dem »Mythos« jener Zeit anhingen, oder schon wieder einem neuen Mythos huldigen, ohne es zu merken.

Ansonsten ging für das PfBl das Jahr 1938 zu Ende, ohne daß Bedeutsames für unseren Überblick zu vermerken wäre, außer vielleicht, daß man sich für die »Germanisch-christliche Religion der Edda« interssierte. Auch wieder kein Wort und keine Andeutung zu der schrecklichen Pogromnacht zum 10. November 1938. Die staatliche Zensur und die Drohung einer Beschlagnahme, wie sie etwa der »Kirchenbote« erlebte, zeigte ihre Wirkung.

Das Jahr 1939, in dem das PfBl bis nach dem Kriege letztmals erschien, beginnt für den Schriftleiter *Köhler* mit nachdenklich stimmenden *»Tatsachen« aus der Pfarrerschaft und der Evangelischen Kirche:* »Objektiv sein, ist heute bei den Vertretern kirchlicher Richtungen und Meinungen eine wenig geschätzte Tugend. So wird sich jeder bemühen, möglichst sich diese Tugend abzugewöhnen. Für den Schriftleiter eines Pfarrerblattes ist das nicht leicht...Daß es nicht geraten ist heute objektiv zu sein ist eine Tatsache unserer Lage. Was muß der sich distanzierende Mann nicht alles hören! Der Lasterkatalog von der Feigheit bis zum Hochmut muß alle Begriffe für ihn hergeben. Viel höher wird der eingeschätzt, der sich leidenschaftlich für eine Gruppe einsetzt. Jede Gruppe glaubt, daß sie nicht nur das Recht, sondern auch die Einheit fördere...Wir haben so sehr dem parlamentarischen Verfahren abgeschworen, daß wir nicht mehr an eine Einheit aus Kompromiß denken, wir können nur mit wirklich totalen Lösungen zufrieden sein. Amtsbrüderlichkeit als totale Lösung ist nur dann erreicht, wenn ich über den anderen so gesiegt habe, daß er mein Amtsbruder ist.« — »Mann könnte den Satz: Die Ernte ist reif, aber der Arbeiter sind wenige, heute umwandeln in den Satz: Die Ernte ist reif, aber die Arbeiter kommen nicht zum Schneiden, weil einer dem andern auf die Finger sieht, ob er´s auch recht anfängt. Dieses Aufpassen wird nicht nur von denen geübt, die sich einer guten Theologie rühmen, sondern auch von denen, die sich allein für gute Deutsche halten. Auch für sie gilt die Mahnung: Mehr Zutrauen zu deinen Kollegen!« — »Es lehren uns die Tatsachen, daß nach Jahren des Mißtrauens aus irgendwelchen Gründen die Pfarrergemeinschaft nur noch werden kann, wenn wir nach der totalen Gewinnung des Amtsbruders durch ein allwagendes Vertrauen streben. Bei aller persönlichen Überzeugung, bei aller Grundsatztreue wollen wir nie vergessen, daß es eine gemeinsame Sache gibt, für die wir arbeiten, die Kirche.
Die Kirche ist nicht mehr die alleinige Stätte in unserem Volk, da Religion gepflegt wird...Die Krise der Kirche in unserem Volk ist, wie ebenfalls in jenem Artikel (gemeint: 'Frankfurter Zeitung') ganz mit recht ausgesprochen ist, nicht erst seit einem Jahr aufgetreten, sie besteht seit Jahrzehnten. Es ergibt sich aus ihr für unser persönliches und berufliches Leben, für unser theologisches Denken und kirchliches Handeln eine ganz eigene Perspektive. Wir sind Sendboten, denn die Kirche ist wieder ausgesprochen Missionskirche. ...Alle Mittel sind gut, wenn sie die Ausrichtung des Evangeliums fördern. Wir dürfen unser Pfarrhaus nicht zu einem

Kloster machen, in dem ein paar weltfremde und wunderliche Menschen ihre Seligkeit suchen. Wir müssen in die Öffentlichkeit, auch außerhalb unserer amtlichen Obliegenheiten.«[34]

Vom *»sich Verzehren in Selbsterhaltung«* handelt auch ein in drei Teilen abgedruckter größerer Vortrag von *Dr. L. Reinhard* vom 27. 2. 1939 in Neustadt a. d. Wstr.[35]
Dr. Reinhard war bis dahin schon mehrfach in Schwierigkeiten geraten, weil er wegen seiner NS-kritischen Einstellung angezeigt worden war.[36]
»Protestantismus und Katholizismus« war sein Thema. Er vermied ausdrücklich die sonst so beliebten Ansätze: »Ob unser evangelisch-protestantisches Selbstbewußtsein durch Polemik gegen den Katholizismus gestärkt werden könnte«, ob unsere Kirche bedroht ist durch das Programm einer Einheits- und Nationalkirche, die beide Konfessionen einschmelzen will, oder mit der »Frage gemeinsamer Abwehr unchristlicher Ideen und Strömungen«.
Er ließ sich das Thema einfach »geben von einer Not, die wir schon immer gefühlt haben«: »Es ist einfach die Tatsache, daß hier eine Schar von Menschen ist, die sich Christen nennen und dort eine Schar von Menschen, die sich Christen nennen, und doch sind wir geschieden und getrennt.«
Er redete von dem in jahrhundertelanger Entwicklung gewordenen verhängnisvollen Zustand, »daß die Gegensätzlichkeit der Konfessionen um ihre Glaubwürdigkeit bringt, daß sie sich gleichsam gegenseitig paralysieren, keine missionarische, volks- und welterobernde Kraft mehr aussenden, sondern sich verzehren in Selbsterhaltung.«[37]
Dieser Vortrag ist auch noch oder wieder aktuell und lesenswert, trotz ökumenischer Fortschritte von einem damals nicht vorauszusehendem Ausmaß.

Die alljährliche Hauptversammlung des Pfälzischen Pfarrervereins in Kaiserslautern zeugte auch 1939 wieder und immer noch von den Problemen der Auseinandersetzung mit nationalkirchlichen Bestrebungen.[38]
Pfr. Brand hatte den Antrag eingebracht, die jüngst bekannt gewordenen Leitsätze der nationalkirchlichen Gruppen, die in Godesberg im Frühjahr gefaßt worden waren,[39] zu bejahen, in denen versprochen wurde, »mit allen Kräften des Glaubens und des tätigen Lebens...dem Mann (zu dienen), der unser Volk aus Knechtschaft und Not zur Freiheit in göttlicher Größe geführt hat«, und in denen sich der Satz fand: »Der christliche Glaube ist der unüberbrückbare religiöse Gegensatz zum Judentum«. Jene Erklärung war u. a. unterzeichnet von Stud. Rat Dr. Neumüller (Kaiserslautern) und dem aus der Pfalz stammenden Pfr. Dr. Grünagel (Aachen). »Der Vorsitzende unterbrach in scharfer Zurückweisung den Antragsteller und wies ihn auf die Unmöglichkeit seines Verlangens hin.«
Anschließend wird ein Grußwort an die »lieben Amtsbrüder« des Württembergischen Landesbischofs Wurm abgedruckt, das in jenen Tagen in Stuttgart auf der dortigen Jahresversammlung der Pfarrerschaft verlesen worden war.[40] Auch darin wird die Godesberger Erklärung der Nationalkirchler angesprochen und abgelehnt. Interessant ist jedoch, was dabei zur *»Judenfrage«* gesagt wurde:
»Es ist schwer, zu dem veröffentlichten Text, der Selbstverständlichkeiten und

Halbwahrheiten auftischt, um die eigentlich brennenden Fragen aber herumgeht, keine Satire zu schreiben. Wenn z. B. in dieser Erklärung der Gegensatz zwischen dem christlichen Glauben und dem Judentum betont wird, so wird man daran erinnern müssen, daß gerade der Apostel diesen Gegensatz in seiner ganzen Tiefe herausgearbeitet hat, der von manchen Unterzeichnern dieser Erklärung als der Urheber 'der Verjudung des Christentums' angesehen wird. Man wird auch darauf hinweisen dürfen, daß die Paulinische Entgegensetzung von Gesetz und Evangelium ganz auf dem christologischen Fundament ruht, das die nationalkirchl. Theologen ablehnen. Christus ist des Gesetzes Ende, und alle Religion, die an ihm als dem einzigen Mittler vorübergeht, selbst die des deutschen Idealismus, nähert sich wieder der jüdischen Gesetzesreligion.«
Die antijüdische Schizophrenie und die Verleumdung als »Gesetzesreligion« werden auch hier durchgehalten.

In jenen Tagen, am 17. März 1939, fand eine Sitzung der Kirchenregierung statt, in der *Pfr. Dr. Willmann* (Frankenthal) die Annahme eines Gesetzes folgenden Inhaltes beantragte: *»Juden können nicht Mitglieder der pfälz. Landeskirche sein.«* Damit sollte wohl dem Beispiel einiger »nichtintakter« Landeskirchen gefolgt werden.
Mit »Jude« war natürlich nicht eine konfessionelle Unterscheidung gemeint, sondern gewollt war die Ausschaltung rassistisch verstandener »nichtarischer« Personen und Einflüsse.
In der Niederschrift heißt es dann: »Nach längerer Aussprache, in der zum Ausdruck gebracht wird, daß ein solches Gesetz unter den gegenwärtigen Verhältnissen in der Pfalz keine praktische Bedeutung haben kann, wird der Antrag mit allen gegen 3 Stimmen abgelehnt.«
Die »gegenwärtigen Verhältnisse in der Pfalz« waren wohl so, daß keine gravierenden »Fälle« mehr zu lösen waren. Der einzige »nichtarische« Pfarrer, Walter Mannweiler, hatte die Pfalz bereits lange verlassen[41] und eine nicht ganz »arische« Sekretärin im Landeskirchenrat, mit der einige nicht mehr zusammenarbeiten wollten, wurde vom Landesbischof Diehl gedeckt.[42]
Typisch für die Situation ist dann aber doch, daß *OKR D. Stichter* die Erklärung abgab, »es dürfe nach diesem Abstimmungsergebnis nicht die Ansicht entstehen oder verbreitet werden, als ob diejenigen Mitglieder, die nicht für den Antrag gestimmt haben, wünschten, daß Juden Mitglieder der pfälz. Landeskirche werden sollten«, und daß das »Mitglied Schmidt — Kaiserslautern« ausdrücklich beantragte, »diese Erklärung in die Niederschrift aufzunehmen«.
Am 4. April 1939 kam es dann nach Kenntnisnahme von der sog. Godesberger Erklärung zu einer Entschließung von 11 der 28 Landeskirchenleiter, darunter auch Landesbischof Diehl für die Pfälz. Landeskirche, in der als Punkt 1. »unserer ersten Gemeinschaftsarbeit« die Durchführung folgender Maßnahme ins Auge gefaßt wurde:
*»Gründung eines Instituts zur Erforschung und Beseitigung des Jüdischen Einflusses auf das kirchliche Leben des deutschen Volkes.«*[43]
Obwohl nicht im PfBl stehend sei hier zur Ehrenrettung unserer Pfarrerschaft auf die Reaktion hingewiesen, die bei Bergmann Documenta III S. 191 dargestellt wird

und mit folgendem mutigen Brief von *Pfr. Theo Schaller*, unserem späteren Kirchenpräsidenten, an den damaligen Landesbischof Diehl vom 17. 4. 1939 erfolglos endete:
*»Sehr geehrter Herr Landesbischof!*
*Die Sorge um unsere Kirche veranlaßt mich, Ihnen zu schreiben. Daß die im Gesetzblatt der DEK veröffentlichten Punkte Ihren Namen und die Unterschrift unserer pfälz. Kirche tragen, hat mich — und wie Ihnen wohl bekannt ist, viele der pfälz. Amtsbrüder — aufs tiefste erschüttert. In dem, was die Erklärungen sagen und noch mehr in dem, was sie nicht sagen, wird weit über das Kirchenpolitische hinaus die Glaubensgrundlage der evang. Kirche verlassen. Dadurch muß die Kirche endgültig zerrissen werden. Ich kann nicht glauben, daß das nun das Ende sein soll. Der Dinge, über die man reden müßte von theol. bis zu den praktischen Folgerungen, sind zu viel, als daß sie in einem Brief gesagt werden könnten. Ich bitte Sie daher herzlich, mir eine Unterredung mit Ihnen zu gewähren, und wäre sehr dankbar, wenn Sie mir baldigst, am liebsten telefonisch, Ort und Stunde nennen wollten.*
*Mit herzlichem Gruß Ihr*
*gez. Th. Schaller«*

Das fragliche Institut wurde am 6. Mai 1939 in Eisenach auf der Wartburg gegründet unter der Leitung von *Prof. Walter Grundmann,* einem früheren Assistenten von *Prof. Gerhard Kittel* in Tübingen, der bereits 1933 in unrühmlicher Weise »Zur Judenfrage in der Gegenwart« hervorgetreten war.[44]
Zu den Mitarbeitern der Institutionsarbeit gehörte auch *Prof. Carl Schneider,* der nach dem Kriege in der Nachfolge Dekan Köhlers Leiter der Evangelischen Akademie in Enkenbach war.[45]
Die Ausgaben für Juli/August 1939[46] enthalten eine umfangreiche Nachschrift zweier großer Vorlesungen auf einer Veranstaltung des Wissenschaftlichen Predigervereins in Enkenbach von Prof. H. Stephan über Probleme der Theologiegeschichte und von Prof. H. Frick über Fragen christlicher Eschatologie (»Jenseits und Jüngstes Gericht«).
Der Schriftleiter kommt geradezu ins Schwärmen: »Wir haben akademische Luft geatmet, wir haben wieder die Grundlagen unseres Amtes finden dürfen, die theologische Arbeit, wir sind gestärkt worden in dem stolzen Bewußtsein als Theologen einen Dienst an unserem Volk zu haben.«
Es wurde auch »offen geredet von heiklen Fragen, so z.B. von der Behandlung des Alten Testaments im Unterricht«, doch es wird auch wehmütig festgestellt, daß »uns die bescheidene Teilnehmerzahl nicht entmutigen kann«. —

Wenn ich im Jahre 1992 an die Teilnahme von Pfarrern an Fortbildungsveranstaltungen denke, scheint sich auch hier in 50 Jahren nichts Grundlegendes gewandelt zu haben, weder damals unter einem enormen existentiellen theologischen und politischen Druck, noch heute in einer Zeit scheinbarer theologischer und politischer Sorg- oder Spannungslosigkeit. Oder sollte da eine Art Überlebensmechanismus wirksam sein, der die Existenz des Prot. Pfarrers unangefochten durch die wechselnden Zeiten trägt?

Am 1. September 1939 begann Hitler die Welt in den 2. Weltkrieg zu stürzen. Am 15. September stellte das Pfälzer Pfarrerblatt »wegen Papiermangels« im 39. Jahrgang für 10 Jahre sein Erscheinen ein. Seine Fortführung ab dem 40. Jahrgang 1949 zu verfolgen und zu beschreiben, sah ich nicht mehr als meine Aufgabe.
Die vorliegende Arbeit ist sicher nur ein bescheidener Anfang, unter Auswertung pfälzischer Quellen »aus der Geschichte zu lernen«, soweit man dies nach leidvollen Erfahrungen der Vergangenheit überhaupt erwarten darf. Allzu viele Phänomene scheinen sich, wenn auch in neuem Gewande, zu wiederholen.
Für den Pfarrerstand wichtig scheint mir auch heute noch die dringliche Aufgabe zu sein, in theologischer Ausbildung und Verkündigung die Verpflichtung im Auge zu behalten, unser Verhältnis zum Judentum als Christen in Ordnung zu bringen. Bei allem Fortschritt[47] sind die Rückfälle in Zeiten judenfeindlicher Positionen noch immer zu zahlreich, und das Wissen um das Judentum ist — mit den Worten eines Theologieprofessors — »skandalös«.
*Ob die »Endlösung der Judenfrage« durch die Nazis eine theologische Qualität hat mit Konsequenzen für die christliche Verkündigung, mag umstritten sein, aber wir sollten nicht mehr leugnen: »Auschwitz« war auch (nicht nur) ein Stück fortgeschriebener »Kirchengeschichte«.*

**Anmerkungen**

1 Hans L. Reichrath: Die Evangelischen Sonntagsblätter der Pfalz und die "Judenfrage" im "Dritten Reich", in: Blätter für Pfälzische Kirchengeschichte und Religiöse Volkskunde, 54 Jhg. 1987, S. 51-64, sowie: Die Judenfrage im Lichte der evangelischen Sonntagsblätter der Pfalz im 3. Reich, in: Judaica, Beiträge zum Verständnis des jüdischen Schicksals in Vergangenheit und Gegenwart, Zürich und Basel H. 3/1990, mit weiteren Literaturangaben.
2 Documenta Bd. I S. 8.
3 Documenta II, 15..
4 Union 1931 S. 43 ff.
5 1931 S. 65 f.
6 PfBl 1932 S. 7 ff., 96 f., 112 ff.
7 Documenta I, 82 f.
8 Documenta I, 218 ff.
9 Aus meinem Leben (Lebenserinnerungen) von Pfr. i. R. Heinz Wilhelmy — Ebernburg/Pfalz, Privatdruck mit einem Nachwort von Pfr. i. R. Karl Handrich (1977).
10 Siehe Anm. 1 S. 53 f.

11 PfBl 1933 S. 37.
12 PfBl 1933 S. 79 ff.
13 aaO. S. 91 ff.
14 aaO.S.95 f.
15 Siehe bei Anm. 1
16 Dazu Documenta I, 108
17 Hans L. Reichrath: Walter G. Mannweiler (1901 - 1960). Versuch des Gedenkens an einen ehemaligen Pfarrer der Pfälzischen Landeskirche, der als »Nichtarier« seine Heimat verlassen mußte, in: Alfred H. Kuby (Hg.): Juden in der Provinz, 2. Aufl. Neustadt a.d. Wstr. 1989, S. 126 - 140
18 Vgl. Oeffler in PfBl 1933 S. 113
19 PfBl 1934 S. 32
20 PfBl 1935 S. 43
21 aaO.S.45
22 aaO. S.47
23 aaO. S.48
24 aaO. S. 57
25 PfBl 1936 Nr. 1 S. 1
26 so aaO. S. 2 Friedrich, Herschberg
27 Dazu meine Arbeit Anm. 1 und Documenta II, 192 ff.
28 Vgl. dazu auch »Union und Bekenntnis« in Nr. 10 / 1936
29 PfBl 1936 S. 84
30 aaO. S. 123 f..
31 Vgl. dazu EKL II, 1515
32 PfBl 1937 S. 83
33 PfBl 1938 S. 36
34 PfBl 1939 S. 1f.
35 PfBl 1939 S. 19 ff., 28 ff., 34 ff.
36 Documenta III, 360 ff.
37 Anm. 31 S. 19
38 1939 S. 26
39 Documenta III, 188 f.
40 PfBl 1939 S. 26 f. = Documenta III, 222 ff.
41 Siehe unter 18
42 So eine private Mitteilung der Zochter von Diehl
43 Documenta III, 190
44 Vgl. dazu Anm. 1 S. 56
45 Dazu Hans L. Reichrath: Die »Judenfrage« — ein Defizit der Barmer Theologischen Erklärung von 1934? in: Junge Kirche 1985 S. 75 f. und PfBl 1985 H. 11 S. 212
46 PfBl 1939 S. 45 ff., 57 ff.
47 Siehe dazu die Dokumente von 1945-1985 in: Die Kirche und das Judentum, hrg. von R. Rendtorff und H. H. Henrix (1988), sowie unsere landeskirchliche Arbeitshilfe »Kirche und Israel«, Bd. 1 Texte und Dokumente Speyer 1988, sowie die Entschließung der Landessynode vom 16. Mai 1990 (abgedr. in »Informationen« Nr. 45/1990 und in: Hirten und Juden, Dokumente der Annäherung GTB 790).

In Erinnerung an die jüdischen Opfer errichteten 1990 Überlebende des Holocausts in Miami Beach eine große Gedenkstätte. Eine der Namenstafeln (siehe unten) ist den Kindern von La Guette und den Opfern der OSE gewidmet.
Ein Freund aus La Guette, Lutz Scheucher, war bis Ende 1944 mit Walter Loeb zusammen, dann wurden beide getrennt.

*Fotos: Lutz Scheucher, Miami Beach, USA*

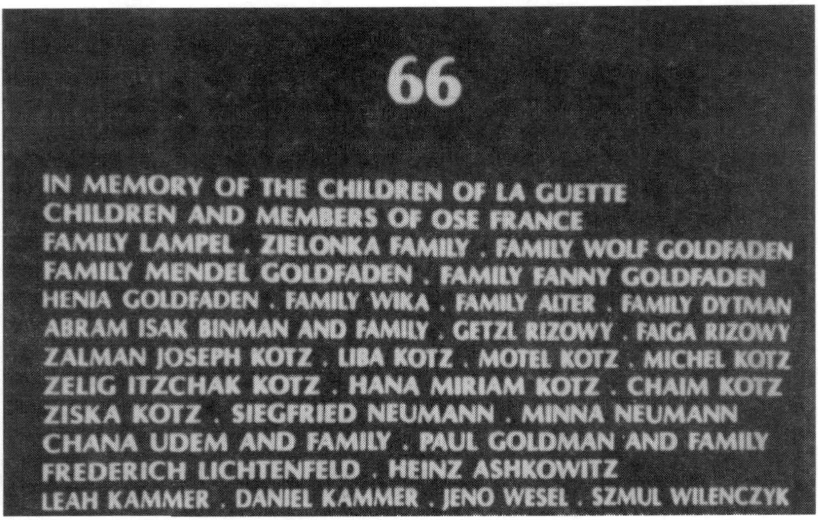

*Siegrun Wipfler-Pohl*

# Kinderemigration 1939

## Auf den Spuren jüdischer Kinder aus der Saarpfalz im französischen Exil

Kaum beachtet von der pfälzischen Bevölkerung verließen am 8. März 1939 etwa 28 jüdische Mädchen und Jungen die Saarpfalz in Richtung Frankreich. Die Reise dieser kleinen Kindergruppe endete zunächst im »Chateau de la Guette«, einem Jagdschloß der Bankiersfamilie Rothschild, nahe Paris. Die Kinder waren glücklich, den Schikanen ihrer 'Heimat' entronnen zu sein; sie wußten allerdings nicht, daß La Guette nur eine Atempause sein sollte, bis sie der Naziterror nach Kriegsbeginn einholte und kreuz und quer durch Frankreich trieb, während Hilfsorganisationen und unzählige beherzte Menschen den Flüchtlingskindern aus Deutschland Unterschlupf boten oder ihnen Wege ins rettende Ausland, seien es die USA, die Schweiz oder Palästina, ebneten.
Verantwortlich für den Kinderexodus zeichnete das »Comité Israélite pour les enfants venant d'Allemagne et de l'Europe Centrale«, das sich 1938 unter dem Eindruck der »Reichspogromnacht« konstituierte. Spätestens seit den Novemberereignissen war allen Betroffenen die Aussichtslosigkeit einer weiteren Existenz in Deutschland klar geworden. Um nun wenigstens die Kinder zu retten, gründeten Christen beider Konfessionen und Juden in Paris das 'Comité Israélite'. Die Schirmherrschaft übernahm die Baronin Germaine de Rothschild; deren weltweites Ansehen sowie die finanziellen Möglichkeiten des Bankhauses schienen das Gelingen des Projektes zu gewährleisten.

Anfang 1939 lebten im Großdeutschen Reich etwa 36 000 jüdische und 'halbjüdische' Kinder[1], deren Eltern nach der Reichspogromnacht verzweifelt eine Auswanderungsmöglichkeit suchten. Die Arbeit des hastig zusammengestellten 'Comité Israélite' konzentrierte sich nun darauf, die Rahmenbedingungen für die deutschen Kinder in Frankreich auszuhandeln. Der Sekretär der Baronin Rothschild, Jablon, führte die schwierigen Verhandlungen mit den französischen Behörden, bei denen u.a. festgelegt wurde, daß die Kinder ihre deutsche Staatsangehörigkeit behalten sollten.
In weiten Kreisen der französischen Bevölkerung waren Argwohn und Feindseligkeit gegenüber den Flüchtlingen aus Deutschland seit Hitlers Machtergreifung von Jahr zu Jahr gewachsen; man sah in ihnen Kriegstreiber, Agenten oder einfach »Boches«. Diese fremdenfeindliche und antisemitische Stimmung fand ihren Niederschlag in einer Fülle gesetzlicher Bestimmungen, die allein in dem kurzen Zeitraum von Juni bis November 1938 erlassen wurden.[2]
Das Comité Israélite plante an sich die Rettung von 3000 Kindern aus dem Großraum Berlin, Wien und der Pfalz. In La Guette lebten aber schließlich nur etwa 130 Kinder, und es ist zu vermuten, daß es bei dieser Gruppe blieb, denn der Ausbruch des zweiten Weltkriegs versperrte den Fluchtweg nach Westen.

D

Exemplaire à conserver par l'Enfant.

# COMITÉ ISRAÉLITE POUR LES ENFANTS VENANT D'ALLEMAGNE ET DE L'EUROPE CENTRALE

**RÉCEPTION - HÉBERGEMENT - ÉDUCATION**

**38, RUE DU MONT THABOR, PARIS (I^er)**

**Téléphone : OPÉRA 99-42**

Je soussigné **SALMON Emma Sara**

(nom de famille et prénoms du père ou de la mère ou du tuteur ou du répondant)

déclare par la présente confier au "COMITÉ ISRAÉLITE POUR LES ENFANTS VENANT D'ALLEMAGNE ET DE L'EUROPE CENTRALE" ou à tel autre organisme désigné par cette œuvre ou éventuellement par les autorités compétentes:

**l'enfant** Salmom Ruth Sara

(nom et prénoms)

né le 6.8.1926 à Lambsheim/Pfalz (ville et pays) nationalité deutsch

résidant actuellement à Lambsheim/Pfalz

(adresse complète)

enfant dont je suis : père - mère - tuteur ou(*)

(préciser les liens de parenté)

Ledit enfant est le fils - la fille(*) de :

**père** Nom de famille : Salmon Prénoms : Julius

Né le 8.7.1886 à Lambsheim/Pfalz Nationalité : deutsch

Adresse actuelle : Lambsheim/Pfalz

gestorben am 5.Dezember 19327

Profession (diplômes et qualités)

**mère** Nom de famille : Salmon Prénoms Emma Sara

Nom de jeune fille : Dellheim Née le 3.Mai 1900 à Mutterstadt (ville)

Adresse actuelle : Lambsheim/Pfalz Nationalité : deutsch

Profession (diplômes et qualités)

Renseignements complémentaires sur la famille de l'enfant (santé, milieu social, situation matérielle, etc.) : Der Vater ist tot. Die Mutter und Geschwister sind gesund, kleine ländliche Verhältnisse. Mutter arbeitet als Zugeherin, sehr arm.

Si cette déclaration est signée par un tuteur ou par un répondant, indiquer l'adresse et la profession de celui-ci :

En conséquence, la dite œuvre israélite ou tel autre organisme à lui substitué, agissant sous le contrôle du Comité Central des Réfugiés créé par arrêté du Ministre des Affaires étrangères en date du 29 décembre 1938, aura tous droits et pouvoirs à l'effet de veiller à la protection de la santé et des intérêts moraux de l'enfant susdit jusqu'à l'âge de 18 ans, étant précisé que le Comité n'encourra aucune responsabilité de ce chef et que je l'en dégage expressément.

Le présent mandat ne pourra être annulé que dans le cas où j'obtiendrais un domicile fixe dans un pays quelconque et où j'aurais les sommes nécessaires pour faire venir chez moi mon enfant - mon pupille (*) et subvenir à ses besoins. Toutefois il est bien entendu que dans ce dernier cas, je ne demanderai plus au "Comité Israélite pour les Enfants venant d'Allemagne et de l'Europe Centrale" ou à l'organisme qui lui aurait été substitué, de s'en charger à nouveau.

A Emma Sara Salmon le

SIGNATURE LÉGALISATION

Lambsheim/Pfalz, le 21.Februar 1939.

Die Eltern der ausreisenden Kinder mußten dem Comité Israélite ihre elterlichen Rechte übertragen, die solange vom Comité wahrgenommen werden sollten, bis die Eltern wieder in der Lage wären, für ihre Kinder zu sorgen, oder die Kinder das 18. Lebensjahr erreicht hätten. Da sehr viel mehr Eltern ihre Kinder zur Auswanderung anmeldeten als Plätze zur Verfügung standen, mußte ausgewählt werden. Es ist bislang noch unklar, nach welchen Gesichtspunkten die Kinder ausgesucht wurden, denn alle Kinder waren gleichermaßen gefährdet. So mögen Kriterien wie: Familiensituation, Auswanderungschancen, Gesundheitszustand und Alter der Kinder (10 bis 14 Jahre) ausschlaggebend gewesen sein.
Bald nach ihrer Ankunft in La Guette verfaßten alle Kinder eine kurze Biographie, in der sie ihre Familienverhältnisse schilderten, über Erlebnisse während der Reichspogromnacht berichteten und ihre Hoffnungen und Wünsche für die Zukunft formulierten.
Dank glücklicher Umstände blieben 27 dieser Autobiographien erhalten[3] und bilden zusammen mit mehreren Interviews[4] und weiteren Materialien die Grundlage dieses Beitrages.

Die Kinder wußten um den »Glücksfall«, nach Frankreich ausreisen zu dürfen. Nicht selten waren sie das erste Familienmitglied, das Deutschland verlassen konnte. Dabei waren es nicht nur persönliche Schwierigkeiten, sich von Deutschland zu lösen, sondern auch die zunehmenden Hindernisse von seiten der Aufnahmeländer. Spätestens seit der Konferenz von Evian im Juli 1938 wurde die schwindende Aufnahmebereitschaft für deutsche Flüchtlinge im Ausland deutlich. Mögliche Aufnahmeländer versuchten den Zustrom von Emigranten, der sich nach der Reichspogromnacht erheblich verstärkte, in ihrem Sinne durch Quoten und besondere Auflagen zu regulieren. Neben Sprachkenntnissen und »Vorzeigegeld« waren häufig Alter und berufliche Verwendbarkeit ausschlaggebend; die USA verlangten hingegen nur ein »Affidavit«, die Bürgschaft eines wohlhabenden Verwandten oder Gewährsmannes im Lande selbst, damit der Einwanderer bei Anpassungsschwierigkeiten dem Staat nicht zur Last falle.[5]
Mehr als ein Drittel der pfälzischen Kinder sahen für ihre Familien überhaupt keine Auswanderungsmöglichkeiten, einige deuten vage Vorhaben der Eltern an, beispielsweise nach England oder Südamerika zu gehen. Nur vier Familien besaßen ein Affidavit und die begehrte Wartenummer für die USA. Eine niedrige Wartenummer war für die baldige Ausreise entscheidend und für das Überleben wesentlich wichtiger als alle Orden und Auszeichnungen, die im ersten Weltkrieg erworben worden waren und bis zum Tode Hindenburgs 1934 noch einen gewissen Schutz boten. Zu Recht resigniert der 13jährige Karl Schwarz aus Ludwigshafen, wenn er schreibt: »Wir haben Bürgschaft für die USA, aber eine Nummer, die erst in drei Jahren bestellt wird.« Auch eine Wartenummer 15 035, wie sie Heinz Alexander aus Landau erwähnt, oder 28 411 bei Alfred Mai aus Wallhalben, machten, bedingt durch die niedrige Zulassungsquote der USA, wenig Hoffnung auf eine baldige Ausreise.[6]

Trotz aller Freude fiel der Abschied schwer, für viele Kinder sollte es ein Abschied für immer sein.

Über die Abreise seiner Tochter Ellen berichtet der Pirmasenser Sekretär der jüdischen Gemeinde, Alfred Schwerin, in seinen Erinnerungen.[7]

*»... Am 4. März 1939, erreichte uns das bedeutungsvolle Schriftstück, in dem stand, daß die Ausreise nach Frankreich für den 8. März vorgesehen sei. Ellen hüpfte vor Freude hoch, als ich es ihr vorlas. Eine liebe christliche Bekannte ließ es sich nicht nehmen. Kleider und Wäsche des Kindes in Ordnung zu bringen. Hierauf machte ich noch mit Ellen zusammen die nötigen Einkäufe (....).*
*Am nächsten Morgen trug uns die Bahn nach Kaiserslautern. Der Schnellzug aus Ludwigshafen, mit dem die anderen kamen, traf erst in zwei Stunden ein. So blieb uns noch viel Zeit, und wir gingen plaudernd in der Bahnhofshalle auf und ab, denn der Zutritt zu den Wartesälen war den Juden verboten. Später saß Ellen neben mir auf dem Koffer, und ich sah, wie sie ernst und blaß vor sich hin grübelte. Unvermittelt sagte sie plötzlich: "Papa, wenn du die zehn Mark brauchst, die du mir als Reisegeld gabst — mehr mitzugeben erlaubten die Devisenbestimmungen nicht —, dann nimm sie wieder. Ich brauche sie nicht!" Der gute Kerl machte sich Sorgen, weil ich nach seinen Begriffen so viel Geld für Neuanschaffungen ausgegeben hatte. "Nein Kind, behalt' die paar Mark. Ich habe sie wirklich nicht nötig. Aber weißt du, jetzt hätten wir beinahe den Segen vergessen! Komm, wir gehen dort hinten in die Ecke, wo der Wiegeautomat steht, da fallen wir nicht auf." "Ach, ja!" Sie sprang auf, und wir gingen miteinander an die bezeichnete Stelle. Dort legte ich die Hände auf ihren Kopf und sprach leise den uralten jüdischen Segen "Gott segne dich wie Sara, Rebekka, Rahel und Lea!" Dann küßte ich sie. "Jetzt wird es mir immer gut gehen!" frohlockte Ellen und sah mich mit leuchtenden Augen an.*
*Endlich standen wir auf dem Bahnsteig. Wir schauten schweigend in die Richtung, aus der der Zug heranbrauste. Ich wagte nicht, ein Wort zu sprechen. Als aber der Zug schon ganz nahe war, drehte sich Ellen mit einem entschlossenen Ruck zu mir und rief lachend: "Aber Papa, sag mir doch adieu!" Ich wußte und merkte, mit welch unglaublicher Energie sie dieses Lächeln hervorzwang, und es würgte mich in der Kehle. Aber ich lächelte auch, küßte sie und sagte: "Leb wohl, Kind, bleib gesund und auf Wiedersehen!" Ellen küßte mich wieder, reichte mir noch einmal die Hand und bestieg dann den Zug. Sie stand einige Augenblicke am Fenster und schaute auf mich. Plötzlich wandte sie sich um und verschwand im Hintergrund...«*

Ganz anders verlief die Abreise der 13jährigen Ruth Strauß. Bereits zuvor war sie Zielscheibe von Spott und Terror der Dorfkinder Waldfischbachs, die sie selbst am letzten Tag in der 'Heimat' nicht schonten. Aus der Sicherheit von La Guette erinnert sie sich sehr genau an die zurückliegenden Ereignisse. (Siehe hierzu Auszug aus Autobiographie von Ruth Strauß Seite 324.)

Die wirtschaftliche Situation der Familien war erbärmlich. Keiner der Väter hatte noch eine regelmäßige und bezahlte Tätigkeit. Gelegentlich waren es die Mütter, die sich in den wenigen noch verbliebenen wohlhabenden jüdischen Familien als Haushaltshilfe verdingen konnten. Für alleinstehende Frauen war dies ohnehin die einzige Möglichkeit, für sich und ihre Kinder den Lebensunterhalt zu verdienen. Hierzu gehörte beispielsweise die früh verwitwete Emma Salmon aus Lambsheim, die bis 1934 eine Zigarrenfiliale führte, später in Ludwigshafen als Haushaltshilfe

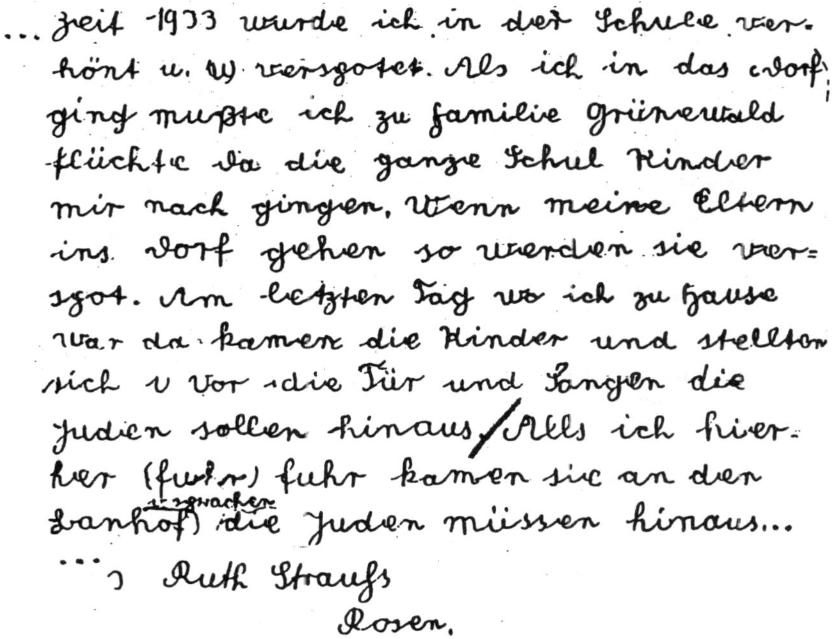

... Seit 1933 wurde ich in der Schule ver-
hönt u. W versgotet. Als ich in das Dorf
ging mußte ich zu familie Grünewald
flüchte da die ganze Schul Kinder
mir nach gingen. Wenn meine Eltern
ins Dorf gehen so werden sie ver=
sgot. Am letzten Tag wo ich zu Hause
war da kamen die Kinder und stellten
sich v vor die Tür und sangen die
Juden sollen hinaus/Als ich hier-
her (fuhr) fuhr kamen sie an den
Banhof) (sprachen) die Juden müssen hinaus...
...) Ruth Strauß
Rosen.

Autobiographie Ruth Strauß (Auszug)

arbeitete und zugleich das Amt einer 'Synagogendienerin' versah. Die Mutter von Alfred Mai aus Wallhalben führte ein Geflügelgeschäft und später den Haushalt ihres Vaters in Zweibrücken. Nur Hilde Mann aus Rodalben berichtet von der Tätigkeit ihrer Mutter als Schneiderin.

Eine Fülle von Schikanen, wie Schilder mit der warnenden Aufschrift: »Kauft nicht beim Juden!«, das strikte Kontaktverbot zwischen Parteigenossen und Juden und die Bekanntgabe 'arischer' Kunden, die es dennoch gewagt hatten, ein jüdisches Geschäft zu betreten, entzogen jüdischen Händlern und Kaufleuten ihre wirtschaftliche Basis, sodaß sie »freiwillig« aufgaben oder einer 'Arisierung' zustimmten.[8]

Aus Mutterstadt berichtet Max Löb, daß die Innung seinem Vater kein Vieh mehr zuteilte, sodaß er seine Metzgerei im Juli 1938 aufgeben mußte. Im Zusammenhang mit der im November 1938 angeordneten Schließung jüdischer Geschäfte, »erlosch« auch das Juweliergeschäft von Oskar Schwarz am 1.1.1939 in Ludwigshafen.

Das Berufsspektrum der inzwischen arbeitslos gewordenen Väter war relativ eng, es beschränkte sich auf den Handel mit Vieh, Wein, Leder und Futtermittel, ein Schneider und ein Uhrmacher/Juwelier waren die Ausnahmen. Nach dem Verlust ihres »Geschäftes« versuchten einige, sich als »Reisende« durchzuschlagen, allerdings verlängerten die Gemeindeverwaltungen die Wandergewerbescheine häufig nicht mehr, da man die Juden verdächtigte, als unzuverlässige Personen die zahlreichen Außenkontakte zu nutzen, um gegen den »neuen Staat« zu hetzen.[9]

1939 existierten die meisten Familien in »ärmlichen Verhältnissen«, wie es die Kinder selbst beschreiben. Die Reserven sind weitgehend aufgezehrt und die Familien leben von der Substanz. Lore Samson aus Edesheim erwähnt den Verkauf der »guten« Möbel, während die Eltern von Helmut Wolff in Böchingen nach und nach ihre Weinberge veräußern müssen. Wer keine Wertgegenstände mehr besitzt, die sich verkaufen lassen, versucht durch Gelegenheitsarbeiten etwas hinzu zu verdienen, wie der Vater von Ruth Horwitz aus Bad Dürkheim, der als Schneider da und dort Arbeit finden kann, oder Walter Löbs Mutter, die nach Augenzeugenberichten in Fußgönnheim mit Waschpulver hausierte.

Endstation der verarmten jüdischen Familien war die Wohlfahrtsstelle des Verbandes der Israelitischen Kultusgemeinden der Pfalz mit Sitz in Speyer, später Ludwigshafen. Bereits 1937 nennt das »Jüdische Gemeindeblatt«, im Zusammenhang mit einem Aufruf zum jüdischen Winterhilfswerk, jeden vierten Juden in den kleinen Gemeinden unterstützungsbedürftig.[10]
In der Wohlfahrtstelle arbeitete in dieser Zeit die sehr courargierte Jüdin Sara Lehmann.[11] Sie leitete 14 Jahre das Wohlfahrtsamt der Stadt Speyer, bis sie 1933 fristlos entlassen wurde. Daraufhin stellte Sara Lehmann ihr fachliches Können und ihre reichen Erfahrungen, vor allem im Umgang mit den Behörden (!), dem »Verband der Israelitischen Kultusgemeinden der Pfalz« zur Verfügung. An der Rettung der Kinder war sie durch ihre Tätigkeit maßgeblich beteiligt. Am 24. März 1939 besuchte sie die Kinder im Chateau de la Guette und konnte anschließend viel Erfreuliches berichten. Auf den Rundbrief Sara Lehmanns an die Eltern soll später eingegangen werden.
Breiten Raum nehmen in den Autobiographien die Ereignisse der Reichspogromnacht ein. Die Kinder schildern nicht nur die materiellen Schäden, die in ihren Wohnungen und Häusern angerichtet wurden, sondern geben auch etwas preis von ihren Ängsten und den als tödlich empfundenen Bedrohungen, wie sie besonders bei Leo Benjamin (Höningen/Bad Kreuznach) und Ruth Horwitz (Ludwigshafen/Bad Dürkheim) spürbar werden. Die Kinder sind ohnmächtige Zeugen bei den Verhaftungen ihrer Väter und Brüder, die für unbestimmte Zeit ins Konzentrationslager Dachau abtransportiert werden. Unmittelbar nach der Reichspogromnacht müssen alle Frauen mit ihren Kindern und die noch zurückgebliebenen alten Menschen die Pfalz verlassen. Heinz Alexander (Neustadt/Landau), Edith Mayer aus Edenkoben und andere berichten von den dramatischen Umständen, unter denen sich in großer Eile die Abschiebung ins Badische vollzog. Dort wurden die Juden zwar kurzfristig geduldet, aber auf Dauer konnten sie nicht bleiben und so kehrten sie nach und nach, von einigen Ausnahmen abgesehen, wieder in die alten Wohnorte zurück.

Zu einem großen Problem für die sich ständig verkleinernden Gemeinden entwikkelte sich die unterrichtliche Versorgung der Kinder.
Bis 1936 besuchten die jüdischen Schüler entweder eine jüdische Volksschule, wie sie beispielsweise in Speyer, Pirmasens und Rodalben bestanden, eine Bekenntnisschule oder eine Simultanschule.[12] Zu Beginn des Schuljahres 1936/37 wurden die meisten jüdischen Schüler aus den Volksschulen entfernt und einer jüdischen

Volksschule oder einer jüdischen Sammelklasse zugewiesen. Einige Kinder blieben in den Volksschulen ihrer Heimatgemeinde, wie Ilse Bodenheimer (Niederhochstadt) und die Geschwister Herbert und Edith Mann (Steinbach/Donnersberg); sie nahmen dafür wohl ein tägliches Martyrium auf sich. Herbert Mann berichtet in seiner Autobiographie von den Quälereien der Mitschüler, denen er auszuweichen suchte, indem er gar nicht mehr regelmäßig die Schule besuchte. Hilfe von Seiten des Lehrers konnte er nicht erwarten, denn dieser hatte »taube Ohren« für die Klagen eines jüdischen Kindes.
Zum 1. September 1936 war die Einrichtung von Sonderklassen geplant, und zwar zwei Klassen in Ludwigshafen und je eine in Landau, Kaiserslautern, Neustadt a.d. Weinstr., Rockenhausen oder Alsenz und in Rülzheim.[13] Diese Sonderklassen umfassten alle Schülerjahrgänge von der ersten bis zur letzten Klasse und entsprachen damit einer einklassigen, d.h. ungegliederten Volksschule. Neben den offenkundigen Nachteilen, brachte die Zusammenfassung der jüdischen Kinder zumindest den Vorteil, daß sie während der Unterrichtszeit eine Notgemeinschaft gleichermaßen Betroffener bildeten und einander unterstützen konnten. Allerdings waren sie auf den häufig recht langen Wegen zu ihren jüdischen Sonderklassen Freiwild für jedweden Schülerterror, gegen den sie sich als diskriminierte Minderheit kaum wehren konnten, gegen den aber auch kaum ein Erwachsener ordnend einschreiten konnte oder wollte.
Eine kontinuierliche Bildungsarbeit wurde nicht nur durch die innere Instabilität der desorientierten Kinder behindert, sondern auch durch die wachsende Mobilität jüdischer Familien, die auswanderten oder durch ihren Wegzug in der Anonymität der Großstadt untertauchen wollten. Dadurch schrumpften die Gemeinden erheblich und der Fortbestand einer Sonderklasse war damit gefährdet. Ruth Horwitz berichtet, daß sie ihre Schullaufbahn zunächst in ihrem Heimatort Bad Dürkheim begann und im Schuljahr 1936/37 in die jüdische Sonderklasse in Neustadt wechselte, deren Schülerzahl sich jedoch so stark verringerte, daß diese Sonderklasse aufgelöst werden mußte, und die verbliebenen Schüler 1939 einer der Sonderklassen in Ludwigshafen zugewiesen wurden.
Der Schulbesuch aller jüdischen Kinder endete abrupt mit der Reichspogromnacht, als alle Sonderklassen und die noch bestehenden jüdischen Volksschulen ihre Arbeit einstellen mußten. Ordentlichen schulischen Unterricht gab es nach den Novemberereignissen nicht mehr.
Aufs Ganze gesehen war die schulische Bildung der jüdischen Kinder der Saarpfalz völlig unzureichend. Auch im Vergleich zu den Kindern aus Wien und Berlin zeigten die Pfälzer erhebliche Defizite.[14] Verwunderlich ist dies aufgrund der vielfältigen Bildungshindernisse nicht, zudem mag auch ein Interesse der damaligen Machthaber an einer defizitären Bildung jüdischer Menschen bestanden haben.

In Frankreich konnten die Kinder nach den Jahren der Diffamierung aufatmen. Betreut von engagierten Erziehern machten sie erste Gehversuche in der ungewohnten Freiheit von La Guette. Obwohl in Sicherheit, ließen sich weder die aus Deutschland mitgebrachten Ängste einfach abschütteln, noch die Sehnsucht nach den nächsten Angehörigen, mit denen sie zu gern die neugewonnene, materiell gesicherte Freiheit geteilt hätten.

Dem bitteren Heimweh der Kinder nach den Eltern stand deren tiefe Sorge um die Zukunft ihrer Kinder gegenüber. Als Sara Lehmann Ende März 1939 die Kinder im Chateau de la Guette besuchte, war der anschließende Rundbrief wesentlich mehr als ein bloßes Informationsschreiben. Es war der Versuch, den besorgten und zweifelnden Eltern deutlich zu machen, daß ihre Entscheidung, sich von ihren Kindern zu trennen und sie dem Comité Israélite anzuvertrauen, richtig gewesen war.

**Brief Sara Lehmann**[15]

*»Wohlfahrtsstelle des Verbandes der israel. Kultusgemeinden der Pfalz*

*Ludwigshafen a/Rh. den 29. März 1939.*

*An die Eltern der Kinder in Chateau de la Guette Villeneuve St. Denis par Villeneuve le Comte S & M.*

*Ich hatte eine Gruppe Wiener Kinder von Karlsruhe nach Paris zu bringen und hatte mir vorgenommen bei dieser Gelegenheit auf jeden Fall unsere pfälzer Kinder in Chateau de la Guette zu besuchen. Das war nicht so ganz leicht; denn das Heim liegt abseits zirka 50 km von Paris entfernt und ich konnte erst durch telefonischen Anruf erfahren, von wo aus und wann ich einen Autobus erreichen konnte, der mich in fast 1 Stunde Fahrt hinbrachte. Schließlich hielten wir vor dem Gittertor und sahen das stattliche Schloß inmitten eines schönen Parkes vor uns liegen. Kaum war ich eingetreten, als mir schon die ganze Kinderschar mit lautem Jubelschrei entgegenstürzte. Gleich erzählten sie mir wie gut sie untergebracht seien und alle sehen auch so gut aus, daß man es ihnen gerne glaubt. Sie führten mich durch ihr Schulzimmer zum Büro des jungen Direktors der zusammen mit seiner Mutter seit kurzem den Betrieb leitet. Gleichzeitig lernte ich das sympathische junge Lehrerpaar kennen. Die Frau ist Ärztin, überwacht den Gesundheitsstand und ist bei eintretenden Störungen sofort zur Hand - ein beruhigender Gedanke! Sie zeigte mir das ganze Haus zunächst umringt von allen Kindern, die aber dann, als der Lehrer zum Sport rief, schnell in den Garten abzogen.*
*Im ersten Stock sind die großen luftigen und sonnigen Mädchenschlafräumen, die außer den Betten mit einer ausreichenden Zahl von Waschbecken mit fließendem Wasser versehen sind. Das Schönste ist immer wieder der Blick in den herrlichen großen Park, der das Schloß umgibt. Eine Treppe höher die Bubenzimmer, von denen dasselbe zu sagen ist, wie von den Mädchenzimmern. Überall ist noch reichlich Platz für den erwartenden Zuwachs von Wiener Kindern. Das Ganze ist im Aufbau begriffen. Bald sollen die fehlenden Schränke geliefert werden. Nach beendigtem Rundgang und nachdem wir uns von dem flachen Turmdach aus an dem herrlichen Rundblick über Wiesen, Wälder und Felder erfreut hatten, gingen wir wieder zu den Kindern im Park, deren eifriges Ballspiel natürlich bei unserem Erscheinen aufhörte interessant zu sein. Ich hatte nach allen Seiten Fragen nach*

*Daheim zu beantworten. Immer wieder heißt es: Die Eltern sollen nur oft und ausführlich schreiben. Briefe sind eine große Freude.*
*Inzwischen war mit Hilfe der größeren Mädchen in dem großen Speisesaal das Vesperbrot gerichtet worden. Es gab in großen Tassen oder besser Näpfchen Schokolade mit schönem Weißbrot, soviel jeder wollte. Im Anschluß wurden einige französische, hebräische und deutsche Lieder gesungen. Die Kinder waren mit soviel Freude und Schwung dabei, daß man ihre innere Zufriedenheit erkennen konnte. Dann räumten sie ab und brachten das Zimmer in Ordnung. „Draußen gibts eine Überraschung", rief der Lehrer und alle liefen in den Hof. Die Überraschung bestand in einem Haufen schmutziger Schuhe, die noch vor Schabbath geputzt werden mußten. So werden Buben und Mädchen zur Mitarbeit im Haushalt angehalten. Ich besprach noch mit dem Lehrer den Stundenplan, der außer Unterrichtsfächern, Hausarbeit, körperliche Ausbildung, Handfertigkeitsunterricht und für einige, die Interesse daran haben, auch Unterweisung im Kochen umfaßt. Wir unterhielten uns noch über die Kinder und ich konnte zu meiner Freude feststellen, daß sich der Lehrer schon ein gutes Urteil über die Eigenart jedes einzelnen gebildet hatte, da er Mängel und Nachlässigkeit durch Weckung von Verantwortungsgefühl und durch entsprechende Einordnung in die Gemeinschaft auszugleichen weiß. Vor allem gewann ich die Überzeugung, daß alle, denen die Betreuung der Kinder anvertraut ist, ein warmes und herzliches Interesse an ihnen nehmen. Das äußert sich am besten dadurch, daß auch die Kinder mit viel Liebe von ihren Lehrern sprechen.*
*Während sich die Kinder zur Freitagabendfeier umzogen, warf ich noch einen Blick in die saubere geräumige Küche, wo verlockende Puddings darauf schließen ließen, daß ein gutes Freitagabend- und Schabbathessen vorbereitet war.*
*Ich verabschiedete mich von den Kindern und Erziehern mit dem Bewußtsein sie ausgezeichnet aufgehoben zu wissen. Von dem Sekretär der Frau Baronin de Rothschild in Paris wurde mir aufgetragen Ihnen zu sagen, daß man mit elterlichen Gefühlen für die Kinder sorgen wolle.*
*Nun übermittle ich Ihnen noch die herzlichen Grüße, die mir Ihre Kinder auftrugen und grüße Sie selbst.*

*gez. Lehmann«*

In ihrem Rundbrief an die Eltern erwähnt Sara Lehmann mehrmals die Vorbereitungen für den Sabbat, die den Eindruck erwecken, es handele sich bei der Gruppe im Chateau de la Guette, um religiös erzogene Kinder. Dies mag für einige zutreffen, soweit dies heute noch feststellbar ist; grundsätzlich war La Guette aber kein Haus für religiöse Kinder.[16]
In den Autobiographien von 1939 finden sich nur schwache Spuren einer religiösen Erziehung. Vielleicht hat Ruth Kahn (Albertsweiler/Essingen?) eine religiöse Erziehung erhalten, zumindest kann sie einige Worte hebräisch schreiben.
Mit Sicherheit kam Ilse Bodenheimer aus einer religiösen Familie, auch sie schreibt einige Worte hebräisch und erwähnt, daß der Vater, bei seiner Verhaftung im Zusammenhang mit der Reichspogromnacht, seine Familie »benscht«, d. h. segne-

te. In einem späteren Interview[4] berichtet Ilse Bodenheimer von ihren Erlebnissen am 10. November 1939, dem letzten Tag in der Schule Niederhochstadts (?):
*» .... da hat man alle Kinder in den Schulhof gestellt, und wir mußten vorne stehen, mein Bruder und ich, und man hat von der Synagoge alle Torarollen und alle Gebetbücher und alle Bibeln hingelegt und hat sie verbrannt. Und wir mußten dort stehen und haben das angesehen, Das war eigentlich das letzte Mal, daß ich in diesem Schulhof war. ...«*

Aus dem bereits zitierten Bericht Alfred Schwerins wissen wir von seinem Abschiedssegen auf dem Kaiserslauterner Bahnhof, als er seine Tochter Ellen auf den Weg ins französische Exil brachte.
Erschütternd sind die Erinnerungen von Ruth Strauß (Höheinöd/Waldfischbach), die ab 1942 von Versteck zu Versteck gejagt wird, mehrmals in Klöstern Unterschlupf findet, aber dabei auch zur Taufe gedrängt wurde.
*» ... Die Schwestern haben uns genommen und versteckt. Sie haben gleich gesagt, daß wir nicht sagen dürfen, daß wir Jüdinnen oder Juden sind, und daß wir katholisch werden müssen. Aber meine Eltern haben mir gesagt, daß ich Jüdin bleiben muß, und ich sagte, daß ich mich nicht taufen lassen werde. So hat die Schwester gesagt, sie glaubt nicht, daß sie mich behalten kann. ... Nach dem ich dort war drei Wochen ist die Schwester gekommen, die Mutter und hat mir gesagt, du mußt katholisch werden, sonst können wir dich nicht behalten. Ich wollte mich nicht taufen lassen. Meine ganze Familie ist weggekommen, weil sie Juden waren; und ich wollt auch als Jude begraben werden. Da hat man mir gesagt, ich muß weggehen. So hat man die Tür aufgemacht und hat gesagt, geh raus. Und ich bin rausgegangen ...«*

Das Jahr 1939 verleben die Kinder in der großzügigen Atmosphäre von La Guette. Später berichten sie übereinstimmend, es sei die glücklichste Zeit in ihrer Kindheit gewesen.
Allerdings machte der Umgang mit der neugewonnenen Freiheit den meisten Kindern, die an eine autoritäre Erziehung gewöhnt waren, Schwierigkeiten. Viele sind auf Grund ihrer traumatischen Erlebnisse verstört und ängstlich, fast alle leiden unter massiven Schlafstörungen.
Inzwischen leben in La Guette etwa 130 Kinder, die von sechs Erziehern betreut werden — viel zu wenige für die plötzlich eltern- und heimatlos gewordenen jüdischen Mädchen und Jungen.
Die Erzieher, die mit all den Problemen umgehen müssen, haben teilweise selbst einen recht schwierigen Lebensweg hinter sich. Einige sind jüdische Emigranten aus Deutschland beziehungsweise Österreich, die während des spanischen Bürgerkrieges in den internationalen Brigaden gekämpft hatten und nun in Frankreich auch nicht gern gesehen sind.
Für die kleine Erziehergruppe stellt sich die fast unlösbare Aufgabe, Kinder mit ganz unterschiedlicher Sozialisation zu integrieren und zu verantwortungsbewußten Menschen zu erziehen.
Sie hofften, diesem Ziel näher zu kommen, wenn sie den Kindern mehr Verantwortung in allen Fragen des Alltagsleben übertragen würden. In Anlehnung an

sozialistische Vorbilder[17] gründeten sie daher am 1. Mai 1939 die »Kinderrepublik von La Guette«. Bei aller Euphorie der Gründer, merkten die Kinder sehr bald, daß das Leben in der neuen »Republik« kein 'Kinderspiel' war, sondern eine Fülle von Pflichten mit sich brachte. So führte man beispielsweise eine neue Währung ein: »Le Guettois« wurde das selbstgefertigte Zahlungsmittel genannt. Alle Arbeiten, die die Kinder für die Gemeinschaft leisteten, wie Holz sägen und hacken, Kartoffeln schälen oder putzen im Haus, wurden in der neuen Währung »bezahlt«. Ebenfalls honoriert wurde besonderer Fleiß und Einsatz im Unterricht, womit nicht etwa unbedingt gute Noten gemeint waren (!). Mit dem »verdienten« Geld konnten die Kinder im hauseigenen Laden zusätzliche Süßigkeiten wie die begehrte Schokolade, die zuvor selbstverständlicher Bestandteil der Zwischenmahlzeit am Nachmittag war, kaufen.
Aber auch Dinge des täglichen Bedarfs, wie Seife und Zahnpasta, wurden nun nicht mehr einfach zugeteilt, sondern mußten erarbeitet werden. Kleidung und Luxusartikel führte das »Geschäft« allerdings nicht.
In der Kinderrepublik mußten vor allem die älteren Jungen und Mädchen, dies waren die 14/15jährigen, zusätzliche Aufgaben übernehmen, denn nichts anderes verbarg sich hinter so wohlklingenden Titeln wie »Finanzminister«, der das erarbeitete Geld verwaltete, oder »Justizminister«, der gruppeninterne Streitigkeiten schlichten sollte. Zudem wurden sie als Gruppenleiter eingesetzt und hatten auf die Kleinen zu achten, für Ordnung im Schlafraum zu sorgen, und wechselnde Hilfsdienste zu organisieren. Die Gruppen führten Namen wie: Adler, Löwe, Wolf und Rose; dies und manche anderen organisatorischen Maßnahmen verraten den pfadfinderischen Geist des ersten Leiters von La Guette.

Am 12. Mai 1939 erschien die ersten Wandzeitung mit dem selbstbewußten und zugleich beziehungsreichen Titel: »Aux Aguets« (»Auf der Lauer«). »Aux Aguets« sorgte nicht nur für einen besseren Informationsfluß zwischen den einzelnen inhomogenen Kindergruppen, sondern wollte auch eine Stimme nach »draußen«

12 Mai 1939.

Aux Aguets

No 1 Hebdomadaire des enfants de la Guette

Geleitwort zur ersten Nummer.

Wir sind aus einem Land gekommen.

HANS ROSENBERG

sein, zu den Franzosen, unter denen sie lebten. Selbstverständlich bot die Wandzeitung den vielen großen und kleinen Talenten eine Fülle von Chancen zur Mitarbeit.
Der Kinderrepublik von La Guette war jedoch nur eine kurze Blütezeit beschert, die der Kriegsausbruch im September 1939 rasch beendete. Ein Teil der Erzieher mußte La Guette verlassen, die jüdischen Emigranten wurden interniert, die Franzosen zum Militärdienst eingezogen. Damit fehlten die wichtigsten Initiatoren. Die neuen Mitarbeiter in La Guette kämpften den mühseligen Kampf gegen die Schwierigkeiten eines Kriegsalltags und standen wohl auch der Idee einer Kinderrepublik recht fern.

Im Frühjahr 1940 näherten sich die deutschen Truppen Paris, und in La Guette bereiteten sich alle auf die Evakuierung nach Zentralfrankreich vor. Die Rothschildsche Bank war inzwischen nach La Bourboule, nahe Clermont-Ferrand, umgezogen. Am gleichen Ort hatte der Baron Rothschild für die Kinder das Grand Hotel des Anglais gemietet, ein recht bescheidenes Haus im Vergleich zum Chateau de la Guette, in dem sich die Kinder nicht wohlfühlten.
Ruth Horwitz erinnert sich in ihrer 1986 geschriebenen Biographie[18] an die Stimmung nach dem Umzug am 10. Mai 1940 *» ... Unser Leben hatte sich radikal geändert. Ich wußte, das ist der Krieg. Unser Lachen war nicht mehr dasselbe. Die Munterkeit war verflogen. Wir hatten Hunger und uns war kalt. Unter den wachsamen Augen von Fräulein Foehn[19] bestimmten Geschirrspülen und Hausarbeiten unseren Tageslauf. Die Atmosphäre war bedrückend, denn der Hunger plagte uns. Einer belauerte den anderen, um eventuell dessen Mahlzeit beenden zu können. Und draußen wütete der Krieg.« (Übersetzung aus dem Französischen durch die Verfasserin).*

Nicht nur Hunger und Kälte belasteten die Kinder in La Bourboule sondern auch die Ungewißheit über das Schicksal ihrer Eltern. Nur selten erreichen noch Briefe und Karten die Empfänger in der »unbesetzten Zone« Frankreichs auf direktem Wege. Auf Umwegen über die Schweiz gelangte die Post dank einer Kurierin, Elisabeth Luz, die es sich zur Lebensaufgabe gemacht hatte, die Kontakte zwischen den Eltern in Deutschland und den Kindern in Frankreich aufrecht zu erhalten, zu den Kindern. Im Oktober 1940 rissen jedoch alle Verbindungen zu den noch in der Saarpfalz verbliebenen Eltern vorübergehend völlig ab, als die Juden der Saarpfalz und Badens in das Pyrenäenlager Gurs deportiert wurden.[20] Das Lager, ursprünglich ein Auffanglager für ehemalige Spanierkämpfer, befand sich wie La Bourboule (Puy de Dôme) bis November 1942 in der sogenannten »unbesetzten Zone« Frankreichs, die von Vichy aus regiert wurde.
Irgendwann, Anfang 1941 kam es vermutlich durch Vermittlung der Baronin Rothschild, zu Kontakten der Kinder mit ihren Eltern in Gurs und sogar zu einem Besuch im Lager.
Heinz Alexander (Neustadt a.d. Weinstr./Landau) erinnert sich in seiner 1987 verfaßten Biographie[21] an das letzte Wiedersehen mit seinen Eltern in Gurs.
*» ... Am 08.04. 1941 erhielten mehrere Kameraden und -innen, deren Eltern auch in Gurs waren, wir waren 6 Personen zusammen, die Erlaubnis unsere Eltern für*

*8 Stunden in Gurs zu besuchen. Das war das letzte Mal, daß ich meine Eltern am Leben sah. Meine Eltern kamen im August 1942 nach Drancy bei Paris und von da aus kurz danach nach Auschwitz. ...«*

Auch Ruth Strauß (Höheneinöd/Waldfischbach) erinnert sich in einem Interview[4] an die letzte Begegnung in Gurs:

*» ... und dort habe ich erfahren, daß meine Eltern verschleppt wurden in das Lager Gurs. Und die Baronin (de Rothschild, d. Verf.) hat herausgefunden, wo unsere Eltern waren. Und viele von uns sind nach Pau gegangen und haben unsere Eltern im Lager gesehen, es war furchtbar. Tiere lebten besser als wie diese Menschen gelebt haben. Da war nichts zu essen, da war nichts zu trinken. Alle haben furchtbar ausgeschaut, nur Knochen und Haut. Was uns allen furchtbar wehgetan hat, und leider konnten wir nichts für unsere Eltern tun. ...«*

Ruth Horwitz (Ruth Pergamnick) wurde 1941 von ihren Verwandten aus La Bourboule nach Perigeux geholt. Im Oktober 1940 deportierte man die Mutter von ihrem Wohnort Bad Dürkheim aus, den Vater holte man aus dem jüdischen Krankenhaus Mannheim, nach Gurs. Vermutlich 1942[22] brachte man die Eltern ins Lager Noé nahe Toulouse und dort kam es zu einer letzten Begegnung. In ihrer 1986 verfaßten Autobiographie schreibt sie:

*» ... Es ist überflüssig meine Gefühle, meine Freude, meine Ungeduld und mein Glück zu beschreiben. Als wir am Lagertor ankamen, sagte mein Onkel: ' Mein Kind sei stark, wenn man dir sagt, daß dein Vater vor acht Tagen gestorben ist; aber du wirst deine Mutter sehen.' Mein Leid war ungeheuerlich, und ich habe einen Schock bekommen, der mich bis heute nicht losläßt. Obwohl ich alles versuche, ist er nicht auszulöschen. Endlich sah ich meine Mutter und es tat mir unendlich gut, von ihr umarmt zu werden. Aber dieses Glück dauerte nur einen Tag lang. Ich mußte wieder weggehen und meine Mutter mußte wieder hinter die Absperrungen. Ich war unglücklich, weil ich gar nichts tun konnte. Wieder einmal wurden wir getrennt! Aber was konnte ich tun, um bei meiner Mutter zu bleiben? Wer konnte mir helfen? Ich habe niemanden gefunden! ...« (Übersetzung die Verfasserin)*

Liesel Horwitz wurde durch die Lager Récébédou und Drancy nach Auschwitz verschleppt und ist dort umgekommen.

Im Grand Hotel des Anglais in La Bouboule, der Unterkunft der jüdischen Flücht–lingskinder, häufen sich 1940/41 die Schwierigkeiten. Der Baron Rothschild war in die USA geflüchtet und die Bank mußte geschlossen werden.

In den USA versuchte die Baronin Germaine de Rothschild die Frau des amerikanischen Präsidenten Roosevelt für die jüdischen Kinder aus Deutschland zu interessieren. Es gelingt ihr schließlich, 34 Einreisevisa für die USA zu bekommen. Im Juni 1941 reist die erste Gruppe über Lissabon nach New York aus. Eine zweite, und zugleich letzte Gruppe, verläßt im September Europa. Ab 1942 ist die Flucht nach Amerika nicht mehr möglich.

Unter den 34 Auswanderern befinden sich vermutlich fünf, vielleicht auch sechs saarpfälzer Kinder: Else Kokothek (Ludwigshafen), Herbert und Hilde Mann (Steinbach/Donnersberg), Ruth Salmon (Lambsheim), Helga Süssel (St. Ingbert/Iggelheim) und vielleicht auch Heinz Schwarz aus Illingen bzw. Saarbrücken. Es wurden Kinder ausgesucht, deren Eltern gestorben waren, oder bei denen eine Familienzusammenführung unwahrscheinlich erschien; gelegentlich gab es Angehörige in den USA, die bereit waren, ein Kind aufzunehmen.Im Falle Helga Süssel konnte die Mutter noch im Februar 1940 Deutschland verlassen, um in den USA eine neue Existenz aufzubauen.

1941 leben noch etwa 100 Kinder in La Bourboule; einige gehen in die umliegenden öffentlichen Schulen, andere können in Hotels, zu Bauern oder in Familien vermittelt werden und so wenigstens ihren Lebensunterhalt verdienen. In dieser kritischen Zeit löst sich das »Comité Israélite« auf und übergibt die Kinder dem jüdischen Hilfswerk OSE (Œuvre de Secours aux Enfants).
Die OSE hatte bis 1933 ihren Sitz in Berlin, verlegte ihn nach Genf und schließlich nach Paris. Die Organisation verfügte über mehrere Kinderheime in denen bereits 1939 pfälzer Kinder untergebracht waren. Bekannt ist die Villa Helvetia in Montmorency bei Paris, in der Hilde Manns (Rodalben) Bruder lebte und ein Vetter von Alfred Mai (Wallhalben/Zweibrücken). Daneben verfügte die OSE über ein vorzüglich ausgebautes Netzwerk kleiner Hilfsgruppen, die nach der Besetzung der »freien Zone« ab 1942 ihre Arbeit in der Illegalität fortsetzten. In den schwierigen Jahren bis Kriegsende sind die mutigen OSE — Mitarbeiter in Gurs, Noé, Rivesaltes, Récébedou und allen anderen, weniger bekannten Lagern auf dem Weg nach Auschwitz zur Stelle, um wo irgend möglich wenigstens die Kinder zu befreien. Viele pfälzer Kinder, die 1940 mit ihren Eltern nach Gurs deportiert worden waren, konnten von der OSE befreit werden und in Heimen wie »Chateau de Masgelier« (Creuse) oder »Chateau Montintin« (Haute Vienne) bis zu ihrer Ausreise oder der Befreiung bei Kriegsende untertauchen.
War die Leitung des Comité Israélite noch bemüht gewesen, die Kindergruppe als Ganzes zusammenhalten, um den Elternlosen im Schutz der Gruppe, ein wenig Geborgenheit zu geben, mußte die OSE diese Strategie aufgeben. Dabei spielten nicht nur die sich verschärfenden wirtschaftlichen Schwierigkeiten eine Rolle, sondern mehr noch die Gefahren, in denen sich die deutsch-jüdischen Kinder befanden, da die Kollaboration mit den deutschen Behörden auch vor dem 11.11.1942 in der »unbesetzten Zone« mehr und mehr wuchs.[23] Das Kinderheim in La Bourboule wird aufgelöst und die Kinder – mit falschen Papieren versehen – in Klöstern und Internaten versteckt oder zu Bauern als Landarbeiter vermittelt. Damit endet der gemeinsame Weg der jüdischen Jungen und Mädchen aus der Saarpfalz. Für alle folgen nun schwere Jahre in der Zerstreuung, ohne die Kameraden aus La Guette voll Angst vor Verhaftung und Deportation.

Auf abenteuerlichen Wegen versuchen sie, in kleinen Gruppen in die Schweiz zu gelangen. Einige von ihnen dürfen bleiben und weiterwandern, vorausgesetzt sie haben das richtige Alter; wer über 16 Jahre alt ist, wird zurückgeschickt; daß dabei manche Ungereimtheiten geschehen ist nicht verwunderlich. Helmut Wolff (Böchingen)[4] ist 1942 bei seinem Grenzübertritt bereits 18 Jahre alt, verfügt aber über entsprechende Papiere, die das Altersproblem gar nicht erst aufkommen lassen. Zurückgeschickt wird Ruth Strauß[4], sie ist noch nicht ganz 16 Jahre alt, kommt aber zu einem ungünstigen Zeitpunkt in die Schweiz. Kurz zuvor hatte man

R E I S E P A S S.

Nr. 261 Gebührenfrei.

Name des Passinhabers: Walter Israel LÖB.

Staatsangehörigkeit: DEUTSCHES REICH.

Der Pass ist gültig bis 18.Juni 1941.

Personenbeschreibung:

Beruf: Schüler
Geburtsort: Ludwigshafen
Geburtstag: 15.Mai 1925
Wohnort: z.Zt. La Bourboule
Gestalt: mittel
Gesicht: oval
Farbe der Augen: blau
Farbe des Haares: braun
Besondere Kennzeichen: keine

Unterschrift des Passinhabers:

Walter Löb

LÉGATION DE SUÈDE À PARIS, DIVISION B

Es wird hiermit bescheinigt, dass der Inhaber die durch das nebenstehende Lichtbild dargestellte Person ist und die obige Unterschrift eigenhändig vollzogen hat.

Ausstellende Behörde:
Kgl. Schwedische Gesandtschaft, Abt. B, mit der Wahrung der Deutschen Interessen in Frankreich betraut.
z.Zt. Vichy den 18.Dezember 1940.

Im Auftrag:

Erster Legationssekretär.

das Einreisealter für Kinder erheblich gesenkt, so müssen von den fünf Kindern drei, die über 13 Jahre alt sind, wieder umkehren. Bei ihrem Rückmarsch geraten sie in die Fänge der Gestapo, die die Flüchtlinge foltert und schließlich nach Rivesaltes bringt, einem der gefürchteten Zwischenlager auf dem Wege nach Auschwitz. Ihre Rettung verdankt Ruth Strauß Abbé Glasberg, Leiter der » Amitié Chrétienne«, der zusammen mit seinen Helfern in unzähligen mutigen Einsätzen vor allem Kinder und junge Erwachsene aus den Internierungslagern befreite. In einem Interview berichtete Ruth Strauß: » ... *Ein Pfarrer kam rein und sein Name war Abbé Glasberg*[24]*, und hat gesagt, daß er reinkam, weil dort auch christliche Leute waren. Und er ist gekommen mit vier Kissen, einer vorne, eines hinten, an jeder Seite, und er hat gesagt, daß es so ist. Als er ins Lager kam, hat er die Kissen weggeworfen und vier jüdische Kinder gerettet. Ein Kind hat sich vorne gehalten, eins hinten und an jeder Seite, und so haben wir ihn um den Hals genommen, und dann hat er uns gesagt, wenn ich huste, tut nichts machen. Nicht schnaufen, und so sind wir aus dem Lager gekommen. ...«*

Eine kleine Kindergruppe, zu der auch Ilse Bodenheimer aus Niederhochstadt gehört, gelingt es nach Spanien zu kommen, um von dort aus die Reise nach Palästina anzutreten.
Einige Kinder überleben im Untergrund und wandern nach Kriegsende in die USA aus.
Nicht alle Kinder aus der saarpfälzischen Gruppe haben überlebt. Ab 1942 verschärften sich die Lebensbedingungen erheblich, immer wieder fielen Kinder in die Hände der französischen Gendarme, die sie an die Deutschen auslieferten. Während einer dieser Razzien wurde Walter Löb aus Fußgönheim zusammen mit anderen Jungen gefaßt. Weder die OSE noch die Amitié Chrétienne oder andere Hilfsgruppen konnten den jungen Männern helfen. Der erst 17jährige Walter Löb wurde in den Osten deportiert und ist irgendwo an Entkräftung, Hunger, Kälte oder einer Krankheit gestorben.

**Anmerkungen**

1 Sutro, Nettie, Jugend auf der Flucht, Zürich 1952, S. 71
2 Thalmann, Rita, Die Flüchtlinge des Dritten Reiches: ein Sonderfall der Immigration im Frankreich der dreißiger Jahre; in: Babylon, Beiträge zur jüdischen Geschichte der Gegenwart, Hrsg. Brumlik, Micha u. a., Heft 5, Juni 1989, Frankfurt (Main)
3 Matzdorff, Werner (Paris) stellte die 27 Autobiographien aus dem Jahre 1939 in Kopie zur Verfügung, ebenso das Dokument des Comité Israélite für Ruth Salmon, das Ausweispapier für Walter Löb, das Titelblatt der ersten Wandzeitung »Aux Aguets« und die Autobiographie Ruth Pergamniaks (Horwitz) von 1986. Dank der großzügigen Unterstützung Werner Matzdorffs wurde der vorliegende Beitrag erst möglich.
4 Morgenthaler, Andrea, drei unveröffentlichte Interviews (Ilse Bodenheimer, Ruth Strauß und Helmut Wolff) wurden freundlicherweise zur Veröffentlichung freigegeben. Weitere Einzelheiten zur Geschichte der Kinder wurden dem Sendemanuskript »Die Reise der Kinder von La Guette« (ARD, 31. Juli 1990) entnommen.

5 Adler-Rudel, Salmon, Jüdische Selbsthilfe unter dem Naziregime, 1933-1939, Tübingen 1974, S. 72 ff.

6 Zum Auswanderungsproblem siehe auch: Benz, Wolfgang, Die Juden in Deutschland 1933-1945, Leben unter nationalsozialistischer Herrschaft, München 1988, S. 448

7 Richarz, Monika, Jüdisches Leben in Deutschland, Bd. 1 -3, Stuttgart 1976, Bd.3, S. 350

8 Debus, Karl Heinz, Die Reichskristallnacht in der Pfalz, Zeitschrift für Geschichte des Oberrheins, ZGO 129 = N. F. 90 (1981), S. 466

9 Urkundlich belegte Ablehnung eines Wandergewerbescheines in Iggelheim für Otto Mayer.

10 Jüdisches Gemeindeblatt für das Gebiet der Rheinpfalz, 1. Jahrgang/Nr. 2, 6. Oktober 1937

11 Wipfler-Pohl, Siegrun, Sara Lehmann (1891 — 1976), Die jüdische Leiterin des Speyerer Wohlfahrtamtes bis 1933, in: Pfälzer Heimat, Nr. 1/1991, S.22 ff, und Sara Lehmann (1891 — 1976), Ein Leben in sozialer Verantwortung und Treue zur jüdischen Gemeinde, in: Frauen in Speyer, Leben und Wirken in zwei Jahrtausenden, Speyer 1990.

12 Steegmüller, Fritz, Die jüdische Volksschule in Speyer von ihrer Gründung im Jahre 1831 bis zu ihrer Vernichtung in der Reichskristallnacht 1938, in: Pfälzer Heimat, Nr. 4/1983, S. 171 ff

13 Dokumentation zur Geschichte der jüdischen Bevölkerung in Rheinland-Pfalz und im Saarland von 1800 bis 1945, herausgegeben von der Landesarchivverwaltung Rheinland-Pfalz in Verbindung mit dem Landesarchiv Saarbrücken, Bd.6, S. 83 ff

14 Übereinstimmende Aussagen von Hanna Klopstock und Werner Matzdorff zum Bildungsstand der deutschen Kinder in La Guette, Interview im Juli 1991, Paris.

15 Brief aus dem Nachlaß Sara Lehmanns

16 Interview mit Hanna Klopstock in Paris, Juli 1991

17 Pädagogisches Vorbild für die Erzieher in La Guette ist vermutlich u.a. Makarenko gewesen, der in seinen Werken, »Pädagogisches Poem« und »Flaggen auf den Türmen« das Leben von elternlos gewordenen Kindern in einem Kollektiv beschreibt, dessen Gründer und Leiter er selbst war.

18 Die Biographie von Ruth Horwitz (Ruth Pergamnick), wurde für die Veröffentlichung freigegeben.

19 Nach Werner Natzdorff hieß die Betreuerin in La Bourboule Fräulein »Fanz«.

20 Zur Deportation der jüdischen Mitbürger im Oktober 1940 sind inzwischen auf lokaler Ebene zahlreiche Publikationen erschienen, so daß an dieser Stelle nur einige Darstellungen genannt werden sollen.
Schramm, Hanna, Menschen in Gurs, Erinnerungen an ein französisches Internierungslager (1949 — 1941), Worms 1977
Obst, Johannes. Gurs, Deportation und Schicksal der badische-pfälzischen Juden (1940 — 1945), Didaktisch-methodische Handreichung für weiterführende Schulen, Mannheim
Herrenalber Protokolle 82, Soviel der Einzelne tragen kann, Zum Gedenken an die Deportation der badischen und pfälzischen Juden im Jahr 1940, Bad Herrenalb 1990.

21 Heinz Alexanders Biographie von 1987, wurde von Frau H. Bröhmer (Landau) zur Verfügung gestellt.

22 Bei den Angaben in der Autobiographie von Ruth Horwitz und der Dokumentation zur Geschichte der jüdischen Bevölkerung (s. Nr.13!) Bd.7, S. 121, differieren die Jahreszahlen.

23 Klarsfeld, Serge und Beate, Die Kinder von Izieu, Eine jüdische Tragödie, Berlin 1991

24 Abbé Glasberg leitete mit ungewöhnlichem Mut die »Amitié Chrétiennes« in Lyon, die eng mit der OSE zusammenarbeitete. Ruth Strauß erwähnt in ihrer Biographie, ein Treffen mit Abbé Glasberg nach Kriegsende im Krankenhaus Rothschild in Paris. » ... Wie der Krieg fertig war, haben wir uns alle in Paris im Krankenhaus von Rothschild getroffen. Und wir alle haben den Abbé Glasberg gefragt, was wir tun könnten, so sagte er zu uns: »Bitte bleibt gute Juden. Am Freitag tut euer Licht anmachen. ... Abbé Glasberg war ein Jude gewesen, selber ein Jude. Er hat uns die Geschichte erzählt.«

## Dokumentation

Die nachfolgende Namensliste der im März 1939 ausgewanderten Kinder basiert au einer Aufstellung von Gisela Edel (Stettin), die in Israel lebt und sie im Mai 1987 anfertigte. Die Liste wurde mir von Werner Matzdorff (Paris) im Juli 1991 aus dessen Privatarchiv überlassen.

Aus dieser Aufstellung wurden der Name und das Aufenthaltsland übernommen, durch Angaben aus den Autobiographien erweitert sowie durch Daten über Eltern und Geschwister ergänzt, soweit diese von mir ermittelt werden konnten.

1. Alexander, Heinz (28. März 1927 in Neustadt), wohnhaft in Landau. Die Eltern zogen im Sommer 1939 nach Heidelberg, wurden von dort 1940 nach Gurs deportiert und 1942 über verschiedene Zwischenlager nach Auschwitz gebracht. Sie sind dort "verschollen". Heinz Alexander lebte 1987 in den USA.
2. Benedikt, Hans (9. November 1927 in Landau), wohnte in Pirmasens und lebte 1987 als Schuhmacher in Frankreich.
3. Benjamin, Leo (22. Oktober 1926 in Höningen), lebte 1987 in den USA.
4. Bodenheimer, Ilse (5. September 1928 in Niederhochstadt); die Eltern Siegfried und Klara wurden 1940 nach Gurs deportiert und 1942 über Drancy nach Auschwitz gebracht und ermordet. Ilse konnte mit ihrem Bruder Ernst (3.9.29), der von der OSE befreit wurde, 1944 nach Palästina ausreisen. Sie lebte 1987 in Israel.
5. Heinemann, Lore (15. Mai 1927 in Billigheim), die Eltern Adolf und Johanna kamen 1942 nach Gurs und später in das Vernichtungslager Auschwitz. Lore Heinemann lebte 1987 in den USA.
6. Horwitz, Ruth (8. Januar 1928 in Ludwigshafen), wohnte mit ihren Eltern in Bad Dürkheim. Der Vater, Wilhelm Horwitz kam aus dem jüdischen Krankenhaus Mannheim nach Gurs, während die Mutter, Liesel Horwitz von ihrem letzten Wohnort, Bad Dürkheim, deportiert wurde. Der Vater starb am 4.8.1941 im Lager Noé, die Mutter in Auschwitz. Ruth Horwitz lebte 1991 in Frankreich.
7. Kahn, Ruth (19. Juli 1925 in Albersweiler), lebte 1987 in den USA.
8. Kokotek, Else (29. November 1927 in Ludwigshafen), wanderte 1941 in die USA aus. Die Mutter war bereits gestorben als der Vater, Baila Kokotek (10.7.1910, Bendzin/Polen) am 15.11.1938 (?) nach Polen abgeschoben wurde. Das Schicksal der beiden Geschwister Inge (18.3.1931) und Norbert (29.4.1937) ist ungeklärt
9. Löb, Gerd (26.Februar 1925 in Landau), wohnte in Albersweiler. Er wanderte nach Palästina aus, lebte 1987 im Kibbuz Neve Ilam, wo er tödlich verunglückte.
10. Löb, Max (5. April 1927 in Mutterstadt), lebte 1987 in den USA.
11. Löb, Walter (15. Mai 1925 in Ludwigshafen), wohnte in Fußgönheim.

Die Eltern, Albert und Martha wurden 1940 nach Gurs deportiert und über mehrere Lager in Frankreich in ein Vernichtungslager gebracht und sind dort verschollen. Walter Löb wurde 1942 bei einer Razzia aufgegriffen und zum Arbeitseinsatz in den Osten geschickt; irgendwo starb er an Entkräftung, Kälte oder einer Krankheit.

12. Mai, Alfred (19. Juli 1924 in Wallhalben), wohnte mit seiner Mutter zuletzt vermutlich in Zweibrücken. Nach der Befreiung lebte er unter wechselnden Namen an unterschiedlichen Wohnorten noch 1987 in Frankreich.

13. Mann, Edith (15. April 1930 in Steinbach/Donnersberg), wanderte 1941 in die USA aus.

14. Mann, Herbert (22. August 1925 in Steinbach/Donnersberg), wanderte 1941 in die USA aus.

15. Mann, Hilde (16. Januar 1927 in Rodalben), lebte 1987 in den USA.

16. Mayer, Edith (13. November 1925 in Edenkoben), lebte 1987 in den USA.

17. Neuberger, Werner (3. Juni 1926 in Rodalben), lebte 1987 in den USA.

18. Rosenberg, Hans (21. Januar 1926 in Speyer). Über seine Eltern, Philipp (10.11.98 in Unna/Westf.) und Irma geb. Haber (2.11.5 in Speyer) ist nichts bekannt. Hans Rosenberg kam nach der Befreiung Frankreichs über England nach Israel, ist aber dort nicht mehr auffindbar. H. Rosenbergs Autobiographie ist als einzige nicht erhalten geblieben.

19. Salmon, Ruth (6. August 1926 in Lambsheim), wanderte 1941 in die USA aus. Ruth Salmons Mutter, Emma Salmon war mit ihrer Tochter Ingeburg bis März 1941 in Gurs, dann in Rivesaltes und nach einem erneuten Aufenthalt in Gurs im Fremdarbeiterlager Le Meyze. Beide Frauen überlebten und wanderten in die USA aus. Erwin, ein Sohn Emma Salmons, ist in Gurs verschollen.

20. Samaskowitz, Gerda (19. Oktober 1926 in Schöneck), wohnte in Pirmasens und lebte 1987 in England.

21. Samson, Lore (5. Mai 1926 in Edesheim), lebte 1991 in den USA.

22. Schönfrank, Hans (4. Oktober 1928 in Zweibrücken), lebte 1991 in den USA.

23. Schwarz, Heinz (8. Juli 1925 in Illingen), sein Schicksal ist unbekannt; vielleicht wanderte er 1941 mit einer der beiden Kindergruppen in die USA aus.

24. Schwarz, Karl (4. Januar 1926 in Ludwigshafen) war eines der beiden Kinder mit höherer Schulbildung; sein Vater Oscar (27.10.1891 in Przmysl/Polen) besaß ein Juweliergeschäft in Ludwigshafen, das zum 1.1.1939 "erlosch". Karl Schwarz lebte 1987 in den USA.

25. Schwerin, Ellen (10. Mai 1929 in Pirmasens), lebte 1987 in den USA. Ihr Vater Alfred Schwerin war Sekretär der jüdischen Gemeinde in Pirmasens. 1940 flüchtete er in die Schweiz und wanderte mit seiner Tochter Ellen 1948 in die USA aus.

26. Strauß, Ruth (14. September 1926 in Höheinöd) wohnte in Waldfischbach, 1987 lebte sie in den USA.

27. Süssel, Helga (21. Juni 1925 St. Ingbert), kam mit ihrer Mutter und der Schwester Hannelore nach dem Tode des Vaters 1936 nach Iggelheim. Sie besuchte die Jüdische Schule in Mannheim. Die Mutter emigrierte im Februar 1940 in die USA. Helga konnte im Juni 1941 aus Frankreich folgen; sie lebt 1992 in den USA.

28. Wolff, Helmuth (13. Oktober 1924 in Landau) wohnte mit seiner Familie in Böchingen; die Eltern zogen nach Frankfurt und wurden von dort nach Theresienstadt deportiert. H. Wolff lebte 1987 in den USA.

**Heinz Alexander Adler** geb. 28. März 1927 zu Neustadt/Weinstraße. Mein Vater ist wohnhaft in Landau/Pfalz. Er ist arbeitslos, war bisher Weinvermittler von Beruf. Als vor 8 Monaten eine Antisemethismitiche Versammlung war, musste er seinen Beruf (?)er 1. Ocktober 1938 aufgeben.

Meine Mutter war im Haushalt tätig. Auch sind meine Mutter und ich am 10. November nach Bruchsal/Baden geflüchtet. Ausgewiesen waren wir 3 Wochen. Mein Vater ist jetzt daheim. Wir bemühen uns nach USA auszuwandern. Wartenummer 15035. Ich besuchte die 6. Klasse Volksschule. Vor 2 Jahren wurde ich aus der christlichen Volksschule rausgeschmissen u. kam in die jüdische Volksschule. Seit einem 3/4 Jahr hatten wir fast keine (?)eine Schule mehr.

Der 10. November

Als ich morgens in die Schule gehen wollten kamen mir zwei Schulkameraden entgegen und sagten zu mir, das die Synagoge brennt. Ich ging dann sofort heim und sagte es. Ich ging dann zu meinem Freund u. als ich zu ihm kam war sein Vater schon verhaftet. Mittags um 12 1/2 deutscher Zeit wurde bei unserm Hausbesitzer alles zusammengeschlagen. Meine Mutter u. ich flüchteten dann ins Badische. Am andern Tag wurden alle Juden ausgewiesen. An dem Hauptbahnhof bekamen sie alle ihr Geld u. Schmuck und andere Wertvolle Sachen abgenommen. Erst vor kurzem Ende Februar bekamen es fast alle zurück. Die Frauen mußten von morgens um 11-7 Uhr am Hauptbahnhof herum stehen. Sie wurden größtenteil von Kopf bis zu Fuß untersucht ob sie kein Geld haben. Sie bekamen nur dieses für die Fahrt mit Betteln bekam noch ein paar Mark. In den meisten Wohnungen wurde fast alles demoliert und viel gestohlen. Die Männer wurden in Landau sehr geplackt. Ich selbst konnte mich nicht mehr allein auf der Straße blicken lassen da mir immer die Kinder nachruften und verschlagten.

Mein erster Wunsch ich möchte meine Eltern hier haben.

II. Wunsch: Ich möchte Konditor werden, da es mir gefällt und ich mich dazu eigne. Schon oft habe ich etwas gebacken.

III. Wunsch: heute Abend Geländespiel.

*(Umschrift wegen schlechter Qualität der Originalvorlage)*

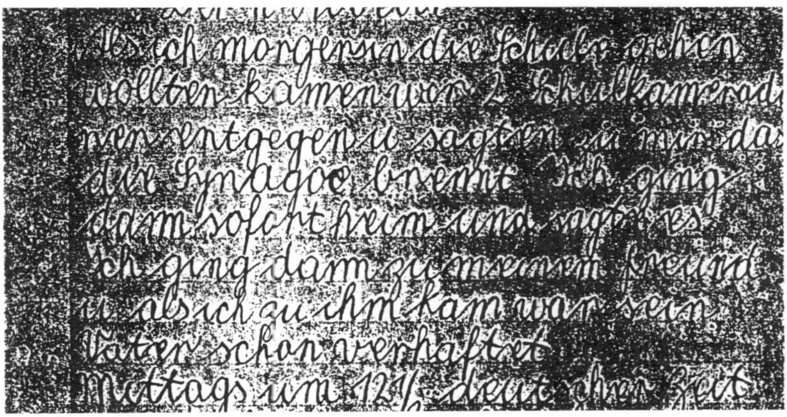
Als ich morgens in die Schule gehen
wollten kamen mir 2 Schulkamerad
ren entgegen u sagten zu mir da
die Synagoge brennt Ich ging
dann sofort heim und sagte es
Ich ging dann zu meinem Freund
u als ich zu ihm kam war sein
Vater schon verhaftet
Mittags um 12½ deutscher Zeit

Hans Benedick geb. 9. 11. 27 zu Landau (Pfalz)

Mein Vater wohnt in Pirmasens Bäreng. N: 5

Mein Vater ist Arbeitslos, er reiste früher mit Schuhen. Meine Mutter war Stepperin. Sie ist zur Zeit Kassirerin. Mein Vater wurde am 10. November verhaftet, und war 6 Wochen weg. Wir waren früher in besseren Ver-hältnissen als ~~jetzt~~ heute.

Ich hatte 5 Jahre in Pirmasens die Volks-schule besucht. Ich hatte ein ¾ Jahr keine Schule.

Wir haben Auswanderungsmöklichkeiten nach Argentinien vor.

---

Von der ~~Machterka~~ Machterkreifung Hitlers bis heute.

Seit Hitler an der Macht ist ~~hau~~ haben die Juden in Deutschland schwer zu kämpfen. Nach den Nürnberger ~~Gesetz~~ Gesetzen von 1938 dürfen die Juden keine Geschäfte führen, und keinerlei Geld verdienen.

Ich möchte Schlosser werden weil es mir gefällt

" hätte gern ein Luftgewehr weil es immer mein Wunsch war. Ich möchte gern heute Mittag ein Geländespiel Spielen –

Leo Benjamin

1 A ! II – III (8) geb: am 22.10.1926 in Hönningen am Rhein

Mein Vater ist jetzt in Bad-Kreuznach. Mein Vater war früher Kaufmännlicher Angestellter. Die Firma wurde Arisch, da wurde mein Vater arbeitslos. Er mußte eine Zeitlang Stempeln gehen. Dann bekam er nach 4 Monaten wieder Arbeit in einer Eisenhandlung, als Metallputzer. Es war eine schwere Arbeit. Er hatte Arbeit bis zum 10 November. Da wurde er Verhaftet. Wir haben neben der Synagoge gewohnt. Am 10 November 1938 morgens um ½ 7 Uhr hat es in die Synagoge geschossen. Nach 5 Minuten stand die Synagoge im Flammen. Später kamen viele Leute vor unser Haus und riefen: Kommt herein und schlagt den Jud tot, und schmeißt ihn in die brennende Synagoge. Da sind wir über ein Gartenzaun geflüchtet in ein anderen Garten bei eine andere jüdische Familie. Kaum waren wir dort da kam die Polizei und sagte: Wir wollen den Herr Benjamin verhaften. Von dem Gefängnis aus kam mein Vater nach Dachau + Dort war er 7 Wocken. Dann kam er zurück und kann nicht mehr in der Eisenhandlung arbeiten. Denn das Geschäft ~~in~~ ist in der Weile Arisch geworden. Jetzt lauft er da heim rum und kann nichts mehr Arbeiten. Ich bin in der 6. Klasse. ~~gewesen~~ Wie ich in die 6. Klasse kam wurde ich aus der Schule geworfen, weil ich Jude bin. Der Lehrer sagte er unterrichtet keinen Volljude. Ich soll nach Ludwigshafen fahren in die Jüdische Schule. Also mußte ich jeden jeden Tag nach Ludwigshafen fahren. Im Tag mußte ich 2 hin und her fahren, denn Mittags hatten wir Englischen Unterricht. Bis zum 10 Novemberg 1938 konnte ich die Schule gehen. Dann konnten wir nicht mehr in die Schule gehen. + Meine Mutter und ich blieben bei den Leuten. Morgens war bei allen Juden Hausuchung nach Waffen. ~~Bi~~ Abends gegen 6 Uhr kamen 50 Leute auf einem Lastauto angefahren. Sie kamen gleich heraufgestürmt und sagten: „Wohnung dämmolieren Wie sie ~~da~~ fertig waren fuhren sie zu uns. Weil bei uns die Haustüre abgeschlossen war gingen sie durch das fenster.

bei uns war alles geput geschlagen worden. Wir hatten gar kein Geschir mehr. Wie alles kaput war kam ein Polizist und sagte: Wir müßen heute noch die Saarpfalz und die ganse Pfalz verlassen.

Ich Wünsche mir:

1. Ich Wünsch mir, daß ich Reiten darf, und daß meine Eltern bald kommen können
2. Ich möchte gern Autoschlosser oder Landwirt und Gärtner lernen.

Ilse Bodenheimer geb. 5. 9. 1928 in Niederhochstadt
Mein Vater wohnt in Niederhochstadt. und ist
Kriegsbeschädigter. ~~(und)~~ Er ist Arbeitslos.
Sein Beruf war Kaufmann. Er lebt von
den Renten. Meine Mutter führt den Haushalt.
Mein Vater ist am 10. 11. 1893 in Niederhochstadt
geb. Leider haben meine Eltern u. Bruder keine
Auswanderungsmöglichkeit. Ihre Verhältnisse
waren früher besser als jetzt. Ich ging in
die Gym; Christliche Schule, bis an den 10. 11. 1938.
Von dort an hatte ich keine Schule. Ich hatte die
beiden Lehrer Karl Walzer u. Albert Brechtel.
Ich musste meiner Mutter immer bei der Arbeit
helfen ~~[Als wir am 10. 10. von der Schule kam~~
~~kamen schaute ich dem Fenster den Schulhof da sah~~
~~ich dass die ספרתורים~~]
Als ich am 11 von der Schule heimkamen schaute
ich dem Fenster hinaus und sah dass die
ספרתורים verbrannt wurden. Wir assen
den ganzen Tag nichts. Abends um 5 Uhr wurde
meinen Vater geholt, er nahm einen Mantel mit.
Bevor er fort ging benschte er uns. Das war
eine schlimme Nacht. Am anderen Tag hies es
dass alle Juden aus der Pfalz fort müssen
packten wir Koffer u. 1 Schliesskorb. dann
(fuhr)en wir nach Mannheim. Am anderen Tag fuhren
(wir) nach Lörrach. Nach 7 Tagen Telefonierte mein
(Vat)er. Wir freuten uns sehr.

Meine Wünsche.

(Ich)h möchte ~~(Kindergärtnerin)~~ Näherin werden.
(Ich)h wünsche mir dass meine Eltern u. Bruder bald zu
(mir) ~~(bald)~~ kommen.

Lore Heinemann geb. am 15.5.27 zu
Billigheim. Lore Heinemann (Rosen)
Mein Vater befindet sich zu Billigheim
Pfalz. Mein Vater ist frontkämpfer.
Mein Vater arbeitet an einer Regu-
rero Regulierung. Mein Vater ist
Arbeiter. früher war mein Vater
Kaufmann.
Meine Mutter ist zu Billigheim
(g)geboren. Meine Mutter macht zu
(H)ause den Haushalt. früher kamen
(w)ir so ganz gut durch. Durch
diese Zeit kamen wir in armeren
(a)rme Verhältnisse. Mein Vater
(w)ar im Konzentrazionslager zu
(D)achau zur Untersuchung. Er war
Wochen fort.
Ich besuchte die jüdische Volk-
(S)chule zu Landau in der Pfalz.
(I)ch war in der 6 Klasse.
Seit 10 November war ich leider
(n)icht mehr in der Schule. Nach
(d)em 10 November wurden alle
Schulen geschlossen. Meine Eltern
(h)aben vorerst keine Auswanderung-
moglichkeiten.

Seit 1933 ist dies angfangen

Wunsch – Zukunft

Ich möchte gerne friseuse lernen,
Ich möchte haben, daß meine

Eltern bald zu mir kommen
Ich möchte dies gerne lernen, weil
ich Geschich dazu habe.
Heute mittag möchte ich Hand=
arbeitn machen.

Lorle Heinemann
Rosen.

Meine Erlebnisse

Wie ich morgens am 10 Novemb
zur Schule fuhr war ich noch
ganz muter. Wie ich auf dem
Weg zur Schule ging, rannte
mir ein Junge entgegen. Er sag
die Synagoge wäre am brünnen.
Ich ging mit meiner Freundin
wieder zurück. Wir fuhren wied
nach Hause. Wie ich zu Hause
war sagten sie, hier brännt di
Synagoge auch. Der Mittag ging
herum. Meine Vater arbeitete.
Wir dachten an nichts. Gerade
kam ~~der~~ die Polizei mit meinem
Vater, er sagte er müßte mit
ihm gehen. Dann kamen die
ganzen Männer nach ~~Dac~~
Dachau. Wir gingen am Abend
alle zusammann daß es nicht
so eisam war. Am späten Aben
kam das Pögel und machte den
großen Schaden. Nach 5 Wochen
kam mein Vater wieder zurück.
Wir freuten uns dann alle.

Ruth Horwitz. geb. am 8.1.1928 in Ludwigshafen a/Rh
Mein Vater wohnt in Bad-Dürkheim u. ist arbeitslos
u. bemüht sich um eine Auswanderung er ist Schneider. er ist Kriegbeschädigter
Meine Mutter ist zuhause u. führt den Haushalt.
Meine Schwester ist zuhause u. sie hilft meiner Mutter.
Meiner Vater war krank u. kann noch nicht arbeiten
u. bekommt keine Arbeit da keine jüdische Leute
mehr in Bad-Dürkheim wohnen. ~~Unsere~~ Ihre
Verhältnisse waren früher viel besser als jetzt wir
werden von der Wohlfahrt u. Verwandten unterstützt.
Ich bin in Bad-Dürkheim bis zum 3 Schuljahr in
die cristliche Schule gegangen. Dann kam ich nach
Neustadt in die jüdische Schule wo ich bis zur 5 Klasse
blieb die Schule musste aufgehoben werden da so
wenig Kinder mehr da waren Sie wurde am
2.11.1938 aufgehoben, Dann kam ich nach Ludwigs-
hafen a/Rh in eine jüdische Schule wo ich 8 Tage
war dann kam der 10 November wo alle zusam-
men geschlagen wurde zeit dieser Zeit besuch
ich keine Schule mehr.

Was wir am 10. November erlebten.

Wir wohnen im Vorderhause der Synagoge Als Mei-
ne Mutter margens aufstand hörte sie hftiges
klopfen u. hämmern. Mein Vater war im Kran-
kenhaus in Mannheim. Da bekam meine Meine

Mutter Schwester u. ich Angst. Wir zogen uns schnell an u. schlichen uns aus dem Haus hinaus dass wir nicht verschlagen wurden. Die Synagoge u. die Nebenräume waren schon vollständig zertrümmert es fing schon in der Nacht um 12 Uhr an. Wir gingen dann zum Vorstand der Gemeide Bad-Dürkheim u. sagten ihm das im selben Augenblick kamen Polizisten u. verhafteten uns. es wurden Kinder mit genommen von 4 Jahre u. alte Frauen von 92. J. Wir kamen in ein Gefängnis wo wir von 11 Uhr morgens bis 8 Uhr abens sitzen bleiben müssen wir bekamen nichts zuessen. Um 8 Uhr abends wurden wir in einen grossen Saal geführt dann kamen die Leute Männer von 16–60 Jahre in ein Lastauto u. wurden nach Dachau transpotiert. Die Frauen u. Kinder mussten nach hause gehen auf der Strahse wurden wir angespuckt u. geschlagen. Als wir an unser Haus kamen konnten wir nicht hinein es war alles total zerschlagen. Wir bekamen 3 goldne Armbanduhren gestohlen 1 Taschenuhr 3 Ringe u.s.w.

Mein heisester Wunsch ist dass meine Eltern u. meine Schwester zu mir kommen. Ich möchte gerne Friseus werden.

~~Ich wünsche mir ein~~

Ruth Kahn geb. am 19. VII. 1924
in Albersweiler.

Mein Vater ist in Amerika, und ist Kriegs-
beschädigt. Sein Beruf ist jetzt Lebensmittel.
Sein Beruf war Viehhändler. Meine Mutter
führt den Haushalt. Mein Bruder hat noch
keine Auswanderungsmöglichkeit. Mein Bru-
der ist bei meine Großeltern in Weingarten.
Die Verhältnisse war früher schlechter als
jetzt. Ich war in einer jüdische Schule bis
10.11.38. Von dort an hatte ich keine Schule. Die
Lehrer Fritz Samuel und Theodor Rothschild.
Ich mußte meine Mutter früher helfen im
Haushalt. Als (wir) ich in Eßlingen war,
wurden wir aus der Schule rausgeschmissen,
am 10.11.1938. Ich habe die zweite Mutter
und ein Bruder. Ich sah am 10.11.1938 zum
Fenster hinaus, da sah ich, dass die תורה ספר
brennt. Es ist geschehen gleich nach dem Mit-
tagessen. Wir sind dann später in die
Schule eingesperrt worden. Mein Bruder war
6 Wochen in Dachau.

Meine Wünsche:

Ich wünsche, dass mein Bruder hierher komm
kommt. zu mir kommt. Ich will eine Nähe

Roses u. Else Kokotek 11 Jahre
gb. am 29. 11. 1927. in Ludwigshafen
Mein Vater ist in Polen, Bendin
Er hat bis jetz noch keine Abeit.
er ist bei seine Geschwister. Meine
Mutter ist Gestorben. und mein
Vater Heiratete die Swester
davon. Mein Vater war früher ein
Papier Händler. Seit mein Vater
weg ist geht es uns viel schlechter. Er
ist aus Deutdchland Ausgewise
worden. Und zwar wurde er
Am ~~15. 11.~~ 15. 11. 38. Meine Schwester
und ich sind am ~~Sep~~ Dezember
~~aus te~~ musten wir die Schule. da
~~unsch~~ unser Lehrer mitten im
Unterich gehalt und must mit
nach Dachau. Ich ging 5. Jahre in
die Schule u. 1 Jnz. 1/2 Jahr u.
meine Eltern und wir durften n
sich ... auf der Strasse ... Zeigen
den i die Kinder waren so frech
sie verspoten d. ganze Familie.
Ich wunsche das meine Eltern
zu mir kommen u. ein ...

...schule, Maukürzkasten

Loup! Gerd ich geb. am [illegible] [illegible] [illegible]
in d. Pfalz. Gerd Löb 26 Feb. 1925 z. Landau

Mein Vater wohnt in Albersweiler/Pfalz
Ritter v. Eppstr: No 6
Er ist arbeitslos u. war ehemaliger Kaufmann
Mein Vater bemüht sich auszuwandern u. zwar nach U.S.A. Er war 5 Wochen in Dachau.
Meine Mutter wohnt in Albersweiler/Pfalz
Ritter v. Eppstr: No 6.
Sie bemüht sich eine Stelle im Haushalt zu finden. Sie hatte ein eigenes Geschäft u. reiste zusammen mit meinem Vater. Die jetzigen Verhältnisse lassen es nicht zu, daß beide ihr Geschäft weiter betreiben. Bei ihnen lebt noch mein Tante u. mein Bruder. Am 10. Nov. waren wir alle 14 Tg. ausgewiessen. Sie konnten sich gerade so durchschlagen.
Mein Vater war 4½ Jahr im Weltkriege. Er war Unteroffizier und hatte einige Auszeichnungen.

Vor zwei Jahren kam ich in die jüd. Sonder-Klasse nach Landau. Nun habe ich schon ca ¾ Jahr keine Schule mehr.

---

Als 1933 Hitler an die Führung kam zogen für uns Juden schwarze Gewitterwolken auf. Am Anfang spürte ich nichts. Ich spielte noch im Sportverein Fußball u. war bei alles dabei. 1936 ging es zum erstenmal los. In Landau wo ich in die Schule ging war es schlimm. Jeder der einem kannte rief u. schimpfte ~~einem~~ uns an. Sonst war es in meinem Heimatdorf sehr ruhig. Die jüd. Kultusgemeinde verkaufte alles. Viele Glaubensgenossen wanderten aus. Am 9. ~~Nov~~ 10 Nov. schwangen die Apachen das Schlachtbeil. Die Kriegsrufe erscholle. Die Flammen der Synagogen stiegen zum Himmel empor. Überall gährte es. Die Reichsbahn machte gute Geschäfte. Überall wo man hinschaute sah man Juden die verfolgt werden es war schlimm. Nun bin ich froh, daß ich aus diesen unseligen Kaff heraus bin.

Ich wünsche mir, daß ich eine schönes Handwerk lernen darf. Nämlich Automechaniker. Ich habe Lust daran u. auch Talent. Ich möchte viel Sport treiben. Und habe noch einen Wunsch, daß mein Bruder der noch in dem schönen miesen Deutschland lebt zu mir darf.

meine Welt. Max Lob
geboren am 5. April 1927
in Mutterstadt
Mein Vater ist jetzt in Mutterstadt.
Mein Vater war Metzger und
Viehändler. Er war im Krieg 14–18
und errang sich das Eisernekreuz II Kl.
Mein Vater ~~wurde~~ bekam ein ~~Armst~~ Streifen
Armschuss wobei er zwei
Finger davontrug. Mein Vater fürte
das Geschäft bis Juli 1938. Weil
die Juden den Juden kein Vieh
mehr zugeteilt bekamen. Er
half im Garten und im Haushalt.
Bis am den 10 NOVEMBER. In der
frühe vom 10 November kam eine
bekannte Frau und sagte die Synagoge
brennt. Mein Vater wollte gleich
an die Synagoge aber es hies
es darf kein Jude an die Synagoge.
Mein Vater und ich fahren mit
dem Wagen an den Güterbahnhof
wo wir Briketz ausladen. Als wir
heimkamen wurde mein
Vater verhaftet und kam nach Dachau

n wo er nach 6 Wochen wieder.
zarükam.
Als Adolf Hittler an die macht
kam würde es vür die Juden
schlecht.
Ich wünche mier eine Trommel,
und daß wier viel Sport treiben
Mein Beruf ist Metzger

Wolf Walter Löb

geb. am 15.5.25 in Ludwigshafen
wohnt in Fussgönheim ch
Mein Vater ist schon 8 Jahre
Krank und kann nicht aus dem
Hauß, er hatte zuerst ein Hütgeschäft
dann Handelte er mit Futterartickel
bis er krank wurde. Mein Vater
hatte in der Inflation sein ganzes
Vermögen verlokren, daher bekam er
bis zum 9.11.39 Renten. Ich kam 1931
in die Schule in von Fußgönheim die
ich bis zum 9.11.39. besuchte.

Ich möchte gerne unfser ein
Metallbaukasten weil ich gerne bastle
Ich möchte gerne Fußballspielen
Ich " " Flugzeugmonteur
werden, weil ich interre interesse
für die Teschnik habe

Mente.Loup.	Alfred Mai.
geb. am 19. Juli 1924
in Wallhalben.

Mein Vater ist geschieden, und ist jetzt im Konzentrationslager Buchenwalde. Er schafft in einem Steinbruch. Er hat die Möglichkeit als Landwirt ~~in~~ nach England auszuwandern, aber er wird nicht entlassen. Wir wissen nicht ob er noch lebt oder nicht, denn er darf nicht schreiben. Er war früher Viehhändler.
Meine Mutter ist jetzt in Zweibrücken, und schafft meinem Großvater den Haushalt. Meine Mutter hatte seit den sechs Jahren die sie geschieden ist ein Geflügelgeschäft. Seit dem 10. Nov. darf sie nichts mehr verkaufen. Wir alle haben die Bürgschaft aber die hohe Registier-Nummer 28411.
Am 10. Nov. wurde die Synagoge abgebrannt. Ich hatte noch einen Bruder der ist aber als er 1/2 Jahr war gestorben.

Aus der 8. Klasse wurde ich entlassen, am 10. Nov. wurde ich aus der Schule rausgeschmissen. An Ostern kämen ich in der 2. Klasse Fort-bildungschule.

Der 10. Nov.

Morgens um sieben begleitete ich meine Mutter zum [illegible] Bahnhof da sahen wir, daß die zwei jüdische Geschäfte ganz demoliert und ausgeraubt waren. Als wir in der Nähe der Synagoge kamen merkte ich einen grossen Feuerschein. Also hatten diese Lumpen ~~sie~~ angesteckt. Ich machte daß ich heim kam. Um 10 Uhr holten sie meinen Großvater er ist 77 Jahre alt. Diese Lumpen behielten in bis 8 Uhr abends ohne daß er etwas zu essen bekam. In anderen Städten schossen diese Barbaren die Leute nieder die nicht [illegible] folgen konnten.

Ich habe den Wunsch daß ~~mein~~ mein Cousin zu mir kommt er ~~ist~~ 8 1/2 ~~Jahre~~ und ist in Montmorency in der ~~Sti~~ Villa Helvetia. Ich möchte Schlossen werden weil ich ~~ich~~ Lust dazu haben.
Heute mittag ein Geländespiel machen.

Edith Mann geb. 15.07.1930
in Steinbach am Donnersberg. Löwe
Mein Vater ist in Steinbach am Donnersberg
und ist arbeitslos.
Meine Mutter ist zuhause u. führt den Haus-
halt. Mein Vater war landwirt u. ~~Kaufmann~~
war Kaufmann.
Ich bin in der 3. Klasse gegangen. Seit 10. November
gehe ich nicht in die Schule.

---

Was wir im 10. 11. ~~[illegible]~~ erlebt haben!
Unsere nähmachine haben von dem 2. stok
herunder geschmissen, zuerst sind sie herein ge=
kommen u. haben gesagt raus ~~[illegible]~~ u. da
sind wir heraus gegang.

---

Beruf Kleidermacherin.
~~Ich wünsche mir [illegible]~~
Ich wünsche mir Vollschule ~~für~~ zu
~~[illegible]~~ lernen. u. dass meine Eltern
u. brüder ~~zu~~ zu mir kommen.

---

Herbert Mann geb. am 22. Aug. 1925 in Steinbach a/Donnersberg. Pfalz.
Mein Vater wohnt jetzt in Steinbach a/Donnersberg, Donnersbergerstr. 68. Mein Vater war Kaufmann und die jetzige Verhältnisse liesen in Deutschland liesen es nicht zu, dass er seinen Beruf weiter treiben konnten. Jetzt hat er sich bemüht an der Strasse zu arbeiten, aber dies war umsonst. Jetzt ist er Arbeitslos. Unterdessen kam der 10. November und da würde er in Dachau 6 Wochen eingesperrt. Daheim in unserem Haus wurden unsere ganze Zimmern demoliert und das Geschirr zum Fenster hinaus geworfen. Als mein Vater von Dachau heimkam beschäftigte er sich mit den Möbel zusammen machen.
Ein Bruder von meinem Vater ist in Argentinien und dort will mein Vater hin.

Meine Mutter war Modistin. Jetzt kann sie ihren Beruf nicht mehr ausüben.

In Steinbach bin ich in die Volksschule gegangen. In den letzten 2 Jahren ging ich nicht mehr regelrecht zur Schule. Ich würde als verschlagen, Rostige Federn stachen sie mir in den Kopf, so dass es blutete. Das hatte ich dem Lehrer gesagt, aber der hatte für einen Juden kein Ohr

Da bin ich als fortgelaufen. Ab 10. Nov ging ich überhaupt nicht mehr in die Schule.

---

Als Adolf Hitler an die Macht kam ~~[illegible]~~ für die Juden schlimme Zeiten. Von Jahr zu Jahr wurde der Antisemitismus immer schlimmer. Das Jahr 1938/39 konnte sich kein Jude mehr auf der Strasse sehen lassen sonst wurden er mit Steinen beworfen. Wenn ich mich z. beispiel auf der Strasse sehen lies und es waren grössere Kinder da, so konnte ich da mit rechnen dass ich ~~[illegible]~~ geschlagen würde. Die Juden haben in Deutschland ein hartes Leben.

Was möchte ich gern haben u. warum?
Ich möchte einen Filmaparat haben. Es macht mir spass auf der Leinwand Bilder ~~zu be~~ zu sehen.

Was möchte ich für einen Beruf ~~und warum~~

Flugzeugmonteur.

Hilde Mann. geboren am 16.1.1927.
Zu Rodalben. Mein Vater wohnt in Rodalb.
Friedhofstr. 7. Mein Vater hat immer an
Gicht zu leiden. Mein Vater ist in Buchen =
walde. früher war er Viehhändler, Jetzt
ist er Arbeitslos. Meine Mutter hat mit
dem Herz und und an Kopfweh zu leiden.
Sie ist Schneiderin und darf ihr Handwerk
noch dreiben. Ich habe noch 4 Brüder, 2 sind in
Amerika, einer ist schon 4 Jahre in Amerika
und der andere schon 2 Jahre in Amerika.
Einer ist noch in Deutschland und mein
jüngster Bruder ist in Paris in der Villa
Momosy. früher kamen wir ganz gut durch
und als die Zeit kam wo mein Vater Arbeit
los wurde da ging es uns nicht mehr so gut.
Ich ging 5 Jahr in Rodalben in die Schule
dann wurde unser Lehrer Pensioniert
dann gingen wir 1½ Jahr nach Pirmasens
in die Schule, dann begannen die grossen
Ferien und dann kam Einquatierung
und nun haben wir schon fast ¾ Jahr
keine Schule mehr. Wir musten eine schwe
Zeit durch machen die Kinder wurden
in der Schule aufgehetzt und einen

---

ich wünsche mir daß meine Eltern
hinkommen und ein paar
Rollschuhe.

Edith Mayer.

geb. am 13.XI.1925 in Edenkoben (Pfalz)
Mein Vater wohnt in Edenkoben "
Mein Vater war ~~K~~ früher Kaufmann.
Er hat immer gereißt und in letzter
zeit konnt er nicht mehr weil er nicht
gut sieht. Dann ging meine Mutter reißen
Aber in letzter Zeit konnte sie auch nicht
mehr. Ich bin die erste die von meiner
Familie ausgewandert ist. Meine Eltern
sind jetzt alle beide arbeitslos.

Ich besuchte die Zeit her, die Volkschüle
mit 6 Jahren kam ich in die Schule. Ich
bin im 7. schuljahr. Zeit 10. Novemberkonnte
ich nicht mehr in die Schule. ~~d~~Da keine
jüdischen Kinder mehr in die Volkschule
gehen dürfen.

zeit 1933 als Adolf Hitler an die Macht
(kas) kam hatten wir Juden nichts gutes
zu erwarten. Am

Seit 1933 als Adolf Hitler an die Macht ka
hatten wir Juden nichts gutes zu erwarte
Am 10. Novemer spielte sich folgendes ab.
Zuerst zerstörten sie die Synagoge. Zur gleich
zeit krachte es auch in den Wohnungen.
Wir sind gleich aufgestanden. Als wir in
den unteren Stock kamen war alles zer=
schlagen. Meine Schwester, wuste erst gar
nicht was geschen war. Sie lag gerade in
den scherben. Mein Vater und meine Schw
machten sich vertig und gingen zu meinem
Onkel. Bei dem war gottseidank nichts ge=
schehen. Als mein Vater zurück kam, kam
2 SA und mein Vater muste mit ins Gefän
nis. Wir musten Polozeilisch die Scherbe
weg machen. Mittags bekamen wirs Wass
abgestellt. Freitag morgen musten wir
packen und auf einen Platz. Dort
stand ein grosser Omnibus dort muster
wir hinein, mindestens 1 Stunde stand
wir zur schau da. Dann fuhren wir fort
Sie brachten uns über den Rhein n
Karlsruhe Sie hatten uns auf einer
Wiese abgeladen. Der Tag werde ich nie
vergessen.

---

Mein wunsch ist, daß meine Eltern bald
bald nachkommen können. Weil Sie noch
keine ausicht für fart haben.

Ich möchte gerne den Beruf (erlernen) als
Kindergärtnerin erlernen weil ich kleine
Kinder gern habe.

Ich möchte gerne eine Klavier haben und
darauf lernen, weil ich für Klavier lust
habe.

Meute Aigles.

Werner Neuberger. geboren am 3. 6. 1926 zu Rodalben (Pfalz) Mein Vater ist in Rodalben Hauptstr. 103 Mein Vater war als Beruf Handelsvertreter. Seid einem J halben Jahren ist mein Vater Arbeitslos. Meine Mutter ist Büglerrin. Meine Eltern wollen in der nächste Zeit nach Amerika Auswan-dern. Mein Vater war seid 10. November 1938 5 ~~Wo~~ Wochen im Konzentrationslager Dachau. Ich besuchte 5 Jahre lang die Volksschule in Rodalben dann wurde unser X Lehrer pensioniert, dann kamen wir in die Volksschule nach Pirmasens. Dort besuchte dieselbe ~~ich~~ 1½ Jahr. Seid 1933 als Adolf Hitler Reichskanzler wurde, hatten es die Juden in Deutschland nicht mehr schön.

1. Ich wünsche mir eine grohse Stablampe u. ein Fotoaperat
2. Ich möchte gerne Bäcker u. Contitor werde
3. Ich möchte gerne ein Geländespiel bei Nacht haben. Weil dieses sehr schön ist.

Ruth Salmon geb. am 6. VIII 1926. in Laubsheim. Meine Mutter wohnt in Lambsheim mein Vater ist gestorben. Mein Vater war früher Viehhändler. Er starb an einer Kriegsverletzung. Später hatten wir eine Zigarrenfiliale bis 1934. Meine Mutter hat dann in letzter Zeit bei israelit. familien im Haushalt gearbeitet. Ich bin die erste die von meiner famielie ausgewandert ist.

Ich besuchte von 6 Jahren an in Lambsheim (Pfalz) die Volkschule. Vom 5. Schuljahr ab mußte ich in Ludwigshafen a/Rh. an der israelit. Schule teilnehmen. Ab 10. November konnte ich nicht mehr in die Schule gehen, da sie aufgelöst wurde

0 – 1

Seit Adolf Hitler an der Regierung war, hatten wir Juden in Deutschland sehr viel zu leiden. Der 10. November 1938 war ein besonders schlimmer Tag. Als erstes zündeten die Verbrecher morgens in aller früher die Synagoge an. Als ich dann Morgens nach Ludwigshafen kam und zur Schule gehen wollte war ich anstatt die Synagoge einen Schutthaufen. Als ich dann in unser Klassenzimmer kam waren alle Anwesende verstimmt und viele hatten auch geweint. Am selben Tage war meine Mutter gerade in L'hafen arbeiten. Sie kam in die Schule und holte mich und dann fuhren wir nach Hause (Lambsheim). Bei den Leuten, wo meine Mutter arbeiten wollte waren bereits schon alles Möbel demoliert und die Fenster eingeschlagen. Als wir dann nah Hause kamen war bei uns g"tlob noch nichts demoliert. Wir mußten dann aus unserem Wohnung auszichen weil oben in der Etage die Synagoge war, das ganze Haus sollte nämlich abgerissen werden. Zum Glück waren noch christliche Leute im Hause gewonht und da ließen sie das Haus stehen. Am nachsten Morgen mußten wir die Pfalz verlasse und mußten nach Baden bzw. Mannheim flüchten. Dort waren wir unge-

führ 14 Tage lang. Wir dürften dann
ünsere Wohnung wieder einraümen,
als wir et wieder zu Hause waren.
Einige Tage später hatten sie uns
das elektr. Licht abgestellt. In letzter
Zeit brannten wir Petroleüm + Ich
hoffe, daß meine Wünsche gegen Hitler
in Erfüllüng gehen x Alle meine Onkels
waren 5–6 Wochen im Konzentrationslager
Mein heißester Wünsch ist, daß meine
Angehörigen
so bald wie möglich Deutschland ver=
und ich wieder zu ihnen komme
lassen können. Weil Sie bis jetzt noch
gar keine Aussichten haben wegzu=
kommen.

Beruf

Ich möchte gerne den Berüf als Kinder
gärtnerin ergreifen, weil ich kleine
Kinder liebe.

Wunsch

Ich möchte gerne eine Ziehharmonika
haben ünd spielen lernen, weil ich
Musik liebe.

Gerda Sarnabkewitz geb. 19.10.1926 zu Schöneck. Mein Vater befindet sich in Pirmasens Pfalz. Mein Vater ist frontkämpfer. Er hat einen steifen Arm. Mein Vater hat bis jetzt keine Arbeit. früher war mein Vater Schuhvertreter. Meine Mutter ist zu Wien geboren. Sie ist eine tüchtige Hausfrau. Ich habe noch 4 Geschwister. zwei sind in Berlin auf Stellung. Und zwei sind zuhause. früher waren wir in besseren ferhältnisse, und jetzt sind wir ärmer. Mein Vater war in Dachau eingesperrt. Es vergangen 5 Wochen ~~Jahr~~ bis ~~er~~ er wieder heraus-kam. Ich besuchte 6 Jahre die Volkshaupt-schule. Unser Lehrer hieß Julius Lamm. Am 10 November wurde ~~er~~ ich aus die Schule gewiesen. Ich ging bald ein Jahr nicht mehr in die Schule.

Erlebnisse.

Als ich am 10 November morgens zur Schule ging sah ich das die Synagoge brannte. Ich sprang schnell heim und als ich heim ~~war~~ kam war

ein Schutzmann da und verhaftete
meinen Vater. Ich weinte sehr. Nun
kam mein Vater nach Dachau und
mußte fünf Wochen dort bleiben
die armen Männer und Jungens
haben sehr viel erlebt. Unser Haus
war sehr schlimm zugerichtet. Als
mein Vater wieder von Dachau
kam freuten wir uns sehr. Mein
Vater und noch mehr Männer wa-
ren an der Wand gestanden.

Ich möchte gern Haushälterin wer-
den. Weil ich es schon kann.

Ich wünsche mir daß meine Eltern
bald kommen. und ein paar
Rollschuhe.
Ich kann ein bißchen Mundharmonika
Ich möchte gern heute Mittag
stricken.

Gerda Rosa Kanarekowitz

Lorli Samson (Löwinnen)
7 geb. 5.V. 1926 in Edesheim.
mein Vater wohnt in Karlsruhe. Er war Weincomissionär. Jetzt darf er durch die Zeit kein Geschäft führen. Deshalb hat er keine Beschäftigung. Leider können wir nicht auswandern, da wir keine Beziehungen zum Ausland haben. Meine Mutter führt den Haushalt. Ich habe noch einen Bruder. Er ist 14 Jahren alt. Er kann nicht fortkommen. ~~Meine Elter hat~~
Die Verhältnisse meine Eltern waren früher glänzend. Durch die Zeiten wurde es immer schlechter. Jetzt müssen sie von dem wenig erspahrten leben. Meine Mutter verkaufte unser gutes Möbel. Das van den Steuern übriggeblicbene Geld können sie noch verleben.
~~If~~ Ich kam mit 6 Jahren in die Dorfschule zu Edesheim. Es ist eine Mischschule. In der V. Klasse wurde ich aus dieser Schule vertrieben. Dann fuhr ich 8 km vom Ort in die isr. Sonder=

klasse von Landau. Hier ging ich 2
Jahren hien. Dann kam der 10.XI.1938
Die Schule hörte auf u. wir mußten
nach Karlsruhe flüchten. Nach 6
Wochen fuhren wir heim u. verk-
kauften unser & gutes Möbel.
Im Feb. mußten wir nach Karlsruhe
ziehen. Hier ging ich 4 Wochen in die
Schule. ~~Dar~~
~~b)~~ Schon 1933 fing es mit mir an.
Ich wurde verschlagen u. verhöhnt
In der Schule kam ich nicht mehr dran.
Meine Aufgaben wurden nicht mehr
gelesen. Als ich in Landauer Schule
fuhr wurde ich tägl. verschlagen.

Als N. Mein ~~Vater~~ Vater war 2 Tagen
in Gefängnis.

– Hans Schönfrank

Geboren am 4. Oktober 1928 zu Zweibrük=
ken.
Mein Vater ist in Zweibrücken er
ist Abeitslos. Er war früher Kauf=
mann. Am 10 November wurde unser
Geschäft zerdrümmerd, und mein
Vater kam nach Dachau. Am 13 De=
zember kam er von Dacheu heim.
Meine Mutter ist auch in Zweibrük
ken. Wir wollen nach U.S.A.
Ich kam 1936 In die Schule. Ich war
zuletzt in der 4. Klasse. Seid 15 Novem=
ber durfte ich nicht mer in die
Schule. Seid 10 November konnte ich
nicht mehr auf allein auf die
Strasse, alle Kinder wollten mich
schlagen. Am 10 November wurde
die Synagoge in Zweibrücken in
Brand gesteckt. Als das Holz verbrannt
war wurde die Stein Mauer abge=
rissen.
Ich möchte Schlosser werden. Warum
dass ich etwas kann. Ich möchte mein
meine Eltern hier haben. Warum
(?) ie von Deutschland fort kommen.
(?) ochte Fussball Spieler

Mente Aigle

Charles Schwarz, geb. am 4. I. 26 zu Ludwigshafen/Rhein, Mein Vater wohnt in Ludwigshafen, ist arbeitslos war Uhrmacher von Beruf, bemüht sich nach England, Belgien oder Frankreich auszuwandern, war sechs Wochen im Konzentrationslager. Mein Vater war früher in Berlin als Uhrmacher tätig, später in Ludwigshafen. Das Geschäft (Uhren, Goldwaren, Bijouterie) erlosch mit dem 1. 1. 38. Wir haben Bürgschaft für U. S. A. aber eine Nummer die in 3 Jahren ~~an~~ bestellt wird.

M

Ich besuchte die 7. Klasse bis zum 15. Juli 1938, dann begannen die Ferien, welche bis zum 2. Oktober dauerten. Die Schule wurde fortgesetzt. Am 10. November wurden

Ein 1/4 Jahr besuchte ich die höhere Schule. Da der Antisemethismus tägl. wuchs, trat ich aus der Schule aus.

Seit 1933 war ich auf der Strape nicht mehr sicher. Das andre ist mit Worten nicht zu beschreiben.

Ich wünsche mir ein grope Stabtaschenlampe zum Gespenster spielen u. zum Geländespielen
Ich möchte gerne Optiker werden da dies der Wunsch meiner Eltern ist

Ich wünsche mir ein Geländespiel bei Nacht, da man in der Dunkelheit den Gegner schwer erkennt.

Isack Heinz Schwarz

geboren am 8 Juli 1925 zu Illingen

Mein Vater ist in Illingen, +

Mein Vater war früher Handelsmann

Mein Vater hatte mit Kühe u. Kälber gearbeitet

Mein Vater war in Dachau er war 8 Tage fort. Mein Vater hat den Weltkrieg mit gemacht, er war auch im R.J.f. Mein ~~Schulzeit~~ Schulzeit war ~~bis~~ bis 1935 in Illingen von dort kammen wir nach Saarbrüken da hatten wir bis zum 10 November Schule. Nach dem 10 November gingen ~~wir~~ (ich) wieder in die Schule bis zum 8 März. Am 10 November wurte fast alle die Männer geholt ~~(…)~~ Die Leute ~~(…)~~ haben gesagt das könt ihr dem Juden Grünspahn verdanken. Ich möchte gerne ein Handwerk lernen Autoschloßer daß ich später mein Geld selbst verdine.

Rosa
Ellen Schwarz geb. am 10 Mai 1929 zu Pirmasens.
Meine Mutter wohnt in Pirmasens. Mein Vater ist
Frontkämpfer. Mein Vater ist Türhüter bei der
jüdischen Gemeinde Pirmasens Pfalz. Meine Mutter
ist gestorben. Ich habe keine Geschwister. Mein Vater
ist in Buchen im Odenwald geboren. Mein Vater
war Lederhändler. Jetzt sind wir in ärmlichen
Verhältnissen. Mein Vater war fünf Wochen im
Konzentrationslager Dachau eingesperrt. Mein Vater
hat keine Aussichten auszuwandern. Ich gehe in die
3 Klasse Volksschule zu Pirmasens. Am 10. November
wurde ich aus der Schule ausgewiesen. Nachher
hatte ich keine Schule mehr.

Meine Erlebnisse. O-1

Als ich morgens in die Schule kam, hörte ich
daß die Synagoge angezündet worden ist. Der
Herr Lehrer schickte uns sofort nach Hause. Ich
ging mit meiner Schulfreundin nach Haus.
Wir waren fünf Minuten zu Hause als 2 Polizisten
kamen und 3 Männer holten. Ich erschrak sehr.
Wir weinten sehr. Ich dachte was ist mit meinem
Vater. Da kam ein Mädchen d. das sollte aus-
richten dass wir den Männern was zum Essen schicken
sollten. Wir machten die Sachen fertig und gaben
sie dem Mädchen. Mittags als wir in der Zeitung

kommen und wollten sie besuchen da waren sie nicht mehr da. Nach ein paar Wochen kommen Karten, von ihnen daß sie in Dachau wären und daß wir nur einmal in 4 Wochen schreiben dürfen Wir dürfen in 2 Wochen 15 Mark schicken. Mein Vater schreibt meiner Tante weil ich ihm keine Geld schicken konnte.

Ich werde gerne Modelmalerin oder Tänzerin oder Sängerin weil ich geschickt dazu habe.

ich bitte Gott gerne daß meinen Vater bald nach Frankreich kommt.

Ich möchte heute mittag handarbeiten.

Ellen Schwarin

Rose

Moute: Les Lionnes Helga Sürzeh

geb. am 21. Juni 1925 in St. Ingbert (Saar).

Mein Vater ist 1935 gest.

Meine Mutter lebt jetzt in: Iggelheim (Pfalz)

Mein Vater war Fabrikdirektor einer Zigarrenfabrik. Später hatten wir ein Schuhgeschäft. 1935 starb mein Vater an doppelseitigen Lungenentzündung. Meine Mutter zog mit meiner Schwester u. mir zu meinem Großvater nach Iggelheim, wo sie jetzt noch wohnt. Meine Mutter u. meine Schwester haben für England eingereicht.

Mit 5½ Jahren kam ich in die Schule. Nachdem ich 4 Volksschulklassen besucht hatte kam ich in ein Mädchenlyzeum. Als wir 1936 von St. Ingbert fortzogen, ~~x~~ besuchte ich die jüdische Schule in Mannheim. Dort war ich bis zu meiner Auswanderung nach Frankreich.

// Seit Hitler hatten die Juden keinen schönen Tag mehr gehabt. Der Höhepunkt war der 10. November 1938. ~~Trotzdem~~ Als ich morgens in die Schule fuhr, sah ich an der Synagoge in Mannheim Rauch aufsteigen. Ich ging sofort hin und hörte, daß es die „Volksempörung" war, die Rache für ihren Glaubensgenossen in Paris verlangte. Als ich nach hause kam waren die „Tyrannen" (ungfähr 30 Mann) schon bei uns. Alles was sie sahen, vernichteten sie. Die Steppdechen waren in Stücke gerissen, alle Spiegel verschlagen, Schuhe verschnitten und zum Schluß war die Karotte ~~bet~~. Uns selbst warf man die Treppe herunter und hinter uns die Blumentöpfe. – Als wir nach 2 Tagen zurück kamen, wir waren geflüchtet, war das Haus ~~ge~~ polizeilich bewacht. Alle Schäden mussten wir selbst ersetzten. Hoffentlich gehen meine Wünsche für Adolf Hitler in Erfüllung.

Mein höchster Wunsch ist, meine Mutter und meine Schwester im Ausland zu wissen.

~~A~~ Ich möchte gerne Säuglingspflegerin werden

Ich möchte jetzt gern franz. lernenen

Ich spiele ein wenig Violine (1 Jahr Unterricht)

Ruth Strauß geb. am 14. Sept. 1926 zu Höheinöd (Rose written above "am")
mein Väter wohnt in Waldfischbach. mein vater ist frontkämpfer. Ich weiß nicht ob mein vater Arbeitet. Ich habe keine Geschwister. Beruf früher Arbeitet mein vater in der Schuhfabrich dann durfte er nicht mehr. Wir Lebten in den Lezten Jahren in Waldfischbach. Jtzt sind wir in ärmlichen verhältnissen. Mein vater war eine Nacht eingesperrt. (M.) meine Eltern haben keine aussicht zum Auswandern. Ich ging 6. Jahre in die Volksschule zu Waldfischbach. Von Mai bis Juni kam ich nach Bad = Kissingen dann wurde wurde das Schulhaus besetzt dann durfte ich nimmer in die Schule gehen.

Meine Erlebnisse.

Zeit 1933 wurde ich in der Schule verhönt u. (v) versgotet. Als ich in das Dorf ging mußte ich zu familie Grünewald flüchte da die ganze Schul Kinder mir nach gingen. Wenn meine Eltern ins Dorf gehen so werden sie verspot. Am letzten Tag wo ich zu Hause war da kamen die Kinder und stellten sich v vor die Tür und Sangen die Juden sollen hinaus. Als ich hierher (fuhr) fuhr kamen sie an den Banhof) die Juden müssen hinaus. (gesprochen written above "die")

Ich (hätte) wünsche mir, daß meine
lb. Eltern kommen. Ich ~~(werde)~~ möchte gerne
Kindergertnerin werden. Ich möchte
gerne ʃ heute Mittag Handarbeiten
machen.

I Ruth Strauß

Rosen.

Helmut Wolff (Mente Aigle)
geb. am 13. Oktober 1924. zu Landau
Mein Vater ist wohnhaft in Böchingen
(b/Landau Pf)

Er war seit seiner Jugendzeit Pferdehändler. Vor 2 Jahren als der Antisemitismus gegen uns noch ärger als zuvor Überhand nahm mußte er (schr) sein Geschäft aufgeben. Er beschäftigte sich dann in unseren Weinbergen und verrichtete alle Arbeiten selbst. Er hatte auch schon solche in seiner Jugendzeit vollbracht. Er nahm auch an dem Weltkrieg 1914-18 teil. Am 10. November wurde verhaftet und kam in das Konzentrationslager Buchenwalde. Dort war er 4 Wochen. Jetzt kam er auch nicht mehr in Weinberge und ist in zu hause. Wir lebten von den Weinbergen, welche wir nacheinander

verkauften. Wir bemühen uns nach U.S.A. auszuwandern, haben aber eine hohe Wartenummer.

Meine Mutter war nach ihrer Schulzeit in einem Modisten Geschäft in Landau (Pf) tätig. Dann war sie im Haushalt tätig. Am 10 November mußte meine Mutter u. ich von der Pfalz fliehen. Wir gingen nach Frankfurt a/M. Jetzt leben meine Eltern wieder zu Hause in Böchingen.

Ich selbst ging seit meinem 3 Lebens=jahre in die Kinderschule. Ab meinem 6 Lebensjahre ging ich in die Volkshauptschule nach Böchingen. Ab 1936 besuchte ich die (Volkhaupt) jüdische Sonder-klasse in Landau. Dort ging ich hin bis zum 9. November 38. Nach den großen Ferie(?)

(?)

genommen und mußten uns anders zufrieden finden. In den letzten 2 Jahren be-kamen wir Englischen Unter-richt. Nach dem 10 November konnte ich keine Schule mehr besuchen und konnte nicht ein-mal auf die Straße.

Ich half meiner ~~Mutter~~ im Hause. Ich war glücklich dann zu hören daß ich nach Frankreich kam.

---

Seit daß Hitler ~~an~~ der Macht ist haben wir keine schöne Stunde mehr. Alle Formation unterdrückten uns. Die Kinder schrieen uns nach verhieben uns.

---

Mein I. Wunsch wäre meine Eltern hier zu haben. Weil sie ~~keine~~ Mittel haben weiter in Deutschland zu (?)

II. Wunsch.
Möchte sehr gerne Koch lernen, das ich mich dazu geeignet fühle. Schon sehr oft kochte ich zu hause.

III. Wunsch
Ich reite sehr gerne und das möchte ~~gen~~ tun, weil ich schon oft geritten habe.

*Bernhard Kukatzki*

# Die Jüdische Kultusgemeinde der Rheinpfalz

## Eine Skizze des Gemeindelebens 1992

In der Pfalz haben im Laufe der Jahrhunderte fast in jedem Dorf und in jeder Stadt Juden gewohnt. Noch im 19. Jahrhundert existierten in über hundert Orten jüdische Kultusgemeinden mit Synagogen und Betstuben, Friedhöfen, Schulen und Tauchbädern. Mitte des vorigen Jahrhunderts, im Jahre 1852 erreichte der jüdische Bevölkerungsanteil mit 15 636 Personen seinen Höhepunkt, fast drei Prozent der Pfälzer waren zu diesem Zeitpunkt jüdischen Glaubens.[1] In nicht wenigen Landgemeinden betrug der Anteil der jüdischen Dorfbewohner über zehn Prozent; Essingen, Fußgönheim, Grünstadt, Herschberg, Odenbach und Rülzheim seien hier nur als Beispiele genannt.[2] In Ingenheim stellte man sogar ein Drittel der Bevölkerung und zeitweise den Bürgermeister. Zahlreiche jiddische Redewendungen gingen in den Pfälzer Sprachschatz über, die Pfälzer Speisekarte wurde um den Mohnzopf und die Koscher, eine Rindswurst, bereichert. Der pfälzer Jude war daher keine „exotische Erscheinung“ wie heute, da die meisten Leute persönlich keine Juden kennen, sondern selbstverständlicher Teil pfälzischen Lebens und pfälzischer Kultur. Trotz der im 19. Jhdt. wegen der schlechten wirtschaftlichen Lage erfolgten Massenauswanderung in die USA und dem Wegzug in Großstädte wie Mannheim und Frankfurt lebten zu Beginn der Nazizeit 1933 noch 6487 Juden in der Pfalz, die in religiöser Hinsicht in den vier Rabbinatsbezirken Frankenthal, Kaiserslautern, Landau und Zweibrücken und in 72 Kultusgemeinden organisiert waren.

Wer die Situation des pfälzischen Judentums vor 1933 kennt, weiß von den vielen menschlichen Opfern und dem Verlust an geistigem, kulturellem und materiellem Erbe für die Pfalz, die die Vertreibung und Ermordung der Juden in der Nazizeit zur Folge hatte. Dr. Kurt Metzger, der letzte Landauer Bezirks-Rabbiner, hat dies in seiner Rede zur Einweihung einer Gedenktafel 1968 in Speyer anschaulich zusammengefaßt: „Wo einst jüdisches Leben blühte - nur noch Zwerggemeinden mit einem Häuflein Juden, Friedhöfen und Ruinen“.[3]

**Abb. 1** Anzeige zum jüdischen Neujahrsfest Rosch Haschana 5747 am 26.9.1986 in der Allgemeinen Jüdischen Wochenzeitung.

**לשנה טובה תכתבו**

wünscht

allen unseren Mitgliedern und allen ehemaligen Pfälzern
sowie unseren Freunden und Bekannten

**Vorstand der**
**Jüdischen Kultusgemeinde der Rheinpfalz**

und

| | |
|---|---|
| **Jüd. Gemeindehaus** | **Jüd. Elternheim** |
| Basteigasse 4 | Hauberallee 13 |
| 6750 KAISERSLAUTERN | 6730 NEUSTADT/W. |

Ein Zahlenvergleich verdeutlicht die heutige Situation der jüdischen Kultusgemeinde der Rheinpfalz. Zum Stichtag 1.1.1992 gehörten der Kultusgemeinde 72 Mitglieder an.[4] Zum gleichen Zeitpunkt verwaltete und betreute die Gemeinde 83 jüdische Friedhöfe in der Pfalz ! Und die Mitgliederzahl sinkt weiter, da der Altersaufbau in der Gemeinde sehr ungünstig ist. Das Durchschnittsalter der Gemeindemitglieder liegt bei 62 Jahren, dabei sind von den 72 eingeschriebenen Mitgliedern 54 % Rentner. Lediglich ein schulpflichtiges Kind ist zur Zeit registriert. Von daher ist die Organisation des Gemeindelebens keine einfache Aufgabe, zumal die Mitglieder weit verstreut wohnen, zumeist nur einzelne Personen oder Familien in den Dörfern und Städten der Pfalz. Lediglich in und um die Stadt Kaiserslautern wohnen mehr als zwei Dutzend Gemeindemitglieder.

„Nach 1945 wurde das jüdische Gemeindeleben wieder neu organisiert. Vom ersten Tag an war es das Bestreben einiger Männer, in diesem Gebiet - wo beinahe in jedem Dorf Juden ansässig waren - wieder jüdisches Leben zu gestalten und für die Alten und Überlebenden zu sorgen, ihnen die Familie zu ersetzen, die sie verloren hatten."[5] Personen wie Fritz Siegel, Hugo Alexander und Simon Wertheimer aus Landau, Albert Felsenthal und Ludwig Brück aus Odenbach, Dr. Walter Mayer aus Bad Dürkheim, Siegmund Herz aus Pirmasens, Gustav Mayer aus Edenkoben und Leo Alsbacher aus Ludwigshafen versuchten unter schwierigsten Bedingungen einen Neuanfang für die 1945 ca. achtzig Mitglieder umfassende Gemeinde auf dem Gebiet der Rheinpfalz. Religiöser Mittelpunkt und Verwaltungs–sitz der Kultusgemeinde war in diesen Jahren Landau, wo man auch einen provisorischen Betsaal einrichtete. Im Jahre 1953 wurde ein Betsaal in Neustadt eingerichtet.[6]

Das Jahr 1950 brachte eine wichtige Neuerung für die in der Pfalz lebenden Juden. Denn mit Landesgesetz vom 19.1.1950 wurde die jüdische Kultusgemeinde der Rheinpfalz zusammen mit den Gemeinden Koblenz, Neuwied, Bad Kreuznach, Trier und Mainz als Körperschaft des öffentlichen Rechts anerkannt. Mit dem Inkrafttreten dieses Gesetzes wurden die jüdischen Kultusvereinigungen, die vor dem 1.1.1938 im Gebiete des heutigen Rheinland-Pfalz ihren Sitz hatten und als Körperschaft des öffentlichen Rechts anerkannt waren, aufgelöst. Gleichzeitig gingen die Rechte und Pflichte dieser aufgelösten Gemeinden an diejenigen heutigen Kultusgemeinden über, in deren jetzigem Gemeindebezirk sich der Sitz der aufgelösten Kultusvereinigung befunden hat. Für die Kultusgemeinde der Rheinpfalz hieß dies die Nachfolge von ehemals 72 bestehenden Kultusgemeinden. Noch heute ist der Zuständigkeitsbereich der Kultusgemeinde identisch mit den Grenzen der ehemals bayerischen Pfalz, sieht man einmal davon ab, daß der ehemalige pfälzische Teil des Saarlandes jetzt von der Synagogengemeinde Saar verwaltet wird. Die allgemeine Verwaltungsreform von 1969 brachte weitere Arrondierungen mit sich. So kamen im Tausch mit der jüdischen Kultusgemeinde für die Kreise Kreuznach und Birkenfeld zur Jahreswende 1970/71 die Friedhöfe Thallichtenberg und Offenbach am Glan (alt und neu) zur Rheinpfalz, Altenbamberg und Hochstätten zu Kreuznach und Birkenfeld.

Obwohl die Kultusgemeinde Rheinpfalz nur 72 Mitglieder zählt, ist sie damit nicht einmal die kleinste in Rheinland-Pfalz. Zum 1.1.92 hatte die Gemeinde Kreuznach und Birkenfeld ca. 30, Koblenz 54 und Trier 52 Mitglieder. Nur Mainz war mit 149

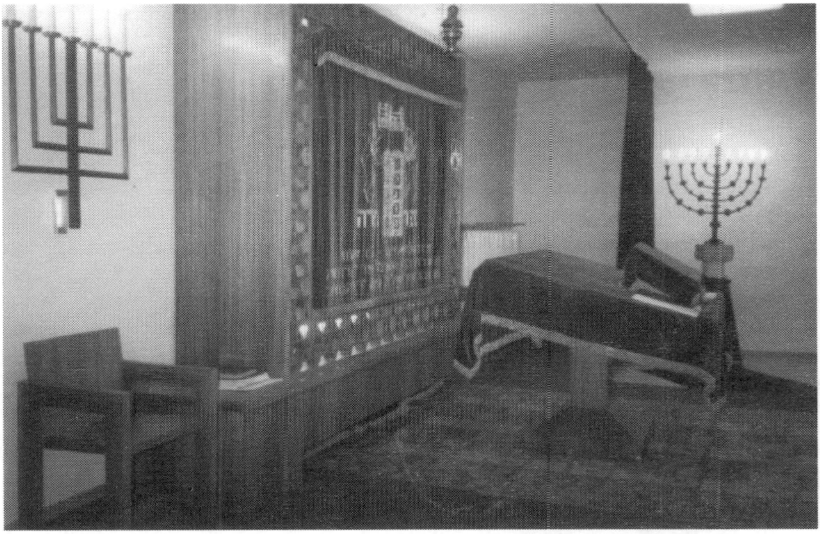

**Foto 1:** Inneres der Synagoge in Kaiserslautern - Ostwand.

Mitgliedern größer. Von den 72 „Rheinpfälzern“ sind 24 vor 1945 in der Pfalz und acht nach 1945 in der Pfalz geboren. Siebzehn sind aus dem Ausland zugewandert und 23 aus anderen deutschen Bundesländern stammend.
Hauptaufgabe der Kultusgemeinde ist die religiöse und soziale Betreuung ihrer Mitglieder und die Unterstützung bedürftiger Gemeindeangehöriger. Bis zum Jahr 1987 gehörte dazu auch die Trägerschaft des 1960 erbauten Jüdischen Elternheimes in der Hauberallee in Neustadt. Da 1987 nur noch acht Senioren dort ihren Lebensabend verbrachten, mußte das Heim geschlossen werden. Auch die dort seit 1960 untergebrachte Synagoge mußte aufgegeben werden. Seit dieser Zeit unterhält die Kultusgemeinde der Rheinpfalz nur noch in Kaiserslautern eine Synagoge. Im Jahre 1964 kaufte man in der Basteigasse ein Wohnhaus an und baute es zu Synagoge und Gemeindezentrum um, welches 1965 eingeweiht wurde.[7] Trotz der geringen Mitgliederzahl und der für die meisten Mitglieder langen Anreise nach Kaiserslautern ist mit Hilfe von und um Kaiserslautern stationierten jüdischen Angehörigen der US-Armee immer ein Minjan vorhanden, das nach jüdischem Religionsgesetz vorgeschriebene Quorum von mindestens zehn Männern zur Abhaltung eines Gottesdienstes. Lediglich zu den Hohen Feiertagen ist die Synagoge besser gefüllt. Ein Phänomen, das auch bei den christlichen Religionsgemeinschaften zu beobachten ist. „Die Frömmigkeit ist mit dem modernen Zeitalter verwelkt“ so Rabbiner Dr. Max Meir Ydit.[8] Der 1922 in Preßburg geborene Ydit wirkte von 1979-1987 als Rabbiner der Kultusgemeinde Rheinpfalz und leitete nach seiner Pensionierung noch bis 1991 die Gottesdienste in Kaiserslautern. Seitdem übernimmt Kantor Geldermann aus Frankfurt a. M. die Vorbeterfunktionen.

Ein wichtiges Erbe der vernichteten pfälzischen Vorkriegsgemeinden sind deren Friedhöfe. Während die in der Reichspogromnacht 1938 nicht vollständig zerstörten Synagogen (z.B. Göllheim, Rülzheim, Leimersheim...), Synagogengrundstücke und andere ehemals den jüdischen Gemeinden der Pfalz gehörenden Immobilien in der Nachkriegszeit weitestgehend verkauft wurden, um den Aufbau und dann später die laufende Arbeit der 1960 auf ca. 600 Mitglieder (1966: 273 Mitglieder) angewachsenen Jüdischen Kultusgemeinde der Rheinpfalz mit zu finanzieren, verbleiben die Friedhöfe im Besitz der Kultusgemeinde.[9]

**Foto 2:** Bestattung von Sally Salomon, Viehhändler i.R., auf dem Friedhof in Thallichtenberg. Nach jüdischer Tradition werden die Toten in einfachen Holzsärgen begraben. Ganz rechts Rabbiner Dr. Ydit. Links davon Adolf Bier aus Sembach. Dezember 1990.

Neben der Pflege und Erhaltung der z.T.Jahrhunderte alten und z.T. denkmalgeschützten Friedhöfe sorgt die Kultusgemeinde vor allem für die Bestattung nach jüdischem Ritus. Belegt werden von den 83 Friedhöfen noch die in Kaiserslautern, Neustadt, Landau, Pirmasens-Waldfriedhof, Ludwigshafen und Zweibrücken. Außerdem werden bis zu ihrer endgültigen Schließung in den Orten, in den vereinzelt Gemeindemitglieder leben und gleichzeitig Friedhöfe bestehen, diese noch belegt.[10] Eine „Chewra Kaddischa“, eine Beerdigungsbruderschaft, existiert heute in der Pfalz nicht mehr. Deren Aufgabe, die in er Bestattung der Toten nach jüdischem Ritus besteht, nehmen heute zwei Männer der Kultusgemeinde wahr. Bei der Bestattung weiblicher Toter muß diese Funktion eine Frau aus der Mainzer Gemeinde wahrnehmen.

Die Verwaltung und die Geschäftsführung der jüdischen Kultusgemeinde hat ihren Sitz in der Ludwigstraße 20 in Neustadt a. d. Weinstraße. Nach der Schließung des jüdischen Elternheimes im Jahre 1987 renovierte man im gleichen Jahr das ehemalige Versammlungslokal der israelitischen Kultusgemeinde aus dem Jahre 1908 und nutzt es heute wieder als Gemeindehaus.[11]

**Foto 3:** Das Gemeindehaus in der Ludwigstraße in Neustadt an der Weinstraße.

„In Beziehung zu Israel hat die Jüdische Kultusgemeinde der Rheinpfalz eine sehr positive Einstellung gezeigt. Nicht nur, daß unsere Gemeinde eine der ersten war, die größere Jahresbeiträge nach dem Wiederaufleben des Karen Hajessod (hebr.: Stiftungsfonds, Anm. d. Verf.) für das Land gab, sondern es war auch für die Jüdischen Kultusgemeinden der Rheinpfalz eine Selbstverständlichkeit, alles zu tun, was dem Land Israel von Nutzen ist.“[12] Diese in den 1960er Jahren geäußerte Einstellung gegenüber Israel hat sich bis heute nicht verändert.[13] So hat die Jüdische Kultusgemeinde der Rheinpfalz nach der Schließung des Elternheims in Neustadt große Anstrengungen unternommen um in Israel die Tradition des Altersheimes fortzusetzen. In Tel Aviv steht nun seit wenigen Jahren ein „Jüdisches Elternheim der Rheinpfalz“, zu dessen Errichtung die Kultusgemeinde drei Millionen Mark beigetragen hat. Es ist in der Trägerschaft der Stadt Tel Aviv und bietet 56 Plätze für bedürftige und sozial schwache Einwohner Tel Avivs, wobei für ehemalige Pfälzer ein Vorrecht bei der Belegung der Plätze besteht.

**Die Jüdische Kultusgemeinde der Rheinpfalz in Neustadt a. d. Weinstraße gibt hiermit bekannt, daß eine**

## Gemeindeversammlung

**am Sonntag, dem 15. Juni 1986, nachmittags 15.00 Uhr, im Jüdischen Elternheim, 6730 Neustadt/W., Hauberallee 13, stattfindet, bei der auch die Wahl zum Vorstand erfolgt. Das Wählerverzeichnis liegt ab 20. Mai 1986 im Büro der Jüdischen Kultusgemeinde der Rheinpfalz in Neustadt/W., Hauberallee 13, und im jüdischen Gemeindehaus in Kaiserslautern, Basteigasse 4, zur Einsicht aus.**

**Die Einsichtnahme kann täglich von Dienstag bis Donnerstag zwischen 10.00 Uhr und 12.00 Uhr vormittags stattfinden. Einsprüche können bis zum 2. Juni 1986 schriftlich erhoben werden.**

**Jüdische Kultusgemeinde der Rheinpfalz**
**Neustadt a. d. Weinstraße**

**Abb. 2**
Bekanntmachung in der Allgemeinen jüdischen Wochenzeitung am 16.5.1986.

Einmal im Jahr wird eine Mitgliederversammlung einberufen um einen aktuellen Bericht über die Tätigkeit des Vorstandes und die Vorgänge in der Gemeinde zu geben. Der Vorstand, auf vier Jahre bestellt, wird in der Gemeindeversammlung bestimmt. Diese Gemeindeversammlung bestimmt auch über Änderungen der Gemeindesatzung.[14] Im Jahre 1992 wird der Vorstand von Marion Silber, Harry Kindermann und Jack Bulka gebildet. Die ehrenamtliche Geschäftsführung wird von dem geborenen Berliner Harry Kindermann wahrgenommen, der seit 1959 im Vorstand ist und der bis zu seiner Pensionierung im letzten Jahr 21 Jahre lang dieses Amt hauptamtlich bekleidete.[15] Vorsitzender der Kultusgemeinde ist seit 1978 (seit 1962 Mitglied des Vorstandes) der Kaiserslauterer Gastronom Jack Bulka. Er wurde in Lodz/Polen geboren. Außer einer Schwester wurde seine gesamte Familie von Nazi-Schergen ermordet. Im Jahr 1945 befreit kam er als Displaced Person (DP) in die Bundesrepublik und Anfang der 50er Jahre nach Kaiserslautern. Für seine Verdienste um den Wiederaufbau jüdischen Lebens in Kaiserslautern und sein Engagement für die Versöhnung zwischen Juden und Nichtjuden wurde ihm 1990 das Bundesverdienstkreuz verliehen.[16] Angesichts sinkender Mitgliederzahlen scheint die Jüdische Kultusgemeinde der Rheinpfalz in den nächsten Jahrzehnten von der Auflösung bedroht. Aber vielleicht gelingt es ihr aus der jüdischen Zuwanderung aus den ehemaligen Staaten der Sowjetunion und Osteuropas, die von der deutschen Politik gefördert und nicht wie in der Vergangenheit behindert werden sollte, neue Kraft zu schöpfen. In dem 1988 erschienen Buch „Jüdisches Leben in Deutschland nach 1945" schreibt Monika Richarz: „Die

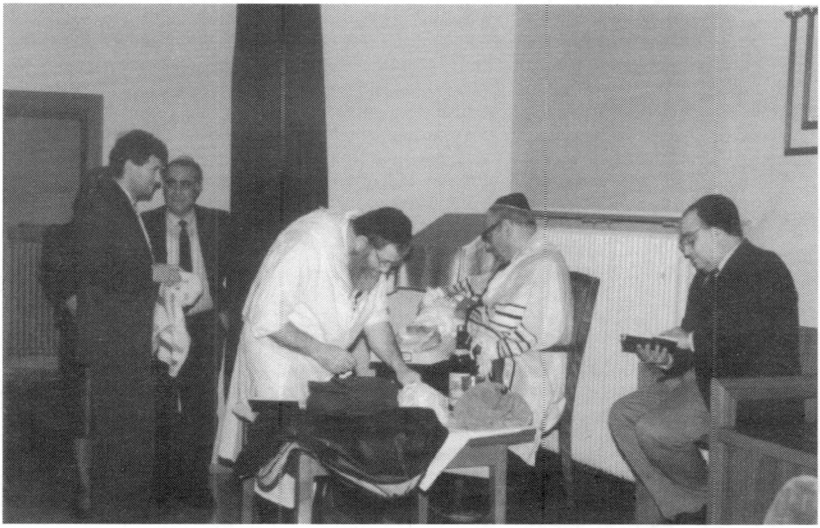

**Foto 4:** Ein seltenes Ereignis in der Kultusgemeinde Rheinpfalz: Beschneidung eines Knaben in der Synagoge Kaiserslautern. Ganz rechts Rabbiner Dr. Ydit, 2.v.r. Harry Kindermann. In der Mitte Mohel (Fachmann für Beschneidungen) Unger aus Frankfurt/Main. März 1990.

jüdischen Gemeinden in der Bundesrepublik sind heute primär Einwanderungsgemeinden für ausländische Juden. Ihre Mitglieder sind kulturell von extremer Inhomogenität. Die jüdischen Gemeinden stellen keine Kontinuität des deutschen Judentums dar. In Kürze wird es keine deutschen (sprich pfälzer, Anm. d. Verf.) jüdischen Gemeinden mehr geben,sondern nur noch Juden in Deutschland - es sei denn, es entsteht eine neue deutsch-jüdische Identität in der Nachkriegsgeneration." Vielleicht wird dann auch in der Pfalz - am Rhein - nach Zuckmayer der „Völ–kermühle Europas", auch wieder so etwas wie eine pfälzisch-jüdische Identität entstehen?

## Anmerkungen

1 siehe Arnold, Hermann. Juden in der Pfalz. Landau 1986, S. 180.

2 zu Odenbach siehe: Kukatzki, Bernhard: Die Juden von Odenbach - eine historische Skizze, in: Bender, R.J. (Hg.): Pfälzische Juden und ihre Kultuseinrichtungen. Mannheim 1988 und zu Rülzheim siehe: Bender, R.J.: Die soziale und wirtschaftliche Entwicklung der jüdischen Gemeinde von Rülzheim und Kukatzki, Bernhard: Die israelitische Kultusgemeinde - Synagoge, Schule, Badhaus und Friedhof in : Gemeinde Rülzheim (Hg.): Rülzheim im Wandel der Zeiten. Rülzheim 1991.

3 Metzger, Kurt L. und Lore: Versöhnung. Erinnerungen und Gedanken in die Zukunft. Landau 1990, S. 35.

4 Die aktuellen Informationen verdanke ich Herrn Harry Kindermann, dem langjährigen Geschäftsführer der jüdischen Kultusgemeinde der Rheinpfalz.

5 siehe Siegel, Fritz: Die jüdischen Gemeinden in der Rheinpfalz früher und heute, S. 297-99 in: Karger-Karin, Mendel (Hg.): Israel und wir. Keren Hajessod - Jahrbuch der Jüdischen Gemeinschaft in Deutschland. Frankfurt/Main 1966. Auf d. S. 293-95 finden sich Angaben zur Spendentätigkeit in Neustadt.

6 Die Entstehung der Nachkriegsgemeinde und deren Entwicklung bis 1992 kann hier nur angedeutet werden. Ohne die Inanspruchnahme des Archivs der Jüdischen Kultusgemeinde der Rheinpfalz ist eine vertiefende und detailliertere Darstellung so gut wie unmöglich.

7 Einen Gottesdienst in Kaiserslautern schildert Ankenbauer, Reinhard: „Gudd Schabbes" - oder: Die Treue zum Glauben der Väter. Zu Besuch bei der jüdischen Kultusgemeinde der Rheinpfalz, in: Der Pilger, Speyer v. 9.10.1988.

8 epd: „Noch 700 Juden leben in Rheinland-Pfalz. Landesrabbiner Meir Ydit: „In 15 bis 20 Jahren nurmehr eine winzige Gemeinschaft", Art. i. Die Rheinpfalz v. 10.1.1984.

9 Leider wurden damit auch kulturhistorisch interessant Bauten wie die im neo-orientalischen Stil erbaute Synagoge in Göllheim oder der spätklassizistische Bau von Leimersheim dem Abriß preisgegeben. In den ersten Nachkriegsjahren scheint es auch vorgekommen zu sein, daß verwüstete Friedhöfe wie der ältere Friedhof in Steinbach am Donnersberg an privat verkauft wurden. Das wirft gerade heute wegen der Geschehnisse um den früheren Friedhof in Hamburg-Ottensen und des Widerstandes einer Gruppe orthodoxer Juden gegen die Bebauung des ehemaligen Friedhofes neue Fragen auf. In der Pfalz wurden nach 1945 ebenfalls die Friedhöfe in Lauterecken und Olsbrücken aufgehoben.

10 Dies war in der Vergangenheit in Alsenz, Busenberg, Fußgönheim, Hochstadt, Mutterstadt, Odenbach, Rülzheim, Speyer, Thallichtenberg und Wachenheim der Fall. Edenkoben und Höheinöd werden aus den genannten Gründen noch offengehalten. Siehe dazu: „Letztes jüdisches Begräbnis. Sally Salomon in Thallichtenberg nach dem alten Ritus bestattet", in: Die Rheinpfalz, Ausg. Kusel v. 19.12.1990.

11 awk: Neues Domizil für jüdische Mitbürger. Gemeindehaus in Dienst gestellt- Mesusa angebracht, in: Die Rheinpfalz, Ausg. Neustadt v. 13.10.1987.

12 siehe Anm. 5, S. 299.

13 Einen Überblick gibt auch der Arbeitsbericht der Solidaritätsaktion f. Israel aus Neustadt v. 1967-69 in: Karger-Karin, Mendel (Hg.): Israel und wir. Keren Hayessod - Jahrbuch der jüdischen Gemeinschaft in Deutschland. Frankfurt/Main 1970, S. 461 ff.

14 Diese Gemeindesatzung besteht seit 1970, geändert 1975 und zuletzt 1985. Staatsanzeiger v. 9.5.1985, S. 790.

15 Harry Kindermann wurde 1945 von sowjetischen Truppen in Berlin befreit. Wie sein Vater, ein gelernter Maurer, war er seit 1942 zum Tiefbunkerbau in Berlin eingesetzt, u.a. auch für das Reichssicherheitshauptamt (RSHA), Abt. IV. Leiter dieser Abteilung war Karl Adolf Eichmann, einer der Organisatoren des millionenfachen Mordes an den europäischen Juden. Warum die Nazis für den Tiefbunkerbau gerade jüdische Handwerker in Berlin zusammengezogen ist eine ungeklärte Frage. Zu den eingesetzten jüdischen Handwerkern gehörte auch der pfälzer Metallarbeiter Richard Stern aus Hochstadt. Dieser konnte ebenfalls überleben und

kehrte bei Kriegsende nach Hochstadt zurück, wo er 1956 verstarb und auf dem jüdischen Friedhof beigesetzt wurde.

16 Der Entwicklung jüdischen Lebens nach 1945 in Kaiserslautern ist in Wiehn, Erhard R.: Kaiserslautern. Leben in einer pfälzischen Stadt. Neustadt 1982 auf S. 399 ein kurzer Abschnitt gewidmet. Zu Jack Bulka (a. Icek oder Jeek) siehe auch: „Hohe Auszeichnung für Jeek Bulka", Die Rheinpfalz, Ausg. Kaiserslautern v. 13.3.1990 und „Stets an humaner Weltordnung mitgewirkt" - Jeek Bulka von der Kolpingfamilie als „Verdienter Bürger 1991" geehrt - ein bekannter Kaiserslauterer", in: Die Rheinpfalz, Ausg. KL v. 9.3.1991. Siehe außerdem „Jack Bulka - ein jüdischer Mitbürger. Sein Umfeld in KL stimmt" im Wochenblatt für Kaiserslautern v. 23.1.1986.

Fotonachweis: Foto: 1, 3 und 4 Archiv der Jüdischen Kultusgemeinde Neustadt/Wstr.; Foto 4: Feuchtner, Glan-Münchweiler.

Abbildungsnachweis: Privatarchiv Kukatzki, Schifferstadt

Samuel Kamenetzky

*Hannes Ziegler*

# Erinnerungen an Samuel Kamenetzky

Samuel Kamenetzky[1] wurde am 16. Juni 1918 in dem kleinen Ort Binningen bei Basel geboren. Seine Eltern waren Juden und kamen aus Witebsk (Weißrußland), jenem Ort, aus dem auch der große Maler Marc Chagall stammte.
Der Vater, Ascher (Oskar) Kamenetzky, war ein armer Schuster, der soviel Charme und Chuzpe besaß, daß es ihm gelang, das Herz des reichsten Mädchens in der Stadt zu gewinnen. Die Eltern der Sore Genica Sladkof - so lautete der Name der Glücklichen - zeigten sich von den Absichten des jungen Mannes wenig begeistert; sie verboten kurzerhand die Hochzeit. Als in Witebsk um die Jahrhundertwende Pogrome ausbrachen, entschloß sich das Liebespaar zu fliehen, und nach einer wahren Odyssee fand es schließlich im Jahre 1911 in der Schweiz eine neue Heimat. Ascher und Sore Kamenetzky waren nicht die einzigen Russen, die damals in die Schweiz oder nach Deutschland, nach Frankreich oder England flüchten mußten. Vier Jahre zuvor hatte ein gewisser Vladimir Iljitsch Lenin in Genf und später in Bern und Zürich Schutz vor den Verfolgungen der zaristischen Geheimpolizei gefunden.
In Binningen gelingt es Ascher Kamenetzky nach verschiedenen Mißerfolgen als Schuster und Metzger, schließlich im Holzgeschäft zu reussieren. Seine Fertigkeiten auf diesem Gebiet bringen ihm später so große Erfolge ein, daß er eine Firma gründen kann.
Im Jahre 1916 wird dem Ehepaar der erste Sohn Karl geboren. Zwei Jahre später kommt Samuel auf die Welt; Isaak und Mascha folgen später (1921 und 1924).
Samuel Kamenetzky erzählte oft von seiner armen Kindheit. Es war die Zeit, als der Vater vergeblich versuchte, beruflich Fuß zu fassen. Mit sechs Jahren kam Samuel in die Volksschule. Dann besuchte er die Hauptschule, der zwei Jahre Realschule folgten. Während der Schulzeit mußte der Bub wie seine Geschwister im väterlichen Betrieb mitarbeiten. Der Zehn-, Elf- und Zwölfjährige eignete sich auf diese Weise Fertigkeiten an, die ihm später von großem Wert sein sollten. Doch davon später. Zunächst ergänzte der junge Samuel seine schulische Ausbildung mit der fleißigen Lektüre kommunistischer Literatur. Die orthodoxen Eltern waren von diesem Interesse ihres Sprößlings weniger begeistert; doch verhindern konnten sie es nicht.
Mit 24 Jahren heiratete Samuel Kamenetzky Eva Helene Springer, eine reiche deutsche Jüdin aus Freiburg. Zwei Kinder wurden dem Paar geboren; Sascha (*1943) und Tanja (* 1946). Wohl unter dem Einfluß seiner Frau trat Samuel Kamenetzky am 28. Juli 1944 in die PdA (Partei der Arbeit) ein, einer Nachfolgeorganisation der 1940 verbotenen Kommunistischen Partei der Schweiz.
Das politische Engagement Kamenetzkys begann allerdings schon früher. Mitte der 30er Jahre registrierte der Achtzehnjährige die vielfältigen Umtriebe der Nationalsozialisten in der Schweiz. Auch dort existierte eine nationalsozialistische

Partei, gab es sogar einen „Gauleiter“, dessen antisemitische Ausfälle die Juden im Lande das Schlimmste befürchten ließen. Als dieser Gauleiter im Februar 1936 von einem jüdischen Studenten ermordet wurde, kam es zu heftigen antijüdischen Aktionen. Gleichzeitig - der Prozeß gegen den Attentäter brachte es an die Öffentlichkeit - erfuhren die Schweizer, in welchem Ausmaß die Nationalsozialisten in ihrem Land organisatorisch Fuß gefaßt hatten. Als eine Art Schutz- und Gegenmaßnahme darf deshalb die im August 1936 erfolgte Gründung des Jüdischen Weltkongresses durch Nahum Goldstein und Stephen Wise angesehen werden. Schutz und Verteidigung waren nun auch bitter notwendig. Seit der Annexion Österreichs und der Einführung von Rassegesetzen durch Mussolini in Italien - beides geschehen im März 1938 - wuchs der Zustrom bedrängter Juden in die Schweiz, der nach der Pogromnacht (November 1938) sowie dem deutschen Überfall auf die Tschechoslowakei (März 1939) und Polen (September 1939) weiter anschwoll. Tausende von Juden suchten Schutz in der neutralen Schweiz und stellten die Behörden und die Bevölkerung vor enorme Probleme. „Das Boot ist voll“ - so lautete (schon damals) der populistische Slogan. Doch damit nicht genug. Die Schweizer Gesandtschaft in Berlin machte den Vorschlag, in den Pässen der deutschen Juden doch eine Markierung einzubringen, die den schweizerischen Zollbeamten eine wirkungsvollere Kontrolle ermöglichen sollte. In Berlin griff man diese Anregung gerne auf. Mit der Verordnung vom 5. Oktober 1938 wurden die Reisepässe aller deutschen Juden ungültig; gültig waren Pässe fortan nur, wenn sie mit einem „J“ versehen waren.
Schließlich machte die Schweiz den Riegel dicht; bereits in das Land geflüchtete Juden waren laut Beschluß des Bundesrates vom März 1940 in Arbeitslager einzuweisen. Seit August 1942 galt die Weisung des Chefs der Polizeiabteilung des Eidgenössischen Justiz- und Polizeidepartements in Bern, „sämtliche Zivilflüchtlinge an der Schweizer Grenze zurückzuweisen und jene, denen der Übertritt bereits gelungen war, wieder auszuschaffen.“[2]
Samuel Kamenetzky gehörte zu den Schweizern, die im Auftrag der PdA Juden bei ihrer Flucht halfen, sie zu Hause aufnahmen, ihnen vor allem aber eine handwerkliche Ausbildung zukommen ließen, da sie gezwungen waren, in den Internierungslagern harte Arbeit zu verrichten.
Unter den vielen Flüchtlingen, die in die Schweiz strömen, ist auch der deutsche Tenor Joseph Schmidt. Kamenetzky lernt den Flüchtling im Internierungslager Girenbad-Hinwil (bei Zürich) kennen; erfolglos versucht er, dem kranken Sänger einen Konzertauftritt zu vermitteln. „Wir brauchen keine Sänger“, so wird Kamenetzky von den zuständigen Stellen beschieden. Joseph Schmidt kann das Lagerleben nicht ertragen; er bittet um die Überweisung ins Kantonsspital nach Zürich, doch der Lagerarzt hält ihn für einen Simulanten. Am 16. November 1942 stirbt Joseph Schmidt; die Beerdigung, so erzählte Kamenetzky, gerät zu einer Demonstration gegen die menschenunwürdigen Verhältnisse im Lager.
Nach dem Krieg tritt Samuel Kamenetzky in das Möbelgeschäft seiner Schwiegereltern ein. Die Politik bestimmt aber weiterhin sein Leben. Mit gespanntem Interesse verfolgt Kamenetzky den Versuch der Juden, in Palästina einen Staat zu gründen. Am 15. Mai 1948 proklamiert der Nationalrat der Juden den unabhängigen Staat Israel. Am gleichen Tag bricht der 1. israelisch-arabische Krieg aus. Ein

Jahr später, als sich die militärische Lage beruhigt hat, reift in Kamenetzky der Entschluß, noch einmal von vorne zu beginnen und mit 30 Jahren ein neues Leben anzufangen. Politische Gründe allein können für diese Entscheidung jedoch nicht verantwortlich gemacht werden. Seit längerer Zeit entwickelte sich seine Ehe schlecht; Eva und Samuel Kamenetzky sehen in dem Neubeginn auch eine Chance, ihre Ehe zu retten. Zunächst zögert man noch; die Kinder sind noch klein, und man hat ihretwegen Angst vor den Strapazen, die der Neuanfang in Israel bringen würde. Erst 1952 entschließt sich Samuel Kamenetzky, das Wagnis einzugehen.
Seine Frau und die Kinder kommen ein Jahr später nach. Die Hoffnungen, die sich das Ehepaar Kamenetzky gemacht hatte, erfüllten sich nicht. 1956 wird die Ehe geschieden.
In Israel arbeitet Samuel Kamenetzky in einer Schreinerei. Bald tritt er in eine holländische Firma ein, die Entsalzungsanlagen am Toten Meer baut. In Beer Sheva, einer Stadt am Rande der Wüste Negev, lernt er eine junge deutsche Frau kennen, die im Kibbuz in Ein Dor (am Berg Tabor) arbeitet. Von Anfang an ist diese Verbindung starken äußeren Belastungen ausgesetzt. Eva Kissinger berichtet später, daß die Ressentiments, die Feindseligkeiten, die man ihr als Deutscher in Israel entgegenbrachte, nur schwer erträglich waren. Was suchte eine deutsche Christin nach dem Holocaust in Israel? Allein ihre Anwesenheit bedeutete eine Provokation, und die oft massiven Reaktionen darauf mußten tagtäglich ausgestanden werden. Umgekehrt irritierte den Freundeskreis Samuel Kamenetzkys diese neue Bekanntschaft; viele Freunde zogen sich von ihm zurück, sahen in ihm einen Verräter. In Israel konnten Samuel Kamenetzky und Eva Kissinger nicht heiraten; daran war nun weniger die Atmosphäre schuld. Schuld hatten vielmehr die israelitischen Ehegesetze, die Verbindungen zwischen Juden und Nichtjuden untersagten. So verließen die beiden 1966 Israel, heirateten im Mai des gleichen Jahres auf Zypern und kehrten dann nach Deutschland zurück. In Bruchsal fanden sie eine Bleibe, wo Samuel Kamenetzky wieder als Schreiner arbeitete. Dort wurde auch ihr Sohn David geboren. Im Jahre 1971 zog die Familie nach Neustadt.
In Neustadt beginnt der letzte Arbeits- und Lebensabschnitt Samuel Kamenetzkys. Als Berater und - wie Kamenetzky ergänzte - „Kontrolleur“[3] der Bezirksregierung, besorgte er die Pflege und die Erhaltung der jüdischen Friedhöfe in der Pfalz. Die meisten dieser Friedhöfe waren während der nationalsozialistischen Diktatur zerstört worden: nach dem Krieg trat - trotz glaubhafter Beteuerungen der neuen Landesregierungen - keine große Änderung ein. Im Gegenteil: Durch Vergessen, Verdrängen und Gleichgültigkeit wurde den jüdischen Friedhöfen weiter großer Schaden zugefügt. Zu dieser schwierigen Ausgangslage kamen im Jahre 1971 noch andere Schwierigkeiten.
Da war zunächst das Problem der Finanzierung; die Hauptlast der Instandsetzung und Pflege der jüdischen Friedhöfe trug die jüdische Kultusgemeinde, den Rest stellte die Bezirksregierung zur Verfügung. Ein weit größeres Problem entstand aus der Unvereinbarkeit orthodoxer religiöser Glaubensansichten und der liberaleren Sichtweise Samuel Kamenetzkys. Denn in den Augen orthodoxer Juden bedeutete das, was Kamenetzky unter Erhaltung und Pflege verstand, eine Störung der Totenruhe. Nur den auserwählten Männern und Frauen der „Chevra Kadischa“ gestatteten die orthodoxen Juden die Pflege der Gräber. Kamenetzky dagegen sah

in seiner Arbeit auch den Versuch, wenigstens die Erinnerung an eine zerstörte Lebens- und Kulturgemeinschaft wachzuhalten. Als Samuel Kamenetzky später dem Schreiber dieser Zeilen den jüdischen Friedhof in Kaiserslautern zeigte und ihm, dem Laien, die Schriftzeichen und Symbole auf den Grabsteinen erklärte, war bei dem alten Mann so etwas wie Befriedigung und Stolz zu verspüren über die Arbeit, die hinter ihm lag. Zu diesem Zeitpunkt war Samuel Kamenetzky schon sehr krank. Seinen Wunsch, noch einmal nach Israel zu fahren, konnte er sich noch erfüllen. Am 10 . August 1990 starb Samuel Kamenetzky in Neustadt.

**Anmerkungen**

1 Die Informationen zum Leben Kamenetzkys stammen von seiner Frau Eva Kamenetzky, mit der ich im Dezember 1991 und März 1992 Gespräche geführt habe.

2 Vgl. Guggenheim, Willy: Wege zur Gegenwart. Schweizer Juden zwischen 1920 und 1945. S. 69-86 (zit. S. 81). In: Juden in der Schweiz. Glaube - Geschichte - Gegenwart. Im Auftrag des Schweizerischen Israelitischen Gemeindebundes herausgegeben von Willy Guggenheim. Küsnacht/Zürich 1982.

3 Vgl. Kamenetzky, Samuel: Jüdische Friedhöfe in der Rheinpfalz. In: Juden in der Provinz. Beiträge zur Geschichte der Juden in der Pfalz zwischen Emanzipation und Vernichtung. Hrsg. von Alfred Hans Kuby. Neustadt 1989 (1988), S. 227.

# Bibliographie zur Geschichte der Juden in der Pfalz von 1800 bis 1945, (2): Nachträge und Ergänzungen zur Bibliographie von 1988 (1) sowie neue Titel aus den Jahren 1988 bis 1992

zusammengestellt von *Bernhard H. Gerlach*

Stand: Mai 1992

**Gliederung:**

Teil A: Nachschlagewerke, Standardwerke, Zeitschriften
Teil B: Geschichte der Juden in den benachbarten Gebieten der Pfalz
Teil C: Bücher und Aufsätze, die sich explizit oder doch an wichtigen Textstellen mit der Geschichte der Juden in der Pfalz beschäftigen; besondere Stichworte:
- Gurs - 22.10.1940
- Namen
- Jiddisch
- Kirchen und Judentum
- Rabbiner

Teil D: Bücher und Aufsätze, die sich mit Geschichte und Leben der Juden an einzelnen Orten der Pfalz beschäftigen.

**Vorbemerkungen:**

Für diese Bibliographie gelten die gleichen Grundsätze, wie sie in der Bibliographie (1), veröffentlicht 1988 in "Juden in der Provinz“, formuliert wurden.
Außerhalb der zeitlichen und räumlichen Grenzen wurden Veröffentlichungen nicht systematisch ermittelt. Titel in den Teilen A und B stellen natürlich nur eine kleine Auswahl dar. Alle Titel in den Teilen C und D enthalten, auch wenn sie nicht weiter kommentiert sind, Informationen zur Geschichte der Juden in der Pfalz. Veröffentlichungen, die sich auf mehrere Orte bzw. eine pfälzische Region beziehen, wurden meistens im Teil C eingeordnet, manchmal aber auch einem zentralen Ort (Teil D) zugeordnet.
In den letzten Jahren gab es wieder eine Fülle von Veröffentlichungen in Zeitungen, besonders 1988 und 1990. Hier war eine Beschränkung auf umfangreichere Texte mit historischen Informationen nötig. Wahrscheinlich werde ich auch diesmal einige Aufsätze übersehen haben. Verbesserungen und weitere Literaturhinweise werden gerne entgegengenommen.
Für viele bibliographische Hinweise habe ich A.H. Kuby, R. Paul und besonders B. Kukatzki zu danken.

## Abkürzungen

| | |
|---|---|
| AJW | Allgemeine Jüdische Wochenzeitung |
| AmrhKG | Archiv für mittelrheinische Kirchengeschichte |
| AZJ | Allgemeine Zeitung des Judentums |
| BllPfKG | Blätter für pfälzische Kirchengeschichte |
| DGJB | Dokumentation zur Geschichte der jüdischen Bevölkerung in Rheinland-Pfalz und im Saarland von 1800 bis 1945 |
| DtStB IV,3 | Deutsches Städtebuch, Bd.IV,3: Rheinland-Pfalz und Saarland. Hrsg. Erich Keyser. Stuttgart 1964 (jeweils Abschnitt 15e: Juden) |
| GJ | Germania Judaica. Bde I-III,1, Tübingen 1963-1987 |
| Heimatkalender/ Heimatjahrbuch | abgekürzt mit Angabe des Landkreises bzw. der Region |
| HistJud | Historia Judaica |
| JbKL | Jahrbuch zur Geschichte von Stadt und Landkreis Kaiserslautern |
| JbwestdLG | Jahrbuch für westdeutsche Landesgeschichte |
| Juden in der Provinz. Beiträge zur Geschichte der Juden in der Pfalz zwischen Emanzipation und Vernichtung. Hrsg. Alfred H. Kuby. Neustadt/W. 1988 | |
| KDM | Die Kunstdenkmäler von Bayern / Die Kunstdenkmäler von Rheinland-Pfalz |
| LBI B | Leo Baeck Institute Bulletin |
| LBI YB | Leo Baeck Institute Year Book |
| LBI SWA | Leo Baeck Institute Schriftenreihe wiss. Abhandlungen |
| LBI News | |
| LGB | Leininger Geschichtsblätter |
| MHVPf | Mitteilungen des Historischen Vereins der Pfalz |
| MGWJ | Monatsschrift für Geschichte und Wissenschaft des Judentums |
| ND | Nachdruck/Reprint |
| NLB | Neue Leininger Blätter |
| NPfGV | Nordpfälzer Geschichtsverein |
| Pfälzische Juden und ihre Kultuseinrichtungen. Hrsg. Rainer Joha. Bender. Mannheim 1988 (Südwestdeutsche Schriften 5) | |
| Pfälzisches Judentum gestern und heute. Beiträge zur Regionalgeschichte des 19. und 20. Jahrhunderts. Hrsg. Alfred Hans Kuby. Neustadt/W. 1992 | |
| PfFam | Pfälzisch-rheinische Familienkunde / Pfälzische Familien- und Wappenkunde |
| PfH | Pfälzer Heimat |
| PfM | Pfälzisches Museum; 1921-1933: PfM/Pfälzische Heimatkunde |
| REJ | Revue des Etudes Juives |
| Die Rheinpfalz (Ludwigshafen) | meist mit Angabe der Orts- bzw. Regionalausgabe |
| Saarpfalz | Blätter für Geschichte und Volkskunde. Homburg/Saar |

| | |
|---|---|
| Udim | Zeitschrift der Rabbinerkonferenz in der Bundesrepublik Deutschland |
| VjhfZG | Vierteljahrshefte für Zeitgeschichte |
| ZGJD | Zeitschrift für die Geschichte der Juden in Deutschland 1887ff, 1929ff |
| ZGO | Zeitschrift für die Geschichte des Oberrheins |
| ZGSaarg | Zeitschrift für die Geschichte der Saargegend |
| ZHF | Zeitschrift für Historische Forschung |

# Teil A: Nachschlagewerke, Standardwerke, Zeitschriften


Aschkenaz. Zeitschrift für Geschichte und Kultur der Juden. Wien/Köln 1(1991)

Ashkenaz. The German Jewish Heritage. Ed. Gertrude Hirschler. New York 1987

Beiträge zur jüdischen Geschichte in Rheinland-Pfalz. Ergebnisse landeskundlicher Forschungen. Hrsg. Matthias Molitor/Hans-Eberhard Berkemann. Bad Kreuznach 1(1991) Heft 1, 2(1992) Heft1

Gidal, Nachum T.: Die Juden in Deutschland von der Römerzeit bis zur Weimarer Republik. Gütersloh 1988

Die Juden in Deutschland 1933-1945. Leben unter nationalsozialistischer Herrschaft. Hrsg. Wolfgang Benz. München 2.A.1989

Die jüdische Welt von Gestern. 1860-1938. Texte und Bildzeugnisse aus Mitteleuropa. Hrsg. Rachel Salamander. Wien 199o

Jüdisches Leben in Deutschland seit 1945. Hrsg. Micha Brumlik. Frankfurt/M. 1988

Kurzbiographien zur Geschichte der Juden 1918-1945. Hrsg. Joseph Walk. München 1988

Leo Baeck Institute New York. Catalog of Archival Collections. Ed. Fred Grubel. Tübingen 1990 (LBI SWA 47)

Medien zum Thema Juden - Judenverfolgung. Hrsg. Landesbildstelle Rheinland-Pfalz. Red. Fritz Köther. Koblenz 1988

Menora. Jahrbuch für deutsch-jüdische Geschichte. München 1(1990), 2(1991), 3(1992)

Neues Lexikon des Judentums. Hrsg. Julius H. Schoeps. Gütersloh 1992

Trumah (Hochschule für Jüdische Studien, Heidelberg). Wiesbaden 1, 1987; 2, 1990

Wassermann, Henry: Bibliographie des Jüdischen Schrifttums in Deutschland 1933-1943. München 1989 (Bibliographien zur deutsch-jüdischen Geschichte 2)

# Teil B: Geschichte der Juden in den benachbarten Gebieten der Pfalz

## 1. Saarland (besonders zu den ehemals pfälzischen Gebieten)

An den Leidensweg erinnert. In Blieskastel wurde ein Gedenkstein zur „Reichskristallnacht“ enthüllt. — Pfälzischer Merkur, Zweibrücken, 9.11.1978

Aron, Edith: Die verlorene silberne Mickymaus-Nadel. Erinnerung an den Alltag eines jüdischen Mädchens. — Saarbrücker Zeitung, Ausgabe Homburg, Nr. 168 vom 23.7.1991, 12 (mit Anmerkungen von Ludwig Harig) *(E. Aron aus Homburg)*

Aron, Edith: Die Zeit in den Koffern. Erzählungen. Bremen 1989

Becker, Bernhard: Inventarisierung historischer Friedhöfe im Saarpfalz-Kreis, 1. Folge. — Saarpfalz 1989, Heft 4(=23), 3o-44 *(jüdische Friedhöfe in Homburg und St.Ingbert; Bexbach)*

Becker, Bernhard: Inventarisierung historischer Friedhöfe im Saarpfalz-Kreis, 4. Folge. — Saarpfalz 1990, Heft 4(=27), 57-63 *(jüdischer Friedhof Blieskastel)*

Blinn, Dieter: Assimilierung auf dem Verordnungswege. Das napoleonische Dekret wegen der Judennamen vom Jahre 1808 und die Reaktion der Homburger Juden. — PfH 42(1991)120-128

Brass, Christoph: Verbrannt, verkauft, verfallen und fast vergessen. Alte Homburger Synagoge wird als Museum umgestaltet, doch die Pläne sind umstritten. — Saarbrücker Zeitung, Ausgabe Homburg, Nr. 260 vom 9./10.11.1991

Buhmann, Josef: Die Geschichte der jüdischen Gemeinde St.Ingbert. — Saarpfalz 1989, Sonderheft, 59-76

Collet, Josef: Das Wirtschaftsleben in der Grafschaft Saarbrücken im Zeitalter des Merkantilismus (1697-1793). Diss. Frankfurt/M. 1930

DtStB IV/3, 486 (Karl Fischer: Blieskastel); 496 (Hans-Walter Herrmann/Karl Fischer: Homburg); 538 (Wolfgang Krämer: St.Ingbert)

Die Grafen von der Leyen und das Amt Blieskastel. Ausstellung der Stadt Blieskastel. (Katalog) Blieskastel 1991 *(u.a. zu 1782: Juden in Blieskastel, Gersheim, Lautzkirchen, Medelsheim; S.159-161 eine kurze Geschichte der Juden im 17. und 18. Jh. von Michael Lintz)*

Herrmann, Hans-Walter: Judenverfolgung im Saarland. — Informationen für die Geschichts- und Gemeinschaftskundelehrer, Saarbrücken, Nr.17, 1979, 28-33

Konz, Jakob: „Reichskristallnacht“ in Homburg November 1938. — Saarpfalz 1989, Sonderheft, 47-56

Lang, Jürgen: Israeliten in Blieskastel. Geschichte einer nicht mehr bestehenden Bevölkerungsgruppe. — Blieskasteler Nachrichten 18(1977) Nr.21 vom 27.5.1977

Lemalet, Martine: Berr Isaac Berr, et l'émancipation des juifs de Lorraine (1788-1791). — Les cahiers modernes, no. 97, été 1989, 29-35

Lembert, Toni: Die ehemalige israelitische Kultusgemeinde Gersheim. — Saarpfalz 1989, Sonderheft, 57f

Lillig, Karl: Das Hauswesen eines Homburger Handelsjuden im Jahr 1834. — Saarpfalz 1991, Heft 4 (=31), 28-31

Lillig, Karl: Die Handhabung der Judenregals im Herzogtum Pfalz-Zweibrücken, betrachtet im Spiegel obrigkeitlicher Vorschriften und zeitgenössischer Literatur (mit Anhang). — Saarpfalz 1989, Sonderheft, 7-46

Lintz, Michael: Bettelverordnungen für Juden in Blieskastel im 18. Jahrhundert. — Saarpfalz 1991, Heft 1(=28), 54-62 *(Blieskastel, Gersheim, Medelsheim; Wölferdingen; Pfalz-Zweibrücken)*

Lintz, Michael: Die sozioökonomischen Verhältnisse einer jüdischen Gemeinde, aufgezeigt am Beispiel Gersheim für die Jahre von ca. 1800 bis 1935. — Saarpfalz 1992, Heft 1(=32), 5-36

Lintz, Michael: Die Synagoge - Ort des Gebetes. — Saarpfalz 1989, Heft 4(=23), 49-55 *(u.a. Homburg, St. Ingbert)*

Marx, Albert: Die Geschichte der Juden an der Saar vom Ancien Régime bis zum Zweiten Weltkrieg. Diss. Saarbrücken 1985. Rez. Fritz Jacoby: ZGSaarg 36(1988) 222-224

Marx, Albert: Die Geschichte der Juden im Saarland. — Saarheimat 32(1988) 214-220 *(zu den Jahren 1920-1938)*

Marx, Albert: Hugo Steinthal - ein prominenter Saarbrücker Jude in der Völkerbundszeit. — Saarheimat 33(1989) 63f *(1893-1961; 1935-1953 in Frankreich)*

Motsch, Joachim: Flurnamen der Parr und ihre Deutung. Medelsheim, Peppenkum, Seyweiler, Utweiler. Gersheim 1983 (Gersheimer Hefte 1) *(Judenkirchhof in Medelsheim)*

Motsch, Joachim: Meltis oder Medelsheim. Die Parr: Wege und Stationen in der Geschichte. Teil 1: Von den Anfängen bis 1815. Gersheim 1985 *(Juden 1703, 1783; Cerf Berr von Medelsheim; Judenfriedhof, Judenpfuhl)*

Müller-Knoblauch, Marion/Gernot Tybl: Der November-Pogrom 1938 in Saarbrücken. Zum Gedenken an die Opfer der antisemitischen Ausschreitungen vor 50 Jahren. Saarbrücken 1988

Neher-Bernheim, Renée: Cerfberr de Medelsheim. Le destin d'une famille durant la révolution. — REJ 137(1978) 61-75

Neher-Bernheim, Renée: Note sur la date de la mort de Cerfberr de Medelsheim. — REJ 132(1973) 139-144

Treib, Hans-Georg: „Jetzt krien die Juden Schläh!" Die „Reichskristallnacht" 1938. — Richtig daheim waren wir nie. Entdeckungsreisen ins Saarrevier 1815-1955. Hrsg. Klaus M. Mallmann. Berlin 1987, 190-195

Warschawski, Max/ Robert Weyl: Contribution à l'histoire des juifs d'Alsace. — REJ 136(1977) 559-570 *(Brief von Cerf Berr)*

Weyl, Robert: Les funérailles de Cerf Berr de Medelsheim à Rosenwiller (le 8 décembre 1793). — REJ 136(1977) 155-161

## 2. Hunsrück / Bad Kreuznach

Beiträge zur jüdischen Geschichte in Rheinland-Pfalz. Ergebnisse landeskundlicher Forschungen. Hrsg. Matthias Molitor/Hans-Eberhard Berkemann. Bad Kreuznach 1(1991) Heft 1, 2(1992) Heft 1

Dörr, Wolfgang: Zur Geschichte der Juden in Meisenheim und Umgebung. Meisenheim am Glan 1991. Rez. Max Krumbach: Pfälzisches Pfarrerblatt 82(1992) 19

Jüdische Gedenkstätten im Rheinland. Dokumentation über Reste jüdischer Kultur und heutiges Gedenken, im Auftrag der Evang. Kirche im Rheinland durchgeführt vom Ausschuß für kirchliche Zeitgeschichte. Bearbeitet von Gottfried Abrath. — Monatshefte für Evangelische Kirchengeschichte des Rheinlandes 37/38(1988/1989) 621-649 *(auch zu Orten, die heute zur Pfalz gehören: Offenbach/Glan, Hundheim)*

Die jüdischen Synagogen im Landkreis Bad Kreuznach. Hrsg. Kreisverwaltung. Bad Kreuznach 1988

Mais, Edgar: Die Verfolgung der Juden in den Landkreisen Bad Kreuznach und Birkenfeld 1933-1945. Eine Dokumentation. Bad Kreuznach 1988. (Heimatkundliche Schriftenreihe des Landkreises Bad Kreuznach 24) *(u.a. zu Altenbamberg, Hochstätten, Odernheim)*

Rummel, Karl-Josef: Juden in Bosen, Gonnesweiler und Sötern. Fortschrittliche und humane Gesinnung in der Behandlung im ehemaligen Fürstentum Birkenfeld. — SZ-Heimatblätter, Beilage zur Saarbrücker Zeitung, Nr.118 (August/Sept.1970), S.1 *(u.a. Listen der Lehrer und Rabbiner)*

Wegweiser durch das jüdische Rheinland. Hrsg. Ludger Heid. Berlin 1992 (u.a. Übersichten zu Synagogen, Friedhöfen; Rabbiner 1788-1944)

## 3. Rheinhessen

Steine des Erinnerns. Sonderheft der Westdeutschen Schulzeitung, Mainz, 101 (1992) April. *(Symposion des Fördervereins Projekt Osthofen, November 1991: persönliche Erinnerungen und historische Darstellungen zur Rolle des Konzentrationslagers Osthofen bei Worms; S. 27f Fritz Reuter über Juden in Worms; S. 20-27 Dieter Hoffmann: Auch Habgier war eine Wurzel des Antisemitismus. Gegen das Vergessen: die Geschichte der rheinhessischen Landjuden)*

## 4. Baden / Mannheim

Hahn, Joachim: Synagogen in Baden-Württemberg. Stuttgart 1987

Keller, Volker: Bilder vom jüdischen Leben in Mannheim. Mannheim 1988

22./23. Oktober 1940. Deportation Mannheimer Juden nach Gurs. Hrsg. Schulverwaltungsamt der Stadt Mannheim. Mannheim 1990

Bayer, Tilde: Familiäre Beziehungen der Mannheimer Juden zur Bayerischen Rheinpfalz 1814-1850. — Pfälzisches Judentum gestern und heute, 1992, 143-150
Bayer, Tilde: Die Juden in Mannheim während der Regierungszeit des Kufürsten Karl Ludwig 1661-1680. Mannheim 1988 (Magisterarbeit, Uni. Mannheim masch.)

**5.Elsaß / Lothringen**

Dénombrement général des Juifs qui sont toléres en la Province d'Alsace en exécution des Lettres-Patentes de Sa Majesté, en forme de Règlement, du 10 juillet 1784. Ed. Willy Fischer. Strasbourg 1975 (Ré-impression de Colmar, 1785)
Fraenckel, A.-A./Salomon Picard/Robert Weyl: Rabbinat d'Alsace. — Encyclopedie de l'Alsace, vol.10, Strasbourg 1985, 6213-6223
Gildas, Bernard: Les familles juives en France XVIe siècle - 1815. Guide des recherches biographiques et génealogiques. Paris 1990 *(zur Namensgebung 1808; Departements Mont-Tonnerre und Bas-Rhin; 22 pfälzische Orte)*
Les Juifs Lorrains. Du ghetto à la nation. 1721-1871. Exposition Musées de Metz, organisée par les Archives départementales de la Moselle. Metz 1990
Raphael, Freddy/Robert Weyl: Juifs d'Alsace: histoire, archéologie et art. — Encyclopedie de l'Alsace, vol.7, Strasbourg 1984, 4358-4385

## Teil C. Bücher und Aufsätze zur Geschichte der Juden in der Pfalz

Die Architektur der Synagoge. Hrsg. Hans-Peter Schwartz. Frankfurt/M. 1989, Deutsches Architekturmuseum *(Architekturgeschichtliche Einordnung der Synagogen von Göllheim, Ingenheim, Kaiserslautern, Kallstadt, Kirchheimbolanden, Landau, Pirmasens, Speyer, Zweibrücken)*
Arnold, Hermann: Die Bergzaberner Bildhauerschule.—Grabmale der Biedermeierzeit auf pfälzischen Friedhöfen. Hrsg. Historischer Verein der Pfalz, Bezirksgruppe Bad Bergzabern. Bad Bergzabern 1989, 23-64 *(jüd. Friedhöfe von Busenberg, Essingen, Ingenheim, Rülzheim)*
Arnold, Hermann: Juden in der Pfalz. Vom Leben pfälzischer Juden. Landau 1986. Rez. Alfred H. Kuby: BllPfKG 55(1988) 103
Baer, Itzhak: The Origins of the Organisations of the Jewish Community of the Middle Ages (hebr.). — Zion 15(1950) 1-41, engl. Summary I-V
Balduin von Luxemburg. Erzbischof von Trier - Kurfürst des Reiches. 1285-1354. Festschrift aus Anlaß des 700. Geburtstages. Hrsg. Franz-Josef Heyen.

Mainz 1985 (Quellen und Abhandlungen zur mittelrheinischen Kirchengeschichte 53) (darin S.437-483 Alfred Haverkamp: Erzbischof Balduin und die Juden) *(u.a. zu Juden in Bergzabern, Blieskastel(?), Kaiserslautern, Stauf(?))*

Battenberg, Friedrich: Das europäische Zeitalter der Juden. Zur Entwicklung einer Minderheit in der nichtjüdischen Umwelt Europas. 2 Teilbände. Darmstadt 1990 *(auch zu Judengemeinden am Rhein im Mittelalter, Speyer, Schutzjuden)*

Battenberg, Friedrich: Des Kaisers Kammerknechte. Gedanken zur rechtlich-sozialen Situation der Juden im Spätmittelalter und früher Neuzeit. — Historische Zeitschrift 245(1987) 545-599

Battenberg, Friedrich: Art. Schutzjuden. — Handwörterbuch zur deutschen Rechtsgeschichte. Lieferungen 30/31, Berlin 1988/1989, 1535-1541

Böcher, Otto: Judengemeinden am Rhein. — Vor-Zeiten. Geschichte in Rheinland-Pfalz. Hrsg. Dieter Lau. Bd.3, Mainz 1987, 65-86 *(auch zu Speyer)*

Böcher, Otto: Ludwig Levy (1854-1907) und die protestantische Pfarrkirche zu Bexbach. — Helmut Meinhardt u.a.: 100 Jahre protestantische Kirche zu Bexbach. Speyer 1989, 22-33, 37

Brandt, Harm-Hinrich/Hans Steidle: Emanzipation und Diskriminierung. Beiträge zu Einzelfragen jüdischer Existenz. Würzburg 1988 (Schriften des Stadtarchivs Würzburg 4) (u.a.S.9-26: Harm-Hinrich Brandt: Das Problem der Judenemanzipation in Bayern im 19.Jh.)

Breitbart, Gerrard: Die Juden in Deutschland von der Römerzeit bis zur Weimarer Republik. — Saarpfalz 1990, Heft 3(=26), 5-11 *(Ansprache zur Ausstellungseröffnung Homburg)*

Brinckmeier, Ed.: Genealogische Geschichte des uradeligen, reichsgräflichen und reichsfürstlichen, standesherrlichen, erlauchten Hauses Leiningen zu Leiningen-Westerburg. 2 Bde., Braunschweig 1890/1891 *(Graf Emich 1190; Juden 1297, 1408, 1548)*

Busch, Egon: Die „Reichskristallnacht“ in der Nordpfalz. - NPfGV 70(1990) 67-71 *(Alsenz, Münchweiler, Obermoschel, Rockenhausen, Steinbach a.D., Teschenmoschel, Winnweiler; Neuhemsbach, Kirchheimbolanden)*

Chazan, Robert: European Jewry and the First Crusade. Berkeley 1987

Debus, Karl Heinz: Toleranz in der bayerischen Pfalz im 19. Jahrhundert. — Toleranz am Mittelrhein. Hrsg. Isnard W. Frank. Mainz 1984 (Quellen und Abhandlungen zur mittelrheinischen Kirchengeschichte 50), 119-128 *(auch zum Verhältnis von Christen und Juden)*

Demmerle, Roland: Erinnerung tut not. 50 Jahre nach der ”Reichskristallnacht“. Bilanz einer Vergangenheitsbewältigung. — Die Pfalz am Rhein, 1989 , H.1, 34f

Dokumentation zur Geschichte der jüdischen Bevölkerung in Rheinland-Pfalz und im Saarland von 1800-1945. Hrsg. Landesarchivverwaltung Rheinland-Pfalz in Verbindung mit dem Landesarchiv Saarbrücken. 9 Bde. Koblenz 1972-1987. Rez. Wolfgang Laufer: ZGSaarg 36(1988) 246f

Dokumente zur Geschichte: Krieger, Ritter, Freiherr. Entstehung und Wirken des Niederadels im Mittelalter. Katalog zur Wanderausstellung der Landesarchivverwaltung Rheinland-Pfalz. Bearbeitet von Volker Rödel. Koblenz 1988 *(bes. S.78-82: Niederadel und Juden; von Randeck, von Bolanden; Weingarten, Busenberg, Landau)*

Eichhorn, David Max: Passover-Diary. — Overseas Sentinel, nr. July-August 1945, 59f *(Bericht eines amerikanischen Armeerabbiners über das Vorrücken der amerikanischen Armee in der Pfalz, März 1945; Pessach-Feier 1945 in Kaiserslautern, u.a. mit Leonard Felsenthal, geb. in Kaiserslautern)*

175 Jahre pfälzisches Oberlandesgericht. 1815 Appellationshof, Oberlandesgericht 1990. Festschrift. Hrsg. Sven Paulsen. Neustadt/W. 1990 (darin: Karl Heinz Debus: Christen und Juden und die Justiz im Dritten Reich im Oberlandesgerichtsbezirk Zweibrücken, S.181-205; Sven Paulsen: Die Verfolgung jüdischer Richter, Beamter, Notare und Rechtsanwälte unter nationalsozialistischer Gewaltherrschaft in der Pfalz, S. 267-282, *u.a. zu Juden aus Frankenthal, Kaiserslautern Kirchheimbolanden, Landau, Ludwigshafen, Pirmasens, Rockenhausen, Speyer, Zweibrücken;* Hans Ziegler: 175 Jahre Oberlandesgericht Zweibrücken 1815-1990. Seine Richter und Staatsanwälte, S. 411-437)

Fenske, Hans: Die pfälzische NSDAP 1921-1932. — MHVPf 85(1987) 347-381 *(auch zur antisemitischen Agitation im „Eisenhammer")*

Frank, Friedrich: Die Schächtfrage vor der bayerischen Volksvertretung. Würzburg 3.A. 1894 *(auch zur Schrift von Bauwerker aus Kaiserslautern)*

Fücks, Karl/Michael Jäger: Synagogen der Pfälzer Juden. Vom Untergang ihrer Gotteshäuser und Gemeinden. Eine Dokumentation. Edesheim/Böbingen 1988. Rez. Otto Böcher: BllPfKG 56(1989) 154f; Wolfgang Müller: Die Rheinpfalz, Ausg. Landau, 4.11.1988; Norbert Rönn: Der Pilger 141(1988) Nr. 46 vom 13.11.1988, 1627

50 Jahre Reichspogromnacht. (Religionspädagogische Hefte 5, Sept./Okt. 1988) Speyer 1988 (darin u.a. S.3-5 Alfred Hans Kuby: Zur Geschichte der Juden in der Pfalz bis 1933; S.5-11 Wolfgang Klein: Zur Geschichte der Juden an der Saar bis 1938; S.18-21 Otto Brunner: Die Reichskristallnacht in Landau; Die Deportation nach Gurs im Oktober 1940; S. 24-27 Marc Reusch: Die Evang. Kirche der Pfalz und die Judenverfolgung 1933-1945 (7 Thesen); S.44-47 Interview mit Bernhard Kukatzki über Synagogen und jüdische Friedhöfe in der Pfalz)

Fürstbischöflich-Speyerische Verordnung betr. des Schutzes der Juden. Bruchsal 1790

Gedenkstätten für die Opfer des Nationalsozialismus in Rheinland-Pfalz. Erweiterte und überarbeitete Auflage. Hrsg. Landeszentrale für politische Bildung Rheinland-Pfalz. Mainz 2.A.1991 (1.A.1987: Robert Hess) *(S.127-157 ein unautorisierter, nur unwesentlich veränderter Abdruck der kommentierten Bibliographie zur Lokalgeschichte der Juden in der Pfalz)*

Gerlach, Bernhard H.: Bibliographie zur Geschichte der Juden in der Pfalz von 1800 bis 1945 (1). — Juden in der Provinz, 1988, 241-322

Geschichte und Kultur der Juden in Bayern. Aufsätze. Hrsg. Manfred Treml. München 1988 (Veröffentlichungen zur Bayerischen Geschichte und Kultur 17) *(zur Pfalz nur die allgemeinen Beiträge über die Judenemanzipation, Rabbiner, jüd. Schulen)*

Geschichte und Kultur der Juden in Bayern. Lebensläufe. Hrsg. Manfred Treml. München 1988 (Veröffentlichungen zur Bayerischen Geschichte und Kultur 18) (u.a. S.13-20 Andreas Angersdorfer: Rabbi Jehuda ben Samuel he-Hasid (um 1140-1217), der Pietist *(Speyer, Regensburg);* S.53-58 Franziska Jungmann-Stadler: Drei Generationen Seligmann-von Eichthal in München, „allda etablierte Banquiers“ *(kurpfälzische Hoffaktoren);* S.85-89 Franziska Jungmann-Stadler: Bernhard von Eichthal (1784-1830), „Bürgerspflicht und wohltätiger Sinn“ *(Familie kurpfälzischer Hoffaktoren);* S.95-100 Rainer Braun: Die Offiziere Isidor und Maximilian Marx (1789-1862 und 1842-1916; *M.Marx zeitweise als jüd. Offizier in der Pfalz);* S.153-156 Henry Marx: Michael Hahn (1830-1886), Gouverneur von Louisiana *(aus Klingenmünster);* S. 183-188 Henry Marx: Oscar Salomon Straus (1850-1931), amerikanischer Diplomat und Politiker *(aus Otterberg))*

Göppinger, Horst: Juristen jüdischer Abstammung im „Dritten Reich“: Entrechtung und Verfolgung. München 2.A.1990 *(u.a zu Frankenthal, Kaiserslautern, Landau, Ludwigshafen, Pirmasens, Speyer, Winnweiler, Zweibrücken)*

Gruchmann, Lothar: Justiz im Dritten Reich 1933-1940. München 1988

Heinz, Joachim: „Bleibe im Lande und nähre dich redlich!“ Zur Geschichte der pfälzischen Auswanderung vom Ende des 17. bis zum Ausgang des 19. Jahrhunderts. Kaiserslautern 1989 (Beiträge zur pfälzischen Geschichte 1) *(zu religiösen und wirtschaftlichen Motiven bei Juden)*

Heyen, Franz-Josef: Nationalsozialismus bei uns. — Vor-Zeiten. Geschichte in Rheinland-Pfalz. Hrsg. Dieter Lau. Bd.2, Mainz 1986, 219-236 *(u.a. zu Gurs 1940)*

Hoffmann, Heinrich: Geschichte als Lehrmeisterin. (Wie sahen unsere Ahnen die Juden?) — NPfGV, 1936, 65-67, 74-77, 81-83 *(antisemitische Darstellung, am Beispiel einer „Verordnung wegen derer Judenhändel“, Kirchheim 8.2.1777; Rheingrafen zu Gaugrehweiler)*

Hoppstädter, Kurt: Die Judenfrage in den ehemals nassauischen Grafschaften Ottweiler und Saarbrücken. — Westmärkische Abhandlungen zur Landes- und Volksforschung 5, 1941/42 (1943), 195-202 *(16. Jh.: Herrschaft Kirchheim; 18. Jh. Medelsheim, Geislautern)*

Idelsohn, Abraham Z.: Jewish Music in its Historical Development. New York 3.A. 1975 *(auch zu: Die traditionellen Synagogen-Gesänge, 1868, hrsg. von N.H.Katz und L.Waldbott aus Oberlustadt)*

Israel, Jonathan I.: European Jewry in the Age of Mercantilism 1550-1750. Oxford 1985 *(Kurpfalz, Hochstift Speyer)*

Juden in der Provinz. Beiträge zur Geschichte der Juden in der Pfalz zwischen Emanzipation und Vernichtung. Hrsg. Alfred Hans Kuby. Neustadt/W. 1988, 2.A. 1989. (Auch als Sonderdruck der Landeszentrale für politische Bildung, Mainz) Rez. Otto Böcher: BllPfKG 56(1989) 155f; Michael Brocke: Kirche und Israel 4(1989) 83f; Rudolf Fendler: PfH 40(1989) 92f; Ernst Gottfried Lowenthal: AJW 44(1989) Nr.7 vom 17.2.1989, 9; Hans L. Reichrath: Judaica 45(1989) 68f; Wolfgang Müller: Die Rheinpfalz, Ausgabe Landau, 4.11.1988

Kamenetzki, Samuel: Jüdische Friedhöfe in der Rheinpfalz. - Juden in der Provinz, 1988, 227-229

Karch, Helga: Die politische Partizipation der Juden in der Pfalz. — Juden in der Provinz, 1988, 49-64

Karmann, Paul: Spurensuche. Überreste jüdischer Kultur im Donnersbergkreis. — Donnersberg-Jahrbuch 13(1990) 158-161 *(Hinweise zu etwa 30 Orten)*

Kehr, Erich: Fröhlich Pfalz - Gott erhalt's. — CV-Zeitung, Berlin, 3(1924) Nr. 35 vom 28.8.1924 *(über Antisemitismus und die Situation des pfälzischen Judentums)*

Keim, Eris J.: Kolloquium „Zur jüngeren Geschichte der Juden in der Pfalz“ (1870-1945). — Der Vorbote. Organ der Johann-Philipp-Becker-Gesellschaft 1(1986) Nr.3/4, 45-48

Kermann, Joachim: Karten zum Hambacher Fest 1832. Zusammenhänge und Auswirkungen in der Pfalz und in Deutschland. Text zum Pfalzatlas, Karten 130 und 131. — Pfalzatlas, Textband III, Speyer 1981(1987), 1694-1745 *(zu Juden passim, u.a. Dahn, Frankenthal)*

Kirzl, Gernot: Staat und Kirche im Bayerischen Landtag zur Zeit Max II.(1848-1864). München 1974 (Miscellanea Bavarica Monacensia 50) *(Debatten zur Judenemanzipation)*

Kreutz, Wilhelm: Die Entwicklung der Berufs- und Sozialstruktur der pfälzischen Juden (1818-1933). — Juden in der Provinz, 1988, 9-32

Kreutz, Wilhelm: Die pfälzischen Juden der napoleonischen Ära: Bevölkerungsentwicklung, regionale Ausbreitung und Sozialstruktur. Mit einem Verzeichnis der 1809/10 im Donnersbergdepartement lebenden Juden. — Pfälzisches Judentum gestern und heute, 1992, 33-84

Kuby, Alfred Hans: Zwischen Verschweigen und Bekennen. Jüdisches Schicksal im Spiegel pfälzischer Ortsgeschichten 1948-1988. - Juden in der Provinz, 1988, 231-240

Kukatzki, Bernhard: Fundstücke aus den Synagogen Odenbach und Weisenheim am Berg. — Pfälzisches Judentum gestern und heute, 1992, 273-286

Kukatzki, Bernhard: Die Jüdische Kultusgemeinde der Rheinpfalz. — Pfälzisches Judentum gestern und heute, 1992, 381-395

Kukatzki, Bernhard: Reichspogromnacht - wider das Vergessen. — Kultur lebt durch die Menschen. Hrsg. Die Grünen Rheinland-Pfalz. Mainz 1988, 27-29

Kukatzki, Bernhard: „Wo die toten Menschen schweigen, da sprechen um so lauter die lebendigen Steine“ - Eine Bestandsaufnahme von nach 1945 erhaltenen Synagogenbauten und -resten. — Juden in der Provinz, 1988, 195-225

Kurzbiographien zur Geschichte der Juden 1918-1945. Hrsg. Joseph Walk. München 1988 *(auch mehrere Juden aus der Pfalz)*

Landau, Richard: Geschichte der jüdischen Ärzte. Ein Beitrag zur Geschichte der Medicin. Berlin 1895 *(Speyer; Familie Wallich, Koblenz, Blieskastel)*

Landesgeschichtlicher Exkursionsführer Rheinland-Pfalz. Bd.1: Regierungsbezirk Rheinhessen-Pfalz. Hrsg. Klaus Kremb. Otterbach 1989 (darin u.a. S.170f Walter Helfrich: Judenhof - Kultisches Zentrum im Mittelalter (Speyer); S.190f Berthold Schnabel: Rülzheim - Juden auf dem Lande)

Levinson, Nathan Peter: Ein Rabbiner in Deutschland. Aufzeichnungen zu Religion und Politik. Gerlingen 1987 *(1958-1961 als amerikanischer Militärrabbiner in der Pfalz, Tätigkeit auch für die Jüdische Kultusgemeinde der Rheinpfalz)*

Matt, Georgia: Kulturdenkmäler im Landkreis Kaiserslautern. Kaiserslautern 1991 (Schriftenreihe der Kreisverwaltung Kaiserslautern 6) *(S.97-101: Zu den jüdischen Friedhöfen in Hochspeyer, Kaiserslautern, Landstuhl, Mehlingen, Niederkirchen)*

Meyer, Michael A.: Response to Modernity. A History of the Reform Movement in Judaism. Oxford 1988 *(zu verschiedenen Strömungen der Reformbewegung in Deutschland; Rabbiner-Ausbildung)*

Möckl, Karl: Der moderne bayerische Staat. Eine Verfassungsgeschichte vom aufgeklärten Absolutismus bis zum Ende der Reformepoche. München 1979 (Dokumente zur Geschichte von Staat und Gesellschaft in Bayern III,1) *(zur rechtlichen Stellung der Juden; Emanzipationsdebatten 1818-1869)*

Müller, Leonhard: Ehemalige jüdische Bürger zu Gast im Landkreis Kusel. — Westrich-Kalender (Kusel) 1989, 113f

Der nationalsozialistische „Eisenhammer" verurteilt.(Red.) — Abwehrblätter 41(1931) 203 *(gegen antisemitische Artikel im „Eisenhammer", 4.Jg., Nr.48)*

Nehls, Irene: Pfälzer Sturm und Drang: Ludwig Philipp Hahn (1746-1814). St.Ingbert 1988 (Saarbrücker Beiträge zur Literaturwissenschaft 17) *(geb. in Trippstadt, lebte in Zweibrücken; jüdische Figuren in Dramen)*

Obst, Dieter: „Reichskristallnacht". Ursachen und Verlauf des antisemitischen Pogroms vom November 1938. Frankfurt/M. 1991 (Europäische Hochschulschriften III,487) *(Auswertung der Gerichtsakten: u.a. Homburg, Kaiserslautern, Kirchheimbolanden, Kusel, Pirmasens)*

Paul, Roland: Die Verschleppung der Juden aus dem Landkreis Kusel vor 50 Jahren und das Schicksal der Deportierten. — Westrichkalender (Kusel) 1991, 145-151 *(Juden aus Brücken, Glan-Münchweiler, Konken, Kusel, Odenbach, Steinbach, Ulmet)*

Paul, Roland: „Es war nie Auswanderung, immer nur Flucht." Zur Emigration der

Juden aus der Pfalz im Dritten Reich. — Juden in der Provinz, 1988, 147-176

Pfälzische Juden und ihre Kultuseinrichtungen. Hrsg. Rainer Joha Bender. Mannheim 1988 (Südwestdeutsche Schriften 5) (S.11-25 Rainer J. Bender: Die pfälzischen Juden in der wissenschaftlichen und heimatkundlichen Literatur; S.27-43 Bernhard Kukatzki: Zur Geschichte des pfälzischen Synagogenbaus; S.45-59 Rainer J. Bender: Denkmalschutz und jüdische Kultuseinrichtungen; *außerdem zu Juden in Kaiserslautern, Rülzheim, Odenbach)* Rez. Rudolf Fendler PfH 40(1989) 93; A.H.Kuby BllPfKG 56(1989) 158f; Wolfgang Müller: Die Rheinpfalz, Ausgabe Kaiserslautern, 14.12.1988

Pfälzisches Judentum gestern und heute. Beiträge zur Regionalgeschichte des 19. und 20. Jahrhunderts. Hrsg. Alfred Hans Kuby. Neustadt/W. 1992

Der Pogrom der „Reichskristallnacht". Ablauf, Ursachen, Folgen. Hrsg. Pädagogisches Zentrum des Landes Rheinland-Pfalz. Red. Karl Heil/Manfred Koschig. Bad Kreuznach 1988. (PZ-Information Geschichte 6/88) *(regionaler Schwerpunkt im hist. Teil: Bad Kreuznach)*

Prestel, Claudia: Jüdisches Schul- und Erziehungswesen in Bayern 1804-1933. Tradition und Modernisierung im Zeitalter der Emanzipation. Göttingen 1989 (Schriftenreihe der Historischen Kommission bei der Bayerischen Akademie der Wissenschaften 36) *(nur wenig zu pfälzischen Verhältnissen; S.197f Auseinandersetzung zwischen jüdischem Lehrer Haymann aus Rodalben und Rabbiner Meyer)* Rez. Uri Kaufmann: Aschkenaz 1(1991) 267f

Ramsauer, Rembert: Alchimisten an der Saar und am Rhein. — Saarpfälzische Abhandlungen zur Landes- und Volksforschung 3,1939, 172-187 *(Juden in Mannheim und Zweibrücken, 18.Jh.)*

„Reichskristallnacht". 9. November 1938. Eine Arbeitshilfe. Hrsg. Bund der Deutschen Katholischen Jugend/Evangelische Jugend der Pfalz. Speyer/ Kaiserslautern 1988

Remlein, Karl Thomas: Der Bayerische Landtag und die Judenemanzipation nach der Revolution von 1848. — Zwischen Schutzherrschaft und Emanzipation. Hrsg. Harm-Hinrich Brandt. Würzburg 1987 (Mainfränkische Studien 39), 139-208

Rödel, Volker: Die Judenpolitik der pfälzischen NSDAP. — Juden in der Provinz, 1988, 87-102

Rödel, Volker: Reichslehenwesen, Ministerialität, Burgmannenschaft und Niederadel. Studien zur Rechts- und Sozialgeschichte des Adels in den Mittel- und Oberrheinlanden während des 13. und 14. Jahrhunderts. Darmstadt 1979 (Quellen und Forschungen zur hessischen Geschichte 38) *(zu Judensteuern in Landau, Speyer, Weingarten, Herren von Randeck)*

Rosenthal, Berthold (Bearbeiter): Hinter der großen Armee - Ein Familienbriefechsel. — Pfälzisches Judentum gestern und heute, 1992, 109-142 *(1812/13, Otterstadt, Frankfurt/M.)*

Ruthmann, Margarete: Schalom Weinstraße. Im Auftrag des Südwestfunks, Landesstudio Rheinland-Pfalz. SWF, 3. Programm, 9.11.1989 *(Fernsehfilm zu Geschichte und Gegenwart der jüdischen Gemeinde(n) in der Pfalz)*

Saltin, Günther: Palatia sacra: Begegnung mit wenig bekannten Stätten der religiösen Tradition. Speyer 1991 *(jüd. Friedhof Lustadt, Synagogengebäude Weisenheim am Berg)*

Satzung des Verbandes der israelitischen Kultusgemeinden der Pfalz. (Sitz in Neustadt a.H.; errichtet am 18.3.1917) Landau 1917 *(vorhanden im Landesarchiv Speyer, Bestand H 38 Nr.1516, Bl.311)*

Schitter, Walter: Die Spuren führen nach Gurs. „Wie ein Schluchzen, das einem in der Kehle steckenbleibt." — Donnersberg-Jahrbuch 13(1990) 169f *(Ausstellung zur Gurs-Deportation, 19 Orte)*

Schmidt, Franz: Die Steine reden. Zeugnisse jüdischen Lebens im Landkreis Südliche Weinstraße. Rhodt 1989 *(Albersweiler, Altdorf, Bergzabern, Billigheim, Böbingen, Böchingen, Edenkoben, Edesheim, Essingen, Göcklingen, Gommersheim, Herxheim, Ingenheim, Kirrweiler, Kleinfischlingen, Klingenmünster, Landau, Maikammer, Niederhochstadt, Venningen)* Rez. Rudolf Fendler: PfH 40(1989) 91; R.J.: Die Rheinpfalz, Ausgabe Kaiserslautern, 11.6.1991; Alfred H.Kuby: BllPfKG 56(1989) 158f

Schramm, Steffen/Michael Wisseroth: Alltag im Nationalsozialismus. — Westricher Heimatblätter n.F. 13(1982) Nr.1, 3-30 *(Juden in Waldmohr 1931, Brücken 1935)*

Schuhmacher, Georg: Die Emanzipation der pfälzischen Juden im Spiegel der Neuen Speyerer Zeitung und der Debatten der bayerischen Kammern (1818-1851). — Juden in der Provinz, 1988, 33-48

Schuhmacher, Georg: Die Finanzpolitik der pfälzischen Juden in der ersten Hälfte des 19. Jahrhunderts. Mannheim 1987 (Diplomarbeit, Hist. Institut der Universität Mannheim, masch.)

Segall, Jacob: Stand der jüdischen Bevölkerung in Deutschland auf Grund der Volkszählung vom 1.Dezember 1910. — Zeitschrift für Demographie und Statistik der Juden 8(1912) 7-13

Siehe, der Stein schreit aus der Mauer. Geschichte und Kultur der Juden in Bayern. Ausstellungskatalog. Hrsg. Bernward Deneke. Nürnberg 1988 *(einige Ausstellungsobjekte auch aus der Pfalz)*

Silbernagel, Isidor: Verfassung und Verwaltung sämtlicher Religionsgenossenschaften in Bayern. Landshut 1870, 2.A.1883

Stein, Herbert: Juden in Deutschland 1983. — Tribüne 22(1983), Heft 86, 40-43 *(zum Symposion Frankenthal; Pegulan-Werke, Fritz Ries)*

Stein, Wolfgang Hans: Die Ikonographie der rheinischen Revolutionsfeste. — JbwestdLG 15(1989) 189-225 *(u.a. ein Jude unter einem Freiheitsbaum 1793)*

Synagogen und Denkmalpflege. Hrsg. Landesamt für Denkmalpflege im Auftrag des Kultusministeriums Rheinland-Pfalz. Mainz 1989 (S.5-22 Anton Neugebauer: Architektur und Geschichte des Synagogenbaus in Rheinland-Pfalz. Grundzüge des Synagogenbaus; *auch zu vielen pfälzischen*

*Synagogen; bes.zu Synagogen in Alsenz, Deidesheim, Neustadt/W., Odenbach, Speyer, Weisenheim am Berg)*

Synagogen- und Gebete-Ordnung für die israelitischen Cultus-Gemeinden der Pfalz. Kaiserslautern 1857 *(vorhanden im Landesarchiv Speyer Best. H 3 Nr.8252; vgl. die ausführliche Diskussion dazu in DGJB Bd. 9,2, 538-544)*

Textor, Fritz: Entfestigungen und Zerstörungen im Rheingebiet während des 17. Jahrhunderts als Mittel der französischen Rheinpolitik. Bonn 1937 (Rheinisches Archiv 31) *(Juden 1689)*

Textor, Fritz: Die französische „Saarprovinz" 1680-1697. Ein Beitrag zur Geschichte der Reunionen. — Rheinische Vierteljahrsblätter 10(1940) 1-76 *(Statistiken auch zu Juden in pfälzischen Orten)*

Thieme, Ulrich/Felix Becker: Ludwig Levy. — Allgemeines Lexikon der bildenden Künstler von der Antike bis zur Gegenwart, Bd.23, Leipzig 1929, 159f

Transier, Werner: Neu im Historischen Museum der Pfalz: Ein Sabbathleuchterpaar in Form von siebenarmigen Leuchtern. — PfH 42(1991) 32-37

Transier, Werner: Neu im Historischen Museum der Pfalz: Jüdischer Jahrzeitleuchter. — PfH 40(1989) 170-172

Volz, Günther: Der bayerische Rheinkreis um 1830. Text zum Pfalzatlas, Karte 129. — Pfalzatlas, Textband III, Speyer 1981(1987), 1679-1693 *(Jüdischer Kultus, Statistik)*

Walk, Joseph: Jüdische Schule und Erziehung im Dritten Reich. Frankfurt/M. 1991 *(u.a. Landau 1935)*

Wassermann, Rudolf: Die Entwicklung der jüdischen Bevölkerung in Bayern im 19. Jahrhundert. — Zeitschrift für Demographie und Statistik der Juden 1(1905) Nr.11, 11-13

Wertheimer, Rudolf: Der politische Boykott und seine Abwehr. — Der Schild (Berlin) 10(1931) 91f

Wiesemann, Falk: Bibliographie zur Geschichte der Juden in Bayern. München 1989 (Bibliographien zur deutsch-jüdischen Geschichte 1) *(keine Titel zu einzelen Orten in der Pfalz, keine speziellen Titel zur Geschichte des pfälzischen Judentums, aber verschiedene Bücher und Aufsätze zur allgemeinen Entwicklung der jüdischen Bevölkerung in Bayern, z.B.: Emanzipationsdebatte, Reformbewegung, Rabbinat, Bevölkerungsstatistik)*

Wipfler-Pohl, Siegrun: Kinderemigration 1939. Auf den Spuren jüdischer Kinder aus der Saarpfalz im französischen Exil. — Pfälzisches Judentum gestern und heute, 1992, 321-386

Yad Vashem. Die Judenretter aus Deutschland. Hrsg. Anton Maria Keim. Mainz 1983 *(zu Ludwigshafen, Mannheim)*

Ydit, Max Meir: Als Jude in Deutschland leben. Jüdische Gemeinden in der Pfalz. — Informationen für Presbyter und kirchliche Mitarbeiter der Evang.

Kirche der Pfalz (Prot. Landeskirche), Speyer, Nr.37, 3. Quartal 1988, 2 und 10

Ydit, Max Meir: Grußwort der Jüdischen Gemeinde der Rheinpfalz. (Gedenkstunde zum 50. Jahrestag der Reichspogromnacht 1938) — Informationen für Presbyter und kirchliche Mitarbeiter der Evang. Kirche der Pfalz (Prot. Landeskirche), Speyer, Nr.38, 4. Quartal 1988, 22f

Ziegler, Hannes: Forthuber gegen Förster. Ein politischer Prozeß aus der Pfalz während der Weimarer Republik. — PfH 40(1989) 15-26 *(Streit um den „Eisenhammer", auch antisemitische Texte)*

Ziegler, Hannes: Erinnerungen an Samuel Kamenetzki. — Pfälzisches Judentum gestern und heute, 1992, 396-400

Ziegler, Hans: Das Justizwesen in der Pfalz im 19. Jahrhundert. Mit einem Verzeichnis der an den Gerichten und bei den Staatsanwaltschaften tätig gewesenen Juristen. — MHVPf 86(1988) 183-345 *(Jüdische Juristen in verschiedenen Städten)*

Zimmer, Eric: Jewish Synods in Germany During the Late Middle Ages (1286-1603). New York 1978 *(u.a. Juden aus Speyer)*

Zusammenschau über das Auftreten der Judenschulen in den Jahren 1819-1880. — Erzieher der Westmark 1(1938) Folge 13, 318

**Teil C: Gurs - 22.10.1040**

Althausen, Oskar (Redakt. Bearbeitung D. Beile/M. Schmitz): Rede bei der Gurs-Gedenkveranstaltung (Jüd. Gemeindezentrum Mannheim). — Pfalz-Forum, Heft 5 (März/April 1991), 60f

Althausen, Oskar: Gespräch mit Wilhelm Kreutz: Den Holocaust auf abenteuerliche Weise überlebt. — Juden in der Provinz, 1988, 177-194

Düwell, Kurt: Die Rheingebiete in der Judenpolitik des Nationalsozialismus vor 1942. Bonn 1968 (Rheinisches Archiv 65) *(auch zur Gurs-Deportation)*

Gurs. Deutsche Emigrantinnen im französischen Exil. Hrsg. Gabriele Mittag. Berlin 1990

Oktoberdeportation 1940. Die sogenannte „Abschiebung" der badischen und saarpfälzischen Juden in das französische Internierungslager Gurs und andere Vorstationen von Auschwitz. 50 Jahre danach zum Gedenken. Hrsg. Erhard R. Wiehn. Konstanz 1990 *(umfangreiche Dokumentation mit Nachdrucken von Veröffentlichungen und Abdruck von Erinnerungen und Dokumenten;* allgemeine Übersicht bei Erhard R. Wiehn: Zur Oktoberdeportation und ihren Folgen, S.33-63, mit Literaturverzeichnis; Eugen Fried (Landau/Straßburg): „...verscheucht wie ein getretener Hund", S.489-492; Hans-Walter Herrmann: Die Deportation nach Gurs *(aus dem Saargebiet, auch Juden aus dem Bereich Homburg)*, S.493-510; Erhard R. Wiehn: Zur Bürckel-Aktion in Kaiserslautern, S.511-526; Margot Wicki-Schwarzschild (aus Kaiserslautern): Gurs - aus der Kinderperspektive, S. 527-554; Hannelore Wicki-Schwarzschild (aus Kaiserslautern): Auch mir steigen Erinnerungen auf..., S.555-565; Katrin Hopstock: Zur Deportation

der Juden von Speyer, S.969-971). Rez. Michael Marck: Das Parlament 42(1292) Nr.12 vom 13.3.1992, 22
Keim, Eris J.: Zum Gedenken an den 22. Oktober 1940. — Pfalz-Forum, Heft 3 (Oktober 1990), 30f
Paul, Roland: Die Deportation der Juden aus der Pfalz nach Gurs in Südfrankreich vom 22.10.1940. Text zum Pfalzatlas, Karte 149. — Pfalzatlas, Textband IV, 53. Heft, Speyer 1991, 1995-2004
Preuss, Dieter: Der Leidensweg der Juden nach Gurs. Die älteste der badisch-pfälzischen Deportierten war 99 Jahre alt. — Speyerer Tagespost, 19.10.1990
Scherer, Karl: Aus den Augen, aus dem Sinn. Eine Reise zum ehemaligen Konzentrationslager Gurs in den Pyrenäen. — Die Pfalz am Rhein, 1990, H.4, 18f
Soviel der Einzelne tragen kann. Zum Gedenken an die Deportation der badischen und pfälzischen Juden im Jahr 1940. Beiträge einer Tagung der Evang. Akademie Baden vom 9.-11- November 1990 in Bad Herrenalb. Hrsg. Evang. Akademie Baden. Karlsruhe 1991 (Herrenalber Protokolle 82)

## Teil C: Namen

Blinn, Dieter: Assimilierung auf dem Verordnungswege. Das napoleonische Dekret wegen der Judennamen vom Jahre 1808 und die Reaktion der Homburger Juden. — PfH 42(1991) 120-128
Blinn, Dieter: Zwischen kultureller Eigenständigkeit und dekretierter Akkulturation: Pfälzer Juden und das napoleonische Namensdekret vom 20. Juli 1808. — Pfälzisches Judentum gestern und heute, 1992, 85-108

## Teil C. Jiddisch

Post, Rudolf:Jüdisches Sprachgut in den pfälzischen und südhessischen Mundarten. — Pfälzisches Judentum gestern und heute, 1992, 177-258 *(mit zahlreichen Literaturhinweisen)*
Post, Rudolf: Pfälzisch. Einführung in eine Sprachlandschaft. Landau 1990. *(S.188-212: Geschichte des Westjiddischen, Verhältnis zum Pfälzischen, Wortliste)*
Schäfer, Richard: Lotegorisch im Leininger Land. (Hockenheim, Selbstverlag) 1990

## Teil C: Kirchen und Judentum

Böckel, Matthias: Edith Stein und das Judentum. Ramstein 1.A. 1988, 2.A. 1991. Rez. Hans-Eberhard Berkemann: Beiträge zur jüdischen Geschichte in Rheinland-Pfalz 2(1992) Nr.1, 56f

Christen und Juden. Dokumente der Annäherung. Hrsg. Ulrich Schwemer. Gütersloh 1991 (S.173-180: Synode der Evang. Kirche der Pfalz (Prot. Landeskirche): Entschließung vom 16.5.1990)

Cremer, Heinz: Antijudaismus in der Kirche? Landgerichtsrat Reichrath sprach in der ökumenischen Gesprächsrunde Zweibrücken. — Der Pilger 119(1969) Nr. 29/30 vom 20./27.7.1969, 779

Dokumentation zum 50. Jahrestag der Reichspogromnacht 9./10. November 1938, am 10. November 1988 in Landau. (Ökumenischer Gottesdienst; Gedenkstunde mit den Ansprachen von Rabbiner Dr. Ydit, Prof. Breitbart, Prof. Tödt, Oberkirchenrat Hahn). — Informationen für Presbyter und kirchliche Mitarbeiter der Evang. Kirche der Pfalz (Prot. Landeskirche), Speyer, Nr.38, 4. Quartal 1988, 22-28

Edith Stein - eine große Glaubenszeugin. Leben, neue Dokumente, Philosophie. Hrsg. Waltraud Herbstrith. Annweiler 1986 *(auch Erinnerungen pfälzischer Verfasser)*

Ehrlich, Ernst Ludwig: „Söhne der Finsternis" und „Weltmacht Zionismus". Antisemitisches Machwerk eines deutschen katholischen Religionslehrers. — AJW 32(1977) Nr.3 vom 21.1.1977, 5 *(über Pater Manfred Adler aus Ludwigshafen)*

Eine politisierende Judenpredigt. Das Evangelium des Pfarrers Hamm. Religiös bemäntelte Hetze gegen den Nationalsozialismus - zum Überfluß auch noch gedruckt. — NSZ-Rheinfront, Ausgabe Süd, Nr.221 vom 21.9.1935; dazu: Staat und Kirche. Erklärung des Pfarrers Hamm. Ein klares Bekenntnis zum Nationalsozialismus. — NSZ-Rheinfront, Ausgabe Süd, Nr. 233 vom 5.10.1935

Erinnere dich - vergiß es nicht. Edith Stein - christlich-jüdische Perspektiven. Hrsg. Waltraud Herbstrith. Annweiler 1990 *(auch Erinnerungen pfälzischer Verfasser)*

Evangelische Kirche in Ludwigshafen am Rhein 1919-1945. 1919-1930: Nachgelassenes Manuskript von Hans-Joachim Belitz. 1930-1945: Der pfälzische Kirchenkampf im Spiegel Ludwigshafener Gemeinden: Wiss. Arbeit von Michael Demessier. Ludwigshafen 1989 (Veröffentlichung des Stadtarchivs Ludwigshafen am Rhein 13) *(auch zu „Altes Testament", Arierparagraphen)*

Hannot, Walter: Die Judenfrage in der katholischen Tagespresse Deutschlands und Österreichs 1923-1933. Mainz 1990 (Veröffentlichungen der Kommission für Zeitgeschichte, B,51) *(auch zu Kaplan Franz Rödel aus der Pfalz)*

Hofen, Karl: Das Bistum Speyer in den Jahren religiöser Bedrückung durch den Nationalsozialismus. Speyer 1980 (Schriften des Diözesanarchivs Speyer 4; 1.A. 1947)

Informationen für Presbyter und kirchliche Mitarbeiter in der Evang. Kirche der Pfalz (Prot. Landeskirche), Speyer, Heft 37, 3. Quartal 1988 *(theologische, historische und politische Aufsätze; Anlaß: 50 Jahre nach der Pogromnacht 1938)*

Juden und Christen. Materialien für den Religionsunterricht in der Sekundarstufe I. Hrsg. Amt für Religionsunterricht der Evang. Kirche der Pfalz. Erarbeitet von Herbert Jochum, Rudolf Kühne, Ulrich Pasedach. Speyer 3.A. 1987

(Stationen 4; dazu als Lehrerkommentar Heft 5/1981 der Religionspädagogischen Hefte, Speyer) *(auch historische Beispiele aus der pfälzischen Geschichte)*

Kirche und Israel. Eine Arbeitshilfe für Gemeinden, Presbyterien und Bezirkssynoden im Bereich der Evangelischen Kirche der Pfalz zum Verhältnis von Christen und Juden. Hrsg. Landeskirchenrat, erarbeitet vom Arbeitskreis „Kirche und Judentum". Speyer 1989 (Texte. Dokumente 1) Rez. Arnulf H. Baumann: Friede über Israel. Zeitschrift für Kirche und Judentum, Heft 1/1990, 2f; Hans L. Reichrath: Judaica 45(1989) 134f, auch in: Pfälzisches Pfarrerblatt 79(1989) 125f

Reichrath, Hans L.: Die „Judenfrage" im Pfälzischen Pfarrerblatt von 1933-1939. — Pfälzisches Judentum gestern und heute, 1992, 287-320

Reichrath, Hans L.: Erfahrungen auf dem Weg zu einer Christologie ohne Antijudaismus. — Der Freund Israels 154(1991) H.3, 4-10 *(geb. 1926 in Kaiserslautern, Prot. Landeskirche)*

Reichrath, Hans L.: Juden und Christen - eine Frage von „Ökumene"? Was uns Römer 15,7-13 dazu lehrt. — Judaica 47(1991) 22-30

Reichrath, Hans L.: Die „Judenfrage" im Lichte der evangelischen Sonntagsblätter der Pfalz im 3. Reich. — Judaica 46(1990) 164-180

Reichrath, Hans L.: Judentaufen im Herzogtum Pfalz-Zweibrücken im Gefolge der Aufklärung. — Saarpfalz 1989, Heft 3(=22), 48-53 *(Juden aus Edenkoben, Homburg, Meisenheim)*

Reichrath, Hans L.: Walter G. Mannweiler (1901-1960). Versuch eines Gedenkens an einen ehemaligen Pfarrer der Pfälzischen Landeskirche, der als „Nichtarier" seine Heimat verlassen mußte. — Juden in der Provinz, 1988, 127-140

Reichrath, Hans L.: Das"Pfälzische Pfarrerblatt" in der Zeit des Nationalsozialismus - besonders im Blick auf die „Judenfrage". — Pfälzisches Pfarrerblatt 80(1990) 13-23, 37-44, 70-79

Rönn, Norbert: Kirchen gedachten in Landau der sogenannten „Reichskristallnacht" vor 50 Jahren. Schuld erkennen, um Gegenwart und Zukunft zu gestalten. — Der Pilger 141(1988) Nr. 47 vom 20.11.1988, 1655

Schlembach, Anton: Sich erinnern, trauern, um Vergebung bitten. Predigt des Bischofs zum Gedenken an die Novemberpogrome von 1938. — Der Pilger 141(1988) Nr.47 vom 20.11.1988, 1666f

Stempel, Hans: Vom Kirchenkampf in der Pfälzischen Landeskirche. Speyer 1970 *(Vorabdruck eines Artikels aus der geplanten 3. Lieferung des Pfälzischen Kirchenlexikons)*

Ziegler, Hannes: Die Berichte und Kommentare der evangelischen Kirchenzeitungen der Pfalz von Januar bis Juli 1933. — BllPfKG 56(1989) 59-100

Ziegler, Hannes: Der 1. April 1933 im Spiegel der Berichterstattung und Kommentierung der katholischen Presse in der Pfalz. — Juden in der Provinz, 1988, 103-125

## Teil C. Rabbiner


Dr. Sally Baron

Paul, Roland: Rabbiner Dr. Barons Erinnerungen an das Jahr 1938 in Kaiserslautern. — PfH 39(1988) 164-170

Dr. Elias Grünebaum

Grünebaum, Elias: Gedächtnisrede für seine Majestät den höchstseligen König Maximilian II. von Bayern, gehalten am 29. März 1864 in der Synagoge zu Landau. Landau 1864

Dick, Rainer: Elias Grünebaum, der Rabbi aus Reipoltskirchen. — Westricher Heimatblätter n.F. 20(1989) Nr.1, 52f

Fendler, Rudolf: Elias Grünebaum. Rabbiner und Wissenschaftler (1807-1893). 1432-1982. Von der Lateinschule des Rates zum Eduard-Spranger-Gymnasium Landau in der Pfalz. Redaktion Rudolf Fendler. Neustadt/W. 1982, 331-333

Kaufmann, Uri: Zu den geistigen Kämpfen unter den pfälzischen Juden: Die Position des Bezirksrabbiners Elias Grünebaum (1807-1893). — Pfälzisches Judentum gestern und heute, 1992, 25-32

(Nachruf): Landauer Anzeiger, Nr. 225 vom 26.9.1893

Zinsmeister, Richard: Liberaler Protestantismus und Judenemanzipation in der Pfalz am Beispiel Johann Georg Lehmann und Elias Grünebaum. Wiss. Hausarbeit, eingereicht bei der Evang. Kirche der Pfalz, Mainz 1987 (masch.)

Dr. Kurt Metzger

Metzger, Kurt L. und Lore: Versöhnung. Erinnerungen und Gedanken an die Zukunft. Hrsg. Freundeskreis des Frank-Loebschen Hauses. Landau 1990 *(u.a. Erinnerungen von Lore Metzger an den 10. und 11. November 1938)*

Dähling, Herbert: Heimgekehrt dahin, wo er Heimat finden wollte. Dr. Kurt Metzger von ihm verbundenen Landauern auf dem letzten Weg begleitet. Trauerfeier mit Militärrabbiner. — Die Rheinpfalz, Landauer Ausgabe, Nr. 65 vom 17.3.1992

Kliewer, Heinz Jürgen: Eine Schrift, die als Vermächtnis gelten kann. Freunde des Frank-Loebschen Hauses erinnern an Arbeit von Dr. Kurt Metzger. — Die Rheinpfalz, Ausgabe Landau, 20.3.1992

Kukatzki, Bernhard:Rabbiner Dr. Kurt L. Metzger sel. A. (1909-1992). Ein Nachruf auf den ehemaligen Landauer Bezirksrabbiner. — Pfälzisches Judentum gestern und heute, 1992, 21-24

Dr. Max Meir Ydit

Deckwerth, Michael:"Lernen vom anderen her." Danksagung an Rabbiner Dr. Meir Ydit. — Pfälzisches Judentum gestern und heute, 1992,17-20

Gerlach, Bernhard H.: Dr. Max Meir Ydit, Lebenslauf und Bibliographie. — Pfälzisches Judentum gestern und heute, 1992, 10-16

# Teil D: Titel zur Lokalgeschichte der Juden in der Pfalz

**Albersweiler**

Albersweiler erinnert sich. Tafel an Platz der Synagoge. — Die Rheinpalz, Ausgabe Landau, 9.11.1988.

Verzeihen, nicht vergessen. Pfarrgemeinde Albersweiler gedenkt der verschleppten Juden. — Die Rheinpfalz, Ausgabe Landau, 26.10.1990

**Albisheim**

Fürwitt, Gernot: Folgenreiche Rundfunksendung. „Gute Fee" beschenkt ihr väterliches Heimatdorf Albisheim. — Donnersberg-Jahrbuch 14(1991) 134f *(jüd. Familie Vogt-Gümbel)*

**Alsenz**

Gräbner, Dieter: Im Gotteshaus „gemütlich" eingerichtet. Wie aus einer alten Dorfsynagoge das Wochenend-Domizil eines Pfarrerehepaares wurde. — AJW 47(1992) Nr.6 vom 6.2.1992, 3 (Leserbrief dazu in AJW 47(1992) Nr.13 vom 26.3.1992, 5)

Kopp, August: Die Dorfjuden der Nordpfalz, dargestellt an der Geschichte der jüdischen Gemeinde Alsenz ab 1650. Meisenheim 1968. 2.A. Otterbach 1988 (ND). Rez. Ulrike Angne: Die Rheinpfalz, Ausgabe Kaiserslautern, 30.12.1988; dazu Hermann Arnold: Die Rheinpfalz, Ausgabe Kaiserslautern, 18.2.1989

Zimmer-Knerr, Karin: Ein barockes Baudenkmal. Die ehemalige Synagoge zu Alsenz. — Donnersberg-Jahrbuch 13(1990) 178-180

**Altenbamberg**

Heinisch, Manfred: Die ehemaligen jüdischen Synagogen im Landkreis Bad Kreuznach. — Naheland-Kalender (Bad Kreuznach) 1989, 168-171 *(Synagoge 1882 - Nov. 1938)*

Die jüdischen Synagogen im Landkreis Bad Kreuznach. Hrsg. Kreisverwaltung. Bad Kreuznach 1988 *(Synagoge in Altenbamberg 1892-1938; Friedhöfe in Altenbamberg und Hochstätten)*

**Altrip**

Schneider, Reinhold/Clemens Jöckle: Eine Judentaufe in Altrip anno 1775. — Heimat-Jahrbuch (Ludwigshafen) 7(1991) 103f

**Annweiler**

DtStB IV/3, 60 (Helmut von Jan/Hans Hess)

**Berg**

Stehle, Ludwig: Berger Ortschronik. Berg 1980 *(Judensteuer 1789)*

**Bergzabern**

DtStB IV/3, 97 (Hans Hess)

Falk, Georg: Genaue Kostenrechnung für Werk der Zerstörung. Vor 50 Jahren: SA beginnt mit Abbruch der Bergzaberner Synagoge. — Die Rheinpfalz, Ausgabe Landau, 10.11.1988

Juden in Bergzabern. Mitteilungsblatt des Historischen Vereins der Pfalz, Bezirksgruppe Bad Bergzabern, 7, 1988 (darin u.a.: S.8-23 Günther Volz: Juden in Bergzabern und in der Südpfalz vom Ende des Mittelalters bis zur Deportation von 1940 *(auch zu Juden in Neukastel, Barbelroth; Herzogtum Pfalz-Zweibrücken, Albersweiler, Leinsweiler, Niederhorbach; Ingenheim, Essingen, Landau; Schweigen und Heuchelheim; Billigheim, Böchingen, Niederhochstadt);* S.24f Bernhard Weigel: Wo heute das Collège steht, wurden im Mittelalter Juden hingerichtet; S.28-34 Maria Vollmary: Begegnung in Bergzabern (Edith Stein und Hedwig Conrad-Martius); S.36-41 Anni Ebbecke-Blum: Erinnerungen an Gurs; S.47f Monika Cämmerer: Busenberg. Ein alter Judenfriedhof in der Pfalz (aus M.C.: Gegengesang. Sigmaringen 1988) Rez. Ulrike Minor: Die Rheinpfalz, Ausgabe Landau, 4.11.1988

Vollmary, Maria: Bergzaberns Juden litten im Lager Gurs. — Die Rheinpfalz, Ausgabe Landau, 23.10.1990

Volz, Günther: Zwischen Behauptung und Verfolgung. Juden in Bergzabern 1918-1940. — Heimat-Jahrbuch (Südliche Weinstraße) 11(1989) 16-21

**Bettenhausen**

Rüb, Karl: Ortsgeschichte von Bettenhausen. — Westricher Heimatblätter n.F. 21(1990) 180-218 *(eine jüd. Familie im 19. Jh., bis 1906; zu Handelsjiddisch)*

**Bisterschied**

Hoffmann, David: Über die Hebung des Wohlstandes in einem nordpfälzischen Dorf in den letzten 50 Jahren. — NPfGV 1936, 94f; 1937, 6-8 *(Entwicklung landwirtschaftlicher Genossenschaften, antisemitische Formulierungen)*

Schitter, Walter: Bisterschied. Chronik eines Dorfes. Bisterschied 1988 *(keine jüdischen Einw.; u.a. zur Entwicklung landwirtschaftlicher Genossenschaften; unkommentierter Abdruck eines antisemitischen Aufsatzes von Lehrer David Hoffmann, 1937)*

**Bobenheim am Berg**

Biundo, Georg: Das Visitationsprotokoll der Grafschaft Leiningen Hardenburg vom Jahre 1597. — BllPfKG 13(1937) 76-88, 129-133 *(Beschwerden über Juden in Bobenheim am Berg)*

**Brücken**

Bauer, Markus: Dorfentwicklung und Baustruktur der Gemeinde Brücken im 18. und 19. Jahrhundert. — Westricher Heimatblätter n.F. 22(1991) 110-133 *(mit Einwohnerverzeichnis: 1809 581 Einw., 30 Juden; 1845 1047 Einw., 74 Juden)*

Bender, Rainer Joha: Die Diamantschleifereien in der Nordpfalz, eine Relikt kleingewerblicher Industrie. — Zeitschrift für Wirtschaftsgeographie 22(1978) H.1, 13-18 *(gründliche Übersicht mit weiteren Literaturhinweisen)*

Henrich, Karl: Von der Mahlmühle zur Diamantenschleiferei. Ein Beitrag zur Geschichte der Neumühle bei Brücken. — PfH 26(1975) 134f

Paul, Roland: Isidor Triefus startet Diamantenschleiferei. Zeitung „Der Pfälzer in Amerika" veröffentlicht vor 100 Jahren interessanten Artikel über das Ohmbachtal. — Die Rheinpfalz, Ausgabe Kusel, 29.8.1990 *(Steinbach am Glan, Brücken 1888, Kaiserslautern ab 1904)*

Mages, Karl: Das Dorf der tausend Brillanten. Bei den Diamantenschleifern in Brücken. — Die Pfalz am Rhein 17(1934) H.2, 48f *(antisemitisch)*

**Busenberg**

Cämmerer, Monika: Der gute Tod der Blümel Levie. Auf dem Judenfriedhof bei Busenberg in der Pfalz. (Gedicht) — Heimat-Jahrbuch (Südliche Weinstraße) 11(1989) 36-39 (aus M.C.: Gegengesang. Sigmaringen 1988)

**Dahn**

Gollon, Marc: Wo ist Dahner Vergangenheit? „Judenakten" aus Archiv verschwunden. — Blickpunkt, Pirmasens, 4(1990) Nr. 75 vom 3o./31.8.1990, 4

Heimattreffen ehemaliger jüdischer Mitbürger vom 5.-14.7.1991 in Dahn. (Übersicht) — Wasgau-Anzeiger, Dahn, 20.6.1991, 2

Jüdischer Alltag in Dahn. Dokumentation in der Kreisgalerie. — Die Rheinpfalz, Ausgabe Landau, 12.7.1991

Schultz, Alois: Ergreifende Szenen. Nachdenken und Trauer. Ehemalige jüdische Mitbürger in Dahn. — Die Rheinpfalz, Ausgabe Kaiserslautern, 9.7.1991

Weber, Otmar: Auf dem Umweg über Frankreich in die Gaskammern von Auschwitz. Die Deportation und das Schicksal von Dahner Juden. — Pirmasenser Zeitung, 20.10.1990, 4

Weber, Otmar: Die Erinnerung muß zu einer neuen Lebenseinstellung führen. Gedanken zum Heimattreffen ehemaliger Dahner Juden. — Pirmasenser Zeitung, 22.6.1991, 17

Weber, Otmar: Heimattreffen ehemaliger jüdischer Mitbürger. Das große Wagnis hat sich für alle gelohnt. — Pirmasenser Zeitung 161(1991) Nr. 220 vom 21.9.1991, 18f *(umfangreicher Bericht über den Besuch; zahlreiche Namen und Erinnerungen)*

Weber, Otmar: Karl, lääf so schnell Du kannscht! Das Schicksal von Karl-Heinz Levy in Nazi-Deutschland. — Die Rheinpfalz, Ausgabe Kaiserslautern, 29.6.1991

Weber, Otmar: Der Schächter und die Nagelprobe. Das Schächten und Koschern bei den Juden in Dahn. — Die Rheinpfalz, Ausgabe Pirmasens, 14.5.1991

Weber, Otmar: Vor 50 Jahren: Deportation der Juden aus der Pfalz nach Gurs in Südfrankreich. Teil I: Schicksal der Dahner Juden von 1940-1945. Teil II: Der Gaskammer entronnen, von der Sklavenarbeit getötet. — Die Rheinpfalz, Ausgabe Pirmasens, 20. und 22.10.1990

**Deidesheim**

DtStB IV/3, 126 (Arnold Siben)

Schnabel, Berthold: 95 Grabsteine am Platanenweg. Der jüdische Friedhof in Deidesheim ist Denkmalschutzzone. — Heimat-Jahrbuch (Bad Dürkheim) 9 (1991) 195-200

Vor dem Neubau Gottesdienst im Kelterhaus. — Die Rheinpfalz, Ausgabe Neustadt/W., 31.7.1987 *(Zur Frage der Restaurierung der Synagoge; Leserbriefe und Stellungnahmen am 5./10./13./17./22.8./7.9.1987)*

**Dirmstein**

Martin, Michael: Geschichte der Juden in Dirmstein. Hrsg. Ortsgemeinde. Dirmstein 1988 (Broschüre, masch.)

**Dürkheim**

DtStB IV/3, 71 (Ernst Zink)

Ein Mäzen der Pollichia. — Die Rheinpfalz, Ausgabe Bad Dürkheim, 3.9.1987 *(Kaufmann Jonathan Gernsheim)*

Feldmann, Georg: Die Bedrängnisse der Bad Dürkheimer Juden in der Nazizeit und die Ereignisse in der „Kristallnacht" 1938. — PfH 41(1990) 25-27

Ladwig, Sigrid: In der Erinnerung liegt das Geheimnis der Erlösung. Dürkheimer gedenken im Haus Catoir der Deportation in der Pfalz. — Die Rheinpfalz, Ausgabe Bad Dürkheim, 31.10.1990

**Edenkoben**

DtStB IV/3, 134 (Peter Braun)

Kuby, Alfred H.: Die Erbschaft des Aaron Isaac. Rechts- und Wirtschaftsfragen im ausgehenden 18. Jahrhundert. — Edenkobener Rundschau, 29.10.1987

Kuby, Alfred H.: Rabbiner Abraham Gompertz in Edenkoben. Ein Blick in ein Stück jüdischer Kulturgeschichte. — Edenkobener Rundschau, 29.10.1987

Kuby, Alfred H.: Zum Interesse ländlicher Juden an Schulbildung für ihre Kinder, aufgezeigt an der Geschichte der Lateinschule Edenkoben/Pfalz 1837ff. — Pfälzisches Judentum gestern und heute, 1992,171-176

Lurz, Meinhold: An der Seite der Toleranz. Jüdischer Schulunterricht in Edenkoben im frühen 19. Jahrhundert. — Edenkobener Rundschau, 29.10.1987

Lurz, Meinhold: Edenkobens berühmtester Sohn. Der Mediziner und Anthropologe Franz Weidenreich (1873-1948). — Heimat-Jahrbuch (Südliche Weinstraße) 11(1989) 40-43

Lurz, Meinhold: Der Edenkobener Judenfriedhof. — Edenkobener Rundschau, 20.11.1986

Lurz, Meinhold: Synagogenordnung in Edenkoben im 19. Jahrhundert. — BllPfKG 55(1988) 63-68

Schmidt, Franz: Juden in Edenkoben. Spuren ihrer Geschichte, 1660-1942. Rhodt 1991. Rez. R.J.:Die Rheinpfalz, Ausgabe Kaiserslautern, 11.6.1991; Horst Seferens: AJW 46(1991) Nr.34 vom 22.8.1991, 9; Werner Transier: PfH 42(1991) 188; Brunhilde Rita Trimbach: Semit 3(1991) Nr.3, 95f

Sitzmann, Alfred: Der November-Pogrom 1938 in Edenkoben. — Juden in der Provinz, 1988, 141-146

Spies, Gerty: Drei Jahre Theresienstadt. München 1984 *(Juden aus Edenkoben)*

Spies, Gerty: Das schwarze Kleid. Eine Erzählung. München 1992 (Kaiser-Taschenbücher 111) *(Juden aus Edenkoben)*

**Enkenbach**

Verbandsgemeinde Enkenbach-Alsenborn. Ihre Bürger 1650-1850. Bearbeitet von Arnold Ruby. Ludwigshafen 1982 *(Juden in Enkenbach, Mehlingen, Neuhemsbach, Neukirchen, Sembach)*

**Essingen**

Arnold, Hermann: Aus der ehemaligen Volksschule Essingen. — Heimat-Jahrbuch (Südliche Weinstraße) 11 (1989) 162

Husenbeth, Helmut: Die jüdischen Friedhöfe in Essingen. Nachdenkliches beim Gang über die Gräberfelder. — Heimat-Jahrbuch 11(1989) 32-35

Schweikart, Wilfried: Essingen vor 200 Jahren. — Heimat-Jahrbuch (Südliche Weinstraße) 14(1992) 53-57 *(Judenschultheiß und jüd. Bevölkerung im Februar 1789)*

**Frankenthal**

Aufgearbeitete Geschichte als Fundament. — Die Rheinpfalz, Ausgabe Frankenthal, 24.10.1990 *(Gurs-Deportation)*

„Dem Vergessen entgegenwirken." Heinz Galinski vom Zentralrat der Juden in Deutschland gestern zu Gedenktag in Frankenthal empfangen. — Die Rheinpfalz, Ausgabe Frankenthal, 23.10.1990

DtStB IV/3, 139 (Alfred Riemenschneider/Konrad Erbacher)

Gedenken an einen leidvollen Weg. Ausstellung mit Bildern aus Gurs. — Die Rheinpfalz, Ausgabe Frankenthal, 20.10.1990

Juden in Frankenthal. Eine Ausstellung der Realschule Frankenthal vom 30.8. bis 12.9.1981. Frankenthal 1983 (masch.)

Internationales Recht und Wirtschaftsordnung. Festschrift für Fritz Alexander Mann zum 70. Geburtstag am 11. August 1977. Hrsg. Werner Flume. München 1977 *(mit biographischer Skizze; geb. in Frankenthal, gest. 1991 in London)*

Krüger, Gert-Achim: Zur Symbolik der Grabsteine jüdischer Friedhöfe in Frankenthal und seiner Umgebung. — Frankenthal - einst und jetzt, 1989, 13-18

Schiffmann, Dieter: Auf dem Weg in den Holocaust. Die Deportation der pfälzischen und badischen Juden am 22. Oktober 1940. — Frankenthal - einst und jetzt, 1991, 15-22

**Germersheim**

Für 4100 Reichsmark an Privat verkauft. Die Germersheimer Synagoge in der "Reichskristallnacht". — Die Rheinpfalz, Ausgabe Landau, 9.11.1988

Stadt gedenkt der Deportation nach Gurs. — Die Rheinpfalz, Ausgabe Landau, 24.10.1990

**Glan-Münchweiler**

Paul, Roland: Mehr als bloße Heimkehr. Carlos Moses reist in seinen Geburtsort Glan-Münchweiler. — Die Rheinpfalz, Ausgabe Kusel, 23.7.1987

**Godramstein**

Runck, Gerd: D'Synagooch vun Gorremschtää. — Landauer Hefte 27(1979) 264

**Göllheim**

Bender, Rainer Joha: Die Handelsjuden. Zur Sozial- und Erwerbsstruktur der Göllheimer Juden. — Donnersberg-Jahrbuch 13(1990) 162-166

Mandl, Rudolf: Die israelitische Schule in Göllheim. — NPfGV 70(1990) 11-17

**Grünstadt**

Alte Heimat haben sie nie vergessen. Ehemalige jüdische Bürger besuchen Grünstadt. — Die Rheinpfalz, Ausgabe Grünstadt, 27.4.1989

Auch an dieser unserer Schule. Dokumentation zur Ausstellung aus Anlaß der 50. Wiederkehr der „Reichskristallnacht". Hrsg. Staatl. Leininger-Gymnasium Grünstadt, Red. Maria Schwarze-Kaufmann. Grünstadt 1989 (u.a. S.6-14: Was ist von den jüdischen Bürgern Grünstadts geblieben? S.27-37: Wie erging es jüdischen Schülern nach 1933?)

DtStB IV/3, 148 (Hans Feßmeyer/Walter Lampert)

Schleyer, Franz: Selbst nach 50 Jahren noch Heimweh nach Grünstadt. — Die Rheinpfalz, Unterhaardter Rundschau, 26.10.1990

**Haardt**

Beck, Karl: Die Chronik von Haardt. Neustadt/W. 1980 *(Juden 1694, 1713; keine Juden 1766, 1775, 1819)*

**Hagenbach**

1907. 50 Jahre. 1957. Gesangverein Frohsinn Hagenbach. Festschrift zum 50jährigen Stiftungsfest. Hagenbach 1957 (S.11-23 Albert Dörr: Ortschronik von Hagenbach; *Juden im 19. und 20. Jh.)*

**Haßloch**

Theisohn, Johannes: Das rituelle Frauenbad in Haßloch (nach dem Rechnungsbuch der israelitischen Kultusgemeinde von 1881) und seine Vorgänger. — Pfälzisches Judentum gestern und heute, 1992, 259-272

Theisohn, Johannes: Die israelitische Volksschule. — Die ältesten Schulen in Haßloch. Geschichten - Bilder - Fotos - Texte von dazumal bis heutzutage. Hrsg. Arbeitskreis Heimatmuseum Haßloch, bearbeitet von Marianne Wittmann. Haßloch 1986, 61-92

Theisohn, Johannes: Jüdische Familien in Haßloch. Haßloch 1988 *(teilweise als Vorabdruck in der „Rheinpfalz", Juli/August 1988: Erinnerungen an jüd. Familien in Haßloch; auch statistische Übersicht zur Geschichte der Juden in Geinsheim, Böhl, Iggelheim)*

**Herchweiler**

Kirsch, Hans: „Juden-Herchweiler" gibt es nicht mehr. Zur Geschichte der Haupersweiler Juden. — Damit es nicht vergessen wird. Beiträge zur Geschichte der Synagogengemeinden des Kreises St. Wendel. Hrsg. Michael Landau. St. Wendel 1988, 84-99

**Herschberg**

Aus der Chronik der 12 Ortsgemeinden der Verbandsgemeinde Wallhalben. Hrsg. Verbandsgemeindeverwaltung. Wallhalben 1978 *(Juden im 19. Jh.)*

**Herxheim bei Landau**

Herxheimer Synagoge. — Mitteilungsblatt der Verbandsgemeinde Herxheim 15(1988) Nr. 46 vom 18.11.1988, 6-8 *(historischer Überblick; Ansprachen am 10.11.1988)*

Herxheim: Gedenkfeier als Geste der Versöhnung. — Die Rheinpfalz, Ausgabe Landau, 11.11.1988

Mit Beil Synagogeninventar zertrümmert. Zerstörung in Herxheim am Tag nach der Reichskristallnacht. — Die Rheinpfalz, Ausgabe Landau, 10.11.1988

**Heßheim**

Keddigkeit, Jürgen: Zur Geschichte der Auswanderung aus Heßheim seit dem 18. Jahrhundert. — Heimat-Jahrbuch (Ludwigshafen) 8(1992) 47-56

Ziegler, Hannes: Judenverfolgung in Heßheim. — Heimat-Jahrbuch (Ludwigshafen) 8(1992) 57-63

**Hornbach**

DtStB IV/3, 159 (Ernst Drumm)

**Ilbesheim**

Unger, Rüdiger: "Mögen die Seelen eingebunden sein im Beutel des Lebens." Die Grabsteine des Judenfriedhofes zu Ilbesheim — Donnersberg-Jahrbuch 15 (1992) 113-115

**Ingenheim**

Eigentlich schon doppelt so alt. — Die Rheinpfalz, Ausgabe Landau, 31.7.1987 *(auch zur Bedeutung der Juden für die Gemeinde)*

**Kandel**

DtStB IV/3, 179 (Hermann Bolle)

**Kaiserslautern**

Anke, Timm/Roland Paul: Karl Werner Maas heute 70 Jahre. Wissenschaftler von hohem Rang. — Die Rheinpfalz, Ausgabe Kaiserslautern, 27.4.1991 (Nachdruck in: Jahresbericht des Albert-Schweitzer-Gymnasiums Kaiserslautern 72(1989-1991) 190f)

DtStB IV/3, 174 f (Ottheinz Münch)

Ehrendoktorwürde für Prof. Maas. — Die Rheinpfalz, Ausgabe Kaiserslautern, 19.7.1991

Dokumentation des Projekttages zum 9. November 88 (50. Jahrestag des Novemberpogroms). Hrsg. Integrierte Gesamtschule Kaiserslautern. Kaiserslautern 1989

Friedel, Heinz: Geschichte, die man nicht vergessen darf! — Kaiserslauterer Wochenspiegel 7(1978) Nr. 36 vom 16.11.1978 *(zur „Reichskristallnacht")*

Friedel, Heinz: Die neuzeitliche Judengemeinde von Kaiserslautern. — Pfälzische Juden und ihre Kultuseinrichtungen, 1988, 61-90

Gerlach, Bernhard H./Roland Paul: Von Kaiserslautern nach Gurs, Auschwitz, Majdanek, Theresienstadt und andere Lager. Kaiserslauterer Juden als Opfer der Verfolgung in der Nazizeit 1938-1945. Kaiserslautern 1990 (masch. vervielfältigt)

Heilbrunn, Rudolf M.: „Zwischen Main und Lauter." Historische Studien und Begegnungen. Festgabe zum 90. Geburtstag. Kaiserslautern 1991 (u.a. S. 70-92: Ludwig Börne und das Hambacher Fest; S.12-15 eine biographische Skizze von Erich Schneider). Dazu: Schicksal spiegelt sich in Publikation wider. Festschrift zum 90. Geburtstag von Dr. Heilbrunn. — Die Rheinpfalz, Ausgabe Kaiserslautern, 18.10.1991. Rez.: Alfred H. Kuby: PfH 43 (1992) 45f; Wolfgang Müller: Die Rheinpfalz, Ausgabe Kaiserslautern, 21.2.1992; Hans Reichrath: Pfälzisches Pfarrerblatt 82(1992) 19f

Jack Bulka - ein jüdischer Mitbürger. — Wochenblatt für Kaiserslautern 15(1986) Nr.4 vom 23.1.1986

Jack Bulka wird 65 Jahre. — AJW vom 10.2.1984

Jüdischer Friedhof unter Denkmalschutz. — Die Rheinpfalz, Ausgabe Kaiserslautern, 4.3.1987

Kaps, Paul: Dr. Rudolf Heilbrunn. Ein Leben mit Büchern. — Kaiserslautern illustriert 3(1987) Nr.3, 32

Kaps, Paul: Hausbesuch bei Jack Bulka. Große Verdienste um die jüdische Kultusgemeinde. — Kaiserslautern illustriert 5,eig.6(1990) Nr.3, 16f *(geb. 1919, seit 1978 Vorsitzender der Jüdischen Kultusgemeinde der Rheinpfalz)*

Keller, Herbert: Jeek Bulka morgen 65. Aktiver Bürger. — Die Rheinpfalz, Ausgabe Kaiserslautern, 11.2.1984

Keller, Herbert: Oberbürgermeister von Tel Aviv empfangen. Shlomo Lahat bedankt sich bei jüdischer Kultusgemeinde. — Die Rheinpfalz, Ausgabe Kaiserslautern, 10.6.1991

Kleiner antifaschistischer Stadtführer Kaiserslautern. Hrsg. VVN - Bund der Antifaschisten. Kaiserslautern 1988 (masch.)

Loose, Rainer: Bevölkerungsverhältnisse im ehemaligen Landkommissariat Kaiserslautern 1852. — Mannheim und der Rhein-Neckar-Raum. Hrsg. Ingrid Dörrer. Mannheim 1981 (Mannheimer geographische Arbeiten Heft 10), 371-382 *(Karte zum jüdischen Bevölkerungsanteil)*

Marie Herbig 1880-1962. Gemälde, Aquarelle, Grafik. (Katalog zur Ausstellung in der Integrierten Gesamtschule Kaiserslautern 1989.) Redaktion Hermann Dietrich. Kaiserslautern 1989 *(Protest gegen Novemberpogrom 1938)*

Morgenthaler, Sibylle: Countering the Pre-1933 Nazi Boykott against the Jews. — LBI YB 36(1990) 127-149 *(u.a Rudolf Wertheimer aus Kaiserslautern/ Zweibrücken; Abb. eines antisemitischen Boykottplakats, Kaiserslautern Juli 1931)*

Mühlberger, H.: Wahl-Lauterer Dr. Rudolf Heilbrunn feiert 80. Geburtstag. — Die Rheinpfalz, Sonntag aktuell, 19.4.1981

Müller, Wolfgang/Roland Paul: Es geschah vor aller Augen und in der Öffentlichkeit. — Die Rheinpfalz, Ausgabe Kaiserslautern, 9.11.1988

Müller, Wolfgang: Schlaglichter auf die Geschichte der Juden. Ausstellung im Gemeindehaus der Lutherkirche dokumentiert auch Geschehen in der „Reichskristallnacht". — Die Rheinpfalz, Ausgabe Kaiserslautern, 23.9.1988

Müller, Wolfgang: Synagoge und Kirchenbauten. Architekt Ludwig Levy hat Spuren in Kaiserslautern hinterlassen. — Die Rheinpfalz, Ausgabe Kaiserslautern, 23.9.1988

Müller, Wolfgang: „Wir bekennen unsere Schuld." Mehr als 600 Menschen nehmen am ökumenischen Bußgang zur Erinnerung an die Judenverfolgung teil. — Die Rheinpfalz, Ausgabe Kaiserslautern, 11.11.1988 (in der gleichen Ausgabe: Über alten und neuen Faschismus. Katholische und evangelische Christen gedenken gemeinsam der sog. „Reichskristallnacht")

Paul, Roland: Auswanderungen: Von Kaiserslautern in die weite Welt. — Die Pfalz am Rhein, 1983, H.3, 25f *(Hans Alexander Feibelmann, Kaiserslautern)*

Paul, Roland: Dr. Rudolf Heilbrunn 90 Jahre. Historiker und Büchersammler. — Die Rheinpfalz, Ausgabe Kaiserslautern, 20.4.1991

Paul, Roland: Eines der beschämendsten Ereignisse der Stadtgeschichte. Vor 50 Jahren Synagoge gesprengt. — Die Rheinpfalz, Ausgabe Kaiserslautern, 17.9.1988

Paul, Roland: Die Kaiserslauterer Synagoge und ihr Schicksal vor 50 Jahren. — Heimatjahrbuch (Kaiserslautern) 1988, 156-161 (auch abgedruckt in: Stadt- und Landkurier, Otterbach, Nr.44 vom 3.11.1988, 14)

Paul, Roland: Prominenter Emigrant tot. Leo Felsenthal aus Kaiserslautern gestorben. — Die Rheinpfalz, Ausgabe Kaiserslautern, 48(1992) Nr. 81 vom 4.4.1992 *(geb. 1912 in Kaiserslautern, gest. 22.2.1992 in Washington;* vgl.: Leonard Felsenthal, economist. — Washington Post, 26.2.1992)

Paul, Roland: Rabbiner Dr. Barons Erinnerungen an das Jahr 1938 in Kaiserslautern. — PfH 39(1988) 164-170

Paul, Roland: Über Nacht war meine Jugend weg. Wie es westpfälzischen Juden vor 50 Jahren ergangen ist. — Pavillon (Kaiserslautern) 5 (1988) H.11, 4-6 *(auch zu Landstuhl, Steinbach am Glan, Zweibrücken)*

Rauland, Gerd: Namenszug auf dem Findling erinnert an die Geschichte. Synagogenplatz an der Fischerstraße trägt seinen Namen noch nicht lange. — Die Rheinpfalz, Ausgabe Kaiserslautern, 26.3.1991

Reichrath, Hans: Frieden mit den Toten? Frieden mit den Lebenden! Erinnerungen aus einer Zeit verordneter Unmenschlichkeit. — Religionspädagogische Hefte, Speyer, 1988, H.5, 13-18 *(über die jüdischen Kinder Carola und Claus Tuteur aus Kaiserslautern)*

„Theater ist für das Publikum da." Kaiserslautern: Lior Shambadal, designierter Generalmusikdirektor des Pfalztheaters im Gespräch (mit Gabor Halasz). — Die Rheinpfalz, Ausgabe Kaiserslautern, 47(1991) Nr.202 vom 31.8.1991 *(bisher Dirigent in Tev Aviv)*

Westenburger, Gerhard: Juden in Kaiserslautern - Bürger seit 700 Jahren. — Kaiserslautern illustriert 3(1987) Nr.8, 14

**Katzweiler**

Schneider, Hermann: Katzweiler 1190-1990. Die Geschichte eines Dorfes im Tal der Waldlauter und ehemaligen Königsland. Ein Heimatbuch. Katzweiler 1990 *(Flurnamen Judenacker; Juden im 18. Jh.)*

**Kirchheimbolanden**

Burmeister, Luise: Gedenken und Versöhnen. Zum 9. November 1988. — Donnersberg-Jahrbuch 13(1990) 156f

DtStB IV/3, 189 (Hermann Bolle)

Funk, Elmar: Die Kirchheimbolandener Synagoge. Ein geschichtlicher Bilderbogen. — Donnersberg-Jahrbuch 13(1990) 173-177

Lehna, Britta: Spurensuche. Erinnerungen an die letzten jüdischen Bürger Kirchheimbolandens. Kirchheimbolanden 1990

Ydit, Max Meir: Warum komme ich jedes Jahr zur Gedenkfeier nach Kirchheimbolanden. Gedanken zum 9. November. — Donnersberg-Jahrbuch 13(1990) 171f

**Kirrweiler**

Werner, Günther: Winzer muß jüdischen Friedhof zurückgeben. — Die Rheinpfalz, Ausgabe Landau, 10.7.1980

**Kusel**

DtStB IV/3, 224 (Ernst Drumm/Fritz Kleinschmidt)

Kirsch, Hans: Zur Geschichte der Gendarmerie und Polizei im Kuseler Land. — Westricher Heimatblätter n.F. 22(1991) 52-95 *(Verhalten gegenüber Juden im November 1938 in Kusel)*

Klein, Wilfried/Hermann Schäfer: Die politische Radikalisierung im Bezirk Kusel während der Jahre 1924-1933. — Westricher Heimatblätter n.F. 11(1980) 41-99 *(antisemitische Agitation)*

**Lambsborn**

Neumann, Friedrich/Bernhard Bonkhoff: Lambsborn. Ein Dorfbuch. Lambsborn 1983 *(jüd. Viehhändler aus Landstuhl bis 1935)*

**Landau**

Albrecht, Karl-Heinz: Vor 50 Jahren. Erinnerungen an eine schlimme Zeit. — Heimat-Jahrbuch (Südliche Weinstraße) 11(1989) 22-26 *(bes. zum 9./10.11.1938)*

Bernett, Hajo: Der Landauer jüdische Sportverein. — Landauer Hefte 27(1979) 166-170 *(mit Mitgliederliste 1935)*

Bröhmer, Helga: An den Gräbern ehemaliger Landauer Juden. Besuch auf dem Friedhof von Gurs. — Die Rheinpfalz, Ausgabe Landau, 1.12.1986

Dietrich, Werner A.: In der Einigkeit liegt die Kraft. Geschichte der Arbeiterbewegung in der Region Neustadt/Südpfalz 1832-1984. Neustadt/W. 1991 *(Volksrat in Landau 1918; Feibelmann, Levy)*

DtStB IV/3, 235f (Hans Hess)

Fichte, Hubert: Paraleipomena. Lil's Book. (Die Geschichte der Empfindlichkeit.) Frankfurt/M. 1991 (teilweise schon veröffentlicht in: Hubert Fichte: Die schwarze Stadt. Glossen. Frankfurt/M. 1990, 124-163) *(Lebenserinnerungen von Lil Picard geb. Benedickt aus Landau, geb. 1899; Straßburg, Berlin, New York)*

Frank-Loebsches Haus, Kaufhausgasse 9. Hrsg. Verein der Freunde des Frank-Loebschen Hauses. Landau 1988 *(Beiträge in der Broschüre u.a von Hans Heß und Karl-Heinz Rothenberger)*

Hirsch, Thomas: Recherchen über die Juden in und um Landau zur Zeit des Nationalsozialismus. — Heimat-Jahrbuch (Südliche Weinstraße) 11(1989) 44-46

Landauer Synagoge vor 50 Jahren niedergebrannt. Folgen I-V. — Die Rheinpfalz, Ausgabe Landau, 8./9./10./11./14.11.1988 *(auch mit Erinnerungen von Lore Metzger an den November 1938)*

List, Günther: Juden im Landauer Weinhandel. Skizze einer Gründerzeit. — Juden in der Provinz, 1988, 65-85

Übel, Rolf: Das Landauer Schutzhaftlager (März bis Juli 1933). — Heimat-Jahrbuch (Südliche Weinstraße) 11(1989) 47-50 *(auch jüd. Häftlinge)*

Werner, Günther: Stadt Landau lädt ehemalige jüdische Bürger 50 Jahre nach ihrer Vertreibung zu einem Besuch ein. — Die Rheinpfalz, Sonntag aktuell, 19.4.1987

**Landstuhl**

DtStB IV/3, 239 (Alfred Bold/Theodor Knocke)

**Lauterecken**

DtStB IV/3, 242 (Herman Gauch)

**Leimersheim**

Christliche Freunde mußten Nathan Behr heimlich ernähren. Aus der 250jährigen Geschichte der Leimersheimer Juden. Bewährungsprobe ist vertan worden. — Die Rheinpfalz, Ausgabe Landau, 10. und 11.11.1992 *(Auszüge aus einer historischen Arbeit von Robert B. Sittingen)*

**Ludwigshafen**

Denkmaltopographie Bundesrepublik Deutschland. Kulturdenkmäler in Rheinland-Pfalz. Hrsg. im Auftrag des Kultusministeriums vom Landesamt für Denkmalpflege. Bd.8: Stadt Ludwigshafen am Rhein. Bearbeitet von Mara Oexner. Düsseldorf 1990 *(Jüdischer Friedhof in Ludwigshafen ab 1854; Ruchheim: Ehemalige Synagoge und Judenschule um 1877)*

DtStB IV/3, 250 (Kurt Oberdorffer/Siegfried Fauck)

Eine Reise zurück in die Vergangenheit. Frühere jüdische Bürger zu Gast in den alten Heimatstädten Mannheim und Ludwigshafen. — AJW 46(1991) Nr.33 vom 15.8.1991, 8

Gross, Konstantin: Im Konflikt zwischen Patriotismus und Ausgestoßensein. Mannheimer Mundartdichter Hanns Glückstein mit Ausstellung gewürdigt. — Die Rheinpfalz, Ausgabe Ludwigshafen, 3.1.1990 *(Bankdirektor, Vorfahren aus der Pfalz)*

Hempel, Joachim: Arno Reinfrank. — Literarisches Rheinland-Pfalz heute. Ein Autorenlexikon. Hrsg. Bernd Goldmann. Mainz 1988, 209f

Karch, Helga: Zur demographischen und sozialen Entwicklung der israelitischen Kultusgemeinde Ludwigshafen (1855-1922/1933) — Pfälzisches Judentum gestern und heute, 1992, 151-170

Minor, Ulrike: Brutaler Schlag der Nazis beendet jüdisches Leben in der Stadt. — Die Rheinpfalz, Ausgabe Ludwigshafen, 20.10.1990

Minor, Ulrike: Wiedersehen mit der Heimat lindert langen inneren Kampf. Jakob Schamir (Stemmer) auf Einladung der Stadt in Ludwigshafen. — Die Rheinpfalz, Ausgabe Ludwigshafen, 27.6.1991

Morweiser, Hermann W.: Pfälzer Juden und IG-Farben. Mannheim 1988 *(bes. zu 1933-1945; Listen zu Juden in Mutterstadt und Ludwigshafen)* Rez. Joachim Witt: Pfalz-Forum Heft 3, Oktober 1990, 58-60

Neufert, Kurt: Dr. humoris causa Arno Reinfrank. Ein Kurpfälzer lyrikt in London. — Die Pfalz am Rhein 53(1980) 371f (geb. in Mannheim 1933, später in Ludwigshafen, 1955 London)

Reinfrank, Arno und Karin: Wisdom, Wit and Wine. My Funny Palatinate. A Dictionary of South West German Vernacular and Fun. London 1982, 2. rev. edition Neustadt/W. 1985 *(u.a. zu Judde/Jews)*

Verdrängen birgt Gefahr der Wiederholung. — Die Rheinpfalz, Ausgabe Ludwigshafen, 23.10.1990 *(Gedenkfeier zu Gurs-Deportation)*

**Marienthal**

Busch, Egon: Marienthal anno 1843. — NPfGV 71(1991) 5-15 *(u.a. Einwohnerverzeichnis: unter 525 Einw. 115 Juden)*

Karmann, Paul/Walter Schitter: Marienthal. Chronik eines Dorfes. Marienthal 1990. (u.a. S.169-177 Paul Karmann: Die Juden; S.301-308 Walter Schitter: Lina Bechstein und Isidor Schwarz, zwei jüdische Schicksale; *mehrere Namenslisten)*

**Münchweiler an der Rodalb**

Dillenkofer, Werner: Münchweiler an der Rodalb. Vom Waldbauerndorf zur Industriegemeinde. Eine Ortsgeschichte. Münchweiler/R. 1990 *(keine jüd. Einw.; Diskriminierung jüd. Händler aus Rodalben und Pirmasens 1933-1938)*

**Mutterstadt**

Kukatzki, Bernhard: „Die Straßen standen voller Gaffer." Der 50. Jahrestag der Deportation der Juden im Landkreis Ludwigshafen. — Heimat-Jahrbuch (Ludwigshafen) 6(1990) 50-53

„Nie wieder Pogrome auf deutschem Boden." Gestern enthüllte Gedenktafel erinnert an die Mutterstadter Juden. — Die Rheinpfalz, Ausgabe Ludwigshafen, 22.10.1990

Paul, Roland: Anmerkungen zur Geschichte der jüdischen Gemeinde Mutterstadt im Dritten Reich. — Heimat-Jahrbuch Ludwigshafen 7(1991) 24f

Schochow, Werner: Jüdische Bibliothekare aus dem deutschen Sprachraum. — Antisemitismus und jüdische Geschichte. Studien zu Ehren von Herbert A. Strauss. Hrsg. Rainer Erb. Berlin 1987, 515-542 *(Prof. Adolf Koch aus Mutterstadt)*

**Neuleiningen**

Leick, Walter: Raubritter in Kreuzfahrerhemd. Die Burgen von Leiningen wurden auf Judenplünderungen begründet. — Saarbrücker Zeitung, Nr.73 vom 26.3.1992, 29 *(11./12. Jh., Emicho)*

**Neustadt/W.**

DtStB IV/3, 316 (Georg Friedrich Böhn)

**Obermoschel**

DtStB IV/3, 334 (Otto Jung)

**Obrigheim**

Heiss, Wolfgang: Obrigheim, Grafschaft Leinigen. Ein Heimatbuch. Obrigheim 1991 *(Juden im 17.-20. Jh.: Albsheim, Colgenstein-Heidesheim, Mertesheim, Mühlheim, Obrigheim;* bes. S.585-610: Die einstige Judengemeinde)

**Odenbach**

Aktueller Zusammenhang. Vertreter von vier Parteien bei Podiumsdiskussion in Odenbach. — Die Rheinpfalz, Ausgabe Kusel, 14.11.1989

Bartels, Wolfgang: Restaurierung der Dorfsynagoge Odenbach/Pfalz. Födermittel werden um die Hälfte gekürzt. — Sonntagsgruß. Evang. Wochenblatt an der Saar, Saarbrücken, Nr.15 vom 5.4.1992, 16

Baustein Nr. sieben für Regierungspräsident. — Die Rheinpfalz, Ausgabe Kusel, 12.11.1990
Bender, Rainer J.: Kein Interesse an der Synagoge. — Die Zeit, Nr.46 vom 11.11.1988, 23
Dittrich, Hilde: Odenbach-Genisa. (Jüdische Urkunden wurden übersetzt von Frau Selma Tikva Deutsch.) — Westricher Heimatblätter n.F. 21(1990) 132-141
Künzl, Hannelore: Die Synagoge in Odenbach. — Trumah 2, 1990, 1-23
Kukatzki, Bernhard: Die Juden von Odenbach - eine historische Skizze. — Pfälzische Juden und ihre Kultuseinrichtungen, 1988, 145-162
Raquet, Artur: Die Synagoge in Odenbach. Symbol der christlich-jüdischen Versöhnung. — Evangelischer Kirchenbote, Speyer, 3.12.1989
Wendel, Alfred: Zur Geschichte der Synagoge von Odenbach. — Pfälzische Juden und ihre Kultuseinrichtungen, 1988, 127-143

**Offenbach am Glan**

Seebach, Helmut: Die Ortsnecknamen des Landkreises Kusel - Quellen der volkskundlichen Heimatforschung. — Westrichkalender (Kusel) 1992, 66-73 *(Erzählung von einem durchreisenden Juden als Anlaß für einen Necknamen)*

**Oggersheim**

DtStB IV/3, 253 (Kurt Oberdorffer/Siegfried Fauck)

**Oppau**

DtStB IV/3, 255 (Kurt Oberdorffer/Siegfried Fauck)

**Otterberg**

DtStB IV/3, 345 (Richard Louis/Hermann Bolle)
Paul, Roland/Hans Steinebrei: Die Brüder Straus - Kaufleute, Politiker und Philanthropen. — Globus (Bonn) 22(1990) Heft 2, 21f

**Otterstadt**

Kuhn, Horst: Blühendes Leben auf dem jüdischen Friedhof. Reizvolle Anlage und wichtiges Gestaltungselement. — Speyerer Tagespost, 10.7.1990
Kukatzki, Bernhard: „...von ruchlosen, bübischen Händen zugerichtet.“ Die Geschichte des Judenbades von Otterstadt. Mittel zur Wiedererrichtung fehlten. — Speyerer Tagespost, 27.7.1991 *(mit Planskizze der Mikwe)*
Kukatzki, Bernhard: Das jüdische Ritualbad in Otterstadt. Auch in der Rheingemeinde Zeugnisse jüdischer Kultur. — Schifferstadter Tagblatt, 17.8.1991

**Pfeffelbach**

Brill, Hermann: Chronik der Gemeinde Pfeffelbach. Pfeffelbach 1989 *(Juden im 18. Jh.; Flurname Judenborn)*

**Pirmasens**

David Grünblatt - Ruhe in der Heimaterde. — Heimatbriefe der Stadt Pirmasens 42(1989) Nr. 94, 23

DtStB IV/3, 352 (Walter Sigl)

Ein Tag, der Glanz und Elend deutscher Geschichte spiegelt - 9. November. Erinnerung an die Kristallnacht und das Schicksal der Juden. — Pirmasenser Zeitung, 12.11.1990

„Geheimnis der Erlösung heißt Erinnerung." Am Freitag Mahnfeier der „Reichskristallnacht" vor 52 Jahren. — Die Rheinpfalz, Ausgabe Pirmasens, 12.11.1990

Lehnung, Julius B.: Geliebtes Pirmasens. Heimatgeschichtliche Erinnerungen. Bd.9: 1906-1907, Pirmasens 1988 *(zu Juden passim; Übersichten zu Berufen, Firmen);* Bd.10: 1908-1918, Pirmasens 1989 *(u.a. zur Israelitischen Kultusgemeinde, Synagoge)*

Mendel, Pierre: La marche vers l'égalité. Aspects de l'histoire des juifs en Lorraine. — Les cahiers lorrains N.F.1989, 315-348 *(Todesurteil gegen Jacob Joseph aus Pirmasens, 1795; vgl. Bibliographie (1), 1988, 251)*

Sippenbuch der Stadt Pirmasens von 1640-1798. Bearbeitet von Walter Wittmer. Zweibrücken 1989 *(jüd. Familien um 1800, Annahme von Familiennamen)*

**Rheingönheim**

Paul, Franz: Rheingönheim (Rheinpfalz). Kurzer Abriß der mehr als 4000jährigen Geschichte der Ortschaft Rheingönheim. Rheingönheim 1925 *(Statistik 1801, 1840-1911)*

Schäfer, Walter: Rheingönheim, damals und heute. Ludwigshafen 1987 *(Schicksale jüd. Bürger nach 1933)*

**Rockenhausen**

Dhom, Emil: Am Ende die Deportation. Juden in Rockenhausen, 3. — Die Rheinpfalz, Ausgabe Rockenhausen, 30.8.1984

DtStB IV/3, 363 (Armin Engel/Germann Bolle)

Rehberger, Reinold: Kerndeutsch. Der Landkreis Rockenhausen in der Nazi-Zeit. Geldern 1989. Rez. Alfred H. Kuby: PfH 40(1989) 183; Roland Paul: Die Rheinpfalz, Ausgabe Rockenhausen, 16.12.1989; zur Diskussion um das Buch auch Michael Grabenströer: Der Synagogenbrand und die Ehre eines Nazis. — Frankfurter Rundschau, Deutschland-Ausgabe, 30.6.1990 *(Gerichtsverfahren inzwischen durch Vergleich und Richtigstellung beendet)*

Schitter, Walter: Familiengeschichtliches zu Daniel-Henry Kahnweiler. — Wie der Kaiser unter den Edelleuten. Nordpfälzer Lesebuch. Hrsg. Susanne Faschon. Landau 1991, 180-183

**Rodalben**

Burkhart, Petra: Pfälzer Brauchtum in der Osterzeit. — Der Pilger 145(1992) Nr. 16 vom 19.4.1992, 26f *(„den Jud verbrennen" als Osterbrauch in Rodalben bis 1945)*

Dillenkofer, Werner: Seltsame Begegnungen. Eine „Schinderhannes"-Erzählung aus Münchweiler. — Heimatkalender (Zweibrücken/Pirmasens) 1992, 133f *(Viehhändler Frumel aus Rodalben, um 1800; Erzählung)*

Weber, Alois: Der Acker der Witwe Helfrich. Jüdischer Friedhof in Rodalben. — Die Rheinpfalz, Ausgabe Pirmasens, Nr. 70 vom 24.3.1982

**Rohrbach bei Landau**

500 Jahre Kirche in Rohrbach. Beiträge zur Geschichte der Kirche in unserem Dorf. Redaktion: Dietmar Wenzel. Rohrbach 1985 *(Juden 1684, 1728, 1771, 1808, 1875)*

**Ruchheim**

Barth, Friedrich: Die traurige Geschichte einer Ruchheimer Familie. — Die Rheinpfalz, Ausgabe Ludwigshafen, 10.11.1978

**Rülzheim**

„Bedeutung der Juden im pfälzischen Gebiet würdigen." Karl Geeck erläutert Forschern der jüdischen Geschichte die Rülzheimer Synagoge. Nähe zur Nachbarschaft verhinderte Brandstiftung. — Die Rheinpfalz, Ausgabe Landau, 18.10.1991

Bender, Rainer J.: Die soziale und wirtschaftliche Entwicklung der jüdischen Gemeinde von Rülzheim. — Pfälzische Juden und ihre Kultuseinrichtungen, 1988, 91-108

Jüdisches Erbe gehört untrennbar zur Geschichte. Neue Geschichts- und Begegnungsstätte eingeweiht. Gedenktafel in ehemaliger Synagoge erinnert an die Leiden eines Volkes. (dazu Kommentar: Friede und Freundschaft. Begegnungen.) — Die Rheinpfalz, Ausgabe Landau, 14.6.1991

Kukatzki, Bernhard: Die Kultuseinrichtungen der israelitischen Gemeinde Rülzheim. — Pfälzische Juden und ihre Kultuseinrichtungen, 1988, 109-126

Rülzheim. Zum Gedenken und zur Erinnerung. Hrsg. anläßlich des Treffens der früheren jüdischen Bürger in Rülzheim vom 10.10.bis 17.10.1988 in Rülzheim. Hrsg. Ortsgemeinde Rülzheim. Mit Beiträgen von Johann Alois, Bernhard Kukatzki, Rainer Joha Bender, Hermann Arnold. Rülzheim 1988. Rez. A. H. Kuby: BllPfKG 56(1989) 158f

Rülzheim im Wandel der Zeiten. Ortschronik der Gemeinde Rülzheim. Hrsg. Gemeinde Rülzheim. Redaktion Karl Geeck. Rülzheim 1991 (im Teil II u.a. Rainer J. Bender: Die soziale und wirtschaftliche Entwicklung der jüdischen Gemeinde Rülzheim, S.1-11; Bernhard Kukatzki: Die israelitische Kultusgemeinde, Synagoge, Schule, Badhaus und Friedhof, S.12-39; ders.: Die Verfolgung in der Nazizeit, S.40-42; *sonst zu Juden passim)*

Rülzheimer Synagoge hat die Nazi-Herrschaft überlebt. — Die Rheinpfalz, Ausgabe Landau, 28.12.1988

Wenz, Martin: Die Rülzheimer Synagoge - ein Frühwerk von August von Voit. — PfH 41(1990) 84-86

**Schifferstadt**

Atteln, Gisela: Lange verschlossenes Tor geöffnet. Ökumenisches Gedenken an die Judendeportation. Ungewöhnlicher Gottesdienst in der Jakobuskirche. — Die Rheinpfalz, Ausgabe Schifferstadt, 23.10.1990

DtStB IV/3, 373 (Georg Sturm/Johannes Schimpf)

Sold, Emil Georg/Bernhard Kukatzki: Die Schifferstadter Juden. Schifferstadt 1988. Rez. Alfred H. Kuby: BllPfKG 56(1989) 158f; Roland Paul: PfH 40(1989) 89-91; Brunhilde Rita Trimbach: Semit 3(1991) Nr.3, 95f; Gisela Atteln: Die Rheinpfalz, Ausgabe Landau, 4.11.1988

Unterlagen zur Geschichte der jüdischen Kultusgemeinde Schifferstadt. Enthüllung des Gedenksteins Bahnhofstraße 52, Schifferstadt 25. November 1984. Schifferstadt 1984

Zeit zum Nachdenken. Christlich-jüdischer Gottesdienst zum Gedenken der ehemaligen jüdischen Mitbürger. — Schifferstadter Tagblatt, 22.10.1990

**Schönau**

Schultz, Wolfgang u.a.: Schönau/Pfalz, aus der Geschichte eines Grenzdorfes im Wasgau. Schönau 1982 *(keine jüd. Einw.; Viehhandel, Geschäftsbeziehungen zu jüd. Händlern aus Dahn 1933)*

**Schönborn**

Schitter, Walter: Schönborn. Chronik eines Dorfes. Schönborn 1988 (darin S.92-97: Armin Engel: Das Dorf in der Franzosenzeit; *zu Raubüberfällen auf Juden: Dörrmoschel, Teschenmoschel, Rockenhausen)*

**Speyer**

Agethen, Manfred: Bekehrungsversuche an Juden und Judentaufen in der frühen Neuzeit. — Aschkenaz 1(1991)65-94 *(Speyer 1096, 1750)*

Avner, Zvi: Medieval Jewish Gravestones (hebr./engl.) — Jewish History (Haifa) 2(1987) No.2, Fall 1987, 23-52 *(13 rheinische Orte)*

Des 9. November 1938 gedacht. — Speyerer Tagespost, 13.10.1990

DtStB IV/3, 409f (L. Anton Doll)

Ende jüdischer Geschichte in Speyer. Vor 50 Jahren 51 Personen aus der Domstadt von Nationalsozialisten nach Gurs in Südfrankreich deportiert. — Die Rheinpfalz, Ausgabe Speyer, 23.10.1990

Frauen in Speyer. Leben und Wirken in zwei Jahrtausenden. Ein Beitrag von Speyerer Frauen zum Jubiläumsjahr. Hrsg. Stadt Speyer. Speyer 1990 (darin S.99-106: Sr. Maria Adele Herrmann OP: Edith Stein, eine Skizze zu ihrer Speyerer Zeit; S.146-175: Siegrun Wipfler-Pohl: Vom Leben jüdischer Frauen, 1. Im Mittelalter, 2. In der liberalen jüdischen Gemeinde, Schicksale in der NS-Zeit; S.240-248: Siegrun Wipfler-Pohl: Sara Lehmann (1891-1976). Ein Leben in sozialer Verantwortung und Treue zur jüdischen Gemeinde). Rez. Hans L. Reichrath: Judaica 46(1990) 243f

Geschichte der Juden in Speyer. Hrsg. Bezirksgruppe Speyer des Historischen Vereins der Pfalz. Speyer 1981. Rez. Paul Sauer: ZGO 130(1982) 494f

Geschichte der Stadt Speyer. Hrsg. Stadt Speyer. Red. Wolfgang Eger. Bd.3, Stuttgart 1989 (zu Juden u.a. S.1-165: Norbert Ohler: Speyer in der Nachkriegszeit; auch zu Juden, Erinnerung an die Opfer; S. 167-212: Wolfgang Hartwich: Mittelalterliche Wirtschafts- und Sozialgeschichte Speyers; S.487-547: Renate Engels: Zur Topographie der Stadt Speyer vor 1689)

Hain, Bruno: Ein Lehrstück über die Judenverfolgung. Maximilian Pfeiffers Roman „Kyrie eleison" spielt in Speyer im Jahre 1349. — Die Pfalz am Rhein, 1990, H.2, 30f

Hopstock, Katrin: Bis zum Ende - die letzten 50 Jahre der jüdischen Gemeinde Speyer. — Speyer. Vierteljahrsheft des Verkehrsvereins, 1988, Heft Winter, 2-18 *(Darstellung mit vielen Abbildungen, auch zu Synagoge und Friedhöfen, Rabbiner, Familie Waldbott)*

Hopstock, Katrin: Leon Waldbott. — Speyer. Vierteljahrsheft des Verkehrsvereins, 1988, Heft Winter, 24f

Jubiläumsfeier (für Siegmund Herz). — Speierer Zeitung 86(1897) Nr. 111 vom 18.5.1897 (Abdruck in: Geschichte der Juden in Speyer, 1981, S.87)

Kukatzki, Bernhard: Das städtische Leben bereichert. Die Geschichte der Juden in Speyer. — Die Pfalz am Rhein, 1990, H.2, 29f

Lotter, Friedrich: Geltungsbereich und Wirksamkeit des Rechts der kaiserlichen Judenprivilegien im Mittelalter. — Aschkenaz 1(1991) 23-64

Lotter, Friedrich: The Scope and Effectiveness of Imperial Jewry Law in the High Middle Ages. — Jewish History (Haifa) 4(1989) No.1, Spring, 31-58

Müller, Karl Rudolf: Jerusalem und die Stadtmauern in Worms und Speyer. — PfH 41(1990) 1-11 *(zum ältesten Speyerer Judenfriedhof)*

Das Reich der Salier 1024-1125. Katalog zur Ausstellung des Landes Rheinland-Pfalz. (Ausstellung im Historischen Museum der Pfalz, 1992). Sigmaringen 1992 (S.495-498: Barbara Theune-Großkopf: Die Juden, eine städtische Bevölkerungsgruppe; *Inschriften und Architekturfragment)*

Schuster, Emil: Der Schelius. Roman. Landau 1991 *(literarische Darstellung der Judenverfolgung, u.a. Speyer 1938)*

Steegmüller, Fritz: Die jüdische Volksschule in Speyer von ihrer Gründung im Jahre 1831 bis zu ihrer Vernichtung in der Reichskristallnacht 1938. — PfH 39(1988) 171-176 *(auch zu anderen jüdischen Schulen in der Pfalz)*

Steegmüller, Fritz: Schulen in Speyer früher und heute. Ein Abriß der 1200jährigen Schulgeschichte der 2000 Jahre alten Stadt Speyer. Speyer 1990 *(auch zur Geschichte der jüd. Schulen)*

Stein, Günter: Die Salier und die Juden. — Der Pilger 145(1992) Nr.14 vom 5.4.1992, 38f *(zu Speyer)*

450 Jahre Reformation in der Stadt Speyer, mit dem Katalog zur gleichnamigen Ausstellung 1990. Mit Beiträgen von Gustav Adolf Benrath, Wolfgang Eger und Alfred Hans Kuby. Speyer 1990 (= Bd. 57,1990, der BllPfKG) *(S. 97-99 zu Juden im 11.-16.Jh.)*

Wagner, Annemie: Juden und Judenschicksal in Speyer im Mittelalter. Mainz 1984 (Zulassungsarbeit zum Staatsexamen, masch.)

Wipfler-Pohl, Siegrun: Sarah Lehmann (1891-1976). Die jüdische Leiterin des Speyerer Wohlfahrtsamtes bis 1933. — PfH 42(1991) 22-25

**Steinbach am Donnersberg**

März, Michael: Steinbach am Donnersberg. Geschichtliches über Land und Leute. Steinbach a.D. 1990 (u.a S.367-379: Die Juden in Steinbach)

Paul, Roland: Freude über Wiedersehen. Witwe von Max Strauss besucht dessen Geburtsort Steinbach. — Die Rheinpfalz, Donnersberger Rundschau, 27.7.1991

**St. Martin**

Ziegler, Cäcilie: St. Martin. Geschichte eines Dorfes. Landau 1984 *(Flurname: Judenfriedhof, aus dem MA)*

Ziegler, Cäcilie: Spuren von gestern. Sozialgeschichtliche Betrachtungen über das Winzerdorf St. Martin im 19. und frühen 20. Jahrhundert. St. Martin 1989 *(keine jüd. Einw.; Vieh- und Weinhandel; Antisemitismus seit 19. Jh., auch Karikaturen)*

**Thallichtenberg**

Dick, Rainer: Letztes jüdisches Begräbnis. "Sally" Salomon in Thallichtenberg nach altem Ritus bestattet. — Die Rheinpfalz, Ausgabe Kusel, 19.12.1990 *(Informationen zur jüd. Beerdigung; dazu Übersicht: Juden im Landkreis Kusel seit dem 14. Jh.)*

**Ungstein**

Merk, Ernst: Geschichte des Weindorfes Ungstein und des ehem. Grafschaftssitzes Pfeffingen. Ungstein 1928 *(Juden von 1664-1928)*

**Venningen**

Urschbach, Ludwig: Geschichte und Leiden der Venninger Juden. — Heimat-Jahrbuch (Südliche Weinstraße) 11(1989) 27-32

**Wachenheim**

DtStB IV/3, 444 (Otto Spangenberger)

Merkel, Dieter: Grabschmuck gibt es nicht. Der jüdische Zentralfriedhof in Wachenheim. — Heimat-Jahrbuch (Bad Dürkheim) 7(1989) 45-49

**Waldmohr**

Hess, Robert: Tot ist nur, wer vergessen wird. Den Waldmohrer Juden zum Gedenken. Sonderdruck Waldmohr 1988 (zuerst erschienen im Geschäftsanzeiger für die Verbandsgemeinden Waldmohr und Schönenberg-Kübelberg, 1988; erweiterte Fassung: „Reichskristallnacht". Ein Anlaß zum Nachdenken, Reflektionen und Lernen auch im Raum Waldmohr, in: Saarpfalz, 1989, Sonderheft S. 77-81)

**Wallhalben**

Margot Boden reicht die Hand zur Versöhnung. Dorfgemeinschaftshaus in Wallhalben wird Ludwig-Katz-Haus getauft. — Die Rheinpfalz, Ausgabe Zweibrücken, 8.9.1986

**Weilerbach**

Blauth, Reinhard: Reichswalddorf Weilerbach. Ein Dorf- und Heimatbuch. Weilerbach 1964 (Ortschroniken des Landkreises Kaiserslautern 3) *(Flurname Judenacker; eine jüd. Familie Löb um 1800)*

**Weisenheim am Berg**

Alte Synagoge kultureller Treff. — Speyerer Tagespost, 11.12.1990

Die Juden in Weisenheim am Berg und ihre Synagoge. Hrsg. Gudrun Müller. Weisenheim a.B. 1990. Rez. A.H. Kuby: BllPfKG 58(1991) 176f

Mahnung zur Versöhnung und Toleranz. Ehemalige Synagoge in Weisenheim am Berg wird zum Kleinod. — Die Rheinpfalz, Ausgabe Bad Dürkheim, 10.12.1990

Müller, Gudrun: Ein Bethaus wird restauriert. Synagoge und israelitische Kultusgemeinde in Weisenheim am Berg. — Heimat-Jahrbuch (Bad Dürkheim) 8(1990) 212-217

Von der Not und dem Alltag eines Volkes. (Gefundene Kultgegenstände). — Die Rheinpfalz, Ausgabe Bad Dürkheim, 25.2.1991

**Winnweiler**

Jüdischen Friedhof geschändet. Grabstätte in Winnweiler von Unbekannten verwüstet und mit Naziparolen verschmiert. — Die Rheinpfalz, Ausgabe Rockenhausen, 27.11.1987

Rasche, Werner: Die jüdischen Friedhöfe im Raum Winnweiler. Ein Beitrag zur Geschichte der Juden in der Nordpfalz. — NPfGV 68(1988) 31-37 *(zu Juden in Alsenbrück, Börrstadt, Breunigweiler, Falkenstein, Gonbach, Imsbach, Lohnsfeld, Münchweiler/A., Neuhemsbach, Sembach, Sippersfeld, Steinbach a.D., Winnweiler)*

Rasche, Werner: Spiegelbild gesellschaftlicher Akzeptanz. Das jüdische Schulwesen im Raum Winnweiler. — Donnersberg-Jahrbuch 13(1990) 167f *(Börrstadt, Münchweiler/A., Sembach, Steinbach a.D., Winnweiler)*

**Zweibrücken**

Blinn, Dieter: Zwischen kultureller Eigenständigkeit und dekretierter Akkulturation: Pfälzer Juden und das napoleonische Namensdekret vom 20. Juli 1808. — Pfälzisches Judentum gestern und heute, 1992, 85-108

DtStB IV/3, 467 (Ernst Drumm/Karl Jost)

Knaps, Emil: Die Rechtspflege im Fürstentum Zweibrücken im 17. und 18. Jahrhundert. — Aus heimatlichen Gauen 6(1930) Nr.20, 27.5.1930 *(Judeneid)*

Verordnung die Behandlung vagabundierender Fremder und Betteljuden betreffend. Vom 5. November 1757. Zweibrücken (Abdruck bei Michael Lintz: Bettelverordnungen, s. Teil B,1: Saarland)

Verordnung die fremden Betteljuden betreffend. Vom 3.2.1778. Zweibrücken (Abdruck bei Michael Lintz: Bettelverordnungen, s. Teil B,1: Saarland)

**Korrekturen**
**zu dem Band „Juden in der Provinz“,**
**hrsg. von A.H.Kuby, Neustadt/W. 1988, 1.Auflage**

| | |
|---|---|
| S.5 | (Roland Paul) Zur Emigration der Juden aus der Pfalz im Dritten Reich; Oskar Althausen |
| S.51, Z.11/10 v.u. | Israelitische Annalen |
| S.129, Z.18 v.u. | Tannenbergbund |
| S.147, Z.11 v.u. | Jahrhundertmitte |
| S.197, Z.5 v.u. | profaniert |
| S.229 | Oberhausen-Wallhalben<br>Weitersweiler<br>Zweibrücken-Ernstweiler-Bubenhausen<br>Neu hinzugekommen sind die jüdischen Friedhöfe Offenbach-Friemschenberg, Offenbach-Hundheim und Thallichtenberg; nicht mehr im Bereich pfälzischer Landkreise liegen seit 1969 Altenbamberg und Hochstätten. |
| S.324 | Samuel Kamenetzki, geb. 1918 (inzw. verstorben) |

**Korrekturen zur Bibliographie**

| | |
|---|---|
| S.252 | (H.Arnold, Juden in der Pfalz, Rez. Ydit) Die Rheinpfalz, Ausg. Kaiserslautern, 2.11.1987 |
| S.254/306 | (Breuner, Neustadt; Bauer, Neustadt) richtig: Michael Brenner |
| S.259 | Gauch, Hermann: Jüdische Machtstellung in Deutschland, in: Nordland (Magdeburg) 3(1935) 17-19; auch als Sonderdruck erschienen |
| S.272 | Zur Geschichte und Kultur der Juden im Rheinland. Düsseldorf 1985. (1.Aufl 1931 unter dem Titel: Aus der Geschichte ...) |
| S.292 | Haßloch anno dazumal. 1980. Verfasserin: Marianne Wittmann |
| S.3o2 | Leimersheim: „Bitteres Schicksal“ und „Schicksal einer ...“ streichen! |
| S.318 | Voltmer, Ernst: 94-121 |
| S.319 | Wiener, Meir |
| S.322 | Rapp, Eugen Ludwig |

*Zusammengestellt von Bernhard H. Gerlach*

# Zu den Autoren:

**Tilde Bayer** M.A., geb. 1961, wohnt in Mannheim. Arbeiten zur Geschichte der Juden in Mannheim.

**Dieter Blinn** geb. 1956, wohnt in Zweibrücken, Lehrer. Forschungen zur pfälzischen Lokal- und Regionalgeschichte.

**Michael Deckwerth** geb. 1942, Pfarrer, wohnhaft Annweiler, Dozent am Erziehungswissenschaftlichen Fort- u. Weiterbildungsinstitut der Ev. Kirchen in Rheinland-Pfalz in Landau.

**Bernhard H. Gerlach** geb. 1948, Dipl.-Theologe; Oberstudienrat – mit den Fächern Deutsch, Philosophie/Ethik, kathol. Religion – in Kaiserslautern. Veröffentlichungen und Ausstellungen zur Geschichte der Juden in Kaiserslautern.

**Helga Karch** geb. 1956, wohnt in Mannheim, Dokumentationsredakteurin beim SWF (Landesstudio Rheinland-Pfalz). Arbeiten zur pfälzischen Geschichte.

**Uri R. Kaufmann** Dr. phil., geb. 1957, wissenschaftlicher Mitarbeiter an der Hochschule für jüdische Studien, Heidelberg. Hauptarbeitsgebiete: Sozial- und Wirtschaftsgeschichte der zentraleuropäischen Juden des 18. und 19. Jahrhunderts.

**Wilhelm Kreutz** Dr. phil., geb. 1950, wissenschaftlicher Mitarbeiter am Seminar für neuere Geschichte der Universität Mannheim. Hauptarbeitsgebiete: Süd- und südwestdeutsche Geschichte im 18./19. Jhdt., Aufklärung, Französische Revolution, Historischer Film.

**Alfred H. Kuby** Dr. phil. h.c., geb. 1923, Pfarrer i.R., wohnhaft Edenkoben. Zahlreiche Veröffentlichungen zur pfälzischen Kirchen- und Bevölkerungsgeschichte.

| | |
|---|---|
| **Bernhard Kukatzki** | geb. 1960 in Speyer am Rhein, lebt in Schifferstadt. |
| **Rudolf Post** | Dr. phil., geb. 1944, studierte kathol. Theologie, Germanistik, Philosophie, allgem. Sprachwissenschaften. Leiter der Arbeitsstelle „Pfälzisches Wörterbuch“ in Kaiserslautern. |
| **Hans L. Reichrath** | Dr. theol. h.c., geb. 1926, Vorsitzender Richter a.D., wohnt in Zweibrücken. Seit 35 Jahren aktiv im christlich-jüdischen Gespräch (zahlreiche Aufsätze zu dieser Thematik), Mitarbeiter des Arbeitskreises Kirche und Judentum der Prot. Landeskirche und Mitglied der Schweizer Stiftung Kirche und Judentum. |
| **Johannes Theisohn** | Dr. theol., geb. 1943, Studiendirektor, Lehrer am Kurfürst-Ruprecht-Gymnasium in Neustadt für die Fächer Ev. Religion, Geschichte und Sozialkunde. Arbeitsschwerpunkte: Lokale und regionale Themen. |
| **Siegrun Wipfler-Pohl** | geb. 1939, wohnhaft Speyer, Realschullehrerin. Arbeitsschwerpunkt: Frauenforschung. |
| **Hannes Ziegler** | Dr. phil., geb. 1953, wohnhaft Landau, Studienrat am Theodor-Heuß-Gymnasium in Ludwigshafen a. Rh., Arbeitsschwerpunkt: Landesgeschichte. |

# Juden in der Provinz

**Beiträge zur Geschichte der Juden in der Pfalz zwischen Emanzipation und Vernichtung**

Hrsg. Alfred H. Kuby

2. durchgesehene Auflage
328 Seiten, 20 Fotos, broschiert
ISBN 3-926912-05-7

Die Französische Revolution machte auch die Juden der pfälzischen Dörfer und Kleinstädte zu gleichberechtigten Bürgern. Das Jahr 1933, der November 1938 und der Oktober 1940 sind die Daten, die das Ende des Judentums in der Pfalz bezeichnen.

Die Veröffentlichung »Juden in der Provinz« handelt von beidem: von der Emanzipation der Juden, ihrer Beteiligung am rheinpfälzischen Wirtschaftsleben und ihren politisch-demokratischen Optionen einerseits, von Boykott, Pogrom, Emigration und Deportation andererseits.

Übriggeblieben sind einige zweckentfremdete Dorfsynagogen, eindrucksvolle Friedhöfe im ganzen Land, die Erinnerung der Zeitgenossen – »zwischen Verschweigen und Bekennen« – und die Fragen der nachwachsenden Generationen. Auf einige dieser Fragen will dieses Buch Antwort geben.

Mit Beiträge von: Oskar Althausen • Bernhard H. Gerlach • Samuel Kamenetzki • Helga Karch • Wilhelm Kreutz • Alfred H. Kuby • Bernhard Kukatzki • Günther List • Roland Paul • Hans L. Reichrath • Volker Rödel • Georg Schumacher • Alfred Sitzmann • Hannes Ziegler •

VPP

**Verlag Pfälzische Post • Neustadt**